江苏省高等学校会计学品牌专业教材

会计实务训练与考核（上册）

第3版

主　编　朱学义

副主编　林爱梅　张亚杰

参　编　孙自愿　朱亮峰　陈淑贤

李文美　苏海雁

机械工业出版社

本书由全国优秀教师、国务院政府特殊津贴终身享受者朱学义教授根据财政部2007年1月1日实施的39项新《企业会计准则》编写而成。全书分三篇共二十六章：第一篇为会计员实务，包括账务处理一般要求、现金收付业务的办理、银行存款收付业务的办理、薪酬记账、固定资产记账、物资记账、往来结算记账、会计员实务考核测试题及答案共8章内容；第二篇为助理会计师和会计师实务，包括货币资金、交易性金融资产、应收和预付款项、存货、非流动资产投资、固定资产和在建工程、无形资产和其他资产、流动负债、长期负债、所有者权益、成本和费用、销售和利润、财务会计报告共13章内容的会计实务、考核题及答案；第三篇为会计上岗能力考核，包括考核提要（目的要求、形式、过程及记分）、考核资料、全能考核、岗能考核和上岗操作资料共5章内容，并附有备查答案。

本书既可作为会计应考人员模拟考试指导，又可作为各类学校会计专业"会计实验"用书、"会计实务考核"用书、"会计实务"课程用书，还可作为各种会计培训班、现场会计人员及会计自学（考）人员单科训练或综合训练用书。

图书在版编目（CIP）数据

会计实务训练与考核（上、下册）/朱学义主编. —3版. —北京：机械工业出版社，2009.5（2013.3重印）
江苏省高等学校会计学品牌专业教材
ISBN 978-7-111-26857-4

Ⅰ.会… Ⅱ.朱… Ⅲ.会计学-高等学校-教材 Ⅳ.F230

中国版本图书馆CIP数据核字（2009）第058120号

机械工业出版社（北京市百万庄大街22号 邮政编码100037）
责任编辑：商红云
版式设计：张世琴 责任校对：魏俊云
封面设计：马精明 责任印制：杨 曦
保定市中画美凯印刷有限公司印刷
2013年3月第3版·第3次印刷
169mm×239mm·27.25印张·519千字
标准书号：ISBN 978-7-111-26857-4
定价：56.00元（上、下册）

凡购本书，如有缺页、倒页、脱页，由本社发行部调换
电话服务
社服务中心：（010）88361066
销售一部：（010）68326294
销售二部：（010）88379649
读者购书热线：（010）88379203

网络服务
门户网：http://www.cmpbook.com
教材网：http://www.cmpedu.com

序

2003年12月，江苏省教育厅遴选出3个首届省级会计学品牌专业，中国矿业大学管理学院会计学专业被批准为“江苏省高等学校品牌专业建设点”（2006年1月正式授予省级“品牌专业”称号）。省级品牌专业是教育教学思想、人才培养方案符合时代发展要求，人才培养质量及其专业建设、改革、管理水平和办学水平在省内达到领先水平，在国内达到一流水平，具有很高的社会声誉，得到社会公认的示范性专业。构建会计教育模式，更新会计教学内容，改进会计教学方式，加强会计学科建设是会计学品牌专业的重点建设内容。而所有这些内容的建设和实现，必须有高质量的会计教材体系作保证。正是为适应这一要求，我们编写了这套教材。

本系列教材由10本教材组成，分别是《基础会计学》、《中级财务会计》、《高级会计学》、《成本会计学》、《财务管理学》、《管理会计学》、《电算化会计》、《审计学》、《财务分析教程》和《会计实务训练与考核》。

适应知识经济对会计本科教育的挑战，紧跟中国会计改革与发展的步伐，满足社会主义市场经济会计模式对会计人才培养的要求，遵循会计本科教育的规律，并服务于会计专业培养目标，是我们编著本系列教材的基本指导思想。其具体原则是：

1. 基础性。注重对会计各学科基本理论、基础知识和基本技能的全面介绍和准确表述，确保系列教材的理论高度和知识含量。

2. 实践性。遵循会计实际工作规律，反映实际工作经验，满足会计实务工作既立足中国实际，又与国际会计准则趋同的需要，实现会计国家化与国际化的协调。

3. 规范性。强调教材中所涉及的业务内容和会计处理方法，既符合我国现行会计准则体系规定的要求，又适应会计规范化改革的趋向。

4. 系统性。强调各教材之间内容上的衔接性和互补性、结构上的一致性、逻辑上的严密性，使之真正成为科学完善的会计教材体系。

5. 前瞻性。力求对各学科所含知识的最新发展动态作出概括反映和科学预测，以教材的超前性保证其稳定性。

由于我们学术水平和实践经验有限，在系列教材的编写过程中对一些问题的认识还不够深刻，各教材中均可能存在不成熟或谬误之处，恳请读者批评指正。

江苏省高等学校会计学品牌专业教材编审委员会

2004年9月6日

第3版前言

《会计实务训练与考核》教材2003年3月第2版出版以来，已印刷2次，连同1995年3月第1版出版以来累计印刷7次。2006年2月15日，财政部颁布或修订颁布了1个基本准则和38个企业具体准则，2006年10月30日财政部又发布了“企业会计准则——应用指南”，其准则体系从2007年1月1日起实施。这是我国会计准则同国际会计准则“趋同”的重要体现，标志着我国会计核算工作全面跨入新的阶段。

2008年11月，国务院颁布《增值税暂行条例》、《消费税暂行条例》、《营业税暂行条例》，从2009年1月1日起实施。其中，重大的税制变化是增值税转型改革，允许企业抵扣其购进设备所含的增值税进项税额。

针对以上变化，本次《会计实务训练与考核》教材的主要修订内容有：

(1) 增添了“金融资产”的核算内容。以“交易性金融资产实务考核”的核算代替了原来的“短期投资实务考核”的核算；将原书中“长期投资实务考核”一章的内容修改为“非流动资产投资实务考核”，分别阐述了“可供出售金融资产实务考核”、“持有至到期投资实务考核”、“长期股权投资实务考核”、“投资性房地产实务考核”、“其他非流动资产投资实务考核”等新准则规定的核算内容。

(2) 修改了“无形资产”的核算内容。将其中的“商誉”内容从无形资产中划出单独核算，按“企业会计准则第20号——企业合并”的规定进行处理。

(3) 修改了“固定资产”的核算内容。增加了可以抵扣固定资产增值税实务考核内容，增加了“资产组”减值实务考核内容。

(4) 修改了“所得税会计”、“应付职工薪酬”的核算内容，增添了“长期应收款”等实务考核内容。

(5) 修改、补充和完善了相应会计报表的系列内容。

本书第3版修订的具体分工如下：孙自愿编写第1~5章；朱亮峰编写第6~8章；林爱梅编写第9~15章，并修改各章中的“考核题及其答案”；张亚杰编写第16~26章，并与陈淑贤、李文美、苏海雁修改第16~21章中的“考核题及其答案”和修改第22~26章会计上岗能力考核内容，王增彦教授主审。第3版全书最终由朱学义教授总纂定稿。

对本书在修订中存在的缺点和错误，恳请读者批评、指正，以便进一步修改和完善。

编　者

2009 年 1 月

第2版前言

《会计实务训练与考核》自1995年3月出版以来，已印刷5次，除了会计应考人员、会计培训人员、现场会计人员及会计自学（考）人员使用该书外，中国矿业大学、南京大学国际商学院、东南大学经济管理学院、山东科技大学（泰安）、山东科技大学（济南校区）、黑龙江科技学院、扬州大学经济管理学院、温洲大学、中国煤炭经济学院、太原理工大学、沙州职业工学院、江苏经济管理干部学院、连云港化工高等专科学校、南京金融专科学校、北京煤炭干部管理学院、江西煤炭工业学校、郑州矿务局职工大学、徐州建筑职业技术学院、北京煤炭工业学校、九州职业技术学院、南通工学院、北京青年政治学院等22个学校会计专业学生均将它作为“会计实验”教材、“会计实务考核”教材、“企业会计实务”课程教材和会计综合训练用书。通过使用本教材，上述学校会计专业的学生不仅对四年分散所学的会计专业知识进行了综合、深化，而且掌握了现场会计的整个核算过程，能够建账，设置各种账簿，会手工记账、算账，还会计算机操作，动手能力、综合分析能力增强了，缩短了毕业后适应实际工作的时间，深受用人单位欢迎。

本次修订的主要内容有：

（1）增加了会计员、助理会计师和会计师实务知识的内容，将其和原有教材的各种考核题及答案相配套，使理论和实践能够有效地结合，学以致用，并能够保持一致。

（2）增添了我国《企业会计准则》的新内容。

（3）按《企业会计制度》、《小企业会计制度》规定对各个会计核算的内容、考核题以及全套会计报表进行了全面、系统的修改。

（4）对会计上岗考核资料进行了补充和完善。

本书第1版共计32.1万字全部由朱学义教授编写。第2版修订的内容和作者是：陈淑贤编写第一至五章；赵晓燕编写第六、七章，修改第八章；林爱梅编写第九至十五章，并修改各章中的“考核题及其答案”；张亚杰编写第十六至二十六章，并修改第十六至二十一章中的“考核题及其答案”以及修改第二十二至二十六章会计上岗能力考核内容。第2版全书最终由朱学义教授总纂定稿。

对本书在修订中存在的缺点和错误，恳请读者批评、指正，以便进一步修改和完善。

编　者

2003年1月

第1版前言

我国会计改革的一项重要措施就是实行会计专业技术资格全国统考，这不仅对广大会计人员提高知识水平有极其重要的作用，而且对学校会计教学产生了极大影响。高等院校是培养人才的重要场所，在向社会输送会计人才之前，必须让学生经过会计员、助理会计师和会计师学识水平知识的训练，以便毕业后能较快地适应现场会计工作的需要。

《会计实务训练与考核》一书，分为会计员实务考核、助理会计师和会计师实务考核、会计上岗能力考核三部分内容。第一、二部分“资格考核”均根据国家会计专业技术资格统考大纲及其用书编写，以选择、填空、判断、简答、计算及综合题的形式出现，各题均附有标准答案。全部考题提炼、概括了统考用书的必要内容，尤其是将新税制内容分散于各章编写试题，更具有实效性。该书第三部分“上岗考核”以“两则”、“两制”及新税制内容为依据，设计了企业生产经营过程全部相连贯的128笔典型经济业务，提供了各种原始空白凭证、账页和全套会计报表，让上岗人员针对从填制原始凭证开始直到编制出全部会计报表为止的全过程进行模拟操作，用以提高动手能力，满足和适应会计上岗的需要。考核分为全能考核和岗能考核两部分，并附有备查答案。学校学生通过上岗考核，提交一整套装订成册的和现场会计资料相当的凭证、账簿和报表，可以起到会计专业实习应有的作用，而且在学生对经济业务的联系、教师对人员管理以及达到预计目的等方面比实习的效果更好；现场在职会计人员通过上岗考核，能满足换岗的需要；各类自学人员通过上岗考核，为选择会计职业提供了应聘基础。

本书具有三个主要特征：一是内容新，它包括我国财务会计改革同国际惯例接轨的内容和国家新税制改革的内容；二是实用性强，其考核知识既涉及会计系列三种技术资格实务考试，又覆盖学校会计主干课程教学内容，尤其是学生，在进行“上岗考核”的过程中，将“资格考核”内容作为面（笔）试的必要部分，其综合训练的效果更好；三是考核题编写尽可能做到典型化、标准化、规范化。

对书中不当之处，恳请读者批评指正。

编　者

1994年9月

目　录

第二篇 助理会计师和会计师实务考核

第三篇 会计上岗能力考核

第一篇　会计员实务

第一章　账务处理一般要求

账务处理是指填制、审核会计凭证，运用复式记账方法，以审核无误的会计凭证为依据，按照会计规章制度规定的记账规则登记账簿等会计工作，它是会计实务的一项重要内容。账务处理的程序及要求在《会计法》和《会计基础工作规范》中都有明确规定，会计人员应当严格按规定执行。由于各单位的工作业务不尽相同，会计人员还要学会将会计基本理论、知识和本单位的具体工作实际相结合，形成一套适合本单位特点的账务处理方法。

本章着重介绍会计员应该掌握的账务处理知识以及几个基本会计岗位的记账、出纳实务的操作方法和基本技能。

第一节　填制、复核会计凭证

会计凭证是记录经济业务发生和完成情况的书面证明，也是登记账簿的依据。任何单位在处理任何经济业务时，都必须由执行和完成该项经济业务的有关人员从单位外部取得或自行填制有关凭证，以书面形式记录和证明所发生的经济业务的性质、内容、数量、金额等，并在凭证上签名或盖章，以对经济业务的合法性和凭证的真实性、完整性负责。任何会计凭证都必须经过有关人员的严格审核并确认无误后，才能作为记账的依据。合法地取得、正确地填制和审核会计凭证，是会计核算的基本方法之一，也是会计核算工作的起点，在会计核算中具有重要意义。

会计凭证按照编制的程序和用途不同，分为原始凭证和记账凭证。

一、原始凭证的取得和填制

原始凭证又称单据，是在经济业务发生或完成时取得或填制的，用以记录或证明经济业务的发生或完成情况、明确经济责任的书面证明。每项经济业务的发生都必须取得或填制原始凭证，这是填制、复核会计凭证最基本、最一般的要求。《中华人民共和国会计法》（以下简称《会计法》）第十四条明确规定：办理各单位实际发生的经济业务事项（如款项和有价证券的收付，财物的取得、增减、使用，债权债务的发生和结算，收入、支出、费用、成本、财务成果的计算等），都必须填制或取得原始凭证并及时送交会计机构。另外，在原始凭证的取得和填制过程中，必须坚持"一事一证"原则，才能准确地提供经济业务的内容、数量、时间、地点以及经办人、验收人、负责人的经济责任的证明资料。如果将多项经济业务汇总编制一份原始凭证，则可能混淆经济业务发生的时间、地点、内容、数量，以及经济责任等，既不符合管理要求，也不符合《会计法》的规定。

（一）原始凭证的内容

原始凭证按照来源不同，可以分为外来原始凭证和自制原始凭证。

1. 外来原始凭证的基本内容和要求

（1）外来原始凭证的基本内容。外来原始凭证是指在经济业务发生或完成时，从其他单位或个人直接取得的原始凭证。如购买货物取得的增值税专用发票，销售货物取得的支票，职工出差取得的飞机票、火车票等。各单位的经济业务千差万别，各种原始凭证的具体内容和形式也是五花八门、多种多样，但是，无论是哪一种外来原始凭证，都必须做到所载明的经济业务清晰、经济责任明确，都应该具备以下基本内容：

1）凭证的名称。如销售发票（见图1-1）、差旅费报销单（见图1-2）。

2）凭证填制日期和经济业务发生日期。如图1-1中的20××年1月2日，图1-2中的报销日期20××年3月10日和实际出差日期20××年2月1日到3月1日。

3）填制凭证的单位名称或填制人姓名。如东风机械厂或李力，第一百货公司或周一民。

东风机械厂销售发票

购货单位:上海××铸造厂　　　　20××年1月2日　　　　编号:01325

商品编号	商品名称、规格	单位	数量	单价/(元/台)	金额/元	备注
12-210	卧式车床 C620	台	4	25 000.00	100 000.00	
合计	人民币(大写)拾万元整				100 000.00	

第一联：购货单位报销用

单位：东风机械厂　　财务收款员：张为　　销售营业员：李力　　提货人：赵强

销售专用章

图1-1　销售发票

第一百货公司差旅费报销单

<table>
<tr><td colspan="2">单位</td><td colspan="5">第一百货公司</td><td colspan="3">出差人姓名</td><td>周一民</td><td colspan="2">姓名编号</td><td>21436</td><td rowspan="2">出差任务</td><td rowspan="2">开会</td></tr>
<tr><td colspan="10">交通票价</td><td colspan="4">其他费用</td></tr>
<tr><td colspan="4">起程</td><td colspan="3">到达</td><td rowspan="2">类别</td><td rowspan="2">金额</td><td rowspan="2">票据张数</td><td>项目</td><td>单位</td><td>金额</td><td>票据张数</td><td rowspan="2">预借款</td><td rowspan="2">5 000.00</td></tr>
<tr><td>月</td><td>日</td><td>时</td><td>地名</td><td>日</td><td>时</td><td>地点</td><td>伙食补助</td><td>28天</td><td>1 400</td><td>1</td></tr>
<tr><td>2</td><td>1</td><td>19</td><td>徐州</td><td>2</td><td>5</td><td>上海</td><td>硬卧</td><td>93.00</td><td>1</td><td>市内交通费</td><td>天</td><td>280</td><td>40</td><td rowspan="2">报借款</td><td rowspan="2">4 569.00</td></tr>
<tr><td>3</td><td>1</td><td>7</td><td>上海</td><td>1</td><td>16</td><td>徐州</td><td>硬卧</td><td>96.00</td><td>1</td><td>住宿费</td><td>27天</td><td>2 700</td><td>1</td></tr>
<tr><td></td><td></td><td></td><td></td><td></td><td></td><td></td><td></td><td></td><td></td><td rowspan="2">未卧补助</td><td>硬座票价</td><td colspan="2"></td><td rowspan="2">退或补</td><td rowspan="2">431.00</td></tr>
<tr><td></td><td></td><td></td><td></td><td></td><td></td><td></td><td></td><td></td><td></td><td>标准</td><td colspan="2">%</td></tr>
<tr><td></td><td></td><td></td><td></td><td></td><td></td><td></td><td></td><td></td><td></td><td>邮电费</td><td></td><td></td><td></td><td rowspan="2">备注</td><td rowspan="2"></td></tr>
<tr><td></td><td></td><td></td><td></td><td></td><td></td><td></td><td></td><td></td><td></td><td>杂项</td><td></td><td></td><td></td></tr>
<tr><td colspan="2">出差天数</td><td colspan="2">28</td><td colspan="4">交通票价小计</td><td>189</td><td>2</td><td colspan="2">其他费用小计</td><td>4 380</td><td>42</td><td>财务部门</td><td>王华</td></tr>
<tr><td colspan="14">报借款合计（人民币大写）肆仟伍佰陆拾玖元整　　￥4 569.00</td><td colspan="2">退￥431.00</td></tr>
<tr><td colspan="4">单位领导</td><td colspan="4">林立</td><td colspan="2">报销人</td><td colspan="2">周一民</td><td colspan="2">报销日期</td><td colspan="2">20××年3月10日</td></tr>
</table>

图1-2　差旅费报销单

4）经办人或责任人的签名或盖章。如东风机械厂的财务收款员张为，销售营业员李力，以及提货人赵强；第一百货公司的周一民、林立。这些经办人或责任人都要签名或盖章，他们将对购买、销售车床以及差旅费报销的真实性、合法性负责。

5）接受凭证单位的名称。如上海××铸造厂，第一百货公司。

6）经济业务内容。如购买车床，报销差旅费。

7）经济业务的数量、单价、金额。如车床4台，单价25 000元，金额100 000元，报销差旅费4 569元。

（2）外来原始凭证填制的具体要求。在会计实务中，原始凭证除应具备上述基本内容外，还可以根据经营管理和特殊业务的需要增加必要的内容。对于不同单位经常发生的共同性经济业务，有关部门也可以制定统一的凭证格式（通用凭证），如人民银行统一制定的可以在全国通用的银行转账结算凭证，铁道部统一制定的铁路运单等。另外，对外来原始凭证的取得和填制还有以下具体要求：

1）从外单位取得的原始凭证应盖有填制单位的公章；从个人取得的原始凭证应有填制人员的签名或盖章；有些特殊的原始凭证，出于习惯或使用单位认为不易伪造，可以不加盖公章，但这种凭证一般应有固定的特殊标志，如火车票。

2）使用统一发票，发票上应印有税务专用章。事业、行政单位按规定收取费用时，应使用财政部门统一印制的收据。

3）发生销货退回和退款时，应填制退货发票并附有退货验收证明和对方的收款收据，不能仅以本单位开具的红字发票副本作为付款的原始凭证。

4）本单位根据管理和核算的需要而增加的内容，如凭证编号、定额指标、预算项目、合同号码等必须列示在内。

5）经过行政机关批准的经济业务，批准文件是必不可少的原始凭证。年度终了，若批准文件需要另外保管，应复印一份作为附件替换正式文件。

这里所说的公章是指具有法律效力和特定用途，能够证明单位身份和性质的印鉴，包括业务公章、财务专用章、发票专用章、结算专用章等。没有公章的原始凭证是无效凭证。

2. 自制原始凭证的基本内容

自制原始凭证是由本单位内部经办业务的部门和人员，在执行或完成某项经济业务时填制的、仅供本单位内部使用的原始凭证，自制原始凭证与外来原始凭证在内容上大致相同，但由于自身特点的不同，也存在一定的差别，如材料入库单、工资表等就不需要印税务专用章或由财政部门统一印制等。其基本内容应具备以下几个方面：

（1）凭证的名称。如收料单、领料单、限额领料单、产品入库单、产品出库单、借款单、工资发放明细表、折旧计算表等。

（2）经济业务的内容。如收取款项、某种物资入库、领用某种材料、某某材料或仓库的年度盘点资料、发放工资等。

（3）经济业务的数量。一是实物量，二是价值量。有些业务需要同时反映实物量和价值量，有些业务则只需反映价值量。如入库材料的规格、型号、数量（重量、体积、长度等）及单价、金额；而工资表、收款收据则只反映价值量（资金量）。

（4）经济业务的当事单位或当事人。如工资表上要注明某科室、车间、工段的职工工资，领料单上要注明领用材料的车间、科室，转账凭证所附原始凭证上的当事单位就是本单位。

（5）责任单位和责任人。每一项经济业务的发生，都有其特定的责任人。以发工资为例，它的责任单位是车间、劳资科（处、组）和会计部门；它的责任人有考勤员、工资表编制人、领工资人和发工资人。同样，收款收据所反映的经济业务的责任人是收款人或付款人；转账用原始凭证，如月度折旧计算表，提供在用固定资产原值和编制折旧计算表的会计人员就是责任人。

（6）经济业务发生的时间和原始凭证的填制时间。经济业务发生的时间和原始凭证的填制时间，有的是一致的，例如领料时间和填制领料单的时间；有的是不一致的，例如，在月工资制情况下，所发工资是一个月的，但发工资的时间却是用日来表示的，这两个时间都应反映。

（二）原始凭证的审核

各种原始凭证，包括外来原始凭证和自制原始凭证，大部分是由外单位和本单位业务经办人员填制的。由会计人员填制的原始凭证只是一小部分，主要是各种收款、计提费用、留利、价差分配等凭证和表格。为了如实反映经济业务的发生和完成情况，保证会计信息的真实准确，充分发挥会计的监督作用，会计人员必须做好原始凭证的审核工作，只有经过审核的原始凭证才能作为收付财物和记账的依据。

1. 外来原始凭证的复核

对外来原始凭证的复核包括真实性复核、完整性复核和合法性复核三个方面的内容。会计人员应按照会计法规、制度的要求对外来原始凭证进行认真的复核。

（1）真实性复核。复核外来原始凭证，首先要复核它的真实性，即看其是否真实。原始凭证作为会计信息的基本信息源，其真实性对会计信息的质量具有至关重要的影响，如果不真实，就谈不上完整性复核和合法性复核。所谓真实，就是原始凭证上反映的应是经济业务的本来面貌，不得掩盖、歪曲和颠倒经济业务发生的真实情况。对真实性的复核主要有以下几方面内容：

1）经济业务的双方当事单位和当事人必须真实。包括开出原始凭证的单位、接受原始凭证的单位，填制原始凭证的责任人，取得原始凭证的责任人等都要据实填写，不得冒他人、他单位之名，也不得填写假名。

2）经济业务发生的时间、地点和填制凭证的日期必须真实。不得把经济业务发生的真实时间改变为以前或以后的时间；不得把在甲地发生的经济业务改变为在乙地发生的经济业务；也不得把填制原始凭证的真实日期改变为以前或以后的日期。

3）经济业务的内容必须真实。购货业务要标明货物的名称、规格、型号等；住宿业务要标明住宿的日期；乘坐交通工具业务要标明乘坐何种交通工具及起止地点；就餐业务要标明“就餐”。不得把购货写成就餐，或把就餐写成住宿等。

4）经济业务的“量”必须真实。这里说的“量”既包括实物量也包括价值量。例如购货业务要标明所购货物的重量（长度、体积、个数）；其他经济业务要标明计价所使用的量，如吃一次饭、住宿一天、参观展览一次或一个疗程等。真实性的另一项重要要求是单价、金额必须是真实的，不得在填写原始凭证时抬高或压低单价，多开或少开金额。

（2）完整性复核。所谓完整，是指原始凭证应具备的要素必须完整，手续齐全。对完整性的复核主要从以下几个方面进行：

1）原始凭证各项基本要素是否齐全。例如，发货票上应有销货单位的财务公章、税务专用章、本联发货票的用途、发货票的编号等。要素不完整的原始凭证，原则上应退回重填，特殊情况下需经旁证和领导批准才能作为编制记账凭证的依据。

2）取得外来原始凭证的手续是否齐全。如双方经办人是否签名或盖章；需要旁证的原始凭证旁证是否齐全；需经领导签名批准的原始凭证是否有领导人的亲笔签名；凭证联次是否正确等。以支付款项的原始凭证为例，必须有收款单位和收款人的收款证明，不能仅以支付款项的有关凭证如银行汇款凭证等代替。手续不齐全的原始凭证，应退回补办手续后再受理。

（3）合法性复核。所谓合法，就是要按会计法规、会计制度和计划预算办事。对合法性的复核主要就凭证中所反映的经济业务内容是否符合国家有关政策、法令、制度、计划、预算和合同等的规定，是否符合审批权限和手续，是否符合节约原则等进行检查。在实际工作中，外来原始凭证不合法一般有三种情况，复核时需要加以注意。

1）明显的假发货票、假车票等。会计人员可以通过对原始凭证的取得时间、印制情况、印章制作水平等进行真假判定，对印制粗糙、水平低劣的原始凭证要慎重处理。

2）虽真实但制度不允许报销。这种例子极多。一般而言，私人购置和使用的物品不能用公款报销；凡个人非因公外出发生的各种费用不能用公款报销；单位在业务活动中，不准用公款购买物品相赠等。只要会计人员熟悉制度，复核时很容易判别是否合法。

3）虽能报销，但制度对报销的比例或金额有明确限制，超过规定比例和限额部分，不能报销。例如制度明确规定了职工出差乘坐交通工具、所住旅馆的种类、等级，超过标准的应由出差人自己负担。

复核时，会计人员必须坚持原则，认真履行职责，对于违反制度、计划、预算的收支凭证虽真实完整也应拒绝办理，并立即向会计主管报告；对于不真实、不完整的外来原始凭证，要退回重填或不予受理。只有复核无误的会计凭证，才能作为填制记账凭证的依据。

2. 自制原始凭证的复核

自制原始凭证是单位自行印制、仅在本单位内部使用的原始凭证。虽然它和外来原始凭证在名称、用途、内容、格式、取得渠道等方面不尽相同，但在证明经济业务发生，据以编制记账凭证的作用方面，与外来原始凭证具有同等的效力，其基本要素和填制要求与外来原始凭证基本相同，复核时，和外来原始凭证一样，也要对其真实性、完整性和合法性进行复核。

（1）真实性复核。自制原始凭证上反映的也应是经济业务的本来面貌，不应是伪造的、歪曲的、变了形的面貌。例如，不能把发放的奖金写成加班费；不能把福利部门领用的材料填成生产领用材料而挤入成本；不得把新材料当成废料"卖"给厂内职工；不得把企业生产的紧俏优质产品写成废次品卖给本企业的服务公司等等。记账人员在复核时，如果发现或得知自制原始凭证反映情况不实，应向会计主管报告。

（2）完整性复核。自制原始凭证的内容、手续要全面、完整、齐备，要求填列的项目必须逐项填列，不得遗漏或省略。例如厂内某职工在材料仓库买圆钢25kg，使用厂内材料让售单反映，该让售单应注明买钢材职工姓名，钢材的规格、型号、单价、数量和金额等相应项目。由谁批准、由谁开票、由谁发货，都应有记载，缺了其中任何一项，都是手续不全，都有可能影响出现问题时的责任认定。

（3）合法性复核。自制原始凭证所反映的经济业务要合法。不合法的原始凭证，即使已编制了记账凭证，在记账时发现，也要暂停登记，立即向会计主管报告。例如，有的单位遇节假日时，自己制定标准，给每个职工发几百元的所谓节日加班费，凭证虽然是真实的，但这种作法如果违反了制度规定，应认定为不合法的自制原始凭证。

在单位内部的会计实务中，还有一种比较常见的账务处理——转账。按照所依据的内部原始凭证的填制单位不同，转账可以分为企业内部转账和会计机构内部转账。生产领用材料，是一种转账业务，领用材料所填制的领料单，不是会计机构内部填制的，我们称之企业内部转账；计提折旧、分配利润、预提某项费用、摊销待摊费用，都是会计机构内部办理的，我们称之为会计机构内部转账。在实际工作中，有些会计人员为了"省事"，不愿为会计机构内部的转账填制原始凭证，认为这种转账，既不涉及现金和银行存款收付，又不涉及财产物资的增减转移，纯粹是"空转"，只要会计人员心中有数就行了，填不填原始凭证关系不大。这种观点是不正确的。虽然转账业务不涉及现金、银行存款的收付，也不需取得外来原始凭证，但作为一项经济业务，它也有发生的时间、地点、具体内容、计算依据和责任人，也要填制原始凭证作为编制记账凭证的依据。例如，企业每个月都要计提折旧费用，虽然反映固定资产折旧情况的记账凭证不涉及现金和银行存款的收付，不需要从外单位取得原始凭证，但不填制原始凭证，记账凭证就无凭无据，时间长了，不仅其他人员弄不清每月提取折旧费用的依据，可能连会计人员自己也不一定说得清。因此，必须填制必要的原始凭证。以固定资产折旧计算表为例，提取折旧的月份、制表的日期、固定资产总额及分类、会计制度规定的月折旧率、本月应计提折旧的固定资产原值、本月应提折旧额等在这个计算表中都应予以反映，需要特别说明的事项，还应在计算表中或另附纸加以说明，并标出制表人、复核人的姓名，以示负责。

复核转账用自制原始凭证时，应把重点放在复核转账业务是否符合会计制度的规定和转账业务的计算是否正确上。比如，在复核提取折旧费的原始凭证时，要看所使用的月折旧率是否正确；分类折旧的类别折旧率是否正确，有无故意多提或少提的现象等；复核利润分配的原始凭证时，要看分配是否符合制度规定，以及计算是否正确等。

二、记账凭证的填制和复核

多数单位每天会发生大量的经济业务事项，为了使单位会计记录系统化，不仅要以原始凭证为依据，还需要设置一定的凭证来记载对每笔经济业务所作的分录，记账凭证就是记载每笔经济业务的分录并据以记入有关账户的凭证。

（一）记账凭证应具备的内容

记账凭证作为登记账簿的依据，因其所反映的经济业务的内容不同、各单位规模大小及其对会计核算繁简程度的要求不同，其格式也有所不同。但为了满足记账的基本要求，记账凭证应具备以下基本内容或要素：

（1）凭证名称，即“收款凭证”、“付款凭证”、“转账凭证”或“记账凭证”。

（2）记账凭证的填制日期。通常以年月日表示。

（3）经济业务内容摘要。摘要即摘录其主要内容，对不同的经济业务，摘要文字应有不同的表述方法。

（4）凭证编号。应按月编制记账凭证的统一序号。

（5）会计科目的名称及其记账方向，包括对应的一级科目和明细科目。因为会计在记账时采用的是复式记账法，所以每一笔经济业务发生后，都要以相等的金额在相对应的两个或两个以上科目中进行反映。一级科目反映总括情况；明细科目反映详细情况。

（6）金额。按照借贷记账法的规则，每一笔经济业务的发生，其借方金额与贷方金额永远是相等的；每一个一级科目下面的各明细科目金额之和，与一级科目的金额也相等，而且方向一致。

（7）记账标记。

（8）所附原始凭证的张数。每一份记账凭证都应附有原始凭证。记账凭证所附原始凭证张数的计算原则是，没有经过汇总的原始凭证，按自然张数计算，有一张算一张；经过汇总的原始凭证，每一张汇总单或汇总表算一张。例如某职工填报的差旅费报销单后面附有火车票、汽车票、市内公共汽车票、住宿费结算单等原始凭证共 70 张。70 张原始凭证在差旅费报销单上的“所附原始凭证张数”栏中已作登记，在计算记账凭证附件张数时，这一张差旅费报销单只能算 1 张。再如，某单位在一天之内报销了 25 张职工医药费单据。出纳在报销以后，又编了一张医药费流水单（代汇总表），将 25 张医药费单据的金额一一排列其上并加总，在汇总表上已注明所附原始凭证为 25 张，那么在计算记账凭证附件张数时就只能按 1 张计算。

（9）有关责任人的签名或盖章，包括制证人、复核人、会计主管人、记账人签章，收付款的记账凭证还应由出纳人员签名或盖章。

如果有的单位以自制的原始凭证或者原始凭证汇总表代替记账凭证，也必须具备记账凭证应有的项目。记账凭证有多种分类，使用收款凭证、付款凭证、转账凭证或记账凭证的一般格式如图 1-3、图 1-4、图 1-5 所示。

收　款　凭　证

借方科目：　　　　　　　　　　年　　月　　日　　　　　　　收字第　　号

摘　要	贷　方　科　目		记账	金额
	一级科目	二级或明细科目		
合　计				

附件　张

会计主管　　记账　　出纳　审核　　制单

图 1-3　收款凭证

付　款　凭　证

贷方科目：　　　　　　　　　　年　　月　　日　　　　　　　付字第　　号

摘　要	借　方　科　目		记账	金额
	一级科目	二级或明细科目		
合　计				

附件　张

会计主管　　记账　　出纳　审核　　制单

图 1-4　付款凭证

转 账 凭 证

年　月　日　　　　　转字第　　号

摘　要	会计科目		记账	借方金额	贷方金额
	一级科目	二级或明细科目			
合　计					

附件　张

会计主管　　记账　　出纳　　审核　　制单

图 1-5　转账凭证

（二）记账凭证的填制

明确了记账凭证应具备的内容后，还应掌握记账凭证的填制要求和方法。填制记账凭证是一项重要的会计工作。如果填制错误，不仅要影响到账簿登记，而且要影响到经费收支、费用汇集、成本计算和编制会计报表，即使发现后能够更正，也需要会计人员付出大量的时间和精力。因此，对记账凭证的填制工作应当认真进行，尽力避免将错误带到以后的工作当中。

1. 记账凭证的填制依据应是复核无误的原始凭证

记账凭证可以根据每一张原始凭证填制，也可以根据若干张同类原始凭证汇总填制，还可以根据原始凭证汇总表填制。

2. 记账凭证种类的确定

会计人员在接到经复核的原始凭证后，应根据经济业务的性质，首先确定使用哪种记账凭证（收款凭证、付款凭证或转账凭证），收支业务不多的单位，也可以使用一种通用的记账凭证来记录这项经济业务。现金或银行存款的收付业务，应使用收付款凭证；不涉及现金和银行存款收付的业务，则应使用转账凭证。

3. 记账凭证日期的填写

填写日期一般是会计人员填制记账凭证的当天日期，也可以根据管理需要，填写经济业务发生的日期或月末日期。报销差旅费的记账凭证填写报销当日的日期；现金收付款记账凭证填写办理收付现金的日期；银行收款业务的记账凭证一般按财会部门收到银行记账单或银行回执的戳记日期填写；实际收到的进账单日期与银行戳记日期相隔较远，或次月收到上月的银行收付款凭证，可以按财会部门实际办理的转账业务日期填写；银行付款业务的记账凭证，一般以财会部门开出银行付款单据的日期或承付的日期填写；属于计提和分配费用等转账业务的应当以当月最后的日期填写。

4. 记账凭证的编号

对记账凭证进行编号是为了分清会计凭证处理的先后顺序，便于登记账簿和记账凭证与账簿记录的核对，保证会计凭证的安全完整，防止丢失并方便查账。填写记账凭证编号的方法有多种。一种是将全部记账凭证作为一类，统一编号；一种是分别按现金和银行存款收入、现金和银行存款付出和转账业务三类进行编号，这样记账凭证的编号应分为收字第×号、付字第×号、转字第×号；还有一种是按现金收入、现金付出、银行存款收入、银行存款付出和转账五类进行编号，这种情况下，记账凭证的编号应分为现收字第×号、现付字第×号、银收字第×号、银付字第×号、转字第×号。记账凭证的编号可以在填写记账凭证的当日填写，也可以在装订记账凭证时或月末填写。无论是统一编号或分类编号，都应该按月顺序编号，即每月从第1号编起，顺序编至月末，一张记账凭证编一个号，不得跳号、重号。

业务量大的单位，可使用“记账凭证编号单”。按照本单位记账凭证编号的方法，事先在编号单上印满顺序号，编号时用一个销一个，由制证人注销，在装订凭证时将编号单附上，使记账凭证的编号和张数一目了然，便于查核。

复杂的会计事项，需要填制两张或两张以上的记账凭证时，应另编分号，即在原编号后面用分号的形式表示。如第5号记账凭证的会计事项需要编制3张记账凭证，则第一张为$5\frac{1}{3}$，第2张为$5\frac{2}{3}$，第3张为$5\frac{3}{3}$。

5. 摘要的填写

记账凭证的摘要栏用来填写经济业务的简要内容。填写时要用尽可能简明扼要的文字反映经济业务的概况。填写摘要的要求，一是真实准确，其内容要与经济业务的内容和所附原始凭证的内容相符；二是简明扼要，对经济业务内容表述要准确、概括并书写工整；三是对一笔经济业务涉及两个以上（不包括两个）一级会计科目的，一般应根据经济业务和各个会计科目的特点分别填写。

摘要栏的填写没有统一规格，根据不同类型的经济业务，因事而异，详略不同。但对于同一类经济业务，摘要表述的基本内容可以遵循一定的规范。对于收付款业务要写明收付款对象的名称、款项内容，使用银行支票的，应填写支票号码；购买物资要写明供货单位名称和主要材料或商品的品种、数量，涉及阿拉伯数字时，应书写清楚，除表示单价外，一切以元为单位的阿拉伯数字都应填写到角分；预收预付款项、应收应付款项等债权债务业务，应写明对方单位、业务经手人、发生时间等内容；对于盈溢损失事项，应写明发生部门、责任人；对于冲销和补充业务，应写明被冲销或被补充的记账凭证的日期及编号。

6. 会计科目的运用和会计分录的填制

填写中应写明会计科目的全称或编号，不得简写或只写编号而不写名称，不得用“〃”符号代替重复出现的会计科目。要写明一级科目、二级科目甚至三级科目，以便于登记总分类账和明细分类账。会计科目的对应关系要填写清楚，用借贷记账法记账，要先写借方后写贷方，可以填制一借多贷或多借一贷的会计分录；使用收付记账法记账，应先收后付，可以填制多收多付，同收同付的会计分录。在填写会计科目时，一般一个科目只能同另一个科目或几个科目相对应，不要几个科目和几个科目同时对应。但在特殊情况下，如果某项经济业务本身就需要编制一组多借多贷的会计科目时，为了集中反映该项经济业务的全貌，可以采用多借多贷的会计科目对应关系，不必人为地将一项经济业务所涉及的会计科目分开，编制两张记账凭证。

不能把不同内容、不同类型的经济业务合并，编制一组会计分录，填制在一张凭证上。否则会造成经济业务的具体内容不清楚，难以填写摘要，会计科目没有明确的对应关系，看不清经济业务的来龙去脉。这样填制的记账凭证，不仅凭证本身记录不清楚，也容易造成账簿记录的错误，给记账算账带来困难。

7. 金额栏数字的填写

记账凭证的金额必须与原始凭证的金额相符；在填写金额数字时，阿拉伯数字书写要规范，应当一个一个地写，不得连笔写，应平行对准借贷（或收付）栏次和科目栏次，防止错栏串行；金额的数字要填写到分位，无角分的，角位、分位要写“00”字样或用符号“/”，如 214.00 元或 214 元；有角无分的，则要在分位上写“0”字样，不得用“/”代替，如 352.10 元 ；角分位与元位的位置应在同一水平线上，不得上下错开；每笔经济业务填入金额数字后，要在记账凭证的合计行填写合计金额，一笔经济业务因涉及会计科目较多需在一张记账凭证上填写多行或填写多张记账凭证的，一般在每张记账凭证的合计行填写合计金额，并在合计数前面填写货币符号“¥”，不是合计数，则不填写货币符号。货币符号与阿拉伯数字之间不得留有空白。

8. 记账凭证中空行的处理

记账凭证应按行次逐项填写，不得跳行或留有空行，对记账凭证中的空行，应该划斜线或一条“S”形线注销。划线应从金额栏最后一笔金额数字下的空行划到合计数行上面的空行，要注意斜线两端都不能划到金额数字的行次上。

9. 所附原始凭证张数的计算和填写

所附原始凭证的张数的计算，一般应以原始凭证的自然张数为准。凡是与记账凭证中的经济业务记录有关的证据，无论多少，都应作为原始凭证附在记账凭证后面，并注明张数。凡属收付款业务的记账凭证，必须有附件：例如职工因公出差所用的借款凭据，必须附在记账凭证上，收回借款时，应另开收据或退还借据副本，不得退还借款收据；转账业务中，属于摊提性质的经济业务，也应有附件。附件张数应用阿拉伯数字填写，其计算方法有两种：一种是按构成记账凭证金额的原始凭证（或原始凭证汇总表）计算张数；另一种以所附原始凭证的自然张数为准，即凡是与记账凭证中的经济业务内容有关的每一张证件，都应作为记账凭证的附件，有一张算一张。通常属转账业务的原始凭证张数的计算，以构成记账凭证金额的张数为准，其他说明性质的资料均作为附件的附件处理；属于收付款业务的原始凭证张数的计算，均以自然张数为准。如果记账凭证附件是原始凭证汇总表，也要进行转账和收付款业务的区分：属于转账业务的，记账凭证的附件以原始凭证汇总表的张数为准，汇总表所附的原始凭证只作为附件的附件处理；属于收付款业务的，附件张数应把汇总表及所附的原始凭证或说明性质的资料均计入。但对差旅费、市内交通费、医药费等零散票券，可以粘贴在一张纸上，作为一张原始凭证附件。当一张或几张原始凭证涉及几张记账凭证时，可将原始凭证附在一张主要的记账凭证后面，在摘要栏注明“本凭证附件包括××号记账凭证业务”字样，在其他记账凭证上注明“原始凭证附在××号记账凭证后面”字样。对于需要经上级批准的经济业务，批准文件也应作为原始凭证的附件。

10. 记账凭证的签章

记账凭证由会计人员填制完毕后，填制人员应该签名或盖章，并经稽核人员审核签名或盖章后，交由会计主管人员签名或盖章，最后由记账人员根据审核无误的记账凭证登记账簿，并在记账凭证上签名或盖章，以表明该记账凭证已由其登记入账。对于收付款记账凭证，还必须由出纳人员签名或盖章，以表明出纳人员已对所签名或盖章的收付款记账凭证上的款项进行了收付。

对记账凭证签名或盖章的目的在于加强对凭证的管理，分清会计人员的经济责任，使会计工作岗位之间互相制约、互相监督。

11. 现金和银行存款之间以及各种银行存款之间划转业务的处理

使用收款凭证、付款凭证和转账凭证的单位，对现金和银行存款之间及各种银行存款之间相互划转的业务，如从银行提取现金或将现金存入银行等，一般只编制付款凭证，不再编制现金或银行存款的收款凭证，以避免重复记账。为了明确责任，持支票从银行提取现金的经手人，应在银行存款付款凭证上签字；将现金送存银行，经手人应在现金付款凭证上签字，并将从银行退回的已经银行盖章的现金送款回单，作为现金付款凭证的附件。

（三）记账凭证的复核

记账凭证的复核是为了保证和监督各种款项的收付、物资的收发、往来的结算以及账簿记录的正确性，是对所办理的经济业务的原始凭证的复核和记账凭证的填制是否符合规定进行复查。

1. 所附原始凭证的复核

每张记账凭证必须附有原始凭证（结账和更正错误的记账凭证可以不附原始凭证），不附原始凭证的记账凭证是不符合要求的，若发现这种情况，应查明原因，进行处理。另外，还必须复核所附原始凭证是否完整；在记账凭证上填写的张数是否与实际原始凭证的张数相符；记账凭证所填写的有关内容，如接受凭证的单位名称或经办人等，是否与原始凭证的内容相符等。

2. 摘要栏的复核

检查摘要栏的填写是否清楚，是否正确地归纳了所附的原始凭证所反映的经济内容，是否包含必须反映出的项目。

3. 会计科目使用及分录的复核

检查对应的会计科目和会计分录（包括一级科目、二级科目和明细科目）使用及处理是否正确，应借、应贷科目名称是否符合国家统一的会计制度的规定，是否有明确的账户对应关系等，并对金额再次进行汇总计算。

4. 内容完整性的复核

检查记账凭证中有关项目的填写是否完备，有关会计人员的签名或盖章是否齐全，填写是否符合规范等。出纳人员在办理收款或付款业务后，还应在凭证上加盖“收讫”或“付讫”的戳记，以避免重收重付。

5. 复核发现问题的处理

复核中若发现问题，应及时进行处理，包括补办手续、补填内容，或拒绝办理等，若发生会计人员不能处理的情况，应及时向主管人员报告。

（四）记账凭证错误的更正

记账凭证出现错误的原因有两类：一类是因原始凭证错误引起的记账错误；另一类是填制记账凭证时发生错误，包括摘要填写不对、用错科目、填错金额等。有的记账凭证错误可能在登记账簿之前就被发现，而有的错误可能一直到登记账簿以后才被发现。不同的错误要区别不同情况进行更正。

1. 原始凭证错误或无法辨认

对于原始凭证发生错误或无法辨认，如果还没有登记账簿，无论是外来还是自制的原始凭证，都应责成经办人退回填制单位或填制人更正或补填，制证人员将根据更正或补填的原始凭证填制记账凭证，如发现有违反财经纪律和财务制度的情况，应拒绝受理；对于弄虚作假、营私舞弊、伪造涂改等违法违纪行为，应扣留凭证，报请领导处理。已经登记入账的，不能把错误的原始凭证抽出来，而应责成经办人另外补填原始凭证，按补填的正确原始凭证选用补充登记法或红字更正法进行更正。补充登记法应用于其他各项没有错误、只有所记金额少于应计金额时，更正的方法是：待补填的正确原始凭证收到后，按少记的金额用蓝字编制一张和原记账凭证内容完全相同、金额不同的记账凭证，以补充少记的金额，并据以记账。红字更正法应用于一般性的各种错误，更正的方法是：待收到正确的原始凭证后，先用红字填写一张与原记账凭证完全相同的记账凭证，以示冲销原记账凭证，再用蓝字填写一张正确的记账凭证，并据以记账。

2. 记账凭证的错误

记账凭证填制过程中出现错误，凡是没有登记账簿的，应由制证人员重新填制；已经登记账簿的，记账凭证的错误若是在当年被发现，为了便于反映有关账户的本年发生额，正确计算当年的财务收支，在科目和金额同时错误的情况下，采用红字更正法，在记账凭证和账簿上进行更正，即按规定填制一张红字凭证冲销原来的错误凭证，在摘要栏注明"注销某月某日某号凭证"字样，再用蓝字重新填制一张正确的凭证，在摘要栏注明"订正某月某日某号凭证"字样，据以登记账簿。如果会计科目没有错误，只是金额错误，也可以将正确数字与错误数字之间的差额，另编制一张调整的记账凭证，调增金额用蓝字，调减金额用红字。发现以前年度记账凭证有错误的，应当用蓝字填制一张更正的记账凭证。

在会计实务中，由于各单位在记账凭证的填制、编号、装订及登记账簿的顺序、时间做法不一，因此在更正记账凭证错误时，应注意相应地调整记账凭证的编号、装订和汇总。

（五）记账凭证附件的处理

记账凭证后面所附的原始凭证种类多不胜数，大小也不尽相同，大的如用A4纸打印的合同文本，小的如差旅费中报销的公共汽车票。为了便于装订和保管，填制记账凭证的时候，应对附件进行必要的外形加工。过宽、过长的附件，应进行纵向或横向折叠。折叠后的附件外形尺寸，不应宽于和长于记账凭证，同时还要便于翻阅；附件本身不必保留的部分可以裁掉，但不得因此影响原始凭证内容的完整。过窄、过短的附件，如果不能直接装订，应进行必要的加工后再粘贴于专制的原始凭证粘贴纸上，然后再装订粘贴纸。原始凭证粘贴纸的外形尺寸与记账凭证相同，纸上应先印一个合适的方框，各种不需直接装订的原始凭证，如长途汽车票、市内公共汽车票、出租车票都应按类别整齐地粘贴于粘贴纸的方框之内，不得超出。粘贴时，应横向进行，从右向左，粘牢原始凭证的左边，留右边，一张压一张，每张附件只粘0.6~1cm长，粘牢即可。粘好以后，要捏住记账凭证的左上角，向下抖几下，看有没有未粘住或未粘牢的。如有原始凭证掉下来，应立即补粘上去。最后，应在粘贴单的空白处分别写出每一类原始凭证的张数、单位金额及总金额。例如某职工差旅费报销单后面的粘贴单附有1.00元的市内公共汽车票40张，就在这种车票的粘贴单上写明"1.00×40元=40.00元"字样，有1.50元的市内公共汽车票20张，就在这一类凭证下面写明"1.50×20元=30.00元"字样；票面金额不相同的原始凭证有一张登记一张。如有一张火车票为54.00元，就写明"54.00×1元=54.00元"字样。这样，万一原始凭证不慎失落，也可以很容易判断掉的是一张什么票面的原始凭证，并为以后计算附件张数提供了方便。

三、会计凭证的填制要求

（一）用笔的要求

填制会计凭证必须用蓝黑墨水或碳素墨水书写。一式几联的会计凭证，必须用双面复写纸套写，使用复写纸时，为了保证各联字迹清晰，可以使用圆珠笔，书写时字迹必须工整，不得潦草。

（二）金额书写的要求

1. 大写金额的书写

汉字大写金额数字，一律用正楷字或行书字书写，应使用壹、贰、叁、肆、伍、陆、柒、捌、玖、拾、佰、仟、万、亿、圆（元）、角、分、零、整（正）［壹、贰、叁、肆、伍、陆、柒、捌、玖、拾、佰、仟、万、亿、圆（元）、角、分、零、整（正）］等字样，使大写金额易于辨认且不易涂改。不得用一、二（两）、三、四、五、六、七、八、九、十，念、毛、0（或另）等字样代替；不得任意自选简化字；大写金额满拾元而不足贰拾元的，应在拾字前加写“壹”字；大写金额数字到元或角为止的，在“元”或“角”字之后应写“整”或“正”字（其中“角”之后也可以不写“整”（或正）字）；大写金额数字有分的，分字后面不写“整”字。例如，壹万叁仟肆佰伍拾贰元柒角整、捌拾陆元贰角壹分。

汉字大写金额数字应标明“人民币”字样，大写金额数字应紧接“人民币”字样填写，不得留有空白。大写金额数字前，没有印好人民币字样的，应加填“人民币”三字。但不得在票据和银行结算凭证大写金额栏内预印固定的“仟、佰、拾、万、仟、佰、拾、元、角、分”字样。

2. 阿拉伯数字的书写

阿拉伯数字应一个一个地写，不得连笔书写。阿拉伯数字前面应写人民币符号“¥”或者草写“¥”。人民币符号与阿拉伯数字之间不得留空白，凡阿拉伯数字前面写有人民币符号的，数字后面不再写“元”字，例如¥1 688.00，不写成¥1 688.00元。

所有以元为单位的阿拉伯数字，除表示单价等情况外，一律填写到角分，无角分的，角位、分位要写“00”字样或用符号“/”，如可以写成158.00元，也可以写成158./元；有角无分的，则要在分位上写“0”字样，不得用“/”代替，如写成158.70元，但不得写成158.7/元。

阿拉伯金额数字中间有“0”时，汉字大写金额要写“零”字。如¥207.40，汉字大写金额应写成人民币贰佰零柒元肆角整。阿拉伯金额数字中间连续有几个"0"时，汉字大写金额中可以只写一个"零"字，如¥30 004.56，汉字大写金额应写成人民币叁万零肆元伍角陆分。阿拉伯金额数字元位写"0"，或数字中间连续有几个"0"，元位也是"0"，但角位不是"0"时，汉字大写金额可只写一个"零"，也可以不写"零"字，如¥1 320.56，汉字大写金额应写成人民币壹仟叁佰贰拾圆零伍角陆分或人民币壹仟叁佰贰拾圆伍角陆分，又如¥1 000.56,汉字大写金额应写成人民币壹仟圆零伍角陆分，或人民币壹仟圆伍角陆分。凡填写大写和小写（即阿拉伯数字）金额的原始凭证，大写和小写金额必须一致。

四、会计凭证的装订和汇总

（一）会计凭证的装订

会计凭证应定期装订成册，以防散失。装订，也是会计工作的内容之一，虽然教科书中介绍不多，在会计实务中却是一项经常性的工作。会计部门在依据原始凭证编制记账凭证后，并不是马上装订，而是使用回形针或大头针将每一张记账凭证与所附原始凭证固定，定期（每天、每旬、每月）对各种会计凭证进行分类整理，最终将各种记账凭证按照编号顺序，连同所附的原始凭证一起加具封面、封底，装订成册。有的单位经济业务较少，一个月的记账凭证可能只有几十张，装订起来只有一册，有的单位经济业务频繁，一个月的记账凭证可能有几百张或几千张，装订起来就是十几册或几十册。会计人员在装订之前，要设计一下，看一个月的记账凭证究竟订成几册为好。每册的厚薄应基本上保持一致，不能把一项经济业务的几张记账凭证拆开装订在两册之中，要做到既美观大方又便于翻阅。

会计凭证装订之前．还要再次检查一遍所附原始凭证是否全部加工折叠、整理完毕。凡超过记账凭证宽度和长度的原始凭证都要整齐地折叠进去。要特别注意装订线眼处的折叠方法，防止装订以后再也翻不开了。

所有会计凭证都要加具封面。封面通常采用较为结实耐磨耐拉扯的牛皮纸，一般的封面格式如图1-6所示。封面上应事先印上会计单位的名称和会计凭证的名称，如"××机械厂记账凭证"或"××仪器厂收款凭证"。除此之外，会计人员要在封面上填写凭证所反映的经济业务发生的年、月份，凭证的起止号码，本札凭证为几分之几册或本月共几册，本册为第几册等。为了慎重起见，还应在记账凭证封面上加盖单位负责人、财务负责人和装订人的印章，由装订人在装订线封签处签名或盖章。

记账凭证的装订分手工装订和机器装订。机器装订如同装订图书，此处不作介绍。下面我们只介绍手工操作用线绳装订的程序和方法，供参考之用。

(1) 加具封面（见图1-6），磕迭整齐，用铁夹夹紧。

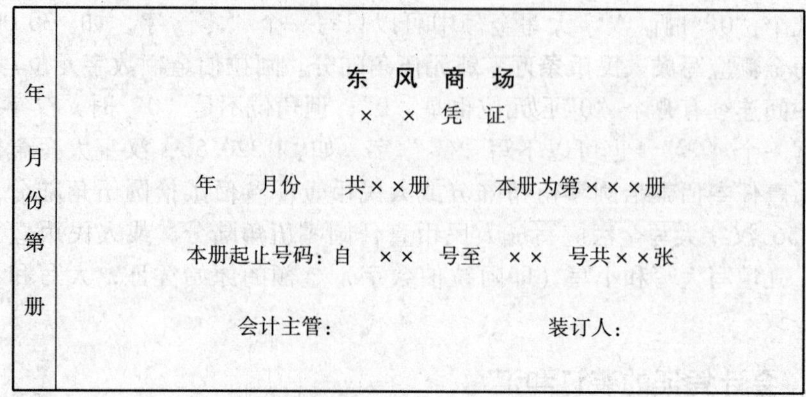

年 月份 第 册

东 风 商 场

× × 凭 证

年 月份 共××册 本册为第×××册

本册起止号码：自 ×× 号至 ×× 号共××张

会计主管： 装订人：

图 1-6 会计凭证封面

（2）用铅笔在记账凭证封面的左上角划一条分角线，将直角分成两个 45°的角（见图 1-7）。

（3）在分角线的适当位置上选两个点打孔作为装订线眼（见图 1-8）。这两个孔眼不能太靠近左上角的顶端，太近了装订后难以做到平整；也不能太靠下了，太下了又容易把原始凭证的内容订进去，给查阅带来困难。可在距左上角的顶端 2 ~4cm 的范围内确定两孔的位置。两孔之间也不能太近。

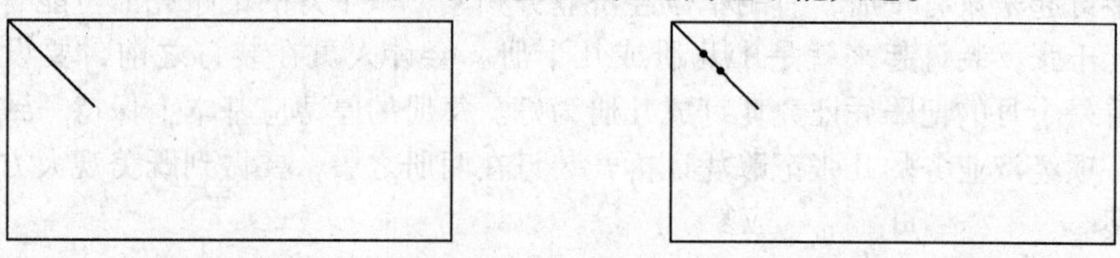

图 1-7 分角 图 1-8 打孔

（4）用尼龙线沿虚线方向穿绕若干次，扎紧（见图 1-9）。

（5）用一条宽 6cm 左右的牛皮纸条作包角纸，先从记账凭证的背面折叠纸条粘贴成如图形状（见图 1-10）。

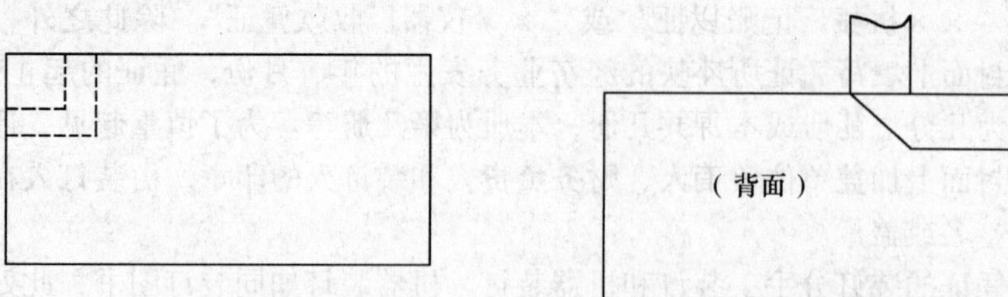

图 1-9 穿线 图 1-10 包角

(6) 再从正面折叠纸条，粘贴成如图 1-11 所示形状。

(7) 将正面未粘叠的纸条向后折叠，裁去一个三角形，与背后的包角纸重叠、粘牢。包角后的记账凭证如图 1-12 所示。

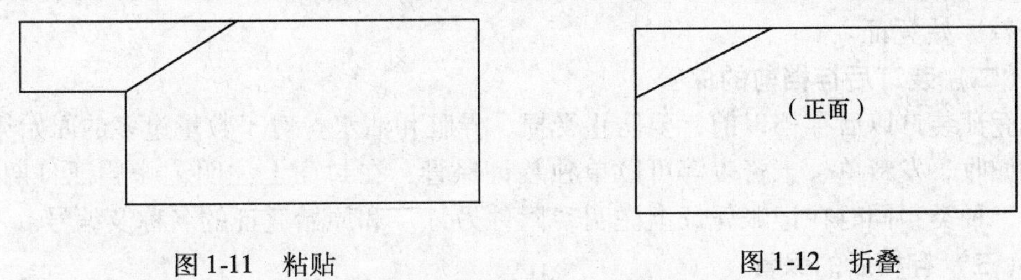

图 1-11　粘贴　　　　图 1-12　折叠

（二）会计凭证的汇总

会计凭证的汇总是对记账凭证科目及其发生额进行汇总。原则上，每册（本）记账凭证都应汇总一次。将科目汇总表附在会计凭证封面之下、会计凭证之前。编制科目汇总表时，把本册会计凭证中的科目及发生额加总后填入汇总表中，平衡的方法因记账方法不同而各异。用借贷记账法记账，平衡时用借贷平衡，发生额及差额的借贷方都是平衡的。

在生产经营规模较大的企业和会计业务较多的行政事业单位，每个月的记账凭证可能有十几册甚至几十册。在编制会计报表之前，还需将全月的会计凭证中的科目及其发生额汇总成一张大的科目汇总表，用以反映本单位全月的资金运动情况。这张会计科目汇总表应复写两份，一份附在会计报表后面，一份附在最后一册会计凭证中备查。设置科目汇总表的目的主要是进行试算平衡，为编制会计报表作准备；同时也可以凭借此表全面了解本单位的资金运动全貌。

五、会计凭证的保管

会计凭证的保管，从内容上分，包括原始凭证的保管和记账凭证的保管；从时间上分，包括装订成册以前的保管和装订成册以后的保管。会计凭证是重要的会计档案和经济资料，本单位和外部有关部门，如政府部门、会计师事务所、检查机关等可能会因为某些需要查阅会计凭证，特别是发生贪污、盗窃、违法行为时，会计凭证是最有效的证据之一。因此，会计人员要妥善保管会计凭证。

（一）装订前的保管

记账凭证在未装订成册以前，一般用大头针、回形针等将原始凭证固定在记账凭证后面。在这段时间内，凡使用记账凭证的会计人员都有责任保管好原始凭证和记账凭证，防止在传递过程中散失。会计凭证应及时传递，不得积压。原始凭证不得外借，从外单位取得的原始凭证如有遗失，应取得原签发单位盖有公章的证明，并注明原来凭证的号码、名称和内容等，由经办单位负责人批准后，才能代替原始凭证。如果确实无法取得证明的，如火车票、轮船票、飞机票等凭证，应由当事人写出详细情况，由经办单位负责人批准后，才能代替原始凭证。

（二）装订后存档前的保管

凭证装订以后存档以前，要防止受损、弄脏和沾水。对于数量过多的原始凭证，如收、发料单、工资表等可以单独装订保管，在封面上注明记账凭证日期、编号、种类，同时在记账凭证上注明“附件另订”和原始凭证的名称及编号。

（三）存档后的保管

会计凭证存档以后，保管责任随之转移到档案保管人员，保管人员应按照会计档案的要求，对会计档案进行分类、存档和保管。其他单位和个人经单位领导批准调阅会计凭证，要填写会计档案调阅表，详细填写借阅会计凭证名称、调阅日期、调阅人姓名和工作单位、调阅理由、归还日期。调阅人员一般不得将会计凭证携带外出。需复制的，要说明被复制的会计凭证名称、张数，经本单位同意后在会计人员的监督下复制。

会计凭证保管的目的主要是为了现在和将来使用这些凭证。如查证经济业务和责任人员，根据会计凭证回顾过去、总结历史经验等。各单位特别是单位内部的管理部门，要学会充分利用会计凭证为当前的企业管理和经营决策服务。不使用，保管也就失去了存在的意义。

第二节　登记会计账簿

虽然会计凭证可以将每天发生的经济业务进行正确的记录反映，但由于会计凭证的数量繁多，信息分散，使用起来很不方便。为了全面、系统、连续地核算和监督单位的经济活动和财务收支状况，编制、登记会计账簿也是必要的工作之一。

一、设置账簿的要求

设置账簿的要求包括种类要求和格式要求两方面。

（一）账簿种类的要求

一个会计单位应该设置哪些账簿需要根据会计制度、管理需要和实际经济业务来决定，同时也受到单位所选择的会计核算形式的影响。一般情况下，每个会计单位都应设置总分类账、明细分类账、日记账和备查账。

总分类账，也叫总账，是按一级会计科目设置账户，根据一级会计科目的发生额登记的账簿，它反映的是一级会计科目的借方发生额、贷方发生额和期末余额，提供的是某一类经济业务增减变化的总括资料。

明细分类账，亦称明细账，它是按明细会计科目设置账户，根据明细会计科目的发生额登记的账簿，它反映的是明细会计科目的借方发生额、贷方发生额和期末余额，提供的是按照明细类别划分的某一类经济业务增减变化的较为详细的资料。按照反映经济业务的详细程度不同，明细会计科目又分为二级明细科目和三级明细科目。按二级明细科目设置的账户就属于二级明细账户；按三级明细科目设置的账户就属于三级明细账户。

会计科目和会计账户之间存在着一定的联系和区别。科目是经济业务归类后的名称，账户则是科目在账簿中的运用。二者的关系是先有科目后有账户，科目可以离开账户独立存在，账簿离开了科目则无账户可言。

日记账是按照经济业务发生或完成的时间先后顺序逐日逐笔进行登记的账簿。它主要用来核算和监督某一类型的经济业务或全部经济业务的发生或完成情况，提供经济业务每日的动态及静态资料。日记账一般都是按一级会计科目设置（例如库存现金和银行存款）。根据一级会计科目的借方发生额和贷方发生额逐日、逐笔登记。

备查账，也称辅助登记账。它是为备忘备查而设置的，是对某些在日记账、总分类账、明细分类账中都不予登记或登记不够详细的经济业务进行补充登记时使用的账簿。例如，租入固定资产备查簿是用来登记那些以经营租赁方式租入、不属于本企业财产、不能计入本企业固定资产账户的机器设备；应收票据贴现备查簿是用来登记本企业已经贴现的应收票据，由于尚存在着票据付款人到期不能支付票据款项而使本企业产生连带责任的可能性（即负有支付票据款项的连带义务），而这些应收票据已经不能在企业的账簿中反映，只能备查登记。备查账与前面介绍的几种账簿不同之处在于它不是根据记账凭证登记的，其格式也与前面介绍的几种账簿不同，更加注重用文字记述某项经济业务的发生（增加）和同一项经济业务的注销（减少）。备查登记簿对加强经营管理、保证核算资料的正确性具有重要意义。

（二）账簿格式的要求

账簿设置格式的要求包括账簿装订形式的要求和账页格式设计要求。

对于总账的形式，现行国家统一会计制度未作统一要求，各单位可以根据自己的实际情况，自主选用订本式账本、活页式账本、棋盘式账本（事业单位）等，还可以采用具有期初余额、本期发生额和期末余额的科目汇总表代替总账。订本账是在启用之前就已经将账页装订在一起，并对账页进行了连续编号的账簿，可以有效避免账页散失和防止抽换账页；活页账是在账簿登记完毕之前并不固定装订在一起，而是装订在活页账夹中，当账簿登记完毕之后（通常是一个会计年度结束之后）才予以装订、连续编号的账簿。经济业务少的单位，总账可选用订本式或棋盘式，优点是便于保管和查阅。经济业务量大的单位，总账可选用活页式的，优点是便于翻阅、不浪费账页。总账账页的格式一般可选用三栏式的，用以反映增加、减少和余额，格式如表 1-1 所示。

表 1-1 总分类账

编号：

会计科目： 页次：

年		凭证号数	摘　要	对方科目	借方金额	贷方金额	借或贷	余额
月	日							

明细账也有多种形式，如订本式、活页式，或者棋盘式、三栏式、多栏式等，各单位可以自行选择。但是通常明细账适宜选用活页式的账本。因为有些经济业务发生的频率事先难以预计。若选用了订本式的账页，预留空白账页就可能出现预留过少（后来发生的经济业务就要转入另一本账簿中）或预留过多（造成账页浪费）的现象。选用活页式账簿，可以随要随加，更为方便合理。

由于不同账户要求反映的事项内容差异很大，明细账的账页格式是多样化的。像其他应收款、其他应付款等账户的明细账，只要求反映增加、减少和余额三项内容，因此可选用三栏式的账页，格式如表 1-2 所示；而像工业企业中设置的材料、产成品等账户的明细账户，账页上不仅要有规格、型号、化学成分等项目，而且需要有购进数量、单价、金额，发出数量、单价、金额，结存数量、单价、金额等栏目，所以更适合选用多栏式的账页。应注意的是，在工业企业里，核算产品成本用的基本生产明细账账页，是按照成本项目和成本计算的要求专门设计的，它和行政、事业单位的明细账账页格式不同，其横向栏目只反映费用的发生（增加），不反映费用的结转（减少），产品入库结转生产费用时，只能用负号或红字从增加栏中转出，在选用时各单位应予以注意。

表1-2　应付账款明细分类账　　页次：1

户名：××设备厂　　单位：元

20××年		凭证号数	摘　要	对方科目	借　方	贷　方	借或贷	余额
月	日							
			上年结转				借	4 200.00
1	1	收字20	退回轴承余款	银行存款		2 000.00		
	10	付字35	汇购钢板款	银行存款	5 800.00			
	12	付字40	汇购铜板款	银行存款	2 300.00			
	⋮	⋮	⋮	⋮	⋮	⋮		
	31	转字57	钢板入库	物资采购		5 800.00	借	4 500.00
	31		月结		8 100.00	7 800.00	借	4 500.00

对于日记账，除了日记总账外，目前就是指库存现金日记账和银行存款日记账。为了加强对货币资金的管理，这两种日记账都必须选用订本式的账簿，不得用银行对账单或者其他方法代替日记账。账页的格式为三栏式，只要求反映增加、减少和结余三个项目的资料。

二、启用账簿的要求

启用账簿时，要填写账簿启用表。目前市面上出售的订本式账簿都在账页的第一页印装了账簿启用表，活页式账页的每一札也都附有账簿启用表。所以启用账簿时，只须填制印好的账簿启用表而不需要另行编制。

填写启用表时，应填明启用日期和启用账簿的起止页数，如启用的是订本式的账簿，起止页数已经印好不需再印；如启用活页式账簿，起止页数可以等到装订成册时再填；还要填写记账人员姓名和会计主管姓名并加盖印章和单位财务公章。当记账人员或会计主管工作变动时，应先办好账簿移交手续，并在启用表上明确记录交接日期及接办人、监交人的姓名，加盖名章。

三、账簿的登记

（一）登记账簿的一般要求

1. 根据审核无误的记账凭证记账

会计账簿应当根据合法有效的会计凭证如实登记，记录的数据应当准确、完整、可靠，能够反映实际发生的经济业务事项，不得遗漏，不得作虚假记载。为了保证账簿记录的正确性，负责登记的会计人员在登记账簿前，应对已经复核人员审查过的记账凭证再复核一遍，不能因为已经他人审核就不再复核，这是岗位责任制和内部牵制制度的要求。记账人员如果对记账凭证中的某些问题不清楚，可以向填制记账凭证的人员或其他人员询问；如果认为记账凭证的处理有错误，可以暂停登记，及时向会计主管反映，由会计主管作出更改与否的决定。在任何情况下，凡是不兼任记账凭证填制工作的记账人员都不得自行更改记账凭证。

2. 记账的时间

为保证信息传递的及时性、准确性，登记账簿的时间间隔应当越短越好。一般情况下，总账可以三五天登记一次，最长不得超过一个星期；明细账的登记时间间隔要短于总账；日记账、债权债务明细账至少要一天登记一次。库存现金、银行存款日记账应根据收、付款记账凭证，随时按照业务发生的顺序逐笔登记，每日终了结出余额。出纳必须每日掌握银行存款和库存现金的实有数，谨防开出空头支票和影响经营活动正常用款。

（二）登记账簿的具体要求

1. 用笔的要求

为了保证账簿记录的持久性，登记账簿时要用蓝黑墨水或碳素墨水书写，不得用铅笔、圆珠笔登记。除结账、改错、冲账等国家统一的会计规章制度规定用红色墨水记账外，不得用红色墨水登记账簿。

2. 填制的要求

登记时，应将一级科目的名称写在账页上端的正中横线上，将二级科目或明细科目写在账页的左上角，借以确定账户的名称；需要集中反映的某些项目，如品名、规格、型号、保管地点和仓库等，应一次填写在总账名称之下、账页眉线之上有关位置上。活页账的一张账页上不得开设两个不同的账户。

登记时，要认真仔细，一丝不苟，对准一级科目和明细科目，分别将年、月、日、凭证号、摘要和借、贷方发生额一一记入账簿之内，谨防串户、反方或看错、写错数字。一笔业务登记完毕，立刻在记账凭证上的特定位置做“过讫”的记号（打“✓”），并在记账凭证的下方记账栏签上自己的名字或加盖印章，以示负责。为了使账页看起来美观、整齐，每一页的第一笔业务应在年、月、日栏中完整地填写年度、月份和日期，以后本页再登记时，只要不跨年度或月度，一律不填月份，只填日期。跨月登记时，应在上月的月结线下的月份栏内填写新的月份。

在记账过程中，一页账页登记完毕需要下页继续登记时，要在本页的最后一行摘要栏上注明“过次页”字样，并在下一页第一行摘要栏注明“承前页”字样，若账户要求结出发生额，需要将发生额和余额结出并结转到下页；若不要求，只将余额结出并结转到下页。具体要求如下：需要结记本月发生额的账户，结记“过次页”的合计数应为本月初至本页末止的发生额合计数；不需要结记本月发生额的账户，结记“过次页”的合计数应为年初至本页末止的累计数；既不需要结记当月发生额也不需要结记全年累计发生额的某些账户，可以只将每页末（倒数第二行）的余额结转次页，但为了验证月末余额的计算是否正确，可以用铅笔结出每页的发生额，写在底线的下面，不占正式空格。

登记银行存款日记账时，除了年、月、日、摘要、凭证号码外，还须在特定栏目注明原始凭证的种类和号码，以满足银行对账的要求。例如："现金支票××号"、"信汇××号"、"转账支票××号"等，也可以简写为"现××号"、"信××号"、"转××号"等。

登记账簿应当按账户页次，不得跳行、隔页，如不慎出现跳行、隔页时，应将空行用红色墨水划对角线注销，加盖"此行空白"戳记；将空页用"×"符号注销，加盖"此页空白"戳记，并由记账人员在空行或空页中间的"×"记交叉点处盖章负责。

3. 书写的要求

登记账簿时，文字和数字都不能顶格书写，一般应占宽度的1/2或2/3，以预留改错的空间，同时也是为了保持账面的美观。阿拉伯数字的书写要符合规范。例如，"1"字要倾斜45度，"7""9"的上端要低于其他数，下端要超出横线，上下各占空格高度的1/4。文字书写要工整，不得生造和自行简化汉字。

为了防止在账簿记录中更正错误引起连锁反映（即一个数字改动了，与之有关的其他数字都要随之改动），除月末和转页这两种情况外，其他时候登记账簿，可以不用墨水结出余额，如需要及时了解账户余额，可以用铅笔写在余额栏内。

四、登记账簿发生错误时的更正

尽管我们在填制记账凭证、登记账簿之前对原始凭证、记账凭证进行过多次复核，账簿登记有时仍会出现错误，出现错误以后，第一要及时发现，第二要认真更正。

账簿登记通常出现的错误有：串户、反方、错位、写错和倒码等。举例说明：把甲客户的发生额记人乙客户的账户中叫做串户；把借方发生额记到贷方，叫做反方；把10 000写成1 000，或把1 000写成10 000叫做错位；如果因为眼睛看错或记忆错误等原因，将某个数字错写成与之毫不相干的数字，例如，把1 480写成254叫做写错；倒码是数字前后颠倒，例如：将168元写成186元。在每天发生很多笔经济业务的单位，想在众多账簿记录中检查出错误所在并非易事，但日常工作中总结出的一些做法可以帮助会计人员提高检查效率，我们会在以后的章节中详细介绍，此处不一一赘述。

账簿记录发生错误时，不得随意涂改、挖、补、刮、擦或用药物消除字迹，必须用规定的方法进行更正，更正后仍要保持原有错误之处的字迹可以辨认，记账人员应在更正处盖章。账页在一般情况下不准重抄，除非是因为污损或其他特殊原因，使账页完全模糊不清，但在重抄之前，应报会计主管人员批准，抄好后要仔细复核，以防抄错。原来的账页要保存在账簿中不准销毁。

（一）记账凭证错误引起的账簿错误的更正

由记账凭证错误引起的更正应先从记账凭证着手，如果科目运用及方向等其他内容都是正确的，只是金额写错，在实际工作中，有以下几种更正方式：

1. 划线更正法

在错误的金额上划一横线，将正确的数字写在上面半格内，并由更正人员在横线更正处盖章。注意，对错误的数字应全部划线更正，不得只更正其中的错误数字；对文字更正，则可以只划线更正错误的部分。这种方法的优点是保证了记账凭证的正确，而且较为简单。

2. 补充登记法

这种方法用在错误的金额小于正确的金额时。使用蓝字再写一张记账凭证，科目、方向与错误的记账凭证相同，将少记的金额填在补充记账凭证上，用蓝字登记入账。用这种方法时，必须在补充记账凭证的摘要栏注明补充哪个月的哪一号记账凭证。

3. 红字更正法

这种方法用在错误的金额大于正确的金额时。用红字填一份与错误记账凭证相同的记账凭证，用红字登记入账，表示对原错误记录的冲销；再用蓝字填一份正确的记账凭证并用蓝字入账。如果出现科目运用不正确，或科目运用、金额都不正确的情况，则只能用红字更正法更正。

（二）记账凭证正确，登记账簿时发生错误的更正

记账凭证正确，但登记账簿时发生错误，更正的唯一方法是划线更正法。将账簿记录中的错误用横线划掉，再在上面空格处写上正确内容。例如，登记账簿时不慎将月份和日期或摘要抄错，只需把错误的记录划一横线，将正确的月、日或摘要写在上面半格内。

五、结账

结账是一项将账簿记录定期结算清楚的账务工作。在当期的记账凭证登记完毕后，按照制度规定和管理的需要，会计人员要结计出各个账户的本期发生额和期末余额。结账工作按时间不同可以划分为月结、季结和年结。

（一）结账的时间

结账的时间应该在会计期末进行，以公历每月（季、年）的最后一个工作日终了为结账时间。结账前必须将本期（按月、按季、或按年）应该办理会计凭证手续的经济业务全部填制记账凭证，并登记入账，以保证当期反映情况的真实、准确性。本期的记账凭证要全部编号、装订、汇总，登记账簿时要一笔不漏地登记，并将发生额同有关对应科目的发生额核对无误，才能结账。不得为编制报表而提前结束经济业务的账务处理，提前结账，更不能先编报表后结账。

（二）结账的方法

结账的标志是划线。

（1）库存现金、银行存款日记账和需要按月结出发生额的账户，每月结账时在最后一笔记录下面划一条单线，表明本月记录到此为止。在这条线下面一行的摘要栏写“本月合计”字样，在借贷两方结出本月发生额合计。最后在下面再划一条单线，以和下月的发生额相区别。划线时既可以划蓝线，也可以划红线，月结划单线，年结划双线，且应划通栏线，从摘要栏开始到余额栏分位止。

（2）不需要结计月度发生额的账户，如各项应收应付款等，每次记账以后都要随时结出余额，每月最后一笔余额即为月末余额。结账时，在最后一笔记录下面通栏划一条单线，格式同上，其意思是“本月到此为止”。并和下月发生额相区别。

（3）需要结计本年累计发生额的账户，每月结账时，先在最后一笔记录下面划一条单线，表示“本月到此为止”，再在单线下面一行的摘要栏写“本月合计”字样，结出本月发生额。再下一行，在摘要栏写“本年累计”字样，结出自年初至本页止的累计发生额。在累计数下面再划一条线，以与下月发生额相区别。年末，累计数应为全年的累计数，此时须在累计数下面划两条线，以与各月份的累计相区别，同时表示“本年到此为止”。所有划线均为通栏线，格式同上。

（4）总账账户一般不需要结计本月发生额，只需结出月末余额。年末时为了对账，需在最后一笔记录之下一行的摘要栏内写上“本年合计”字样，发生额栏填写全年合计数，余额栏则不必照搬上一栏的余额。在“本年合计”下面，划两条红线，同样表示“本年到此为止”。

（5）需要结出本月发生额的账户，如果月内只有一笔发生额，就不存在合计问题。只需在这笔记录下划一条线，表示“本月到此为止”，不必在下面一行再结计本月合计数。

（6）凡需要结出余额的账户，结出余额后，应在“借或贷”等栏内按余额所属方向写明“借”或“贷”字样，没有余额的账户，如收入、成本、费用账户，应在“借或贷”等栏内写“平”字，并在余额栏内用“$\bar{0}$”表示。

（7）年度终了，要把各账户的余额结转下年。会计年度结束时，各账户的记录除按上述要求结账外，还要进行各明细账户余额同总账余额的核对工作，核对无误后，余额再结转下年。核对工作不仅要将账户明细账余额合计数同相应账户的总账余额进行核对，做到余额相符，还要核对总账中各账户的借方余额与贷方余额是否相等。账账核对正确后，各账户的余额要结转到下年的新账中。余额结转下年，不需要通过编制记账凭证将账户结平，使余额变为零再转新账，只需要在摘要栏内注明“结转下年”字样，在下年新账的第一页第一行的摘要栏内写上“上年转来”或“上年结转”字样，在余额栏内写上余额即可。有些账簿可以跨年度使用，例如固定资产和往来账等。凡是跨年度连续使用的账簿，第二年使用时，直接在上年终了的双线下面记账。

第二章　库存现金收付业务的办理

库存现金收付业务是各企业、单位经常发生的一项经济活动。为了加强对库存现金的管理，国务院于 1998 年颁发了《现金管理暂行条例》，规定了库存现金的收入及使用范围，中国人民银行也于 1998 年 9 月 23 日发布了《现金管理暂行条例实施细则》，对库存现金的收支程序作出相应的规定。出纳人员在办理库存现金收付业务时，必须严格遵守国家财经制度中有关库存现金管理的制度和规定，在具体办理现金款项收付时，认真复核现金收付款凭证，并根据复核无误的收付款凭证办理库存现金收入和支付，做好登记库存现金日记账等工作。

第一节　库存现金收入业务的办理

一、库存现金收入的主要来源

根据国家现金管理制度的规定，各单位在办理经济业务时，可以在下列范围内收取一定的现金：①单位或职工交回的差旅费剩余款、赔偿款、备用金退回款。②收取不能转账的单位或个人的销售收入。③不足转账起点（起点为 1 000 元）的小额收入等。除上述项目外，企业收款业务原则上都必须通过银行存款转账结算。

二、库存现金收入的处理程序

库存现金收入的处理程序是指办理库存现金收入时，从复核库存现金收入的来源到登记库存现金日记账的整个过程中所采取的处理步骤和原则。办理库存现金收入业务的程序一般为：

（1）复核库存现金收款凭证，即复核库存现金收入的合法性、真实性和准确性。

（2）当面清点现金。出纳人员在办理库存现金收付款业务时，无论是从银行取款，还是收到个人交来的款项，都要当面认真仔细地清点，反复核对，以防差错。

（3）开出现金收据，并加盖“现金收讫”印章和出纳人员名章。

（4）根据收款凭证登记库存现金日记账。如果取得的原始凭证上印有“代记账凭证”字样，也可以根据该原始凭证登记库存现金日记账。

三、库存现金收款凭证的复核

库存现金收款凭证是出纳人员办理现金收入业务的依据，为了确保收款凭证的合法性、真实性和准确性，出纳人员在办理每笔现金收入前，都必须首先复核库存现金收款凭证，按照《现金管理暂行条例》及《会计基础工作规范》等有关规定和要求认真复核以下内容：

1. 库存现金收款凭证的日期是否填写正确

库存现金收款凭证的填写日期应该是收到款项的当天，不得通过提前或推后填写日期来提前或推迟收入的确认。

2. 库存现金收款凭证的编号是否正确

为了分清会计事项处理的先后顺序，便于记账凭证与账簿核对，确保记账凭证完整无缺，库存现金收款凭证的编号应按本单位规定的分类编号方法连续编号，如有重号、漏号或不按日数、顺序编号等情况，应将收款凭证退回制证人员予以更正或重新填写。

3. 库存现金收款凭证的主要内容是否正确

库存现金收款凭证记录的内容是否真实、合法、正确，其摘要栏的内容与原始凭证反映的经济业务内容是否相符，是出纳人员应认真检查的重要内容。

出纳人员在办理每一笔库存现金收入业务前，必须按照库存现金管理制度及有关政策规定，复核现金来源的合法及真实性；复核其摘要栏记录的经济业务内容与原始凭证反映的内容是否相符，复核无误后，方可按库存现金收入处理程序办理现金收入业务。复核中如发现凭证所记载的经济业务内容不正确、不完整或者不符合会计凭证编制要求，应退回制证人员，要求补填或更正。对伪造、涂改或不合法的凭证，应拒绝办理，并及时报告领导处理。

4. 使用的会计科目是否正确

会计科目是财政部门根据各部门经济活动的特点统一制定的，会计科目使用得正确与否直接决定着一项经济事项是否在记录中得到了正确的反映。各单位会计人员必须按规定设置和使用一级及主要的二级会计科目；必须根据经济业务的性质和规定的会计科目名称、核算内容和对应关系正确使用，不得随意改变。出纳人员在复核会计科目使用是否正确时，应本着上述原则进行检查，同时还应对会计科目所涉及的记账方向进行复核，如果发现科目使用错误或记账方向错误等情况，应立即退还要求更正。

5. 复核收款凭证的金额与原始凭证的金额是否一致

在实际工作中，会计人员可能因为工作中的疏忽，在填制记账凭证时误将数字填错，如错将100元填写成10元，或将10元填写成100元等；如果采用汇总填制方法将若干张同类原始凭证汇总填制一张收款凭证，也可能会出现漏计或重复登记等错误。出纳人员在办理现金收入业务前，要认真核对收款凭证和原始凭证的金额是否一致、收款凭证的大、小写金额是否一致等。如有差错，应退回制证人员更正或重新填制。

6. 复核收款凭证“附单据”栏的张数与所附原始凭证张数是否相符

和其他所有的记账凭证一样，在填制收款凭证时也要在“附单据”栏内注明收款凭证所附原始凭证张数，其张数的计算方法此处不再重述。要注意：复印的原始凭证不得作为填制收款凭证的依据；职工个人出具的“原始凭证丢失证明”不能作为填制收款凭证的依据，如果确因不慎将从外单位取得的原始凭证遗失，应取得原签发单位盖有公章的证明，并注明原始凭证的名称、号码、金额和经济内容等，由经办单位负责人批准，方能代替原始凭证；经过上级批准的经济业务，应将批准文件作为原始凭证的附件。如果批准的文件需单独归档，应在凭证上注明批准机关名称、日期和文件字号。

7. 收款凭证的出纳、制证、稽核、记账、会计主管栏目是否签名或盖章

为了加强凭证的管理，分清会计人员之间的经济责任，使会计工作各个岗位之间互相制约、互相监督，收款凭证要严格按照《会计基础工作规范》的规定，由制证人员、稽核人员、记账人员、会计主管人员、出纳人员签名或盖章。其中，“出纳”签章栏是在出纳人员收妥款项后才签章。财会人员较少的单位，款项收付等各项工作也至少必有两人在收款凭证上分别签名或盖章：一为会计，一为出纳。有些单位的收款凭证上有姓无名，甚至任何签字也没有，有的单位为简化手续，把办理收付款业务使用的印章全部交给出纳人员一人“包”管，表面上凭证中的签章齐全，但却失去了实际意义，是不被允许的。出纳人员在复核签章时要认真核对各栏目是否都有主办人员签章，如有漏签，要补签后再收款。

四、库存现金的提取

各单位必须在银行规定的库存现金使用范围内办理提取现金业务。到银行提取库存现金由出纳人员办理。一般的提现由出纳填写现金支票，提取工资、奖金时还须填写工资、奖金手册，然后到银行办理提现手续。填写现金支票时必须使用钢笔，用蓝黑墨水按支票簿排定的页数顺序填写，字体不能潦草，也不得使用红色或易褪色的墨水；签发日期应填写实际出票日期，不得补填或预填日期；收款单位名称应填全称并与预留印鉴中单位名称保持一致；大小写金额必须按规定书写，填写齐全，小写金额前应加填货币符号“￥”，如有错误，不得更改，必须作废重填；除大小写金额外，其他各栏如填错，可在改正处加盖预留印鉴之一，予以证明；用途栏应填明真实用途。出纳人员按上述要求填写支票后，交由保管印鉴人员在签发单位签章处按预留印鉴分别签章（出纳

人员不能保管全部预留银行印鉴），签章不能缺漏，必须与银行预留印鉴相符；支票背面要由取款单位或取款人签章（即背书）。出纳人员还应将取款的券别逐项填写清楚。

到开户银行提现时，一般要先到银行现金审核处办理审核手续（有的地方规定提取一定金额以上的款项须经审核）。银行审核人员签章后，将支票送至指定柜台交银行会计人员核对印鉴等，核对无误后由银行发牌作为取款对号的证明（有的地方不发牌，由出纳人员将现金支票右下角的出纳对号单撕下，作为取款对号用），然后到指定的付款柜台或窗口等待对号取款，取款时要按支票上填写的金额当面清点现金。

提取库存现金必须按《现金管理暂行条例》规定的库存现金使用范围提取库存现金。对超出规定范围和限额使用库存现金的，银行按照超出额的10%～30%处罚；不得用转账凭证套取库存现金，不得编造用途套取库存现金；不得利用本单位账户替其他单位和个人套取库存现金，银行对套取库存现金的，按照套取库存现金金额的30%～50%处罚；不得用库存现金购置国家规定的的专项控制商品，银行对不采取转账方式购置国家规定的专项控制商品的，按购买额50%至全额对买卖双方处罚。

现金支票格式如图2-1、图2-2所示。

××银行现金支票存根
支票号码
科　目
对方科目
出票日期　年　月　日
收款人：
金　额：
用　途：
单位主管　会计

本支票付款期限十天

××银行**现金支票**　地名　支票号码
出票日期(大写)　年　月　日　付款行名称：
收款人：　出票人账号：

人民币（大写）	千	百	十	万	千	百	十	元	角	分

用途
上列款项请从
我账户内支付
出票人签章

科目(借)
对方科目(贷)
付讫日期　年　月　日
出纳　复核　记账
贴对号单处　出纳对号单

8cm×22.5cm，正联第17cm（底纹按行别分色，大写金额栏加红水纹）

图2-1　现金支票（正面）

取款用途	金额	取款用途	金额	收款单位盖章

本次提取现金开出支票共　　　　张，金额共计：

券别明细数	券别 类别	100元	50元	10元	5元	2元	1元	5角	2角	1角	5分	2分	1分	小计金额
	捆（千张枚）													
	把（百张枚）													
	张（枚）													

图 2-2　现金支票（背面）

第二节　库存现金支出业务的办理

一、库存现金的使用范围

按照国务院发布的《现金管理暂行条例》规定，开户单位可以在下列范围内使用库存现金：

①职工工资、各种工资性津贴。②个人劳务报酬，包括稿费和讲课费以及其他专门工作报酬。③支付给个人的各种奖金，包括根据国家规定颁发给个人的各种科学技术、文化艺术、体育等各种奖金。④各种劳保、福利费以及国家规定的对个人的其他支出。⑤向个人收购农副产品和其他物资的价款。⑥出差人员必须随身携带的差旅费。⑦结算起点以下的零星支出。⑧中国人民银行确定需要支付库存现金的其他支出。

二、库存现金支出的处理程序

(1) 复核库存现金付款凭证。

(2) 经复核无误后，在付款凭证所附的原始凭证上加盖“现金付讫”印章。

(3) 根据付款凭证所列金额付出库存现金。

(4) 在付款凭证“出纳”栏签章。

(5) 根据付款凭证登记库存现金日记账。

三、库存现金付款凭证的复核

库存现金付款凭证是现金出纳人员办理现金支付业务的依据。付款凭证应由有关账户的主办会计人员填制。出纳人员对每一笔现金支付业务都要认真复核库存现金付款凭证。其复核方法及基本要求同库存现金收款凭证大致相同，不再赘述。出纳人员在复核库存现金付款凭证时应注意以下几点：

1. 库存现金和银行存款之间的收付

对于涉及库存现金和银行存款之间的收付业务（从银行提取库存现金或以库存现金存入银行等），为了避免重复，只按照收付业务涉及的贷方科目编制付款凭证。如：某单位出纳人员从银行提取现金800元，此项业务涉及现金收入和银行存款的支出，但在编制凭证时，只须填制银行存款付款凭证，而不填制库存现金收款凭证。同样，出纳人员将现金存入银行，此项经济业务反映的是库存现金的减少和银行存款的增加，但在编制凭证时，只编制库存现金付款凭证，不编制银行收款凭证。库存现金付款凭证的借方科目为银行存款，贷方科目为库存现金。如东风机械厂将销售收入的现金585元送存银行，会计人员应根据现金送款簿编制付款凭证（见图2-3）。

付 款 凭 证

贷方科目：库存现金　　20××年5月7日　　付字第11号

摘　要	借方科目		记账	金额
	一级科目	二级或明细科目		
现金存入银行	银行存款			585.00
合计				￥585.00

附件1张

会计主管：张春　记账：李将　出纳：王华　审核：赵月　制单：孙叶

图2-3　付款凭证

2. 红字填写的库存现金付款凭证

库存现金付款凭证如出现红字时，实际经济业务应是现金收入的增加，但在处理时，为了避免混淆，出纳人员在凭证上加盖印章时，仍加盖“现金付讫”，以表示原经济业务付出的款项已全部退回。

3. 少量的销货退回付款

发生销货退回时，如数量较少，且退款金额在转账起点以下，需用现金退款时，必须取得对方的收款收据，不得以退货发货票代替收据编制付款凭证。

4. 原始凭证遗失的处理

从外单位取得的原始凭证如果遗失，应取得原签发单位盖有公章的证明，并注明原始凭证的名称、号码、金额和经济内容等，由经办单位负责人批准，方能代替原始凭证；如果确实无法取得证明（如乘坐火车、轮船、飞机等票据），由当事人写出详细情况，由同行人证明，并由主管领导和财务负责人批准，方可代替原始凭证。

5. 共同负担费用的处理

如果出现某项费用由两个或两个以上的单位共同负担的情况，可以使用“原始凭证分割单”作为填制付款凭证的依据。“原始凭证分割单”是指在一项费用由两个以上单位共同负担的情况下，保存原始凭证的主办单位开给其他应负担部分费用支出的单位的证明。这种分割单必须具备原始凭证的基本内容，包括凭证的名称、填制凭证的日期、填制凭证单位名称或填制人姓名、经办人员的签名或盖章、接受凭证单位名称、经济业务内容、数量、单价、金额和费用的分担情况等。原始凭证分割单格式不统一，各单位可根据实际情况按上述内容自行设计印制。

四、现金日常支出业务的办理

现金日常支出的项目很多。在现金的支付过程中，会计人员应严格按照规章、制度的要求控制开支。由于各单位和各地区制定的标准有所不同，在此只选择其中两项加以介绍。

（一）职工差旅费的办理

职工差旅费支出有两种情况，一种是职工在出差前按规定预借一定数额的差旅费，报销时按标准多退少补；另一种是职工出差时个人先垫付差旅费款项，报销时按规定的标准实报实销。

职工预借差旅费需办理借款手续，填写借款单。借款单上要填写清楚借款单位、借款人姓名、借款日期、借款事由、出差地点及申请借款金额等有关事项，如果用两联或三联的借款单，填写时必须用双面复写纸套写。经单位领导批准后，到财务部门办理借款手续。

会计人员按有关规定和标准对借款单审核无误后，填制现金付款凭证（借款单第一联作为原始凭证），出纳人员对付款凭证复核无误后，支付现金。

职工出差返回后，按规定填写报销单。报销单的格式不统一，通常是根据本单位经济业务需要自行设计印制（基本样式可以参考本书中图1-2）。其主要内容包括：报销日期、报销单位、报销人姓名、职务（职称）、出差任务、出差天数、往返日期、往返时间、起程及到达地名、乘坐的车船、飞机票价金额、市内交通费、住宿费金额、伙食补助、预借款数、报销金额、应退款或补款数额、其他费用小计（包括订票费、退票费、电话费等项合计）等项目，出差人应按规定的标准填写清楚上述项目。实行差旅费包干的单位应按包干标准填写，会计人员也应按包干标准审核。包干标准各地略有差异。会计人员在审核报销单时应严格按规定和包干标准执行，出纳人员在支付报销款项时，也应按标准逐项复核，无误后支付现金。报销人如原预借款项不足支付差旅费时，用现金补足；如报销后原借款项有剩余，剩余应立即退回。

未借差旅费的职工在办理报销时，直接按规定填写报销单，会计人员在审核报销凭证无误后，填制现金付款凭证，交由出纳人员复核，复核无误后，按付款凭证金额付款。

（二）办公费用支出的办理

各单位在日常经济业务中，经常需要购买一些办公用品，如文具、纸张、剪刀、墨水等。为了加强对办公用品使用的管理，节约办公费开支，各单位可根据工作需要定期编制办公用品领用计划，并由专人负责办公用品的采购、保管和发放。采购办公用品时，由采购人员填写采购清单，详细填明需采购的品种、数量、金额等项目，经有关领导审批后，到财务部门借款。如借款金额不足转账起点的可使用现金支付。采购人员按批准的项目完成采购任务后，将采购的物品交保管人员验收，保管人员按发货票或物品验收单上填列的项目逐项验收无误后，在物品验收单或购货发货票上签章，证明所购的货物已验收无误，全部入库。最后，采购人员将购货发货票连同物品入库单等一并交有关领导核批后，到财务部门报销。报销时出纳人员还要再次复核，无误后据以支付现金并登记库存现金日记账。

五、现金送存银行的程序和要求

根据《现金管理暂行条例实施细则》的要求，各单位必须按开户行核定的库存限额保管、使用现金，如果收取的现金超出库存限额，应及时送存银行。

现金送存的一般程序是：首先由出纳人员清点票据，将同面额的纸币摆放在一起，按每壹百张为一把整理好，不够整把的，从大额到小额顺放；将同额硬分币放在一起，按每一百枚用纸卷成一卷，不足一卷的一般不送存银行，留作找零用。款项清点整齐并核对无误后，由出纳人员填现金送款簿，有的地区称之为解款单、交款单等。这里以现金送款簿为例介绍有关事项。现金送款簿一式三联，第一联为回单联，银行盖章后交给送款单位；第二联为银行收入传票联；第三联为银行出纳留底联。出纳人员在填写现金送款簿时，要用双面复写纸复写。缴款日期必须填写缴款的当日，收款单位名称应填写全称，款项来源要如实填写，大、小写金额的书写要标准。券别和数额栏按实际送款时各种券面的张数或卷数填写，然后将款项同送款簿一并交银行收款窗口收款。银行核对后盖章，并将第一联（回单）交存款单位作记账凭证（现金送款簿样式见图2-4）。

中国工商银行××市分行现金送款簿

对方科目：　　　　缴款日期：20××年3月10日　　　　分号：

收款单位名称	第一百货公司	开户银行科目账号									
款项来源	差旅费剩余款	金额									
		百	十	万	千	百	十	元	角	分	
人民币(大写)：**肆佰叁拾壹元整**					¥	**4**	**3**	**1**	**0**	**0**	

券别数额	100元	50元	10元	5元	2元	1元	5角	2角	1角	5分	2分	1分	小计金额	收款银行盖章
整把券					**1**								**200**	
零张券	**1**	**2**	**3**			**1**							**231**	

注：每百张(枚)为一把(卷)

第三联：银行出纳留底

图2-4　现金送款簿

例如：承接本书图1-2，20××年3月10日第一百货公司出纳员收到职工报销返回的差旅费剩余款共计431元，出纳人员对所收款项按券面金额进行整理后，填写现金送款簿，送交银行。

各单位收入的现金必须及时送存银行。根据《现金管理暂行条例实施细则》的有关规定，各单位不得将本单位的现金以个人储蓄方式存入银行，对于将公款以个人储蓄方式存入银行的，其开户银行按照存入金额的30%~50%处罚；不得私自将收入的现金直接坐支，对未经银行批准或未按银行核定的坐支额度和使用范围坐支现金的，银行按照坐支金额的10%~30%处罚；不得将收取的现金借给其他单位使用，银行对单位之间互相借用现金的，按照借用额的10%~30%处罚；不得巧立名目将收到的现金不入账，作为账外公款保留，银行对保留账外公款的，按保留金额的10%~30%处罚。

第三节　现金库存限额的管理

各单位为了满足日常零星开支的需要，通常会保留一定数额的库存现金，库存现金限额的多少并不是由企业自行决定的，而是由开户单位提出计划，报开户银行进行审批决定。经核定的库存现金限额必须严格遵行。

一、现金库存限额的核定原则和方法

(一) 核定原则

库存现金限额是指为保证各单位日常零星支付按规定允许留存现金的最高限额，其金额的多少由开户银行根据单位的实际需要和距离银行远近等情况核定，

原则上按照单位 3 ~ 5 天的零星开支所需现金确定，远离银行机构或交通不便的单位如边远山区等可依据实际情况适当放宽，但最高不得超过 15 天。一个单位在几家银行开户的，只能在一家银行开设现金结算户，支取现金，并由该家银行负责核定库存现金限额和进行现金管理检查。

凡在银行开户的独立核算单位都要核定库存现金限额；独立核算的附属单位，由于没有在银行开户，但需要保留现金，也要核定库存现金限额，其限额可包括在其上级单位库存限额内；商业企业的零售门市部需要保留找零备用金，其限额可根据业务经营需要核定，但不包括在库存现金限额之内。

（二）核定方法

库存现金限额的计算方式一般是：

库存现金 = 前一个月的平均每天支付的数额（不含每月平均工资数额）× 限定天数。

二、现金库存限额的办理

核定库存现金限额是现金管理的一项重要制度，对库存现金限额的控制既可以保证单位的日常零星现金支付的需要，又可以控制货币投放，减少库存现金数额，加速资金周转。因此，每一个单位必须严格依照有关规定，遵循既有利于现金集中于银行，又满足单位日常零星现金合理需要的原则，申报办理库存现金限额。

办理库存现金限额的一般程序为：首先填制库存限额申请审批书（格式见图 2-5）。

现金库存限额申请审批书

填制单位：　　　　开户银行：　　　　账号：　　　　单位：元

项目	申请数	批准数	说明
库存限额 其中：分限额 1. 出纳 2. 总务 3. 采购 4. 5. 6.			

申请单位盖章	单位主管部门意见	银行审查意见
年　月　日	盖章 年　月　日	盖章 年　月　日

图 2-5　现金库存限额申请审批书

填写时，应写明申请单位（填明单位全称）、开户银行、账号和货币单位；填写库存现金申请数额时，如有必要应写明具体的分限额，并作有关说明；加盖申请单位印章后，报送开户银行签署审查批准意见和核定数额。

库存现金限额经银行核定批准后，开户单位应当严格遵守，每日现金的结存数不得超过核定的限额，超出核定的库存现金限额留存现金的，银行按超出额的10%～30%处罚。库存现金不足限额时，可向银行提取现金，不得在未经开户银行准许的情况下坐支现金。库存现金限额一般每年核定一次，单位因业务发展、变化需要增加或减少库存限额时，可向开户银行提出申请，经批准后，方可进行调整，不得擅自超出核定限额增加库存现金。

第四节　库存现金日记账的账务处理

为了全面、系统、连续地反映有关现金的收支情况，企业应设置库存现金日记账，由出纳人员根据审核无误的收付款凭证逐日逐笔登记，每日终了时应计算现金收入合计、现金支出合计和现金结余数，并将结余数与库存现金进行核对，保证账款相符。

库存现金日记账账务处理是出纳岗位和会计核算工作中不可忽视的环节。单位为了准确完整地记载现金业务增减变化情况，必须按照规定的原则和方法设置、启用、登记库存现金日记账；按一定程序核对账目、款项，并定期结账。库存现金日记账必须采用订本式账簿。登记库存现金日记账可以把专门记载现金收付业务的大量、分散的业务资料，根据一定要求进行登记整理，并按照一定程序和方法，记录到具有专门格式的账簿中去，从而形成全面、完整、系统的出纳核算资料，为现金的管理、监督和现金收支计划的执行提供可靠的信息资料，因此出纳人员必须认真做好其中的每一项细节工作。

一、库存现金日记账的设置和启用

（一）库存现金日记账的设置

任何一个单位，只要有现金收付业务，就必须设置库存现金日记账，应做到以账管钱，有钱就有账，收付有记录、清查有手续，保证现金的完整和合理使用。

库存现金日记账的设置必须符合《会计基础工作规范》和国家统一的会计制度的要求，在不影响会计核算质量和保证现金安全完整的前提下，力求以简明的格式及时、正确、全面地反映现金收付情况。作为一种比较特殊且重要的明细账，采取手工记账的单位必须采用订本式账簿，不得以银行对账单或其他方法代替库存现金日记账。有外币现金的企业要分人民币、每种外币设置库存现金日记账进行序时核算。各单位应根据本单位业务量和出纳人员的情况对日记账进行设置，现金和银行存款较多并由多名出纳人员分管的，或者实行定额备用金制度和管理要求较高的，设置库存现金日记账时，户数可以多一些，格式也可以细一些。

库存现金日记账的格式大致可以分为三栏式、多栏式和收付分页式三种。实际中较为普遍应用的是三栏式账页。三栏式库存现金日记账是现金收入和支出同在一张账页上，各对应科目不另设专栏反映的一种日记账格式，其三栏分别为收入、支出和结余，其格式如表2-1所示。

表2-1 库存现金日记账

第××页

单位：元

年		凭证		摘要	对方科目	收入	支出	结余
月	日	种类	号数					

多栏式库存现金日记账可以把收入和支出并在一本账中，也可以分别设置现金收入日记账和库存现金支出日记账，账中按照现金收付的对应科目分别设置专栏进行序时登记。使用两本账时，每日终了要将库存现金支出日记账当日支出的合计数过入现金收入日记账支出合计栏，以便结出当日余额。多栏式库存现金日记账可以提供更为详尽的信息，并能代替汇总收款凭证和汇总付款凭证，为登记库存现金总账提供了方便，还为编制现金流量表（直接法）提供了依据；但也需要做更多的工作，各单位可根据本单位的实际情况选用。

（二）库存现金日记账的启用

库存现金日记账是各单位重要的经济档案之一，为保证账簿的合法性，明确经济责任，防止舞弊行为，保证账簿资料的完整和便于查找，各单位在启用账簿时，首先要按规定内容逐项填写“账簿启用表”和“账户目录表”。在账簿启用表中，应写明单位名称、账簿名称、账簿编号和启用日期；在经管人员栏中写明经管人姓名、职别、接管或移交日期，由会计主管人员签名盖章，并加盖单位公章。在一本库存现金日记账中设置有两个以上现金账户的，应在第二页“账户目录表”中注明各账户的名称和页码，以方便登记和查核。

二、库存现金日记账的登记方法

登记库存现金日记账的工作必须分工明确，由专人负责。登记过程应做到凭证齐全、内容完整、登记及时、账款相符。登记时必须认真仔细，书写工整，保证数字的真实、准确，不重记，不漏记，不错记，按期结账，不拖延积压，如果发生记录错误，必须按规定方法更正。从而使账目既能明确经济责任，又整洁美观。具体方法和要求如下：

1. 根据复核无误的收款凭证登记

现金出纳人员在办理收付款时，应当对收款凭证和付款凭证进行复核，并以复核无误的收付款凭证及所附原始凭证作为登记库存现金日记账的依据。如果原始凭证上注明“代记账凭证”字样，经有关人员签章后，也可以做为记账的依据。

2. 记载的内容必须同会计凭证一致

所记载的内容必须同会计凭证相一致，不得随便增减。每一笔账都要记明记账凭证的日期、编号、摘要、金额和对应科目等。经济业务的摘要不能过于简略，应以能够清楚地表述业务内容为度，便于事后查对。日记账应逐笔分行记录，不得将收款凭证或付款凭证合并登记，也不得将收款付款相抵后以差额登记。登记完毕，应当逐项复核，无误后在记账凭证的“记账”一栏内做出过账符号“✓”，表示已经登记入账，并防止以后重复登记。

3. 逐笔序时登记库存现金日记账，并做到日清月结

为了及时掌握现金收付和结余情况，当日发生的现金收付业务必须当日记录并每日结出余额；有些现金收付业务频繁的单位，还应随时结出余额，以便于出纳和管理人员及时掌握收支计划的执行情况。每月月末必须按规定结账。分别结计出本月借、贷方发生额合计和月末余额，年度终了后，需结出全年累计发生额，办理结转手续（结账方法及要求详见“结账的基本要求”）。库存库存现金日记账不得出现贷方余额（或红字余额）。

4. 必须连续登记，不得跳行、隔页，不得随便更换账簿和撕去账页

库存现金日记账采用订本式账簿，其账页不得以任何理由撕去，作废的账页也应留在账簿中。在一个会计年度内，账簿尚未用完时，不得以任何借口更换账簿或重抄账页，记账时必须按页次、行次、位次顺序登记，不得跳行或隔行登记，如不慎发生跳行、隔页，应在空页或空行中间划线加以注销，或注明“此行空白”或“此页空白”字样，并由记账人员盖章，以示负责（具体格式在登记会计账簿一节中有明确说明）。

5. 文字和数字必须整洁清晰，准确无误

在登记书写时，不得滥造简化字，不得使用同音异义字，不得写怪体字；摘要文字应紧靠左线；数字应写在金额栏内，不得越格错位、参差不齐；文字、数字字体大小要适宜，紧靠底线书写，上面要留有适当空距，一般应占格宽的1/2，以备按规定方法改错。记录金额时，如果是没有角分的整数，应在角分栏写上“00”，或以“/”代替，不得省略不写。阿拉伯数字一般可自左向右适当倾斜，以使账簿记录整齐、清晰。为防止字迹模糊，墨迹未干时不要翻动账页；夏

天记账可在手臂下垫一块软质布或纸板等书写，以防汗浸。

6. 使用钢笔登账

账要使用钢笔，以蓝、黑色墨水书写。不得使用圆珠笔（银行复写账簿除外）或铅笔书写。但冲销错误分录及会计规章制度规定的用红字登记的其他记录可以用红色墨水记账。

7. 每一账页记完后，必须按规定转页

为便于计算了解库存现金日记账中连续记录的累计数额，并使前后账页的合计数据相互衔接，在每一账页登记完毕结转下页时，应结出本页发生额合计数及余额，写在本页最后一行和下页第一行有关栏内，并在“摘要栏”注明“过次页”和“承前页”字样。也可以先在本页最后一行用铅笔字结出发生额合计数和余额，核对无误后，用蓝黑墨水在下页第一行写出上页的发生额合计数和余额，在摘要栏内写“承前页”字样，而不在本页最后一行写“过次页”和发生额、余额。

8. 记录发生错误时，必须按规定方法更正

为了提供在法律上有证明效力的核算资料，保证日记账的合法性，账簿记录不得随意涂改，严禁刮、擦、挖、补，或使用化学药物清除字迹。如果记账凭证填制正确，只是在过账记账时发生错误，应在错误的文字或数字上划一条红线，以示注销，然后在划线上方填写正确的文字或数字。对于错误的数字，不管记错几个数字字符，均应将整个数据全部划线更正，不得只更正其中的错误数字。例如：将2 039错写成2 093，必须将2 039全部划红线注销，并在该行上方书写正确的2 093。对于文字错误，可以只划去错误的部分，而不必全部划掉重写。如果由于记账凭证的错误而使账簿记录发生错误，可以用或红字更正法或补充更正法更正。

三、库存现金日记账的账账、账证、账实核对

为了保证库存现金日记账反映内容的完整准确，出纳人员在收付现金以后，不仅要及时记账，还要定期按照一定的程序进行核对，做好对账工作。对账是对账簿记录的内容进行核对，使账证、账账、账款相符的过程。库存现金日记账的账证核对，主要是将日记账簿记录与有关收付款凭证进行核对；账账核对是将日记账与库存现金总分类账的期末余额进行核对；账款核对是将日记账的余额与实际库存数额进行核对。

（一）账证核对

出纳人员是依据收付款凭证登记库存现金日记账的，因此库存现金日记账的账目和收付款凭证应该完全相符。但在记账过程中，如果由于粗心大意等原因发生了重记、漏记和记错方向或记错数字的现象，就会导致账证核对结果发生误差。在核对时，要根据业务发生的先后顺序逐笔进行检查。首先检查每笔库存现

金收款凭证、现金付款凭证与所附的原始凭证，看是否完全相符；然后进一步检查每一张库存现金收款凭证、付款凭证的金额和日记账上的金额（数字、方向），看是否完全一致，如果有差错，要立即进行更正。

（二）账账核对

库存现金总分类账同样是根据收付款凭证或汇总收付款凭证进行登记的，两种账簿登记的依据相同，也应当一致。由于两种账簿由不同人员分别记账，而且有的总账是根据汇总收、付款凭证登记，在汇总和登记过程中可能出现差错。因此，每月终了结账以后，总分类账各个科目借方、贷方和余额试算平衡后，要将总分类账中现金借方、贷方发生额和余额同库存现金日记账中的收入、付出本月合计数和余额相核对，看账账之间是否相符。现金总账借方发生额合计数与库存现金日记账借方发生额合计数、现金总账贷方发生额合计数与库存现金日记账贷方发生额合计数、现金总账本月余额与库存现金日记账本月余额都应相符。如果不符应先看差错出现在哪一方（借方还是贷方），如果借方发生额出现差错，应查找库存现金收款凭证和现金收入一方的科目；如果贷方发生额出现差错，应查找库存现金付款凭证和现金支出一方的科目，查找后按规定的方法加以改正，并由记账人员在更正处盖章。

（三）账款核对

出纳人员在每天业务终了后，应自行清查账款是否相符。首先要结出库存现金日记账账面余额，再盘点库存现金实有数。凡是当天来不及登记和当天未交会计的库存现金收付款凭证，均按“库存现金实有数 + 未记账的付款凭证 - 未记账的收款凭证 = 日记账账存余额”的公式核对，经反复核对无误仍不相符的，则说明当日收付款存在错误，出纳人员在向会计负责人报告后，应对当天的款项逐项回忆，争取找出差错的原因。

四、现金差错的查找和处理

由于种种原因，即使出纳人员在办理现金收付业务中再仔细认真，仍会出现一些差错，例如账面余额与实存现金不符，库存现金多于或少于账面余额等，这种情况下，出纳人员应及时核对账款，尽快查明原因，并按照有关规定处理。

（一）现金差错的查找

现金差错的原因很多，下面是日常业务中几种比较常见的错误和差错查找方法。

1. 差数法

如果在记账过程中只登记了会计分录的借方或贷方，漏记了另外一方，就会形成借贷不相等、账实不相符的情况，其差额就是某笔漏记的金额，对于这样的差错，可以通过回忆与之相关、相近金额的记账来查找，提高检查的速度和效率。

2. 二除法

当库存现金日记账余额与库存现金实有数不符，且差错为偶数时，应先检查记账方向是否发生错误。如果由于疏忽将借方发生额登记到贷方，或将贷方发生额登记到借方，必然会出现一方的合计数增多，而另一方的合计数减少，其差额应是记错方向的数字的一倍，其差错数为偶数。对于这种错误的检查，可以采用“二除法”，用差错数除以二，得出的商数就是账中记错方向的数字。然后再到账目中去寻找差错的数字就有了一定的目标，不必再逐笔查找。

3. 九除法

如果差错的数额较大，就应检查是否在记账中发生了数字错位。在登记账目时，有时会把数字的位数记错，把十位数错记为百位数，或者把千位数错记为百位数，如错将100记为1 000或错将1 500记为150等，这种情况可以采用“九除法”进行检查。例如检查当天的账面余额为2 046元，而实际上库存的现金仅有1 146元，用账面余额2 046减去库存现金1 146得出差额900元，将900除以9，得出的商数是100，100就是要检查的差错数。在当天的登记中，极有可能是将某项100元的经济业务错登成了1 000元，查找错误也就有了明确的目标。九除法同样适用于以大记小的差错的查找，例如检查当天的账面余额为235元，而实际上库存的现金却有1 585元，用库存现金1 585减去账面余额235得出差额1 350元，将1 350除以9，得出的商数是150，150就是要检查的差错数。在当天的登记中，极有可能是将某项150元的经济业务错登成了1 500元。九除法不仅适用于位数差错的查找，而且适用于邻数颠倒差错的查找。如不慎将1 485错写成了1458等，无论是两位数的颠倒还是三位数的颠倒，其不平衡的差额都能被9除尽，可以通过分析不平衡差额，进一步判断错在哪里。如果上述方法还不能查找出问题，还可以采用顺查、倒查、抽查等方法来缩小查找范围。

（二）现金差错的处理

发现问题后，应按规定的方法更正；如果出纳人员无法自行处理，应及时向领导汇报。对于短少的现金，出纳人员不得私自贴补来掩饰错误，对于长余的现金，也不得私自提走。

如果会计人员一贯坚持按制度办事，只是由于一时的技术操作不慎而造成的长款或短款，如金额较少，可以在教育本人的基础上，长款归公，短款报损；对于一时查不清原因的差错，经领导批准后，可将多余或短缺的现金列入“待处理财产损溢”科目挂账，查明原因后再作处理，但不能长期挂账，要积极查处，尽快处理。对于出纳人员因工作不认真造成的短款，无论金额大小，都要由出纳员个人赔偿，并要对其加强教育，必要时可调离出纳岗位；对于玩忽职守，违反纪律，有章不循等原因造成的重大责任性差错，应追究失职者的经济责任，给予适当的处分；数额较大，影响严重的，应追究法律责任。

五、库存现金日记账的结账

库存现金日记账的结账，是指为总结一定时期（月份、季度、年度）的现金周转流动情况，将账簿记录按规定的方法，计算登记本期发生额及期末余额，并将其余额结转下期或转入新账的工作。在本期所发生的各项收付款业务全部登记入账并对账完毕后，即可进行结账。

月结即在月份终了时进行的结账工作。结账时分别结出本月借方、贷方发生额合计数和月末余额数，应在摘要栏内注明“本月合计”字样，并在下面划一条单线，以与下月发生额相区别。季结即在每季度终了时进行的结账工作。结账时，在本季最后一个月的月结下面，将本季度三个月的借贷方发生额相加的总数和余额填入相应栏内，并在摘要栏内注明“本季合计”，同时在季结数字下面划一条单线。年结即在每年度终了时进行的结账工作。结账时，分别结出全年借、贷发生额合计数和年末余额，在摘要栏内注明“全年累计”字样，在全年累计发生额下划双线。年结后，需把账户内余额结转下年。结转时，应在摘要栏注明“结转下年”字样，在下一年新账第一行余额栏填写上年结转的余额，并在摘要栏注明“上年结转”字样。

下面举例介绍月末库存现金日记账的结账方法。东风机械厂库存现金日记账2月末余额为168元；3月1日到3月30日借方发生额合计数为1 536元，贷方发生额为1 279元，31日借方发生额为275元，贷方发生额为300元。月末结账时，在最后一笔经济业务下面一行的摘要栏写上“本月合计”字样，分别把本月借方发生额合计数1 811元和贷方发生额合计数1 579元记入借方和贷方金额栏，把余额400元记入余额栏，然后在下面划一条单线（见表2-2）。

表2-2 库存现金日记账

第××页

单位：元

20××年		凭证号数	摘要	对方科目	收入	支出	余额
月	日						
			承前页		…	…	425.00
3	31	现付29	购办公用品	管理费用		150.00	
	31	现收17	销售零件	主营业务收入	100.00		
	31	现收17	销售零件	应交税费——应交增值税（销项税额）	17.00		
	⋮	⋮	⋮	⋮	⋮	⋮	⋮
	31		本日合计		275.00	300.00	400.00
	31		本月合计		1 811.00	1 579	400.00

第五节　现金、票据及印章的保管

一、现金及有价证券的保管

（一）现金的保管

现金的保管主要是指对每日收取的现金和库存现金的保管。库存现金保管的责任人是出纳人员及其他附属单位的兼职出纳人员。出纳人员应选聘诚实可靠、工作责任心强、业务熟练的人员担任。出纳人员应当保持相对稳定，以提高他们的业务熟练程度。

现金的保管要有相应的保安措施，主要是会计室和保险柜。会计室应选择坚固实用的房间，能防潮、防火、通风，房门、墙壁、房顶要牢固，窗户要有铁栏杆和护窗金属板。出纳应配备专用保险柜，保险柜应靠会计室的内墙存放，保险柜钥匙由出纳人员专人保管，不得交由其他人员代管；保险柜密码应由出纳人员开启，并做好开启记录，严格保密；出纳人员工作变动时，应更换密码。保险柜钥匙或密码丢失或发生故障，要立即报请领导处理，不得随意找人修理或配钥匙。必须更换保险柜时，要办理以旧换新的批准手续，注明更换情况备考。

库存现金超过限额，应及时送存银行。库存限额内的少量现金，上班时间可以放在办公桌抽屉内，方便收付，但必须随时落锁；下班后必须存放在保险柜内，以确保安全。库存现金应当整齐存放，保持清洁，防止发生潮湿霉烂和虫蛀、咬等事故。

（二）有价证券的保管

有价证券是代表特定价格和反映财产权益或债权的凭证，种类较多，目前我国发行的有价证券有国债、国家重点建设债券、地方债券、金融债券、企业债券和股票等。

有价证券是企业资产的一部分，具有与现金相同的性质和价值。有价证券的保管原则同现金基本一样，同时对各种有价证券的票面额和号码要保守秘密，不得丢失。属中签债券号码还本付息的，要特别注意经常核对国家公布的中签号码。为掌握各种债券到期时间，应建立“认购有价证券登记簿”。

二、空白收据及空白支票的保管

（一）空白收据的保管

空白收据是未填制的收据。空白收据一经填制，并加盖有关印鉴，即可成为办理转账结算和现金支付的一种书面证明，直接关系到资金结算的准确、及时和安全，因此，必须按照规定加以保管和使用。

空白收据的保管应确定专人负责，一般应集中由主管会计人员保管。要建立空白收据登记簿，将各种收据的数量、起讫号码、发出使用和结存情况依次进行登记。保管人员工作调动时，要办好交接手续。各有关部门和收据使用人领用空白收据时，应填制领用章，并由领用人在收据登记簿上签字；领用部门也要建立收据登记簿，及时登记领入、使用、核销情况。使用单位不得将收据带往工作单位外使用，不得转借、赠送和买卖，不得弄虚作假、开具实物与票面不符的收据。作废的收据要加盖“作废”专用章，各联要连同存根一起保管，不得撕毁、丢失。使用部门再次领用收据时，须将已用完的收据存根交还保管人员核销，留待以后备查。收据的保管年限与原始凭证相同。销毁收据要报经上级主管单位批准，并征得有关部门同意后进行。

（二）空白支票的保管

在银行存款的额度内，开户单位可以随时向开户银行申领支票以办理收付款及单位之间债权债务关系的结算。开户单位一般都保留一定数量的空白支票以备使用。支票是一种支付凭证，一旦填写了有关内容并加盖有关印章后，即可成为直接从银行提取现金（现金支票）和与其他单位进行结算的凭据。因为支票的这种性质，在使用上必须严格加强管理，采取必要措施，妥善加以保管，以免发生非法使用和盗用、遗失等情况，给国家和单位造成经济损失。

存有空白支票的单位，必须明确指定专人妥善保管。为达到分工负责、明确责任，实务中要贯彻票、印分管的原则，空白支票和印章不得由一人负责保管。空白支票由出纳人员向银行购买，并按顺序填入支票备查簿，然后把支票及备查簿一并交会计人员保管；印章则由会计主管人员或指定专人保管，以形成制约机制，防止舞弊行为。

空白支票在未填列内容和金额时不能签发，空白现金支票更不允许签发。特殊情况（如因事先不能确定采购商品的数量、金额或劳务费用等，确需签发不填写金额的转账支票）时，必须加强对签发空白支票的管理。首先由用款单位领导签证，并经财务部门领导签批，主办会计填制金额暂时空置的付款凭证，作为出纳签发空白转账支票的依据。按要求除大小写金额和日期空置外，还应填写收款单位名称、账号、开户银行和用途，加盖预留印鉴，并对使用空白支票的限额和报销日期作出严格的规定。签发空白转账支票要及时收回注销。空白转账支票只能由支票使用单位及其指定人员签发，不得交给其他单位或个人签发。

为了明确责任，防止发生意外，持有空白支票的单位都应建立“空白转账支票登记簿”（见表2-3）和“空白支票请领单”，加强对支票的管理。

表 2-3　空白转账支票登记簿

签发日期		申请单位	收款单位	用途	支票号码	预计金额/元	预报日期		领用人	支票实际金额/元	报销日期	
月	日						月	日			月	日

三、印章的保管

现金和银行出纳使用的各种专用章包括支票印鉴、“现金收讫”、“现金付讫”、“银行收讫”、“银行付讫”章等。这些财务专用印章的保管和使用，应当坚持专管专用的原则，确定专人缜密保管，并按照有关规定严格管理和使用。按照有关规定，支票印鉴一般应由会计主管人员或指定专人保管，支票和印鉴必须由两人分别保管。各种财务专用章的保管，原则上应与现金的保管要求相同，负责保管的人员不得将印章随意存放或带出工作单位。实际工作中，有的单位为简便省事，往往将支票印鉴，甚至单位主管人员的名章一并交由出纳人员保管和使用，这种做法是违反制度规定的，极易给违法违纪行为造成可乘之机，必须加以纠正。

如果发生印章遗失或需要更换预留银行印鉴，应填写“印鉴更换申请书”，同时出具证明情况的公函一并交开户银行，经银行同意后，在银行发给的新印鉴卡的背面加盖原预留银行印鉴，在正面加盖新启用的印鉴。遗失预留银行印鉴的个人名章，由单位具函证明；遗失单位公章，由上级单位具函证明，经银行同意后，按上述方法办理更换印鉴的手续。

第三章 银行存款收付业务的办理

银行存款是指企业存放于银行或其他金融机构的货币资金，分为人民币存款和外币存款。在经济业务活动中，除了国家规定可以使用现金外，都必须通过银行办理转账结算。单位应根据业务需要，按照规定在其所在地银行开设账户，运用所开设的账户进行存款、取款以及各种收支转账业务的结算。《银行账户管理办法》将企业的存款账户分为四类：即基本存款账户、一般存款账户、临时存款账户和专用存款账户。其中，基本存款账户是指企业办理日常转账结算和现金收付的账户，企业的工资、奖金等现金的支取，只能通过本账户办理。企业一般只能选择一家银行的一个营业机构开立一个基本存款账户。一般存款账户是指企业在基本存款账户以外的银行借款转存、与基本存款账户的企业不在同一地点的附属非独立核算单位开立的账户，本账户可以办理转账结算和现金缴存，但不能支取现金。临时存款账户是指企业因临时生产经营活动的需要而开立的账户，如企业异地产品展销、临时性采购资金等，本账户既可以办理转账结算，又可以根据国家现金管理规定存取现金。专用存款账户是指企业因特定用途需要所开立的账户，如基本建设项目专项资金、农副产品资金等，企业的销货款不得转入专用存款账户。

为加强对基本存款账户的管理，企业开立基本存款账户实行开户许可证制度，必须凭中国人民银行当地分支机构核发的开户许可证办理，不得为还贷、还债和套取现金而多头开立基本存款账户；不得出租、出借账户；不得违反规定在异地存款和贷款而开立账户。

第一节 银行存款收入业务的办理

一、银行存款收入的处理程序

（1）复核银行存款原始凭证。

（2）填制一式两联的银行“进账单”，送交银行办理转账。

（3）复核银行存款收款凭证，并在复核无误的银行存款原始凭证上加盖本单位的“银行收讫”或“转账收讫”章。

（4）根据银行收款凭证登记银行存款日记账。

二、银行存款收款凭证的复核

银行存款收款凭证是出纳人员办理银行存款收入业务的主要依据。出纳人员办理每一笔银行存款收入业务都必须认真复核银行存款收款凭证。出纳人员对银行存款收款凭证的复核主要包括两个方面：一是复核付款单位交来的原始凭证（如银行本票、银行汇票、商业汇票、支票等）；二是复核会计人员编制的银行存款收款凭证。对原始凭证的复核要求以及方法，将在银行结算方式、种类和有关业务处理部分分别介绍，银行收款凭证的复核内容及要求和现金收款凭证的复核内容及要求大致相同，此处不再赘述。

第二节　银行存款支付业务

一、银行存款付款的处理程序

（1）复核原始凭证（如购货合同、购货发票等）的真实性、合法性、准确性。

（2）填写付出票据登记簿，详细记载付款日期、结算种类、内容和付款金额等。

（3）填写支票及结算凭证。

（4）到开户行办理转账（或结算）手续。

（5）根据付款凭证登记银行存款日记账。

二、银行存款付款凭证的复核

银行存款付款凭证是出纳人员办理银行存款付款业务的主要依据。出纳人员在接到会计人员编制的银行存款付款凭证后，应对凭证的项目和内容进行认真复核，复核和对其他原始凭证的复核大致相同，只是要重点注意以下内容：

（1）付款凭证的“摘要”栏是否注明付款结算方式。

（2）付款凭证支付项目是否是国家控制的商品；有无企业所在地或上一级财政部门批准的书面证明等。

（3）重大开支有无企业领导或总会计师签批手续。

检查中如果发现其中有任何一项不符合制度的要求，应当立即将凭证退回编制凭证的会计人员，不予办理。

三、银行存款、借款付息的复核

银行存款按期限可分为活期存款、定期存款、定活两便存款等，按资金性质不同可以分为财政存款、企业存款、储蓄存款等。这里主要介绍企业存款，它是指工业、商业等各类企业在银行的存款。企业存款按银行规定可获得一定的存款利息，存款利息由银行计算后直接记入企业存款户。

银行借款是指企业单位在生产经营中，由于资金不足等情况向开户银行申请借用的款项，企业向银行借款应按银行规定缴纳借款利息。借款利息由银行从企业的账户中直接扣除。

企业支付的借款利息和获得的存款利息均通过银行转账结算。在收到银行转来的利息收、付通知单后，按照存、借款的期限、金额、利率和银行计算利息的方法对应收、应付的利息金额进行复核，并进行有关的账务处理。银行存、借款利息的计算规定及方法如下：

企业的存款账户、定期调整和下贷上转方式的贷款账户，按季计算利息，计息日为每季末月 20 日；对工商企业实行逐笔核贷方式的贷款账户，按季或按贷款收回日计算利息，按季计息的计息日为每季末月 20 日；单位撤销账户或转移账户，于结清账户时随时结计利息。计息时期“算头不算尾”。存款从存入之日起，算至支付的前一日止；贷款从借入之日起，算至归还的前一日止，均按实际存款或贷款天数计算利息。对于逐笔计算利息的存贷款，其计息时期，满月的按月计算，有整月又有零头天数的，可以全部化为天数计算；满月的无论大小月均按三十天计算；零头天数按实际天数计算。

四、现金支票的使用和要求

现金支票是办理现金支付和银行转账结算中经常应用的一种方式。它是由出票人签发的，委托办理支票存款业务的银行在见票时无条件支付确定的金额给收款人或持票人的票据。现金支票具有办理手续简单，使用方便、灵活的特点，可以用于开立支票账户的各单位和个人之间的商品交易、劳务供应及其他各种款项的支付和结算。使用现金支票必须按《现金管理暂行条例》中现金使用的范围及有关要求办理。

（一）现金支票的使用范围

1. 结算起点限制

签发现金支票不得低于银行规定的结算金额起点，起点以下用库存现金支付，支票金额结算起点为 1 000 元，但结清账户时，可以不受结算起点的限制。

2. 结算余额限制

签发现金支票必须在银行存款账户余额以内，不准超出银行存款账户余额签发空头支票。签发前必须先查验银行存款是否有足够的余额，对签发空头支票或印章与预留印鉴不符的支票，银行除退票外并按票面余额处以 5% 但不低于 50 元的罚款。对屡次签发的，银行可根据情节给与警告、通报批评、直至停止其向收款人签发支票。

3. 结算时间限制

签发现金支票必须严格执行支票有效期限的规定，支票付款的有效期限为5天。有效期限从签发支票的次日起算，到期如遇节假日顺延。过期支票作废，银行不予受理，签发支票必须写明当日日期，不得签发远期支票。

4. 使用者限制

签发现金支票必须写明收款单位名称或收款人姓名。并且只准收款方或签发单位向银行提取现金或办理转账结算，不得将现金支票流通。

（二）现金支票的填制要求

签发支票应使用墨汁或碳素墨水，未按规定填写而被冒领涂改的，由签发人负责。支票大小写金额和收款人不得涂改，其他内容如有更改，必须由签发人加盖预留银行印鉴之一证明。各单位在填写现金支票时，应按《银行结算办法》中有关规定认真填写支票中的有关栏目。现金支票须填写的内容有：收款人、开户银行名称、支票号码、签发日期、签发人账号、大小写金额、用途等。填写时必须要素齐全，内容真实，数字正确、内容清晰，做到标准规范，防止涂改。支票和其他票据的大写金额数字要一律用正楷字或行书书写，具体见“会计凭证的填制要求”一节中关于大、小写金额的填写部分。

第三节　银行结算方式和有关业务的办理

银行存款的收付应严格执行银行结算制度的规定。由中国人民银行发布、于1997年12月1日起施行的《支付结算办法》是银行结算制度的主要依据。支付结算是单位、个人在经济活动中使用票据、信用卡、汇兑、托收承付、委托收款等结算方式进行货币给付以及资金清算的行为。企业办理支付结算必须遵守“恪守信用、履约付款；谁的钱进谁的账、由谁支配；银行不垫款”等原则。下面分别就不同的结算方式进行介绍。

一、银行汇票结算业务的办理

（一）银行汇票的样式

银行汇票是汇款人将款项交存当地银行，由银行签发给汇款人持往异地办理转账结算或支取现金的票据，银行汇票的样式如图3-1、图3-2所示。

银行汇票通常不记载付款日期，是见票即付的汇票，具有使用灵活、票随人到，兑现性强等特点，单位、个体经济户和个人向异地支付各种款项都可以使用。银行汇票的收付一般由各单位的出纳人员或收款员负责具体到银行办理。在申请办理银行汇票时要注意：银行汇票的金额起点为500元；银行汇票一律记名；银行汇票的付款期为一个月（自出票日期计算，节假日顺延），逾期的汇票银行不予受理。

中国××银行银行汇票2

付款期 壹个月			汇票号码 第　　号
签发日期　年　月　日（大写）		兑付地点：　总付行：　行号：	汇票后此联作联行往账付出传票。本汇票和解讫通知一并由汇款人自带，兑付行兑付
收款人：		账号或住址：	
汇款金额	人民币（大写）		
实际结算金额	人民币（大写）	千 百 十 万 千 百 十 元 角 分	
汇款人： 签发行：　行号： 汇款用途： 签发行盖章	账号或住址： 多余金额 百 十 万 千 百 十 元 角 分	科目(付) 对方科目(收) 总付日期　年　月　日 复核　记账	

9.5cm×18.5cm(白纸浅绿花纹底蓝油墨，汇款金额栏加红水纹)

注：汇票号码前加印省别代号

图3-1　银行汇票（正面）

注 意 事 项

一、银行汇票和汇款解讫通知须同时提交兑付行，两者缺一无效。

二、收款人直接进账的，应在收款人盖章处加盖预留银行印章。收款人为个人的，应交验身份证件。

三、收款人如系个人，可以经背书转让给在银行开户的单位和个人，在背书人栏签章并填明被背书人名称；被背书人签章后持往开户行办理结算。

收款人签章： 年　月　日 身份证件名称、号码 发证机关：	被背书人 背书 日期　年　月　日	被背书人

图3-2　银行汇票（背面）

（二）银行汇票的使用程序

汇款单位办理汇票须填写银行汇票委托书（见图3-3）。

银行汇票委托书和银行汇票

1

中国××银行汇票委托书（存根）

委托日期　　年　　月　　日　　　　　　　第　　号

收款人				汇款人	
账　号 或住址				账　号 或住址	
兑付地点	省　市 　　县	兑付行		汇款用途	
汇款金额	人民币 （大写）				千 百 十 万 千 百 十 元 角 分
备　注	科　目 对方科目 财务主管　　复核　　经办				

此联由汇款人留存作记账传票

图3-3　银行汇票委托书

银行汇票委托书一式三联。第一联是存根，由汇款人留存作记账凭证；第二联是支款凭证，是签发银行办理汇票的付出凭证；第三联是收入凭证，由签发行作汇出汇款收入凭证。填写时，用双面复写纸套写（其他“多联”结算凭证套写要求相同）详细填明付款单位和收款单位全称（如果收款单位无法确定，应填写汇款单位指定的人员姓名）、收款单位和付款单位的银行账号、兑付地点、兑付银行、汇款用途（军工产品可以免填）、汇款金额等内容。如果汇票不需要转汇，在办理汇票时应在备注栏注明。

汇票填好后，在第二联汇款人盖章处加盖汇款单位预留银行印鉴，并将款项交存银行。汇款单位收到银行签发的银行汇票和解讫通知后，可以持银行汇票和解讫通知到异地办理转账结算和支取现金。同时付款单位根据“银行汇款委托书”存根联，编制付款凭证。出纳人员根据审核无误的付款凭证登记有关账簿。汇款单位汇出的款项如有剩余，应在收到开户银行转来的多余款收账通知后，根据收账通知和有关发票账单上的金额，编制收款凭证，出纳人员根据收款凭证登记银行存款日记账。汇款单位到外地采购商品，如果银行汇票和解讫通知上收款单位填写的是指定人员的姓名，持票人可以持票到兑付银行办理转账手续，也可以背书转让给收款单位。在办理转让手续时，持票人须出示身份证等证明身份的证件，并在银行汇票背面填写身份证件名称及号码、发证机关，在背书栏签字或盖章。同时在背书栏内填写被背书人姓名，由背书人签章后持往开户行办理结算。

汇款单位（或持票人）在采购商品时需分次付款的，持票人可将银行汇票和解讫通知联，连同本人的身份证明，一并送交兑付银行，申请开立分次支付款项的“临时存款户”。临时存款户可按持票人的需要分次办理结算。这种账户只取不存，付完清户，不付存款利息。持票人在兑付地如采购不到所购商品需易地采购而办理转汇时，须持有银行汇票和解讫通知联及本人身份证件，到兑付银行办理转汇（如汇票上注明不得转汇的，银行不予受理），经兑付银行审查同意后，即可办理转汇手续。转汇方式由持票人确定，采用汇兑方式转汇，持票人要填制信（电）汇凭证，在凭证“汇款用途”栏和“收款人”栏填写原收款人和用途等内容后交给汇票兑付银行办理转汇（信、电汇手续的办理另作介绍）。如果持票人要求继续采用银行汇票结算方式转汇的，应再次填写“汇票委托书”，在收款单位和汇款用途栏填写原收款人和汇款用途等内容后交给兑付银行重新签发银行汇票。如原汇票注有“现金”字样，在办理转汇时，可照填“现金”字样，银行在信（电）汇凭证或银行汇票上加盖“转讫”戳记。已转汇的银行汇票，必须全额兑付。

（三）银行汇票的挂失及退款

持票人必须妥善保管银行汇票，严防遗失。如果遗失了填明“现金”字样的银行汇票，应立即向兑付银行或签发银行请求挂失。在银行受理挂失前（包括对方银行收到挂失通知前）被冒领，银行概不负责；如果遗失了填写收款单位或个体经营者名称的汇票，银行不予挂失。可通知收款单位或收款人、兑付银行、签发银行，请求其协助防范。遗失的银行汇票在付款期满后，确未冒领的，可以办理退款手续。

汇款单位（或持票人）如因银行汇票超过付款期限或其他原因要求退款，应先备函向签发银行写明原因，同时交回汇票的第二、三联，办理退款手续。银行审查受理后，根据银行退回的多余款收款通知（多余金额与原汇金额相同）填制收款凭证，出纳人员根据收款凭证登记银行存款日记账。

付款单位应建立应付票据登记簿，详细记载各种结算票据的使用情况。

（四）银行汇票的审查及入账

收款单位受理银行汇票，应审查是否符合下列要求：收款人或被背书人为本收款人；银行汇票在付款期内。日期、金额等填写无误；印章清晰，有压数机压印的金额；“银行汇票”和“解讫通知”齐全、相符；汇款人或背书人的证明和证件无误，背书人证件上的姓名与其背书相符。

审查无误后，收款单位根据实际需要的款项办理结算，并将实际结算金额和多余金额准确、清晰地填入银行汇票和解讫通知的“多余金额”栏内。实际结算金额如恰好与汇票所列金额一致，应在“多余金额”栏内填“0”。实际金额和多余金额如果填错，应用红线划去全数，在上方重新填写正确数字并加盖本单位印章，只限更改一次。收款单位对汇票审核无误后，填制进账单进账（格式如图3-4）。

进账单 回单或（收账通知） 1

年 月 日 第 号

付款人	全称		收款人	全称										
	账号			账号										
	开户银行			开户银行										
人民币（大写）					千	百	十	万	千	百	十	元	角	分

付款单位名称或账号	种类	票据号码	百	十	万	千	百	十	元	角	分	
												收款人开户行盖章

此联是收款人开户行交给收款人的回单或收据通知

单位主管 会计 复核 记账

图3-4 进账单

填写进账单时应分别填写收款人和付款人名称、账号、开户行、票据种类、票据张数等项内容，并在汇票背面加盖预留银行印鉴，连同银行汇票（解讫通知联）及填制的进账单一并交给开户银行办理结算，根据银行盖章并退回的进账单第一联，编制收款凭证，出纳人员据以登记银行存款日记账。

如果收款单位收取的银行汇票较多，且属不同专业银行签发，出纳人员或收款员可对汇票按各专业银行进行分类整理，逐张填写进账单，分送各专业银行或本单位开户行（分送各专业银行的，当天即可收到款项；通过本单位开户行交换票据需3~5天时间）。

二、商业汇票结算业务的办理

商业汇票是收款人或付款人（或承兑申请人）签发，由付款人或其委托银行承兑，并于到期日向收款人或持票人支付款项的票据，适用于同城或异地企业单位先发货后收款或双方约定延期付款的商品交易。商业汇票按其承兑人的不同可以分为两种：由付款人承兑的商业承兑汇票和由银行承兑的银行承兑汇票。

商业汇票经过承兑人承诺，承兑人（即付款人）负有到期无条件支付票款的责任，有较强的信用；双方根据需要可以在不超过9个月的承兑期限内，在购货单位资金暂时不足的情况下，凭承兑的汇票销售、购买商品；销货单位需要资金，可持承兑的汇票向银行申请贴现，及时补充流动资金。汇票允许背书转让，企业单位凭票据即可进行商品交易，便利流通。需要分期付款的，可一次签发若干张不同期限的汇票。

（一）银行承兑汇票的具体办理

1. 银行承兑汇票的样式

银行承兑汇票是由收款人或承兑申请人签发，并由承兑申请人向开户银行申请，经银行审查同意承兑的票据（见图3-5、图3-6）。

银 行 承 兑 汇 票 2 汇票号码

签发日期 年 月 日 第 号

<table>
<tr><td rowspan="3">收款人</td><td>全 称</td><td colspan="3"></td><td rowspan="3">承兑申请人</td><td>全 称</td><td colspan="3"></td></tr>
<tr><td>账 号</td><td colspan="3"></td><td>账 号</td><td colspan="3"></td></tr>
<tr><td>开户银行</td><td></td><td>行号</td><td></td><td>开户银行</td><td></td><td>行号</td><td></td></tr>
<tr><td colspan="2">汇票金额</td><td colspan="6">人民币
（大写）</td><td colspan="2">千 百 十 万 千 百 十 元 角 分</td></tr>
<tr><td colspan="2">汇票到期日</td><td colspan="8">年 月 日</td></tr>
</table>

<table>
<tr><td rowspan="2">本汇票送请你行承兑，并确认《银行结算办法》和承兑协议的各项规定。
此致
承兑银行
承兑申请人盖章
年 月 日</td><td>承兑协议编号</td><td></td><td>交易合同号码</td><td></td></tr>
<tr><td colspan="2" rowspan="2">汇票签发人盖章
负责 经办</td><td colspan="2" rowspan="2">科目(付)
对方科目(收)
转账
日期 年 月 日
复核 记账</td></tr>
<tr><td>本汇票经本行承兑，到期日由本行付交。
承兑银行盖章
年 月 日</td></tr>
</table>

此联收款人开户行向承兑行收取票款时作联行往账付出传票

图3-5 银行承兑汇票（正面）

注 意 事 项

一、收款人必须将本汇票和解讫通知同时提交开户银行，两者缺一无效。

二、本汇票经背书可以转让。

被背书人	被背书人	被背书人
背书 日期 年 月 日	背书 日期 年 月 日	背书 日期 年 月 日

图3-6 银行承兑汇票（背面）

2. 银行承兑汇票的使用程序

银行承兑汇票手续的办理，首先由收付双方签定商品交易合同，在合同中注明采用银行承兑汇票结算方式。①签发一式四联银行承兑汇票，留下第四联（存根）（也可由购货单位自行签发），将汇票一至三联交购货单位。②填写银行承兑协议（见图3-7）一式三联，连同汇票一至三联及购销合同，一起交银行，委托银行承兑。③银行同意承兑，按票面金额收取一定比例的承兑手续费，填写“手续费收费凭证”一式三联，将收费凭证第一联、承兑协议第一联、汇票第二、三联以及购销合同交申请承兑人，银行留下收费凭证第二、三联、承兑协议第二联及副本、汇票第一联。④将已承兑的汇票第二、三联交收款单位，留下手续费收费凭证第1联、承兑协议第1联和购销合同。⑤按合同规定日期发货（也可先发货，后出票、承兑）。⑥汇票即将到期，销货单位提前办理收款手续，即填制一式五联委托收款凭证，连同汇票第二、三联，一起交开户银行。⑦银行受理，退回委托收款凭证第一联（回单），留下汇票第二、三联。⑧邮寄委托收款凭证三至五联，银行留下委托收款凭证第二联。⑨通知付款，即将委托收款凭证第五联（支款通知）交给购货单位，若3天后申请承兑人户头上无款可扣，则承兑银行无条件付款，同时转作申请承兑人逾期贷款。⑩邮寄委托收款凭证第四联（也可电划划款）。⑪通知收款，传给委托收款凭证第四联（收账通知）。⑫清算资金，邮寄银行承兑汇票第三联（解讫通知）。

银行承兑协议　1

编号：________

银行承兑汇票的内容：

收款人全称__________付款人全称__________
开 户 银 行__________开 户 银 行__________
账　　　号__________账　　　号__________
汇 票 号 码__________汇票金额(大写)__________
签 发 日 期____年____月____日　到 期 日 期____年____月____日

以上汇票经承兑银行承兑，承兑申请人（下称申请人）愿遵守《银行结算办法》的规定及下列条款：

一、申请人于汇票到期日将应付票款足额交存承兑银行。

二、承兑手续费按票面金额千分之(　　)计算，在银行承兑时一次付清。

三、承兑汇票如发生任何交易纠纷，均由收付双方自行处理。票款于到期前仍按第一条办理不误。

四、到期日，承兑银行凭票无条件支付票款。如到期日之前申请人不能足额交付票款时，承兑银行对不足支付部分的票款转作承兑申请人逾期贷款，并按照有关规定计收罚息。

五、承兑汇票款付清后，本协议始自动失效。

本协议第一、二联分别由承兑银行信贷部门和承兑申请人存执，协议副本由银行会计部门存查。

承兑银行__________（盖章）　　承兑申请人__________（盖章）

订立承兑协议日期____年____月____日

注：本协议共印三联，在“银行承兑协议之”后，第二联加印2，第三联加印（副本）字样。

25cm×18cm（白纸黑油墨）

图3-7　银行承兑协议

银行承兑汇票到期，付款单位开户行根据承兑协议规定执行扣款。如果付款单位无款支付或不足支付，承兑银行将全部票款或不足部分转入付款单位逾期贷款户，按每日5‰计收罚息。

收款单位收到银行承兑汇票后，应对汇票中记载的收款单位名称和金额等项目进行审查，确认无误后，于银行承兑汇票到期日填写进账单，将进账单连同银行承兑汇票一并交开户银行，经银行审核无误后，将进账单第一联加盖银行转讫章后退回收款单位据以编制收款凭证，出纳人员登记银行存款日记账。

3. 银行承兑汇票的贴现

收款单位在汇票未到期之前需要资金，可以持有未到期的银行承兑汇票向其开户银行申请贴现。贴现是指汇票持有人将未到期的商业汇票交给银行，银行受理后，按票面金额扣除贴现日至汇票到期前一日的利息后的金额交给贴现申请人。办理贴现时，贴现申请人应根据汇票内容逐项填写一式五联的贴现凭证（见图3-8），贴现凭证的第一联代申请书，由银行作贴现付出传票；第二联收入凭证，银行作贴现申请人账户传入传票；第三联收入凭证，银行作贴现利息收入传票；第四联收账通知，是银行给贴现申请人的收账通知；第五联是到期卡，由会计部门按到期日排列保管，到期日作贴现收入传票。

贴 现 凭 证（代申请书） **1**

填写日期　年　月　日　　第　号

<table>
<tr><td rowspan="3">申请人</td><td>名　称</td><td colspan="2"></td><td rowspan="3">贴现汇票</td><td>种　类</td><td colspan="2"></td><td>号码</td><td></td><td rowspan="7">此联银行作贴现付出传票</td></tr>
<tr><td>账　号</td><td colspan="2"></td><td>发票日</td><td colspan="4">年　月　日</td></tr>
<tr><td>开户银行</td><td colspan="2"></td><td>到期日</td><td colspan="4">年　月　日</td></tr>
<tr><td colspan="2">汇票承兑人（或银行）</td><td>名称</td><td></td><td>账号</td><td></td><td>开户银行</td><td colspan="3"></td></tr>
<tr><td colspan="2">汇票金额（即贴现金额）</td><td>人民币（大写）</td><td colspan="4"></td><td colspan="3">千 百 十 万 千 百 十 元 角 分</td></tr>
<tr><td colspan="2">贴现率 每　月</td><td>‰</td><td>贴现利息</td><td colspan="2">千 百 十 万 千 百 十 元 角 分</td><td>实付贴现金额</td><td colspan="3">千 百 十 万 千 百 十 元 角 分</td></tr>
<tr><td colspan="3">兹根据《银行结算办法》的规定，附送承兑汇票早申请贴现，请审核。
此致
贴现银行
申请人盖章</td><td>银行审批</td><td colspan="2">负责人　信贷员</td><td colspan="4">科目（付）________
对方科目（收）________
复核　记账</td></tr>
</table>

图3-8 贴现凭证

填好后，在第一联加盖银行预留印鉴，连同汇票以及解讫通知一并送交银行，经银行审查同意后即可办理。贴现申请人根据银行转来的收账通知编制收款凭证，出纳人员据以登记银行存款日记账。

4. 银行承兑汇票的挂失

持票单位遗失银行承兑汇票，应及时向承兑银行办理挂失注销手续，待汇票到期日满一个月后，如果是付款单位遗失的，应备函说明遗失原因，并附第四联银行承兑汇票送交银行申请注销，银行受理后，在汇票第四联注明"遗失注销"字样并盖章后即可注销；如果是收款单位遗失的，由收款单位与付款单位联系协商解决，汇票到期日满一个月后，付款单位确实未支付票款时，付款单位可以代收款单位办理遗失手续。

（二）商业承兑汇票的具体办理

1. 商业承兑汇票的样式

商业承兑汇票是由收款人签发，经付款人承兑，或由付款人签发并承兑的票据（见图3-9、图3-10）。

2. 商业承兑汇票的使用程序

商业承兑汇票一式三联，第一联为卡片，由承兑人（付款人）留存；第二联为商业承兑汇票，是收款人开户银行随结算凭证寄付付款人开户行作付出传票附件；第三联为存根，由签发人存查。商业承兑汇票在具体办理时除以下几点外，与银行承兑汇票基本相同。

商业承兑汇票（卡片） 1　　　　汇票号码

签发日期　年　月　日　　　　第　号

收款人	全称			付款人	全称											
	账号				账号											
	开户银行		行号		开户银行		行号									
汇票金额	人民币（大写）					千	百	十	万	千	百	十	元	角	分	
汇票到期日	年　月　日			交易合同号码												
本汇票请你单位承兑，并及时将承兑汇票寄交我单位。 此致 承兑人 收款人盖章 负责　经办				备注：												

此联承兑人（付款人）留存

图3-9 商业承兑汇票（正面）

注 意 事 项

一、付款人于汇票到期日前须票款足额交存开户银行，如账户存款余额不足时，银行比照空头支票处以罚款。

二、本汇票经背书可以转让。

被背书人	被背书人	被背书人
背书 日期 年 月 日	背书 日期 年 月 日	背书 日期 年 月 日

图 3-10 商业承兑汇票（背面）

（1）签发、承兑的手续不同。商业承兑汇票按双方约定签发，由付款人承兑，签发、承兑不通过银行办理。因此商业承兑汇票不需要向银行交纳手续费。

（2）商业承兑汇票到期，付款人资金账户不足以支付款项时的处理不同。对于商业承兑汇票，银行只是将商业承兑汇票退给收款人由双方自行处理，银行不负责付款，同时银行对付款人按票面金额处以5%但不低于50元的罚款。而银行承兑汇票到期，票款不足部分要转入付款单位逾期贷款户计收罚息。

（3）贴现的商业承兑汇票到期处理方法不同。贴现的商业承兑汇票到期，由贴现银行向付款单位收取款项。如汇票到期而付款单位不足或无款支付时，按《银行结算办法》规定，银行将商业承兑汇票退汇贴现申请人，并从贴现申请人（收款单位）账户收取已贴现票款，收款单位收到银行特种传票后，可以立即向付款单位追索票款。如果申请贴现单位的银行存款余额不足，银行将作逾期贷款处理。因此，当贴现商业承兑汇票到期而银行不能从付款单位收回款项时，申请贴现单位负有连带责任，并由此形成申请贴现单位的“或有负债”。

（4）商业汇票遗失或未使用办理注销的方法不同。商业承兑汇票遗失或未使用，不须向银行办理注销手续，由双方自行联系处理。

为了加强对商业汇票的管理，各单位应建立“应收、应付票据备查簿”，对每一笔应收、应付业务进行详细登记，以便到期及时结清货款。

三、银行本票结算业务的办理

（一）银行本票的样式

银行本票是银行签发的，承诺自己在见票时无条件支付确定的金额给收款人或持票人的票据（见图3-11、图3-12）。银行本票可以用于转账，注明“现金”字样的银行本票可以用于支取现金。银行本票一律记名，允许背书转让。银行本票适用于单位、个体经济户和个人在同城范围内的商品交易以及其他款项的结算，分为定额和不定额两种，定额本票的面额分别为1 000元、5 000元10 000元和50 000元。银行本票的提示付款期限自出票日起最长不得超过2个月。在有效付款期内，银行见票付款，不办理挂失。逾期的银行本票，兑付银行不予受理。

中国××银行

本 票 1

付款期 壹个月	签发日期 （大写） 年 月 日	本票号码 第 号

收款人:		
凭票即付	人民币 （大写）	
转账	现金	
签发银行盖章		科目(付) 对方科目(收) 兑付日期 年 月 日 出纳 复核 经办

此区域供打印磁性字码

此联签发行结清本票时作付出传票

图3-11 银行本票（正面）

注 意 事 项

一、本票在指定的城市范围使用。

二、本票经背书可以转让。

被背书人	被背书人	被背书人
背书 日期 年 月 日	背书 日期 年 月 日	背书 日期 年 月 日

图3-12 银行本票（背面）

（二）银行本票的使用程序

使用银行本票时，首先要填写“银行本票申请书”，详细填明收款人名称（需要支取现金的银行本票应填明“现金”字样），在银行本票申请书的第二联加盖预留银行印鉴，向银行办理转账交款。办理本票必须向银行交纳一定的手续费，手续费由银行从申请单位的存款中扣除。银行同意申请单位的申请后，即按照申请金额发给定额或不定额本票，申请单位根据“银行本票申请书”存根联编制付款凭证，出纳人员登记银行存款日记账。

付款单位用银行本票办理结算转让时，必须按照背书的要求在相应的背书栏中背书，加盖单位公章后将银行本票交给被背书单位，并向被背书单位交验有关证件；被背书单位对收取的银行本票进行审查，按要求在相应的被背书栏内填写单位名称，确认签发的内容符合规定、印章清晰，不定额银行本票有压数机压印的金额后，在本票背面加盖预留银行印鉴，填制进账单，将银行本票连同进账单一并交开户银行办理转账结算手续。银行审核无误后，在进账单回单联加盖“转讫”章退回收款单位，收款单位据此编制收款凭证并登记银行存款日记账。

（三）银行本票挂失及退款

如果不定额银行本票不慎丢失，付款期满一个月确实未被冒领，可以办理退款手续。如果因本票超过付款期限等原因要求退款时，应填进账单，连同本票一并送交银行，然后根据银行盖章退回的进账单回单联，编制收款凭证并登记银行存款日记账。收款单位收到的本票只办理全额结算，多余款可以采用支票或现金等方式退回付款单位。

四、支票业务的办理

支票是出票人签发的，委托办理支票存款业务的银行在见票时无条件支付确定的金额给收款人或持票人的票据。支票上印有“现金”字样的为现金支票，主要用于支取现金。支票上印有“转账”字样的为转账支票，只能用于转账。支票上未印有“现金”或“转账”字样的为普通支票，可以用于支取现金，也可以用于转账。普通支票左上角划两条平行线的，为划线支票，只能用于转账，不得支取现金。签发现金支票和用于支取现金的普通支票，必须符合国家现金管理的规定。支票一律记名，其付款期为5天（背书转让地区的转账支票付款期限为10天，从签发的次日算起，到期日如遇节假日顺延），支票的金额起点为100元。不准签发空头支票，不准签发远期支票，不准出租出借支票。

支票具有方便灵活的特点，在同一城市或票据交换地区的商品交易、劳务提供、清偿债务以及其他款项结算中广泛使用。在指定的城市，支票还可以背书转让。收款人将支票交存银行，一般当天或次日即可以入账用款。

（一）现金支票的使用

使用现金支票必须按《现金管理暂行条例》以及实施细则规定的现金使用范围办理，其具体要求在第二节中已有介绍。现金支票可以转账，但转账支票不能支取现金。

（二）转账支票的使用

转账支票（样式见图3-13、图3-14）的签发与现金支票基本相同。不同之处在于：经中国人民银行批准的地区转账支票可以背书转让。转让的支票背书为连续背书。收款单位在收到转账支票后，除审核有关项目外，须填制进账单，连同转账支票送交开户行，并根据银行退回的加盖银行印章的进账单第一联（回单）编制收款凭证并登记银行存款日记账。

<table>
<tr><td rowspan="6">中国银行
转账支票存根
D/0 A/2 05458938
附加信息：
出票日期 年 月 日
收款人：
金 额：
用 途：
单位主管 会计
上海证券印制厂 2001 年印制</td><td rowspan="6">本支票付款期限十天</td><td colspan="3">中国银行 转账支票 D/0 A/2 05458938</td></tr>
<tr><td colspan="2">出票日期（大写） 年 月 日
收款人：</td><td>付款行名称：
出票人账号：</td></tr>
<tr><td colspan="2">人民币
（大写）</td><td>亿 千 百 十 万 千 百 十 元 角 分</td></tr>
<tr><td colspan="2">用途
上列款项请从
我账户内支付
出票人签章</td><td>科目（借）
对方科目（贷）
转账日期 年 月 日
复核 记账</td></tr>
</table>

图 3-13 转账支票（正面）

注 意 事 项

经批准的地区转账支票可以背书转让

被背书人	被背书人	被背书人
背书 日期 年 月 日	背书 日期 年 月 日	背书 日期 年 月 日

图 3-14 转账支票（背面）

（三）支票的遗失手续

现金支票如有遗失，可以向银行申请挂失，挂失前已被支付的，银行不予负责。转账支票遗失，银行不受理挂失，丢失支票者可通知支票上指定的收款人请求协助防范。

向农户支付农副产品款项的单位，可以采用定额支票结算方式。定额支票是收购单位将款项交存银行，由银行签发交其用于向农户支付收购农副产品款项的票据。农户交售农副产品时，要定额支票还是要现金，由农户自由选择。

五、汇兑业务的办理

（一）汇兑结算凭证的样式

汇兑是汇款人委托银行将款项汇给外地收款人的结算方式，分为信汇和电汇两种。

信汇是指汇款人委托银行通过邮寄方式将款项划转给收款人。信汇凭证一式四联（见图3-15）。第一联为回单联，是汇出行给汇款人的回单；第二联为支款凭证，由汇出行作付出传票；第三联为收款凭证，由汇入行作收缴传票；第四联为收账通知或取款凭据，是给收款人的收账通知或代取款收据。

电汇是汇款人委托银行通过电报将款项划转给收款人的一种结算方式。电汇凭证一式三联（见图3-16），第一联为回单，第二联为支款凭证，由汇出行作付出传票；第三联为发电汇依据，由汇出行据以拍发电报。

中国××银行信汇凭证（回单）　1

汇款单位编号：　　委托日期　年　月　日　　第　号

收款人	全　称				汇款人	全　称			
	账　号 或住址					账　号 或住址			
	汇入地点	省　市 县	汇入行 名　称			汇出地点	省　市 县	汇出行 名　称	
金额	人民币： （大写）					千　百　十　万　千　百　十　元　角　分			
汇款用途：					（汇出行盖章）				

上列款项已根据委托办理，如需查询，请持此回单来行面洽。

年　月　日

单位主管　　会计　　复核　　记账

8.5cm×17.8cm　54K

此联是汇出银行给汇款单位的回单

图3-15　银行信汇凭证

中国××银行电汇凭证（回单）　1

汇款单位编号：　　委托日期　年　月　日　　第　号

收款人	全　称				汇款人	全　称			
	账　号 或住址					账　号 或住址			
	汇入地点	省　市 县	汇入行 名　称			汇出地点	省　市 县	汇出行 名　称	
金额	人民币： （大写）					千　百　十　万　千　百　十　元　角　分			
汇款用途：					（汇出行盖章）				

上列款项已根据委托办理，如需查询，请持此回单来行面洽。

年　月　日

单位主管　　会计　　复核　　记账

8.5cm×17.8cm　54K

此联是汇出银行给汇款单位的回单

图3-16　银行电汇凭证

汇兑方式适用于单位、个体经营者和个人的各种款项结算，一般常用于单位之间先付款后发货的商品交易。如果销货单位对购货单位的信用情况缺乏了解，或是生产经营需要，可以让购货单位先付款，款到发货；反之，如果购货单位对销货单位的资信情况或交货能力比较了解，也可以直接将款项汇入销货单位账户。汇兑结算也可用于单位对个人的支付，如单位对在异地的职工支付工资等都可以采用信汇或电汇的结算方式，汇款到达汇入地点后，汇入银行负责通知收款人，收款人持身份证件到银行领取款项。如果未在银行开立存款账户的个人想办理汇兑结算时，可将款项交给银行，由银行按汇款人要求办理划转。

使用汇兑方式结算需注意汇款人指定人员到汇入银行领取汇款的，应在汇款凭证的“收款人全称”栏填写取款人单位名称，并在“账号及住址”栏内注明“留行待取”字样；信汇凭印鉴支取的，应加盖预留印鉴。汇款人确定不得转汇的，应在“备注”栏注明。

（二）汇兑结算的具体办理

汇款单位办理汇兑结算时，应在信（电）汇凭证上填明收款单位和付款单位全称、账号或住址、汇入汇出地点及汇入汇出行名称、汇款金额、汇款用途（军工产品可免填）。如需要注明“留行待取”、“现金”或“不得转汇”字样的，在有关栏目填写。填好后，在第二联“汇款人盖章处”加盖预留银行印鉴，交开户行办理划款手续。银行受理后将第一联（回单）盖章退回汇款单位，作为汇款单据编制付款凭证、登记银行存款日记账的依据。

收款单位收到汇入行转来的信汇凭证第四联（收账通知）后，首先核对凭证所填收款单位是否为本单位，金额及汇款用途是否正确，确认此款为本单位应收取的款项后，由会计人员根据收账通知及有关原始凭证编制收款凭证并登记银行存款日记账。如需要办理取款，由收款单位盖章后到银行领取。

采用电汇结算方式的，收款单位收到汇入银行的电寄补充报单第二联后，按汇入银行的通知办理转账或取款。

收款人在汇入地因采购需要，需分次支取汇款的，可开立临时存款账户，将汇款暂时存入临时账户，分次支取。临时存款账户只付不收，付完清户，不计付利息。

收款人在汇入地因故需办理转汇的，应按有关规定在办好解付手续后，可委托汇入地银行将款项重新按信汇、电汇结算，汇往其他地方。转汇的收款人和用途必须是原收款人和用途。转汇银行应在信汇、电汇凭证上加盖“转汇”戳记。如信汇、电汇凭证已注明“不得转汇”字样的，银行不予办理转汇。

汇款人因故对汇出的款项要求退汇的，应备正式函件或本人身份证连同信汇、电汇回单，向汇出银行申请退汇，经确认汇入银行尚未付款，方可退汇。如果汇出银行在接到退汇通知单时，汇款已经解付收款人账户或被支取，则由汇款人和收款人自行联系办理退汇手续。汇款单位收到银行转来的退汇收账通知后编制收款凭证并登记银行存款日记账。

对收款人拒绝接受的汇款，汇入银行应即办理退汇；汇入银行对发出取款通知后两个月仍无法交付的汇款可主动办理退汇。

六、委托收款结算业务的办理

（一）委托收款结算凭证的样式

委托收款是收款人委托银行向付款人收取款项的结算方式。按款项划回方式的不同可以分为邮划和电划两种，收款人可以根据实际情况选择。委托收款结算方式方便单位主动收款，凡是在银行或其他金融机构开立账户的单位和个体经营户的商品交易、劳务款项以及其他应收款项的结算，均可使用委托收款结算方式。

委托收款在同城或异地都可以办理，不受金额起点的限制，付款期为 3 天，从付款人开户银行发出付款通知的次日算起（付款期内如遇节假日顺延）。付款人在付款期内未向银行提出异议，银行视为同意付款，将在付款期限满的次日（节假日顺延）银行开始营业时，将款项主动划给收款人。

收款单位办理委托收款时，应填制委托收款结算凭证。结算凭证分为“委邮”、“委电”两种，均为一式五联。“委邮”结算凭证第一联为回单，交给收款单位；第二联为收款凭证，由付款人开户行作为收入传票；第三联为支款凭证，由付款人开户行作为付出传票；第四联为收账通知，是收款人开户行在款项收妥后给收款人的收账通知；第五联为付款通知，是付款人开户行给付款人按期付款的通知。其结算凭证的样式如图 3-17 所示。“委电”结算凭证的第一、二、三、五联的作用和“委邮”相同，第四联（发电依据）由付款单位开户银行凭此拍发电报，其结算凭证的样式如图 3-18 所示。

（二）委托收款结算的办理

1. 委托收款结算的一般程序

收款单位填制委托收款结算凭证时，应使用蓝色复写纸将一式五联的凭证一次套写，在凭证上逐项填明收款人、付款人名称、账号、开户银行、收款人行号、委托金额、委托收款名称、附寄单证张数等有关内容。在第二联“收款人盖章”处加盖收款单位印章后，一并送交开户行。银行审核受理后，将第一联“回单”加盖印章退回收款单位。收款单位在收到银行收账通知后，据以编制收款凭证并登记银行存款日记账。

委邮

委托收款凭证（回单） **1** 委托号码

委托日期　　年　月　日　　　　第　　号

收款人	全称			付款人	全称	
	账号				账号或住址	
	开户银行		行号		开户银行	
委托金额	人民币（大写）				千百十万千百十元角分	
款项内容			委托收款凭据名称		附寄单证张数	
备注：			款项收妥日期 年　月　日		收款人开户行盖章 月　日	

此联收款人开户行给收款人的回单

图 3-17　委托收款凭证（委邮）

委电

委托银行收款结算凭证（回单） **1**

委托日期　　年　月　日　　　　委收号码：第　　号

收款单位	全称			付款单位	全称	
	账号				账号或住址	
	开户银行		行号		开户银行	
委托金额	人民币（大写）				千百十万千百十元角分	
款项内容		委托收款凭据名称			附寄单证张数	
备注： 电划			款项收妥日期 年　月　日		（收款单位开户行盖章）　月　日	

年　　月印 15 000 本 9.5cm×17.7cm　48K

单位主管　　会计　　复核　　记账

图 3-18　委托收款凭证（委电）

付款单位在收到银行转来的委托收款凭证第五联及有关附件后应认真审查，看委托收款凭证填列的付款人是否为本单位；委托收款的项目是否应由本单位承付；所列内容和所附的有关附件填写是否要素齐全、正确；委托收款金额和应付金额是否一致，承付期限是否到期等。审查无误后，如属本单位应全额承付的款项，在付款期限内应筹足资金，以备划款；如果提前承付，应通知其开户银行提前划款；如果委托收款的金额少于应付金额，应填写四联“多付款理由书”（可用委托收款拒绝付款理由书代替），于付款期到期前送交开户银行。如审查发现转来的委托收款凭证非属本单位，应及时退回银行。

2. 委托收款结算业务的拒付和不足支付

付款单位如对委托收取的款项全部或部分拒付，应在付款期内向本单位开户银行填写全部或部分“拒绝付款理由书”，连同开户银行转来的全部附件一并送交开户银行。开户银行受理后在拒付理由书第一联加盖银行业务章退回拒付单位；属于全部拒付的，付款单位将拒付理由书保管备查；属于部分承付的，凭“拒付理由书”第一联编制承付部分的付款凭证，出纳人员根据承付金额登记银行存款日记账。

付款单位如无款支付或不足支付时，开户银行将通知付款单位“无款支付，请退回凭证”。付款单位接到通知后，应在两天内，将委托收款凭证第五联（付款通知）连同有关单证退回开户银行（单证已作账务处理的，付款人可以填制“应付款项证明单”），由开户银行将有关结算凭证连同单证或“应付款项证明单”退回收款单位开户行转交收款单位，“应付款项证明单”样式如图 3-19 所示。

应付账款证明单　1

年　　月　　日

收款人名称		付款人名称	
单证名称		单证编号	
单证日期		单证内容	
单位未退回原因：		我单位应付款项： 人民币(大写) 付款人盖章	

注：一式二联，第二联付款人留存作为应付款项的凭据，第一联通过银行转交收款人作为应收款项的凭据。

10cm × 17. 5cm(白纸黑油墨)

图 3-19　应付账款证明单

付款单位逾期不退回单证，开户银行按委托收款发出通知的第三天起，每天处以 5‰但不低于 5 元的罚金，并暂停付款单位委托银行向外办理的结算业务，直到退回单证时止。

3. 三方交易、直达结算的办理

批发单位、销货单位、购货单位都不在一地，批发单位委托销货单位将商品直接发给购货单位的商品交易应当分别订立经济合同。销货单位向批发单位的购货单位发货后，由销货单位填制两套委托收款凭证，分别附有关单证，同时提交开户银行办理委托收款。一份用销货单位的名义向批发单位收款，货款划回销货单位开户银行，收入销货单位账户；另一份用批发单位名义，向购货单位收款，货款直接划回批发单位开户银行，收入批发单位账户。

4. 代办发货和代理收货托收款

如果销货单位与代办发货单位不在一地，销货单位与代办发货单位可以订立代办发货委托收款合同，发货单位代销货单位发货后，以销货单位名义，填制委托收款结算凭证（加盖发货单位印章），送交发货单位开户银行向购货单位收款，货款划回销货单位开户银行，收入销货单位账户。购货单位与代理收货单位不在一地，购货单位应事先将代理收货单位通知销货单位。销货单位向代理收货单位发货后，填制委托收款结算凭证，送交开户银行向购货单位收款，但应在凭证上注明“代理收货收款”字样。

七、异地托收承付结算方式及其账务处理

（一）异地托收承付凭证的样式

异地托收承付是根据购销合同由收款单位发货后委托银行向异地付款单位收取款项，由付款单位向银行承认付款的结算方式，适用于国有企业、供销合作社以及经营管理较好，并经开户银行审查同意的城乡集体所有制工业企业。办理异地托收承付结算款项必须是商品交易，以及因商品交易而产生的劳务供应的款项。代销、寄销、赊销商品的款项不得办理托收承付结算。收款人办理托收，必须具有商品确已发运的证件（包括铁路、航运、公路等运输部门签发的运单、运单副本和邮局包裹回执）及其他有效证件。托收承付结算每笔的金额起点为10 000 元。新华书店系统每笔结算的金额起点为 1 000 元。结算款项的划回方法有邮寄和电报两种，由收款人选用。托收凭证的格式见图 3-20 所示。

（二）托收承付结算的办理

1. 托收承付结算的一般程序

销货企业开户银行接受委托后，将托收结算凭证回单联退给企业进行账务处理，并将其他结算凭证寄往购货单位开户银行，由购货单位开户银行通知购货单位承兑付款。

购货单位收到托收承付结算凭证和所附单据后，应立即审核是否符合订货合同的规定。承付货款分为验单付款与验货付款两种，这在双方签定合同时就已明确约定。验单付款时，购货企业根据经济合同对银行转来的托收结算凭证、发票账单、托运单及代垫运杂费等单据审查无误后，即承认付款。验单付款的承付期

为3天，从付款人开户银行发出承付通知的次日算起（承付期内遇法定休假日顺延）。付款人在承付期内，未向银行表示拒绝付款，银行即视为承付，并在承付期满的次日（节假日顺延），将款项主动从购货企业的账户内划出。验货付款时，购货企业待货物运达企业，对其进行检验与合同完全相符后才承认付款。验货付款的承付期为10天，从运输部门向付款人发出提货通知的次日算起。对购销双方在合同中明确规定，并在托收凭证上注明验货付款期限的，银行从其规定。付款人收到提货通知后，应即向银行交验提货通知。付款人在银行发出承付通知的次日起10天内未收到提货通知的，应在第10天将货物尚未到达的情况通知银行。在第10天付款人没有通知银行的，视作已经验货。

中国人民银行托收承付结算凭证（承付/支款 通知）

第　号

5　托收号码

承付期限

到期　年　月　日

委托日期　年　月　日

收款单位	全称		付款单位	全称	
	账号			账号或住址	
	开户银行			开户银行	
托收金额	人民币（大写）				千 百 十 万 千 百 十 元 角 分
附件		商品发运情况	合同名称号码		
附寄单证张数或册数					
备注：		付款单位注意：（略）			

此联是付款单位开户银行通知付款单位按期承付货款的承付（支款）通知

单位主管　　会计　　复核　　记账　　付款单位开户行盖章　　月　日

图3-20　托收承付凭证

2. 拒付或无款支付的处理

如果购货企业在承付期内发现有下列情况，可向银行提出全部或部分拒绝付款：

（1）没有签订购销合同或未注明异地托收承付结算方式购销合同的款项。

（2）未经双方事先达成协议，销货企业提前交货或因逾期交货购货企业不再需要该项货物的款项。

（3）未按合同规定的到货地址发货的款项。

（4）代销、寄销、赊销商品的款项。

（5）验单付款，发现所列货物的品种、规格、数量、价格与合同规定不符，或货物已到，经查验货物与合同规定或发货清单不符的款项。

（6）验货付款，经查验货物与合同规定或与发货清单不符的款项。

（7）货款已经支付或计算有错误的款项。

购货企业提出拒绝付款时，必须填写“拒绝付款理由书”（见图 3-21），注明拒绝付款理由，并加盖单位公章，涉及合同的应引证合同上的有关条款。属于商品质量问题，需要提出质量问题的证明及其有关数量的记录；属于外贸部门进口商品，应当提出国家商品检验或运输等部门出具的证明，一并送交开户银行。开户银行应认真审查拒绝付款理由，查验合同。对于购货企业提出拒绝付款的手续不全、依据不足、理由不符合规定和不属于拒绝付款情况的，以及超过承付期拒绝付款和应当部分拒付而提为全部拒付的，银行均不受理，实行强制扣款，并处以 2 000 ~5 000 元的罚款。

①托收承付结算 全部/部分 拒绝承付理由书（代回单或/支款通知）

（四联）

（1 157） 拒付日期 年 月 日 原托收号码：

收款单位	全称			付款单位	全称		
	账号				账号		
	开户银行		行号		开户银行		行号
原托金额		拒付金额		部分承付金额	千 百 十 万 千 百 十 元 角 分		
附寄单证	张	部分承付金额（大写）					
拒付理由：（付款单位签章）							
银行意见：（银行签章） 年 月 日							

9. 5cm × 17. 5cm

图 3-21 拒绝付款理由书

购货单位在承付期满日银行营业终了时，如果无足够的资金支付，不足部分即为逾期未付款项，按照逾期付款处理。银行将根据逾期付款金额和逾期天数，按每天万分之五计算逾期付款赔偿金，逾期付款天数从承付期满日算起，如遇节假日，逾期付款赔偿金的天数计算也相应顺延，但在以后遇到节假日应当照算逾期天数。银行对赔偿金实行定期扣付，每月计算一次，于次月 3 日内单独划给销货企业；次月又有部分付款时，从当月 1 日起计算赔偿金，随同部分支付的款项划给销货企业，对尚未支付的款项，从当月 1 日起到月终再计算赔偿金，于第三个月 3 日内划给销货企业。余者类推。赔偿金的扣付列为企业销货收入扣款顺序的首位，如购货企业账户余额不足全额支付时，应排列在工资之前，并对该账户采取“只收不付”的控制办法，待一次足额扣付赔偿金后，才准予办理其他款项的支付。购货企业开户银行对逾期未付的托收凭证，负责进行扣款的期限为 3 个月（从承付期满日算起）。在此期限内，银行必须按照扣款顺序陆续扣款。期满时，如果购货企业仍无足够资金支付该笔尚未付清的欠款，银行应于次日通知购货企业将有关交易单证（单证已作账务处理或已部分支付的，可以填制“应付款项证明单”）在 2 日内退回银行。银行将有关结算凭证连同交易单证或应付款项证明单退回销货企业开户银行转交销货企业，并将应付的赔偿金划给销货企业。对购货企业逾期不退回单证的，开户银行自发出通知的第三天起，按照尚未付清欠款的金额，每天处以万分之五但不低于 50 元的罚款，并暂停购货企业向外办理结算业务，直到退回单证时止。

在办理异地托收承付结算中，销货企业的出纳员要及时掌握企业的发货时间，发货后即与经办人联系，及时到银行办理托收结算。在填写托收凭证时，不可填错付款单位名称和地址，要认真核对托收的金额，大小写必须相符并书写规范，取回银行回单联，及时登记货款承付日期。到期未收到货款时向主管领导汇报并协助经办人催收。购货企业出纳员接到银行托收承付通知单后，登记承付期限，将通知及有关单证送交购货经办人办理承付或拒付，在验单或验货付款的规定期限到期的前一日，经办人尚未办理的，要立即催办。

八、信用证结算方式及其账务处理

信用证保证金存款是指采用信用证结算方式的企业为开具信用证而存入银行信用证保证金专户的款项。企业向银行申请开立信用证，应按规定向银行提交开证申请书、信用证申请人承诺书和购销合同。企业填写“信用证申请书”，将信用证保证金交存银行时，应根据银行盖章退回的“信用证申请书”回单，借记“其他货币资金——信用证保证金”科目，贷记“银行存款”科目。企业接到开证行通知，根据供货单位信用证结算凭证及所附发票账单，借记“材料采购”或“原材料”、“库存商品”、“应交税费——应交增值税（进项税额）”等科目，贷记“其他货币资金——信用证保证金”科目；将未用完的信用证保证金存款余额转回开户银行时，借记“银行存款”科目，贷记“其他货币资金——信用证保证金”科目。

九、信用卡结算方式及其账务处理

信用卡存款是指企业为取得信用卡而存入银行信用卡专户的款项。信用卡是银行卡的一种。信用卡按使用对象分为单位卡和个人卡；按信用等级分为金卡和普通卡。凡在中国境内金融机构开立基本存款账户的单位可申领单位卡。单位卡可申领若干张，持卡人资格由申领单位法定代表人或其委托的代理人书面指定和注销。单位卡账户的资金一律从其基本存款账户转账存入，不得交存现金，不得将销货收入的款项存入其账户。持卡人可持信用卡在特约单位购物、消费，但单位卡不得用于10万元以上的商品交易、劳务供应款项的结算，不得支取现金。特约单位每日营业终了应将当日受理的信用卡签购单汇总，计算手续费和净计金额，填写汇（总）计单和进账单，连同签购单一并送交收单银行办理进账。

信用卡按是否向发卡银行交存备用金分为贷记卡、准贷记卡两类。贷记卡是指发卡银行给予持卡人一定的信用额度，持卡人可在信用额度内先消费、后还款的信用卡。准贷记卡是指持卡人须先按发卡银行要求交存一定金额的备用金，当备用金账户余额不足支付时，可在发卡银行规定的信用额度内透支的信用卡。准贷记卡的透支期限最长为60天，贷记卡的首月最低还款额不得低于其当月透支余额的10%。

企业应填制“信用卡申请表”，连同支票和有关资料一并送存发卡银行，根据银行盖章退回的进账单第一联，借记“其他货币资金——信用卡”科目，贷记“银行存款”科目；企业用信用卡购物或支付有关费用，收到开户银行转来的信用卡存款的付款凭证及所附发票账单，借记“管理费用”等科目，贷记“其他货币资金——信用卡”科目；企业信用卡在使用过程中，需要向其账户续存资金的，借记“其他货币资金——信用卡”科目，贷记“银行存款”科目；企业的持卡人如不需要继续使用信用卡时，应持信用卡主动到发卡银行办理销户，销卡时，单位卡科目余额转入企业基本存款户，不得提取现金，借记“银行存款”科目，贷记“其他货币资金——信用卡”科目。

第四节 银行存款日记账的账务处理

一、银行存款日记账的设置和启用

银行存款日记账是逐日逐项记录一个单位银行存款收支以及结余情况的账簿，由出纳人员根据银行存款收款、付款凭证和原始凭证登记，并在每日终了时结算出发生额和余额，以便随时掌握银行存款的收支动态和结存数量，为合理调度资金提供信息资料。

只要有资金结算业务的单位，都应设置银行存款日记账。银行存款日记账与库存现金日记账一样，都要采用订本式账簿。银行存款日记账的设置与库存现金日记账基本相同，不同之处在于银行存款日记账要在摘要栏前增设“结算方式”和“对方单位”两栏，以便与银行对账单核对。账簿格式一般采用“三栏式”，也可分别设立“多栏式”的银行存款收入日记账和银行存款支出日记账。订本式银行存款日记账格式如表3-1所示。银行存款日记账也是各单位重要的经济档案之一，在启用账簿时，亦应按有关规定和要求填写“账簿启用表”，具体内容和要求可参照库存现金日记账的设置和启用。

表3-1 银行存款日记账

年		凭证字号	摘要	结算凭证		对方科目	收入	付出	结余
月	日			方式	核对号码				

二、银行存款日记账的登记要求

（一）总体要求

银行存款日记账由出纳人员专门负责登记，登记时必须做到反映经济业务内容完整，登记账目及时，账证相符，数字真实、准确，书写工整，摘要清楚，便于查阅，不重记、不漏记、不错记，按期结算，不拖延积压，发生记录错误必须按规定的方法更正。

（二）具体要求

登记银行存款日记账的具体要求是：

（1）根据复核无误的银行存款收付凭证登记账簿。

（2）所记载的经济业务内容必须同记账凭证相一致。

（3）按经济业务处理的顺序逐笔登记账簿。

（4）必须连续登记，不得跳行、隔页，不得随便更换账簿和撕扯账页。

（5）文字和数据必须准确无误，整洁清晰。

（6）使用钢笔，以蓝、黑色墨水书写。

（7）每一账页记完，必须按规定办法转页。

（8）每月月末，按规定结账。

三、银行存款日记账错账的更正

如发生记账错误，应根据错误的具体情况，采用正确的方法更正。更正方法有划线更正法、红字更正法和补充更正法等，其基本要求前面已有介绍，此处简单总结如下：

（一）划线更正法

划线更正法又称“红线更正法”。在结账之前，发现账簿记录中所记录的文字或数字有错误，而记账凭证中应借、应贷科目和金额无错误，采用划线更正法进行更正。更正时，先在错误的文字和数字上划一条红线，表示注销；然后将正确的文字和数字用蓝字写在被注销文字或数字上方的空白处，并由记账人员在更正处盖章，以示负责。

（二）红字更正法

红字更正法又称“红字冲账法”。在记账之后，发现记账凭证中应借、应贷科目有错误，更正时，先用红字填制一张双方科目和金额与错误记账凭证相同的记账凭证，并在摘要栏内注明错误凭证的编号，据以用红字登记入账，以冲销原来的错误记录。然后再用蓝字填写一张正确的记账凭证，据以登记入账。

例1：出纳人员从银行提取库存现金1 200元，会计人员在编制付款凭证时不慎将方向写反并登记入账。发现错误时，应先用红字金额填制一张与原来一样的记账凭证：

借：银行存款　　　　1 200（红字）
　贷：库存现金　　　　1 200（红字）

同时，再用蓝字填写一张正确的记账凭证：

借：库存现金　　　　1 200
　贷：银行存款　　　　1 200

在记账之后，如果不是科目用错，而是所填金额大于应填金额，并已登记入账，也可以用红字更正法，将正确的数字与错误数字之间的差额，用红字填制一张记账凭证。据以登记入账，便可将原记录中大于正确数字的差额冲销。

例2：购置办公用品，实付金额为210元，填制付款凭证时误将金额记为2 100元，并已登记入账。凭证分录为：

借：管理费用　　　　2 100
　贷：银行存款　　　　2 100

更正时，将多记1 890元用红字编制一张付款凭证，以冲销多记金额。会计分录如下：

借：管理费用　　　　1 890（红字）
　贷：银行存款　　　　1 890（红字）

（三）补充更正法

记账后，发现记账凭证科目对应关系正确，但其所记金额小于应记金额，可用补充登记法更正，将少记金额用蓝字编制一张与原来科目对应关系相同的记账凭证，把少记的金额补充入账，以更正少记的金额。

例 3：用现金支付职工差旅费 480 元，在编制付款凭证时，误记为 48 元。发现错误后，当即把少记的 432 元用蓝字再编制一张付款凭证，并登记入账。

借：管理费用　　432

　贷：库存现金　　432

四、银行存款日记账的结账

出纳人员在确认本期所发生的各项收、付款业务全部登记入账后，要认真进行对账工作，以保证账面记录的正确性，做到账证相符、账账相符。经过上述工作后，方可进行结账，不能为赶编报表而提前结账，更不得先编报表后结账。

结当月余额时，应在摘要栏内注明“本月合计”字样，并在下面划一条单线。结本年累计发生额时，应在摘要栏内注明“本年累计”字样，并在下面划一条单线。12 月末的“本年累计”就是全年累计发生额，全年累计发生额下划双线。年终结账时，应结出借方、贷方全年发生额合计和年末余额。

年度终了，要把各账户的余额结转下年，并在摘要栏注明“结转下年”字样；在下年新账上第一行余额栏填写上年结转的余额，并在摘要栏注明“上年结转”字样。

五、银行存款日记账与有关账、表的核对

为了防止记账发生错误，正确掌握银行存款实际金额，各单位应按期对账。主要包括以下内容：

（1）银行存款日记账与银行收、付款凭证要互相核对，做到账证相符。

（2）银行存款日记账与银行存款总账要互相核对，做到账账相符。

（3）银行存款日记账与银行开出的银行存款对账单要互相核对，做到账单相符。

账证核对和账账核对在之前的现金核对中已有较详细的介绍，银行存款的核对大致相同，此处不再赘述，这里仅介绍银行存款日记账与银行对账单的核对。

为了检查单位和开户银行账目是否有错漏，查明银行存款实有数，企业应定期将银行存款日记账记录和银行对账单进行核对（每月至少一次），如果发现不符，应该查明原因及时调整。核对时应逐笔对凭证的种类、编号、摘要内容、方向、金额等进行检查，核对相符在对账单上作出“✓”的记号；如果发现有漏记、重记、错记、串记等情况，属于银行对账单差错的，应当立即与银行核查更

正；属于开户单位差错的，更正后重新登记入账。

一般说，出现余额不一致的原因除了双方的记账错误外，最有可能的就是未达账项。所谓未达账项是指由于收到凭证的时间不同引起的一方已经登记入账而另一方尚未登记入账的款项，主要由以下四种情况：①单位已经收款入账，银行尚未入账的款项，如收到外单位的转账支票等。②单位已经付款入账，银行尚未入账的款项，如开出支票而持有人尚未到银行提现或转账等。③银行已经收款入账，单位尚未入账的款项，如托收货款等。④银行已经付款入账，单位尚未入账的款项，如扣借款利息、托收无承付等。

如果没有错误或其他情况，出现第一和第四种情况时，会使开户单位银行存款账面余额大于银行对账单；出现第二和第三种情况时，会使开户单位银行存款账面余额小于银行对账单。这种不一致很可能导致单位在不知情的情况下开出空头支票，因此必须及时编制“银行存款余额调节表”进行调节。

六、银行存款额调节表的编制

银行存款余额调节表是在银行与开户单位的账面余额基础上，各自加上对方已收、本单位未收账项数额，减去对方已付、本单位未付账项数额，以调整双方余额使其一致的一种调节方法。编制“银行存款余额调节表”时，可以开户单位的银行存款账面余额为基础，调节银行对账单金额，使之一致；也可以银行对账单存款余额为基础，调节开户单位的银行存款账面余额，使之一致；还可以从两个方面同时进行核对调节，使调节后的双方余额相一致。这三种调节方法的计算公式如下：

（1）开户单位账面存款余额＝银行对账单存款余额＋开户单位已收而银行未收账项－开户单位已付而银行未付账项＋银行已付而开户单位未付账项－银行已收而开户单位未收账项。

（2）银行对账单存款余额＝开户单位账面存款余额＋开户单位已付而银行未付账项－开户单位已收而银行未收账项＋银行已收而开户单位未收账项－银行已付而开户单位未付账项。

（3）银行对账单存款余额＋开户单位已收而银行未收账项－开户已付而银行未付账项＝开户单位账面存款余额＋银行已收而开户单位未收账项－银行已付而开户单位未付账项。

例4：某开户单位20××年6月底银行存款账面余额为79 000元，而银行对账单存款余额为73 570元，经逐笔核查，发现有如下四笔未达账项：

6月18日，某企业汇来一笔预付货款3 000元，银行已收妥入账，但信汇通知单在传递中丢失，正在查找，企业尚未入账；

6月23日，银行支付承兑货款8 500元，企业尚未入账；

6 月 25 日，银行代付水费 430 元，企业尚未收到银行的付款通知单，因而未入账；

6 月 28 日，企业开出现金支票一张 500 元，持票人尚未到银行提现，因此银行未入账。

根据上述账项编制“银行存款余额调节表”，如表 3-2 所示。

表 3-2　银行存款余额调节表

20××年 6 月 30 日　　　　单位：元

项目	金额	项目	金额
企业银行存款日记账	79 000	银行对账单余额	73 570
加：银行已收账企业未收账款项	3 000	加：企业已收账银行未收账款项	
某企业汇来预付货款			
减：银行已付账企业未付账款项	8 500	减：企业已付账银行未付账款项	500
支付承兑货款	430	企业支付现金	
银行代付水费			
调节后的存款余额	73 070	调节后的存款余额	73 070

通过核对调节，“银行存款余额调节表”上双方余额相等，说明双方的记账都没有差错。如果仍不相等，要么是未达账项未全部查出，要么是一方或双方记账存在错误，应进一步查明原因，进行更正。调节相等的银行存款余额是当日可以动用的银行存款实有数。对于银行已经划账，而开户单位尚未入账的未达账项，要等到银行结算凭证到达后才能登记入账，不能直接将“银行存款余额调节表”作为记账凭证进行登记。

第四章　薪 酬 记 账

第一节　薪酬记账的凭证和复核

单位应根据本单位生产、管理和薪酬制度的具体要求，建立健全各项薪酬核算的原始记录，保证各项薪酬核算原始记录的准确、真实和完整。薪酬记账的原始凭证较多，其中，工资是薪酬的主体，其原始凭证主要有工资卡片、考勤记录和产量工时记录等，下面逐一介绍。

一、工资卡片和复核

工资卡片是反映单位职工到职、离职、内部调动、职务变动、工资等级、工资标准与津贴变动等基本情况的一种卡片。它由劳动人事部门按人设置，并分部门进行保管。通过工资卡片可以准确了解职工的工资级别、工资标准、各种津贴和工龄等情况，是财务部门核定职工工资的依据。财务部门根据劳动人事部门职工调入和调出通知发放或停发职工工资，并根据工资卡片和其他有关各项记录认真核定每位职工的工资。工资卡片的一般格式如表 4-1 所示。劳动人事部门和财会部门必须对工资卡片进行认真复核。工资卡片的内容有变动时，应及时反映在卡片上以保证工资核算的准确性。

表 4-1　职工工资卡片

编号：1502　　20××年 8 月 1 日　　单位：元

姓名	王华	出生日期	1975. 4. 1	参加工作时间	2000. 8. 1
性别	男	政治面貌	党员	家庭住址	…

工作及工资变动情况

时间	工作单位	职务	级别	标准工资	津贴			备注
					交补	洗理	…	
2000. 8	东风机械厂	会计	三级	548	100	30	…	

二、考勤记录和复核

考勤记录是反映职工出、缺勤情况的原始记录，也是计算职工工资、分析考核职工出勤情况和工作情况的依据。为了正确考勤核算工资，各单位应严格考勤制度，做好考勤记录工作。考勤记录一般可以采取考勤簿或考勤卡的方式。

（一）考勤簿的记录与复核

考勤簿一般应根据企业情况，按部门、车间、科室、班组设置，由考勤员逐日登记。每月月终算出每个职工当月的出勤、缺勤时间，经有关领导审核后交工资核算员据以计算工资。考勤簿一般格式如表4-2所示。

表4-2　考　勤　簿

部门或车间：×××

班组：××××　　　　20××年1月　　　　考勤员：×××

编号	姓名	职别	工资等级	出勤情况						考勤统计								
				1	2	3	…	30	31	出勤	病假	事假	迟到	早退	旷工	工伤	公假	夜班
001	…	…	…	✓	✓	×	…	⊙	公休	23	1	1						
002	…	…	…	✓	✓	✓	…	✓	公休	26								
003	…	…	…	✓	✓	✓	…	✓	公休	26								
…																		

注：用符号进行记录，✓出勤，×事假，⊙病假等。

复核考勤簿时，首先要检查考勤记录是否完整、齐全，有无应填而未填的项目，有无与实际不相符的情况；然后检查出缺勤的计算统计是否正确；最后验证病、伤、产假等是否有合法的证明和有关领导的签字、盖章，是否符合上级及本单位的有关规定等。

（二）考勤卡的记录与复核

考勤卡是为每位职工单独建立的考勤记录，由考勤员逐日登记，也有企业采用自动考勤机考勤，因而自动建立考勤统计，不再由考勤员填列。无论何种形式，其考核内容和考勤簿基本相同，不再详细说明。

三、产量工时记录和复核

产量工时记录反映工人或生产小组在出勤时间内的完成产量和耗用工时，是统计产量和工时及计算计件工资的原始依据。它由企业根据具体情况设计不同的登记形式和登记程序，包括工人姓名、班组、产品名称、零件名称、工序名称、合格品数量、废品数量、返修品数量、完成的定额工时、实际工时等。常用的产量工时记录有工作班产量记录（格式见表4-3）。产量工时记录因反映的内容较多且经手的人也比较多，比较容易出错，复核时应根据有关各项原始单据仔细核对，防止有意无意造成的虚报误报产量工时的情况，复核时应特别注意有无合格产品的检验员的证明，以及数量是否与检验结果相符。

表 4-3　工作班产量记录

车间：

班组：　　　　　　　　　　　　　年　月　日　　　　　　　　　　　　编号

工号	姓名	零部件号	产品名称	零部件名称	工序	生产检验情况								工资/元			
						交验数	合格数	返修数	工废数	料废数	定额工时	产量工时	实用工时	计价单价	合格品工资	料废品工资	合计

附：合格品检验单（张）

车间主任：　　　　　　班组长：　　　　　　质量检验：　　　　　　记录人：

第二节　工资发放业务

一、工资的计算

工资结算主要计算职工的应付工资、各种代扣款项和实发工资，是发放工资的前提。工资的计算根据工资卡片、考勤记录和产量工时记录等进行。实行计时工资制的职工，按月标准工资加上奖金、津贴、补贴和加班工资后扣除缺勤应扣工资计算，或者按出勤日起计算；实行计件工资制的职工按计件产量和计件单价计算计件工资，再加上奖金、津贴和补贴。应付工资、实发工资的计算公式为：

实发工资 = 应付工资 − 各种扣款合计

应付工资 = 计时工资 + 计件工资 + 各种奖金 + 各种补贴及津贴

（一）计时工资的计算

实行计时工资制的单位，其具体计算可以采用月薪制或采用日薪制。

1. 采用月薪制计时工资的计算

采用月薪制计时工资时，计时工资计算公式为：

应付计时工资 = 月标准工资 − 日工资率 × 缺勤天数

其中月标准工资可以根据工资卡片的记录取得，缺勤天数可以根据考勤记录取得。如果出全勤，则不论当月实际天数多少，均可得到全月标准工资额；如果有缺勤，则应付计时工资额的关键取决于如何计算日工资率。

2. 采用日薪制计时工资的计算

采用日薪制计时工资的，日工资率的计算方法有如下两种：

（1）每月固定按30天计算，日工资率为每月标准工资除以30天，即：

日工资率 = 月标准工资 ÷ 30

采用这种方法计算日工资率时，由于节假日也算工资，因而出勤期间的节假日，也按出勤日算工资。

（2）全年365天扣除法定节假日11天及104个公休日（即星期六和星期日）再用12个月平均，日工资率为全月标准工资除以20.83天，制度工作时间的计算是：

年工作日：365 − 104（公休日）− 11（法定节假日）= 250（天）

季工作日：250 ÷ 4 = 62.5（天/季）

月工作日：250 ÷ 12 = 20.83（天/月）

采用这种方法计算日工资率时，缺勤期间的节假日、星期六、星期天不算工作时间，也不扣工资。两种方法的差别见下例。

例1：某工人月标准工资600元，4月份出勤20天，周一、周二请事假2天，法定休息8天。

按第一种计算月工资方法计算计时工资：

日工资率 = 600/30 = 20（元）

按月标准工资扣除缺勤天数应扣工资额（减法）计算应付计时工资 = 600 − 20 × 2 = 560（元）

按出勤天数直接（加法）计算应付计时工资 =（20 + 8）× 20 = 560（元）

按第二种计算日工资率的方法，计算应付计时工资：

日工资率 = 600/20.83 = 28.80（元）

按月标准工资扣除缺勤天数应扣工资额（减法）计算应付计时工资 = 600 − 28.80 × 2 = 542.4（元）

按出勤天数直接（加法）计算应付计时工资 = 20 × 28.80 = 576（元）

从以上例子可以看出，采用不同的计算日工资率的计算方法，计算结果往往略有差别，只有在出满勤时或休息日不包括在事假时间中时才是一致的。

（3）现行做法。按照《劳动法》第五十一条的规定：劳动者在法定休假日和婚丧假期间以及依法参加社会活动期间，用人单位应当依法支付工资。即折算日工资、小时工资时不剔除国家规定的11天法定节假日。据此，日工资、小时工资的折算为：

月计薪天数 =（365 − 104）÷ 12 = 21.75（天）

日工资：月工资收入 ÷ 月计薪天数

小时工资：月工资收入 ÷（月计薪天数 × 8小时）

工作小时数的计算方法为：以月、季、年的工作日×每日8小时

因此，上例计算日工资率应该是：日工资率=600/21.75=27.59（元），其他算法类似。

（二）计件工资的计算

1. 以个人为单位计算计件工资

实行计件工资制的企业，应付工人的计件工资按产量工时记录的个人（或班组）完成合格产品产量乘以计件单价计算。产生的废品，如果是材料缺陷（料废）原因造成的，则按相应的计件单价照付工资；如果是加工失误造成的，不付计件工资。计算公式为：

应付计件工资=（合格品数量+料废品数量）×计件单价

如果工人在一个月内加工多种不同产品且各种产品的计件单价不同，则分别按上式计算每种产品的计件工资后汇总即为应付该职工（小组）的工资额。即：

应付计件工资=∑[（各种产品合格数量+各种产品料废数量）×该产品计件单价]

上述公式中的计件单价，应该是某种产品的定额工时数，乘以制造该种产品所需要的某种等级工人的小时工资率求得。

实际工作中，计件工资还可以按完成定额工时乘以工时单价（经测算确定的小时工资率）计算：

（1）计算月份内完成的各种产品的定额工时数。公式为：

完成定额工时数=∑（每种产品完成数量×该种产品单位定额工时）

其中产品完成数包括合格产品数量和料废品数量。

（2）根据定额工时数和小时工资率计算应付计件工资。公式为：

应付计件工资=完成定额工时数×工时单价

2. 小组集体计件工资的计算与分配

在企业实行小组集体计件工资制时，应按上述方法首先计算出小组应得的计件工资总额，然后在小组成员间进行分配。企业可以根据自己的实际情况确定分配办法。现介绍两种常见的分配方法：

（1）按照每人的工资标准和实际工作时间比例进行分配。计算公式为：

某工人应得计件工资=[小组计件工资总额/∑（某工人工作小时×该工人小时工资率）]×（某工人工作小时×该工人小时工资率）

这种方法的实质即按照工人的工资等级和工作时间加权平均，其优点是分配较为准确合理，但计算比较复杂，适用于小组成员之间工资标准、技术差异比较大的情况。如果是技术要求很低的小组或小组成员之间的工资标准相差数较小，则可以采取第二种办法。

(2) 按小组内每人的实际工作时间平均分配。公式为：

某工人应得计件工资 = 小组计件工资总额/小组工作总时数 × 该工人工作总时数

例 2：小组工人共同完成某项任务共得计件工资 5 000 元，现计算每位工人的应得计件工资。

按每人的工资标准和实际工作时间比例进行分配（根据考勤记录内容），如表 4-4 所示。按每人的实际工作时间进行分配（仍以上述数字为例），如表 4-5 所示。

表 4-4　分配表（按每人的工资标准和实际工作时间比例）

工人	工资等级	小时工资率/（元/h）	工作时数/h	工作时数 × 小时工资率	分配比例	计件工资/元
甲	7	4	150	600	5 000/2 030 = 2.4631	1 477.86
乙	5	3	180	540		1 330.07
丙	6	3.50	140	490		1 206.92
丁	3	2	200	400		985.15
合计			670	2 030		5 000

表 4-5　分配表（按每人的实际工作时间）

工　人	工作时数/h	工资分配率	计件工资/元
甲	150	5 000/670 = 7.4627	1 119.41
乙	180		1 343.29
丙	140		1 044.78
丁	200		1 492.52
合计	670		5 000

（三）加班加点工资的计算

加班加点工资，是按照考勤记录的加班的天数或加点时数和职工的日工资率或小时工资率计算的。公式为：

加班加点工资 = 加班天数 × 日工资率 + 加点小时数 × 小时工资率

（四）工资性津贴的计算

工资性津贴的计算，必须按照国家规定的津贴种类和标准严格计算，同时应严格规定有关原始记录，确定发放范围。具体计算请参考有关规定，此处不详述。

（五）各种奖金的计算

各种经常性奖金，包括综合奖、单项奖等等，应根据企业制定的奖金支付标准和得奖条件计算。如果是按照班组集体计算的奖金，还应按统一的标准、用合适的计算方法在班组集体内部成员间进行分配。

（六）其他工资的计算

根据劳动保险条例及其他有关规定，职工在非工作期间也应按一定标准照付工资。主要规定有：职工在工伤治疗期间、公假、产假、探亲、婚丧假期间，在规定的假期时间内，按照标准工资全额发放。职工因病假或非因公负伤治疗期间，工资支付标准随时间长短不同而有区别。具体规定为：病假或治疗在6个月以内，根据劳动保险条例规定，应按工龄长短和本人的标准工资的一定比例支付，具体规定如表4-6所示。

表4-6　支付工资比例（6个月以内病假）

工　龄	支付标准工资的比例	工　龄	支付标准工资的比例
不满2年	60%	满6年不满8年	90%
满2年不满4年	70%	满8年及8年以上	100%
满4年不满6年	80%		

病假或非因公负伤治疗在6个月以上（长期病假），按工龄长短和其本人标准工资的一定比例支付，如表4-7所示。

表4-7　支付工资比例（6个月以上病假）

工　龄	支付标准工资的比例	工　龄	支付标准工资的比例
不满1年	40%	满3年及3年以上	60%
满1年不满3年	50%		

根据以上标准，可以计算出应付职工的病假工资。公式为：

病假工资 = 日标准工资 × 相应的百分比 × 病假天数

或：　应扣病假工资 = 日标准工资 ×（1 − 相应百分比）× 病假天数

（七）代扣款项的计算

计算出应付工资后，企业财会部门还需要根据有关单位和部门转来的扣款通知及有关规定代扣一些款项，如房租、水电费、家属医药费、互助金等，计算出实发工资。

二、工资的发放

（一）工资发放的形式

企业为了办理与职工的工资结算，首先需要编制工资结算凭证。目前采用的工资结算凭证有工资单（也称工资结算单、工资表、工资结算表）、工资袋、工资卡片等形式。企业可以根据实际情况选取，选定后一般一年之中不要轻易变更，以免引起混乱。

1. 工资单

工资单是根据考勤记录、工时记录、产量记录、工资等级、工资标准等计算编制的，是工资结算和支付工资的原始凭证。工资单一般由企业各车间、各部门工资核算员按月分别编制，通常要求复写至少一式两份，一份按职工姓名裁成小条，随工资一同发放给职工，以便职工检查核对；另一份是支付工资的原始凭证，职工领取工资时签名盖章后装订成册，交由会计部门保管，作为记账的原始凭证。工资单的一般格式如表 4-8 所示。

表 4-8　职工工资单

部门：　　　　　　　　　　年　　月　　　　　　　　　　单位：元

编号	姓名	职务	工资等级	标准工资	应付工资								各种扣款					实发数	领取人
					计时工资		计件工资		奖金	津贴	其他工资	合计	房租	水电	公积金	…	合计		
					天数	全额	…		…	…									
合计																			

劳动（人事）部门：　　　　财会部门：　　　　审核人：　　　　制表人：

采取工资单方式的优点是便于按车间、部门分类保管和汇总，保存方便，不易散失；缺点是每月需重复抄写许多固定不变的项目，工作量比较大。但这种形式和计算机处理工资核算时形式统一，便于逐步向电子计算机处理方向过渡。

2. 工资袋和工资卡

工资袋和工资卡是按职工设置的，每人一袋（卡），上面逐月记录该职工每月计算的应付工资数，代扣款项和实发工资数。职工领取工资时在工资袋（卡）上签字后，退回工资发放人，以便下月继续使用。工资袋（卡）一般一年一份，全年周转使用，其记录内容、项目和工资单相同。

采取工资袋或工资卡可以避免每次重复抄写许多同样的栏目内容，简化核算工作；缺点是比较零散，不便于按部门、车间统计汇总和保管，容易丢失。

为了便于进行发放工资和工资结算的总分类记账，在发放工资前，财会部门应根据工资单、工资袋、工资卡编制工资结算汇总表（工资汇总表），以全面反映应付工资额、代扣款额和实发工资额，并便于向银行提取现金发放工资。同时，工资结算汇总表是考核分析工资基金使用情况的重要资料，也是进行工资结算总分类核算的重要依据。

工资结算汇总表的一般格式如表 4-9 所示。

表 4-9 工资结算汇总表

年 月 单位：元

车间或部门		应付工资									各种扣款				实发数
		计时工资	计件工资	奖金		津贴		其他工资		合计	房租	水电	…	合计	
				…	小计	…	小计	…	小计						
一车间	生产工人	…	…	…	…	…	…	…	…	11 000	…	…	…	1 000	10 000
	管理人员	…	…	…	…	…	…	…	…	1 200	…	…	…	200	1 000
…	…	…	…	…	…	…	…	…	…	…	…	…	…	…	…
企管人员		…	…	…	…	…	…	…	…	5 200	…	…	…	200	5 000
销售人员		…	…	…	…	…	…	…	…	1 700	…	…	…	600	1 100
医务及福利人员		…	…	…	…	…	…	…	…	800	…	…	…	…	800
长病人员		…	…	…	…	…	…	…	…	300	…	…	…	…	300
合计		…	…	…	…	…	…	…	…	25 800	…	…	…	5 800	20 000

劳动（人事）部门： 财会部门： 审核人： 制表人：

（二）工资的复核

编好工资单（卡）后，会计人员应在发放工资之前对工资发放数进行复核。工资发放牵涉面广、琐碎且工作量大，出现错误会造成不好的影响，因此复核工作一定要认真仔细。复核主要包括以下几个步骤：

首先应对考勤记录、产量记录进行认真检查，复核有无考勤不严格、记录不完整和计算错误的情况，产量工时记录是否真实，有无填制工资结算凭证时抄录错误等。

其次要对工资结算凭证进行检查，复核工资单上数字有无串行、串栏、计算错误等。检查时，应检查主要的三个平衡关系：一是应付工资的平衡，即工资单及工资结算汇总表上每个职工应付工资的总额之和（纵向合计）是否和全部职工的计时、计件工资、补贴及津贴等各项的总额（横向合计）相等；二是各项扣款的平衡，检查每位职工的扣款额之和（纵向合计）和房租、水电费等各种扣款的总额（横向合计）是否相等；三是实发工资的平衡，即检查每个职工实发工资额之和（纵向合计）是否与应付工资总额减去各项扣款总额的差相等。如上述三个平衡关系相等，则基本上可以排除计算中的错误。

（三）工资发放的程序

为使工资发放工作顺利进行，在发放工资前应做好各项准备工作，以应付可能出现的问题。工资发放后还要整理好各种凭证，处理相关事项。工资发放的程序大致如下：

（1）检查银行存款账目，看是否有足够的资金支付工资。

（2）检查工资总额指标是否已经过有关部门的核定审批，是否有工资总额指标。

（3）与开户银行联系，准备提取现金支付工资。

（4）根据每个职工的工资实发数计算需要提取现金时领取的各种面额的现金数，汇总计算所需各种面额现金的总数，准备足够的零钱（如采用直接过账的方式则可以省去4～6项工作）。

（5）联系安排好安全保卫人员和交通工具，做好提取现金的安全准备。

（6）开出现金支票，到开户行提取现金，现金数额应当面点清，取回后应妥善保管。

（7）分点每位职工的工资，把工资单裁成小条，一起装入工资袋或信封中，注明单位、姓名，分类存放并立即通知各部门及时领取。

（8）发放工资时由领取人当面点清，并在工资单上签章后领取工资。

（9）把需要寄发的退休人员、长期病假人员工资等统一寄发，凭有关寄出单据作为记账凭证。

（10）工资一般应当日发放完毕，如有过期未领工资，应送存银行，并将工资单分车间、部门装订。工资袋、工资卡归类后保管，作为记账的原始凭证。

三、工资的分配

企业每月发生的工资费用，应全部按用途和财务制度的有关规定进行分配，记入本月生产成本和有关费用，或在规定的资金来源列支，具体规定如下：

（1）生产工人的工资，记入“生产成本”。

（2）生产车间管理人员的工资，记入“制造费用”。

（3）厂部管理人员的工资，记入“管理费用”。

（4）销售部门的人员工资，记入“销售费用”。

（5）应由福利费支付的人员工资，如医务、福利人员工资，记入“应付职工薪酬——职工福利”账户。

工资费用的分配是通过工资费用表和工资费用汇总表进行的。工资费用表按职工和产品等分类，根据工资结算凭证分部门、车间编制，财会部门根据各部门工资费用表或工资费用汇总表编制工资分配总表，据以进行总分类核算。“工资分配汇总表”的一般格式如表4-10所示。

表 4-10 工资分配汇总表 单位：元

车间部门 / 应计科目	一车间	二车间	机修车间	管理部门	销售部门	福利部门	长病人员	合计
生产成本	11 000	4 000						15 000
生产成本			800					800
制造费用	1200	800						2 000
管理费用				5 200			300	5 500
销售费用					1 700			1 700
应付职工福利						800		800
合计	12 200	4 800	800	5 200	1 700	800	300	25 800

在实际工作中，工资发放日期由银行规定，通常在月初或月中，因此，企业当月发放的工资数通常按上月的各项记录来计算。按照权责发生制的原则，当月发生的工资费用应在当月进行分配，实际工作中当月工资发生额的原始记录到月末最后一天才能形成完整记录，这样必然造成财会人员在下月初工作非常紧张，影响成本核算和会计报表的编制工作。因此现行财务会计规章制度允许在当月工资发放数和当月工资发生额相差不大的情况下按当月实发数进行工资分配。

第三节 工资总分类账的登记

工资的总分类账的登记包括工资结算的总分类账登记和工资分配的总分类账登记。

一、工资结算的总分类账的登记

工资结算的总分类账登记通过设置“应付职工薪酬”总分类账户进行。实际发放的工资数登入该账户借方，应发放的工资数登入该账户贷方。如果企业本月实际发放的工资是根据上月考勤记录计算的，则记入“应付职工薪酬”账户借方的金额与本月应发放的贷方金额会不一致。月末借贷相抵后的借差反映实际发放数大于应付工资额，贷差反映实际发放数小于应付工资额。如果企业按本月实际发放数进行工资分配，则借贷相抵后无差（余）额。

工资总分类记账的凭证是“工资结算汇总表”。工资结算总分类记账的过程如下：

（1）根据“工资结算汇总表”中的实发工资总数，于规定的工资发放日，开出现金支票从开户银行提取现金备发工资。根据现金支票存根填制银行付款凭证，会计分录如下：

借：库存现金　　20 000
　　贷：银行存款　　20 000

（2）根据“工资结算汇总表”中的实发工资数，编制现金付款凭证。作会计分录如下：

借：应付职工薪酬——工资　　20 000
　　贷：库存现金　　20 000

（3）对发放工资时的各种代扣款项，根据“工资结算汇总表”中的数字编制转账凭证。根据各种代扣款项的性质和类别，确定应记入的账户。

如代外单位扣收的房租 3 120 元和本单位扣收水电费 2 618 元等。会计分录如下：

借：应付职工薪酬——工资　　5 738
　　贷：其他应付款　　5 738

（4）开出支票支付代外单位扣收的水电、房租费等。根据支票存根和有关收款凭证编制付款凭证，作会计分录如下：

借：其他应付款　　5 738
　　贷：银行存款　　5 738

（5）收回职工未领工资 758，作会计分录如下：

借：库存现金　　758
　　贷：其他应付款　　758

当职工领取暂收账的工资时：

借：其他应付款　　758
　　贷：库存现金　　758

二、工资分配的总分类账的登记

月终时，企业应将本月应付工资进行分配，根据本月“工资分配汇总表”中有关数字，按工资发生地点和用途不同，根据有关规定借记各自对应账户，贷记“应付职工薪酬——工资”。其一般会计分录为：

借：生产成本——基本生产成本　　15 000
　　生产成本——辅助生产成本　　800
　　制造费用　　2 000
　　管理费用　　5 500
　　销售费用　　1 700
　　应付职工薪酬——职工福利　　800

贷：应付职工薪酬——工资 25 800

第四节 工资明细分类账的登记

为了更详细全面地核算和监督应付工资和工资基金的使用情况，提供各种有关工资的统计资料，同时也便于进行工资附加费的核算，单位应进行工资的明细分类账登记。工资的明细分类记账可通过编制工资结算表、工资结算汇总表以及设置“应付职工薪酬——工资”明细账进行。

一、工资结算汇总表的编制

企业在发放工资时编制的工资结算表可以反映每位职工的工资、扣款数和实发数，工资结算汇总表可以反映车间、部门汇总的详细工资构成情况，因此可以用工资结算表和工资结算汇总表代替明细账使用，不再设这方面的明细账。

二、“应付职工薪酬——工资”明细账的登记

为了反映按职工类别分类的职工工资总额的构成和使用情况，便于统计和提工资附加费，现行的财务会计制度规定必须在“应付职工薪酬”总分类科目下设置“应付职工薪酬——工资”明细账，“应付职工薪酬——工资”明细账按职工类别分设账页，按工资组成的内容为计时工资、计件工资、奖金、津贴等分设专栏，根据“工资单”或“工资汇总表”相应栏内的数字进行登记。

工资组成内容可按如下类别设置：①计时工资。②计件工资。③各种奖金。④加班工资。⑤各种津贴。⑥价格补贴等。

“应付职工薪酬——工资”明细账每月登记完毕后，应结计本月合计和本年累计，以提供工资分析的详细账簿资料。

第五章 固定资产记账

固定资产是企业赖以生存的物质基础，是企业产生效益的源泉，关系到企业的运营与发展。固定资产是指同时具有下列特征的有形资产：①为生产商品提供劳务、出租或经营管理而持有的。②使用寿命超过一个会计年度。它是各单位进行生产、经营和管理的物资基础和必要条件。固定资产的数量、价值和技术状况标志着企业、单位的经济技术能力，对生产、经营和管理活动的正常进行以及经济效益有很大影响。固定资产种类纷繁、数量很多、用途各异、存放分散、变动较大、情况复杂。实务中，企业应根据不同固定资产的性质和消耗方式，结合本企业经营管理特点，具体确定固定资产的判别标准。为了保证固定资产的安全完整，提高利用效率，财会部门要配合固定资产管理和使用部门，建立健全固定资产购建、增减、检验、交接、使用、修理、清查等管理制度，实行严格的保管、使用、维护责任制，加强固定资产的管理和核算。固定资产记账是固定资产核算工作的主要组成部分，包括：督促固定资产管理、使用部门对购建、调入、调出、租赁投资、内部转移、封存等固定资产及时办理凭证和手续并进行复核；根据复核无误的会计凭证登记固定资产及其折旧的总分类账和明细分类账；进行固定资产的账、卡、物的核对。

第一节 固定资产的凭证和复核

根据固定资产购建、增加、减少、交接、转移、检验、清查等业务内容的不同，固定资产的原始凭证和交接验收手续也不尽相同。为了保证固定资产核算的真实性，监督固定资产的安全完整，对于固定资产的各项业务必须办理交接手续，填制和复核凭证并签章证明。有的固定资产凭证是企业、单位自制的，如“交付使用财产明细表”、“固定资产移交使用验收单”、“固定资产清理单”等，有的是其他单位转入的，如“固定资产调拨单”、“发货单”以及银行结算账单等。这些凭证大都是由固定资产管理、使用部门的业务人员填制，而会计人员应该掌握填制的手续及要求，以便进行复核工作，并根据复核无误的固定资产凭证记账。

一、固定资产增加的凭证和复核

单位对投入生产、经营和业务管理所接收使用的固定资产应保证质量、数量、配套完整和使用效果，并需正确核实价值、计提折旧、核实成本负担。因此单位在接收增加的固定资产时，必须经过严格的技术质量检验，有关交接单位和责任人要填制凭证，办理交接手续，才能投入生产或使用，并要及时登记固定资产账。财会部门在登记固定资产账之前，应严格审查固定资产增加的原始凭证和交接手续，审核无误后，才能编制固定资产增加的记账凭证并据以记账。

固定资产增加的原因很多，记账所要求填制的凭证和验收交接的手续也不一样。现将主要的几种如基本建设购建交付使用、自行购置，单位间调拨、其他单位投资固定资产等所需的凭证和手续介绍如下：

1. 基本建设购建固定资产的凭证和复核

基本建设购建交付使用所增加固定资产的凭证是“交付使用财产明细表”或“固定资产交接单”，格式如表5-1、表5-2所示。

表5-1　交付使用财产明细表

移交单位：

交接根据：

编号：

接受单位：

交接时间：

<table>
<tr><td colspan="2">固定资产名称及规格</td><td colspan="2"></td><td colspan="2">用　途</td><td colspan="2"></td><td colspan="2">固定资产编号</td><td></td></tr>
<tr><td colspan="2">制造单位或建筑单位</td><td colspan="2"></td><td colspan="2">出厂或
建筑日期</td><td></td><td>图纸号或
说明书</td><td></td><td colspan="2">附属设备明细</td></tr>
<tr><td colspan="3">是否与技术条件相符</td><td colspan="3">是否需要改装</td><td colspan="3">运行或试车结果</td><td colspan="2">附　件</td></tr>
<tr><td colspan="3"></td><td colspan="3"></td><td colspan="3"></td><td colspan="2"></td></tr>
<tr><td colspan="11">简略鉴定说明：</td></tr>
<tr><td colspan="11">验收小组结论：</td></tr>
<tr><td colspan="2" rowspan="2">预计使用年限/年</td><td colspan="3" rowspan="2">预计残余价值/元</td><td colspan="3" rowspan="2">预计清理费用/元</td><td colspan="3">预计大修理</td></tr>
<tr><td colspan="2">次　数</td><td>费用/元</td></tr>
<tr><td colspan="2"></td><td colspan="3"></td><td colspan="3"></td><td colspan="2"></td><td></td></tr>
<tr><td colspan="9">固定资产原始价值：</td><td colspan="2">备注</td></tr>
<tr><td colspan="2">实际成本或原价/元</td><td>搬运费用/元</td><td colspan="2">安装费用/元</td><td colspan="2">基础费用/元</td><td colspan="2">合计/元</td><td colspan="2">可抵扣增值税</td></tr>
<tr><td colspan="2"></td><td></td><td colspan="2"></td><td colspan="2"></td><td colspan="2"></td><td colspan="2"></td></tr>
<tr><td colspan="11">验收小组全体人员签章：</td></tr>
</table>

厂长或负责人：　　　　固定资产管理部门：　　　　财会部门：

表 5-2　固定资产交接单

年　　月　　日

资金来源	固定资产名称	规格型号	单位	数量	预计使用年限/年	预计金额/元	实际或重置原值/元	已提折旧（%）	备注

购建部门：　　　　　　　　使用部门：　　　　　　　　财会部门：

在填制内容和要求的手续上，“交付使用财产明细表”比“固定资产交接单”更详尽些，单位可以根据自己的实际情况选用。基本建设购建的固定资产的资金主要来源于国家拨款、基建借款、其他单位投资和单位的资金投入。“交付使用财产明细表”或“固定资产交接单”由建设单位、单位的基本建设部门或基本建设各方组成的验收委员会按规定份数填制，经交接双方验收、签章，办理交接手续。“交付使用财产明细表”或“固定资产交接单”要详细记录每项固定资产的名称、规格、数量、单价、总价、附属设备、预计使用年限等详细资料，并连同说明书、图样等技术文件一并交给接收单位。“交付使用财产明细表”或“固定资产交接单”一般一式三份，建设单位留存一份；其余两份交给接收单位，分交给固定资产管理部门据以开立固定资产卡片和财会部门作为入账的依据。会计人员主要复核上述内容记录是否完整，价格是否正确，各方手续、签章是否齐全，特别注意要进行实际原价（即工程决算）同设计预算的比较，对超支资金要经有关部门和领导审批，对验收发现的质量问题要落实交建设单位和施工单位解决。会计人员以复核无误的“交付使用财产明细表”或“固定资产交接单”以及确定的价值作为记账的依据。

2. 自行购建固定资产的凭证和复核

自行购建固定资产的凭证是“固定资产移交使用验收单”，格式如表 5-3 所示。

自行购建的固定资产不管是否需要安装，交付使用部门时，都要由固定资产管理部门填制一式三份的“固定资产移交使用验收单”或由使用部门验收确认的其他凭证手续，并据以开立固定资产卡片。交由财会部门入账的一份，会计人员要复核验收单上各栏填写是否完整，交换双方签章是否齐全；复核无误后，才能记账。固定资产移交使用部门的手续，各单位的做法不同。有的单位在购进不需要安装的固定资产时，由固定资产管理部门在购买固定资产的发货票上签证并附上质量检验和使用部门签章，证明固定资产已购入并投入使用，财会部门据以付款或入账；有的单位在基本建设交工、竣工验收和不同单位间调入固定资产时，除填制“交付使用财产明细表”、“固定资产调拨单”外，也另行填制“固定资产移交使用验收单”，这主要是为进一步证明固定资产已移交使用部门投产运转、使用，经会计人员复核凭证后，据以作为记账的依据。

表 5-3 固定资产移交使用验收单

管理部门：　　　　　　　　　　　　　　　　　　编　　号：
使用部门：　　　　　　　　　　　　　　　　　　交接日期：

<table>
<tr><td>固定资产编号</td><td>固定资产名称</td><td>出品工厂和日期</td><td>型号</td><td colspan="2">购建原价或自制成本/元</td></tr>
<tr><td rowspan="5"></td><td rowspan="5"></td><td rowspan="5"></td><td rowspan="5"></td><td>单价</td><td></td></tr>
<tr><td>总值</td><td></td></tr>
<tr><td>安装费</td><td></td></tr>
<tr><td>运输费</td><td></td></tr>
<tr><td></td><td></td></tr>
<tr><td colspan="4" rowspan="3">主要规格及说明</td><td colspan="2">调拨价值</td></tr>
<tr><td>单价</td><td></td></tr>
<tr><td>总值</td><td></td></tr>
<tr><td>单位</td><td></td><td>数量</td><td>资金来源</td><td colspan="2">估计重置价值</td></tr>
<tr><td>每月折旧率</td><td>每月折旧款</td><td colspan="2">开始计提折旧年月</td><td>已提折旧累计</td><td></td></tr>
<tr><td></td><td></td><td colspan="2"></td><td>净值</td><td></td></tr>
</table>

厂长或负责人：　　固定资产管理部门：　　固定资产使用部门：　　财会部门：

3. 调入固定资产的凭证和复核

企业、单位间调入的固定资产分有偿调入和无偿调入两种。调入固定资产的凭证是“固定资产调拨单”，格式如表 5-4 所示。

表 5-4 固定资产调拨单

调入单位：
调出单位：　　　　　　　　　年　　月　　日　　　　　　　　调拨单号：

名　称	规格型号	单位	数量	原值/元	已提折旧	净值/元	预计使用年限/年	调拨单价/元	价格总额/元	增值税销项税额/元	备注
合计											
原安装成本			附属设备								
调拨方式			调拨原因								

调入主管单位：　调入单位：　调出单位：　固定资产管理部门：　财会部门：

“固定资产调拨单”一般由调出单位按规定的内容和份数填制，也可以由调入单位根据调出单位提供的资料填制。填写时，要详细填写调入单位和调出单位的名称、批准单位及文号、固定资产的编号、名称、规格、数量、计价金额、总价、折旧、预计使用年限等内容（旧的固定资产还应填明已使用年限、已提折旧和原安装成本），连同说明书、图样等技术文件一并交调入单位，经双方验收签章后，固定资产调出单位保留一份，调入单位固定资产管理部门保留一份并据以开立固定资产卡片，另一份由财会部门审核，复核无误后才能作为固定资产入账或付款（有偿调入时）的依据。

4. 其他单位投资固定资产的凭证和复核

由于企业、单位与其他单位联合经营，其他单位可能投资转入固定资产。其凭证是一式三份的“固定资产移交使用验收单”，格式如表 5-3 所示。“固定资产移交使用验收单”由投入单位填制，详细列明固定资产的各项内容，经双方签章后，投入单位自留一份，接受单位固定资产管理部门留一份据以开立固定资产卡片，财会部门留一份并进行复核，复核无误后作为交付使用和记账的依据。

二、固定资产减少的凭证和复核

固定资产减少应进行必要的技术鉴定，按照规定办理审批手续，取得或填制必要的凭证，然后据以记账。固定资产减少所要求的手续和填制的凭证也不相同，下面就报废清理、调出和向其他单位投资转出减少固定资产所应填制和复核的凭证介绍如下：

1. 报废清理固定资产的凭证和复核

报废清理固定资产的凭证是“固定资产报废单”和“固定资产清理单”，格式如表 5-5 和表 5-6 所示。

表 5-5 固定资产报废单

固定资产编号：

填报日期： 年 月 日 固定资产卡片：

<table>
<tr><td>固定资产名称</td><td>规格型号</td><td>单位</td><td>数量</td><td>预计使用年限/年</td><td>已使用年限/年</td><td>原值/元</td><td>已提折旧（%）</td><td>备注</td></tr>
<tr><td></td><td></td><td></td><td></td><td></td><td></td><td></td><td></td><td></td></tr>
<tr><td colspan="9">固定资产状况及报废原因</td></tr>
<tr><td rowspan="2">处理意见</td><td colspan="2">使用部门</td><td colspan="2">技术鉴定小组</td><td colspan="2">固定资产管理部门</td><td>财会部门</td><td>主管部门审批</td></tr>
<tr><td colspan="2"></td><td colspan="2"></td><td colspan="2"></td><td></td><td></td></tr>
</table>

表 5-6 固定资产清理单

编号： 固定资产名称及规格		固定资产编号		固定资产卡片号码	
开始使用时间		预计使用年限/年		大修理情况	
				曾进行次数	曾支付费用/元
		实际使用年限/年			

上级批准清理		本单位组织清理前检查		
文件号码	时 间	指示文件	时 间	指定检查人员

检查时的技术状态及使用情况：	
检查员检查后意见：	
厂长意见：	固定资产管理部门科长意见：

被清理固定资产的情况			
原价/元		已计提的累计折旧（%）	
开始清理时间		完成清理时间	

清理费用与收入							
清 理 费 用				清 理 收 入			
时间	凭证	项目	金额/元	时间	凭证	项目	金额/元

固定资产卡片的处理							
使用部门缴销				管理部门缴销			财会部门检查
时间	使用部门名称	机械动力师（员）	会计员	时间	资产管理员	时间	会计员

固定资产由于报废、毁损或非常事故不能使用，应由固定资产管理部门会同技术、安全、检验、使用等有关部门对该项固定资产进行技术鉴定，并慎重处理，确实不能使用时，应填制“固定资产报废单”上报审批，经有关部门和领导审批同意后，还应对被清理的固定资产进行一次检查，然后再安排清理。清理时，由固定资产管理部门填制“固定资产清理单”以记录清理过程中和清理结束后的有关事项，并作为结算费用的依据和留存资料。固定资产清理完毕后，固定资产管理部门根据“固定资产清理单”登记该项固定资产卡片，将卡片抽出另行保管，财会部门根据“固定资产清理单”进行账务处理。

2. 调出固定资产的凭证和复核

调出固定资产凭证是“固定资产调拨单”，格式如表 5-4 所示，要根据单位领导或主管部门审批签证，办理固定资产的移交手续，固定资产管理部门或使用部门根据“固定资产调拨单”登记该项固定资产卡片，财会部门据以进行账务处理。

3. 投资转出固定资产的凭证和复核

向其他单位投资转出固定资产凭证是“固定资产移交使用验收单”。“固定资产移交使用验收单”由投资转出单位填制。移交双方签证后，固定资产管理部门和使用部门据以注销固定资产卡片，财会部门据以进行账务处理。

三、固定资产的其他凭证和复核

在不增减固定资产价值的情况下，固定资产的使用状况有时也会发生变化。由于生产、业务和管理需要，单位内部可能调拨、移装、改装、封存或重新启用固定资产，虽然不需要在固定资产总分类账上登记这种业务，但为了做好固定资产的实物管理、保证固定资产明细账的正确性以及正确计提折旧，仍应由固定资产管理部门填制有关凭证，按规定程序报批，并会同财会部门办理签证手续。会计人员对这些凭证的管理和复核主要是督促单位内部各部门（车间）和固定资产管理部门按规定办理相关的凭证手续；在凭证上签证固定资产在部门（车间）间的变化以及应计提折旧的原值是否变化；调整登记固定资产卡片和固定资产登记簿的有关栏目内容，或根据封存及重新启用固定资产凭证，调整固定资产明细分类的原值和折旧等。

固定资产停用封存，经有关部门和领导批准后，要填制“固定资产封存单”，格式如表5-7所示，由固定资产管理，使用部门和财会部门签章后，从使用中固定资产转入未使用或不需要固定资产，财会部门据以对固定资产卡片和固定资产登记簿进行调整。重新动用已经封存的固定资产，应填制“固定资产复用单”，格式如表5-8所示，由固定资产管理部门、使用部门和财会部门签章后，交财会部门登记、调整相应的明细账。

表5-7 固定资产封存单

封存单编号： 开始封存时间：

<table>
<tr><td>资产编号</td><td></td><td>名称、型号、规格</td><td colspan="2"></td><td>开始封存时存放处</td><td colspan="2"></td></tr>
<tr><td colspan="8">封存单位及批准根据：
车间主任：</td></tr>
<tr><td colspan="8">固定资产卡片处理</td></tr>
<tr><td colspan="3">使用部门回交</td><td colspan="3">管理部门收卡调整</td><td colspan="2">会计科检查</td></tr>
<tr><td>时间</td><td>使用部门名称</td><td>机械动力员</td><td>会计员</td><td>时间</td><td>资产管理员</td><td>时间</td><td>会计员</td></tr>
<tr><td></td><td></td><td></td><td></td><td></td><td></td><td></td><td></td></tr>
</table>

厂长： 固定资产管理部门科长： 财会部门：

表 5-8 固定资产复用单

复用单编号：　　　　　　　　　　　　　　　　　　　　　　复用时间：

<table>
<tr><td>资产编号</td><td></td><td colspan="2">名称及规格</td><td colspan="2"></td><td colspan="2">开始使用时存放处</td></tr>
<tr><td colspan="8">开始使用原因及批准根据：

车间主任：</td></tr>
<tr><td colspan="8">固定资产卡片处理</td></tr>
<tr><td colspan="3">使用部门接受</td><td colspan="3">管理部门登记卡调整</td><td colspan="2">会计科检查</td></tr>
<tr><td>时间</td><td>使用部门名称</td><td>机械动力员</td><td>会计员</td><td>时间</td><td>资产管理员</td><td>时间</td><td>会计员</td></tr>
<tr><td></td><td></td><td></td><td></td><td></td><td></td><td></td><td></td></tr>
</table>

厂长：　　　　　　　　　　固定资产管理部门科长：　　　　　　　　财会部门：

固定资产经过批准后在单位内部调拨、移装和拆并，需要由固定资产管理部门填制“固定资产内部调拨单”，格式如表 5-9 所示，经交接双方和财会部门签章后，交财会部门据以登记调整固定资产明细账。

表 5-9 固定资产内部调拨单

调拨时间：　　　　　　　　　　年　月　日　　　　　　　　　　编号：

<table>
<tr><td>固定资产编号</td><td></td><td>名称、规格、型号</td><td></td><td>卡片号码</td><td></td></tr>
<tr><td colspan="6">调入部门负责人：　　　　固定资产管理员：　　　　会计员：
调出部门负责人：　　　　固定资产管理员：　　　　会计员：
固定资产管理部门负责人：　　　　财会部门负责人：
所列内部调拨的固定资产卡片，已随实物由双方办妥交接手续，固定资产管理部门的卡片亦已相应调整，并记入固定资产卡片登记簿。
固定资产管理员：</td></tr>
</table>

四、固定资产清查的凭证和复核

在实际工作中，由于增减、交接、转移、拆并，使固定资产经常处于变动之中，如果管理上出现了疏忽，固定资产便很容易出现账账、账卡和账实的差错。为了加强固定资产的管理和核算，检查固定资产的使用和管理情况，保护固定资产的安全完整，堵塞损失浪费的漏洞，充分发挥固定资产的效率，单位应定期或不定期地进行固定资产的清查。固定资产清查的凭证是“固定资产清查表”和“固定资产清查盈亏报告表”，如表 5-10 和表 5-11 所示。“固定资产清查表”由清查小组填制。“固定资产清查盈亏报告表”由财会部门编制，也可由财会部门和清查小组共同编制。

表 5-10　固定资产清查表

固定资产类别：　　　　清查日期：　年　月　日　　　　使用部门：

固定资产卡片号码	固定资产编号	固定资产名称	规格型号	计量单位	账面数量	实点数量	盘盈	盘亏	说明

部门负责人：　　　　清查负责人：　　　　制表人：

表 5-11　固定资产清查盈亏报告表

填报单位：　　　　年　月　日　　　　第　页

固定资产编号	固定资产名称	规格型号	计量单位	账面		实点		盘盈		盘亏、毁损				原因
				数量	原值	数量	原值	数量	估计原值	折旧	数量	原值	已提折旧	

单位负责人：　　使用或管理负责人：　　财会负责人：　　清查负责人：

会计人员复核这些凭证时，主要检查固定资产清查的数量和盈亏情况是否真实，对重要盈亏项目要以物对账、以账对物反复核对，达到项项落实，件件入账；检查盈亏原因和处理意见是否正确；对每项固定资产的账面数、实点数和盈亏数按“实点原值 - 账面原值 = 盘盈原值 - 盘亏原值”的等式计算复核。复核无误的“固定资产清查盈亏报告表”按规定程序报经批准后，作为调整登记固定资产卡片、固定资产总账和明细分类账的依据。

第二节　固定资产及折旧总分类账的登记

固定资产及折旧总分类账的登记是固定资产及折旧核算的重要部分，应根据反映固定资产及折旧增减变化的记账凭证在设置的有关会计账户中进行记录。为了分别反映企业固定资产原价、已提折旧及净值的变动情况，应设置“固定资产”、“累计折旧”和“固定资产清理”账户。

“固定资产”是资产类账户，用来登记单位所有固定资产的原价以及固定资产增减变动及结存情况。借方登记固定资产增加数；贷方登记固定资产的减少数；余额在借方，反映单位实有固定资产的原价。固定资产增加数包括单位购入、自行建造、其他单位投资转入、融资租入、接受捐赠、盘盈所增加的固定资产原价。固定资产减少数包括售出、投资转出、盘亏、报废和毁损所减少的固定资产原价。单位应按照固定资产的经济用途和使用情况分类，划分以下类别登记明细账户：①生产经营用固定资产，是指直接服务于生产经营的固定资产，包括房屋及建筑物、机器设备、运输设备和工具器具等。②非生产经营用固定资产，是指不直接服务于生产经营过程的固定资产，包括职工宿舍、公共设施、卫生保健等方面的房屋及建筑物和设备设施。③租出固定资产。④不需用固定资产。⑤未使用固定资产。⑥融资租入的固定资产。⑦土地。

“累计折旧”是“固定资产”账户的调整账户，用来登记单位固定资产的累计折旧，反映固定资产因使用而转移到成本中去或减少的价值。贷方登记已提固定资产折旧的数额；借方登记因固定资产售出、报废或毁损等而减少的固定资产折旧。期末余额在贷方，反映固定资产的累计折旧额。通过“累计折旧”账户的调整，反映该单位固定资产的实存价值，即净值。“累计折旧”账户只进行总分类账的登记，不设置明细分类账簿。单位的固定资产折旧应当在固定资产卡片和固定资产登记簿中记录和计算。要查明某项固定资产的已提折旧，可以根据固定资产卡片上所记载的该项固定资产原价、折旧率和实际使用年数等资料进行计算。

“固定资产清理”是资产类账户，用来核算因出售、报废或毁损等原因转入清理的固定资产净值及其在清理过程中所发生的清理费用和清理收入等。

一、固定资产增加的登记

固定资产增加包括购入、自行建造、其他单位投资转入、融资租入、接受捐赠和盘盈等。不同的固定资产增加业务在账务处理上有一定差别。根据《中华人民共和国增值税暂行条例》（国务院令 2008 年第 538 号）的规定，企业自 2009 年 1 月 1 日后新购进的设备，将允许其抵扣进项税额，本期未抵扣完的进项税额可以结转下期继续抵扣。下面简要说明固定资产增加的登记方法：

1. 购入固定资产的登记

购入不需要安装的固定资产，按买价、支付的包装费、运输费等，根据专用发票等单据，作记账凭证，借记“固定资产”、“应交税费——应交增值税（进项税额）”账户，贷记“银行存款”等账户。购入需要安装的固定资产，先记入“在建工程”、“应交税费”账户；安装完成交付使用时，根据固定资产交付使用明细表作记账凭证，再转入“固定资产”账户。

例 1：某单位购入生产用不需要安装的手提式切割器 2 台，价款 5 000 元，增值税税率 17%，用银行存款支付。编制的会计分录如下：

借：固定资产　　5 000
　　应交税费——应交增值税（进项税额）　　850
　　贷：银行存款　　5 850

例 2：某单位购入需要安装的生产用设备 1 台，买价 200 000 元，增值税 34 000元，包装费 20 元，用银行存款支付。编制的会计分录如下：

借：在建工程　　200 020
　　应交税费——应交增值税（进项税额）　　34 000
　　贷：银行存款　　234 020

安装完成，支付安装费 10 000 元并交付使用。编制的会计分录如下：

借：在建工程　　10 000
　　贷：银行存款　　10 000

借：固定资产　　210 020
　　贷：在建工程　　210 020

2. 自行建造完成交付使用的固定资产的登记

按建造时实际发生的全部建造支出，根据固定资产移交使用验收单等，借记“固定资产”账户，贷记“在建工程”账户。

例 3：某公司自行建造仓库 1 座，面积 2 000m^2，实际发生全部建造费用 100 000元，该仓库经验收合格交付使用。编制的会计分录如下：

借：固定资产　　100 000
　　贷：在建工程　　100 000

3. 其他单位投资转入固定资产的登记

接受固定资产投资的企业，在办理了固定资产移交手续之后，应按投资合同或协议约定的价值加上应支付的相关税费作为固定资产的入账价值；但合同或协议约定价值不公允的除外，此时会计处理上按投资各方确认的公允价值，借记“固定资产”账户，按应交纳的增值税进项税额借记“应交税费”账户，贷记“实收资本”（或“股本”）账户。

例 4：某公司接受投资方投入的全新生产用设备一台，投资双方共同认可专用发票上的含税价 46 800 元，双方确认该设备价值 40 000 元。编制的会计分录如下：

借：固定资产　　40 000
　　应交税费——应交增值税（进项税额）　　6 800
　　贷：实收资本　　46 800

4. 融资租入的固定资产的登记

交付使用时根据固定资产交接单，按租赁合同或协议确定的设备价款、运输费、安装费等借记“固定资产”账户，贷记“在建工程”、“长期应付款”等账户。融资租入固定资产应单设明细分类账户进行登记，如果协议规定在租赁期满，将设备所有权转归承租单位，应进行转账，将固定资产从“融资租入固定资产”明细账户转入有关明细账户。由于融资租入固定资产的处理较为复杂，具体的分录在此不一一详述，请参考相关会计准则。

5. 接受捐赠的固定资产的登记

企业接受捐赠的固定资产一般需要分期交纳所得税，通过设置“递延收益”账户进行核算。接受捐赠时，借记“固定资产”账户，借记“应交税费”账户，贷记“递延收益”账户。以后按照缴纳所得税的年限，将“递延收益”分期转入“营业外收入”。

例 5：企业在 2009 年 1 月 1 日接受捐赠的生产用固定资产，含税价为 1 170 万元，税务机关核定，该受赠设备分 5 年平均确认纳税所得，计算交纳所得税。则企业接受捐赠时应作出的会计处理如下：

借：固定资产　　10 000 000

　　应交税费——应交增值税（进项税额）　　1 700 000

　　贷：递延收益　　11 700 000

企业各年年末结转捐赠收入 2 340 000 元（11 700 000 ÷ 5）

借：递延收益　　2 340 000

　　贷：营业外收入　　2 340 000

6. 盘盈的固定资产的登记

企业在财产清查中盘盈的固定资产，作为前期差错处理。根据批准的固定资产清查表，按同类或类似固定资产的市场价值，减去根据该项资产的新旧程度估计的价值损耗后的余额，借记“固定资产”账户，贷记“以前年度损益调整”账户。

由于内容上有一定的重复，此处不一一详述，其他如非货币性交易换入固定资产、接受债务人以固定资产抵债等请参考相关会计准则和企业会计准则以及助理会计师和会计师实务中的相关内容。另外，企业由于安全或环保的要求购入设备等，虽然不能直接给企业带来未来经济利益，但有助于企业从其他相关资产的使用中获得未来经济利益，也应确认为固定资产。

二、固定资产减少的登记

企业出售、投资转出、盘亏、报废和毁损等原因减少固定资产，应根据这些业务的有关单据凭证编制记账凭证登记总分类账。

现举例说明固定资产减少的登记方法：

1. 出售、报废或毁损、对外投资、非货币性资产交换、债务重组等原因减少固定资产的登记

企业因出售、报废或毁损、对外投资、非货币性资产交换、债务重组等处置固定资产，其会计处理一般经过以下几个步骤：

（1）固定资产转入清理。固定资产转入清理时，按固定资产账面价值，借记“固定资产清理”科目，按已计提的累计折旧，借记“累计折旧”科目，按

已计提的减值准备，借记“固定资产减值准备”科目，按固定资产账面余额，贷记“固定资产”科目。

（2）发生的清理费用。固定资产清理过程中发生的有关费用以及应支付的相关税费，借记“固定资产清理”科目，贷记“银行存款”、“应交税费”等科目。根据《财政部、国家税务总局关于全国实施增值税转型改革若干问题的通知》（财税［2008］170号）规定，销售自己使用过的2009年1月1日以后购进或者自制的固定资产，按照适用税率征收增值税，因其增值税进项税额已记入“应交税费——应交增值税（进项税额）”科目，销售时计算确定的增值税销项税额，应借记“固定资产清理”科目，贷记“应交税费——应交增值税（销项税额）”科目。2008年12月31日以前未纳入扩大增值税抵扣范围试点的纳税人，销售自己使用过的2008年12月31日以前购进或者自制的固定资产，按照4%征收率减半征收增值税，因其增值税进项税额未记入“应交税费——应交增值税（进项税额）”科目，销售时计算确定的增值税销项税额，应借记“固定资产清理”科目，贷记“应交税费——应交增值税（销项税额）”科目。

（3）出售收入和残料等的处理。企业收回出售固定资产的价款、残料价值和变价收入等，应冲减清理支出。按实际收到的出售价款以及残料变价收入等，借记“银行存款”、“原材料”等科目，贷记“固定资产清理”科目。

（4）保险赔偿的处理。企业计算或收到的应由保险公司或过失人赔偿的损失，应冲减清理支出，借记“其他应收款”、“银行存款”等科目，贷记“固定资产清理”科目。

（5）清理净损益的处理。固定资产清理完成后的净损失，属于生产经营期间正常的处理损失，借记“营业外支出——处置非流动资产损失”科目，贷记“固定资产清理”科目；属于生产经营期间由于自然灾害等非正常原因造成的，借记“营业外支出——非常损失”科目，贷记“固定资产清理”科目。固定资产清理完成后的净收益，借记“固定资产清理”科目，贷记“营业外收入”科目。

2. 盘亏固定资产的登记

盘亏的固定资产，应根据固定资产清查表，在按规定程序批准之前冲销固定资产原价和已提折旧，即按其账面价值借记“待处理财产损溢——待处理固定资产损溢”账户，按已提折旧借记“累计折旧”账户，按该项固定资产已计提的减值准备，借记“固定资产减值准备”账户，按固定资产原价贷记“固定资产”账户。按规定程序批准后，企业通过借记“营业外支出——盘亏损失”科目计入当期损益，通过贷记“待处理财产损溢——待处理固定资产损溢”科目核算盘亏造成的损失。

例6：某企业财产清查中，发现盘亏电焊机1台，账面价值10 000元，已提折旧2 000元。编制的会计分录如下：

借：待处理财产损溢——待处理固定资产损溢　　8 000
　　累计折旧　　2 000
　　贷：固定资产　　10 000

经批准后，予以注销：

借：营业外支出——盘亏损失　　8 000
　　贷：待处理财产损溢——待处理固定资产损溢　　8 000

三、固定资产折旧的登记

固定资产的主要特征是能够连续在若干年内发挥生产工具作用并保持原有实物形态，而其价值会随着固定资产的磨损或损耗而逐渐转移到生产经营的成本费用中去。转移到产品成本中去的那部分固定资产价值就是固定资产折旧。为了把固定资产的价值合理地分配到各个受益期的成本中，实现期间收入费用的正确匹配，同时也为了逐渐形成重置固定资产的资金实力，企业必须在固定资产的有效使用期内计提一定数额的折旧费。固定资产折旧的计算，首先应确定应计提折旧的固定范围；其次是确定固定资产的使用年限、固定资产原价和固定资产的净残值（残余价值扣除预计清理费用的数额）及年、月折旧率或折旧额。

1. 应计提折旧的固定资产范围

按照企业会计准则的规定，企业应对所有的固定资产计提折旧，但是，已提足折旧仍继续使用的固定资产和单独计价入账的土地除外。在确定计提折旧的范围时还应注意以下几点：

（1）固定资产应当按月计提折旧。固定资产应自达到预定可使用状态时开始计提折旧，终止确认时或划分为持有待售非流动资产时停止计提折旧。为了简化核算，固定资产应用指南仍沿用了实务中的做法：当月增加的固定资产，当月不计提折旧，从下月起计提折旧；当月减少的固定资产，当月仍计提折旧，从下月起不计提折旧。

（2）固定资产提足折旧后，不论能否继续使用，均不再计提折旧，提前报废的固定资产也不再补提折旧。所谓提足折旧是指已经提足该项固定资产的应计折旧额。

（3）已达到预定可使用状态但尚未办理竣工决算的固定资产，应当按照估计价值确定其成本，并计提折旧；待办理竣工决算后再按实际成本调整原来的暂估价值，但不需要调整原已计提的折旧额。

2. 固定资产的折旧方法

固定资产折旧方法有很多种，如平均年限法（直线法）、双倍余额递减法、产量法、工作小时法、年数总和法等，此处不一一详述，请参考本书中的相关内容。

3. 固定资产计提折旧的计算和登记

固定资产计提折旧的计算，按照企业会计准则的规定应根据核定的月折旧率和月初应计折旧固定资产的账面原价，按月计算。每月根据以上两个数值计算后编制“固定资产折旧计算表”，一般格式如表5-12，作为折旧记账凭证的附件。(其他根据各种计提折旧的方法编制的折旧计算表此处不一一详述，请参考相关内容)

表5-12　固定资产折旧计算表

复核人：

制表人：　　　　　　　　　年　月　日　　　　　　　　　单位：元

固定资产使用单位	上月计提		上月增加		上月减少		本月应计提	
	原值	折旧额	原值	折旧额	原值	折旧额	原值	折旧额
一、经营用房屋 建筑物 动力设备 ⋮								

该表的编制方法是：根据“固定资产登记簿”提供的固定资产分类折旧额计算，也可以根据个别折旧，分类汇总填列。由于固定资产种类繁多，如果月终逐项计提固定资产折旧额，手续过于繁琐，所以本月份的应计固定资产折旧额，通常是在上月份折旧计算的基础上计算出来的。计算公式如下：

本月计提 = 上月计提 + 上月增加 − 上月减少

这个计算公式亦符合按月初的固定资产的原值计提折旧的规定。该表“上月增加”、“上月减少”的原值和折旧额应根据“固定资产登记簿”的数字填列。“固定资产折旧计算表”是编制固定资产折旧的记账凭证和登记固定资产折旧总分类账的依据。

固定资产折旧的总账登记是根据“固定资产折旧计算表”所编制的记账凭证进行的。每月计提固定资产折旧，应按固定资产使用部门，借记“制造费用”、“管理费用”、“销售费用”、“其他业务成本”等账户，贷记“累计折旧”账户。作分录如下：

借：制造费用（生产有关的固定资产）

　　销售费用（销售有关的固定资产）

　　管理费用（管理活动有关的固定资产）

　　其他业务成本（经营租出和附属营业部门固定资产）

　　贷：累计折旧

4. 固定资产使用寿命、预计净残值和折旧方法的复核

固定资产使用过程中，其所处的经济环境、技术环境以及其他环境有可能对固定资产使用寿命和预计净残值产生较大影响。比如，固定资产使用强度比正常情况大大加强，致使固定资产使用寿命大大缩短；替代该项固定资产的新产品的出现致使其实际使用寿命缩短，预计净残值减少等。为真实反映固定资产为企业提供经济利益的期间及每期实际的资产消耗，企业至少应当于每年年度终了，对固定资产使用寿命和预计净残值进行复核。如有确凿证据表明：固定资产使用寿命预计数与原先估计数有差异，应当调整固定资产使用寿命；固定资产预计净残值预计数与原先估计数有差异，应当调整预计净残值。固定资产使用寿命、预计净残值和折旧方法的改变应作为会计估计变更，按照《企业会计准则第28号——会计政策、会计估计变更和差错更正》处理。

四、固定资产后续支出的登记

为了保持固定资产的性能，并且尽力延长固定资产的使用年限，除平时加强维护外，还要发生固定资产后续支出。固定资产的后续支出是指固定资产使用过程中发生的更新改造支出、修理费用等。后续支出的处理原则为：符合固定资产确认条件的，应当计入固定资产成本，同时将被替换部分的账面价值扣除；不符合固定资产确认条件的，应当计入当期损益。

固定资产发生可资本化的后续支出时，企业一般应将该固定资产的原价、已计提的累计折旧和减值准备转销，将固定资产的账面价值转入在建工程，并停止计提折旧。发生的后续支出，通过“在建工程”科目核算。在固定资产发生的后续支出完工并达到预定可使用状态时，再从在建工程转为固定资产，并按重新确定的使用寿命、预计净残值和折旧方法计提折旧。

企业发生的一些固定资产后续支出可能涉及到替换原固定资产的某组成部分，当发生的后续支出符合固定资产确认条件时，应将其计入固定资产成本，同时将被替换部分的账面价值扣除。这样可以避免将替换部分的成本和被替换部分的成本同时计入固定资产成本，导致固定资产成本重复计算。企业对固定资产进行定期检查发生的大修理费用，有确凿证据表明符合固定资产确认条件的部分，可以计入固定资产成本；不符合固定资产的确认条件的应当费用化，计入当期损益。固定资产在定期大修理间隔期间，照提折旧。

与固定资产有关的修理费用等后续支出，不符合固定资产确认条件的，应当根据不同情况分别在发生时计入当期管理费用或销售费用。

一般情况下，固定资产投入使用之后，由于固定资产磨损、各组成部分耐用程度不同，可能导致固定资产的局部损坏，为了维护固定资产的正常运转和使用，充分发挥其使用效能，企业将对固定资产进行必要的维护。固定资产的日常

修理费用在发生时应直接计入当期损益。企业生产车间（部门）和行政管理部门等发生的固定资产修理费用等后续支出记入“管理费用”账户；企业专设销售机构的，其发生的与专设销售机构相关的固定资产修理费用等后续支出，记入“销售费用”账户。固定资产更新改造支出不满足固定资产的确认条件，在发生时直接计入当期损益。

第三节 固定资产及折旧明细分类账的登记

为了详细反映和监督每项固定资产的增减变动和结存情况，做好固定资产折旧、修理的计提和登记工作，管好用好固定资产，应设置和登记固定资产及折旧的明细分类账。

一、固定资产卡片的登记

固定资产卡片通常按照固定资产的项目设置。固定资产项目是固定资产独立登记的对象，是指具有一定用途的独立物体，包括固定资产主体和必要的附属设备或附件。如房屋要以房屋和其附属建筑物以及设备等成为一个固定资产项目。固定资产卡片除要记载满足技术管理需要的资料外，还要满足会计核算的要求。卡片应记载固定资产的编号、名称、规格、技术特征、技术资料编号、附属设备、使用单位、所在地点、购置或建造年份、开始使用日期、预计使用年限、原价、折旧及折旧率、大修理次数和日期、转移调拨情况、报废清理情况等详细资料，并分正面和背面填写。其一般格式如表5-13所示。固定资产卡片一式两份，一般由财会部门签发，由固定资产管理部门填写，并由财会部门和固定资产管理部门分别保管。规模大、资产多的企业和单位可以设置一式三份的固定资产卡片，以便管理部门和使用部门都能掌握固定资产的使用情况。为了防止凌乱或散失，固定资产卡片应按照规定的固定资产目录编号（固定资产目录由主管部门制定）、分类顺序设置在加锁的卡片箱内。

固定资产卡片应根据固定资产有关凭证设置和登记，并做好以下几项工作：

（1）固定资产在企业或单位内部各使用部门之间转移时，应由固定资产管理部门填制必要的凭证，办理固定资产转移手续，并做好固定资产卡片的交接工作。

（2）固定资产由于改建、扩建或技术改造等原因，引起原价、折旧额变动时，应根据有关凭证及时登记入卡。

（3）固定资产卡片可以跨年连续使用，只有在某种固定资产发生技术性能根本变化时，才能调换新卡片。

（4）固定资产卡片可以按分类设置汇总账页，与固定资产登记簿结合使用，更能起到加强管理和核算的效果。

表 5-13 固定资产卡片（正面）

固定资产编号： 固定资产类别： 固定资产卡片编号：

固定资产名称： 固定资产管理部门： 固定资产使用部门：

建造单位	规格型号	开始使用日期	预计使用年限/年	已使用年限/年	尚能使用年限/年	预计残值/元	预计清理费用/元

预计大修理费用	预计大修理次数

附属设备				内部转移					大修理记录			
名称	规格	单位	数量	日期	凭证	原因	转出单位	转入单位	日期	凭证	摘要	金额

（背面）

原值	其中：安装费	年折旧额	年折旧率	月折旧额	月折旧率

基本折旧			净　额
年　月	金　额	累　计	

二、固定资产登记簿的登记

为了汇总反映各类固定资产的增减变动和结存情况，并控制和核对固定资产卡片，应建立“固定资产登记簿”。“固定资产登记簿”按照会计规章制度规定的固定资产类别和固定资产保管使用部门设置，并且只记金额。其格式如表 5-14 和表 5-15 所示。设置时，一般是按照固定资产类别及明细分类开设账页，其中再区分保管使用部门或按保管使用部门设置专栏，金额可以只记原价栏，也可以设原价和折旧两栏。

表 5-14 固定资产登记簿

固定资产类别： 单位：元

日期		凭证		摘要	增　加				减　少				结　存			
月	日	字	号		一车间	二车间	…	合计	一车间	二车间	…	合计	一车间	二车间	…	合计

表 5-15　固定资产登记簿

固定资产类别：　　　　　　　　　　　　　　　　　　　　单位：元

日期		凭证		摘要	增　加			减　少			结　存		
月	日	字	号		原值	折旧	净值	原值	折旧	净值	原值	折旧	净值

以工业企业为例，根据有关制度规定，工业企业的“固定资产登记簿”应根据有关制度规定，按照生产用固定资产、非生产用固定资产、租出固定资产、不需用固定资产、土地、融资租入固定资产等明细类别设置；而生产用固定资产设置更应该按照房屋、建筑物等细分为九个类别，每一类别还要再按不同的保管部门分别设置。

年度开始时，应将企业、单位所有固定资产卡片上的余额，按照规定的类别汇总记入“固定资产登记簿”。在每月终了时，根据固定资产记账凭证，将本月份固定资产增加数和减少数分别记入，同时结算出当月的期末余额。“固定资产登记簿”的设置有多种方式，一是在财会部门和固定资产管理和保管使用部门同时进行。财会部门和固定资产管理或保管使用部门根据固定资产管理部门的通知，各自编制或登记“固定资产登记簿”。固定资产管理和保管使用部门编制、登记的“固定资产登记簿”各项金额合计数应与财会部门编制或登记的“固定资产登记簿”的有关金额相符。这项稽核工作一般由财会部门负责进行。二是将固定资产登记簿同固定资产卡片相结合，把固定资产登记簿的有关账页作为每类固定资产卡片的汇总账页。每月终了时，固定资产管理或使用部门根据固定资产凭证，编制或登记固定资产卡片，由财会部门进行稽核，复核每张固定资产卡片的金额数，并结记汇总账页的有关金额。稽核无误后，签章确认，带回固定资产凭证，再登记财会部门的“固定资产登记簿”的有关金额栏，与总账和各类各部分的固定资产卡片及汇总账页的金额相核对，更能起到监督作用。

在会计实务中，会计人员稽核、登记“固定资产卡片”和“固定资产登记簿”的主要工作，是按月在每张固定资产卡片上稽核计提和登记每项固定资产的折旧额，并随时在“固定资产登记簿”上累计汇总每类和全部固定资产的已提折旧，以及固定资产的净值。每项固定资产折旧额累计数超过原价或重置完全价值时，应按会计准则的规定停止提取该项固定资产的折旧。进行这项明细分类账登记工作的原因一是为了按月或按季、按年记录和反映每项(每类)固定资产的原价、已提折旧和净值，以便核对固定资产及其折旧的总分类账的余额，编制会计报表。二是为了提供反映单位现有固定资产新旧程度的资料，满足管理的需要；同时也是为了在固定资产增加、减少或调出、报废时，从“固定资产卡片”

和“固定资产登记簿”上了解该项固定资产的已提折旧额和净值。

按月稽核计提和登记每项固定资产的折旧工作量很大，如果固定资产增减变动不大，折旧计提月月如此，登记工作就非常繁琐。所以一般企业、单位为了简化这项工作，不采用在“固定资产卡片”上按月逐张填写折旧额并予以累计的方法，而是定期地机动地进行。在固定资产卡片上登记折旧额的定期或机动时间一般是半年或一年，当固定资产增加、增值、减少、报废、清理、外调、固定资产封存停用或大修理完工时也要登记调整折旧额。其具体做法是：按月稽核登记“固定资产登记簿”，再按半年或一年稽核登记“固定资产卡片”并汇总计算，与年度固定资产登记簿的原价、折旧、净值等各栏的金额相核对。采用这种方法要随时检查每张固定资产卡片的累计折旧额是否超过原价或重置价值，如果已经提足折旧应停止计提。

第四节　固定资产账的核对

一、核对的内容

固定资产账的核对包括固定资产账账核对、账证核对和账实核对。

固定资产原价及折旧的账账、账卡相符，就是“固定资产”、“折旧”的总分类账户的余额要与固定资产的明细分类账即“固定资产登记簿”或固定资产卡片的汇总账页的原值及折旧的余额合计数相符；“固定资产登记簿”或固定资产卡片的汇总账页的原值及折旧的余额合计数要与全部固定资产卡片上的原值及折旧的合计数相符。

固定资产账实相符，就是“固定资产”总分类账户和明细分类账户上的结余数量和金额要同实际数量和原价相符。

二、核对的方法

固定资产的账账、账卡、账实相符是固定资产记账要达到的目的。就核对的方法来说，一是要在固定资产管理部门（管数量）和财会部门（管金额）各设一套明细分类账，或是只在固定资产管理部门设一套数量、金额合一的明细分类账。二是要坚持定期稽核，若是设两套账的，重要的是单位要有严格的固定资产交接凭证的传递手续，否则原始凭证与记账脱节，核对的工作量又很大，固定资产管理部门同财会部门的明细账就很容易出现账账、账卡不符，若时间一长，固定资产账务就要出现混乱。较好的方式是在固定资产管理部门只设一套既有数量又有金额的固定资产登记簿同固定资产卡片相结合的明细分类账，采用余额核对的方法，每月由财会部门的会计人员到固定资产管理部门稽核签证，将固定资产卡片上的原价和折旧余额合计数汇总核对固定资产登记簿（或汇总账页）的原价和折旧的余额，核对相符后同时在卡片和汇总账页上签章确认，抄回汇总账页，带回原始凭证，据以编制记账凭证登记固定资产及折旧的总分类账，并在上月固定资产登记簿的基础上编制财会部门设置的“固定资产登记簿”，并同从固定资产管理部门抄回的固定资产登记簿的余额以及总分类账的余额核对无误。这样月月签证，形成制度。在实际工作中，固定资产不发生增减变化，其原价是不变的，只计算累计已提折旧，只对有增减变化的固定资产原价及折旧才进行稽核签证，工作量并不大；而且由于深入基层和实际，若出现账账、账卡不符的情况，能很快查明原因，保证了固定资产账账、账卡相符无误。

要保证固定资产账实相符，除建立严格的固定资产管理制度外，重要的是定期或不定期地进行固定资产清查盘点，根据盘点结果，经多次复核确认后，调整账实。

第六章　物资记账

第一节　物资的凭证和复核

这里所说的物资是指属于流动资产的材料、半成品、库存商品、商品、器材等，也就是会计中核算的存货的内容。物资品种复杂、收发频繁任何单位都不能缺少。对于生产性企业，各项物资在生产过程中起着多方面的作用，主要是生产中的劳动对象，构成产品的实体。有的物资虽不构成产品的实体，但有助于产品的形成或服务于生产。各项物资用货币资金购进，经过生产消耗，形成在产品、半成品，生产完工后形成产品，再销售收回货币资金，并实现盈利。各项物资占用的资金是流动资金的重要组成部分。在发生的全部生产费用和产品成本中，物资成本占有很大比重。对于流通性企业，物资主要是商品，企业用货币资金购进商品，经过库存周转，再销售商品收回货币资金并实现盈利。企业应当本着既能保证生产经营需要，又能减少资金占用的原则，加强各项物资的管理和核算，建立和健全各项物资的收、发、领退、保管和清查制度。在行政事业单位，各项物资一般是因业务工作需要而购置的各种器材和物资。在行政单位中一般不需要大量的物资库存、可随用随买，不单独进行库存物资的核算，直接以经费支出列支、事业单位耗用的材料、器材品种多，数量大，一般要保持一定库存，以保证业务需要。同时材料资金是事业单位预算资金的重要组成部分。为了节约使用资金，对物资的库存和收发应加强管理和核算。

各项物资的记账是各项物资管理和核算工作的重要部分，主要内容是填制和复核各项物资收发、领退、保管和清查的凭证，登记各项物资的总分类账和明细分类账，以及物资账的核对等。根据《企业会计准则——2006》规定，企业购入的材料采用计划成本核算的可以使用“材料采购”科目，购入的材料、商品采用实际成本核算的使用“在途物资”科目，此处为简便起见，统一使用“物资”字样。企业、事业和行政单位，由于它们的工作性质不同，对物资的耗用管理及物资核算的要求差别很大，所以在总分类账的账务处理上也有较大差别（本部分省略），但在明细分类账务方面却是基本一致的。

严格填制和复核物资的凭证、手续是正确登记物资账的重要前提，严格执行材料收发凭证的填制、传递和审核的制度手续，对于加强物资管理、资金管理和成本管理，明确经济责任，防止物资管理的混乱和损失浪费的发生，以及提高经济效益有着重要意义。

一、物资收入的凭证和复核

物资收入的原始凭证主要有材料采购的发货票、收料单（入库单、交库单等）以及银行结算凭证、运杂费单据等。虽然收料单在实务中根据单位不同有多种名称，但都是指各项物资验收入库的凭证。根据原始凭证由财会部门审核后填制物资收入的记账凭证，并将其附于记账凭证上以作为登记总分类账和明细分类账的依据。

单位的物资收入有多种来源，其中主要是从外单位购入物资，其他有自制、回收、退回、和委托加工收回物资等。单位不论从何种来源收到物资，都应按照物资管理制度和一定程序，由购买经手人、仓库保管员、质量检验员认真检查品种规格、质量和正确计算、验收数量，并根据业务的管理要求和具体情况填制一定格式的凭证，办理入库手续。

1. 材料采购收入凭证和复核

材料采购分为合同采购和市场采购，或根据获得货物形式不同分为供应单位送货和购买单位提货。采购过程应是物资验收入库过程和与供应单位结算货款过程的统一，由于结算方式和采购地点远近，以及预付货款、物资短缺等各种原因，使付款和物资入库时间发生差异，因而出现只与供应单位结算了货款，物资还未验收入库（或已提货但未验收入库），或物资已验收入库但还未收到结算单据都不算是完成采购。不论有没有支付货款，收到物资都必须认真验收数量、质量，办理验收入库手续，填制收料单。材料采购业务由单位负责供应的部门办理，财会部门负责材料采购借款和货款报销。

除行政单位或一些企业单位因急需零星小额物资不需办理入库手续的业务（可以用由负责人、经手人、验收人签证的发货票报销）外，材料采购业务一般都要填制材料采购收入凭证并办理入库手续。材料采购收入凭证，应包括物资入库凭证和货款结算凭证。这两类凭证有些是从外单位取得的，如银行结算凭证、发货票、代垫运杂费单据，运输机构的运单或供货单位的提货单等，有些则是单位自制的，如收料单、赔偿请求单等。材料采购收入的凭证主要是收料单。

收料单的内容应包括物资类别、供应单位、发票号码、物资编号、物资名称、规格、计量单位、应收数量、实收数量、单价、总价、运杂费以及日期、质量检验员、收料人等，格式如表6-1。这种格式内容适用于实行实际成本记账的单位，若是实行计划成本记账的单位，收料单还应在这种格式上增加计划成本栏，格式如表6-2。

表 6-1 收 料 单

供货单位：××厂　　　　　　　　　　　　　　　　　　编号：00001

发票号码：01245　　　　20××年9月1日　　　　　　　　仓库：钢材

物资编号	物资名称	规格	计量单位	数量		实际价格				备注
				应收	实收	单价/(元/t)	发票金额/元	运杂费/元	合计/元	
01011	薄板	3mm	t	10	10	1 200	12 000		12 000	
质量检验记录		制造日期		合格证号		技术条件		质量状况		检验结论
		20××年7月		钢 0051				优良		同意入库

采购人：×××　　　检验员：×××　　　记账员：×××　　　保管员：×××

表 6-2 收 料 单

供货单位：××厂　　　　　　　　　　　　　　　　　　编号：00002

发票号码：01325　　　　20××年9月2日　　　　　　　　仓库：小五金

物资编号	物资名称	规格	计量单位	数量		实际价格				计划价格		备注
				应收	实收	单价/(元/kg)	发票金额/元	运杂费/元	合计/元	单价/(元/kg)	金额/元	
02012	元钉	2 寸	kg	100	100	2	200		200	2.20	220	
质量检验记录		制造日期		合格证号		技术条件				质量状况		检验结论
		20××年7月								优良		同意入库

采购人：×××　　　检验员：×××　　　记账员：×××　　　保管员：×××

收料单的填制和办理入库手续的一般程序是：从外单位购入物资，物资已到达仓库时，若是已收到发票账单，由材料采购的经办人配合仓库保管员认真审核发票账单的正确性和合法性以及核对已到达的物资的品种、规格、数量和质量，是否与发票、合同等要求的内容相符，经审核、验收无误后，按规定的要求和份数填制收料单；若是发票账单还未收到，可以由材料采购的经办人，配合仓库保管人员、质量检验员，检查验收品种、规格、数量、质量，并在有关栏内签章，填制收料单，按暂估价格入库，待发票账单收到以后，先用红字填制与上述内容相同的收料单，冲销原暂估款，然后按发票账单的实际价款入账。收料单上金额栏的标价，若是采用实际成本记账的，按实际购进价款填写；若是实行计划成本计价的，应按照物资计划成本目录上的价格填写。在实际工作中仓库保管员要妥善保存收料单并及时登记物资库存明细分类账，不能将已办理好入库手续的收料单遗失、滞留或跨月记账，财务部门应监督仓库保管员严格做好收料单的入账工作。收料单通常是一物一单，即一张收料单只能填列一种物资，一式三联，一联为材料采购人员填制后留存；一联由仓库留存登记物资明细分类账，一联随同发货票送交财会部门报账。为了简化手续，防止差错，也可以一式两联，除一联由材料采购人员留存外，另一联由仓库留存登记记物资明细分类账后，经财会部门取回，随同发货票报账。材料采购业务中还有一种情况就是办理一次采购后，由于各种原因而分次验收入库，办理时一是按暂估价入库、填制收料单（注明暂估）；二是办理材料验收分割单，将一批材料分成几次入库，将每次入库和未验收入库的材料分离出来，作为下次办理材料验收入库时的依据。“材料验收分割单”通常一式两联，一联由供应部门留存，作为下次验收材料的依据，一联连同材料发票账单及已验收入库的材料入库单送交财会部门，作为材料核算的原始凭证。

2. 其他物资收入凭证和复核

其他物资如自制材料、委托加工材料、半成品、废料、余料交库时，应填制相应的收入凭证，或由交库的部门填写“材料（物资）交库单”，在有关栏内加盖“自制材料”、“废料回收”、“委托加工材料”等戳记以示区别，连同材料物资一起交仓库验收。仓库验收后要填写实收数量，并由交料和收料双方签字，以明确经济责任。“材料（物资）交库单”一般一式三联，一联退交料部门留存，一联留存仓库登记材料物资明细分类账，一联送财会部门，据以进行材料收入核算。在实际工作中也可以一式两联，除一联退交料部门留存外，另一联留存仓库登记材料物资明细分类账，经财会部门到仓库稽核登记后取回，再进行材料收入核算。

有的生产性企业为加强生产资金和半成品的管理，在生产车间、分厂之间建立半成品或协作配套件仓库。半成品或配套件入库，也要办理各种手续。自制的半成品只需办理物资交库单，外部采购的半成品、配套件除办理物资收料单外，还应附上发票账单等手续，这些物资经采购人员、仓库保管员和质量检验人员认真检查验收后，在收料单的有关栏内签章，填制物资交库单。生产性企业生产完工后的产品也应该填制“库存商品入库单”，经过质量检验人员严格检验后，办理产品入库。

二、物资发出的凭证和复核

物资发出主要是生产、经营部门或业务管理部门领用、对外销售以及委托外单位加工、内部转移等。为了分清物资用途，明确经济责任，促进节约使用物资，防止损失浪费和贪污盗窃现象的发生，仓库发出物资，不论什么原因，都必须填制相应的发出凭证并经领料单位有关人员审核签证。物资发出凭证主要种类及其填制和审核如下：

（一）内部领用物资的凭证和复核

1. 领料单

领料单是一次性的领料凭证，一般是适用于没有消耗定额或不经常领用的物资。领料时一般由领料车间或领料部门根据用料计划或费用计划填制，也有由供应管理部门或仓库填制的，但都要经有关部门负责人审核签证据以向仓库领料。仓库发料时，保管人员要认真在实发栏填写或核对实发品种、数量，并经领发双方签章。领料单一般一式三联。一联由领料单位留存或领料后由发料人退回领料单位，一联由仓库发出物资后，作为登记物资明细分类账的依据；另一联交财会部门作为编制材料领用凭证的依据。领料单虽因单位的不同情况而异，但基本格式却是相同的，主要是用途栏和金额栏。填写金额栏，在实行实际成本计价的单位按实际价格填写，一般由仓库保管员标价，在采用计划成本计价的单位按计划价格填写，由单位指定的人员按物资计划价格目录上的价格标价。领料单一般是领用一种物资填写一张领料单，主要是便于登记和稽核材料明细分类账。也有多料一单的，虽然节省了凭证，但不便于记账和分类汇总。领料单的内容和格式见表6-3。

表6-3 领 料 单

领料单位：　　　　　　　　　　　　　　　　　　　　　　凭证编号：

用　　途：　　　　　　　　年　　月　　日　　　　　　　发料仓库：

材料类别	材料编号	材料名称及规格	计量单位	请领数量	实收数量	计划单价	金额/元	
备注：						合计		

二财务

仓库管理：　　　　发料人：　　　　领料单位负责人：　　　　收料人：

财会部门审核领料单时。主要审核以下内容：

（1）领料用途是否填写明确清楚。是否符合计划或定额的要求。这是计算生产成本，明确费用界限的原始依据。

（2）实际价格或计划价格是否填写正确。实行计划价格核算的单位各个月份的计划价格应保持一致。

（3）请领数量和实发数量是否相符，计量单位是否一致。例如：以吨为计量单位，就要将公斤换算成吨记账。

（4）领发双方负责人和经手人是否签名或盖章。为了加强对领料工作的管理，领料单应由单位指定的人员填制，其他人员不得擅自填写领料单领料。空白领料单要妥善保管。

2. 限额领料单

限额领料单是在规定限额和有效期内多次使用的物资发出凭证（见表6-4）。它适用于需要经常领用并有消耗定额的物资领发业务。限额领料单的限额根据生产经营计划和消耗定额共同确定，其有效期一般为一个月或一个生产周期。每月或每批量生产开始前由负责签发限额领料单的部门分别填写物资领用限额，交仓库执行。限额领料单一式两联，详细填写领发物资的品种、规格、用途、领用单位和限额。一联发给仓库据以备料和发料，另一联给用料单位领料。在规定的有效期内，只要不超过限额，限额领料单可以连续使用。每次领料，均应由领料单位填写请领数量，经仓库审查未超过限额的即可以发料，对实发数量和限额结余必须同时在两联限额领料单中准确填列，并由领发料双方经手人签章。月末结出实发数量和金额，据以登记物资明细分类账。由于追加产量需要增加限额时，应经过计划部门和供应部门审批。在办理追加手续后，修改限额领料单的原限额或另填限额领料单；由于浪费或其他原因需超限额领料时，应说明原因经批准后另填领料单。

表 6-4　限额领料单

领料单位：　　　　　　　　　　　　　　　　　　　　　　　　凭证编号：
用　　途：　　　　　　　　　年　　月　　日　　　　　　　　发料仓库：

物资类别	物资编号	物资名称	规格	计量单位	领用限额	实领数	计划单价	金额	备注

日期	请领		实发			退库			限额结余
	数量	领料单位负责人签章	数量	发料人签章	收料人签章	数量	收料人签章	交料人签章	
合计									

供应部门负责人：　　　　　　生产计划部门负责人：　　　　　　仓库保管员：

采用限额领料单，实行限额配料制度，可以随时反映和监督物资消耗定额的执行情况，加强物资的日常控制，促进单位降低物资费用，又可以大量节约发料凭证，简化核算手续。

3. 领料登记表

领料登记表是一种按仓库设置、可以多次使用的物资发出凭证，适用于办理使用部门经常领用的各种消耗性物资领发业务。领料登记表按月开设，一单一物，一般一式两联，平时保存在仓库和使用部门。每一次领料时，由领料人填写实领数量并签名，作为领发的依据。月末计算出全月累计领用数量及金额。一联仓库留存登记材料明细分类账，一联交领料单位留存。采用领料登记表不仅便于全月物资耗用的汇总计算，而且能够大量减少日常领料凭证的填制工作，简化领发物资手续。领料登记表格式如表 6-5。

表 6-5 领料登记表

物资类别： 仓 库：
物资编号： 年 月 领料单位：
物资名称及规格： 计量单位：

日 期	领用数量	单 价	金 额	发料人	领料人	备 注

物资供应部门： 领料单位： 仓库保管员：

4. 退料单

领用的物资不合用或有剩余时，应办理退库手续。退料单的格式与领料单大致相同。只是名称相反。一个是领料，一个是退料。经双方经手人签字后作为冲减生产费用，增加库存材料的凭证。为了正确计算生产成本，有些工业企业月末对领而未用的材料，要办"假"退库手续，使用的也是退料单。

物资在单位内部仓库之间转移时，可通过"物资内部调拨单"转账。为了简化手续，也可以通过调整物资明细分类账的办法处理。

（二）销售物资发出凭证和复核

1. 销售物资提货单

单位为了协作关系调剂物资或处理积压，对外销售材料时，应由销售或供应等部门开具"销售发货票"，一式多联，其中一联留存；一联作为发货票交购货单位；一联交财会部门作为销售物资收款记账的依据；一联作为提货单由购货单位去仓库提出物资，仓库据以登记材料明细分类账。财会部门对销售物资凭证的复核，主要审核所销售物资是否按实际价格或规定的计划价格开具金额，防止给单位造成损失。

2. 产品销售提货单

单位销售产品，应由销售部门开具产品销售发货票，一式多联。其中的"产品销售提货单"就是仓库发料和登记物资明细分类账的依据。财会部门要严格审核提货单的品种、数量、价格，看是否符合实际和规定；防止擅自降低价格给单位和国家造成损失。

三、物资清查的凭证和复核

物资的品种多、数量大，收发领退频繁，由于计量和计算不准、验收不严、丢失毁损、自然损耗，甚至贪污盗窃等原因，极易出现账实不符的情况。为了保证各项物资登记的准确性、真实性，保护各项物资的安全完整，加速资金周转，加强资金管理，每个单位都应定期或不定期进行各项物资的清查。

物资清查按照时间不同可以分为定期清查和不定期清查。定期清查是指按计划安排的时间进行的清查，不定期清查是指根据需要随时进行的清查。

物资清查按照清查的对象和范围不同可以分为全面清查和局部清查。全面清查是对所有物资进行清查，局部清查是根据需要对某一部分或某个仓库的物资进行的清查。按照有关规定，有以下情况之一时，应对物资进行全面清查：

(1) 编制年度会计决算之前，为使年度决算真实、准确，应对物资进行全面清查。

(2) 单位实行租赁、承包时，为核实家底、分清责任，应对物资进行全面清查。

(3) 单位停办、合并、破产、改变隶属关系时，应对物资进行全面清查。

(4) 清产核资时，应对物资进行全面清查。

(5) 单位主要领导人（法人代表）更换、离任和上任工作交接时，应对物资进行全面清查。

为加强物资管理和核算，单位必须建立物资清查的有关规章制度和严格的材料采购保管、运输。交接的岗位责任制。要有一支思想、业务素质好的材料采购、管理人员队伍。尤其是仓库管理人员要选派熟悉业务、责任心强、认真细致、工作勤恳、坚持原则的人担任。要为加强物资管理提供必要的条件，完善物资管理的基本设施。

为了及时反映各项物资的增减变化和结存情况，物资核算可以使用“永续盘存制”。“永续盘存制”就是对各项物资的增减都要根据原始凭证和记账凭证在账簿中进行连续登记，随时在账卡上结算出各项物资的结存数量和金额，并与实物核对无误。在“永续盘存制”下，仍有必要对各项物资进行局部清查和全面清查。

进行物资清查时，首先应建立熟悉业务的清查班子，物资清查涉及面广、工作量大、业务技术要求高，是一项复杂而细致的工作，如果连物资的名称、规格、质量都搞不清楚，物资清查工作肯定是搞不好的，清查班子应由熟悉业务的仓库保管员、财会人员、技术人员和车间工人组成，应杜绝那种走过场、图形式的现象发生，各单位应加强领导，形成制度，认真做好这项工作。

在清查前还要做好账簿和实物的准备工作。清查应以某月末的账面余额为准，要在这之前把所有物资收发凭证在物资明细账上登记完毕，结出余额。并且把物资整理归类，排列整齐。准备好必要的计量器具，为清查做好各项准备工作。

清查过程中要对所清点的物资认真点数、过磅、量尺、测算、验质，做好清查记录，并分清是否积压、超储或不需要；是否需要报废或削价处理。一般做法是以清查实物为准、按物资明细账的顺序逐项清点核对并作好记录。对账实不符、质量等问题要查明原因，分清责任并提出处理的初步意见。如发现账实之间差异较大，要重新复查，防止错查、漏查或重查的现象发生。由于清查需要一定时间，有时又不能停止收发物资，所以要事先确定一个清查时点。在这个时点以后发出的物资应作为实存数登记，在这个时点以后购进的物资，在确定实存数时要予以扣除。在物资清查期间如果能做到停止收发而又不影响工作，就不存在物资增加和扣除的问题了。

物资清查的凭证是"物资盘点盈亏报告表"，编制"物资盘点盈亏报告表"是在物资清查的基础上进行的。清查后，将清查结果逐项登记在表内，分别计算盘点表的有关栏目。为了便于归类汇总，盘点表应按照物资明细账的分类和顺序填写，并由清查人员和仓库保管人员签章，按规定程序上报审批，及时处理。对于账外物资要查明原因及时处理、对于账外的借入物资要及时归还或分清；对于账内的借出材料要及时收回或作为实物计数。"物资盘点盈亏报告表"的内容和一般格式如表6-6所示。

表6-6　物资盘点盈亏报告表

××工厂　　　　　　　　　年　　月　　日　　　　　　　　　仓库：

物资类别	物资编号	物资名称及规格	计量单位	计划单价	账面		实点		盘盈		盘亏		盈亏原因
					数量	金额/元	数量	金额/元	数量	金额/元	数量	金额/元	
合计													

供应部门负责人：　　　　质量检验负责人：　　　　仓库保管：　　　　盘点人：

第二节　物资明细分类账的登记

为了详细、具体地核算和监督各种物资的采购情况及收发、结存情况，加强各项物资的实物管理、采购管理和资金管理，每个单位都必须在填制、取得和审核各项物资凭证的基础上做好物资明细账的登记工作。物资明细分类账的登记包括数量和金额两部分，要按照物资品种、规格分别登记物资收发结存的数量变化以及资金的增减变化和结存金额。在实际工作中仓库部门和财会部门要密切配合、各有侧重，共同管好各项物资的数量记账和金额记账其中物资的收发结存的数量记账主要由仓库保管员负责，金额记账主要由财会人员负责。

一、物资保管明细分类账的登记

物资明细账一般有两种设置方法：一是设置两套账，即分别在仓库和财会部门设置一套按品种、规格分类的明细分类账，根据相同的收发凭证进行平行登记，仓库的一套只进行数量记账，财会部门的一套既进行数量登记又进行金额登记，两个部门的明细账进行数量上的制约和核对，这种方法虽然严密，但由于物资凭证在传递中容易出现丢失、错漏等情况，且重复记账的工作量较大，至使记账中经常发生错误，现在已不大采用；二是将仓库的数量账与财会部门的数量金额账合并，只在仓库部门设置一套既有数量又有金额的库存明细分类账，由仓库保管员或仓库的材料会计员根据凭证进行登记，财会部门的材料物资会计人员经常或月末到仓库部门对库存明细分类账进行稽核查证，并设物资二级明细分类账进行控制和核对。这种方法可以节约大量的人力、物力，进一步密切财会部门和仓库部门的联系，保证记账的质量，目前被广泛运用。另外，在实际工作中，除明细分类账外，还要在物资保管的货位上设置明细卡片，做到账卡相符。

仓库部门的物资明细分类账应按照库别、品种、规格型号分别设置，一个单位的物资明细分类账包括各仓库的类别明细账，每个仓库的类别明细账，又有许多本物资明细账组成。一个单位的库存物资与各部门、各仓库、各明细账之间的关系如图 6-1 所示。

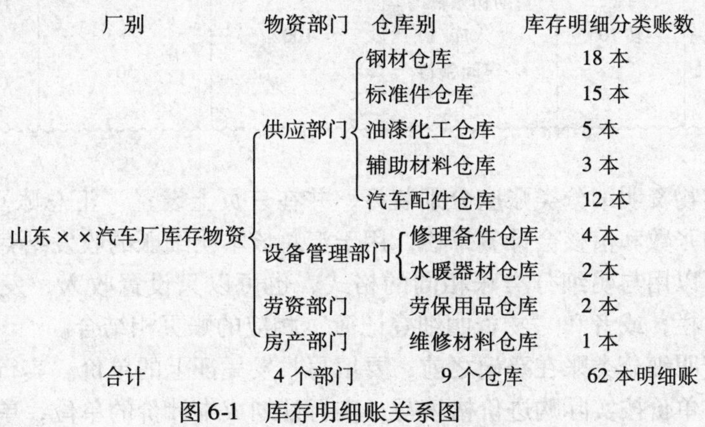

图 6-1 库存明细账关系图

物资明细分类账的账页一般有两种格式：一种是设收入、发出、结余三栏，每栏中再设数量、单价、金额三栏，如表 6-7 所示。这种格式适用于物资按实际成本计价的单位。另一种是只设收入、发出、结余三栏，收入、发出栏只登记数量，在结余栏中才设有数量和金额两栏，如表 6-8 所示。这种格式适用于对物资采用计划成本计价的单位，因为物资计划成本确立后，年内通常不会发生变化，只要登记了数量就控制了金额，月初结于数量加收入数量减去发出数量就等于结存数量，再乘以计划成本就得出结存金额。

表 6-7　物资明细分类账

物资类别：　　　　　　　　　　　　　　　　　　存放货位：

物资编号：　　　　　　　　　　　　　　　　　　最高储备量：

物资名称：　　　　规格：　　　　计量单位：　　最低储备量：

单位：元

年		凭证编号	摘要	收入			发出			结存		
月	日			数量	单价	金额	数量	单价	金额	数量	单价	金额

表 6-8　物资明细分类账

物资类别：小五金　　　　　　　　　　　　　　存放货位：第四货架

物资编号：02012　　　　　　　　　　　　　　最高储备量：150kg

物资名称：元钉　　　规格：2 寸　　　计量单位：kg　最低储备量：50kg

年		凭证编号	摘　要	收入数量	发出数量	结　存	
月	日					数量	金额/元
9	1		期初余额			100	220
	2	转 10	入库	100			
	15		一车间领料		50		
	…		…				

每本物资明细分类账应分别装订，并在首页上设置“汇总账页”，注明明细分类账的张数和稽核会计签章栏，用于汇总该本明细账的收发结存金额。这张汇总账页可以用与明细分类账相同的格式，也可以只设置收入、发出、结余和稽核、签章栏，或者和“物资明细登记簿”相应的账页相结合。

物资明细分类账在登记之前，要填写收发凭证上的单价。实行实际成本计价的单位，单价按实际购进价格填写；实行计划成本计价的单位，单价按计划成本目录中的单价填写。实行实际成本计价的单位，由于各批购入物资的实际成本并不相同，必须采用一定的方法确定发出物资的单价，这些方法有：月末一次加权平均法、移动加权平均法、先进先出法、后进先出法等，在《中级财务会计》中有较为详尽的解释说明，此处不再一一介绍。

登记物资明细分类账时，由仓库保管员把物资收、发、领退凭证整理归类后，放在应登记的账页中，计算和登记数量与金额，再由物资（材料）会计定期到仓库稽核签证；或者物资保管员只登记收发、结存数量，物资（材料）会计定期到仓库稽核签证、划价和登记结余额。财会人员稽核签证的方法是：首先根据收发、领退凭证，复核每张账页登记的数量和金额是否正确；其次计算汇总账页，根据登记入账的收发凭证分别汇总后计入汇总账页的“收入”、“发出”、“结余”栏，汇总账页的结存金额要等于该本明细账每张账页结余金额之和，如果金额不相符，应查找原因并进行调整，直至金额相等。汇总账页的格式如表6-9所示。

各项物资明细账经仓库保管人员登记、财会部门稽核签证后，各本明细账余额要与物资二级明细账余额以及物资总分类账余额相符。

表6-9　汇总账页

明细账户：原材料　　　　　　　　　　　　　　　仓　库：×××

类　　别：×××　　　　　　　　　　　　　　第　10　本　　单位：元

20××年		收入		发出		结余	
月	日	凭证张数	金额	凭证张数	金额		
1	1					1 050	
	1～15	30	580	35	300		
	16～31	25	200	25	450		
本月合计		55	780	60	750	1 080	
2	…	…	…	…	…	…	…

二、物资二级明细分类账的登记

财会部门不仅要与仓库部门密切配合共同登记好物资明细分类账，而且应该按物资类别（或仓库别）设置二级明细账。设置和登记二级明细账是为了加强各类物资的资金管理，便于物资明细账与总分类账进行核对，具体掌握各类物资收发、结存动态和资金占用等情况。物资二级明细分类账是仓库明细分类账与物资总分类账相互核对的汇总中介，因此它的分类和内容格式应与仓库的物资“库存明细分类账”的设置口径一致，以便于控制物资库存明细分类账。

物资二级明细账的格式一般采用收入、发出、结余三栏式，其格式的设置和登记可归纳为以下几种方法：

第一种：按物资类别或仓库别设置，每个类别或每个仓库设置一张账页。

财会部门根据从仓库签证回来的物资收发凭证直接汇总登记，也可以根据收入凭证汇总登记表和发出凭证汇总表登记。登记工作可以定期进行也可以月末一次进行。财会部门可以把全部类别或全部仓库的物资二级明细分类账页装订为一本，首页设置汇总账页，逐月汇总登记并核对。

第二种：按物资类别或仓库类别采用多栏式账页设专栏，或按会计准则中物资二级明细科目设专栏，登记方法同上。

第三种：在实际工作中，为了简化核算，物资二级明细分类账的设置和登记方法还可以采用两种方法：一是用“物资收发结存汇总表”代替。“物资收发结存汇总表”可于月末根据收、发凭证或收发凭证汇总表编制。物资收发结存汇总表的“期初结存”栏，根据上月本表中的“期末结存”数填列，“本期收入”和“本期发出”数可根据物资库存明细分类账的汇总账页填列，或直接根据收发凭证汇总填列。物资收发结存汇总表应按顺序编号装订保存。二是直接用从仓库部门稽核签证回来的汇总账页作为物资二级明细分类账。设置和登记方法是将稽核无误的、每本物资库存明细账的首页，汇总为按类别或按仓库别的汇总账页，再将各类别或各仓库的汇总账页各栏数额核对加总，就等于物资总分类账的数额。这种方法比较简单实用，可以避免再根据收发凭证进行汇总登记的重复工作，因此被广泛地运用。

三、材料采购明细分类账的登记

设置材料采购明细分类账的目的，是为了核算和反映材料采购的付款、入库和在途情况以及入库物资的实际成本，考核材料采购成本。“材料采购明细分类账”的设置一般有三种方法：一是按会计准则规定的物资总账的账户或二级明细账户设置，例如“原材料”、“包装物”、“低值易耗品”等；二是按物资的品种、规格或按物资负责人设置，这种方法适用于储备量大、储备费用高的单位，或需要划清经营责任的单位，如家用电器商场按电视、洗衣机等品种设置；三是按供应单位设置，便于了解从各供应单位采购物资的付款、到货情况和采购物资的实际成本。

材料采购明细分类账适用于实行计划成本计价的单位，在实行实际成本计价的单位中，一般设置“在途物资明细账”或“在途物资登记簿”，下面分别说明。

1. 在途物资明细账的登记

在途物资明细账一般按供货单位名称立户，日期、凭证号、摘要以及借方金额，根据支付货款的记账凭证和所附原始凭证登记；贷方金额根据收料凭证编制的记账凭证登记，余额若在借方，表示货款已付，物资尚未验收入库的在途物资数额。借方金额与贷方金额都登记并相符，表明这项物资的采购业务款已付，物资也已入库。月末应将各明细分类账户的借方余额之和与在途物资总分类账账户余额核对相符。

这种按供应单位设置的在途物资明细账，适用于供应单位不多而且比较固定的单位；若是碰上供应单位多、变动大，核算手续比较麻烦时，有的单位还采用“在途物资登记簿”和“在途材料明细卡”的形式。“在途物资登记簿”的登记方法同上。“在途物资明细卡”按供货单位名称设立，每发生一笔材料采购业务就建立一份卡片，由财会部门根据付款凭证和所附原始凭证登记。“在途物资明细卡”一式两份，第一份送供应部门作为催货和物资验收的依据；第二份存在财会部门，作为催办和在途物资核算的依据。当在途物资到达单位并验收入库后，供应部门根据物资验收入库的收料单在“在途物资明细卡”中有关栏登记，并将“在途物资明细卡”和收料单一并送交财会部门据以报账，财会部门抽出第二份审核后，据以登账并抽出另行保管。月末凡是未抽出的“在途物资明细卡”上登记的物资就是在途物资。其金额应与“在途物资”总分类账期末余额相符。

2. 材料采购明细分类账的登记

材料采购明细分类账（见表6-10）借方登记采购中的实际成本，贷方登记按计划成本计算的入库物资。实际成本和计划成本之间的差额属于超支性质的用正数登记，属于节约性质的用负数登记，登记中采用横线登记法逐笔登记，根据付款的记账凭证按采购业务发生的时间顺序，逐笔将实际成本登记在借方，根据已付款的收料单等有关凭证在同笔采购业务的同一横线上的贷方登记计划成本及其差异额。月末，要登记计算成本差异和结转金额。根据既付款又已入库的采购业务的借、贷方金额合计计算出成本差异额（借方实际成本 - 贷方计划成本），一次性转入“材料成本差异明细账”。对已付款尚未入库的在途材料，应结出余额，余额应与“材料采购”总账的余额相符，并转入下月份“材料采购明细账”。为了正确登记、计算成本差异，应将各项在途物资逐笔结转，照抄在下月的“材料采购明细账”中。

表6-10 材料采购明细账

明细科目： 采购资金限额： 元

凭证		发票账单编号	收料凭证			供货单位名称	材料名称规格	借方金额			贷方金额			材料成本差异	备注
日期	编号		日期	编号	数量			买价	运杂费	合计	计划成本	其他	合计		

四、材料成本差异明细分类账的登记

成本差异明细账只在实行计划成本计价的单位设置，设置的目的是为了核算和反映各类或各种物资的成本差异和计算材料成本差异率，调整发出物资的计划成本，便于加强成本管理，降低物资成本。材料成本差异明细账应该按照物资总账账户、物资大类设置，与“材料采购明细分类账”的口径保持一致。不能只设置材料成本差异总分类账户，因为综合差异率不利于物资成本的管理和分析。

例如，机器制造厂生产用钢材占机器产品成本的比重很大，纺织厂生产用的棉花构成棉纱的主要成本，这两家工厂应按钢材、棉花类别或品种设置成本差异明细账。对于其他价值低、在生产费用中占的比重小的物资，可以不必按类别设置差异账户。“材料成本差异明细账”一般都采用借（收入）、贷（支出）、余（结存）三栏式设置，一般格式如表 6-11 所示。

表 6-11 材料成本差异明细账

明细科目：

年		凭证号数	摘要	收入材料计划成本	发出材料计划成本	差异分配率	借方（超支）	贷方（节约）
月	日							

“材料成本差异明细账”的“收入”和“支出”栏中的计划成本登记方法有两种，一种是根据“收料凭证汇总表”和“发料凭证汇总表”编制的记账凭证登记；另一种是根据从仓库稽核签证抄回的“物资库存明细账”汇总账页的收入数和支出数登记。“收入”栏的计划成本和差异额还可以从同类别的“材料采购明细账”贷方栏的数字抄入。材料成本差异额和材料成本差异率的计算方法如下：

材料成本差异额 = 材料实际成本 − 计划成本

（正数为超支差，负数为节约差）

材料成本差异率 =（月初结存材料成本差异 + 本月收入材料成本差异）/（月初结存材料计划成本 + 本月收入材料计划成本）

发出材料应负担的差异 = 发出材料计划成本 × 材料成本差异率

发出材料实际成本 = 发出材料计划成本 ± 发出材料应负担的差异

第三节 物资账的核对

一、核对的内容

物资账的核对主要是进行账账核对和账实核对。所谓账账核对，就是检查复核物资保管明细账（卡）的结余（数量和金额）合计数与物资二级明细账的余额合计数、物资总分类账账户的余额是否相符。所谓账实核对，就是检查复核物资保管明细账（卡）的结余（数量和金额）合计数与物资的实物数量是否相符。

二、核对的方法

1. 账账核对的方法

账账核对是指坚持和加强日常和每月的物资保管明细账的稽核签证工作。无论是设置两套物资明细账还是设置一套物资保管明细账，会计人员都要到仓库逐项、逐本、逐类地稽核签证，保证每项物资收发、结存数量的合计数与总分类账账户的余额相符。

核对时，在上期发生额及余额明细表的基础上，根据本期物资发生额凭证，编制物资二级明细分类账户的本期发生额及余额明细表或物资收发存报表，并与总分类账的余额进行核对，如有不符，进一步查找原因。另外还要将各仓库的物资明细分类账户加总的发生额和与余额同物资总分类账户的相应数进行核对，验证是否相符，并查明不符的原因，进行调整。

2. 账实核对的方法

账实核对分为日常核对和定期核对。日常核对主要是由仓库保管员经常抽查或逐项检查各项物资的实物数量是否与账面结余数相符，如果不相符，应查明原因及时处理。出现不相符的原因通常有：物资收发票据记账时串项、登记到另一规格的物资明细账上；物资露天保管时丢失；收、发物资计量不准确，出现数量盈亏等。会计人员应督促仓库保管人员查清原因，报领导审批后，或是赔偿，或是调整记账。定期核对主要是进行物资局部或全面的清查，编制“物资盘点盈亏报告表”，若发现不符，经仓库保管人员和会计人员反复复核，按规定程序报批处理，调整账目或实物，保证账实相符。

第七章　往来结算记账

第一节　往来结算的凭证和复核

在日常工作中，每个会计单位都不可避免地要与其他单位发生业务往来和经济联系。这些业务往来和经济联系涉及物资交易、采购办公用品、支付收取租金等各种形式，除了一手交钱一手交货这种业务形式外，更多的是形成债权债务的清算关系。往来结算记账，介绍的就是债权、债务的形成及债权、债务清算的记账工作。

在会计实务中，往来业务大致可以分为以下几类：

（1）单位在销售产品、商品、材料及对外提供劳务的过程中形成的债权，一般用“应收账款”科目核算。

（2）单位在购买材料、商品、接受劳务服务的过程中形成的债务，一般用“应付账款”科目核算。

（3）对在业务活动中形成的各种应收未收的赔款；应收未收的各种罚款；应收未收的包装物押金；代收未收的购货单位有关税金；应收未收的为本单位职工代垫的各种款项；拨给本单位内部各部门（车间）的备用金；存出的各种保证金，如包装物押金等；应收未收、暂付上级单位、所属单位的款项；其他应收未收、暂时支付以后还应收回的款项等，一般用“其他应收款”科目核算。

（4）单位在业务活动中形成的应付未付租入固定资产、包装物的押金；暂时作收账处理的职工未领工资；其他单位或个人存入的保证金，应付暂收上级单位、所属单位的款项；应付未付的退休职工的统筹退休金；应付承包风险抵押金；其他应付未付，暂存待付的款项等，一般用“其他应付款”科目核算。

（5）因分配股利、上交税金、费用而形成的债务，一般用“应付股利”、“应交税费”、“其他应交款”等科目核算。

本部分内容重点介绍“应收账款”、“应付账款”、“其他应收款”、“其他应付款”几种往来结算账户的记账。

一、应收账款的凭证和复核

企业销售产品、自制半成品、商品、对外提供商业性劳务，目的是为了取得收入并盈利。一般情况下，销货款应当即期结清，以维护社会经济的正常运行。

但实际中由于竞争等原因，企业也可以让购货方先行提货而在以后的某个指定日期或期限内付款，成为一种赊销业务。核算这种业务的会计科目就是应收账款，其典型的会计分录是：

借：应收账款

　　贷：主营业务收入

　　　　应交税费——应交增值税（销项税额）

产生应收账款时，必须取得相关原始凭证。如：销货方销货发票（记账联）；购货方提货证明（销货发票提货联）；购货方延期付款的申请书（或赊销合同、欠条等）。其中，赊销合同或欠条上应注明延期付款的原因、付款的日期和付款方式，经销货方分管销售工作的单位负责人（厂长或经理）批准后方可生效。

会计人员在登记应收账款账的时候，应当对记账凭证后面所附原始凭证进行复核，检查凭证是否齐全，内容是否完整，手续是否完备，如有不符合要求的事项，要暂停登记，当即报告会计主管人员。

二、应付账款的凭证和复核

购货单位到其他单位购买材料、商品，一般情况下也应该是款货两清、互不拖欠。但由于种种原因也可能部分或全部延期付款。这种应付未付的货款，便成为购货单位的一种债务。核算这种业务的会计科目是应付账款。其典型的会计分录是：

借：原材料

　　应交税费——应交增值税（进项税额）

　　贷：应付账款

发生应付账款业务时，必须取得如下原始凭证：销货方提供的正式发货（报销联）；材料或商品的入库证明或收货证明；延期付款申请书（或合同、欠条等）。实行合同购货的单位，延期付款的申请往往在合同的备注栏提出，对方盖章以后，即视为同意。其中，入库证明或收货证明是最重要的原始凭证。

会计人员在登记应付账款账的时候，应对记账凭证后面所附原始凭证进行复核，检查凭证是否齐全，内容是否完整，手续是否齐备。如有不符合要求的事项，要暂停登记，当即向会计主管人员报告。

三、其他应收款的凭证和复核

本单位职工因公借款，其他单位或个人经本单位领导批准临时借款，本单位职工或其他单位和个人的应赔未赔款、应扣未扣款，都在“其他应收款”账户中核算。

其他应收款的原始凭证因业务不同而异。职工因公出差借款，需填写借款单据，注明出差事由、借款金额、借款日期，经批准后方能作为正式凭证。职工因承担经济责任而赔偿单位的损失、因违反本单位的有关规定而被处以罚款等，应当有有关部门的扣款通知书。通知书中应当写明赔款、罚款事由，赔款、罚款的计算依据，扣款期限和方式，还要有批准扣款部门的印章、经手人签字和单位领导的批准签字，否则会计部门可拒绝执行。借款单和扣款通知单的一般格式如图7-1和图7-2所示。

借　款　单

借款日期：20××年6月8日

借款单位（人）：王明　　　　部门：供应科

借款事由：去武汉洽谈业务

借款金额：人民币（大写）贰仟元整　　　　¥2 000.00

图7-1　借款单

扣款通知单

财务科：

根据本厂《机器设置管理办法》第×条第×款和第×次厂长办公室会议决议，决定对加工车间损坏铣床的江××处以壹佰伍拾元罚款，分两次从工资中扣回。

厂长办公室（公章）

20××年1月20日

图7-2　扣款通知单

四、其他应付款的凭证和复核

其他应付款核算本单位收到其他单位交来的押金、定金、保证金、暂存款以及代扣款、本单位职工未领代管的工资、奖金和其他款项等，典型的会计分录为：

借：银行存款（库存现金）

　　贷：其他应付款

其他应付款的原始凭证，因业务不同而不同。收到其他单位交来的订金、押金和保证金，要填写正式的收款收据，注明交款单位、交款事由、金额等，一联给交款人作为收据，一联作记账用的原始凭证，一联作存根备查。收款收据的一般格式如图7-3所示。代其他单位扣款，必须有合法的手续，否则不予代扣。代其他单位扣款，至少要有两种原始凭证：一种是证明扣款合法的文件，并不是随便哪个单位甚至个人都可以委托会计部门代为扣款的；另一种是代扣款委托书或通知书，注明计算依据和代扣款金额。同时，还须经本单位领导批准。对本单位职工应领未领的工资、奖金和其他款项作收账处理，应填写正式的收款收据。职工以后领取时，应另外填写领款单据以便销账，不得用在原工资表、奖金表上签字的办法代替收据。

收　据

20××年6月8日

交款单位（人）：长丰汽车运输公司　　部门：供应科

交款事由：东风大客车大修理押金

交款金额：人民币（大写）伍佰元整　　￥500.00

长丰汽车运输公司（财务公章）　　收款人：签名或盖章

图7-3　收据

会计人员在登记其他应付款账的时候，应对记账凭证后面所附原始凭证进行复核，检查凭证是否齐全，内容是否完整，手续是否完备，如有不符合要求的事项，应暂停登记，当即向会计主管人员报告。

第二节　往来结算总分类账的登记

根据审核无误的记账凭证登记账簿，这是记账的最基本要求。会计人员在记账以前，应当检查记账凭证上是否有复核人员的签名或盖章，未经专门复核人员复核的记账凭证不能登账。虽经专门复核人员复核，但仍有差错的记账凭证，也不能作为登记账簿的依据，须向会计主管人员报告更正后才能登记。属于认识上的不同意见，记账人员可以保留，但仍应按记账凭证登记账簿，记账人员无权自行更改记账凭证。

一、应收账款增加和减少的登记

应收账款账户是资产类账户，它的借方登记应收账款增加的金额，贷方登记应收账款减少的金额，期末如有余额，应当在借方，表示期末尚未收回的款项。

1. 应收账款增加的登记

企业赊销产品、商品，会使应收账款增加。登记账簿时，应将应收账款增加的金额记入“应收账款”账户的借方。根据记账凭证登记账簿时，应当做到名称（会计科目和会计账户的户名）相同，方向（借方或贷方）一致，金额相等。

2. 应收账款减少的登记

企业收回应收账款，会使应收账款减少。根据记账凭证登记账簿时，应将记账凭证中“应收账款”科目下的贷方发生额记入“应收账款”账户的贷方，做到名称相同，方向一致，金额相等。登记后，应及时结出余额（用铅笔写在余额栏），以便随时掌握债权、债务的变化情况。

二、应付账款增加和减少的登记

“应付账款”账户是负债类账户。它的贷方登记应付账款增加的金额，借方登记应付账款减少的金额，期末如有余额，一般情况下应在贷方，表示期末尚未归还的应付账款。特殊情况下也可能出现借方余额，一般是期末预付给供货单位的账款导致。

1. 应付账款增加的登记

企业从其他单位采购材料、商品，经对方同意延期付款，会使企业应付账款增加，根据记账凭证登记账簿时，应将记账凭证中“应付账款”科目下的贷方发生额记入“应付账款”账户的贷方，做到名称相同，方向一致，金额相等。

2. 应付账款减少的登记

企业归还所欠的账款，会使应付账款减少。根据记账凭证登记账簿时，应将记账凭证中“应付账款”科目下的借方发生额记入“应付账款”账户的借方，并及时结清或结出余额。本单位在汇款时，应按账面的应付账款贷方余额汇付。

三、其他应收款增加和减少的登记

其他应收款账户是资产类账户。它的借方登记其他应收款增加的金额，贷方登记其他应收款减少的金额，期未如有余额，应当在借方，表示期末尚未清算的债权。

1. 其他应收款增加的登记

职工借款、应扣款业务的发生，会使其他应收款增加。根据记账凭证登记账簿时，应将记账凭证中“其他应收款”科目下的借方发生额记入“其他应收款”账户的借方，做到名称相同，方向一致，金额相等。

2. 其他应收款减少的登记

职工出差归来后报销差旅费、从工资中扣回本单位职工的赔款和罚款、本单位职工和外单位职工交来应收的赔款和罚款，都会使其他应收款减少。根据记账凭证登记账簿时，应将记账凭证中“其他应收款”科目下的贷方发生额记入“其他应收款”账户的贷方，并及时结出余额，用铅笔写在余额栏。登记时要做到名称相同，方向一致，金额相等。

其他应收款减少，不论收到的是现金还是银行存款，或者是合法的报销凭证（差旅费报销单或发票等），债权方都要给债务人开收据。如果收到的是现金，可用现金收据；如果收到的是实物，可用实物收据（金额为实物折价，事由栏注明实物名称、规格、型号和折算依据）。收到的既有现金又有银行存款，或既有现金又有报销凭证，包括收到报销凭证后又退给报销人一部分现金，都应用通用收据，在事由栏注明收现金多少、报销单据金额多少，或收现金多少，收银行存款多少（应注明银行存款凭证种类、号码）；收到报销凭证又退给报销人一部分现金的，应注明报销单据金额多少、退现金多少。

例如：职工出差时借款 5 000 元。回厂后报销差旅费报销单 4 500 元，退现金 500 元，结清 5 000 元借款。会计人员（一般是出纳）在开收据时应写明收到×××5 000 元（大小写），在事由栏注明“报销 4 500 元，退现金 500 元”。

又比如：员工借款 300 元买办公用装订器，借款已入账。后因没有买到装订器而退回 500 元现金。会计人员在开收据时，既可以用现金收据，也可以用通用收据。如果开具的是现金收据，事由栏应注明“退购装订器所借款”；如果用的是通用收据，事由栏应注明“现金”。

例 1：本厂职工出差时借款 1 000 元，回厂后报销 1 200 元，出纳当即补给张进现金 200 元并结清 1 000 元借款。会计人员在开收据时应写明收到×××人 1 000 元（不能写 1 200 元），在事由栏注明“报销 1 200 元，补现金 200 元”。通用收据的一般格式如图 7-4 所示。

收　据

年　月　日　　　　　　×××号（编号）

收到：×××人

金额：人民币（大写）壹仟元整　　　　¥1 000.00

事由：报据 1 200 元，补现金 200 元

（单位财务公章）　　　　收款人：签名或盖章

图 7-4　收据

在实际工作中，各地、各单位的具体作法很不一致，有的借款时收据不入账，还款时也不开收据；有的借款单据虽入账但还款时是否开收据则看有无现金退回而定，如果借款人退回了现金，就按所收现金开收据。如果报据数等于或大于借款数，就不开收据。上述处理方法都是不规范的，应当改正。

四、其他应付款增加和减少的登记

“其他应付款”账户是负债类账户。它的贷方登记其他应付款增加的金额，借方登记其他应付款减少的金额，期末如有余额，应当在贷方，表示期末尚未结清的应付款。

1. 其他应付款增加的登记

单位收到其他单位或个人交来的定金、押金、保证金，收到本单位职工或其他单位和个人的暂存款、代扣款，会使其他应付款增加。根据记账凭证登记账簿时，应将记账凭证中“其他应付款”科目下的贷方发生额登记入其他应付款账户的贷方。做到名称相同，方向一致，金额相等。

2. 其他应付款减少的登记

交还其他单位或个人暂存于单位的定金、押金、保证金，支付代扣的赔款、罚款给委托单位，支付暂时收账的工资、奖金和其他款项给职工本人，都会使其他应付款减少。根据记账凭证登记账簿时，应将记账凭证中其他应付款科目下的借方发生额记入其他应付款账户的借方。登记以后，应及时结出余额，用铅笔写在余额栏。登记时，要做到名称相同，方向一致，金额相等。

第三节　往来结算的明细分类账的登记

往来结算明细分类账，是为了提供较为详细的住来结算资料而设置的。经过往来结算的明细分类账登记以后，账簿上应能反映出“谁欠我多少钱”和“我欠谁多少钱”的重要信息。为此，往来结算明细分类账的账户要按债权人和债务人的名称设置。

一、应收账款增加和减少的登记

应收账款明细账户的性质与应收账款总账账户的性质是相同的。所以应收账款明细账的登记方向与应收账款总账的登记方向应当是一致的。区别仅在于：明细账提供的是明细资料，总账提供的是总括资料。应收账款各明细账的借方发生额、贷方发生额和余额的合计数，应与应收账款总账账户的借方发生额、贷方发生额和余额方向一致，金额相等。

1. 应收账款增加的登记

应收账款增加的明细账登记，是根据记账凭证中“应收账款”的明细科目名称及金额进行的。其明细程度应具体到每个欠款单位和个人。登记时，将记账凭证中“应收账款”各明细科目的借方金额分别登记在各相应的明细账户的借方。登记完毕以后，立即将各明细账户中的借方金额加总后与总账账户的借方金额核对。如果不一致，要立即查出原因并加以更正，不得将问题留到月末时再去处理。

2. 应收账款减少的登记

应收账款减少的明细账登记，是根据记账凭证中“应收账款”的明细科目及金额进行的。登记时，应将记账凭证中“应收账款”各个明细科目的贷方金额记入应收账款各相应的明细账户的贷方。登记完毕以后，当即将各明细账户的贷方金额加总后与总账账户中的贷方金额核对。如果不一致，要立即查出原因并加以更正，不得将问题留到月末时再去处理。

二、应付账款增加和减少的登记

“应付账款”明细账户的性质与应付账款总账账户的性质是相同的。所以，“应付账款”明细账的登记方向与应付账款总账的登记方向应当一致。明细账的贷方发生额、借方发生额的合计数与总账的贷方发生额、借方发生额应相等。明细账各账户余额之和与总账余额方向一致，金额相等。

1. 应付账款增加的登记

应付账款增加的明细账登记，是根据记账凭证中应付账款的明细科目及金额进行的。一般应按债权单位和个人设置明细科目。登记时，应将记账凭证中“应付账款”各明细科目的贷方发生额记入“应付账款”各相应明细账户的贷方，登记完毕以后，当即将各明细账户的贷方金额加总并与总账账户的贷方发生额核对，如不一致，应当即查出原因并加以更正，不得将问题留到月末再去处理。

2. 应付账款减少的登记

应付账款减少的明细账登记，是根据记账凭证中“应付账款”的明细科目及金额进行的。登记时，应将记账凭证中“应付账款”各明细科目的借方发生额记入“应付账款”各相应明细账户的借方。登记完毕以后，当即将各明细账户的借方金额加总并与总账账户的借方发生额核对，如不一致，应当即查出原因并加以更正，不得将问题留到月末再去处理。

三、其他应收款增加和减少的登记

同样，“其他应收款”明细账户的性质与“其他应收款”总账账户的性质是相同的。所以明细账的登记方向与总账的登记方向也应一致，区别仅仅在于提供资料的详细程度不同。明细账各账户借方发生额及贷方发生额合计，与总账借方发生额及贷方发生额应相等。明细各账户的余额之和与总账余额在方向上应是一致的，金额是相等的。

1. 其他应收款增加的登记

其他应收款增加的明细账登记，是根据记账凭证中的“其他应收款”的明细科目及金额进行的。“其他应收款”明细科目应按债务单位和债务人设置。登记时，应将记账凭证中“其他应收款”各明细科目的借方发生额记入“其他应收款”各相应明细账户的借方。登记完毕以后，应当即将各明细账户的借方金额加总与总账借方金额核对，如不一致，应当即查出原因并加以更正，不得把问题留到月末再去处理。

2. 其他应收款减少的登记

其他应收款减少的明细账登记根据记账凭证中“其他应收款”明细科目及金额进行的。登记时，应将记账凭证中“其他应收款”各明细科目的贷方金额记入“其他应收款”各相应明细账户的贷方。登记完毕以后，应当即将各明细账户的贷方金额加总并与总账贷方金额核对。发现问题处理同上。

四、其他应付款增加和减少的登记

“其他应付款”明细账账户的性质与“其他应付款”总账账户的性质相同，贷方登记增加的金额，借方登记减少的金额，余额在贷方。明细账提供的是较为详细的资料，总账提供总括的资料。明细账贷方发生额及借方发生额合计与总账贷方发生额及借方发生额应相等且方向一致。

1. 其他应付款增加的登记

其他应付款增加的明细账登记，是根据记账凭证中“其他应付款”的明细科目及金额进行的。“其他应付款”明细账户应按债权单位和债权人设置。登记时，应将记账凭证中“其他应付款”各明细科目的贷方发生额分别记入“其他应付款”各相应明细账户的贷方。登记完毕以后，应当即将“其他应付款”各明细账户的贷方发生额加总与总账账户的贷方发生额核对，如不一致，应当即查明原因并加以更正。

2. 其他应付款减少的登记

其他应付款减少的明细账登记，是根据记账凭证中“其他应付款”明细科目及金额进行的。登记时，应将记账凭证中“其他应付款”各明细科目的借方发生额记入“其他应付款”各明细账户的借方。登记完毕以后，应当即将“其他应付款”各明细账户的借方金额加总与总账借方金额核对，如有不符，处理同上。

第四节　往来结算账的核对

一、核对的内容

对账是账簿登记工作的重要组成部分。对账的内容是指账账核对、账实核对、账证核对和账表核对。

1. 账账核对

账账核对的目的主要是为了编制会计报表，即保证账簿记录的正确性。账账核对的内容，主要是总分类账和明细分类账核对。一般情况下，每月月末应将各往来账户的明细账余额加总与总账的余额核对。如果是一致的，可初步认为往来账的记录是正确的；如果不一致，可以肯定账簿记录出现了差错。串户、反方、金额看错或写错，都会破坏总账与明细账的一致。在这种情况下，要核对本月的借贷方发生额以发现并更正差错，实现账账相符。

2. 账实核对

往来账的账实核对，是账人核对。即用本单位往来账（包括债权、债务）与债务债权当事人进行核对。主管部门和其他综合管理部门通过对单位往来账的检查，可以检查单位是否存在违反财经纪律，私设“小钱柜”、“小家当”，化预算内为预算外等问题。

3. 账证核对

账证核对包括账与记账凭证核对和账与原始凭证核对。账与记账凭证核对，主要为了检查过账工作的质量，即账簿记录是否严格按照记账凭证的科目、方向和金额进行。账与原始凭证核对，主要目的是为了对账簿记录中的经济业务的真实性、合法性进行审查。比如，从本单位的往来账中，发现其他应付款账户中有一笔应付外单位某职工的款项，考虑到本单位与那位职工所在的单位没有业务往来，因此需要对这笔经济业务的原始凭证进行审查，看看究竟是一种什么样的业务，业务本身及原始凭证是否存在不真实、不合法的问题。

二、核对的方法

1. 账账核对的方法

总账和明细账核对的方法比较简单。一般情况下，先将明细账户的期末余额加总与总账账户的余额核对，如果相符，核对工作也就结束。如果不相符，则要进一步核对借贷两方的发生额。只要月初总账与明细账的余额相符，通过本月发生额的核对一定可以找出不符的原因，做到账（总账余额）账（各明细账的余额之和）相符。

2. 账实核对的方法

本单位往来账上反映出来的应收账款、其他应收款的形成是否合理、合法，对方是否认账，能否收回，本单位往来账上反映出来的应付账款、其他应付款是否该付，从账面上得不到答案。因此必须与债务人（法人与自然人）和债权人（同前）进行核对。核对前，应先了解往来业务发生的背景材料，然后可以用电话、电报、信函与对方联系，如果对方承认了对本单位的债务或债权，则核对即到此为止。如果对方不承认对本单位的债务或债权，则需派人携带原始凭证前往当事人所在地和单位当面进行核对，如果当事人对原始凭证也拒不承认，则要把当事人的意见和反证据详细记录下来，带回本单位向领导汇报后作专案处理。

3. 账证核对的方法

账证核对，是指账簿记录与记账凭证、原始凭证的核对。用账簿记录与记账凭证核对，只能检查账簿登记工作是否符合规定，即根据记账凭证登记账簿。检查时，要看名称是否相同（不相同就是串户），方向是否一致（不一致就是反方），金额是否相等（不相等说明记账有错误）。用账簿记录与原始凭证核对，主要是为了检查业务的真实性和合法性。核对时除了对原始凭证本身的要素进行例行的复核外，还应该透过原始凭证，去了解被原始凭证所掩盖的真相。

第八章　会计员实务考核测试题及其答案

第一节　会计员实务考核测试题

一、单项选择题

1. 复印的原始凭证（　　）作为记账凭证的依据。

A. 能　　B. 不能　　C. 经领导批准能

2. 已销售的物品被退回，以银行存款退回的，应以（　　）作为证明。

A. 对方的收款收据　　B. 退货发票

C. 以汇款银行盖章的汇款凭证记账联　　D. 给退货方开出的收据

3. 上题若用现金退回，应以（　　）作为编制付款凭证的依据。

A. 对方的收款收据　　B. 退货发票

C. 以汇款银行盖章的汇款凭证记账联　　D. 给退货方开出的收据

4. 某职工填报差旅费报销单一张，背面粘贴着车票等原始凭证 20 张，并在报销单内予以注明。据此编制的记账凭证填写（　　）附件。

A. 1 张　　B. 21 张　　C. 20 张　　D. 2 张

5. 除差旅费、市内交通费、医药费等报销单据可粘贴在一张纸上的业务外，其他收付款业务编有汇总表的，记账凭证上填写附件的张数是（　　）。

A. 汇总表张数　　B. 汇总表加所附原始凭证张数

C. 所附原始凭证张数

6. 上题若是转账业务，记账凭证上填写附件的张数是（　　）。

A. 汇总表张数　　B. 汇总表加所附原始凭证张数

C. 所附原始凭证张数

7. 某项经济业务本身涉及多借多贷的会计科目，应当（　　）。

A. 将该项业务分开编制两笔以上的分录

B. 编制一笔多借多贷的分录

C. 编制汇总记账凭证

8. 一笔业务填写多张记账凭证，一般在（　　）记账凭证的合计行填写合计金额。

A. 最后一张　　B. 从第二张开始乃至最后一张

C. 每张　　D. 第一张

9. 某项转账业务有三张原始凭证带有金额，第四张是说明书（无金额），所编记账凭证填写（　）附件。

A. 4 张　　B. 3 张　　C. 4 张或 3 张

10. 上题如是收付业务，记账凭证应填（　　）附件。

A. 4 张　　B. 3 张　　C. 4 张或 3 张

11. 科目汇总表应（　）。

A. 和会计报表一起装订　　B. 单独装订另存

C. 附在会计凭证封面之下，会计凭证之前　　D. 附在会计凭证最后

12. 每月记账凭证很多（十几扎以上）的单位，在编制会计报表前，据会计凭证汇总编制一张大的科目汇总表，此表一式两份，一份附在会计报表后面，一份（　　）。

A. 附在最后一扎会计凭证中　　B. 附在第一扎会计凭证中

C. 交给会计主管保管

13. 从外单位取得的原始凭证如有遗失，应取得（　　），由经办单位负责人批准后，才能代替原始凭证。

A. 原签发单位重新填制的相同原始凭证

B. 原签发单位盖有公章的证明

C. 原签发单位的电报或电传

14. 某职工火车票丢失，同行人能证明，可无法从铁路局取得证明，该职工应（　）代替原始凭证。

A. 写出详细情况

B. 写出详细情况由财务负责人批准后

C. 写出详细情况由经办单位负责人和财务负责人批准后

15. 需要结计本月发生额的账户，结计“过次页”的合计数应为（　　）。

A. 本页据凭证登记的发生额合计

B. 本月初至本页末止的发生额合计

C. 本年初至本页末止的累计数

16. 上题若不需结计本月发生额，但年终是要累计发生额的，“过次页”合计应为（　　）。

A. 本页据凭证登记的发生额合计

B. 本月初至本页末止的发生额合计

C. 本年初至本页末止的累计数

17. 对某些既不需结计当月发生额，也不需结计全年累计发生额的账户，可以只将每页末（倒数第二行）的（　　）结转次页，并用铅笔结出每页(　　)

填在底线下边（即不占正式空格）。

A. 发生额，余额　B. 余额，余额　C. 余额，发生额

18. 库存现金日记账登记到本页倒数第二行时，如果最后一行不填写“过次页”的字样，则该行应用（　　）结出发生额合计数和余额，核对无误后，在次页第一行写上“承前页”等。

A. 铅笔　B. 钢笔　C. 圆珠笔

19. 财会人员较少的单位，款项收付等项工作，至少必须有（　　）在收款凭证上分别签名或签章。

A. 一人　B. 两人　C. 三人

20. 现金付款凭证如出现红字时，表示现金收入的增加，出纳人员在凭证上（　　）。

A. 不盖任何戳记　B. 加盖现金收讫章　C. 加盖现金付讫章

21. 一份原始凭证所列费用应由两个以上单位共同负担，保存原始凭证的主办单位（　　）其他应负担部分费用支出的单位证明（原始凭证分割单）。

A. 应开给　B. 不应开给　C. 应将原件复印签章后作为

22. 职工张进因公出差归来报销差旅费400元，交回现金100元（原借500元），会计人员开给张进一张收据，收据金额为（　　）元，并在上面注明报销单据400元，退现金100元。

A. 100　B. 500　C. 400

23. 登账时把100元写成1 000元，或把10 000元写成1 000元，这种情况叫做（　　），其差错额能被九除尽。

A. 反方　B. 倒码　C. 错位　D. 串个

24. 如果库存现金日记账实存比账存少360元，估计是登账错误，应先采用（　　）查找差错。

A. 二除法　B. 九除法　C. 顺查法　D. 逆查法

25. 我国对企业逐笔计息的存、贷款，采用满月的按月（30天）计算，零头天数按实际天数（算头不算尾）计息的方式。某企业3月6日向银行借款15万元，利率为月息9‰。同年11月18日还本付息，其利息为（　　）元。

A. 11 385　B. 11 340　C. 11 430　D. 11 565

26. 我国对企业活期存、贷款按实际存贷款天数计息。某企业从6月20日至9月20日存款积数为42万元，利率为2.625%，该企业应收银行存款利息为（　　）元。

A. 122.50　B. 334.43　C. 367.50　D. 111.48

二、多项选择题

1. 下列（　　）不需印税务专用章或由财政部门统一印制。

A. 转账用的自制原始凭证　　B. 材料入库单

C. 销货发票

2. 编制原始凭证汇总表的原始凭证（　　）。

A. 数量不多可附在汇总表后面

B. 数量过多应单独编号装订

C. 无论多不多都必须附在汇总表后面

D. 当众销毁

3. 当月记账凭证的编号，在（　　）填写。

A. 填写记账凭证的当日　　B. 装订记账凭证时

C. 月末　　D. 下月空闲时

4. 1 000.24 元大写时可写成（　　）。

A. 壹仟元零贰角肆分　　B. 壹仟零元贰角肆分

C. 壹仟零零零元贰角肆分　　D. 壹仟元贰角肆分

5. 登账时不慎出现跳行，应将空行（　　），并在空行中间由记账人员盖章负责。

A. 打上“×”符号　　B. 用斜线注销　　C. 用“此行空白”字样注销

6. 月末结账时，只需在最后一笔记录下面划一条单线的情况有（　　）。

A. 库存现金日记账

B. 银行存款日记账

C. 不需要结计月度发生额的账户

D. 需要结出本月发生额，但月内只有一笔发生额的账户

7. 现金送款簿，有的地区也称为（　　）。

A. 解款单　　B. 进账单　　C. 交款单

8. 签发支票应使用（　　）填写。

A. 墨汁　　B. 碳素墨水　　C. 蓝黑墨水　　D. 圆珠笔

9. 工资的明细分类记账是通过（　　）进行的。

A. 编制工资结算单　　B. 编制工资结算汇总表

C. 设置应付职工薪酬——工资明细账　　D. 设置工资单

10. 在实际工作中，固定资产卡片上的折旧额登记是定期或机动地进行的，一般是（　　）。

A. 按半年或一年　　B. 固定资产增加、增值或减少时

C. 固定资产封存停用时　　D. 固定资产大修完工后

E. 固定资产报废、清理或外调时

11. 材料采购收入的凭证有（　　）。

A. 银行结算凭证　　B. 发货票

C. 代垫运杂费单据　　D. 运输机构运单

E. 收料单

12. 限额领料单的有效期一般为（　　）。

A. 半个月　　B. 一个月　　C. 一个生产周期　　D. 一个季度

13. 材料采购明细分类账可按（　　）设置。

A. 物资总账账户或二级明细账户　　B. 物资品种、规格或物资负责人

C. 供应单位　　D. 材料仓库

14. 发生应收账款应取得的原始凭证有（　　）。

A. 销方销货发票（记账联）　　B. 购方提货证明（销货发票提货联）

C. 购方延期付款申请书　　D. 其他

15. 扣款通知书的内容有（　　）。

A. 扣款（赔款、罚款）事由　　B. 扣款依据

C. 扣款期限和方式　　D. 扣款部门印章、经办人签字

E. 单位领导签字

三、填空题

1. 从外单位取得的原始凭证应盖有__________的公章，一般是__________公章，从个人取得的原始凭证应有__________签章；某些外来的有固定的特殊标志的原始凭证不加盖公章，如__________。

2. 使用统一发票，发票上应印有__________章，事业、行政单位按规定收取费用时，应使用__________收据。

3. 对要素不完整的原始凭证，原则上应__________，特殊情况下需经__________并__________才能作编制记账凭证的依据。

4. 转账，按所依据的原始凭证的填制单位不同，可分为__________和__________。生产领料填制的领料单是__________转账，每月编制的折旧计算表是__________转账。

5. 自制原始凭证，应有__________签名或盖章，或__________签名和盖章才有效，购买实物的原始凭证，必须有__________说明；支付款项的原始凭证，必须有__________单位和__________人的__________证明。

6. 必须根据__________原始凭证填制记账凭证。

7. 记账凭证上的日期，一般是__________日期，也可根据管理需要填写__________或__________。报销差旅费的记账凭证填写__________日期，

属于计提和分配费用等转账业务，应填写__________日期。

8. 在填写记账凭证摘要栏时，对于收付款业务，要写明__________、__________，使用银行支票的，还应填写__________，对于购买物资的业务，要写明__________和__________，对于冲销和补充业务，应写明__________。

9. 记账凭证一般应附原始凭证，而结账和更正错误的记账凭证，__________原始凭证。

10. 记账凭证附件张数的计算方法有两种：一种是按__________计算张数，例如，凡是__________业务都采用此法，另一种是按__________计算，例如，凡是__________业务均采用此法。

11. 一张或几张原始凭证涉及几张记账凭证时，可将原始凭证附在一张主要的记账凭证后面，在摘要栏注明"__________"字样，在其他记账凭证上注明"__________"的字样。

12. 记账凭证封面上要加盖__________、__________和__________的印章，由__________在装订线封签处签名或盖章。

13. 记账凭证手工装订时，要在左上角分角线上打两个孔，孔的位置距左上角顶端__________厘米；包角时，要用一条宽__________厘米左右的牛皮纸条作包角纸。

14. 银行存款日记账上注明银行结算凭证种类、号码、对方单位，以满足__________的要求。

15. 一般情况下，空白支票由__________人员向银行购买，并按顺序填入支票备查簿，然后把支票及备查簿一并交__________人员管理，印章由__________人员或__________保管。

16. __________是工资结算和支付工资的原始凭证，是工资结算总分类核算的依据，__________是工资分配总分类核算的依据。

17. 基本建设购建交付使用固定资产的凭证是__________，企业自行购建固定资产的凭证是__________，企业、单位之间调入（出）固定资产的凭证是__________，单位之间投资转入（出）固定资产的凭证是__________，报废清理固定资产的凭证是__________和__________，企业内部单位之间调拨、移装和拆并固定资产填制__________，固定资产清查的凭证是__________和__________，编制固定资产折旧记账凭证和登记折旧总分类账的依据是__________。

18. 固定资产卡片按__________设置，一般一式两份，一份由__________保管，一份由__________保管，如再增加一份，由__________保管，固定资产登记簿按__________和__________设置。

19. 材料验收分割单通常一式两联，一联由__________留存，作为下次验收材料的依据，一联交__________部门，作为材料核算的原始凭证。

20. 内部领用原材料的凭证有__________、__________、__________、__________。

21. 销售物资发出凭证有__________、__________；物资清查的凭证是__________。

22. 物资二级分类账是__________分类账与__________分类账相互核对的汇总中介，按__________或__________设置。在实际工作中，为了简化，它可用__________或__________代替。

23. 材料成本差异明细账应按__________、__________设置，与__________的口径保持一致。

24. 代其他单位扣款至少要有两种原始凭证：__________和__________。

第二节　会计员实务考核测试题答案

一、单项选择题

1. B　2. C　3. A　4. A　5. B　6. A　7. B　8. C

9. B　10. A　11. C　12. A　13. B　14. C　15. B　16. C

17. C　18. A　19. B　20. C　21. A　22. B　23. C　24. B

25. B（3月6日~11月6日为8个月，240天，11月6日~11月17日为12天，共计252天利息）

26. C（420 000×2. 625%÷30）

二、多项选择题

1. A B　2. A B　3. A B C　4. A D　5. B C

6. C D　7. A C　8. A B　9. A B C　10. A B C D E

11. A B C D E　12. B C　13. A B C　14. A B C D　15. A B C D E

三、填空题

1. 填制单位　财务　填制人员的　火车票、汽车票等

2. 税务专用　财政部门统一印制的

3. 退回重填　旁证　经领导批准

4. 企业内部转账　会计机构内部的转账　企业内部　会计机构内部的

5. 经办单位负责人　经办单位负责人指定人员　实物验收　收款　收款　收款

6. 审核无误的

7. 会计人员填制记账凭证的当天　经济业务发生的日期　月末日期　报销当日　当月最后的

8. 收付款对象的名称　款项内容　支票号码　供货单位名称　主要品种、数量　被冲销或补充的记账凭证的日期编号

9. 可以不附

10. 构成记账凭证金额的原始凭证（或原始凭证汇总表）　转账　所附原始凭证的自然张数　收付款

11. 本凭证附件包括××号记账凭证业务　原始凭证附在××号记账凭证后面

12. 单位负责人　财务负责人　装订人　装订人

13. 2 至 4　6

14. 与银行对账单核对

15. 出纳　会计　会计主管　指定专人

16. 工资单（袋）（卡）　工资结算汇总表　工资分配汇总表

17. 交付使用财产明细表（或填固定资产交接单）　固定资产移交使用验收单　固定资产调拨单　固定资产移交使用验收单　固定资产报废单　固定资产清理单　固定资产内部调拨单　固定资产清查表　固定资产清查盈亏报告表　固定资产折旧计算表

18. 每一固定资产项目　财会部门　固定资产管理部门　使用单位　固定资产类别　固定资产保管使用部门

19. 供应部门　财会

20. 领料单　限额领料单　领料登记表　退料单

21. 销售物资提货单　产品销售提货单　物资盘点盈亏报告表

22. 仓库明细　物资总　物资类别　仓库　物资收发结存汇总表　仓库各类物资明细账

23. 物资总账账户　材料大类　材料采购明细分类账

24. 证明扣款合法的文件　代扣款委托书或通知书

第二篇　助理会计师和会计师实务考核

第九章　货币资金实务考核

第一节　货币资金的核算

货币资金是企业生产经营过程中停留在货币形态的那部分资金，是企业资产的重要组成部分，是企业资产中流动性最强的资产。按其存放的地点和用途不同，货币资金可分为库存现金、银行存款和其他货币资金。

货币资金具有高度的流动性，它处于企业资金运动的起点和终点，在企业资金循环和周转过程中发挥着连接和纽带作用。为了加强对单位货币资金的内部控制和管理，保证货币资金的安全，强化单位内部会计监督，整顿和规范社会主义市场经济秩序，国家制定和颁布了一些相关法律法规、规定或办法，如《现金管理暂行条例》、《银行账户管理办法》、《支付结算办法》、《内部会计控制规范》（试行）等等。

一、库存现金

（一）库存现金的管理

库存现金是流动性最强的一种货币资金。为了加强库存现金管理，国务院1988年颁布了《现金管理暂行条例》，规定了库存现金管理的内容，主要包括以下几方面：

1. 现金的使用范围

允许使用现金结算的业务包括：支付职工工资、津贴；个人劳动报酬；根据国家规定颁发给个人的科学技术、文化艺术、体育等各种奖金；各种劳保、福利费以及国家规定的对个人的其他支出；向个人收购农副产品和其他物资的价款；出差人员必须随身携带的差旅费；结算起点以下的零星支出；中国人民银行确定需要支付现金的其他支出。

凡现金使用范围以外的款项收付业务，均应通过银行办理转账结算。

2. 库存现金的限额

为了满足企业日常零星开支的需要，每个企业必须经常保留一定数额的库存现金。库存现金限额由企业的开户银行根据企业实际需要核定，一般为3～5天的零星开支量，边远地区和交通不便地区的企业核定的库存现金限额可多于5天，但最多不得超过15天的日常零星开支。企业必须严格按规定控制现金结存数，超过限额部分，应及时送存银行；限额不足时，可开现金支票提取现金，补足限额。

3. 现金的日常收支管理

现金日常收支管理应包括以下主要内容：

（1）企业取得的现金收入应于当日送存开户银行。当日送存确有困难的，由开户银行确定送存时间。

（2）企业支付现金必须符合现金使用范围，一般不得坐支现金。特殊情况需要坐支现金的，应事先报开户银行审查批准，由开户银行核定坐支范围和限额；坐支单位应定期向开户银行报送坐支金额和使用情况。

（3）企业从开户银行提取现金，应签发现金支票，注明用途，由本单位财会部门负责人签字盖章，经开户银行审核后，才能支取现金。

（4）企业因采购地点不固定、交通不便以及其他特殊情况必须使用现金的，应向开户银行提出申请，经银行审核后，予以支付现金。

4. 现金的内部控制

企业应根据国家有关的规定，建立健全适合本单位业务特点和管理要求的货币资金内部控制制度，如岗位分工及授权批准、票据及有关印章的管理、监督检查等。

5. 其他规定

现金管理除上述规定外，还有一些其他规定，如：不准用不符合制度的凭证顶替库存现金，即不得“白条顶库”；不准谎报用途套取现金；不准利用银行账户代其他单位和个人存入或支取现金；不准用企业收入的现金以个人名义存储；不准保留账外公款，不得设置“小金库”等等。

（二）库存现金的核算

企业一切现金收支都必须取得或填制原始凭证，作为收付款的书面证明。比如，企业向银行提取现金，要以现金支票存根作为提现的证明；将现金存入银行，要以送款单回单作为存入现金的证明；职工交来现金，要以开给的收款收据副联作为收款的证明；支付职工借支的差旅费，要以经有关人员签证的借款单作为付款证明；收入小额销售货款，要以销售部门开出的发票副联作为收款证明，等等。会计部门对一切收付款的原始凭证都要进行认真的审核，符合规定要求的原始凭证可据以填制收款凭证或付款凭证。

库存现金的核算分为序时核算和总分类核算。

1. 库存现金的序时核算

为详细反映库存现金收支存的动态，企业要设置库存现金日记账进行库存现金的序时核算。库存现金日记账账页一般采用三栏式订本账格式，由出纳人员根据审核无误后的现金收付款凭证逐日逐笔序时登记。每日终了，要计算全日的现金收入合计数、现金支出合计数和结存数，并与实际库存数核对相符。有外币现金的企业，要分别就人民币、每种外币设置现金日记账进行序时核算。库存现金日记账也可以采用多栏式格式，页内按现金收支的对应科目设专栏。

2. 库存现金的总分类核算

现金总分类核算通过设置“库存现金”账户进行。企业收到现金时，借记本科目，贷记有关科目；支出现金时，借记有关科目，贷记本科目。月末，“库存现金日记账”余额应与“库存现金”总账的余额相符。

企业内部各车间、各部门周转使用的备用金，应在“其他应收款——备用金”科目核算，不在本科目进行核算。

（三）库存现金的清查

企业应根据现金管理的规定，对库存现金进行定期和不定期的清查，以保证账款相符。现金清查的基本方法是实地盘点，包括出纳人员的每日清点和清查小组定期和不定期清查，并根据清查结果及时编制“现金盘点报告表”。对于清查中出现的短缺和溢余，应先通过“待处理财产损溢”科目进行核算，待查明原因后，再根据不同原因分别处理。

1. 现金清查中发生溢余

（1）调整现金账面价值：

借：库存现金

　　贷：待处理财产损溢——待处理流动资产损溢

（2）查明原因后，视情况分别处理：

借：待处理财产损溢——待处理流动资产损溢

　　贷：其他应付款——应付现金溢余（××个人或单位）（应支付给有关人员或单位）

　　　　营业外收入——现金溢余（无法查明原因）

2. 现金清查中发生短缺

（1）调整账面价值：

借：待处理财产损溢——待处理流动资产损溢

　　贷：库存现金

（2）查明原因后，视情况分别处理：

借：其他应收款——应收现金短缺款（××个人）（由责任人赔偿）

——应收保险赔款（保险公司赔款）

管理费用——现金短缺（无法查明原因）

贷：待处理财产损溢——待处理流动资产损溢

二、银行存款

银行存款是企业存放在银行或其他金融机构的货币资金。根据国家有关规定，凡是独立核算的单位都必须在当地银行开设账户。企业在银行开设账户后，除按核定的限额保留库存现金外，超过限额的现金必须存入银行；企业与其他单位之间的一切收付款项，除制度规定可用现金直接支付以外的部分，都必须通过银行办理转账结算。

（一）银行存款的核算

1. 银行存款的序时核算

为了随时掌握银行存款动态，合理组织货币资金收支，企业应按开户银行（或其他金融机构）、存款种类及币种设置银行存款日记账进行序时核算。银行存款日记账的格式与现金日记账的格式基本相同，可以采用三栏式或多栏式（格式参见第二十四章表24-2）。银行存款日记账由出纳人员根据收付款凭证，按业务发生的先后顺序，逐日逐笔登记；每日结出余额，月末结出本月收入合计、本月支出合计和月末结存。

2. 银行存款的总分类核算

为了总括核算和监督企业银行存款的收支和结存情况，应设置“银行存款”账户进行银行存款的总分类核算。当银行存款增加时，借记“银行存款”，贷记有关科目；当银行存款减少时，借记有关科目，贷记“银行存款”。

（二）银行存款的清查

为了检查企业和开户银行账目是否有错漏，查明银行存款实有数，企业应定期将银行存款日记账记录和银行对账单进行核对（每月至少一次）。如有不符，应查明原因，及时调整。一般说来，两者存款余额不一致，除企业或银行记账差错外，还可能存在着未达账项。所谓未达账项，是指企业和银行之间一方已经登记入账而另一方尚未登记入账的款项。其具体包括：①企业已经收款入账，而银行尚未入账的款项；②企业已经付款入账，而银行尚未入账的款项；③银行已经收款入账，而企业尚未入账的款项；④银行已经付款入账，而企业尚未入账的款项。

企业收到银行对账单后，应将银行存款对账单与银行存款日记账的收支记录逐笔核对，发现未达账项，应编制银行存款余额调节表。调节后的日记账余额与银行对账单的余额应相符，如果余额仍不相符，表明账目有差错，应进一步查明原因，加以更正。

（三）银行转账结算

根据中国人民银行制订的支付结算办法的规定，目前企业发生的货币资金收付业务可以采用以下几种结算方式，通过银行办理转账结算。

1. 银行汇票

银行汇票是指汇款人将款项交存当地银行，由银行签发给汇款人持往异地或同城办理转账结算或支付现金的票据。银行汇票具有使用灵活、票随人到、兑现性强等特点，适用于先款后货或钱货两清的商品交易。单位和个人各种款项的结算，均可使用银行汇票。

银行汇票一律记名，付款期限为1个月；在有效期内，可背书转让或转汇到其他地点。银行汇票可以用于转账，填明"现金"字样的银行汇票也可以用于支取现金。最初银行汇票只限于异地结算，现已扩大为同城异地均可使用。银行汇票的结算程序如图9-1所示。

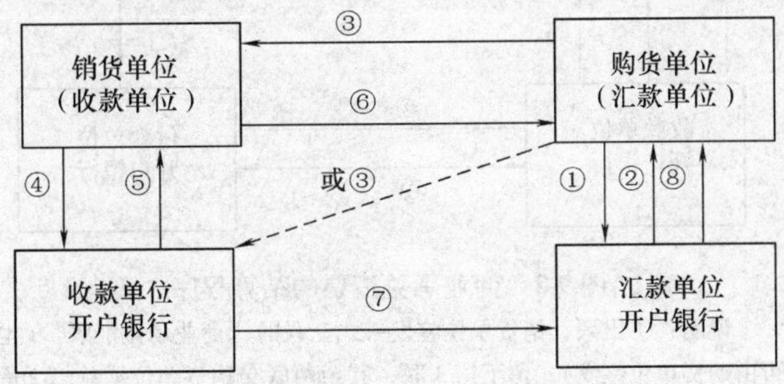

图9-1 银行汇票的结算程序

说明：①填写银行汇票申请书1～3联委托银行签发银行汇票。②银行签发银行汇票一式四联，将银行汇票2、3联和申请书第1联交汇款单位，银行留下汇票的1、4联和申请书的2、3联。③持银行汇票2、3联购货结算或支取现金。④填写进账单1～2联，连同银行汇票2、3联交银行办理进账手续。⑤银行受理，退回进账单回单，银行自留进账单第2联和汇票第2联。⑥提供商品。⑦邮寄银行汇票第3联，通知汇款已解付。⑧退回余款，交给银行汇票第4联。

2. 商业汇票

商业汇票是由收款人或付款人（或承兑申请人）签发，由承兑人承兑，并于到期日向收款人或被背书人支付款项的票据。同城或异地在银行开户的法人以及其他组织之间具有真实的交易关系或债权债务关系，均可使用商业汇票结算方式。商业汇票的付款期限由交易双方商定，但最长不得超过6个月。商业汇票的提示付款期限自汇票到期日起10日内。商业汇票可以背书转让，也可以向银行申请贴现。

商业汇票按承兑人不同，分为商业承兑汇票和银行承兑汇票；按支付本息额的不同，分为无息票据和带息票据。

（1）商业承兑汇票。商业承兑汇票是由付款人自身承兑。采用商业承兑汇票结算方式时，收款单位或持票人在票据将要到期时，填制邮划或电划委托收款凭证，连同汇票一并送银行办理转账，根据银行的收账通知，据以编制收款凭证；付款单位在收到银行的付款通知时，据以编制付款凭证。商业承兑汇票的结算程序如图9-2所示。

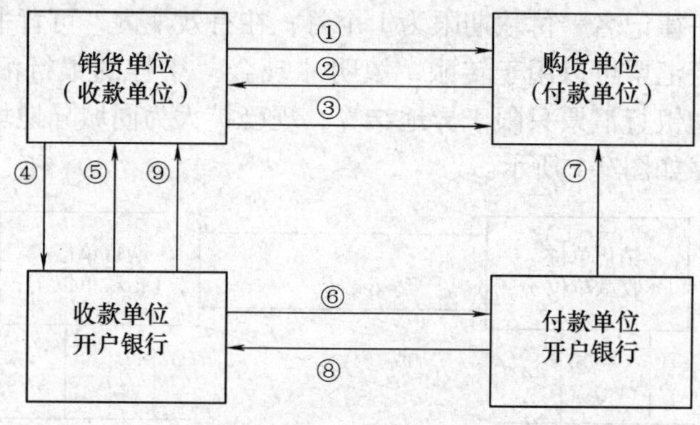

图9-2　商业承兑汇票的结算程序

说明：①出票：销货单位签发一式三联的“商业承兑汇票”（也可由购货单位签发），留下第3联，其余两联交购货单位承兑。②承兑：购货单位在商业承兑汇票上签章，留下第1联，将承兑后的第2联交销货单位。③提供商品。④填写邮划或电划委托收款凭证1～5联，连同汇票第2联交银行办理转账手续。⑤银行受理，退回委托收款凭证第1联。⑥邮寄委托收款3～5联及汇票第2联（也可拍电报）。⑦将委托收款的第5联交付款单位，通知付款单位付款，并按期划款。⑧邮寄委托收款凭证第4联（邮划）及货款（若为电划则填制联行电划贷方报单，向收款人开户行拍发电报）。⑨通知收款，传给委托收款第4联（收款通知联）（若为电报划回，应填制三联联行电划贷方补充报单，自留补充报单的1、2联，将电划贷方补充报单第3联代收账通知交收款单位）。

（2）银行承兑汇票。银行承兑汇票是由付款人的开户银行承兑。采用银行承兑汇票结算方式时，收款单位或持票人在票据将要到期时，填制邮划或电划委托收款凭证，连同汇票一并送银行办理转账，根据银行的收账通知，据以编制收款凭证；付款单位在收到银行的付款通知时，据以编制付款凭证。银行承兑汇票的结算程序如图9-3所示。

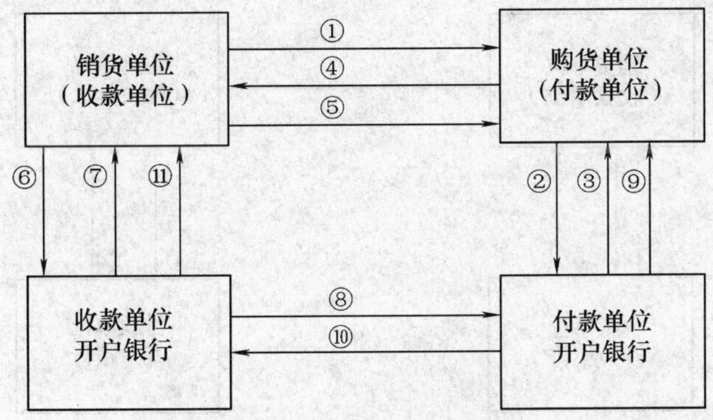

图 9-3 银行承兑汇票的结算程序

说明：①签发银行承兑汇票 1～3 联交购货单位。②购货单位填写银行承兑协议一式三联，与银行承兑汇票一起交银行，委托银行承兑。③银行审查后同意承兑，将银行承兑汇票第 2 联和承兑协议第 1 联交承兑申请人，并向申请人收取承兑手续费。④将已承兑的银行承兑汇票交收款单位。⑤按合同规定日期发货。⑥填写邮划或电划委托收款凭证 1～5 联，连同汇票第 2 联交银行办理转账手续。⑦银行受理，退回委托收款凭证第 1 联。⑧邮寄委托收款 3～5 联及汇票第 2 联（也可拍电报）。⑨将委托收款的第 5 联交付款单位，通知付款单位付款，并按期划款。⑩邮寄委托收款凭证第 4 联（邮划）及货款（若为电划则填制联行电划贷方报单，向收款人开户行拍发电报）。⑪通知收款，传给委托收款第 4 联（收款通知联）（若为电报划回，应填制三联联行电划贷方补充报单，自留补充报单的 1、2 联，将电划贷方补充报单第 3 联代收账通知交收款单位）。

收款单位将未到期的商业汇票向银行申请贴现时，应按规定填制贴现凭证，连同汇票及解讫通知一并送交银行，然后根据银行的收账通知编制收款凭证。

3. 银行本票

银行本票是指申请人将款项交存银行，由银行签发银行本票给申请人，申请人凭此办理转账或支取现金的票据。银行本票分为定额本票和不定额本票两种。定额本票的面值分别为 1 000 元、5 000 元、10 000 元、50 000 元。在票面上划去“转账”字样，则表明是现金本票。银行本票一律记名，可以背书转让，付款期限最长不超过 2 个月。银行本票由于是由银行签发，具有信誉高、支付功能强的特点；在付款期内，银行见票即付。企业的商品交易和劳务供应以及其他款项的结算都可以使用银行本票，但使用银行本票的双方应在同城范围内。银行本票的结算程序如图 9-4 所示。

4. 支票

支票是由出票人签发的，委托办理支票存款业务的银行或其他金融机构在见

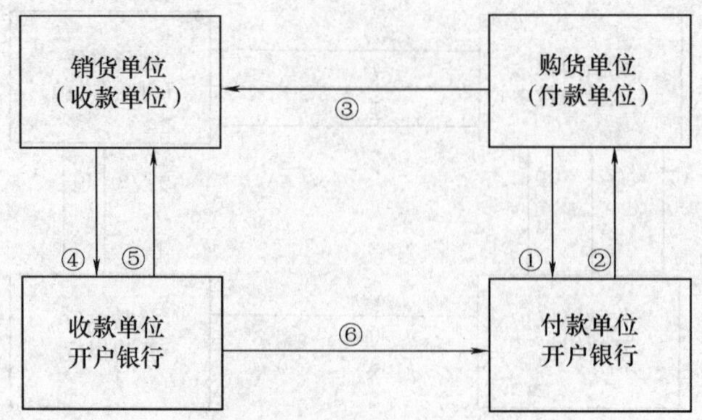

图 9-4　银行本票的结算程序

说明：①填写银行本票申请书 1～3 联申请银行签发银行本票。②银行签发不定额银行本票一式二联（定额本票分存根联和正联），将银行本票 2 联和申请书第一联交汇款单位，银行留下本票的第 1 联和申请书的 2、3 联。③持银行本票第 2 联购货结算。④填写进账单 1～2 联，连同银行本票第 2 联交银行办理进账手续。⑤银行受理，退回进账单回单，银行自留进账单第 2 联和本票第 2 联。⑥通过票据交换向出票行提出交换。

票时无条件支付确定金额给收款人或持票人的票据。支票广泛应用于同城商品交易、劳务供应等款项的结算，支票一律记名，付款期限为 10 天。企业应在银行存款余额范围内签发支票，不得签发空头支票。

收款企业在收到支票当日，填制进账单，连同支票送交银行，根据银行盖章退回的进账单回单和有关原始凭证，编制收款凭证，借记“银行存款”，贷记有关科目；付款企业应根据付款支票存根和有关原始凭证，编制付款凭证，借记有关科目，贷记“银行存款”。

5. 汇兑

汇兑是指汇款人委托银行将款项汇给外地收款人的结算方式。它分信汇与电汇两种，汇兑结算方式适用于异地交易双方各种款项的结算。

采用汇兑结算方式时，收款企业根据收到的银行收账通知，编制收款凭证，借记“银行存款”，贷记有关科目；付款企业应根据银行退回的汇款回执和有关原始凭证，编制付款凭证，借记有关科目，贷记“银行存款”。以信汇为例，其结算程序如图 9-5 所示。

6. 委托收款

委托收款是指收款人委托银行向付款人收取款项的结算方式。委托收款的划款方式分为邮寄和电报划回两种。该方式适用于同城和异地的结算，不受金额起点限制，付款期限为 3 天。采用这种结算方式时，收款单位在收到银行的收款通

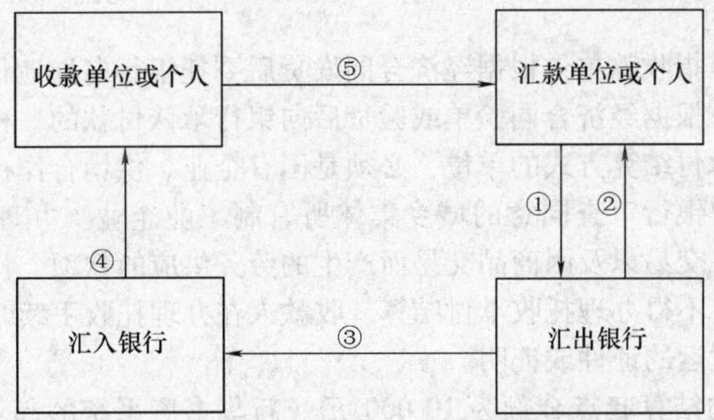

图 9-5　信汇的结算程序

说明：①填写信汇凭证 1 ~ 4 联交银行办理汇款。②银行受理，退回信汇凭证第 1 联。③汇出行留下信汇凭证第 2 联，将信汇凭证第 3、4 联随同联行邮划贷方报单寄汇入行。④汇入行留下信汇凭证第 3 联，将信汇凭证第 4 联交收款单位。⑤提供商品。

知时，根据收款通知编制收款凭证。付款单位在收到银行转来的委托收款凭证后，应于规定的付款期内付款，并根据付款通知联和有关的原始凭证，编制付款凭证。委托收款的结算程序如图 9-6 所示。

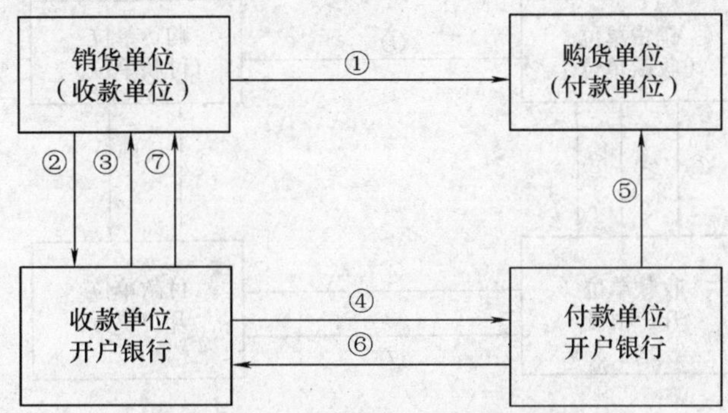

图 9-6　委托收款的结算程序

说明：①根据合同发货。②填制邮划或电划委托收款结算凭证一式五联交银行办理托收手续。③银行审查后受理，退回委托收款凭证的第 1 联，留下第 2 联。④将委托收款结算凭证 3 ~ 5 联，连同其他有关单据寄送付款单位开户行。⑤通知付款，将委托收款结算凭证的第 5 联交付款单位，银行自留第 3 联，第 4 联暂存等待处理。⑥付款期满，银行划款，邮寄第 4 联及联行邮划贷方报单（若为电划，银行应根据第 4 联编制联行电划贷方报单，凭以向收款人开户行拍发电报）。⑦通知收款，将邮划委托收款凭证第 4 联（若为电报划回，则编制三联联行电划贷方补充报单，以第 3 联代收账通知）交收款人。

7. 托收承付

托收承付是指收款单位根据经济合同发货后委托银行向异地付款单位收取款项，由付款单位根据经济合同验单或验货后向银行承认付款的一种结算方式。

采用托收承付结算方式的单位，必须是国有企业、供销合作社以及经营管理较好、并经开户银行审查同意的城乡集体所有制工业企业。办理托收承付的款项，必须是商品交易以及因商品交易而产生的劳务供应的款项。代销、寄销、赊销商品的款项，不得办理托收承付结算。收款人在办理托收手续时，必须向银行出示商品确已发运的证件或证明。

托收承付的结算起点金额为10 000元（新华书店系统的起点金额为1 000元），款项划回方式分为邮寄和电报两种。收款人按合同发货后，向银行提供有关单据，办理托收。付款单位收到有关单据后，应立即审核。该结算办法规定，付款人承付货款的方式分为验单承付和验货承付两种，具体方式应在合同中规定。验单承付的承付期为3天，验货承付的承付期为10天。付款单位在承付期内可以填制“拒付理由书”，向银行提出全部拒付或部分拒付，银行审查认可后，办理全部拒付或部分拒付。收款企业应根据银行的收款通知和其他原始凭证编制收款记账凭证。付款企业于承付时，根据托收承付结算凭证的承付通知和有关发票账单等原始凭证，编制付款凭证。托收承付的结算程序如图9-7所示。

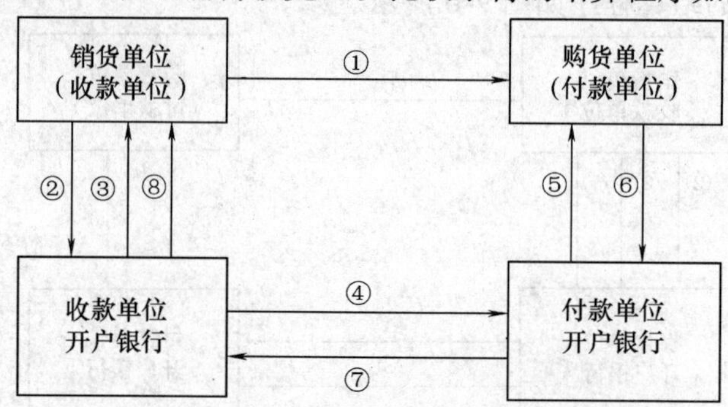

图9-7　托收承付的结算程序

说明：①根据合同发货。②填制邮划或电划托收承付结算凭证一式五联，并连同商品发运的有关单据一起交银行办理托收手续。③银行审查后受理，退回托收承付凭证的第1联，留下第2联。④将托收承付结算凭证3～5联，连同其他有关单据寄送付款单位开户行。⑤通知承付，将发票等有关单据和托收承付结算凭证的第5联交付款单位，银行自留第3联，第4联暂存等待处理。⑥承认付款。⑦邮寄第4联及联行邮划贷方报单（若为电划，银行应根据第4联编制联行电划贷方报单，凭以向收款人开户行拍发电报），同时划款。⑧通知收款，将邮划托收承付凭证第4联（若为电报划回，则编制三联联行电划贷方补充报单，以第3联代收账通知）交收款单位。

8. 信用证

信用证是指开证行依照申请人的申请开出的，凭符合信用证条款的单据支付的付款承诺，并明确规定该信用证为不可撤消、不可转让的跟单信用证。信用证结算方式是国际结算的一种主要方式。经中国人民银行批准经营结算业务的商业银行总行以及经商业银行总行批准开办信用证结算的分支机构，也可以办理国内企业间商品交易的信用证结算业务。信用证属于银行信用，可有效保证销货单位安全收回货款。

采用信用证结算方式时，收款单位收到信用证后，即备货装运出口，签发有关发票账单，连同运输单据和信用证，送交银行，根据银行退还的信用证等有关凭证编制收款凭证。付款单位在接到开证行的备款赎单通知后，根据付款赎回的有关单据编制付款凭证。信用证结算手续结束后，如有余款，付款企业可根据收到的银行收款通知，编制收款凭证。

9. 信用卡

信用卡是指商业银行向个人和单位发行的，凭以向特约单位购物、消费和向银行存取现金，且具有消费信用的特制载体卡片。单位或个人申领信用卡，应按规定填制申请表，连同有关资料一并送交发卡银行。符合条件并按银行要求交存一定金额的备用金后，银行为申领人开立信用卡存款账户，并发给信用卡。

信用卡按使用对象分为单位卡和个人卡，按信誉等级分为金卡和普通卡。凡在我国境内金融机构开立基本存款账户的单位可申请单位卡。单位卡账户的资金一律从其基本存款账户转账存入，不得将销货收入的款项存入信用卡账户。单位卡一律不得用于10万元以上的商品交易、劳务供应款项的结算，不得支取现金。

三、其他货币资金

（一）其他货币资金的组成内容

其他货币资金包括外埠存款、银行汇票存款、银行本票存款、信用卡存款、信用证保证金存款、存出投资款等。

（1）外埠存款是指企业到外地进行临时或零星采购时，汇往采购地银行开立采购专户的款项。

（2）银行汇票存款是指企业为取得银行汇票按照规定存入银行的款项。

（3）银行本票存款是指企业为取得银行本票按照规定存入银行的款项。

（4）信用卡存款是指企业为取得信用卡按照规定存入银行的款项。

（5）信用证保证金存款是指企业为取得信用证按规定存入银行的保证金。

（6）存出投资款，是指企业已存入证券公司但尚未进行投资的款项。

（二）其他货币资金的核算

1. 其他货币资金的明细核算

为了详细反映企业的外埠存款、银行汇票存款、银行本票存款等其他货币资金的增减变化和结余情况，应在“其他货币资金”总账科目下分设明细科目，并且按外埠存款的开户银行、银行汇票或银行本票的收款单位等设置明细账。

2. 其他货币资金的总分类核算

为了核算和反映企业货币资金总括的增减变动和结余情况，在会计上应设置“其他货币资金”科目进行其他货币资金的总分类核算。

（1）外埠存款的核算。企业将款项委托当地银行汇往采购地银行开立采购专户时，借记“其他货币资金——外埠存款”科目，贷记“银行存款”科目。收到采购员交来的供应单位的材料账单等报销凭证时，借记“材料采购”等科目，贷记“其他货币资金——外埠存款”科目。将多余的外埠存款转回当地银行结算户时，根据银行的收账通知，借记“银行存款”科目，贷记“其他货币资金——外埠存款”科目。

（2）银行汇票存款的核算。企业在填送“银行汇票申请书”并将款项交存银行取得银行汇票后，根据银行退回的申请书存根联，借记“其他货币资金——银行汇票”科目，贷记“银行存款”科目。企业使用银行汇票后，应根据发票账单等有关凭证，借记“材料采购”等科目，贷记“其他货币资金——银行汇票”科目。如有多余款或因汇票超过付款期等原因而退回款项时，借记“银行存款”科目，贷记“其他货币资金——银行汇票”科目。

（3）银行本票存款的核算。企业向银行递交“银行本票申请书”，并将款项交存银行取得银行本票后，根据银行盖章退回的申请书存根联，借记“其他货币资金——银行本票”科目，贷记“银行存款”科目。企业付出银行本票后，应根据发票账单等有关凭证，借记“材料采购”等科目，贷记“其他货币资金——银行本票”科目。银行在执行银行本票划款时，按照票面金额实行全额划款，当票面金额大于结算金额时，多划出的款项由收款单位以现金或支票的方式退还付款单位。

（4）信用卡存款的核算。企业应按规定填制申请表，连同交存的备用金和有关资料一并送交发卡银行，根据银行退回的交存备用金的进账单回单，借记“其他货币资金——信用卡存款”科目，贷记“银行存款”科目。企业用信用卡购物或支付有关费用，借记有关科目，贷记“其他货币资金——信用卡存款”科目。企业信用卡在使用过程中，需要向其账户续存资金的，借记“其他货币资金——信用卡存款”科目，贷记“银行存款”科目。

（5）信用证保证金存款的核算。企业向银行交纳保证金时，根据银行退回的“信用证委托书”回单，借记“其他货币资金——信用证存款”科目，贷记“银行存款”科目。根据收到供货单位信用证结算凭证及发票等有关单据，借记“材料采购”等科目，贷记“其他货币资金——信用证存款”科目。未用完的信用证存款余额，再退回企业存款账户，应借记“银行存款”科目，贷记“其他货币资金——信用证存款”。

（6）存出投资款的核算。企业向证券公司划出资金时，应按实际划出的金额，借记“其他货币资金——存出投资款”科目，贷记“银行存款”科目；购买股票、债券时，按实际发生的金额，借记“交易性金融资产”等科目，贷记“其他货币资金——存出投资款”科目。

第二节　货币资金实务考核题及其答案

一、货币资金实务考核题

（一）单项选择题

1. 库存现金日记账由（　　）逐日逐笔序时登记。

A. 出纳员　　B. 非出纳人员

C. 出纳人员或非出纳人员　　D. 财务主管人员

2. 清查现金发生的长款原因不明，经批准作（　　）处理。

A. 其他业务收入　　B. 营业外收入

C. 冲减管理费用　　D. 冲减财务费用

3. 企业期末应将外币账户的余额按期末中国人民银行公布的统一市场汇价进行调整，调整后期末人民币余额与原账面余额的差额，列入（　　）。

A. 投资收益　　B. 其他货币资金

C. 财务费用　　D. 营业外收入或支出

4. 按规定可以转汇的结算方式有（　　）。

A. 银行汇票　　B. 银行本票　　C. 支票　　D. 汇兑

5. 企业先发货后收款或者双方约定延期付款的商品交易，宜采用（　　）结算方式。

A. 汇兑　　B. 银行汇票　　C. 商业汇票　　D. 托收承付

6. 商业汇票结算方式适用于购销双方（　　）。

A. 订有购销合同的商品交易　　B. 非商品交易的劳务供应

C. 各种预收款项的结算　　D. 各种托收款项的结算

7. 采用商业承兑汇票结算，销货企业应在（　　）送交开户银行办理收款手续。

A. 收到承兑的商业汇票时　　B. 提交商品后

C. 汇票即将到期时　　D. 汇票到期时

8. 企业持未到期的商业汇票向其开户银行申请贴现需支付贴现利息，计息期是指（　）。

A. 贴现日至汇票到期日的天数　　B. 贴现日至汇票到期日前一日的天数

C. 除贴现日和汇票到期日的该期间天数

（二）多项选择题

1. 按规定，企业使用现金结算的范围有（　）。

A. 支付给职工个人的款项　　B. 向国家上交的税金

C. 支付不能转账的款项　　D. 支付转账金额起点以下的零星款项

2. 为了加强现金的管理和核算，企业现金的收入、支出和保管应由（　）负责办理。

A. 费用审核人员　　B. 出纳员

C. 指定的专门人员　　D. 其他会计人员

3. 登记库存现金日记账的依据有（　）。

A. 现金收款凭证　　B. 银行收款凭证

C. 付款凭证　　D. 审核后的原始凭证

4. 银行存款的核算要按（　）设置日记账进行序时核算。

A. 开户银行　　B. 其他金融机构

C. 存款种类　　D. 货币种类

5. 适用于异地结算的方式有（　）结算等。

A. 支票　　B. 汇兑　　C. 委托收款　　D. 银行本票

E. 银行汇票　　F. 商业汇票

6. 既可用于同城又可用于异地的结算方式有（　）结算等。

A. 汇兑　　B. 银行汇票　　C. 委托收款　　D. 商业汇票

E. 托收承付

7. 按《银行结算办法》规定，可以背书转让的结算方式有（　）。

A. 转账支票　　B. 汇兑方式　　C. 银行本票　　D. 银行汇票

E. 商业汇票

8. 企业收到外来的（　）应填写进账单。

A. 转账支票　　B. 汇兑结算凭证　　C. 银行本票　　D. 银行汇票

E. 商业承兑汇票即将到期时　　F. 银行承兑汇票到期时

9. 严格使用空白支票的措施有（　）。

A. 支票上填写日期　　B. 支票上填写收款单位和款项用途

C. 规定付款限额　　D. 规定报销期限

E. 支票领用人在专设登记簿上签章　　F. 将支票交其他单位签发

10. 企业取得的银行本票的款项多于结算款，应该（　）。

A. 通过银行退交本票多余款　　B. 另开支票退回付款企业

C. 退给现金　　　　　　　　　　　　　D. 要求付款单位重开银行本票

（三）填空题

1. 货币资金按其存放地点和用途不同，分为________和________两大类。

2. 直接用现金收付的结算方式称为________，通过银行转账收付的结算方式称为________，或称________。

3. 库存现金限额，一般根据企业________天的正常开支需要量核定，最多可按________天核定。

4. 对于办完现金收付业务的记账凭证和原始凭证，出纳人员要加盖________或________的戳记，表示款项已经收付完毕。

5. 每日终了，已登记的库存现金日记账应计算本日________，并且同________核对相符。

6. 有外币现金的企业，应分别________、________设置“库存现金日记账”进行明细核算。

7. 库存现金的清查包括________和________。其基本方法是________。

8. 对于将现金存入银行的业务，在登银行存款日记账时，根据________登记。

9. 支票由________单位签发，汇兑结算凭证由________单位填写，委托收款凭证由________单位填写，银行本票由________签发，银行汇票由________签发，商业汇票由________或________签发，托收承付结算凭证由________单位填写。

10. 支票的有效期一般为________天；银行本票的付款期为________；银行汇票的付款期为________；商业汇票的承兑期由交易双方商定，最长不能超过________；采用托收承付结算方式，如果是验单承付，承付期为________天，如果是验货承付，承付期为________天。

11. 支票分为________和________两种；汇兑分为________和________两种；银行本票分为________和________两种；商业汇票按承兑单位不同，分为________和________两种。

12. 定额银行本票面额有________元、________元、________元和________元。

13. 其他货币资金属于________资金的款项，主要包括企业的________、________、________、________、________和________等。

（四）判断题

1. 核定库存现金限额所依据的正常开支的需要量，包括每月一次定期发放工资和不定期的差旅费等大额现金支出。（　）

2. 企业销售收入的现金可以用来直接支付企业的支出。（　）

3. 库存现金的实有数，系指金柜内实有的现金数额以及借条、收据等款。（ ）

4. 现金支票可以从银行支取现金，也可以转账；转账支票只能通过银行划拨转账，不能支取现金。（ ）

5. 商业承兑汇票到期时，如果购货企业的存款不足支付票款，其开户银行予以付款，然后转为购货企业的逾期贷款，计收一定的罚息。（ ）

6. 已贴现的商业承兑汇票到期，购货企业无力偿付票款，贴现银行应从申请贴现的销货企业存款中扣回此款；若存款不足，转为逾期贷款。（ ）

（五）计算与综合题

1. 某企业外币存款按业务发生时的汇率折合记账。月初，该企业外币存款余额为5万美元；汇率1∶8。本月份，该企业购进材料一批，支付了2万美元，当时汇率1∶8.10；销售产品收款3.2万美元，当时汇率1∶8.15。月末，该企业外币存款日记账余额6.2万美元，国家统一汇率为1∶8.13。试计算本月发生的汇兑损益，并作调整汇兑损益的会计分录。

2. 若上列企业外币存款业务按月初汇率折合记账，试计算本期发生的汇兑损益。

3. 某企业6月30日银行存款日记账账面余额是56 000元，而银行送来的对账单上余额是59 550元，经逐笔核对发现的未达账项有：①企业于6月29日送存转账支票2 000元，银行尚未登入企业存款账户。②企业委托银行收取货款3 200元，银行已收到入账，但收账通知尚未到达企业。③企业6月30日开出转账支票2 500元，持票单位尚未到银行办理转账。④银行代付电话费150元，因付款通知尚未送到企业，企业尚未入账。试计算企业6月30日银行存款的实有额。

4. 某企业发生下列经济业务，试作会计分录：

（1）企业技术人员报销差旅费500元，交回多余借款（现金）100元。

（2）现金清查中发现现金短款200元。

（3）汇款5 500元到上海某银行开立采购专户。

（4）向银行申请签发银行汇票一张，计20 000元，银行本票一张，计10 000元。

（5）持银行汇票到外地购料，结算价款16 000元，增值税2 720元，已取得增值税专用发票。

（6）持银行本票到市五金交化公司购工具一批，结算价款8 600元，增值税1 462元，不足款补付现金62元。

（7）银行退回银行汇票多余款1 280元。

二、货币资金实务考核题参考答案

（一）单项选择题

1. A　2. B　3. C　4. A　5. C　6. A　7. C　8. B

（二）多项选择题

1. ACD　2. BC　3. ACD　4. ABCD　5. ABCEF　6. BCD　7. ACDE　8. ACD　9. ABCDE　10. BC

（三）填空题

1. 库存现金　银行存款　2. 现金结算方式　非现金结算方式　转账结算方式　3. 三~五　十五　4. 收讫　付讫　5. 现金收支存数额　现金实存数额　6. 人民币现金　外币现金　7. 出纳员每日的清点核对　清查小组定期和不定期的清查　实地盘点　8. 现金付款凭证　9. 付款　付款　收款　申请单位开户银行　汇款单位开户银行　收款人　付款人　销货　10. 10　两个月　一个月　6个月　三　十　11. 现金支票　转账支票　信汇　电汇　不定额　定额　商业承兑汇票　银行承兑汇票　12. 1 000　5 000　10 000　50 000　13. 货币　外埠存款　银行汇票存款　银行本票存款　信用卡存款　信用证保证金存款　存出投资款

（四）判断题

1. ×　2. ×　3. ×　4. ×　5. ×　6. ✓

（五）计算与综合题

1. 解：原账面人民币余额 = 50 000 × 8 + 32 000 × 8.15 − 20 000 × 8.10 = 498 800（元）

调整后期末人民币余额 = 62 000 × 8.13 = 504 060（元）

汇兑损益 = 504 060 − 498 800 = 5 260（元）

借：银行存款——美元户　　5 260
　贷：财务费用　　5 260

2. 解：原账面人民币余额 = 50 000 × 8 + 32 000 × 8 − 20 000 × 8 = 496 000（元）

调出后期末人民币余额 = 62 000 × 8.13 = 504 060（元）

汇兑损益 = 504 060 − 496 000 = 8 060（元）

3. 解：企业银行存款实有额 = 56 000 + 3 200 − 150 = 59 050（元），或 = 59 550 + 2 000 − 2 500 = 59 050（元）

4. 解：（1）借：管理费用　　500
　　　　库存现金　　100
　　　　贷：其他应收款　　600

（2）借：待处理财产损益——待处理流动资产损益　　200

贷：库存现金　　　　200

（3）借：其他货币资金——外埠存款　　5 500
　　贷：银行存款　　　　5 500

（4）借：其他货币资金——银行汇票　　20 000
　　　　　　　　　　——银行本票　　10 000
　　贷：银行存款　　　　30 000

（5）借：材料采购　　16 000
　　应交税费——应交增值税（进项税额）　　2 720
　　贷：其他货币资金——银行汇票　　　　18 720

（6）借：材料采购　　8 600
　　应交税费——应交增值税（进项税额）　　1 462
　　贷：其他货币资金——银行本票　　　　10 000
　　　　库存现金　　　　62

（7）借：银行存款　　1 280
　　贷：其他货币资金——银行汇票　　　　1 280

第十章 交易性金融资产实务考核

第一节 交易性金融资产的核算

一、金融资产的定义及分类

金融资产是指企业或其他经济组织中持有的以价值形态存在的资产。与“实物资产”相对称，代表持有者对资产的索取权，即对有形资产所创造的一部分收入流量的索取权，这种索取权能够为持有者带来货币收入流量。金融资产属于企业资产的重要组成部分，主要包括：库存现金、银行存款、应收账款、应收票据、其他应收款、股权投资和衍生工具形成的资产等。

我国《企业会计准则第22号——金融工具确认和计量》规定金融资产在初始确认时划分为四类：①以公允价值计量且其变动计入当期损益的金融资产。②持有至到期投资。③贷款和应收款项。④可供出售金融资产。

（1）以公允价值计量且其变动计入当期损益的金融资产。以公允价值计量且其变动计入当期损益的金融资产可以进一步分为交易性金融资产和指定为以公允价值计量且其变动计入当期损益的金融资产，同时，某项金融资产划分为以公允价值计量且其变动计入当期损益的金融资产后，不能再重分类为其他类别的金融资产；其他类别的金融资产也不能再重分类为以公允价值计量且其变动计入当期损益的金融资产。

（2）持有至到期投资。持有至到期投资是指到期日固定、回收金额固定或可确定，且企业有明确意图和能力持有至到期的非衍生金融资产。通常情况下，能够划分为持有至到期投资的金融资产，主要是债权投资，如企业购买的、期间在一年以上的、并持有至到期兑现的国库券、企业债券等。股权投资因其没有固定的到期日，因而不能划分为持有至到期投资。持有至到期投资通常具有长期性质，但期限较短（1年以内）的持有至到期投资，符合持有至到期投资条件的，也可将其划分为持有至到期投资。

（3）贷款和应收款项。贷款和应收款项是指在活跃市场中没有报价、回收金额固定或可确定的非衍生金融资产。它包括应收账款、应收票据、预付账款、其他应收款、短期借款、长期借款等。

（4）可供出售金融资产。可供出售金融资产是指初始确认时即被指定为可供出售的，除以公允价值计量且其变动计入当期损益的金融资产、持有至到期投资、贷款和应收款项以外的非衍生金融资产。投资是指企业为通过分配来增加财富，或谋求其他利益，而将资产让渡给其他单位所获得的另一项资产。

二、金融资产的确认与核算科目

（一）金融资产的确认

金融资产的确认是指将符合金融资产定义和金融资产确认条件的项目记入和列入资产负债表的过程。金融资产的确认条件如下：

企业成为金融工具合同的一方时，应当确认一项金融资产或金融负债。根据此确认条件，企业应将金融工具确认和计量准则范围内的衍生工具合同形成的权利或义务，确认为金融资产或金融负债。但是，如果衍生工具涉及金融资产转移，且导致该金融资产转移不符合终止确认条件，则不应将其确认，否则会导致衍生工具形成的义务被重复确认。

金融资产终止确认，是指将金融资产从企业的账户和资产负债表内予以转销。《企业会计准则第 22 号——金融工具确认和计量》规定，收取金融资产现金流量的合同权利终止，或金融资产已经转移，且符合《企业会计准则第 23 号——金融资产转移》规定的金融资产终止确认条件的，应当终止确认该金融资产。

（二）金融资产的核算科目

我国《企业会计准则——应用指南》中规定，企业应设置以下会计科目核算金融工具项目：

（1）“交易性金融资产”科目。它是一个流动资产类的会计科目。该科目核算企业为交易目的所持有的债券投资、股票投资、基金投资等交易性金融资产的公允价值。企业持有的直接指定为以公允价值计量且其变动计入当期损益的金融资产，也在本科目核算。

（2）“持有至到期投资”科目。该科目是非流动资产类的会计科目，用来核算企业持有至到期投资的摊余成本。

（3）“可供出售金融资产”科目。它是一个非流动资产类的会计科目。该科目核算企业持有的可供出售金融资产的公允价值，包括划分为可供出售的股票投资、债券投资等金融资产。

（4）“短期借款”、“长期借款”等会计科目，核算金融资产中的“贷款”内容。

（5）“应收账款”、“应收票据”、“预付账款”、“应收股利”、“应收利息”、“其他应收款”等会计科目，核算金融资产中的“应收款项”内容。

以上前三个会计科目的核算内容，均是核算企业的对外投资，如果按企业对外投资时间划分，可将其分为短期投资（交易性金融资产）和长期投资（持有至到期投资、可供出售金融资产）两类；如果按其在资产负债表中的归类属性分，可将其分为“归作流动资产类的投资项目”（交易性金融资产）和“归作非流动资产类的投资项目”（持有至到期投资、可供出售金融资产）两类。

本章阐述的交易性金融资产属于流动资产，而持有至到期投资和可供出售金融资产则属于归作非流动资产类的投资项目，其核算内容列入第十三章“非流动资产投资”阐述；上述“应收款项”的核算内容列入第十一章阐述，“贷款”的核算内容按照贷款期限的长短分别列入第十六、第十七章阐述。

三、交易性金融资产的核算

（一）交易性金融资产的确认

金融资产满足下列条件之一的，应当划分为交易性金融资产：

（1）取得该金融资产的目的，主要是为了近期内出售或回购。如企业以赚取差价为目的从二级市场购入的股票、债券、基金等。

（2）属于进行集中管理的可辨认金融工具组合的一部分，且有客观证据表明企业近期采用短期获利方式对该组合进行管理。如企业基于其投资策略和风险管理的需要，将某些金融资产进行组合从事短期获利活动，对于组合中的金融资产，应采用公允价值计量，并将其相关公允价值变动计入当期损益。

（3）属于衍生工具。如国债期货、远期合同、股指期货等，其公允价值变动大于零时，应将其相关变动金额确认为交易性金融资产，同时计入当期损益。但是，被指定且为有效套期工具的衍生工具，属于财务担保合同的衍生工具，与在活跃市场中没有报价且其公允价值不能可靠计量的权益工具投资挂钩并须通过交付该权益工具结算的衍生工具除外。

（二）交易性金融资产的核算要求

1. 取得交易性金融资产

企业取得交易性金融资产，应以取得日该金融资产的公允价值进行初始计量，相关的交易费用应当直接计入当期损益。交易费用是指可直接归属于购买、发行或处置金融工具新增的外部费用。交易费用包括支付给代理机构、咨询公司、券商等的手续费和佣金及其他必要支出，不包括债券溢价、折价、融资费用、内部管理成本及其他与交易不直接相关的费用。支付价款中包含已宣告但尚未发放的现金股利或已到付息期但尚未领取的债券利息，应当单独确认为应收项目。

企业应在“交易性金融资产”科目下设置“成本”和“公允价值变动”明细科目进行明细核算，同时，相应设置“公允价值变动损益”科目反映证券公允价值不断变动的情况。

企业取得交易性金融资产，根据交易性金融资产的公允价值（买价）借记“交易性金融资产——成本”科目，发生的交易费用借记“投资收益”科目，按已到付息期但尚未领取的利息或已宣告但尚未发放的现金股利，借记“应收利息”或“应收股利”科目，按实际支付的金额，贷记“银行存款”科目。收回垫付的利息或股利时，借记“银行存款”科目，贷记“应收利息”或“应收股利”科目。

2. 持产期间取得的利息或现金股利的处理

持产期间被投资单位宣告发放现金股利，或在资产负债表日按分期付息、一次还本债券的票面利率计算的利息，应当确认为投资收益，借记“应收利息”或“应收股利”科目，贷记“投资收益”科目。

3. 资产负债表日，交易性金融资产公允价值变动的处理

资产负债表日，应将交易性金融资产公允价值的变动计入当期损益。交易性金融资产的公允价值高于其账面余额的差额，借记“交易性金融资产——公允价值变动”科目，贷记“公允价值变动损益”科目；公允价值低于其账面余额的差额作相反的会计分录。

4. 处置交易性金融资产

企业处置交易性金融资产时，按实际收到的金额，借记“银行存款”科目，按该金融资产的账面余额，贷记“交易性金融资产”科目，按其差额，贷记或借记“投资收益”科目。同时，将原计入金融资产公允价值变动损益的金额转出，借记或贷记“公允价值变动损益”科目，贷记或借记“投资收益”科目。

5. 交易性金融资产投资损益的确认

交易性金融资产投资损益的确认包括三个方面：一是取得交易性金融资产时发生的交易费用；二是企业持有交易性金融资产期间应分得的现金股利和利息收入；三是处置交易性金融资产时，获得的处置收入与交易性金融资产账面余额的差额，以及转出的处置交易性金融资产公允价值变动的金额。可见，交易性金融资产不仅确认处置损益，还要确认持有损益。

（三）交易性金融资产核算举例

交易性金融资产核算包括交易性股票投资核算、交易性债券投资核算、交易性基金投资核算等。

1. 交易性股票投资核算

（1）取得交易性股票投资的核算：

例1： 4月1日，东方公司购入乙公司普通股股票3 000股，实际买价45 000元，其中包括已宣告发放但尚未领取的现金股利4 500元，另支付佣金500元。东方公司对该股票投资准备随时变现。东方公司购股后的记账为：

借：交易性金融资产——乙股票（成本） 40 500
　　应收股利——乙公司 4 500
　　投资收益 500
　　贷：银行存款 45 500

（2）投资期间收到现金股利的核算：

例2：5月5日，东方公司收到乙公司发放的现金股利4 500元。则东方公司的记账为：

借：银行存款 4 500
　　贷：应收股利——乙公司 4 500

（3）资产负债表日，交易性股票投资公允价值的变动的核算：

例3：12月31日，上述乙公司股票的公允价值下跌3 000元。则东方公司于资产负债表日的记账为：

借：公允价值变动损益——交易性金融资产损益 3 000
　　贷：交易性金融资产——乙股票（公允价值变动） 3 000

（4）处置交易性股票投资的核算：

例4：东方公司因需要资金，将持有的乙公司3 000股普通股全部出售，每股售价13元，另支付佣金450元。款项已存入银行。该批股票没有计提跌价准备。则东方公司的记账为：

变现金额 = 3 000 × 13 − 450 = 38 550（元）

交易性股票投资账面价值 = 40 500 − 3 000 = 37 500（元）

处置收益 = 38 550 − 37 500 = 1 050（元）

借：银行存款 38 550
　　交易性金融资产——乙股票（公允价值变动） 3 000
　　贷：交易性金融资产——乙股票（成本） 40 500
　　　　投资收益 1 050

同时，结转该交易性股票投资持有期间的公允价值变动损益：

借：投资收益 3 000
　　贷：公允价值变动损益——交易性金融资产损益 3 000

说明：企业从证券市场上购入基金（交易性基金投资）、购入权证（交易性权证投资）与购入股票（交易性股票投资）的账务处理相同。

2. 交易性债券投资核算

（1）取得交易性债券投资的核算：

例5：红星厂4月1日购入甲公司3年期、票面利率8%、面值48 000元的债券，另付手续费150元。债券每年9月30日和3月31日付息。红星厂不准备长期持有。红星厂购入债券时的记账为：

借：交易性金融资产——甲债券（成本）　　48 000
　　投资收益　　150
　　贷：银行存款　　48 150

（2）投资期间收到债券利息的核算：

例 6：红星厂于 9 月 30 日，收到甲公司支付的债券利息，存入银行。则红星厂的记账为：

收到的债券利息 = 48 000 × 8% × 6 ÷ 12 = 1 920（元）

借：银行存款　　1 920
　　贷：投资收益　　1 920

12 月 31 日，红星厂在资产负债表日计算甲公司债券自 10 月 1 日至 12 月 31 日的利息 960 元时（48 000 × 8% × 3/12）作如下会计分录（《企业会计准则》规定，在资产负债表日按分期付息、一次还本债券投资的票面利率计算的利息记入“应收利息”科目）：

借：应收利息　　960
　　贷：投资收益　　960

（3）资产负债表日，交易性金融资产公允价值的变动的核算：

例 7：12 月 31 日，上述甲公司债券的公允价值上涨 4 500 元，则红星厂于资产负债表日的记账为：

借：交易性金融资产——甲债券（公允价值变动）　　4 500
　　贷：公允价值变动损益——交易性金融资产损益　　4 500

（4）处置交易性债券投资的核算：

例 8：红星厂于第二年 2 月 1 日将上年 4 月 1 日购入的甲公司债券全部出售，实际收到现款 55 000 元，已存入银行。出售该交易性债券投资时：

交易性债券投资账面价值 = 48 000 + 4 500 = 52 500（元）

处置收益 = 处置价款 55 000 − 交易性债券投资账面价值 52 500 − 应收利息 960 = 1 540（元）

借：银行存款　　55 000
　　贷：交易性金融资产——甲债券（成本）　　48 000
　　　　　　　　　　　——甲债券（公允价值变动）　　4 500
　　　　应收利息　　960
　　　　投资收益　　1 540

同时，结转该交易性债券投资持有期间的公允价值变动损益：

借：公允价值变动损益——交易性金融资产损益　　4 500
　　贷：投资收益　　4 500

第二节　交易性金融资产实务考核题及其答案

一、交易性金融资产实务考核题

（一）单项选择题

1. 交易性金融资产以（　　）为主要目的。

A. 获取经济效益

B. 影响和控制被投资企业经营决策

C. 随时变现，作为现金的一种后备来源

D. 为扩大经营规模作准备

2. 企业购入不能上市（或上柜）交易的债券，作（　　）核算。

A. 交易性金融资产　　B. 持有至到期投资

C. 可供出售金融资产　　D. 应付债券

3. 企业购入的交易性股票投资中如果含有已宣告但尚未发放的现金股利，应记入“（　　）”科目。

A. 交易性金融资产　　B. 投资收益

C. 应收股利　　D. 其他应收款

4. 企业持有准备随时变现的华能公司股票，华能公司12月25日宣布发放现金股利，并于下年1月5日发放股利。企业应在（　　）将现金股利作投资收益入账。

A. 12月25日　　B. 12月31日　　C. 1月5日　　D. 1月1日

5. 企业出售交易性金融资产时，实收金额与其账面余额的差额，应记入（　　）账户。

A. “其他业务收入”　　B. “主营业务收入”

C. “营业外收入”　　D. “投资收益”

6. 某股份有限公司20×9年3月30日，以每股12元的价格购入某上市公司股票50万股，作为交易性金融资产；购买该股票支付的手续费等10万元。5月25日，收到该上市公司按每股0.5元发放的现金股利（该现金股利在购股前已经宣告）。12月31日该股票市价为每股11元，20×9年12月31日该股票投资的账面价值为（　　）万元。

A. 575　　B. 550　　C. 585　　D. 610

7. 以下项目中，应计入交易性金融资产取得成本的是（　　）。

A. 支付的购买价格　　B. 支付的相关交易费用

C. 支付的手续费　　D. 支付价款中包含的应收利息

8. 甲公司4月1日以每股6元购入某公司股票20万股作为交易性金融资产，其中包含每10股1元的已宣告尚未发放的现金股利，另支付0.4%的税费，甲公司购入交易性金融资产的成本是（　　）万元。

A. 118.47　　B. 120.48　　C. 118　　D. 100.40

9. 企业对交易性金融资产采用公允价值计价，资产负债表日若其公允价值下跌，其跌价损失应（　　）。

A. 记入"投资收益"账户的借方

B. 记入"财务费用"账户的借方

C. 记入"营业外支出 "账户的借方

D. 记入"公允价值变动损益"账户的借方

10. 交易性金融资产持有期间所获得的现金股利和利息，除取得时已记入应收项目的现金股利或利息外，应贷记"（　　）"科目。

A. 投资收益　　B. 资本公积

C. 交易性金融资产　　D. 应收股利

（二）多项选择题

1. 根据企业会计准则的规定，金融资产在初始确认时划分的四类金融资产包括（　　）。

A. 以公允价值计量且其变动计入当期损益的金融资产

B. 持有至到期投资

C. 贷款和应收款项

D. 可供出售金融资产

2. 以下不应包括在交易性金融资产成本的内容有（　　）。

A. 实际支付价款中包含的交易费用

B. 实际支付价款中包含的已到付息期尚未领取的利息

C. 实际支付价款中包含的未到付息期的债券利息

D. 实际支付价款中包含的已宣告尚未领取的现金股利

E. 债券的溢折价

3. 作为交易性金融资产应符合的条件之一有（　　）。

A. 取得该金融资产的目的主要是为了近期内出售

B. 属于进行集中管理的可辨认金融工具组合的一部分，且有客观证据表明企业近期采取短期获利方式对该组合进行管理

C. 持有投资的目的在于控制对方

D. 持有投资的目的在于对对方施加重大影响

E. 属于衍生工具

4. 企业收到交易性金融资产（股票投资）的现金股利时，贷记的账户可能

有（　　）。

A. “应收股利”　　B. “投资收益”

C. “其他应收款”　　D. “交易性金融资产”

5. 下列各项中，应作为交易性金融资产入账的债券有（　　）。

A. 发行期在1年以内的准备持有到期的债券

B. 发行期在1年以内的准备随时变现的债券

C. 发行期在1年以上的准备持有到期的债券

D. 发行期在1年以上的准备随时变现的债券

6. 下列项目中，属于交易费用的有（　　）。

A. 支付给代理机构的手续费

B. 支付给代理机构的佣金

C. 为发行金融工具所发生的差旅费

D. 内部管理成本

E. 债券折价

7. 下列项目中，属于金融资产的有（　　）。

A. 库存现金　B. 持有至到期投资　C. 应收款项

D. 应付款项　E. 贷款

8. 下列项目中，可作为交易性金融资产的有（　　）。

A. 企业以赚取差价为目的从二级市场购入的股票

B. 企业以赚取差价为目的从二级市场购入的债券

C. 企业以赚取差价为目的从二级市场购入的基金

D. 到期日固定、回收金额固定或可确定，且企业有明确意图和能力持有至到期的非衍生金融资产

E. 企业赊销商品确认的应收款项

9. 确认交易性金融资产投资收益的情形包括（　　）。

A. 购入交易性金融资产时支付的交易费用

B. 企业持有交易性金融资产期间实际分得的现金股利和利息收入

C. 处置交易性金融资产时获得的处置收入与交易性金融资产账面余额的差额

D. 处置交易性金融资产时转出的被处置交易性金融资产公允价值变动的金额

E. 收回购入交易性金融资产时垫付的现金股利和利息收入

10. 根据企业会计准则的规定，会计期末企业不能对交易性金融资产采取以下（　　）计量属性。

A. 历史成本　B. 现值　C. 可变现净值　D. 公允价值

（三）填空题

1. 我国《企业会计准则第22号——金融工具确认和计量》规定金融资产在初始确认时划分为下列四类：________、________、________、________。

2. 取得交易性金融资产的目的，主要是为了近期内出售或回购。如企业以赚取差价为目的从二级市场购入的________、________、________等。

3. 属于金融资产的贷款，按照借贷时间的长短可分为________和________两种。

4. 取得交易性金融资产支付的交易费用包括支付给代理机构、咨询公司、券商等的________和________及________。

5. 购买交易性金融资产支付价款中包含已宣告但尚未发放的现金股利或已到付息期但尚未领取的债券利息，应当单独确认为________。

（四）判断题

1. 企业购入一年期的债券应作交易性金融资产核算。（ ）

2. 企业购入的准备随时变现的债券或股票所付款项，就是企业交易性金融资产的入账成本。（ ）

3. 企业收到的股利或债息不一定都作企业的投资收益。（ ）

4. 企业将作为交易性金融资产的有价证券投资转让出去时，必然能够获得数额不等的收益。（ ）

5. 会计期末，企业持有的交易性金融资产只能采用公允价值计量其价值。（ ）

6. 交易性金融资产持有期间收到的现金股利和利息，除已经登记为应收项目的以外，要作为投资收益确认。（ ）

7. 企业购入发行期在1年以上的债券，只能作为持有至到期投资进行核算。（ ）

8. 交易性金融资产的投资损益只能在交易性金融资产处置时确认。（ ）

（五）综合题

1. 甲企业某年12月25日购入大华公司普通股票3 000股作交易性金融资产，每股52元，其中含股利2元（大华公司12月20日宣告每股分派股利2元，定于次年1月5日按1月1日股东名册发放，甲企业购入股票时就办理了过户手续），另付佣金440元。12月31日，大华公司股票每股市价55元。甲企业次年1月5日收到股利6 000元。5月15日，甲企业以每股54元售价将大华股票全部售出，付手续费450元。试作有关分录。

2. 乙企业某年3月1日购入五洋公司当年1月1日发行的年利率为12%、面值为50 000元的一年期债券作交易性金融资产，付款51 645元，含手续费145元。同年6月1日，乙企业将五洋债券全部售出，实收款52 000元。试作有关分录。

二、交易性金融资产实务考核题参考答案

（一）单项选择题

1. C　2. B　3. C　4. C　5. D　6. B　7. A　8. C　9. D　10. A

（二）多项选择题

1. ABCD　2. ABD　3. ABE　4. AB　5. BD　6. AB　7. ABCE　8. ABC　9. ABCD　10. ABC

（三）填空题

1. 以公允价值计量且其变动计入当期损益的金融资产 持有至到期投资 贷款和应收款项 可供出售金融资产　2. 股票 债券 基金　3. 短期借款 长期借款　4. 手续费 佣金 其他必要支出　5. 应收项目

（四）判断题

1. ×　2. ×　3. ✓　4. ×　5. ✓　6. ✓　7. ×　8. ×

（五）综合题

1. 解：

（1）12 月 25 日　借：交易性金融资产——大华股票（成本）　150 000

　　应收股利　6 000

　　投资收益　440

　　贷：银行存款　156 440

（2）12 月 31 日　借：交易性金融资产——大华股票（公允价值变动）　15 000

　　贷：公允价值变动损益——交易性金融资产损益　15 000

（3）1 且 5 日　借：银行存款　6 000

　　贷：应收股利　6 000

（4）5 月 15 日　借：银行存款　161 550

　　投资收益　3 450

　　贷：交易性金融资产——大华股票（成本）　150 000

　　——大华股票（公允价值变动）　15 000

借：公允价值变动损益——交易性金融资产损益　15 000

贷：投资收益 15 000

2. 解：

（1）3 月 1 日 借：交易性金融资产——五洋债券（成本） 51 500

投资收益 145

贷：银行存款 51 645

（2）6 月 1 日 借：银行存款 52 000

贷：交易性金融资产——五洋债券（成本）

51 500

投资收益 500

第十一章　应收和预付款项实务考核

第一节　应收和预付款项的核算

应收和预付款项是企业流动资产的重要组成部分，是企业在经营过程中同企业外部和内部单位或个人发生的在货币、商品、劳务等方面的索取权，包括应收票据、应收账款、预付账款、应收股利、应收利息、其他应收款等。

一、应收账款

应收账款是指企业在正常经营活动中，由于销售商品、产品或提供劳务，而应向购货单位或接受劳务供应单位收取的款项。包括代垫的运杂费。

（一）应收账款的确认

会计上确认应收账款的条件有：

（1）应收账款是指因销售活动形成的债权，不包括应收职工欠款、应收债务人的利息等其他债权应收款。

（2）应收账款是指流动资产性质的债权，不包括长期的债权。

（3）应收账款是指本企业应收客户的款项，不包括本企业付出的各类存出保证金。

应收账款是由于销售商品或提供劳务等经营活动而形成的债权，其入账时间与确认商品销售收入或劳务收入的时间一致。

（二）应收账款的入账价值及核算

在通常情况下，按照历史成本计价原则，应收账款应根据交易实际发生的金额记账，包括发票金额和代垫运杂费。但是，如果发生商业折扣、现金折扣、销货折让或销货退回等因素时，应分别情况确定其入账价值。

1. 商业折扣

商业折扣是指在规定的商品价格单上根据批发、零售、特约经销等不同销售对象和销售数量，给予一定的销货价格优惠。商业折扣是企业最常用的促销手段。企业为了扩大销售、占领市场，往往采用销量越多、价格越低的促销策略，即“薄利多销”。

由于商业折扣是销货方给购货方提供的一种优惠，一般在交易发生时即已确定，不构成最终成交价格的一部分，因而不需要在买卖双方任何一方的账上反映，所以，商业折扣对应收账款的入账价值没有实质性的影响。因此，在存在商业折扣的情况下，企业应收账款入账金额应按扣除商业折扣后的实际售价确认。

2. 现金折扣

现金折扣是指债权人为鼓励债务人在规定的期限内早日偿还货款，而向债务人提供的债务扣除。现金折扣通常发生在以赊销方式销售商品及提供劳务的交易中。企业为了鼓励客户提前偿付货款，通常与债务人达成协议，债务人在不同期限内付款可享受不同比例的折扣。现金折扣的多少与规定的现金折扣条件有关，一般用“折扣/付款期”表示。如现金折扣条件为：3/10、2/20、*n*/30，则表示：客户在10天内付款可享受3%的折扣；在11天至20天内付款，可享受2%的折扣；如客户在20天以后到30天内付款，则不享受现金折扣。

现金折扣有总额法和净额法两种会计处理方法。

（1）总额法。总额法是将未减去现金折扣前的金额作为实际售价，记作应收账款的入账价值。现金折扣只有客户在折扣期内支付货款时，才予以确认，并把给予客户的现金折扣视为融资的理财费用，计入企业的财务费用。

我国企业会计准则要求企业采用总额法对现金折扣进行会计处理。

例1：红星厂于20××年5月1日向A公司销售商品一批，增值税专用发票上注明售价10 000元，增值税1 700元。红星厂为尽早收回货款，在合同中规定的现金折扣条件为：2/10、1/20、*n*/30。采用总额法核算。假定计算现金折扣时不考虑增值税。

①5月1日，按总售价确认收入和债权：

借：应收账款——A公司　　11 700

　　贷：主营业务收入　　10 000

　　　　应交税费——应交增值税（销项税额）　　1 700

②若5月8日，A公司付清货款：

享受的现金折扣＝10 000×2%＝200（元）

实际收款＝11 700－200＝11 500（元）

借：银行存款　　11 500

　　财务费用　　200

　　贷：应收账款——A公司　　11 700

③若5月19日，A公司付清货款：

享受的现金折扣＝10 000×1%＝100（元）

实际收款＝11 700－100＝11 600（元）

借：银行存款　　11 600

　　财务费用　　100

　　贷：应收账款——A公司　　11 700

④若 20 天以后付款，则不享受现金折扣：

借：银行存款　　11 700

　　贷：应收账款——A 公司　　11 700

（2）净额法。净额法是指应收账款按实际售价扣减最大现金折扣后的金额入账。这种方法是将客户取得的现金折扣视为正常现象，认为客户都会为获得购货折扣而提前付款，而将客户超过折扣期限多付的货款，视为提供信贷获得的收入。

3. 销售折让与销售退回

销售折让是指企业因售出商品的质量不合格等原因而在价格上给予的减让。销售折让在实际发生时冲减当期的销售收入和未收回的债权。

销售退回是指企业售出的商品，由于质量、品种不符合要求等原因而发生的退货。销货退回应视不同情况分别处理。详细内容参见第二十章第一节“收入”核算。

（三）坏账损失

企业的各项应收款项，可能会因购货人拒付、破产、死亡等原因而无法收回。这类无法收回的应收款项就是坏账。因发生坏账而产生的损失，称为坏账损失。

1. 坏账损失的确认

一般来讲，企业的应收款项符合下列条件之一的，应确认为坏账：

（1）债务人死亡，以其遗产清偿后仍然无法收回。

（2）债务人破产，以其破产财产清偿后仍然无法收回。

（3）债务人较长时期内未履行偿债义务，并有足够的证据表明无法收回或收回的可能性极小。

企业应当定期或者至少于每年年度终了，对应收款项进行全面检查，预计各项应收款项可能发生的坏账，对于没有把握能够收回的应收款项，应当计提坏账准备。

2. 坏账损失核算的方法

坏账损失的核算方法有直接转销法和备抵法两种。

（1）直接转销法。直接转销法是指发生坏账时，将实际损失计入当期损益，同时直接冲减应收账款，即借记“资产减值损失”科目，贷记“应收账款”科目；已确认转销的坏账损失，如果以后收回时，应借记“应收账款”科目，贷记“资产减值损失”科目，同时，借记“银行存款”科目，贷记“应收账款”科目。

直接转销法账务处理简便，但是，这种处理方法不符合权责发生制原则和收入与费用相配比的原则。在这一方法下，只有坏账已经发生时，才能将其确认为当期费用，导致各期收益不实；另外，期末资产负债表上，应收账款项目是按应收账款的账面余额而不是净额反映，这在一定程度上歪曲了期末的财务状况，所以，企业会计准则规定，企业应采用备抵法核算坏账。

（2）备抵法。备抵法是采用一定的方法按期估计坏账损失，计入当期费用——资产减值损失，同时建立坏账准备，待实际发生坏账损失时，冲销已提的坏账准备和相应的应收款项。

备抵法首先要按期估计坏账损失。在会计实务中，估算坏账损失一般有以下三种方法：

1）余额百分比法。是按应收款项余额的一定比例计算提取坏账准备。理论上讲，这一比例应按坏账占应收款项的概率计算，发生坏账多的企业，比例就相应高一些；反之则低些。

采用余额百分比法估计坏账损失的理论依据是：坏账与期末未收回的款项有关，期末未收回的款项越多，发生坏账的可能性越大。

2）销货百分比法。该方法是根据当期赊销金额的一定百分比来估计坏账损失。采用这一方法估算坏账损失的理论依据是：坏账与当期的赊销金额有关，而与当期的现销无关，当期赊销业务越多，发生坏账的可能性越大。因此，可以根据过去的经验和有关资料，估计坏账损失与赊销金额之间的比率，也可用其他更合理的方法进行估计。

3）账龄分析法。是根据应收款项挂账的时间长短来估计坏账损失的一种方法。账龄是指客户拖欠货款的时间。采用这一方法估算坏账损失的理论依据是：坏账与客户拖欠货款的时间有关，客户拖欠货款的时间越长，发生坏账的可能性越大。

账龄分析法的一般方法是编制“应收款项账龄分析表”，将期末应收款项的余额按账龄长短分布，然后分别估算每个时间段的坏账率，进而计算各个时间段可能发生的坏账损失。

例2：某企业20××年12月31日，应收账款账龄及估计坏账损失如表11-1所示。

表11-1　应收账款账龄分析表　　单位：元

账　龄	应收账款余额	估计坏账损失率	估计坏账损失额
未到期	37 000	1%	370
过期1个月	22 000	2%	440
过期2个月	18 000	3%	540
过期3个月	12 000	5%	600
过期3个月以上	8 000	10%	800
合计	97 000		2 750

账龄分析法比较直接地表明了应收款项的估计可变现数额，但是，这种方法没有将坏账损失反映于其应属的会计期间。因为使用账龄分析法时，应收款项可能要等到该销货或发生应收款项期间以后的某一期间才会被估计为不可收回，从而列作坏账，坏账损失也必然会推迟到该销货期以后的某一期间确认，因而由后期的经营收益来负担，从而使各期的净收益计算不够准确。

（3）备抵法坏账损失的核算。采用备抵法核算坏账损失的企业，在会计上设置“坏账准备”科目进行核算。实际计提坏账准备金时，应考虑计提前“坏账准备”账户的余额及余额的方向。

例3：某企业采用账龄分析法估算坏账损失，20××年12月31日，估价坏账损失如表11-1所示。

①假定该企业20××年末计提坏账准备前“坏账准备”账户的余额为贷方580元。则：

本期应提坏账准备=2 750（元）

已提坏账准备=580（元）

实际计提坏账准备=应提数-已提数=2 750-580=2 170（元）

借：资产减值损失　　2 170

　　贷：坏账准备　　2 170

②假定该企业20××年末计提坏账准备前“坏账准备”账户的余额为贷方3 000元。则：

本期应提坏账准备=2 750（元）

已提坏账准备=3 000（元）

实际计提坏账准备=应提数-已提数=2 750-3 000=-250（元）

借：坏账准备　　250

　　贷：资产减值损失　　250

③假定该企业20××年末计提坏账准备前“坏账准备”账户的余额为借方1 000元。则：

本期应提坏账准备=2 750（元）

已提坏账准备=-1 000（元）

实际计提坏账准备=应提数-已提数=2 750-(-1 000)=3 170(元)

借：资产减值损失　　3 170

　　贷：坏账准备　　3 170

企业对于确实无法收回的应收款项，经批准作为坏账损失，借记“坏账准备”科目，贷记“应收账款”等科目。已经确认并核销的坏账，以后重新收回时，应按实际收回的金额借记“应收账款”等科目，贷记“坏账准备”科目，同时借记“银行存款”科目，贷记“应收账款”等科目；也可直接借记“银行存款”科目，贷记“坏账准备”科目。

（4）备抵法的优点。坏账损失核算的备抵法与直接转销法相比，有以下三个方面的优点：

1）将预计不能收回的应收款项作为坏账损失计入当期费用，可以避免公司虚赢实亏，符合收入与费用相配合的原则和稳健性原则。

2）报表上列示应收款项的净额，可以使公司财务报表使用者更好地了解公司财务的真实情况。

3）有利于公司加强应收账款的管理，加速公司的资金周转。

（5）关于备抵法的几点说明

1）计提坏账准备的基数。企业会计准则规定，坏账准备的计提基数包括企业的应收账款、应收票据、预付账款、其他应收款、长期应收款、应收利息、应收股利。

2）计提坏账准备的方法。现行企业会计准则规定，坏账准备计提的方法由企业自行确定，但计提方法一经确定，不能随意变更，如需变更，应在会计报表附注中予以说明。

3）计提坏账准备的比例。现行企业会计制度规定，坏账准备计提的比例由企业自行确定。企业在确定坏账准备的计提比例时，应当根据企业以往的经验、债务单位的实际财务状况和现金流量的情况，以及其他相关信息合理地估计，如市场情况和行业惯例，特别是赊销金额巨大的客户的支付能力等因素。除有确凿证据表明该项应收款项不能收回，或收回的可能性不大（如债务单位撤消、破产、资不抵债、现金流量严重不足、发生严重的自然灾害等导致停产而在短期内无法偿付债务等，以及应收款项逾期3年以上），下列各种情况一般不能全额计提坏账准备：当年发生的应收款项；计划对应收款项进行重组；与关联方发生的应收款项；其他已逾期，但无确凿证据证明不能收回的应收款项。

4）采用账龄分析法计提坏账准备时，收到债务单位当期偿还的部分债务后，剩余的应收款项，不应改变其账龄，仍应按原账龄加上本期应增加的账龄确定；在存在多笔应收款项、且各笔应收款项账龄不同的情况下，收到债务单位当期偿还的部分债务，应当逐笔认定收到的是哪一笔应收款项；如果确实无法认定的，按照先发生先收回的原则确定，剩余应收款项的账龄按上述同一原则确定。

二、应收票据

应收票据是指企业持有的、尚未到期兑现的商业汇票。

（一）应收票据的入账价值

应收票据入账价值的确定，目前存在两种方法，一是按其票面价值入账，另一种是按票面价值的现值入账。如果考虑货币的时间价值等因素对票据面值的影响，应收票据按其面值的现值入账是比较合理和科学的。但是，由于商业汇票的期限较短，最长不超过 6 个月，利息相对较小，而且用现值计价比较繁琐，因此，为简化核算，《企业会计准则应用指南》规定，应收票据一律按其面值入账。但带息票据应在会计期末计提利息，并按该票据计算的应计利息增加该票据的账面价值。

（二）应收票据的核算

采用商业汇票结算方式销售商品、产品或提供劳务收到商业汇票时，应通过“应收票据”科目核算，另外应设置“应收票据备查簿”，逐笔登记每一应收票据的种类、号数和出票日期、票面金额、交易合同号和付款人、承兑人、背书人的姓名或单位名称、到期日和利率、贴现日期、贴现率和贴现净额，以及收款日期和收回金额等资料，应收票据到期结清票款后，应在备查簿内逐笔注销。

1. 无息票据的核算

例 4：3 月 10 日，前进厂向甲公司销售产品一批，价款 20 000 元，增值税 3 400 元,采用商业汇票结算，收到不带息的商业承兑汇票一张，面额 23 400 元，承兑期为 90 天。

①前进厂收到票据时，根据发票等凭证记账：

	借方	贷方
借：应收票据——甲公司	23 400	
贷：主营业务收入		20 000
应交税费——应交增值税（销项税额）		3 400

②票据到期，前进厂收回票款时：

	借方	贷方
借：银行存款	23 400	
贷：应收票据——甲公司		23 400

若票据到期，甲公司无力付款，则按票据面值借记“应收账款”，贷记“应收票据”。

2. 带息票据的核算

例 5：三星公司 8 月 1 日向乙公司赊销商品一批，价款 50 000 元，增值税 8 500 元,当即收到乙公司当日签发并委托其开户行承兑的商业汇票，面值 58 500 元,利率 9%，期限 6 个月。

①销货后，三星公司根据有关单据记账：

	借方	贷方
借：应收票据——乙公司	58 500	
贷：主营业务收入		50 000
应交税费——应交增值税（销项税额）		8 500

②12 月 31 日，计提票据利息：

票据利息 $=58\ 500\times 9\%\times 5\div 12=2\ 193.75$（元）

	借方	贷方
借：应收票据——乙公司	2 193.75	

贷：财务费用　　2 193.75

③票据到期，收回票据本息：

票据本息 =58 500 +58 500 ×9% ×6 ÷12 =61 132.5（元）

借：银行存款　　61 132.5

　　贷：应收票据——乙公司　　60 693.75

　　　　财务费用　　438.75

（三）应收票据贴现的核算

企业持有的应收票据在到期前，如果出现资金短缺，可以持未到期的商业汇票向银行申请贴现。贴现是指汇票持有人将未到期的商业汇票经过背书，交给银行，银行受理后，从票据到期金额中扣除贴现利息后，将余额付给贴现企业的一种融资行为。

贴现人到银行申请贴现，能从银行融通到的资金，即贴现额，是由银行按一定的贴现率计算从票据的到期值中扣除贴现利息后的余额。其计算公式如下：

票据到期值 = 票据面值 ×（1 + 票面利率 × 票据承兑期）

贴现额 = 票据到期值 - 贴现利息

贴现利息 = 票据到期值 × 贴现利率 × 贴现时间

由于贴现的实质是一种融资行为，所以让给银行的贴现利息，应作为企业的理财费用，计入当期的财务费用。

1. 无息票据的贴现

例 6：如例 4，由于急需用款，前进厂于 5 月 5 日持未到期的商业汇票到银行贴现，银行的贴现率为 10%。

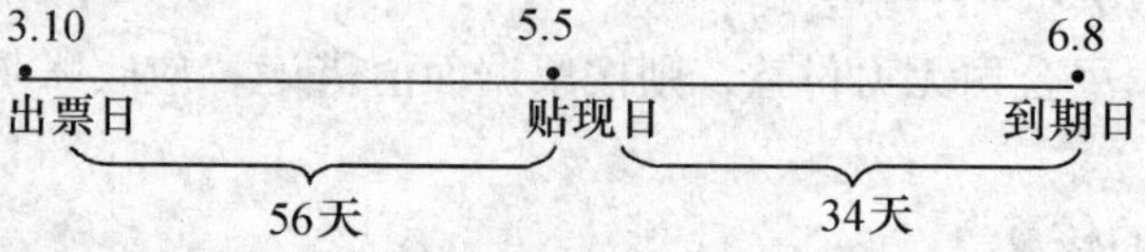

贴现时间 =(5 月)26 天 +(6 月)8 天 =34 天

贴现利息 =23 400 ×10% ×34 ÷360 =221(元)

贴现额 =23 400 -221 =23 179(元)

借：银行存款　　23 179

　　财务费用　　221

　　贷：应收票据——甲公司　　23 400

2. 带息票据的贴现

例 7：如例 5，三星公司于 12 月 15 日持乙公司的商业汇票到银行贴现，银行的贴现率为 10%。

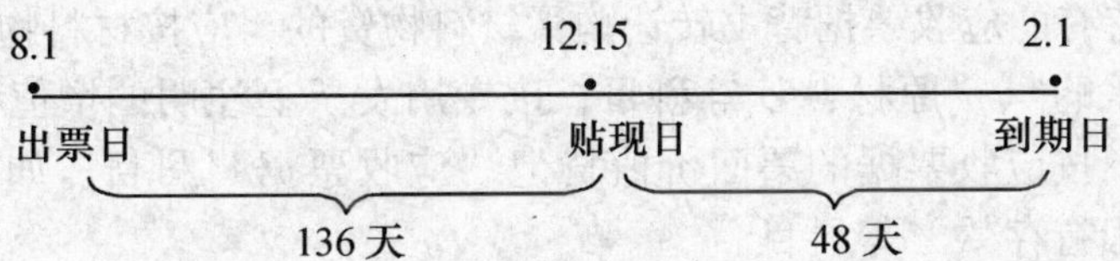

贴现时间 =(12月)16天 +(1月)31天 +(2月)1天 =48天

到期值 =58 500 +58 500 ×9% ×6 ÷12 =61 132.5(元)

贴现利息 =61 132.5 ×10% ×48 ÷360 =815.1(元)

贴现额 =61 132.5 −815.1 =60 317.4(元)

借：银行存款　　60 317.4

　　贷：应收票据——甲公司　　58 500

　　　　财务费用　　1 817.4

贴现的商业汇票到期时，若付款人无力支付，则银行将已贴现的票据退回申请贴现的企业，同时从贴现企业的存款户中划回已贴现的票款。此时，贴现企业应按所付票据本息转作应收账款，借记“应收账款”科目，贷记“银行存款”科目。如果贴现企业的银行存款余额不足支付已贴现的票款时，银行将作逾期贷款处理，企业在接到银行通知时，应借记“应收账款”科目，贷记“短期借款”科目。

应收票据贴现分为“无追索权”或“有追索权”两种方式。在无追索权方式下，贴现票据的风险（即票据到期收不回票款的风险）和未来经济利益全部转让给了银行，因此在票据贴现、取得现款时，企业借记“银行存款”，按票据面值贷记“应收票据”，将两者差额借记或贷记“财务费用”。无追索权的票据贴现，通常是指银行承兑汇票的贴现。在有追索权方式下，贴现企业负有连带偿还责任，即当出票人到期不能支付票款时，贴现企业要向贴现银行偿还已贴现的票款，因此，应收票据贴现就成为贴现企业的一项或有负债。为了单独核算该项或有负债，贴现的票据按票据面值通过“应收票据”账户核算，即贴现企业取得贴现款时，借记“银行存款”，按票据的账面价值贷记“应收票据”，按两者差额借记或贷记“财务费用”，并于当期财务报告附注中予以说明该项或有负债。若票据到期日，付款人无力付款，则应按票据到期值将现款偿付给贴现银行，并作为应向付款人收取的应收账款入账。有追索权的票据贴现，通常是指商业承兑汇票的贴现。

（四）应收票据转让的核算

应收票据转让是指持票人因偿还前欠货款等原因，将未到期的商业汇票背书后转让给其他单位或个人的业务活动。背书人对背书票据的到期付款负连带责任。

企业将持有的应收票据背书转让购买材料物资的，应按材料物资的实际成本借记“材料采购”、“原材料”等科目，按专用发票上注明的增值税借记“应交税费”科目，按应收票据的票面价值贷记“应收票据”科目。如有差额，则借记或贷记“银行存款”等科目。

（五）应收票据坏账准备的计提

未到期的应收票据，如确有证据不能收回或收回的可能性不大，应该计提减值准备。会计分录如下：

借：资产减值损失

　　贷：坏账准备

期末，“应收票据”账户余额扣除其“坏账准备”账户余额后的净额列入资产负债表“应收票据”项目。

三、预付账款

预付账款是指企业按照购货合同规定预先付给供货单位的款项。为了核算预付账款业务，应设置“预付账款”科目，并在该科目下按供货单位名称设置明细账，进行预付账款的明细核算。预付账款不多的公司，可以不设置“预付账款”科目，而将预付账款直接通过“应付账款”科目进行核算。

企业按合同预付货款时，借记“预付账款”科目，贷记“银行存款”科目；收到所购材料物资时，根据发票账单等列明应计入材料物资成本的金额，借记“材料采购”、“库存商品”、“应交税费”等科目，按全部应付金额贷记“预付账款”科目；补付款项时，借记“预付账款”科目，贷记“银行存款”科目。

四、其他应收款

其他应收款是指除应收票据、应收账款、预付账款、应收股利、应收利息以外的其他各种应收、暂付款项，主要包括各种应收的赔款、罚款、应收出租包装物租金、存出保证金、应向职工收取的各种垫付款项等。在会计上设置“其他应收款”科目进行核算。企业发生各种其他应收款项时，借记“其他应收款”科目，贷记有关科目；收回其他应收款时，借记有关科目，贷记“其他应收款”科目。现以备用金为例说明其他应收款的核算。

（一）临时备用金制度

临时备用金制度是指企业内部有关部门或职工个人，经批准借入备用金，按规定用途使用后，凭单据报销销账，下次需要使用时，再按规定办理借款手续的做法。

例 8：①企业以现金 600 元预付行政科王进的差旅费：

借：其他应收款——备用金——王进　　　　500

贷：库存现金 500

②王进出差回来按规定报销差旅费520元，余款交回：

借：管理费用 520

库存现金 80

贷：其他应收款——备用金——王进 600

（二）定额备用金制度

定额备用金制度是指企业会计部门根据企业内部用款单位的需要，核定备用金定额，并按核定的定额拨给用款单位，待用款单位实际支用后，凭有效单据到会计部门报账领款，会计部门以现金或支票补足用款单位定额，等年终或不需要时，再由用款单位退回。

例9：①企业会计部门开出现金支票，拨付行政科定额备用金1 000元：

借：其他应收款——备用金——行政科 1 000

贷：银行存款 1 000

②行政科报销购买办公用品款800元：

借：管理费用 800

贷：库存现金 800

③年终，行政科退回备用金，其中现金450元，有关发票单据金额550元。

借：管理费用 550

库存现金 450

贷：其他应收款——备用金——行政科 1 000

企业应当定期或者至少于每年年度终了，对其他应收款进行检查，预计其可能发生的坏账损失，并计提坏账准备：

借：资产减值损失

贷：坏账准备

企业对于不能收回的其他应收款应当查明原因，追究责任。对于确实无法收回的，按照企业的管理权限，经股东大会或董事会，或经理（厂长）会议或类似机构批准作为坏账损失，冲销提取的坏账准备。

第二节 应收和预付款项实务考核题及其答案

一、应收和预付款项实务考核题

（一）单项选择题

1. 一张带息应收票据的面额为60 000元，利率为10%，5个月到期，则该票据到期日应收利息为（ ）元。

A. 2 700　　B. 2 500　　C. 500　　D. 3 000

2. 一张带息应收票据的面额为20 000元，利率为9%，80天到期，则该票据到期日应收利息为（　　）元。

A. 4 800　　B. 450　　C. 400　　D. 394.52

3. 某企业销售产品一批，收到一张4个月期、利率9%、面额35 000元的商业承兑汇票。该企业借记“应收票据”科目的金额为（　　）元。

A. 35 000　　B. 36 050　　C. 33 950　　D. 47 600

4. 不设“预付账款”科目的企业，将预付的货款直接记入“（　　）”科目的借方。

A. 应收账款　　B. 其他应收款　　C. 应付账款　　D. 其他应付款

5. 在有现金折扣（总价法）的情况下，应收账款为10 000元，付款条件为“1/10，*n*/30”，客户在第12天付款，则实收金额为（　　）元。

A. 9 800　　B. 9 900　　C. 10 000　　D. 9 000

6. 未贴现的商业承兑汇票到期，如果付款人无力支付票款，银行将其退回时，收款企业应转作（　　）处理。

A. 应收票据　　B. 预收账款　　C. 应收账款　　D. 预付账款

7. 企业持未到期的商业汇票向其开户银行申请贴现需支付贴现利息，贴现期是指（　　）。

A. 贴现日至汇票到期日的实际天数

B. 贴现日至汇票到期日前一日的实际天数

C. 除贴现日和汇票到期日的该期间天数

D. 出票日至贴现日前一天的天数

8. 带息商业汇票到期值的计算与（　　）无关。

A. 票面金额　　B. 票面利率　　C. 票据期限　　D. 银行贴现利率

9. 企业持未到期的带息应收票据到银行贴现，其贴现收入大于票据账面价值的差额，应（　　）。

A. 借记“财务费用”　　B. 贷记“财务费用”

C. 贷记“其他业务收入”　　D. 贷记“管理费用”

10. 采用总价法核算现金折扣时，销货方给予客户的现金折扣，会计上应作为（　　）处理。

A. 管理费用　　B. 营业外支出　　C. 销售费用　　D. 财务费用

（二）多项选择题

1. 企业的应收账款，在（　　）时作坏账损失处理。

A. 债务人破产、依照民事诉讼法清偿后，确实无法追回

B. 债务人死亡，既无遗产可供清偿，又无义务承担人，确实无法收回

C. 计提坏账准备

D. 债务人逾期未履行偿债义务超过三年仍不能收回

2. "坏账准备"科目贷方反映（　　）。

A. 已发生的坏账损失　　B. 按规定提取的坏账准备

C. 冲销多提的坏账准备　　D. 收回的已确认并转销的坏账损失

3. 应该计提坏账准备的项目包括（　　）。

A. 预付账款　　B. 应收票据　　C. 应收账款　　D. 其他应收款

4. 企业发生坏账可能性的大小与（　　）有关。

A. 赊销金额　　B. 期末未收回的赊销款

C. 应收账款的账龄　　D. 债务人的财务状况

5. 估计坏账损失的方法包括（　　）。

A. 销货百分比法　　B. 应收账款余额百分比法

C. 账龄分析法　　D. 个别认定法

（三）填空题

1. 应收、预付款项包括____、____、____、____、____、____等。它是企业在结算过程中占用的________，属于企业的________。

2. 商业承兑汇票由________承兑，银行承兑汇票由________承兑。

3. 签发商业汇票必须以________或________为基础。

4. 可以计提坏账损失的应收款项包括____、____、____、____、____、____等。

5. 企业可以采用____、____、____等方法估算坏账损失。

（四）判断题

1. 使用商业汇票的单位必须是在银行开立账户的法人。（　　）

2. 贴现的银行承兑汇票到期时，如果付款人的银行账户不足支付票款时，收款人或被背书人不负有连带责任。（　　）

3. 企业是从利润中计提坏账准备的。（　　）

4. 由于增值税是价外税，企业销售商品收到的商业汇票面额中不应包括增值税。（　　）

5. 预付货款是指企业按购货合同规定预付给供应单位的货款，它属于企业的短期性债权。（　　）

（五）简答题

1. 简述坏账损失的估算方法。

2. 什么是定额备用金制度？它与一次性备用金（或称临时备用金）制度在核算上的主要区别是什么？

（六）计算（核算）题

1. A 企业将一张面值6 000 元、为期120 天的无息商业承兑汇票向银行申请贴现。该票据企业已持30 天，银行贴现率为9%。试计算贴现净额，并作相应的会计分录。

2. 若上例为带息票据，票面利率为8%，试计算贴现净额。

3. 若上述带息票据到期，承兑人银行账户不足支付，贴现银行已从申请贴现的企业存款账户中划拨了已贴现的票据款。试作有关分录。

4. 若上述申请贴现的企业存款账户余额不足以扣付，银行作逾期贷款处理，试作相应分录。

5. 某企业20×4 年末应收账款账面余额为74 万元。按5‰计提坏账准备（计提前，“坏账准备”账户贷方余额0.4 万元）。20×5 年发生坏账0.5 万元，年末应收账款余额为60 万元。20×6 年收回了上年核销的坏账0.5 万元。试作有关分录。

6. 若上列企业坏账损失采用直接转销法，试作有关分。

7. 企业订购某种材料，价款80 000 元，并按17%的税率支付增值税。合同规定，先预付40%的款，收料后再补付欠款。该合同已履行完毕。试作有关分录。

二、应收和预付款项实务考核题参考答案

（一）单项选择题

1. B 2. C 3. A 4. C 5. C 6. C 7. B 8. D 9. B 10. D

（二）多项选择题

1. ABD 2. BD 3. ABCD 4. ABCD 5. ABCD

（三）填空题

1. 应收票据 应收账款 预付账款 应收股利 应收利息 其他应收款 流动资产 短期债权 2. 付款人 承兑银行 3. 真实的交易关系 债权债务关 4. 应收账款 应收票据 预付账款 应收股利 应收利息 其他应收款 5. 销货百分比法 应收账款余额百分比法 账龄分析法

（四）判断题

1. ✓ 2. ✓ 3. × 4. × 5. ✓

（五）简答题

1. 答：坏账损失的估算有三种方法：一是应收账款余额百分比法，即按应收账款余额的百分比来估算可能发生的坏账损失，确定应计提坏账准备金的一种方法；二是赊销金额百分比法，即按照当期赊销金额的一定百分比来估算可能发生坏账的一种方法；三是账龄分析法，即根据应收账款的时间长短来估算坏账损

失的一种方法。

2. 答：定额备用金制度是指企业的会计部门协同使用备用金的单位，根据日常零星开支的需要事先核定备用金定额，由使用单位填制借款单一次领出现金（或现金支票），报销时由会计部门根据审核后的报销凭证，用现金（或现金支票）补足备用金定额的做法。

定额备用金在核算上区别于一次性备用金的主要之点在于报销环节，即使用定额备用金的单位或个人持用款凭证报销时，直接借记“管理费用”等科目，贷记“库存现金”或“银行存款”科目，补足备用金定额，不像一次性备用金的报销要贷记“其他应收款”科目。也就是说，前者的报销和拨补数额不通过“其他应收款”科目核算，只有领出和收回与后者的借出和报销一样通过“其他应收款”科目核算。

（六）计算（核算）题

1. 解：贴现息 = 6 000 × 9% × 90/360 = 135（元）

贴现净额 = 6 000 − 135 = 5 865（元）

借：银行存款　5 865

　　财务费用　135

　　贷：应收票据　6 000

2. 解：到期值 = 6 000 +（6 000 × 8% × 120/360）= 6 160（元）

贴现息 = 6 160 × 9% × 90/360 = 138.60（元）

贴现净额 = 6 160 − 138.60 = 6 021.40（元）

3. 解：借：应收账款　6 160

　　贷：银行存款　6 160

4. 解：借：应收账款　6 160

　　贷：短期借款　6 160

5. 解：①20 × 4 年末应提坏账准备 = 740 000 × 5‰ − 4 000 = −300（元）

借：坏账准备　300

　　贷：资产减值损失　300

②20 × 5 年发生坏账时：

借：坏账准备　5 000

　　贷：应收账款　5 000

③20 × 5 年末应提坏账准备 = 600 000 × 5‰ + 1 300 = 4 300（元）

借：资产减值损失　4 300

　　贷：坏账准备　4 300

④20 × 6 年收回已核销的坏账：

借：应收账款　5 000

贷：坏账准备 5 000

借：银行存款 5 000

贷：应收账款 5 000

或：借：银行存款 5 000

贷：坏账准备 5 000

6. 解：①发生坏账时：

借：资产减值损失 5 000

贷：应收账款 5 000

②收回已转销的坏账时：

借：应收账款 5 000

贷：资产减值损失 5 000

借：银行存款 5 000

贷：应收账款 5 000

7. 解：①预付货款 37 440 元（80 000 × 1. 17 × 40%）时：

借：预付账款 37 440

贷：银行存款 37 440

②收到订购的材料和增值税专用发票时：

借：材料采购 80 000

应交税费——应交增值税（进项税额） 13 600

贷：预付账款 93 600

③补付货款 56 160 元（93 600 - 37 440）时：

借：预付账款 56 160

贷：银行存款 56 160

第十二章　存货实务考核

第一节　存货的核算

一、存货核算概述

（一）存货的概念及确认

1. 存货的概念

我国《企业会计准则第1号——存货》（以下简称《存货》准则）定义的存货是指企业在日常活动中持有以备出售的产成品或商品、处在生产过程中的在产品、在生产过程或提供劳务过程中耗用的材料和物料等。存货属于企业的流动资产，包括各类原材料、在产品、半成品、产成品、商品以及包装物、低值易耗品等。

存货通常占流动资产的绝大部分，是流动资产管理的重点；同时，存货的会计计量直接关系到资产负债表上存货资产的确定和利润表上收益的确定，报表使用者利用存货的信息能有效地预测企业未来的现金流量，安排货币资金的使用。因此，明确存货的性质，搞好存货的核算与管理十分重要。

2. 存货的确认条件

按照《存货》准则的规定，存货在同时满足以下两个条件时，才能加以确认：

（1）该存货包含的经济利益很可能流入企业。

（2）该存货的成本能够可靠地计量。

某个项目要确认为存货，首先要符合存货的定义，在此前提下，应当符合上述存货确认的两个条件。关于存货的确认，不能仅仅根据法定所有权的归属来判断，而应遵循实质重于形式的会计原则，注意以下几点：

第一，关于代销商品。代销商品（也称为托销商品）是指一方委托另一方代其销售商品。从商品所有权的转移来分析，代销商品在售出以前，所有权属于委托方，受托方只是代对方销售商品。因此，代销商品应作为委托方的存货处理。但为了使受托方加强对代销商品的核算和管理，企业会计制度也要求受托方将其受托代销商品纳入账内核算。

第二，关于在途商品。对于销售方按销售合同、协议规定已确认销售（如已收到货款等），而尚未发运给购货方的商品，应作为购货方的存货而不应再作为销货方的存货；对于购货方已收到商品但尚未收到销货方结算发票等的商品，购货方应作为其存货处理；对于购货方已经确认为购进（如已付款等）而尚未到达入库的在途商品，购货方应将其作为存货处理。

第三，关于购货约定。对于约定未来购入的商品，由于企业并没有实际的购货行为发生，因此，不作为企业的存货，也不确认有关的负债和费用。

第四，关于工程物资。企业为建造固定资产等各项工程而储备的各种材料物资，虽然其形态同属于材料，但这部分物资不是企业日常活动中形成的，而是形成于投资活动。不符合存货的定义，因此，不能作为企业的存货进行核算。

第五，特种储备物资。特种储备物资是指由于特殊需要，经国家特准，企业在正常范围内储备的物资。例如，为了应付自然灾害和战争等特殊需要，或是为了保证对进口物品备件和奇缺材料的需要而必须专门储备的特定物资。这些物资不符合存货的定义，其期末余额应列入资产负债表中的“其他长期资产”项目。

第六，涉及诉讼中的财产。企业涉及诉讼中的物资，被法院依法冻结，在解冻之前，企业不能随意动用处置，这部分物资也不符合存货的定义，其期末余额也应列入资产负债表中的“其他长期资产”项目。

（二）存货的分类

为了加强存货的核算和管理，正确计算产品的生产成本和商品的销售成本，应当对存货进行合理的分类。

1. 按存货的经济用途分类

存货按经济用途不同，可分为原材料、在产品、半成品、产成品、商品、包装物、低值易耗品等。

（1）原材料。原材料是指企业在生产过程中经加工改变其形态或性质并构成产品主要实体的各种原料及主要材料、辅助材料、外购半成品（外购件）、修理用备件（备品备件）、包装材料、燃料等。

（2）在产品。在产品又称在制品，是指没有完成全部生产过程，不能作为商品销售的产品。

（3）半成品。半成品是指完成了一个或几个加工步骤，但没有完成所有的加工步骤，仍需继续加工的产品。

（4）产成品。产成品是指企业已经完成全部生产过程并验收入库，可以按照合同规定的条件送交订货单位，或者可以作为商品对外销售的产品。企业接受外来原材料加工制造的代制品和为外单位加工修理的代修品，制造和修理完成验收入库后，应视同企业的产成品。

（5）商品。商品是指可供销售的物品。工业企业的商品包括用本企业自备原材料生产的产成品和对外销售的半成品等；商品流通企业的商品包括外购或委托加工完成验收入库用于销售的各种商品。

（6）包装物。包装物是指为了包装本企业商品而储备的各种包装容器，如桶、箱、瓶、坛、袋等。但是，下列物品在会计上不作为包装物存货进行核算：

1）各种包装用的材料，如纸、绳、铁丝、铁皮等，应作为原材料进行核算。

2）企业在生产经营过程中用于储存和保管产品或商品、材料、半成品、零部件等，而不随同产品或商品出售、出租或出借的包装物，如企业在经营过程中周转使用的包装容器，应按其价值大小和使用年限长短，分别归入固定资产或低值易耗品进行核算。

（7）低值易耗品。低值易耗品是指不能作为固定资产的各种用具物品，如工具、管理用具、玻璃器皿、劳动保护用品，以及在经营过程中周转使用的容器等。

需要注意的是，为建造固定资产等各项工程而储备的各种材料，虽然也具有存货的某些特征（如流动性），但它们并不符合存货的概念，因此不能作为企业的存货进行核算。企业的特种储备以及按国家指令专项储备的资产也不符合存货的概念，因而也不能作为企业存货进行核算。

2. 按存货存放地点分类

按存货的存放地点可以将存货分为库存存货、在途存货和加工存货等。

（1）库存存货。库存存货是指已经运达企业，并已验收入库的各种材料和商品，以及已验收入库的自制半成品和产成品。

（2）在途存货。在途存货是指货款已经支付，尚未验收入库，正在运输途中的各种材料和商品。

（3）加工存货。加工存货是指正在加工中的存货，包括正在本企业加工中的在制品和委托外单位加工的各种材料和半成品。

3. 按存货的取得途径分类

按存货取得的途径可以将存货分为：

（1）外购存货。

（2）自制存货。

（3）委外加工的存货。

（4）投资者投入的存货。

（5）接受捐赠的存货。

（6）以非货币性资产交换换入的存货。

（7）盘盈的存货。

（三）存货入账价值的确定

《存货》准则规定：企业取得存货应当按照成本进行计量。存货成本包括采购成本、加工成本和其他成本。存货取得的途径不同，其成本确定的方法也不相同。

1. 外购存货

外购存货的采购成本一般包括采购价格、进口关税和其他税金、运输费、装卸费、保险费以及其他可直接归属于存货采购的费用，如采购途中的仓储费、运输途中的合理损耗、入库前的挑选整理费等。

商品流通企业进货过程中发生的进货费用，包括应由企业负担的运输费、装卸费、包装费、保险费、运输途中的合理损耗、入库前的挑选整理费、按规定计入成本的税金及其他费用，应当计入商品采购成本。如果进货费用不能直接计入有关商品采购成本的，也可以先进行归集，期末根据所购商品的存销情况进行分摊：对于已售商品的进货费用，计入当期损益（主营业务成本）；对于未售商品的进货费用，计入期末存货成本。商品流通企业采购商品的进货费用金额较小的，可以在发生时直接计入当期损益（销售费用）。

2. 自制存货

自制存货的成本是指存货的加工成本。存货的加工成本包括直接人工以及按照一定方法分配的制造费用。

制造费用是指企业为生产产品和提供劳务而发生的各项间接费用。企业应当根据制造费用的性质，合理地选择制造费用分配方法。在同一生产过程中，同时生产两种或两种以上的产品，并且每种产品的加工成本不能直接区分的，其加工成本应当按照合理的方法在各种产品之间进行分配。

企业为生产需要经过相当长时间的生产活动才能达到预定可销售状态的存货发生的借款费用，应计入存货的成本。

3. 委外加工的存货

委外加工完成的存货，以实际耗用的原材料或者半成品以及加工费、运输费、装卸费和保险费等费用以及按规定计入成本的税金，作为其实际成本。

4. 接受投资人投入的存货

投资者投入的存货，应当按照投资合同或协议约定的价值确定，但合同或协议约定价值不公允的除外。在投资合同或协议约定价值不公允的情况下，按照该项存货的公允价值作为其入账价值。

5. 以非货币性资产交换换入的存货

通过非货币性资产交换换入的存货，应视非货币性资产交换是否具有商业实质和交换涉及资产的公允价值能否可靠地计量分别确定换入存货的入账价值：

非货币性资产交换如果具有商业实质，换入资产的入账成本应按换出资产的公允价值和应支付的相关税费确认，换出资产公允价值与账面价值的差额计入当期损益；如果非货币性资产交换不具有商业实质，企业应当以换出资产的账面价值和应支付的相关税费作为换入资产的成本，不确认损益。

(1) 企业在按照公允价值和应支付的相关税费作为换入资产成本的情况下，发生补价的，应当分别下列情况处理：

支付补价方，应当以换出资产的公允价值加上支付的补价（或换入资产的公允价值）和应支付的相关税费，作为换入资产的入账价值；收到补价方应当以换出资产的公允价值减去收到的补价（或换入资产的公允价值）和应支付的相关税费，作为换入资产的入账价值。

(2) 企业在按照换出资产的账面价值和应支付的相关税费作为换入资产成本的情况下，发生补价的，应当分别下列情况处理：

支付补价方，应当以换出资产的账面价值，加上支付的补价和应支付的相关税费，作为换入资产的成本，不确认损益；收到补价方，应当以换出资产的账面价值，减去收到的补价并加上应支付的相关税费，作为换入资产的成本，不确认损益。

6. 接受债务人以非现金资产抵偿债务方式取得的存货，或以应收债权换入的存货

债务人以非现金资产清偿债务的，债权人应当对受让的非现金资产按其公允价值入账，重组债权的账面余额与受让的非现金资产公允价值之间的差额，计入当期损益。债权人已对债权计提减值准备的，应当先将该差额冲减减值准备，减值准备不足以冲减的部分，计入当期损益。

7. 接受捐赠的存货

接受捐赠的存货，应当分别以下情况确定实际成本：

(1) 捐赠方提供了有关凭据的，按凭据上标明的金额加上应支付的相关税费，作为实际成本。

(2) 捐赠方没有提供有关凭据的，参照同类或类似存货的市场价格及应支付的相关税费估计实际成本入账。

(3) 市场上没有同类或类似存货，则按存货预计未来现金流量的现值作为实际成本入账。

8. 盘盈的存货

盘盈的存货，应当按照其重置成本作为入账价值，并通过“待处理财产损溢”科目进行会计核算，按管理权限报经批准后冲减当期管理费用。

企业应根据发生的采购成本、加工成本以及其他成本（指除采购成本、加工成本以外的，使存货达到目前场所和状态所发生的其他支出，如企业为特定客户设计产品而发生的专项设计费用等应计入该产品的成本），合理确定存货的入

账价值。下列费用应当在发生时确认为当期损益，不计入存货成本：

（1）非正常消耗的直接材料、直接人工和制造费用。

（2）仓储费用（不包括在生产过程中为达到下一个生产阶段所必需的费用）。

（3）不能归属于使存货达到目前场所和状态的其他支出。

二、存货按实际成本计价的核算

存货按实际成本计价核算，是指从存货收发凭证，到明细分类账和总分类账，全部按实际成本计价，期末存货账簿上的余额反映存货的实际成本。

企业的存货主要以外购和自制为主。下面以外购和自制为例，说明存货按实际成本计价的核算。

（一）外购存货的核算

在实际成本法下，外购存货核算，一般应设置“在途物资”、“原材料”、“库存商品”等会计科目。由于结算方式和采购地点的不同，材料入库和货款的支付在时间上不一定完全同步，相应地，其账务处理也有所不同。

1. 钱货两清

对于发票账单与材料同时到达，并已及时支付货款的采购业务，企业在支付货款，材料验收入库后，应根据发票账单等结算凭证确定的材料成本，借记“原材料”科目，根据取得的增值税专用发票上注明的（不计入材料采购成本的税额）税额，借记“应交税费——应交增值税（进项税额）”（一般纳税人，下同）科目，按照实际支付的款项，贷记“银行存款”或“其他货币资金”等科目。

例1：京卫厂购进原材料一批，增值税专用发票上注明，价款6 000元，增值税1 020元，款项已通过银行支付，材料已验收入库。则，京卫厂根据发票等凭证记账：

借：原材料　　6 000

　　应交税费——应交增值税（进项税额）　　1 020

　　贷：银行存款　　7 020

2. 先付款，后收货

对于已经付款，但材料尚未到达或尚未验收入库的采购业务，应根据发票账单等结算凭证，借记“在途物资”、“应交税费——应交增值税（进项税额）”科目，贷记“银行存款”或“其他货币资金”等科目；待材料到达、验收入库后，再根据收料单，借记“原材料”科目，贷记“在途物资”科目。

例2：某企业购入原材料一批，增值税专用发票上注明，价款40 000元，增值税6 800元，款项已付，同时支付对方代垫的运杂费600元，材料尚未运达企业。

①企业付款后，根据有关发票和结算凭证记账：

借：在途物资　40 600

　应交税费——应交增值税（进项税额）　6 800

　贷：银行存款　47 400

②上述材料运达企业，办理验收入库手续，企业根据收料单等记账：

借：原材料　40 600

　贷：在途物资　40 600

3. 先收货，后付款

对于材料已到达并已验收入库，但发票账单等结算凭证未到，货款尚未支付的采购业务，平时在材料验收入库时，只办理入库手续，会计上不进行价值核算；等到月末，若发票账单等凭证仍未到，则按材料的暂估价值估计入账，借记“原材料”科目，贷记“应付账款——暂估应付账款”科目。下月初用红字作同样的记账凭证予以冲回，以便下月付款或开出、承兑商业汇票后，按正常程序，借记“原材料”、“应交税费——应交增值税（进项税额）”科目，贷记“银行存款”或“应付票据”等科目。

例 3：5 月 27 日，企业向华阳厂购进甲材料 1 000kg，合同单价 14 元，材料已验收入库，因结算凭证未到而未付款。

①5 月 27 日，企业办理验收入库手续，填制收料单，注明实收数量。

②5 月 31 日，若凭证仍未到，则企业按该批材料的合同价 14 000 元暂估入账：

借：原材料　14 000

　贷：应付账款——暂估应付账款　14 000

③6 月 1 日，红字冲销上月末的暂估价：

借：原材料　[14 000]

　贷：应付账款——暂估应付账款　[14 000]

④等到结算凭证到，企业据以付款后，再根据材料的实际成本和支付的增值税记账：

借：原材料　（实际成本）

　应交税费——应交增值税（进项税额）　（实际支付的增值税）

　贷：银行存款　（实际支付的价税费总额）

4. 先预付，后收货

采用预付货款的方式采购材料，应在预付材料价款时，按照实际预付金额，借记“预付账款”科目，贷记“银行存款”科目；已经预付货款的材料验收入库，根据发票账单等所列的价款、税额等，借记“原材料”科目和“应交税费——应交增值税（进项税额）”科目，贷记“预付账款”科目；预付款项不足，补付上项货款，按补付金额，借记“预付账款”科目，贷记“银行存款”科目；退回上项多付的款项，借记“银行存款”科目，贷记“预付账款”科目。

（二）自制存货的核算

企业自制原材料、半成品、产成品完工入库时，借记“原材料”、“自制半成品”、“库存商品”科目，贷记“生产成本”科目。

（三）发出存货的核算

企业的存货是不断流动的，有流入也有流出，流入与流出相抵后的结余即为期末存货，本期期末存货结转到下期，即为下期的期初存货，下期继续流动，就形成了生产经营过程中的存货流转。

存货流转包括实物流转和成本流转两个方面。在理论上，存货的成本流转与其实物流转应当一致，也就是说，购置存货时所确定的成本应当随着该项存货的销售或耗用而结转。但在实际工作中，这种情况非常少见。因为，企业的存货进出量很大，存货的品种繁多，存货的单位成本多变，难以保证各种存货的成本流转与实物流转相一致。由于同一种存货尽管单价不同，但均能满足销售或生产的需要，在存货被销售或耗用后，毋需逐一辨别哪一批实物被发出，哪一批实物留作库存，成本的流转顺序和实物的流转顺序可以分离，只要按照不同的成本流转程序确定已发出存货的成本和库存存货的成本即可。这样，就出现了存货成本的流转假设。分配成本时，也就产生了不同的确定发出存货成本的方法，即发出存货的计价方法。企业应视存货的性质、生产特点和经营管理要求，选择某一种方法确定发出存货的价值。在实际成本计价方式下，发出存货的计价方法有个别计价法、分批实际法、加权平均法、移动平均法、先进先出法、后进先出法，等等，我国《企业会计准则第1号——存货》规定企业在确定发出存货的成本时，可以采用先进先出法、移动加权平均法、月末一次加权平均法和个别计价法确定发出存货的实际成本。对于不能替代使用的存货，以及为特定项目专门购入或制造的存货，一般应当采用个别计价法确定发出存货的成本。

1. 个别计价法

个别计价法，又称个别认定法、具体辨认法、或分批实际法。采用这一方法是假设存货的成本流转与实物流转相一致，以每批存货的实际单价计算各批发出存货成本和结存存货成本。采用这种方法，要辨清每批发货和期末存货所属的购进批别或生产批别，分别按其购入或生产时所确定的单位成本计算其价值。

采用这种方法，计算发出存货的成本和期末存货的成本比较合理、准确，但这种方法的前提是需要对发出和结存存货的批次进行具体认定，以辨别其所属的收入批次，所以实务操作的工作量繁重，困难较大。个别计价法适用于容易识别、存货品种数量不多、单位成本较高的存货计价，如房产、船舶、飞机、重型设备、珠宝、名画等贵重物品。

2. 先进先出法

先进先出法是以先入库的存货先发出，并根据这一假定的成本流转顺序，对发出存货和结存存货进行计价的一种方法。采用这种方法，先入库的存货成本在后入库的存货成本之前转出，据此确定发出存货和期末存货的成本。这种方法的适用条件是：假定存货按先进先出顺序流动。如果企业发出存货时需要随时确定成本，又要使库存存货的价值接近于近时取得的存货成本，则一般采用这种方法。

例4：某企业4月份甲存货的入库、发出和结存资料如表12-1所示。以先进先出法计算企业发出存货和结存存货的成本如表12-2所示。

表12-1 甲存货收发结存表

日期	摘要	入库		发出		结存	
		数量/件	单价/元	数量/件	单价/元	数量/件	单价/元
4.1	期初结存					300	3
4.4	购入	200	3.10				
4.10	发出			400			
4.15	购入	600	2.90				
4.20	发出			550			
4.27	购入	180	3.15				
4.30	合计	980		950		330	

表12-2 先进先出法下甲存货收发结存表

日期	摘要	入库			发出			结存		
		数量/件	单价/(元/件)	金额/元	数量/件	单价/(元/件)	金额/元	数量/件	单价/(元/件)	金额/元
4.1	期初结存							300	3.00	900
4.4	购入	200	3.10	620						
4.10	发出				300 100	3.00 3.10	900 310	100	3.10	310
4.15	购入	600	2.90	1 740						
4.20	发出				100 450	3.10 2.90	310 1 305	150	2.90	435
4.27	购入	180	3.15	567						
4.30	合计	980		2 927	950		2 825	150 180	2.90 3.15	1 002

采用先进先出法，存货成本是按最近购货确定的，期末存货成本比较接近现行的市场价值。如果企业存货进出频繁，则存货计量工作量比较繁琐。而且当物价上涨时，会高估企业当期利润和库存存货价值；反之，会低估企业当期利润和存货价值。

3. 月末一次加权平均法

月末一次加权平均法亦称全月一次加权平均法，是指以本月全部收货数量加月初存货数量作为权数，计算存货的加权平均单位成本，从而确定存货的发出和库存成本。计算公式如下：

$$加权平均单位成本=\frac{期初结存存货的实际成本+本期收入存货的实际成本}{期初结存存货的数量+本期收入存货的数量}$$

本期发出存货的实际成本＝本期发出存货的数量×加权平均单位成本

期末结存存货成本＝期初结存存货实际成本＋本期收入存货实际成本－本期发出存货实际成本

依上例，采用月末一次加权平均法计算发出存货和结存存货的成本，结果如表12-3所示。采用月末一次加权平均法，只在月末一次计算加权平均单价，比较简单，而且在市场价格上涨或下跌时所计算出来的单位成本平均化，对存货成本的分摊较为折中。但是，这种方法无法随时提供发出和结存存货的成本，不利于加强对存货的管理。

表12-3 月末一次加权平均法下甲存货收发结存表

日期	摘要	入库			发出			结存		
		数量/件	单价/(元/件)	金额/元	数量/件	单价/(元/件)	金额/元	数量/件	单价/(元/件)	金额/元
4.1	期初结存							300	3.00	900
4.4	购入	200	3.10	620						
4.10	发出				400					
4.15	购入	600	2.90	1 740						
4.20	发出				550					
4.27	购入	180	3.15	567						
4.30	合计	980		2 927	950	2.99	2 840.50	330	2.99	986.50

4. 移动平均法

移动平均法亦称移动加权平均法，指在每次收货后，以该批收入存货数量与收入该批存货前的结存数量为权数，计算存货平均成本的一种方法。计算公式如下：

$$移动平均单位成本=\frac{该批存货收入前结存存货的成本+本次收入存货的成本}{该批存货收入前结存存货的数量+本次收入存货的数量}$$

在这种方法下，企业每收入一次存货，都要重新计算加权平均单位成本。存货的单位成本随着收入存货的次数而变动。发出存货时，选择离本次发货最近的平均单位成本来计算发出存货的成本。依前例，采用移动加权平均法计算发出存货和结存存货的成本，结果如表12-4所示。

表12-4　移动加权平均法下甲存货收发结存表

日期	摘要	入库			发出			结存		
		数量/件	单价/(元/件)	金额/元	数量/件	单价/(元/件)	金额/元	数量/件	单价/(元/件)	金额/元
4.1	期初结存							300	3.00	900
4.4	购入	200	3.10	620				500	3.04	1 520
4.10	发出				400	3.04	1 216	100	3.04	304
4.15	购入	600	2.90	1 740				700	2.92	2 044
4.20	发出				550	2.92	1 606	150	2.92	438
4.27	购入	180	3.15	567				330	3.05	1 005
4.30	合计	980		2 927	950		2 822	330	3.05	1 005

移动加权平均法能使管理当局及时了解存货的结存情况，而且计算的平均单位成本以及发出和结存的存货成本比较客观。但采用这种方法，每次收货都要计算一次平均单价，计算工作量较大，对收发货较频繁的企业不适用。

5. 后进先出法

后进先出法对成本流转的假设与先进先出法相反，它是以后收入的存货先发出为假定，并根据这一假定的成本流转程序，对发出存货和结存存货进行计价的一种方法。依前例，采用后进先出法计算发出存货和结存存货的成本，结果如表12-5所示。

表12-5　后进先出法下甲存货收发结存表

日期	摘要	入库			发出			结存		
		数量/件	单价/(元/件)	金额/元	数量/件	单价/(元/件)	金额/元	数量/件	单价/(元/件)	金额/元
4.1	期初结存							300	3.00	900
4.4	购入	200	3.10	620						
4.10	发出				200 200	3.10 3.00	620 600	100	3.00	300
4.15	购入	600	2.90	1 740				100 600	3.00 2.90	300 1 740
4.20	发出				550	2.90	1 595	100 50	3.00 2.90	300 145
4.27	购入	180	3.15	567				100 50 180	3.00 2.90 3.15	300 145 567
4.30	合计	980		2 927	950		2 815	330		1 012

发出存货计价方法的不同，对企业财务状况、盈亏情况会产生不同的影响，主要表现在以下三个方面：

（1）存货计价方法对企业损益的计算有直接影响。表现在：

1）期末存货计价（估价）如果过低，当期的收益可能因此而相应减少。

2）期末存货计价（估价）如果过高，当期的收益可能因此而相应增加。

3）期初存货计价如果过低，当期的收益可能因此而相应增加。

4）期初存货计价如果过高，当期的收益可能因此而相应减少。

（2）存货计价方法对于资产负债表有关项目金额计算有直接影响，包括流动资产总额、所有者权益等项目，都会因存货计价方法的不同而产生不同的数据。

（3）存货计价方法的选择对企业计算缴纳所得税的数额有一定的影响。因为不同的计价方法，结转当期销售成本的数额不同，从而影响企业当期应纳税利润数额的确定。但从持续经营角度看，存货计价方法对企业纳税总额不产生影响。

实际成本法一般适用于规模较小、存货品种简单、采购业务不多的企业。

三、存货按计划成本计价的核算法

计划成本法是指企业存货日常核算中的收发凭证的填制和存货账簿的登记均按预先制定的计划成本记录。对存货计划成本偏离实际成本的差异，单独设置账户进行核算，并利用它将发出存货的计划成本调整为实际成本；期末，存货账簿上的余额和其相应差异账户余额之和，即为存货的实际成本。

存货的计划单价确定后，如无特殊情况，年度内一般不作调整。

（一）外购存货的核算

在计划成本法下，企业外购存货，应先通过“材料采购”科目核算取得存货的实际成本，购入存货的实际成本与计划成本的差异，通过“材料成本差异”科目进行核算。若实际成本大于计划成本，产生的超支差异，记入“材料成本差异”科目的借方；若实际成本小于计划成本，产生的节约差异，记入“材料成本差异”科目的贷方。

1. 钱货两清

例5：华东公司9月5日购入材料一批，取得的增值税专用发票上注明的价款为10 000元，增值税额为1 700元，发票等结算凭证已经收到，货款已通过银行转账支付。材料已验收入库。该批材料的计划成本为9 500元。有关会计分录如下：

借：材料采购　　10 000

　　应交税费——应交增值税（进项税额）　　1 700

贷：银行存款　　11 700

同时：

借：原材料　　9 500

贷：材料采购　　9 500

月末，结转入库材料的成本差异：

借：材料成本差异　　500

贷：材料采购　　500

2. 先付款，后收货

例 6：企业购入材料一批，取得的增值税专用发票上注明的价款为 2 000 元，增值税额为 340 元，发票等结算凭证已经收到，货款已通过银行转账支付。材料尚未验收入库。企业付款的会计分录如下：

借：材料采购　　2 000

应交税费——应交增值税（进项税额）　　340

贷：银行存款　　2 340

材料到，验收入库时，根据收料单（计划成本），编制收料的记账凭证，借记“原材料”，贷记“材料采购”。

3. 先收货，后付款

例 7：5 月 25 日，企业从红旗厂购入乙材料 400kg，计划单价 100 元，材料已验收入库，由于发票等结算凭证尚未收到，货款尚未支付。企业应于月末按计划成本估价入账。有关会计分录如下：

①5 月 25 日，办理收料手续，暂不进行价值核算。

②5 月 31 日，若发票等凭证仍未收到，企业按计划价暂估记账：

借：原材料　　40 000

贷：应付账款——暂估应付账款　　40 000

③6 月 1 日，红字将上述分录予以冲回：

借：原材料　　[40 000]

贷：应付账款——暂估应付账款　　[40 000]

④收到有关发票等结算凭证并支付货款，其中价款 38 000 元，增值税 6 460 元。按正常程序记账：

借：材料采购　　38 000

应交税费——应交增值税（进项税额）　　6 460

贷：银行存款　　44 460

借：原材料　　40 000

贷：材料采购　　40 000

月末，结转材料成本差异：

借：材料采购　　2 000

　　贷：材料成本差异　　2 000

（二）自制存货的核算

1. 自制完工，按计划成本计价入库

借：原材料等　　（计划成本）

　　贷：生产成本　（计划成本）

2. 月末，结转成本差异

（1）若为超支差异：

借：材料成本差异

　　贷：生产成本

（2）若为节约差异：

借：生产成本

　　贷：材料成本差异

企业采用计划成本计价核算存货，当采购业务频繁时，为简化会计核算，节省时间，一般于材料验收入库时，只办理入库手续，填制收料单，由仓库保管员或会计人员据以登记材料明细账中收入栏的数量，会计上不进行存货的价值核算；月末，企业根据所有未入账的收料单，编制"收料凭证汇总表"，然后根据汇总表编制本月收料的汇总记账凭证：

借：原材料

　　贷：材料采购

　　　　应付账款——暂估应付账款

同时，企业根据"材料采购明细账""差异"栏中差异的月结数，结转本月收料的成本差异：

借：材料成本差异　　（超支差异）

　　贷：材料采购

若为节约差异，则分录相反。

（三）发出存货的核算

采用计划成本法对存货进行日常核算，会计期末需要通过"材料成本差异"科目，将发出存货和期末存货调整为实际成本。调整的基本公式如下：

实际成本＝计划成本±材料成本差异

材料成本差异随着材料的入库而形成，同时也随着材料出库而减少，期初和当期形成的材料成本差异，应在当期已发出材料和期末结存材料之间进行分配，属于已消耗材料应分配的材料成本差异，从"材料成本差异"科目转入有关科目。企业应当在月份终了时，根据企业登记的"材料成本差异明细账"，计算材料成本差异率，据以分配当月形成的材料成本差异。材料成本差异率的计算公式如下：

$$\text{月初（上月）材料成本差异率} = \frac{\text{月初结存材料的成本差异}}{\text{月初结存材料的计划成本}} \times 100\%$$

$$\text{本月材料成本差异率} = \frac{\text{月初结存材料的成本差异} + \text{本月收入材料成本差异}}{\text{月初结存材料的计划成本} + \text{本月收入材料计划成本}} \times 100\%$$

发出材料应分配的差异 = 发出材料的计划成本 × 材料成本差异率

如果差异率是正数，则表示是超支差异；如为负数，则表示是节约差异。

在选择材料成本差异率时，对需要随时结转发出材料价差的发料业务，如委托加工发料、在建工程领料等，一般选择月初材料成本差异率；对月末才结转发出材料成本差异的发料业务，一般在月末计算出本月材料成本差异率后，按本月差异率结转发料的价差。如果企业的发料业务中，有一些需随时结转发料的成本和价差，另一些则在月末结转材料的成本和价差，此时，本月材料成本差异率的计算公式应调整为：

$$\text{本月材料成本差异率} = \frac{\text{月初结存材料的成本差异} - \text{本月发料随时转出的差异} + \text{本月收料成本差异}}{\text{月初结存材料的计划成本} - \text{本月发料随时转出的计划成本} + \text{本月收入材料计划成本}} \times 100\%$$

在实际工作中，领料业务频繁的企业，发料凭证很多。为了简化核算，平时发出存货时，一般不直接根据领料单等发料凭证逐笔编制记账凭证，只是根据发料凭证登记材料明细账中“发出”栏的数量，月末根据领料部门和领料用途，编制“发料凭证汇总表”，汇总本月发料的计划总成本，然后根据该汇总表，编制发料的汇总记账凭证：

借：生产成本　　　　（计划成本）
　　制造费用　　　　（计划成本）
　　其他业务成本等　（计划成本）
　　贷：原材料　　　　（计划成本）

月末，根据计算出的材料成本差异率，计算发出材料应分摊的材料价差，并编制结转发料成本差异的会计分录。结转超支差异分录：

借：生产成本
　　制造费用
　　其他业务成本等
　　贷：材料成本差异

结转节约差异分录：

借：材料成本差异

贷：生产成本

制造费用

其他业务成本等

例8：企业本月收料计划成本为72 000元，收料的成本差异为节约差异5 400元，本月发料计划成本为60 000元（假设均为生产产品领用）。月初“原材料”账户的借方余额3 000元，“材料成本差异”账户借方余额480元。

①编制发料的记账凭证：

借：生产成本　　60 000

　贷：原材料　　60 000

②计算本月材料成本差异率及发出材料应分摊的成本差异：

本月材料成本差异率 $= \frac{480+(-5\ 400)}{3\ 000+72\ 000} \times 100\% = -6.56\%$

发出材料应分摊的成本差异 $=60\ 000 \times (-6.56\%) = -3\ 936$(元)

③编制结转发出材料应分摊成本差异的会计分录：

借：材料成本差异　　3 936

　贷：生产成本　　3 936

④计算月末结存原材料的成本差异：

月末结存原材料的成本差异 $=480+(-5\ 400)-(-3\ 936) = -984$(元)

这表明“材料成本差异”账户的期末余额为贷方结余984元，即期末结存原材料的实际成本为14 016元（3 000+72 000−60 000−984）。

存货按计划成本计价进行核算的方法，一般适用于存货品种繁多、收发频繁的企业。如大中型企业中的各种原材料、低值易耗品等。如果企业的自制半成品、产成品品种繁多，或者在管理上需要分别核算其计划成本和成本差异时，也可采用计划成本法核算。

四、成本与可变现价值孰低法

长期以来，存货是按历史成本计价的。但从实际情况看，由于市场价格的变动、市场供需情况的变化等原因，企业存货的历史成本将不能反映企业拥有存货的实际价值。因此，会计期末，为了客观、真实、准确地反映期末存货的实际价值，企业应当定期或至少每年年度终了，对存货进行全面清查，如由于存货遭受毁损，或存货全部或部分陈旧过时，以及存货的销售价格低于成本等原因，导致存货的价值减少，应采用“成本与可变现净值孰低法”，通过计提存货跌价准备来计量期末存货的价值。

“成本”是指存货的历史成本；“可变现净值”是指在日常活动中，存货的估计售价减去至完工时估计将要发生的成本、估计的销售费用以及相关税费后的金额。这种计价方法是指对期末存货按照成本与可变现净值两者中较低者计价的方法。即当成本低于可变现净值时，存货按成本计价；当可变现净值低于成本时，存货按可变现净值计价。

当存在下列情况之一时，应当计提存货跌价准备：

（1）市价持续下跌，并且在可预见的未来无回升的希望。

（2）企业使用该项原材料生产的产品的成本大于产品的销售价格。

（3）企业因产品更新换代，原有库存原材料已不适应新产品的需要，而该原材料的市场价格又低于其账面成本。

（4）因企业所提供的商品或劳务过时或消费者偏好改变而使市场的需求发生变化，导致市场价格逐渐下跌。

（5）其他足以证明该项存货实质上已经发生减值的情形。

（一）成本与可变现净值孰低法的会计处理

企业在运用成本与可变现净值孰低法时，由于成本与可变现净值比较的口径不同，会计上有三种处理方法：单项比较法、分类比较法和综合比较法。

1. 单项比较法

单项比较法，又称逐项比较法，或个别比较法，即按单个存货的成本与其可变现净值进行比较，取其低者计量存货的价值。

2. 分类比较法

分类比较法是按存货的类别计算成本和可变现净值，取其低者计量该类存货的价值。

3. 综合比较法

综合比较法是将企业所有存货的总成本和可变现净值总额进行比较，取其低者计量存货的价值。

相同的存货，相同的成本和可变现净值，由于比较口径不同，则计提的存货跌价准备亦不相同。现举例说明。

例 9：某公司 20×9 年末有 A、B、C、D 四种存货，按性质分为甲（A、B）、乙（C、D）两大类。其成本和可变现净值如表 12-6 所示。

表 12-6　存货的成本与可变现净值比较表　　单位：元

项　目	成　本	可变现净值	单项比较法	分类比较法	综合比较法
A	2 000	1 600	1 600		
B	3 000	3 200	3 000		
甲类合计	5 000	4 800		4 800	
C	4 000	4 600	4 000		
D	6 000	5 800	5 800		
乙类合计	10 000	10 400		10 000	
总计	15 000	15 200	14 400	14 800	15 000

企业会计制度规定，应按单个存货项目的成本与可变现净值计量；如果某些存货具有类似用途，并与在同一地区生产和销售的产品系列相关，且实际上难以将其与该产品系列的其他项目区分开来进行估价的存货，可以合并计量成本与可变现净值；对于数量繁多、单价较低的存货，可以按存货类别计量成本与可变现净值。

（二）存货跌价准备提取的核算

以表 12-6 的资料为例，假设该企业采用单项比较法计提存货跌价准备。则 20×9 年末企业应提存货跌价准备 600 元（15 000 – 14 400），编制会计分录如下：

借：资产减值损失——存货跌价损失　　600

　　贷：存货跌价准备　　600

计提存货跌价准备时，应根据计提前“存货跌价准备”账户的余额及余额的方向，确定实际计提的金额。

当存货发生霉烂变质、过期且无转让价值、不需用且无使用价值和转让价值等特殊情况时，应将该存货的账面价值全部转入当期损益，即：

借：资产减值损失——存货跌价损失　　（差额）

　　存货跌价准备　　（已提的跌价准备）

　　贷：库存商品　　（账面成本）

如已提取跌价准备的存货的价值以后回升时，应按增加的金额，借记“存货跌价准备”科目，贷记“资产减值损失——存货跌价损失”科目，但冲减存货跌价准备的金额，应以“存货跌价准备”科目的余额为限。

五、存货的其他业务

存货的其他业务主要包括委托加工、包装物、低值易耗品及存货的清查等业务。

（一）委托加工业务的核算

为了反映企业委托外单位加工存货的加工成本，企业应设置“委托加工物资”科目进行核算。委托加工物资的核算程序如图 12-1 所示。

（二）包装物的核算

包装物是指为包装本企业的商品而储备的包装容器，如桶、箱、瓶、坛、袋等。其主要作用是盛装、装潢产品或商品。但应注意的是，价值较小的包装材料，如包装用的带子、绳子等，一般不作为包装物核算，而是作为一般消耗性材料核算；而大型包装容器一般作为固定资产或低值易耗品核算。

由于包装物和低值易耗品（后述）能够在多个生产周期内使用，故将其作为“周转材料”核算。所谓周转材料，是指在生产经营或工程施工过程中能够

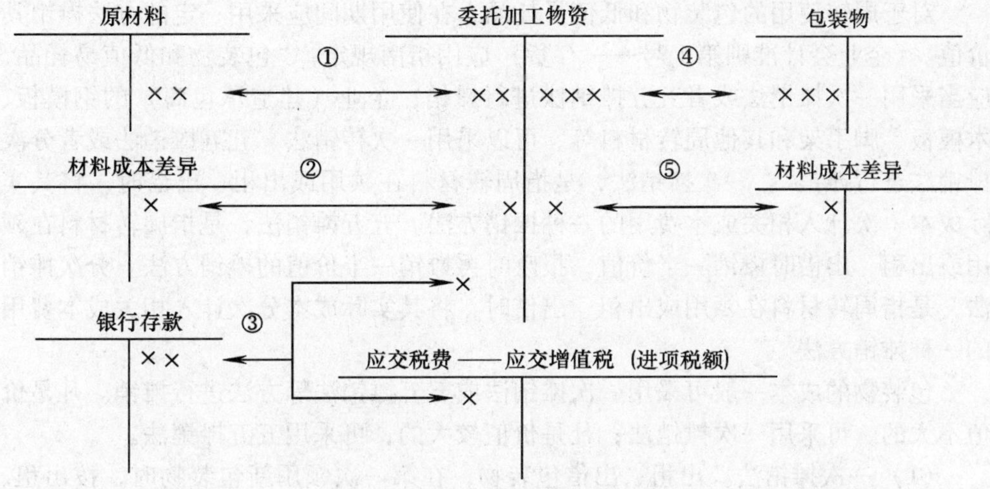

图 12-1 委托加工物质的核算程序

说明：①结转发出材料的计划成本，委托加工。②结转发出材料的成本差异。③支付加工费、运杂费及加工劳务的增值税。④结转完工加工物资的计划成本。⑤结转完工加工物资的成本差异。

多次周转使用仍保持其原有物质形态的材料。《企业会计准则》规定，对于包装物和低值易耗品的核算可以统一设置“周转材料”一级科目核算，也可以分设“包装物”、“低值易耗品”两个一级科目核算。本章下述内容采用分设两个会计科目的方法进行核算。

企业收入包装物的核算和“原材料”核算相同。这里主要说明包装物发出的核算。

企业发出包装物的核算，应按发出包装物的不同用途分别进行处理。

1. 生产领用包装物

企业生产部门领用的用于包装产品的包装物，构成了产品的组成部分，因此应将包装物的成本计入产品的生产成本。即借记“生产成本”等科目，贷记“包装物”科目。

2. 随同商品出售的包装物

随同商品出售的包装物，可以单独计价，也可以不单独计价。不单独计价的包装物，应于包装物发出时，按其实际成本计入销售费用中，借记“销售费用”科目，贷记“包装物”科目。随同商品出售单独计价的包装物，在随同商品出售时要单独计价，借记“其他业务成本”科目，贷记“包装物”科目。

3. 出租、出借包装物

企业有些包装物可多次周转使用，其实物形态保持不变。因此企业可以将这些包装物出租、出借给外单位使用。

对于周转使用的包装物和低值易耗品，在使用期间应采用一定的方法摊销其价值。《企业会计准则第1号——存货》应用指南规定："包装物和低值易耗品，应当采用一次摊销法或者五五摊销法进行摊销；企业（建造承包商）的钢模板、木模板、脚手架和其他周转材料等，可以采用一次转销法、五五摊销法或者分次摊销法进行摊销"。一次摊销法，是指周转材料在领用或出租、出借时，将其实际成本一次计入相关成本费用的一种摊销方法。五五摊销法，是指周转材料在领用或出租、出借时摊销一半价值，报废时再摊销一半价值的摊销方法。分次摊销法，是指周转材料在领用或出租、出借时，将其实际成本分次计入相关成本费用的一种摊销方法。

包装物的成本一般可采用一次摊销法或五五摊销法等方法进行摊销。凡是价值不大的，可采用一次摊销法；凡是价值较大的，可采用五五摊销法。

（1）一次摊销法。出租、出借包装物，在第一次领用新包装物时，按出租、出借包装物的实际成本，借记"其他业务成本"（出租包装物）或"销售费用"（出借包装物）科目，贷记"包装物"、"材料成本差异"科目。收到出租包装物的租金时，借记"库存现金"、"银行存款"等科目，贷记"其他业务收入"等科目。收到出租、出借包装物的押金时，借记"库存现金"、"银行存款"等科目，贷记"其他应付款"科目，退回押金作相反的会计分录。

对于逾期未退包装物，按没收的押金，借记"其他应付款"科目，按应交的增值税，贷记"应交税费——应交增值税（销项税额）"科目，按其差额，贷记"其他业务收入"科目。这部分没收的押金收入应交的消费税等税费，计入营业税金及附加，借记"营业税金及附加"科目，贷记"应交税费——应交消费税"等科目。

出租、出借的包装物不能使用而报废时，按其残料价值，借记"原材料"等科目，贷记"其他业务成本"（出租包装物）或"销售费用"（出借包装物）等科目。

（2）五五摊销法。五五摊销法是指包装物在领用时先摊销其价值的一半，在报废时再摊销其价值的另一半的办法。采用这种方法摊销包装物成本时，在"包装物"科目下，应设置"库存未用包装物"、"库存已用包装物"、"出租包装物"、"出借包装物"以及"包装物摊销"等明细科目。

例10：本月企业将一批包装物出借给高桥公司，包装物的计划成本8 000元。

①包装物出库：

借：包装物——出借包装物　　　　8 000

　　贷：包装物——库存未用包装物　　　　8 000

②摊销包装物价值的50%：

借：销售费用　　4 000

　　贷：包装物——包装物摊销　　4 000

③结转出借包装物分摊的成本差异，包装物的差异率为2%：

借：销售费用（8 000×2%）　　160

　　贷：材料成本差异　　160

④高桥公司用完后，退还了所有的包装物，企业重新入库：

借：包装物——库存已用包装物　　8 000

　　贷：包装物——库存未用包装物　　8 000

⑤若该批包装物退回时全部报废，再摊销剩余的50%的价值（残料作价200元入库）

借：销售费用　　4 000

　　贷：包装物——包装物摊销　　4 000

借：原材料　　200

　　贷：销售费用　　200

借：包装物——包装物摊销　　8 000

　　贷：包装物——出借包装物　　8 000

（三）低值易耗品的核算

低值易耗品属于劳动资料性质，但由于价值低易损耗，使用期限短，更换频繁，故作为流动资产处理。企业收入低值易耗品的核算和“原材料”的核算相同。这里主要说明低值易耗品发出的核算。

1. 发出低值易耗品的摊销方法

常用的低值易耗品的摊销方法有一次转销法和五五摊销法。

（1）一次转销法。一次转销法是指低值易耗品在领用时就将其全部账面价值计入有关成本费用的方法。通常适用于价值较低或极易损坏的管理用具和小型工具、卡具以及专用工具等。

（2）五五摊销法。五五摊销法是指低值易耗品在领用时先摊销其账面价值的一半，在报废时再摊销其账面价值的另一半。即低值易耗品的价值分两次各按50%进行摊销。五五摊销法通常既适用于价值较低，使用期限较短的低值易耗品，也适用于每期领用数量和报废数量大致相等的物品。

2. 领用低值易耗品的核算

（1）领用低值易耗品，价值一次摊销时，借记“制造费用”等科目，贷记“低值易耗品”、“材料成本差异”科目。

（2）五五摊销法。在五五摊销法下核算低值易耗品，需在“低值易耗品”科目下设置“在库低值易耗品”、“在用低值易耗品”、“低值易耗品摊销”三个明细科目进行核算。其会计处理方法与包装物的五五摊销法相同，这里不再赘述。

（四）存货清查的核算

为了真实地反映企业存货实物和资金的现有数额，加强存货的管理，保证存货核算的正确性，必须对存货进行定期或不定期的清查。对存货清查的结果，根据不同的情况进行会计处理。

1. 存货盘盈

进行存货清查后，如存货的实物数量多于存货的账面数量，即为存货的盘盈，对于盘盈的存货，应当按照其重置成本作为入账价值，并通过“待处理财产损溢”科目进行会计核算，按管理权限报经批准后冲减当期管理费用。

（1）调整账面价值：

借：原材料、库存商品等

　　贷：待处理财产损溢——待处理流动资产损溢

（2）按规定报经批准后，核销盘盈的存货：

借：待处理财产损溢——待处理流动资产损溢

　　贷：管理费用

2. 存货盘亏毁损

进行存货清查后，如存货的实有数量小于存货的账存数，即为存货的盘亏。

（1）调整账面价值：

借：待处理财产损溢——待处理流动资产损溢　　（实际价值）

　　贷：原材料　　（计划成本）

　　　　材料成本差异　　（结转的成本差异）

　　　　应交税费——应交增值税（进项税额转出）（转出的增值税）

（2）按规定报经批准后：

借：其他应收款　　（应收责任人、保险公司赔款）

　　营业外支出　　（非常损失）

　　管理费用　　（原因不明或扣除赔款等后的差额）

　　贷：待处理财产损溢——待处理流动资产损溢

存货毁损与盘亏的核算基本相同。

（3）对于无价值（如霉变、过期等）而处理的存货：

借：存货跌价准备

　　资产减值损失——存货跌价损失

　　贷：库存商品

　　　　应交税费——应交增值税（进项税额转出）

第二节 存货实务考核题及其答案

一、存货实务考核题

(一) 单项选择题

1. 外购材料途中发生损耗原因尚待查明，应按该材料（ ）借记“待处理财产损溢”科目。

A. 买价　　B. 实际采购成本

C. 买价及其增值税　　D. 实际采购成本和增值税

2. 随同产品出售但不单独计价的包装物，应于包装物发出时，借记“（ ）”科目。

A. 管理费用　　B. 生产成本　　C. 销售费用　　D. 其他业务成本

3. 对于逾期未退包装物没收加收的押金，应作（ ）处理。

A. 销售费用　　B. 其他业务成本　　C. 管理费用　　D. 营业外收入

4. 企业发出半成品委托外单位加工，该半成品实际成本15 000元，向加工单位支付加工费1 000元、增值税170元、代垫的运杂费500元。该批半成品加工后的实际成本是（ ）元。

A. 16 670　　B. 16 500　　C. 16 000　　D. 25 500

5. 盘盈存货报批转销，作（ ）处理。

A. 其他业务收入　　B. 营业外收入

C. 冲减管理费用　　D. 冲减营业外支出

6. 属于非常损失造成的存货毁损，应按（ ）计入营业外支出。该存货属于保险范围。

A. 毁损价值

B. 毁损价值扣除保险公司赔款后

C. 毁损价值扣除保险赔款和残料价值后

D. 毁损价值加上保险赔款后

(二) 多项选择题

1. 下列各项属于存货范围的有（ ）。

A. 外购件　　B. 在产品和产成品　　C. 低值易耗品

D. 外购商品　　E. 包装物

2. 购入材料的实际成本包括（ ）。

A. 买价

B. 运杂费

C. 途中合理损耗

D. 入库前加工整理挑选费用

E. 支付的增值税（买者为一般纳税人，并取得专用发票）

3. 外购商品的实际成本包括（　　）等。

A. 买价

B. 按离岸价成交的进口商品到岸前的运杂费

C. 途中合理损耗

D. 进口关税

E. 消费税

F. 增值税

4. 委托外单位加工的存货，其实际成本包括（　　）等。

A. 实际耗用的原材料或半成品的实际成本

B. 运杂费

C. 加工费

D. 支付的增值税（仅取得普通发票）

5. 接受国内捐赠的存货，其实际成本包括（　　）等。

A. 专用发票上的货价

B. 专用发票上的增值税（接受捐赠者为一般纳税人）

C. 企业负担的运输费

D. 企业负担的保险费

6. 能随时掌握存货实际库存成本的计价方法有（　　）。

A. 先进先出法　　B. 月末一次加权平均法　　C. 移动加权平均法

D. 个别计价法　　E. 后进先出法

7. 通过"原材料"科目核算的材料有（　　）。

A. 原料及主要材料　　B. 辅助材料　　C. 外购半成品

D. 外购商品　　E. 备品备件　　F. 包装材料

G. 燃料

8. 下列各项属于包装物核算范围的有（　　）。

A. 生产过程中用于包装产品作为产品组成部分的包装物

B. 随同产品出售单独计价和不单独计价的包装物

C. 储存和保管产品、材料而不对外出售的包装物

D. 出租或出借给购买单位使用的包装物

9. 下列各项作为产成品核算的有（　　）。

A. 商品产品　　B. 通过成品库收发的代制品

C. 通过成品库收发的代修品　　D. 降价出售的不合格品

10. 根据现行会计准则规定产成品按实际成本计价时，对发出和销售的产成品可以采用（　）确定其实际成本。

A. 先进先出法　　B. 月末一次加权平均法　　C. 移动加权平均法

D. 后进先出法　　E. 个别计价法

11. 减少产成品，可自“库存商品”科目贷方转入“（　）”科目借方。

A. 主营业务成本　　B. 发出商品

C. 产品成本差异　　D. 待处理财产损溢

（三）填空题

1. 存货是指企业在日常活动中持有以备出售的______或______、处在生产过程中的______、在生产过程或提供劳务过程中耗用的______和______等。

2. 自制存货的实际成本包括自制过程中发生的______、______、______等各项支出。

3. 盘盈的存货，应当按照其______作为入账价值。

4. 材料明细分类核算包括______核算和______核算两个部分。企业可采用设置“______”或“______”的方式进行材料的明细分类核算。

5. 从生产中回收的废料估价入账时，借记“______”科目，贷记“______”等科目。

6. 购入材料在运输途中发生短缺毁损要求运输部门赔偿时，借记“______”等科目。

7. 企业运输部门以自备运输工具将外购大宗材料运回企业时，对于应由外购材料负担的运输费用，借记“______”科目，贷记“______”科目。

8. 生产领用包装物用于包装产品，应借记“______”科目。

9. 企业随产品销售不单独计价的包装物，在包装物发出时，应借记“______”科目。

10. 低值易耗品按用途可分为以下几类：一般工具、专用工具、______、______、______和其他。

11. 盘亏存货，属于自然损耗产生的定额内合理损耗，经批准，计入______，属于超定额损耗，在扣除过失人赔款后，经批准。计入________。

（四）判断题

1. 投资者投入的存货，其实际成本为投资各方确认的价值。（　）

2. 接受捐赠的存货，如果无发票账单，可按有关同类物资的市价或该存货预计未来产生现金流量的现值价值作为实际成本入账。（　）

3. 企业发出材料如果采用先进先出法计价，在物价变动的情况下，可以使库存材料价值比较接近市场价值。（　）

4. 企业发出材料如果采用后进先出法计价，在物价变动的情况下，可以使

本期发料成本接近现时的成本水平。(　　)

5. 购入材料在运输途中出现定额内合理损耗,应单独进行账务处理。(　　)

6. 外购材料途中超定额损耗的原因难以查明，经批准可计入材料采购成本。(　　)

7. 计划上单独列作企业商品产品的自制包装物，也应作为包装物核算。(　　)

（五）简答题

1. 简述先进先出法和后进先出法的特点。

2. 材料日常核算按实际成本计价和按计划成本计价各有什么优缺点?

（六）计算（核算）题

1. 某企业8月份甲材料收发存情况是：8月1日结存540件，单价1.10元；8月6日购入400件，单价1.20元；8月12日发出800件；8月16日购入440件，单价1.25元；8月24日发出360件；8月26日购入330件，单价1.30元。试用先进先出法、后进先出法和月末一次加权平均法计算甲材料本月发出成本和期末结存金额，并比较其发出成本，说明不一致的原因。

2. 某企业材料存货按实际成本计价。5日，购入原材料一批，价款40 000元，增值税6 800元，当即提交面值46 800元的商业承兑汇票一张。8日，该批材料到达验收入库。试作有关分录。

3. 某企业材料存货按计划成本计价。月初，“原材料”科目余额45 000元，“材料成本差异——原材料差异”科目贷方余额2 600元。本月份发生下列业务，试作有关分录。

（1）购入原材料一批，付款46 800元（其中增值税6 800元），该批材料验收入库的计划成本40 800元。

（2）又购入原材料一批，付款6 435元（其中增值税935元），材料直到月底也未到达。

（3）又购入原材料一批，按计划价9 000元验收入库，因结算凭证未到，直到月底也未付款。

（4）基本生产车间自制原材料入库，计划成本5 290元，月终计算出该批材料的实际成本为5 000元。

（5）月终，根据发料凭证汇总表，产品生产耗用原材料计划成本53 000元，厂部管理部门耗用1 000元。

（6）月终,结转外购材料成本差异,并计算材料成本差异率,分配材料价差。

4. 企业出租新包装物一批,计划成本2 000元,收押金3 000元存入银行,当月收租金585元存入银行(含税率为17%的增值税85元);月末,按2%的材料成本差异率计算出租包装物应分摊的价差。出租包装物到期,对方退回3/4的包装物,企业退回相应的押金,其余押金予以没收;收回的包装物有一部分不能使用而报废,残期入库作价 200 元。该包装物的价值采用一次摊销法。试作有关分录。

5. 企业出借新包装物一批,计划成本 800 元,收押金 1 600 元存入银行,月终分摊材料节约价差 8 元。出借包装物到期,对方退回 4/5 的包装物,企业退回相应的押金,并没收其余押金。该包装物的价值采用一次摊销法。试作有关分录。

6. 加工车间本月报废低值易耗品，计划成本 2 000 元，残料入库作价 100 元。企业采用五五摊销法核算该低值易耗品。试作有关分录。

7. 某厂委托外单位加工木箱。发出木材一批，计划成本 2 600 元，分摊超支价差 78 元，以银行存款支付加工费 600 元、增值税 102 元、外地运杂费 150 元。木箱加工完毕验收入库，计划成本 3 800 元。试作有关分录。

8. 某商店本月购入商品一批，专用发票上货价 8 000 元，增值税 1 360 元，对方还代垫运费 150 元（取得普通发票，准予按 7% 计算进项税额），共付款 9 510 元,商品零售价 11 000 元；本月销售该商品收款 8 541 元存入银行；月终，分摊已销商品进销差价（假定月初无库存商品）。试作有关分录。

9. A 材料盘亏 6t，每吨计划成本 300 元，材料成本差异率为 -4%，增值税税率为 17%。经查，有 5t 属于自然灾害造成毁损，有 1t 原因难以查明。报经批准，毁损材料应收保险赔款 1 400 元，毁损残料入库作价 100 元，其余作非常损失处理；原因不明的短缺，应责成保管人员赔偿 80 元，其余损失同意转销。试作有关分录。

二、存货实务考核题参考答案

（一）单项选择题

1. D　2. C　3. D　4. B　5. C　6. C

（二）多项选择题

1. ABCDE　2. ABCD　3. ABDE　4. ABCD　5. ACD　6. ACDE
7. ABCEFG　8. ABD　9. ABCD　10. ABCE　11. ABD

（三）填空题

1. 产成品　商品　在产品　材料　物料　2. 直接材料　直接人工　制造费用　3. 重置成本　4. 数量　金额　两套账　一套账　5. 原材料　生产成本　6. 其他应收款　7. 材料采购(或原材料) 生产成本　8. 生产成本　9. 销售费用　10. 替换设备　管理用具　劳动保护用品　11. 管理费用　管理费用

（四）判断题

1. ×　2. ✓　3. ✓　4. ✓　5. ×　6. ✓　7. ×

（五）简答题

1. 答：先进先出法是假定先购进的材料先领用，并根据这一假定，对每次发料分别以收料的顺序来计算实际成本。其特点是：期末结存材料的账面价值是反映最近购进材料的实际成本，即接近于市价。而本期发出材料的成本反映最早购进材料的成本水平。

后进先出法是假定后购进的材料先发出，并根据这一假定的成本流转顺序，对发出材料和期末结存材料进行计价。其特点是：期末结存材料的账面价值是反映最早购进材料的实际成本，而发出材料的成本则接近于现时的成本水平。

2. 答：材料日常核算按实际成本计价是指材料收发凭证以及材料总账和明细账全部登记实际成本，这种计价方法可以直接计算各种库存材料以及发出材料的实际成本，但如果企业材料收发业务很频繁，则材料计价工作极为繁重，而且不利于考核企业材料采购成本是节约还是超支，因而它适用于材料收发业务不多的企业。材料按计划成本计价是指材料收发凭证以及材料总账和明细账都登记计划成本，这种计价方法可以反映材料实际成本和计划成本的差异，分析差异产生的原因，借以考核材料采购业务和消耗情况的经营成果，简化和加速材料收发凭证的计价和材料明细账的登记工作。它适用于规模较大，材料品种繁多的企业。但采用计划成本计价，不如按实际成本计价准确。

（六）计算（核算）题

1. 解：（1）采用先进先出法

本月发料成本 = 540 × 1.10 + 260 × 1.20 + 140 × 1.20 + 220 × 1.25 = 1 349（元）

月末结存材料成本 = 月初（540 × 1.10）+ 本月收入（400 × 1.20 + 440 × 1.25 + 330 × 1.30）− 本月发出 1 349 = 594 + 1 459 − 1 349 = 704（元）

（2）采用后进先出法

本月发料成本 = 400 × 1.20 + 400 × 1.10 + 360 × 1.25 = 1 370（元）

月末结存材料成本 = 594 + 1 459 − 1 370 = 683（元）

（3）采用加权平均法

加权单价 =（594 + 1 459）/［540 +（400 + 440 + 330）］≈ 1.20（元）

本月发料成本 =（800 + 360）× 1.20 = 1 392（元）

月末结存材料成本 = 594 + 1 459 − 1 392 = 661（元）

从计算结果可以看出，采用后进先出法的发料成本大于先进先出法的发料成本，采用加权平均法的发料成本又大于后进先出法的发料成本。原因是：本月购料单价不断上升，后购进的材料成本先计价发出，必然使发料成本比先进先出法高，全月加权平均单价虽然介于各次购价之间，但由于本月前期发料数量远远大于后期，致使发出材料的大多数按高于前期购价的加权单价计价，其结果必然大于先进先出法和后进先出法下的发料成本。

2. 解：5 日　借：在途物资　　40 000

　　应交税费——应交增值税（进项税额）　　6 800

贷：应付票据　46 800

8 日　借：原材料　40 000

贷：在途物资　40 000

3. 解：（1）借：材料采购　40 000

应交税费——应交增值税（进项税额）　6 800

贷：银行存款　46 800

借：原材料　40 800

贷：材料采购　40 800

（2）借：材料采购　5 500

应交税费——应交增值税（进项税额）　935

贷：银行存款　6 435

（3）月终：借：原材料　9 000

贷：应付账款　9 000

（4）借：原材料　5 200

贷：生产成本　5 200

借：生产成本　200

贷：材料成本差异　200

（5）借：生产成本　53 000

管理费用　1 000

贷：原材料　54 000

（6）借：材料采购　800

贷：材料成本差异　800

原材料成本差异率 = (−2600 + (−200) + (−800))/[45 000 + (40 800 + 9 000 +5 200)] = −3.6%

借：材料成本差异　1 944

贷：生产成本（53 000 × 3.6%）　1 908

管理费用（1 000×3.6%）　36

4. 解：（1）包装物出租并收押金：借：其他业务成本　2 000

贷：包装物　2 000

借：银行存款　3 000

贷：其他应付款　3 000

（2）收到租金：借：银行存款　585

贷：其他业务收入　500

应交税费——应交增值税（销项税额）　85

（3）分摊价差：借：其他业务成本（2 000×2%）　40

贷：材料成本差异 40

（4）退回押金和没收押金：借：其他应付款（3 000 ×3/4） 2 250

贷：银行存款 2 250

借：其他应付款（3 000 - 2 250） 750

贷：其他业务收入 641.03

应交税费——应交增值税（销项税额） 108.97

（5）残料入库：借：原材料 200

贷：其他业务成本 200

5. 解：出借并收取押金：借：销售费用 800

贷：包装物 800

借：银行存款 1 600

贷：其他应付款 1 600

月终分摊价差：借：材料成本差异 8

贷：销售费用 8

退回押金和没收押金：借：其他应付款（1 600 ×4/5） 1 280

贷：银行存款 1 280

借：其他应付款（1 600 - 1 280） 320

贷：其他业务收入 273.50

应交税费——应交增值税（销项税额） 46.50

6. 解：

①报废时再摊销一半价值：

借：制造费用 1 000

贷：低值易耗品——低值易耗品摊销 1 000

②反映收入残料：

借：原材料 100

贷：制造费用 100

③注销报废低值易耗品的账面价值：

借：低值易耗品——低值易耗品摊销 2 000

贷：低值易耗品——在用 2 000

7. 解：发出木材并分摊价差：借：委托加工物资 2 600

贷：原材料 2 600

借：委托加工物资 78

贷：材料成本差异 78

支付加工费等：借：委托加工物资　750

应交税费——应交增值税（进项税额）　102

贷：银行存款　852

木箱入库并结转价差：借：包装物　3 800

贷：委托加工物资　3 800

借：委托加工物资　372

贷：材料成本差异　372

8. 解：购入商品：借：在途物资［8 000 +(150 - 150 ×7%)］

8 139. 5

应交税费——应交增值税（进项税额）

1 370. 5

贷：银行存款　9 510

借：库存商品　11 000

贷：在途物资　8 139. 5

商品进销差价　2 860. 5

收款并结转已销商品成本：借：银行存款　8 541

贷：主营业务收入（8 541 ÷1. 17）

7 300

应交税费——应交增值税（销项税额）

1 241

借：主营业务成本　8 541

贷：库存商品　8 541

分摊进销差价 2 221. 05 元(8 541 ×2 860. 5 ÷11 000)：

借：商品进销差价　2 221. 05

贷：主营业务成本　2 221. 05

9. 解：（1）借：待处理财产损溢　2 021. 76

材料成本差异［1 800 ×(-4%)］　72

贷：原材料（6 ×300）　1 800

应交税费——应交增值税（进项税额转出）

293. 76

（2）借：其他应收款　1 480

原材料　100

营业外支出（2 021. 76 ÷6 ×5 - 1 400 - 100）　184. 80

管理费用（2 021. 76 ÷ 6 - 80）　256. 96

贷：待处理财产损溢　2 021. 76

第十三章　非流动资产投资实务考核

第一节　非流动资产投资的核算

一、非流动资产投资的概念及种类

非流动资产投资，是指“归作非流动资产类的投资项目”，简称“非流动资产投资”。它是企业对外进行的、不准备在一年内或长于一年的一个营业周期内变现的投资。投资目的是为了实现长期战略目标（如为了获取新的货源，为了开拓新的市场，为了扩大企业影响提高声誉等），谋求长期经济利益，影响和控制其他企业的重大经营决策，获取较高的投资收益。它同调节企业现金流量、借以提高资金使用效益的短期性投资行为截然不同，具有投资金额大、回收期限长、投资报酬率高等特点。进行非流动资产投资时，要以不影响本企业正常资金周转和本企业信誉为基本原则。非流动资产投资按会计核算项目分类，分为可供出售金融资产、持有至到期投资、长期股权投资、投资性房地产、拨付所属资金等。

二、可供出售金融资产

（一）可供出售金融资产的含义

可供出售金融资产，是指初始确认时即被指定为可供出售的非衍生金融资产，以及除下列各类资产以外的金融资产：①贷款和应收款项。②持有至到期投资。③为以公允价值计量且其变动计入当期损益的金融资产。即：可供出售金融资产是企业购入的不准备近期出售的、也不准备持有至到期的金融资产，如，企业购入的在活跃市场上有报价的股票、债券和基金等。可供出售金融资产与交易性金融资产最根本的区别是：前者因较长时间观望持有而归属非流动资产，后者因近期持有而归属流动资产。

（二）可供出售金融资产的核算要求

企业应设置“可供出售金融资产”一级会计科目，核算企业持有的可供出售金融资产。企业还应按可供出售金融资产的类别和品种，分别“成本”、“利息调整”、“应计利息”、“公允价值变动”等进行明细核算。

1. 可供出售金融资产的初始计量

可供出售金融资产初始计量时，以其公允价值加上相关的交易费用作为购入成本入账。不包括实际支付的价款中包含的已宣告但尚未领取的现金股利和已到期但尚未领取的利息。如为购入的债券作为可供出售金融资产处理的，按债券面值作为入账“成本”。

2. 可供出售债券计息的处理

如果购入债券作为可供出售金融资产，则在债券规定的计息日及资产负债表日需要对债券进行计息。计息时，按照票面价值和票面利率计算应收利息，计入“应收利息”（分次付息债券）或“可供出售金融资产——应计利息”（到期一次还本付息债券）。按照实际本金（即投资的摊余成本）和实际利率计算投资收益。二者间的差额，实质是溢价或折价以及交易费用的摊销，作为“可供出售金融资产——利息调整”的摊销，即“利息调整”应按实际利率法摊销。

3. 可供出售金融资产的期末计价

可供出售金融资产在资产负债表日需要按公允价值计量。其公允价值与账面价值的差额计入“资本公积——其他资本公积”科目，不设“公允价值变动损益”科目核算变动差额，因而不影响当期利润总额。

4. 可供出售金融资产减值的处理

可供出售金融资产需要在资产负债表日进行减值测试，如果可供出售金融资产发生减值，应确认资产减值损失。

（1）确认减值损失。可供出售金融资产发生减值损失时，即使该金融资产没有终止确认，原直接计入所有者权益中的因公允价值下降形成的累计损失，应当予以转出，计入当期损益。该转出的累计损失，等于可供出售金融资产的初始取得成本扣除已收回本金和已摊销金额、当前公允价值和原已计入损益的减值损失后的余额。

在活跃市场中没有报价且其公允价值不能可靠计量的权益工具投资，发生减值时，应当将该权益工具投资或衍生金融资产的账面价值，与按照类似金融资产当时市场收益率对未来现金流量折现确定的现值之间的差额，确认为减值损失，计入当期损益。与该权益工具挂钩并须通过交付该权益工具结算的衍生金融资产发生减值的，也应当采用类似的方法确认减值损失。

（2）对于已确认减值损失的可供出售债务工具，在随后的会计期间公允价值已上升且客观上与确认原减值损失后发生的事项有关的，原确认的减值损失应当予以转回，计入当期损益。

（3）可供出售权益工具投资发生的减值损失，在该权益工具价值回升时，应通过权益转回，不得通过损益转回。但是，在活跃市场中没有报价且其公允价值不能可靠计量的权益工具投资，或与该权益工具挂钩并须通过交付该权益工具结算的衍生金融资产发生的减值损失，不得转回。

5. 可供出售金融资产出售时的处理

可供出售金融资产出售时，应注销“可供出售金融资产”各明细科目余额，注销已提的可供出售金融资产减值准备，并将因公允价值变动计入“资本公积——其他资本公积”科目的金额转出。以上款项与出售时实得款项的差额计入“投资收益”。

（三）可供出售金融资产核算举例

1. 可供出售股票投资核算

例1：甲公司20×8年7月13日从二级市场购入股票10万股，每股市价15元，手续费3 000元，初始确认时，该股票投资划分为可供出售金融资产。甲公司至20×8年12月31日仍然持有该股票，此时该股票市价为每股16元。20×9年2月1日，甲公司将该股票全部售出，售价为每股13元，另支付手续费1 300元。假定不考虑其他因素，甲公司的账务处理如下：

①20×8年7月13日，购入股票：

借：可供出售金融资产——成本　　1 503 000

　　贷：银行存款　　1 503 000

②20×8年12月31日，确认股票价格变动：

借：可供出售金融资产——公允价值变动（100 000×16－1 503 000）

　　97 000

　　贷：资本公积——其他资本公积　　97 000

资产负债表日，持有的股票价格下跌时，分录相反。

③20×9年2月1日，出售股票：

借：银行存款　　1 298 700

　　资本公积——其他资本公积　　97 000

　　投资收益　　204 300

　　贷：可供出售金融资产——成本　　1 503 000

　　　　——公允价值变动　　97 000

例2：乙公司20×8年3月25日购入虹桥公司普通股票4 000股，每股价格22元，另付已宣告但尚未发放的现金股利4 000元和各项交易费用660元。乙公司将其列入可供出售金融资产。20×8年4月5日，乙公司分得现金股利4 000元。20×8年12月31日，虹桥股票每股价格降为20元。虹桥公司因投资决策失误，发生严重财务困难，股票价格急剧下跌。至20×9年3月31日，每股价格仅为17元。乙公司对虹桥股票进行减值测试并计提减值损失。20×9年6月30日，虹桥股票价格上升为21元。20×9年7月15日，乙公司售出全部虹桥股票，每股23元，另付交易费用700元。乙公司有关账务处理如下：

①20×8年3月25日，购入股票：

借：可供出售金融资产——虹桥股票（成本） 88 660

应收股利 4 000

贷：银行存款 92 660

②20×8 年 4 月 5 日，分得现金股利：

借：银行存款 4 000

贷：应收股利 4 000

③20×8 年 12 月 31 日，确认股票价格变动：

借：资本公积——其他资本公积（88 660 − 4 000 × 20） 8 660

贷：可供出售金融资产——虹桥股票（公允价值变动） 8 660

如果股票价格上升超过购入成本，其差额作与此相反的会计分录。

④20×9 年 3 月 31 日，确认减值损失：

20×9 年 3 月 31 日，乙公司对虹桥股票进行减值测试，每股价格仅为 17 元。如果月末售出该股票，还需支付手续费用等 520 元。乙公司计算减值损失如下：

虹桥股票减值损失 = 初始投资成本 − 可收回金额

= 88 660 − (4 000 × 17 − 520)

= 88 660 − 67 480

= 21 180(元)

按准则规定，资产减值损失首先要转出原计入资本公积的累计损失金额，其余差额再计入“可供出售金融资产”科目所属“公允价值变动”明细科目。乙公司 20×9 年 3 月 31 日作如下会计分录：

借：资产减值损失 21 180

贷：资本公积——其他资本公积 8 660

可供出售金融资产——虹桥股票（公允价值变动） 12 520

⑤20×9 年 6 月 30 日，确认股票价格变动：

借：可供出售金融资产——虹桥股票(公允价值变动)(4 000 × 21 − (88 660 − 8 660 − 12 520)) 16 520

贷：资本公积——其他资本公积 16 520

说明，对上述已确认减值损失的可供出售金融资产，如果不是股票等权益工具投资，而是债券投资，在随后会计期间内公允价值再上升时，上述分录中贷记“资本公积——其他资本公积”科目应改为贷记“资产减值损失”科目，反映减值损失的转回。

⑥20×9 年 7 月 15 日，出售股票：

乙公司出售股票实际收款 = 4 000 × 23 元 − 700 = 91 300(元)

可供出售金融资产账面成本 = 88 660 元

可供出售金融资产账面公允价值变动 = 16 520 - 8 660 - 12 520 = -4 660（元）

资本公积——其他资本公积账面余额 = -8 660 + 8 660 + 16 520 = 16 520（元）

处置损益 = 91 300 - 股票价值(88 660 - 4 660) + 资本公积转回 16 520 = 23 820(元)

借：银行存款　　91 300
　　资本公积——其他资本公积　　16 520
　　可供出售金融资产——虹桥股票（公允价值变动）　　4 660
　　贷：可供出售金融资产——虹桥股票（成本）　　88 660
　　　　投资收益　　23 820

注：企业从证券市场上购入基金列作"可供出售金融资产"的核算（可供出售基金投资核算）与上述可供出售股票投资核算相同。

2. 可供出售债券投资核算

例3：20×7年7月1日，丙公司购入大洋公司当年1月1日发行的3年期、票面利率8%，面值48 000元的债券。该债券1月1日证券市场上显示的实际利率为6%。丙公司共付款52 120元，其中，债券买价50 050元（本金48 000元，溢价2 050元）、债券半年期利息1 920元（48 000×8%×6/12）、经纪人佣金150元。该债券每年7月1日和1月1日付息，到期一次还本。丙公司将该项债券投资划分为可供出售金融资产。当年7月5日，丙公司收到大洋公司第一期利息1 920元存入银行。当年12月31日，该债券市场价值为49 686元，丙公司对大洋债券进行计息，并按期末市场价值调整债券投资的价值，第2年1月1日收息。第2年6月30日计息，并收利息1 920元。第2年12月31日计息，并于次年1月1日收到利息1 920元。第2年年末发现大洋债券市场价值持续下跌，短期内无望上升，故对其进行减值测试，期末公允价值为47 821元，确认减值损失1 000元。第3年2月1日，丙公司将大洋公司的债券全部售出，实际收款47 200元存入银行。丙公司有关账务处理如下：

①20×7年7月1日，购入债券：

利息调整 = 溢价 2 050 + 佣金 150 = 2 200（元）

借：可供出售金融资产——大洋债券（成本）　　48 000
　　　　　　　　　　——大洋债券（利息调整）　　2 200
　　应收利息　　1 920
　　贷：银行存款　　52 120

②20×7年7月5日，收到债券利息：

借：银行存款　　1 920

贷：应收利息 1 920

③20×7年12月31日，计息：

应收利息=48 000×8%×6/12=1 920(元)

利息收入=(48 000+2 200)×6%×6/12=1 506(元)

借：应收利息 1 920

贷：投资收益 1 506

可供出售金融资产——大洋债券（利息调整） 414

说明，如果以上债券不是分期付息，而是到期一次还本付息，则丙公司应在资产负债表日将上述会计分录中的“应收利息”科目改为“可供出售金融资产——大洋债券（应计利息）”科目。

④20×7年12月31日，确认债券价格变动：

债券公允价值变动=49 686-(48 000+2 200-414)=-100（元）

借：资本公积——其他资本公积 100

贷：可供出售金融资产——大洋债券（公允价值变动） 100

如果公允价值上升，会计分录相反。

⑤20×8年1月1日，收到债券利息：

借：银行存款 1 920

贷：应收利息 1 920

⑥20×8年6月30日，计息并收息：

应收利息=48 000×8%×6/12=1 920(元)

利息收入=(48 000+2 200-414)×6%×6/12=1 494(元)

借：应收利息 1 920

贷：投资收益 1 494

可供出售金融资产——大洋债券（利息调整） 426

借：银行存款 1 920

贷：应收利息 1 920

⑦20×8年12月31日，计息：

应收利息=48 000×8%×6/12=1 920(元)

利息收入=(48 000+2 200-414-426)×6%×6/12=1 481(元)

借：应收利息 1 920

贷：投资收益 1 481

可供出售金融资产——大洋债券（利息调整） 439

丙公司计算减值损失：

大洋债券减值损失=账面价值-可收回金额

=(48 000+2 200-414-100-426-439)-47 821

=1 000(元)

借：资产减值损失　　1 000

　　贷：资本公积——其他资本公积　　100

　　　　可供出售金融资产——大洋债券（公允价值变动）　　900

注：也可使用"可供出售金融资产减值准备"科目。如果下次资产负债表日已提减值准备的债券价值回升，借记"可供出售金融资产——大洋债券（公允价值变动）"或"可供出售金融资产减值准备"科目，贷记"资产减值损失"科目。

⑧20×9 年 1 月 1 日，收息：

借：银行存款　　1 920

　　贷：应收利息　　1 920

⑨20×9 年 2 月 1 日，出售债券：

出售价款 =47 200（元）

债券账面成本 =48 000（元）

债券账面利息调整 =2 200 -414 -426 -439 =921（元）

债券账面公允价值变动 = -100 -900 = -1 000（元）

投资收益 =47 200 - 债券账面价值（48 000 +921 -1 000）= -721（元）

丙公司 2 月 1 日作如下会计分录：

借：银行存款　　47 200

　　可供出售金融资产——大洋债券（公允价值变动）　　1 000

　　投资收益　　721

　　贷：可供出售金融资产——大洋债券（成本）　　48 000

　　　　　　　　　　　　——大洋债券（利息调整）　　921

三、持有至到期投资

（一）持有至到期投资的含义

持有至到期投资是指企业持有的、具有固定到期日的、回收金额固定或可确定的、企业有明确意图和能力持有至到期在活跃市场兑现的非衍生金融资产。

划分持有至到期投资需要具备四个主要条件：一是到期日固定；二是回收金额固定或可确定；三是企业有明确意图持有至到期；四是企业有能力持有至到期。任何一个条件不满足，则不能被划为持有至到期投资。持有至到期投资一般包括持有至到期债券投资和委托贷款。

企业应设置"持有至到期投资"一级会计科目，在该科目下按投资的类别和品种分别"成本"、"利息调整"、"应计利息"等进行明细核算；同时企业应设置"委托贷款"一级会计科目，在该科目下设置"成本"、"应计利息"两个明细科目进行明细核算。

(二) 持有至到期债券投资的核算要求

1. 持有至到期债券投资的计价及购入的核算

购入的列作“持有至到期投资”的债券，按取得时的公允价值和相关交易费用之和作为初始确认金额。

企业进行长期债券投资，在购入债券时，有三种价格：即等价购入、溢价购入、折价购入。无论购入价格为哪一种，持有至到期投资均按取得成本记账，即以实际支付的全部价款扣除已到期尚未领取的利息后的余额作为初始确认金额。其中，按照购入债券的面值计入“持有至到期投资——成本”，按照初始确认金额与面值的差额，计入“持有至到期投资——利息调整”，即购入债券投资时发生的溢价、折价和交易费用全部作为“持有至到期投资——利息调整”。

交易费用，是指可直接归属于购买、发行或处置金融工具新增的外部费用。新增的外部费用，是指企业不购买、发行或处置金融工具就不会发生的费用。交易费用包括支付给代理机构、咨询公司、券商等的手续费和佣金及其他必要支出，不包括债券溢价、折价、融资费用、内部管理成本及其他与交易不直接相关的费用。企业购入的划作“持有至到期投资”的债券时发生的交易费用计入“持有至到期投资——利息调整”明细科目。

企业购入的债券，如果为分期付息、一次还本的债券，所支付价款中含有已到付息期但尚未领取的债券利息，应作为应收项目单独核算，计入“应收利息”一级科目；企业购入的债券，如果为一次还本付息的债券，所支付的价款中含有尚未到期的利息，计入“持有至到期投资——利息调整”明细科目。

会计对初始确认计入“持有至到期投资——利息调整”明细科目的金额，应在债券到期前按实际利率法分期摊销，摊销期次一般与计息期次一致。

2. 持有至到期债券投资利息的处理

持有至到期投资需要在规定的计息日及资产负债表日计息。其处理方式同前述的“可供出售金融资产”的债券计息。企业设置“持有至到期投资——应计利息”明细科目，只是核算企业在取得一次还本付息债券后的持有期间于资产负债表日按债券票面利率计算的应收未收利息的产生和到期（或处置）时该利息的收回（或转销）。分期付息到期还本的债券利息通过“应收利息”科目核算。

3. 持有至到期债券投资到期收回和出售的处理

收回和出售持有至到期投资，应注销“持有至到期投资”各明细科目，还应同时注销已计提的减值准备。

4. 持有至到期投资的转换

企业将持有至到期投资重分类为可供出售金融资产的，应在重分类日按照转换日债券的公允价值确认为“可供出售金融资产”，公允价值与持有至到期投资账面净值的差额计入“资本公积——其他资本公积”。

（三）持有至到期投资核算举例

1. 购入债券

（1）等价购入：

例4：东方公司20×8年1月1日购入A公司按面值发行的债券10 000元，同时支付交易费用200元作为持有至到期投资。该债券期限5年，票面利率10%。每年1月1日付息。

东方公司购入债券时，编制会计分录：

借：持有至到期投资——债券投资（成本）　10 000

　　　　　　　　　——债券投资（利息调整）　200

　贷：银行存款　10 200

12月31日，东方公司计息：

借：应收利息（10 000×10%）　1 000

　贷：投资收益　1 000

次年1月1日，收息：

借：银行存款　1 000

　贷：应收利息　1 000

以后计息、收息的会计处理，与此相同。

（2）溢价购入：

例5：甲企业于20×9年1月1日以94 500元购入乙企业20×9年1月1日发行的债券作为长期投资，债券面值90 000元，期限3年，票面利率6%，每年1月1日付息。

甲企业购入债券时，编制会计分录：

借：持有至到期投资——债券投资（成本）　90 000

　　　　　　　　　——债券投资（利息调整）　4 500

　贷：银行存款　94 500

（3）折价购入：

例6：东方公司于20×8年1月1日购入某单位发行的5年期面值100 000元的债券，购入价格92 640元，折价7 360元，票面利率10%，到期还本付息。

借：持有至到期投资——债券投资（成本）　100 000

　贷：持有至到期投资——债券投资（利息调整）　7 360

　　　银行存款　92 640

2. 初始利息调整额的摊销

企业取得持有至到期债券投资时，债券初始确认金额分为两部分：一是债券面值，计入初始投资“成本”明细科目；二是债券相关价值，包括债券溢价、折价、利息和交易费用等，除“分期付息，一次还本”的债券利息单独处理外，其余都计入“持有至到期投资——利息调整”明细科目，称“初始利息调整额”，其中，主要部分是债券的溢、折价。

债券投资的溢、折价是指债券的购买价格与债券面值之间的差额。债券溢价或折价的实质是对未来按票面利率收取的债券利息与按市场利率计算的应得债券利息之间的差额以其现值进行的事先调整。持有至到期债券投资的溢折价，应在债券购入后至债券到期前的存续期内摊销，理论上摊销方法可以采用直线法或实际利率法，但我国企业会计准则规定，只允许采用实际利率法摊销；债券投资溢折价的摊销，应与确认相关债券利息收入同时进行，并作为计提的应收利息的调整。

（1）直线摊销法。直线摊销法是将持有至到期债券投资的溢折价在债券的存续期内平均摊销的方法。

例7：如例5，20×9年12月31日甲企业计息、摊销溢价。

应收利息＝90 000×6%＝5 400（元）

溢价摊销额＝4 500÷3＝1 500（元）

投资收益＝5 400－1 500＝3 900（元）

借：应收利息	5 400	
贷：持有至到期投资——债券投资（利息调整）		1 500
投资收益		3 900

第2年1月1日，收到利息：

借：银行存款	5 400	
贷：应收利息		5 400

以后各期计息、摊销初始利息调整额、收取利息的账务处理，与此相同。

第4年初，企业收回投资本金和最后一期利息时：

借：银行存款	95 400	
贷：持有至到期投资——债券投资（成本）		90 000
应收利息		5 400

（2）实际利率摊销法。实际利率摊销法，是指按照金融资产或金融负债的实际利率计算其摊余成本及各期利息收入或利息费用的方法。

实际利率，是指将金融资产或金融负债在预期存续期间或适用的更短期间的未来现金流量，折现为该金融资产或金融负债当前账面价值所使用的利率。确定实际利率时，“属于实际利率组成部分的各项收费、交易费用及溢价或折价等”应当予以考虑。可见，实际利率的计算涉及到折现值（或称贴现值）。折现值是指未来各期及到期价值按一定利率（或称贴现率）折算的现在价值，即现值。

可见，用于摊销利息调整的实际利率，不纯粹是证券市场公布的利率，而是以市场利率为基础重新计算的利率。实际利率的计算在“企业债券发行价格”中阐述。

实际利率摊销法下，持有至到期债券投资的应收利息、溢折价摊销额、以及确认投资收益的计算公式如下：

每期应收利息 = 债券面值 × 债券的票面利率

每期实际利息 = 债券摊余成本 × 实际利率

其中，债券摊余成本 = 债券初始确认金额 - 已偿还本金
± 债券累计摊销额 - 已发生的减值损失

每期摊销初始利息调整额 = 每期应收利息 - 每期实际利息

例 8：甲公司 20 ×0 年 1 月 1 日，以 1 000 万元的价款从活跃市场上购入某公司 5 年期债券，面值 1 250 万元，票面利率 4.72%（经计算实际利率为 10%），按年支付利息，到期还本。甲公司将该债券投资确认为持有至到期投资。甲公司的相关账务处理如下：

①20 ×0 年 1 月 1 日，购入债券：

借：持有至到期投资——债券投资（成本） 1 250 万

贷：银行存款 1 000 万

持有至到期投资——债券投资（利息调整） 250 万

②20 ×0 年 12 月 31 日，计收债券利息：

应收利息 =1 250 ×4.72% =59（万元）

实际利息 =1 000 ×10% =100（万元）

初始利息调整摊销额 =100 -59 =41（万元）

借：应收利息 59 万

持有至到期投资——债券投资（利息调整） 41 万

贷：投资收益 100 万

借：银行存款 59 万

贷：应收利息 59 万

以后各年的账务处理与第一年相同，各年的应收利息、实际利息、初始利息调整摊销额等金额如表 13-1 所示：

表 13-1 持有至到期投资初始利息调整摊销计算表（实际利率法） 单位：万元

年份 ①	期初摊余成本 ②＝上年（②+⑤）	应收利息 ③＝1 250 ×4.72%	实际利息 ④＝②×10%	初始利息调整摊销额 ⑤＝④－③
20 ×0	1 000	59	100	41
20 ×1	1 041	59	104.1	45.1

（续）

年份 ①	期初摊余成本 ②=上年（②+⑤）	应收利息 ③=1 250×4.72%	实际利息 ④=②×10%	初始利息调整摊销额 ⑤=④-③
20×2	1 086.1	59	108.61	49.61
20×3	1 135.71	59	113.57	54.57
20×4	1 190.28	59	118.72	59.72
20×5	1 250			

3. 持有至到期债券投资的收回

例9：如例8，甲公司于20×5年1月1日，收回债券投资本金和最后一期的利息。

借：银行存款　　1 309万

　　贷：应收利息　　59万

　　　　持有至到期投资——债券投资（成本）　　1 250万

4. 持有至到期债券投资计提减值准备

在资产负债表日，持有至到期投资发生减值的，按应减记的金额：

借：资产减值损失

　　贷：持有至到期投资减值准备

已计提减值准备的持有至到期投资价值以后又得以恢复，应在原已计提的减值准备金额内，按恢复增加的金额，作与以上相反的会计分录。

5. 持有至到期债券投资的出售与转换

企业购买的债券准备持有至到期兑现有两个重要的条件：一是企业事先有意图持有至到期；二是企业预计有能力（财务能力）持有至到期。认定这两条是以企业管理层承诺的书面文件为依据的。但是，这是很长时间占用的一笔不能动用的资金，一旦企业发生资金短缺，不动用该资金难以维持生存，经企业管理层同意，企业不得不转出来应付现阶段的生产经营。

（1）持有至到期债券投资的出售：

借：银行存款

　　持有至到期投资减值准备

　　贷：持有至到期投资——债券投资（成本）　　（账面余额）

　　　　　　　　　　　——债券投资（应计利息）　　（账面余额）

　　贷或借：持有至到期投资——债券投资（利息调整）　　（账面余额）

　　贷或借：投资收益

（2）持有至到期投资的转换。企业因持有至到期投资部分出售或重分类的金额较大，且不属于企业会计准则所允许的例外情况，使该投资的剩余部分不再适合划分为持有至到期投资的，企业应当将该投资的剩余部分重分类为可供出售金融资产，并以公允价值进行后续计量。重分类日，该投资剩余部分的账面价值与其公允价值之间的差额计入所有者权益，在该可供出售金融资产发生减值或终止确认时转出，计入当期损益。

企业将持有至到期投资重分类为可供出售金融资产的，应在重分类日作如下会计分录：

借：可供出售金融资产——债券投资（成本）　　（公允价值）
　　持有至到期投资减值准备　　（账面余额）
　　贷：持有至到期投资——债券投资（成本）　　（账面余额）
　　　　　　　　　　——债券投资（利息调整）　　（账面余额）
　　　　　　　　　　——债券投资（应计利息）　　（账面余额）
　　借或贷：资本公积——其他资本公积　　（借贷差额）

6. 购买“可转换公司债券”的账务处理

可转换公司债券是指企业发行的、债券持有人可在一定时期以后按规定转换为发行公司普通股票的债券。它是一种混合性债券，既具有负债性质，又具有所有者权益性质。企业购入可转换公司债券，先比照上述持有至到期债券投资业务处理，转为股份后，再按股权投资业务处理。

（1）购买可转换公司债券时：

借：持有至到期投资——可转换债券投资（成本）
　　贷：银行存款

（2）期末计提利息时：

借：持有至到期投资——可转换债券投资（应计利息）
　　贷：投资收益

（3）可转换债券转换为股票时：

借：持有至到期投资——可转换债券投资（应计利息）
　　贷：投资收益

借：长期股权投资——×股票
　　贷：持有至到期投资——可转换债券投资（面值）
　　　　　　　　　　——可转换债券投资（应计利息）

四、委托贷款

委托贷款是指企业委托银行或其他金融机构向其他单位贷出的款项。这实质上也是对外进行的一种投资。由于委托贷款有一定期限，且贷款未到期不能收回，其实质上就是一种“持有至到期投资”，单独设置“委托贷款”科目核算，下设“本金”、“利息调整”等明细科目。同时设置“委托贷款损失准备”科目核算委托贷款的减值。期末，该科目余额如为一年内到期的，列入资产负债表流动资产类下中“一年内到期的非流动资产”项目；如为超过一年到期的，列入资产负债表中“持有至到期投资”项目。

（1）企业将富余的资金通过其开户银行贷给其他单位：

借：委托贷款——本金

  贷：银行存款

（2）期末计算应计利息：

借：委托贷款——应计利息

  贷：投资收益

（3）资产负债表日，企业检查委托贷款使用情况，发现有部分或全部贷款未取得预期效益难以收回，应计提该项委托贷款的减值准备：

借：资产减值损失

  贷：委托贷款损失准备

如果已计提减值准备的委托贷款得以恢复，再编制转回的会计分录。

（4）收回委托贷款本息时：

借：银行存款

  委托贷款损失准备

  贷：委托贷款——应计利息

      ——本金

  借或贷：投资收益

五、长期股权投资

（一）长期股权投资的概念及类型

1. 长期股权投资的概念

长期股权投资是指企业投出的、期限在一年以上（不含一年）的各种股权性质的投资，分为长期股票投资和其他股权投资两部分。投资企业作为被投资单位的股东，按所持股份比例享有权益并承担责任。

长期股票投资，是以购买股票的方式所进行的长期投资。企业购买股票的核算，应根据购买股票的目的、资金安排计划和实际财务能力分别列入“交易性金融资产”、“可供出售金融资产”和“长期股权投资”科目进行核算。如果所购股票准备近期变现的，属于交易性股票投资，计入“交易性金融资产”科目；如果所购股票准备长期持有，用以达到长期目标的，属于长期股票投资，计入“长期股权投资”科目；如果所购股票既不准备近期变现，也不准备长期持有的，属于可供出售股票投资，计入“可供出售金融资产”科目。

其他股权投资，是指除长期股票投资以外的长期投资，如现金、实物、无形资产等投资。

2. 长期股权投资的类型

长期股权投资依据对被投资单位产生的影响，可以分为以下四种类型：

（1）控制，是指有权决定一个企业的财务和经营政策，并能据以从该企业的经营活动中获取利益。当投资企业直接拥有被投资单位50%以上的表决权资本，或投资企业虽然直接拥有被投资单位50%或以下的表决权资本，但具有实质控制权的，表明投资企业“控制”了被投资单位。

（2）共同控制，是指按合同约定对某项经济活动所共有的控制。这种共同控制，仅指共同控制实体，不包括共同控制经营和共同控制财产等，意思是由两个或多个企业共同投资建立的实体，该被投资单位的财务和经营政策必须由投资双方或若干方共同决定。

（3）重大影响，是指对一个企业的财务和经营政策有参与决策的权力，但并不决定这些政策。当投资企业直接拥有被投资单位20%或以上至50%的表决权资本时，一般认为对被投资单位具有重大影响；有时，投资企业虽然只直接拥有被投资单位20%以下的表决权资本，但足以对被投资单位施加重大影响时，也应视为具有“重大影响”。

（4）无控制、无共同控制且无重大影响。是指除上述三种类型以外的情况，可将其简称为“三无”。如果投资企业直接拥有被投资单位20%以下的表决权资本，一般认为不能对被投资单位施加重大影响；或者，投资企业虽然直接拥有被投资单位20%或以上的表决权资本，但实质上对被投资单位不具有控制、共同控制和重大影响，也应视为“三无”。

股权投资不同于债权投资，其获得收益的多少，取决于被投资企业经营状况的好坏、股利分配政策等多种因素，具有很大的不确定性。若被投资企业经营状况良好，则投资企业可望获得较为丰厚的投资收益；但若被投资企业经营状况欠佳，则投资企业只能获得很少的投资收益，甚至不能获得投资收益。而债权投资可按事先约定的利率获取稳定的投资收益。因此，和债权投资相比，股权投资具有投资风险大但可望获得较多投资收益的特点。

（二）长期股权投资的初始计量

长期股权投资的取得方式主要有两种，一种方式是以企业合并取得，又分为同一控制下的合并和非同一控制下的合并。另一种方式是非企业合并取得。企业最初取得长期股权投资时，应对其所确认的初始投资成本进行计量。初始投资成本应当分别以下情况确定：

1. 企业合并形成的长期股权投资的初始计量

企业合并，是指将两个或者两个以上单独的企业合并形成一个报告主体的交易或事项。企业合并分为同一控制下的企业合并和非同一控制下的企业合并。企业合并形成的长期股权投资，应当区分“同一控制下的企业合并”和“非同一控制下的企业合并”两种情况分别确定其初始投资成本。

(1) 同一控制下的企业合并形成的长期股权投资计量。同一控制下的企业合并，应当在合并日按照取得被合并方所有者权益账面价值的份额作为长期股权投资的初始投资成本。长期股权投资初始投资成本与支付的现金、转让的非现金资产以及所承担债务的账面价值、所发行股份面值总额之间的差额，应当调整资本公积；资本公积不足以冲减的，调整留存收益。留存收益包括“盈余公积”、“未分配利润”两部分。

(2) 非同一控制下的企业合并形成的长期股权投资计量。非同一控制下的企业合并形成的长期股权投资，应以合并成本作为长期股权投资的初始投资成本。合并成本应当按照购买方在购买日付出的资产、发生或承担的负债以及发行的权益性证券的公允价值进行计量，购买方为进行企业合并发生的各项直接相关费用也应当计入企业合并成本。购买方付出的资产、发生或承担的负债以及发行的权益性证券的公允价值与其账面价值的差额，计入当期损益。

2. 非企业合并形成的长期股权投资的初始计量

(1) 以支付现金取得的长期股权投资，应当按照实际支付的购买价款作为初始投资成本。初始投资成本包括与取得长期股权投资直接相关的费用、税金及其他必要支出。

(2) 以发行权益性证券（如股票等）取得的长期股权投资，应当按照发行权益性证券的公允价值作为初始投资成本。

(3) 投资者投入的长期股权投资，应当按照投资合同或协议约定的价值作为初始投资成本，但合同或协议约定价值不公允的除外。

(4) 通过非货币性资产交换取得长期股权投资，其初始投资成本的确认应区分以下两种情况分别进行处理：

1) 在非货币性资产交换具有商业实质，且公允价值能够可靠地计量的情况下，应当以换出资产公允价值加上支付的补价（或减去收到的补价）和应支付的相关税费确定初始投资成本。换出资产公允价值与账面价值的差额计入当期损益。

2) 如果非货币性资产交换不具有商业实质，且公允价值不能够可靠地计量，应当以换出资产账面价值、加上支付的补价（或减去收到的补价）和应支付的相关税费作为初始投资成本。

(5) 通过债务重组取得长期股权投资，应当按享有股份的公允价值确定初始投资成本。重组债权的账面价值与股份的公允价值之间的差额，计入当期损益。债权方让步产生的重组损失，计入“营业外支出——债务重组损失”科目。

例 10：甲公司和乙公司进行同一控制下的企业合并。甲公司付出 2 000 万元银行存款，转让一座厂房（该厂房账面原值 8 000 万元，已提折旧 4 000 万元，未计提减值准备。目前在市场上的公允价值为6 000万元），拥有乙公司80%的权益。合并日，乙公司所有者权益账面价值为7 000万元；甲公司的资本公积200万元、盈余公积100万元、未分配利润500万元。甲公司合并时的会计处理如下：

①注销转让厂房的账面价值：

借：固定资产清理　　4 000万

　　累计折旧　　4 000万

　　贷：固定资产　　8 000万

②确定股权投资的初始投资成本：

借：长期股权投资——其他股权投资（成本）　　5 600万

　　资本公积　　200万元

　　盈余公积　　100万元

　　利润分配——未分配利润　　100万元

　　贷：银行存款　　2 000万

　　　　固定资产清理　　4 000万

例11：如例10，甲企业和乙企业进行非同一控制下的企业合并。若合并日乙企业可辨认净资产公允价值为7 000万元。则甲公司确定合并成本时的会计处理如下：

①注销转让厂房的账面价值：

借：固定资产清理　　4 000万

　　累计折旧　　4 000万

　　贷：固定资产　　8 000万

②确定股权投资的初始投资成本：

借：长期股权投资——其他股权投资（成本）　　8 000万

　　贷：银行存款　　2 000万

　　　　固定资产清理　　6 000万

③结转转让资产账面价值与公允价值的差额：

借：固定资产清理　　2 000万

　　贷：营业外收入　　2 000万

例12：B企业年初以固定资产对C企业进行投资，占C企业表决权资本的50%，该固定资产的原值为850万元，已提折旧50万元，未提资产减值准备（假定固定资产的公允价值与其账面价值相同）。在投资过程中，B企业以银行存款支付固定资产的清理费2万元。增值税销项税额按固定资产净值的17%计征。则：投资成本＝850－50＋2＋136＝938（万元）

借：长期股权投资——其他股权投资（成本）　　938万

贷：固定资产清理　　800 万

　　应交税费——应交增值税（销项税额）　　136 万

　　银行存款　　2 万

（三）长期股权投资的核算方法

长期股权投资根据投资方所持有股份对被投资方的影响力，分别采用成本法或权益法进行核算。准则规定，当投资方能够对被投资方实施共同控制或重大影响时，采用权益法核算；当投资方能够对被投资方实施控制、以及投资方对被投资方不具有共同控制或重大影响，并且长期股权投资在活跃市场中没有报价、公允价值不能可靠计量时，采用成本法核算。

需要注意的是，投资企业对子公司的长期股权投资（即控制时），采用成本法核算，但编制合并财务报表时按照权益法进行调整。

1. 成本法

成本法是指长期股权投资的账面价值通常按初始投资成本进行反映，除追加或收回投资外，一般不对长期股权投资的账面价值进行调整的一种会计处理方法。采用成本法核算长期股权投资时，"长期股权投资"科目，通常反映股权投资的初始投资成本，在未收回投资前，无论被投资企业经营情况如何，净资产是否增减，投资企业一般不对股权投资的账面价值进行调整。在投资期间内，被投资企业宣告发放现金股利或利润时，投资企业按应享有的部分，确认为当期的投资收益。

在成本法下，长期股权投资的会计处理具有以下几个特征：

（1）在取得股权投资时，按初始投资成本确认为"长期股权投资"。

（2）只有在被投资方宣告分配利润和现金股利时，才能确认投资收益，且确认的投资收益仅限于所获得的被投资单位接受投资后产生的累积净利润的分配额。

（3）所获得的被投资单位宣告分派利润和现金股利超过被投资单位在接受投资后产生累积净利润的部分，冲减长期股权投资账面价值。

（4）以后年度分进利润或现金股利时，确认的投资收益要考虑以前期间冲减的长期股权投资账面价值是否可以冲回。

（5）被投资单位分派利润时会计处理的具体运用

1）投资年度分进利润或现金股利时投资收益的确认：

$$\begin{array}{c}\text{投资企业投资年度}\\\text{应享有的投资收益}\end{array}=\begin{array}{c}\text{投资当年被投资}\\\text{单位每股盈余}\end{array}\times\frac{\text{当年投资持有月份}}{\text{全年月份（12）}}\times\begin{array}{c}\text{投资企业}\\\text{所持股份}\end{array}$$

$$=\begin{array}{c}\text{投资当年所持股票}\\\text{应享有的每股盈余}\end{array}\times\begin{array}{c}\text{投资企业}\\\text{所持股份}\end{array}$$

或：

$$\begin{array}{c}\text{投资企业投资年度}\\\text{应享有的投资收益}\end{array}=\begin{array}{c}\text{投资当年被投资}\\\text{单位实现的净损益}\end{array}\times\begin{array}{c}\text{投资企业}\\\text{持股比例}\end{array}\times\frac{\text{当年投资持有月份}}{\text{全年月份（12）}}$$

应冲减初始投资成本的金额 = 被投资单位分派的利润或现金股利 × 投资企业持股比例 - 投资企业投资年度应享有的投资收益

2）以后年度分进利润或现金股利时投资收益的确认：

应冲减初始投资成本的金额 = （投资后至本年末止被投资单位累积分配的利润或现金股利 - 投资后至本年末止被投资单位累积实现的净损益）× 投资企业的持股比例 - 投资企业已冲减的初始投资成本

应确认的投资收益 = 投资企业当年获得的利润或现金股利 - 应冲减初始投资成本的金额

例 13：A 企业 20×8 年初购入利达公司普通股股票 60 000 股，每股价格 12 元，另支付相关税费 3 500 元，占利达公司表决权资本的 15%，并准备长期持有。A 企业通过银行支付了所有款项。利达公司当年获得净收益 40 万元，宣布从中分配现金股利 20 万元。编制会计分录如下：

①确认投资成本：

借：长期股权投资——股票投资　　723 500

　　贷：银行存款　　723 500

②年末，确认投资收益：

借：应收股利——利达公司（20×15%）　　3 万

　　贷：投资收益　　3 万

③第 2 年初，收到利达公司发放的现金股利：

借：银行存款　　3 万

　　贷：应收股利——利达公司　　3 万

④第 2 年末，利达公司全年发生亏损 30 万元，公司决定不发放股利，则 A 企业不作会计分录。

⑤第 3 年末，利达公司获得净收益 15 万，决定分配现金股利 10 万元。则：

应冲减初始投资成本的金额 =（被投资单位受资后累计分派的利润或现金股利 - 被投资单位受资后累计实现的净收益）× 投资企业的持股比例 - 投资企业已冲减的初始投资成本

$=[(20+10)-(40-30+15)]\times15\%-0$

$=0.75$（万元）

当被投资单位受资后累计分派的利润或现金股利，大于被投资单位受资后累计实现的净收益时，按照上述公式计算的结果大于零，将这部分金额视为清算性股利，作为初始投资成本的收回，应冲减初始投资成本，而不确认为投资收益。

投资企业A应确认的投资收益 = 投资企业当年获得的利润或现金股利 - 应冲减初始投资成本的金额
$= 10 \times 15\% - 0.75$
$= 0.75$（万元）

A企业根据计算编制会计分录：

借：应收股利——利达公司　　　1.5万
　　贷：长期股权投资——股票投资　　　0.75万
　　　　投资收益　　　0.75万

成本法下长期股权投资的初始投资成本入账后一般保持不变，除非发生下列情况：

（1）追加投资尚未达到“共同控制或重大影响”时，按追加投资时的投资成本增加长期股权投资的账面价值。

（2）投资企业在“控制”条件下因转让股份而减少投资尚未达到“共同控制或重大影响”时，按减少投资时的投资成本减少长期股权投资的账面价值。

（3）被投资企业支付清算股利要调减长期股权投资的账面价值。

2. 权益法

权益法是指投资最初以投资成本计价，以后被投资单位所有者权益发生变动时，投资企业应根据享有的份额对投资的账面价值进行调整的方法。在权益法下，长期股权投资的账面价值随着被投资单位所有者权益的变动而变动，包括被投资单位实现的净利润或发生的净亏损以及其他所有者权益项目的变动三种情况。

采用权益法核算的企业，应在“长期股权投资”科目下分别设置“成本”、“损益调整”、“其他权益变动”三个明细科目。

长期股权投资采用权益法核算时，在会计核算上主要解决四大问题：

（1）初始投资时股权投资差额的处理。股权投资差额是指初始投资成本与应享有被投资方所有者权益份额的差额。初始投资时，如果初始投资成本大于应享有被投资方可辨认净资产公允价值的份额，该部分在本质上是投资企业在取得投资过程中通过购买作价体现的与所取得股权份额相对应的商誉及被投资单位不符合确认条件的资产的价值（即股权投资差额为正，实质是“商誉”），则将初始投资成本作为“长期股权投资——成本”，股权投资差额包含在“长期股权投资——成本”中，两者之间的差额不要求对长期股权投资的成本进行调整。

初始投资时，如果初始投资成本小于应享有被投资方可辨认净资产公允价值的份额，两者之间的差额体现为双方在交易作价过程中转让方的让步（即股权投资差额为负，实质是“负商誉”），则按照应享有被投资方可辨认净资产公允价值的份额作为“长期股权投资——成本”，股权投资差额计入取得投资当期损益（营业外收入）。

例14：20×0年1月1日，D公司以48万元（含交易税费）的价格取得F公司普通股股份的20%，D公司按权益法核算该股权投资。购股时，F公司可辨认净资产的账面价值为150万元（假定F公司可辨认净资产与其公允价值相同）。

①20×0年1月1日，购入F公司股票时：

应享有F公司股东权益份额=150×20%=30（万元）

股权投资差额=48-30=18（万元）

借：长期股权投资——股票投资（成本）　48万

　贷：银行存款　48万

②20×0年1月1日，D公司购入F公司股票时，如果F公司可辨认净资产的公允价值为250万元，其他条件不变，则：

借：长期股权投资——股票投资（成本）　50万

　贷：银行存款　48万

　　营业外收入　2万

（2）投资损益的确认。投资企业取得长期股权投资后，应当按照应享有或应分担被投资单位实现净利润或发生净亏损的份额（法规或章程规定不属于投资企业的净损益除外），调整长期股权投资的账面价值，并确认为当期投资损益。在确认应享有或应分担被投资单位的净利润或净亏损时，在被投资单位账面净利润的基础上，应遵循重要性原则，考虑以下因素的影响进行适当调整：

一是被投资单位采用的会计政策及会计期间与投资企业不一致的，应按投资企业的会计政策及会计期间对被投资单位的财务报表进行调整，在此基础上确定被投资单位的损益；二是以取得投资时被投资单位固定资产、无形资产的公允价值为基础计提的折旧额或摊销额，以及有关资产减值准备金额等对被投资单位净利润进行调整；对于投资企业与其联营企业及合营企业之间发生的未实现内部交易损益应予以抵消。

例15：如例12，C企业第一年末获得净收益100万元，经研究决定，宣告从中分配利润40万元。则B企业应于年末采用权益法记账，编制如下会计分录：

C企业实现净收益时，B企业按投资比例调整投资的账面价值：

借：长期股权投资——其他股权投资（损益调整）　50万

　贷：投资收益　50万

C企业宣告分配利润时，B企业按投资比例调整投资的账面价值：

借：应收股利　20万

　贷：长期股权投资——其他股权投资（损益调整）　20万

注意：被投资企业发生亏损时，投资企业应按持股比例冲减长期股权投资账面价值，长期股权投资的账面价值不足以冲减的，应当以其他实质上构成对被投资单位净投资的长期权益账面价值为限继续确认投资损失，冲减长期应收项目等的账面价值。长期应收项目还不足以冲减的，如果按照投资合同或协议约定企业仍承担额外义务的，应按预计承担的义务确认预计负债，计入当期投资损失。被投资单位以后期间实现盈利的，企业扣除未确认的亏损分担额后，应按与上述相反的顺序处理。

（3）投资价值随受资企业净损益以外的所有者权益的其他变动而调整。投资后长期股权投资的账面价值要反映被投资企业除净损益以外的所有者权益变动。被投资单位除净损益以外其他所有者权益的变动的处理，包括被投资单位实收资本变动而调整、被投资单位资本公积的变动而调整、因被投资单位非当期盈亏导致的留存收益的变动而调整。

例 16：如例 12，第 2 年末 C 企业可供出售金融资产公允价值增值 40 万元。则 B 企业：

借：长期股权投资——其他股权投资（其他权益变动）　　20 万

　贷：资本公积——其他资本公积　　20 万

（4）长期股权投资减值的处理。长期股权投资如果存在减值迹象，应当按照长期股权投资期末可收回金额低于投资的账面价值部分确认资产减值损失，计提长期股权投资减值准备，借记“资产减值损失”，贷记“长期股权投资减值准备”。长期股权投资减值准备一经计提，在以后会计期间不得转回。

3. 成本法和权益法的转换

由于投资方对被投资方持股比例等情况的变化，使得原来采用的核算方法不再适用时，需要将成本法转换为权益法，或者将权益法转换为成本法。

（1）成本法转换为权益法。当投资者不断积累资金购买被投资者的股份，其持股比例上升到对被投资者能够实施共同控制或重大影响但不构成控制时，长期股权投资核算的成本法将被改为权益法。

成本法转换为权益法时，应按转换时该项长期股权投资的账面价值作为权益法核算的初始投资成本，初始投资成本小于转换时占被投资单位可辨认净资产公允价值份额的差额，借记“长期股权投资——成本”科目，贷记“营业外收入”科目。反之，不调整长期股权投资成本。

1）企业追加投资，持股比例上升到能对被投资企业产生“重大影响”，原成本法核算改为权益法核算时：

借：长期股权投资——×股票（成本）　　（初始投资成本）

　长期股权投资减值准备　　（账面余额）

　贷：长期股权投资——×股票　　（账面余额）

　　银行存款　　（追加投资额）

同时，企业确认初始投资成本小于被投资单位可辨认净资产公允价值份额的差额：

借：长期股权投资——×股票（成本）

　　贷：营业外收入

初始投资成本大于被投资单位可辨认净资产公允价值份额的差额不予处理。

2）原控股企业因处置投资降低持股比例而改按权益法核算的，投资成本小于投资份额的，在调整投资成本的同时，调整留存收益，但不属于享有被投资单位可辨认净资产公允价值份额以及净损益的份额的其他所有者权益变动份额，因为它记入“资本公积——其他资本公积”科目。

（2）权益法转换为成本法。权益法改为成本法有两种情况：一是当投资企业对被投资单位追加投资能够实施控制时，权益法核算转为成本法核算；二是当投资企业因减少投资等原因对被投资单位不再具有共同控制或重大影响的，并且在活跃市场中没有报价、公允价值不能可靠计量的长期股权投资，应当改按成本法核算。

长期股权投资自权益法转按成本法核算的，除构成企业合并的以外，应按中止采用权益法时长期股权投资的账面价值作为成本法核算的初始投资成本。

例17：乙企业20×6年12月31日持有振兴公司股份20%，可以对振兴公司施加重大影响，采用权益法核算长期股权投资，其账面价值320万元，其中，投资成本210万元，损益调整110万元。20×7年1月5日，有一大股东收购了振兴公司绝大部分股份，乙企业被收购了8%的股份，获得现款140万元。由于持股比例只有12%，改用成本法核算。

①20×7年1月5日，乙企业注销被收购的股份：

注销账面“成本”＝210÷20%×8%＝84（万元）

注销账面“损益调整”＝110÷20%×8%＝44（万元）

借：银行存款　　140万元

　　贷：长期股权投资——振兴股票（成本）　　84万

　　　　　　　　　——振兴股票（损益调整）　　44万

　　　　投资收益——振兴股票收益　　12万

②权益法转换为成本法：

原权益法下长期股权投资的账面价值＝320－84－44＝192（万元）

其中：

账面“成本”＝210－84＝126（万元）

账面“损益调整”＝110－44＝66（万元）

借：长期股权投资——振兴股票　　192万

　　贷：长期股权投资——振兴股票（成本）　　126万

——振兴股票（损益调整）　66万

（四）长期股权投资的处置

企业处置长期股权投资时，应相应结转与所售股权相对应的长期股权投资的账面价值，出售所得价款与处置长期股权投资账面价值之间的差额，应确认为处置损益。

采用权益法核算的长期股权投资，原计入资本公积中的金额，在处置时亦应结转，将与所出售股权相对应的部分在处置时自资本公积转入当期损益。

例18：A企业原持有B企业40%的有表决权的普通股股票，20×6年12月20日，A企业决定出售10%的B企业股权，出售时A企业账面上对B企业长期股权投资的构成为：投资成本1 800万元，损益调整480万元，其他权益变动300万元。出售取得价款705万元。A企业20×6年12月20日应作如下会计分录

借：银行存款　705万

资本公积——其他资本公积　75万

贷：长期股权投资——股票投资（成本）　450万

——股票投资（损益调整）　120万

——股票投资（其他权益变动）　75万

投资收益　135万

六、投资性房地产

（一）投资性房地产的概念和种类

投资性房地产是指为赚取租金或资本增值，或两者兼有而持有的房地产。投资性房地产应当能够单独计量和出售。投资性房地产包括：已出租的土地使用权、持有并准备增值后转让的土地使用权、已出租的建筑物。企业自用房地产（即为生产商品、提供劳务或者经营管理而持有的房地产）和作为存货的房地产不属于投资性房地产。需要说明三点：①某项房地产，部分用于赚取租金或资本增值、部分用于生产商品、提供劳务或经营管理，能够单独计量和出售的、用于赚取租金或资本增值的部分，应当确认为投资性房地产；不能够单独计量和出售的、用于赚取租金或资本增值的部分，不确认为投资性房地产。②企业将建筑物出租，按租赁协议向承租人提供的相关辅助服务在整个协议中不重大的，如企业将办公楼出租并向承租人提供保安、维修等辅助服务，应当将该建筑物确认为投资性房地产。③企业拥有并自行经营的旅馆饭店，其经营目的主要是通过提供客房服务赚取服务收入，该旅馆饭店不确认为投资性房地产。

（二）投资性房地产的确认与初始计量

1. 投资性房地产的确认

投资性房地产只有在符合定义的前提下，同时满足下列条件的，才能予以确认：

（1）与该投资性房地产有关的经济利益很可能流入企业。

（2）该投资性房地产的成本能够可靠地计量。

对已出租的土地使用权、已出租的建筑物，其作为投资性房地产的确认时点一般为租赁开始日，即土地使用权、建筑物进入出租状态、开始赚取租金的日期。但企业管理当局对企业持有以备经营出租的空置建筑物，作出正式书面决议，明确表明将该空置建筑物用于经营出租且持有意图短期内不再发生变化的，可视为投资性房地产，其作为投资性房地产的时点为企业管理当局就该事项作出正式书面决议的日期。对持有并准备增值后转让的土地使用权，其作为投资性房地产的确认时点为企业将自用土地使用权停止自用，准备增值后转让的日期。

2. 投资性房地产的初始计量

投资性房地产应当按照成本进行初始计量。由于投资性房地产的取得途径不同，其成本的具体组成亦不同。投资性房地产可分为外购、自行建造和其他方式三种途径取得，分别确定初始投资成本：

（1）外购投资性房地产的成本，包括购买价款、相关税费和可直接归属于该资产的其他支出。

（2）自行建造投资性房地产的成本，由建造该项资产达到预定可使用状态前所发生的必要支出构成。

（3）以其他方式取得的投资性房地产的成本，按照相关会计准则的规定确定。

企业应设置“投资性房地产”一级会计科目进行核算，在该科目下，可按投资性房地产类别和项目进行明细核算。

（三）投资性房地产的后续计量模式

投资性房地产后续计量模式有两种：一是采用成本计量模式。该模式下，投资性房地产要计提折旧，单独设置“投资性房地产累计折旧”科目进行核算；发生减值的，还要单独设置“投资性房地产减值准备”科目进行核算。二是采用公允价值计量模式。该模式下，不对投资性房地产计提折旧或进行摊销，应当以资产负债表日投资性房地产的公允价值为基础调整其账面价值，公允价值与原账面价值之间的差额计入当期损益（公允价值变动损益）。因此，采用公允价值模式计量的投资性房地产，应在“投资性房地产”一级会计科目下分别“成本”和“公允价值变动”进行明细核算。采用公允价值模式计量的投资性房地产，应当同时满足下列条件：

（1）投资性房地产所在地有活跃的房地产交易市场；

（2）企业能够从活跃的房地产交易市场上取得同类或类似房地产的市场价

格及其他相关信息，从而对投资性房地产的公允价值作出合理的估计。

投资性房地产成本模式可以转为公允价值模式，但已采用公允价值模式计量的投资性房地产，一般不得再转为成本模式计量。

（四）投资性房地产与其他资产的转换

1. 投资性房地产转换为其他资产

在成本模式下，将投资性房地产转换为其他资产，应当将房地产转换前的账面价值作为转换后资产的入账价值。在公允价值模式下，应当以其转换当日的公允价值作为自用房地产的账面价值，公允价值与原账面价值的差额计入当期损益（公允价值变动损益）。

2. 自用房地产或存货转换为采用公允价值模式计量的投资性房地产

自用房地产或存货转换为采用公允价值模式计量的投资性房地产时，投资性房地产按照转换当日的公允价值计价，转换当日的公允价值小于原账面价值的，其差额计入当期损益（公允价值变动损益）；转换当日的公允价值大于原账面价值的，其差额计入所有者权益（资本公积——其他资本公积）。

（五）投资性房地产的处置

当投资性房地产被处置，或者永久退出使用且预计不能从其处置中取得经济利益时，应当终止确认该项投资性房地产。

企业出售、转让、报废投资性房地产或者发生投资性房地产毁损，应当将处置收入扣除其账面价值和相关税费后的金额计入当期损益。其中，收入和成本一般通过设置"其他业务收入"、"其他业务成本"科目进行核算。若投资性房地产作为企业主营业务的，应通过"主营业务收入"和"主营业务成本"科目核算相关的损益。

1. 成本模式下，处置投资性房地产

借：银行存款　（实收额）
　　贷：其他业务收入　（实收额）
借：投资性房地产累计折旧　（已提折旧额）
　　投资性房地产减值准备　（减值额）
　　其他业务成本　（差额）
　　贷：投资性房地产　（账面余额）

2. 公允价值模式下处置投资性房地产

借：银行存款　（实收额）
　　公允价值变动损益　（净升值额）
　　资本公积——其他资本公积
　　　　（转换日已累计入账的资本公积额）
　　其他业务成本　（房地产账面余额）

贷：其他业务收入　　　　　　　　　　　　　　　　　　（实收额）

投资性房地产——成本　　　　　　　　　　　　　　（账面余额）

借或贷：投资性房地产——公允价值变动　　　　　　　（账面余额）

若为净减值额，作相反的会计分录。

（六）投资性房地产核算举例

例19：20×4年8月，甲企业计划购入一栋办公楼用于对外出租。当月，甲企业与乙企业签订了经营租赁合同，约定自办公楼购买之日起将其出租给乙企业，为期5年。次月，甲购入办公楼，实际支付款项1 800万元。分别采用成本和公允价值模式计量该投资性房地产。

1. 成本计量模式

①购入办公楼时：

借：投资性房地产——办公楼　　　　　　　　　1 800万

　贷：银行存款　　　　　　　　　　　　　　　　　1 800万

②该办公楼的预计使用寿命为20年，预计净残值为0，直线法提折旧。甲企业每月收取租金8万元。

计提折旧时：

借：其他业务成本　　　　　　　　　　　　　　7.5万

　贷：投资性房地产累计折旧　　　　　　　　　　　7.5万

确认租金时：

借：银行存款（或其他应收款）　　　　　　　　8万

　贷：其他业务收入　　　　　　　　　　　　　　　8万

③20×7年末，办公楼发生减值迹象，经减值测试，其可收回金额为1 200万元。

办公楼的账面价值 = 1 800 − 7.5 × (4 + 12 × 3) = 1 500（万元）

计提减值准备 = 1 500 − 1 200 = 300（万元）

借：资产减值损失　　　　　　　　　　　　　　300万

　贷：投资性房地产减值准备　　　　　　　　　　　300万

2. 公允价值计量模式

①购入办公楼时：

借：投资性房地产——办公楼（成本）　　　　　1 800万

　贷：银行存款　　　　　　　　　　　　　　　　　1 800万

②甲企业每月收取租金8万元：

借：银行存款（或其他应收款）　　　　　　　　8万

　贷：其他业务收入　　　　　　　　　　　　　　　8万

③若第1年，该办公楼的公允价值上涨50万元：

借：投资性房地产——办公楼（公允价值变动） 50 万
　　贷：公允价值变动损益 50 万

若公允价值下降，分录相反。

3. 成本计量模式改为公允价值计量模式

例 20：如例 19，20×8 年年末，甲企业将出租给乙企业的投资性房地产由成本计量模式改为公允价值计量模式，转换日办公楼的公允价值 1 138 万元（该企业按净利润的 10% 计提法定盈余公积）。

借：投资性房地产——办公楼（成本） 1 138 万
　　投资性房地产累计折旧 372 万
　　投资性房地产减值准备 300 万
　　贷：投资性房地产——办公楼 1 800 万
　　　　盈余公积（升值额×10%） 1 万
　　　　利润分配——未分配利润 9 万

4. 投资性房地产转换为自用房地产

例 21：如例 19，5 年后，甲企业收回出租给乙企业的办公楼作为自用。收回时该项房地产的账面价值为 1 080 万元，其中，原价 1 800 万元，累计已提折旧 420 万元[7.5×40 + (1 800 − 300 − 300)/200×20]，减值准备 300 万元。

借：固定资产 1 800 万
　　投资性房地产累计折旧 420 万
　　投资性房地产减值准备 300 万
　　贷：投资性房地产——办公楼 1 800 万
　　　　累计折旧 420 万
　　　　固定资产减值准备 300 万

如为公允价值计量模式下的投资性房地产转为自用房地产，则：

借：固定资产 （公允价值）
　　贷：投资性房地产——办公楼（成本） （账面余额）
　　贷或借：投资性房地产——办公楼（公允价值变动） （账面余额）
　　借或贷：公允价值变动损益 （差额）

第二节 非流动资产投资实务考核题及其答案

一、非流动资产投资实务考核题

（一）填空题

1. 长期股权投资按投资企业对被投资前单位的影响程度及是否存在活跃市

场、公允价值能否可靠取得等情况，分别采用______和______进行核算。

2. 在非企业合并的情况下，企业以货币资金直接对外进行股权投资，长期股权投资的成本按____计价；以发行权益性证券（如股票等）取得的长期股权投资，应按发行权益性证券的____作为初始投资成本；投资者投入的长期股权投资，应当按照投资____约定的价值作为初始投资成本，但合同或协议约定价值不公允的除外；通过债务重组取得长期股权投资，应当按享有股份的____确定初始投资成本，重组债权的账面价值与股份的____之间的差额，计入当期损益。

3. 投资性房地产包括：______、______、______。

4. 投资性房地产的计量模式有______和______。

5. 非流动资产投资按会计核算项目分类，分为______、______、______、______和______等。

6. 企业在核算可供出售金融资产时，应设置“可供出售金融资产”一级会计科目，再按可供出售金融资产的类别和品种，分别“____”、“____”、“____”、“____”等进行明细核算。

7. 企业购买债券进行持有至到期投资时，债券购入的三种价格分别是：____、____和____。

8. 持有至到期债券投资初始利息调整额的摊销方法，在理论上可以有____和____两种，但我国企业会计准则规定，在会计实务中只允许采用______。

（二）判断题

1. 企业对外进行长期股权投资，如果对被投资企业的财务和经营决策能够实施控制、共同控制或产生重大影响时，应采用权益法核算，反之采用成本法核算。（ ）

2. 企业通过合并方式对外进行长期股权投资时，如果合并类型属于同一控制下的企业合并，应当在合并日按照取得被合并方所有者权益账面价值的份额作为长期股权投资的初始投资成本。（ ）

3. 企业采用成本法核算长期股权投资时，分进的清算性股利应作投资收益入账。（ ）

4. 企业购买股票实际支付的价款中包含的附加费用，无论作长期股权投资还是交易性金融资产，其交易费用均计入投资成本。（ ）

5. 企业购买债券进行持有至到期投资时，若实际支付的价款中含有债券利息，其利息通过“应收利息”科目核算。（ ）

6. 企业取得可供出售金融资产，入账价值就是实际付款金额。（ ）

7. 处置长期股权投资时，不应同时结转已计提的减值准备，应留待期末处理。（ ）

8. 在公允价值计量模式下，投资性房地产不计提折旧，也不提减值准备。

(　)

9. 投资企业将长期股权投资从权益法改为成本法核算，应在中止采用权益法时，按该长期股权投资的账面价值作为新的投资成本。(　)

10. 投资性房地产采用公允价值模式计量的，不计提折旧或进行摊销。资产负债表日其公允价值与账面价值的差额计入当期投资损益。(　)

(三) 简答题

1. 简述“交易性金融资产”与“可供出售金融资产”的核算差异。
2. 如何确定长期股权投资的初始投资成本?
3. 股权投资核算成本法和权益法的使用范围。
4. 如何判断企业购买债券进行投资的核算类型?

(四) 计算(核算)题

1. 甲企业购买宏达公司普通股10 000股，每股售价10元，其中包含宏达公司已宣告尚未发放的每股1元的现金股利，购买时另付交易费用300元。该股票投资划分为可供出售金融资产。不久，甲企业收到宏达公司发放的股利10 000元存入银行。试作有关分录。

2. 根据B公司下列折价购入到期一次还本付息的债券业务作分录(B公司将其列入持有至到期投资):

(1) 20×5年1月1日，购入华星公司当日发行的面值100万元的五年期债券作为持有至到期投资，票面年利率8%(到期一次还本付息，单利计息，每年末计息一次)，实际付款88万元。经计算实际利率为9.731%。

(2) 计算各期的初始利息调整额，填入下表。

持有至到期债券投资初始利息调整额摊销表(实际利率法)　单位：元

计息日期	应收利息	利息收入	初始利息调整额摊销	未摊销金额	实际本金
20×5.1.1				120 000	880 000
20×5.12.31					
20×6.12.31					
20×7.12.31					
20×8.12.31					
20×9.12.31					
合　计					

(3) 20×5年12月31日，将当年应收债券利息登记入账，并摊销初始利息调整额。

(4) 20×9年12月31日，将当年应收债券利息登记入账，并摊销初始利息调整额。

(5) 第6年1月5日，债券到期，本息全部收存银行。

3. 乙厂投资600万元购买兰新公司普通股40万股，从而拥有该公司18%有表决权的股份，不能对兰新公司施加重大影响，该股权投资采用成本法核算。当年兰新公司报告净收益180万元，乙厂收到兰新公司发放的股利30万元存入银行。

4. A公司以银行存款1 000万元取得B公司30%有表决权的股权，可以对B公司施加重大影响，该股权投资采用权益法核算。取得投资时，被投资单位可辨认净资产的公允价值为3 000万元。

（1）试做A公司取得投资时的会计分录；

（2）若取得投资时，被投资单位可辨认净资产的公允价值为3 500万元，试作A公司取得投资时的会计分录。

5. 根据下列投资性房地产业务作分录。

（1）甲公司20×6年1月4日将自有办公楼出租，租期3年，年租金60万元（年末收取），出租时办公楼的账面价值1 500万元（原值2 000万元，已提折旧500万元。尚可使用30年。直线法折旧），公允价值1 800万元。

（2）20×6年末收到租金存入银行。

（3）20×7年末公允价值变为1 900万元。

（4）20×8年末公允价值变为1 600万元。

（5）20×9年1月1日，该厂收回出租的办公楼自用，其公允价值为1 580万元。

请分别用成本模式、公允价值模式进行账务处理。

二、非流动资产投资实务考核题参考答案

（一）填空题

1. 成本法　权益法　2. 实际支付的金额　公允价值　合同或协议　公允价值　公允价值　3. 已出租的土地使用权　持有并准备增值后转让的土地使用权　已出租的建筑物　4. 成本计量模式　公允价值计量模式　5. 可供出售金融资产　持有至到期投资　长期股权投资　投资性房地产　拨付所属资金　6. 成本　利息调整　应计利息　公允价值变动　7. 等价购入　溢价购入　折价购入　8. 直线摊销法　实际利率摊销法　实际利率摊销法

（二）判断题

1. ×　2. ✓　3. ×　4. ×　5. ×　6. ×　7. ×　8. ✓　9. ×　10. ✓

（三）简答题

1. 答：（1）初始计量价值不同。交易性金融资产初始计量时以其公允价值作为购入“成本”入账，发生的交易费用计入当期损益（冲减“投资收益”）；可供出售金融资产初始计量时以其公允价值加上相关的交易费用作为购入“成

本”入账，如为购入的债券作为可供出售金融资产处理的，按债券面值作为入账“成本”。

(2) 利息及折溢价的处理不同。交易性金融资产涉及到债券的利息不通过“交易性金融资产”科目核算；可供出售金融资产涉及到债券的部分利息和折溢价通过“可供出售金融资产”科目下设置的“利息调整”、“应计利息”明细科目进行核算。

(3) 公允价值变动的处理不同。交易性金融资产在资产负债表日计量其公允价值变动，变动差额计入“公允价值变动损益”科目，调整当期利润；可供出售金融资产在资产负债表日计量其公允价值变动，变动差额计入“资本公积——其他资本公积”科目，不影响当期利润总额。

(4) 发生减值的处理方式不同。交易性金融资产在资产负债表日仅对其公允价值变动进行调整，不进行减值测试；可供出售金融资产需要在资产负债表日进行减值测试，并单独设置“可供出售金融资产减值准备”科目对其减值进行专门核算。

(5) 出售处理的销账方式不同。交易性金融资产出售时要注销“交易性金融资产”所属“成本”、“公允价值变动”两个明细科目和“公允价值变动损益——交易性金融资产损益”明细科目的余额，差额计入“投资收益”科目；可供出售金融资产出售时要注销“可供出售金融资产”所属“成本”、“利息调整”、“应计利息”、“公允价值变动”明细科目和“资本公积——其他资本公积”明细科目的余额，其差额计入“投资收益”科目。

2. 长期股权投资取得时的初始投资成本，是指取得长期股权投资时支付的全部价款，或放弃非现金资产的账面价值，以及支付的税金、手续费等相关费用(如有补价的，还应加或减补价，并加上或减去确认的收益或损失)。不包括为取得长期股权投资所发生的评估、审计、咨询等费用，也不包括实际支付的价款中包含的已宣告但尚未领取的现金股利。长期股权投资初始投资成本应当分别以下情况确定：

(1) 同一控制下的企业合并，应当在合并日按照取得被合并方所有者权益账面价值的份额作为长期股权投资的初始投资成本。长期股权投资初始投资成本与支付的现金、转让的非现金资产以及所承担债务账面价值、所发行股份面值总额之间的差额，应当调整资本公积；资本公积不足以冲减的，调整留存收益。

留存收益包括“盈余公积”、“未分配利润”两部分。

(2) 非同一控制下的企业合并形成的长期股权投资，以合并成本作为长期股权投资的初始投资成本。合并成本应当按照购买方在购买日付出的资产、发生或承担的负债以及发行的权益性证券的公允价值进行计量，购买方为进行企业合并发生的各项直接相关费用也应当计入企业合并成本。购买方付出的资产、发生或承担的负债以及发行的权益性证券的公允价值与其账面价值的差额，计入当期损益（营业外收入或营业外支出）。

(3) 非企业合并形成的长期股权投资的初始计量

以支付现金取得的长期股权投资，应当按照实际支付的购买价款作为初始投资成本。初始投资成本包括与取得长期股权投资直接相关的费用、税金及其他必要支出。

以发行权益性证券（如股票等）取得的长期股权投资，应当按照发行权益性证券的公允价值作为初始投资成本。

投资者投入的长期股权投资，应当按照投资合同或协议约定的价值作为初始投资成本，但合同或协议约定价值不公允的除外。

通过非货币性资产交换取得长期股权投资，其初始投资成本的确认应区分以下两种情况分别进行处理：

1）在非货币性资产交换具有商业实质，且公允价值能够可靠地计量的情况下，应当以换出资产公允价值加上支付的补价（或减去收到的补价）和应支付的相关税费确定初始投资成本。换出资产公允价值与账面价值的差额计入当期损益。

2）如果非货币性资产交换不具有商业实质，且公允价值不能够可靠地计量，应当以换出资产账面价值、加上支付的补价（或减去收到的补价）和应支付的相关税费作为初始投资成本。

通过债务重组取得长期股权投资，应当按享有股份的公允价值确定初始投资成本。重组债权的账面价值与股份的公允价值之间的差额，计入当期损益。债权方让步产生的重组损失，计入“营业外支出——债务重组损失”科目。

3. 答：企业进行的长期股权投资，有两种类型的投资应当采用成本法核算：一是投资企业对被投资单位能够实施控制的长期股权投资，即投资企业对子公司的长期股权投资，采用成本法核算，但编制合并财务报表时按照权益法进行调整。二是投资企业对被投资单位不具有共同控制或重大影响，并且在活跃市场中没有报价、公允价值不能可靠计量的长期股权投资采用成本法核算。

权益法的适用范围是：投资企业对被投资单位具有共同控制或重大影响时，长期股权投资采用权益法核算。投资企业因减少投资等原因对被投资单位不再具有共同控制或重大影响的，并且在活跃市场中没有报价、公允价值不能可靠计量的长期股权投资，应当改按成本法核算。

4. 答：企业购买债券的核算，应根据购买债券的目的、资金安排计划和实际财务能力分别列入“交易性金融资产”、“可供出售金融资产”和“持有至到期投资”科目进行核算。如果所购债券准备近期变现的，属于交易性债券投资，计入“交易性金融资产”科目；如果所购债券准备持有至到期变现的，属于持有至到期债券投资，计入“持有至到期投资”科目；如果所购债券既不准备近期变现，也不准备持有至到期变现的，属于可供出售债券投资，计入“可供出售金融资产”科目。

（四）计算（核算）题

1. 解：（1）购股：

借：可供出售金融资产——宏达股票（成本） 90 300
　　应收股利 10 000
　　贷：银行存款 100 300

（2）分利：

借：银行存款 10 000
　　贷：应收股利 10 000

2. 解：（1）20×5 年 1 月 1 日：

借：持有至到期投资——华星债券（成本） 1 000 000
　　贷：银行存款 880 000
　　　　持有至到期投资——华星债券（利息调整） 120 000

（2）计算各期的初始利息调整额

持有至到期债券投资初始利息调整额摊销表（实际利率法） 单位：元

计息日期	应收利息	利息收入	初始利息调整额摊销	未摊销金额	实际本金
20×5.1.1				120 000	880 000
20×5.12.31	80 000	85 632.80	5 632.8	114 367.2	965 632.8
20×6.12.31	80 000	93 965.73	13 965.73	100 401.47	1 059 598.53
20×7.12.31	80 000	103 109.53	23 109.53	77 291.94	1 162 708.06
20×8.12.31	80 000	113 143.12	33 143.12	44 148.82	1 275 851.18
20×9.12.31	80 000	124 148.82	44 148.82	0	1 400 000
合 计	400 000	520 000	120 000		

（3）20×5 年 12 月 31 日：

借：持有至到期投资——华星债券（应计利息） 80 000
　　　　　　　　　——华星债券（利息调整） 5 632.8
　　贷：投资收益 85 632.8

（4）20×9 年 12 月 31 日：

借：持有至到期投资——华星债券（应计利息） 80 000
　　　　　　　　　——华星债券（利息调整） 44 148.82
　　贷：投资收益 124 148.82

（5）第 6 年 1 月 5 日：

借：银行存款 1 400 000

贷：持有至到期投资——华星债券（成本） 1 000 000

持有至到期投资——华星债券（应计利息） 400 000

3. 解：购股　借：长期股权投资——股票投资 600 万

贷：银行存款 600 万

分利　借：银行存款 30 万

贷：投资收益 30 万

4. 解：（1）借：长期股权投资——B 公司（成本） 1 000 万

贷：银行存款 1 000 万

（2）借：借：长期股权投资——B 公司（成本） 1 050 万

贷：银行存款 1 000 万

营业外收入 50 万

5. 解：

成本模式：

（1）20×6 年 1 月 1 日对外出租时：

借：投资性房地产 1 500 万

累计折旧 500 万

贷：固定资产 2 000 万

（2）20×6～20×8 年度每年末收到租金时：

借：银行存款 60 万

贷：其他业务收入 60 万

20×6～20×8 年度每年末计提折旧时：

借：其他业务成本（1500÷30） 50 万

贷：投资性房地产累计折旧 50 万

（3）、（4）不作分录。

（5）20×9 年 1 月 1 日收回办公楼时：

借：固定资产 1 350 万

投资性房地产累计折旧（50×3） 150 万

贷：投资性房地产 1 500 万

公允价值模式：

（1）20×6 年 1 月 1 日对外出租时：

借：投资性房地产——成本 1 800 万

累计折旧 500 万

贷：固定资产 2 000 万

资本公积——其他资本公积 300 万

（2）20×6～20×8 年度每年末收到租金时：

借：银行存款　　60万

　　贷：其他业务收入　　60万

（3）20×7年12月31日，办公楼公允价值上升为1 900万元，增值100万元（1 900－1 800）时：

借：投资性房地产——公允价值变动　　100万

　　贷：公允价值变动损益　　100万

（4）20×8年12月31日，办公楼公允价值下降为1 600万元，减值300万元（1 900－1 600）时：

借：公允价值变动损益　　300万

　　贷：投资性房地产——公允价值变动　　300万

（5）20×9年1月1日收回办公楼时：

借：固定资产　　1 580万

　　公允价值变动损益　　20万

　　投资性房地产——公允价值变动　　200万

　　贷：投资性房地产——成本　　1 800万元

第十四章　固定资产和在建工程实务考核

第一节　固定资产和在建工程的核算

一、固定资产概述

（一）固定资产的定义与分类

固定资产，是指为生产商品、提供劳务、出租或经营管理而持有的使用寿命超过一个会计年度的有形资产。使用寿命，是指企业使用固定资产的预计期间，或者该固定资产所能生产产品或提供劳务的数量。

1. 固定资产的特征

从固定资产的定义可以看出，固定资产具有以下三个特征：

（1）为生产商品、提供劳务、出租或经营管理而持有。企业持有固定资产的目的是为了生产商品、提供劳务、出租或经营管理，这意味着，企业持有的固定资产是企业的劳动工具或手段，而不是直接用于出售的产品。其中“出租”的固定资产，是指用于出租的机器设备类固定资产，不包括以经营租赁方式出租的建筑物，后者属于企业的投资性房地产，不属于固定资产。

（2）固定资产使用寿命超过一个会计年度。表明固定资产属于长期资产，而且可以多次参加生产经营周转而不改变原有实物形态。随着使用和磨损，通过计提折旧方式逐渐减少账面价值。

（3）固定资产为有形资产。固定资产具有实物特征，这一特征将固定资产与无形资产区别开来。有些无形资产可能同时符合固定资产的其他特征，如无形资产为生产商品、提供劳务而持有，使用寿命超过一个会计年度，但是，由于其没有实物形态，所以，不属于固定资产。

企业的固定资产必须同时满足两个条件，才能加以确认：一是该固定资产包含的经济利益很可能流入企业；二是该固定资产的成本能够可靠地计量。企业在对固定资产进行确认时，应按照固定资产的定义和确认条件，考虑企业的具体情形加以判断。固定资产的各组成部分，如果各自具有不同的使用寿命或以不同的方式为企业提供经济利益，从而适用不同的折旧率或折旧方法的，应单独确认为固定资产。

2. 固定资产的分类

对固定资产进行科学、合理的分类，是加强固定资产管理，合理有效地组织固定资产核算的重要条件。

(1) 按经济用途分类

1) 经营用固定资产，是指直接参加或直接服务于生产经营过程的各种固定资产，如用于企业生产经营的房屋、建筑物、机器设备、运输设备、工具器具等。

2) 非经营用固定资产，是指不直接服务于生产经营过程中的各种固定资产，如用于职工住宅、公共福利设施、文化娱乐、卫生保健等方面的房屋、建筑物、设施和器具等。

(2) 按使用情况分类

1) 使用中的固定资产，是指企业正在使用的经营用固定资产和非经营用固定资产。企业的房屋及建筑物无论是否在实际使用，都应视为使用中固定资产；由于季节性生产经营或进行大修理等原因而暂时停止使用以及存放在生产车间或经营场所备用、轮换使用的固定资产，也属于使用中固定资产。

2) 未使用的固定资产，是指已购建完成但尚未交付使用的新增固定资产以及进行改建、扩建等暂时脱离生产经营过程的固定资产。

3) 租出固定资产，是指企业根据租赁合同规定，以经营租赁方式出租给其他企业临时使用的机器设备类固定资产。

4) 不需用的固定资产，是指本企业多余或不适用，待处置的固定资产。

(3) 按所有权分类。按固定资产的所有权分类，可分为自有固定资产和租入固定资产。

(4) 综合分类。在会计实务中，企业为了更好地满足固定资产管理和核算的需要，可以将几种分类标准结合起来，采用综合的标准对固定资产进行分类，将固定资产分为以下七类：

1) 经营用固定资产。

2) 非经营用固定资产。

3) 经营租出的固定资产。

4) 未使用的固定资产。

5) 不需用的固定资产。

6) 融资租入的固定资产。融资租入的固定资产是指企业采用融资租赁方式租入的，尚在租赁期内的未转归企业所有的固定资产。

7) 土地。土地是指过去已经估价单独入账的土地，因征用土地而支付的补偿费，应计入与土地有关的房屋、建筑物的价值内，不单独作为土地价值入账。

(二) 固定资产的初始计量

固定资产的核算，既要按其实物数量进行计算和反映，又要按其货币计量单位进行计算和反映。以货币为计量单位计算固定资产的价值，称为固定资产的计价。

固定资产的初始计量，是指确定固定资产的取得成本。固定资产应当按照成本进行初始计量。固定资产成本是指企业为购建某项固定资产达到预定可使用状态前所发生的一切合理的、必要的支出。在实务中，企业取得固定资产的方式是多种多样的，包括外购、自行建造、投资者投入、非货币性资产交换、债务重组、企业合并和融资租赁等，取得固定资产的方式不同，其成本的具体构成内容及确定方法也不尽相同。

1. 外购固定资产

外购固定资产的成本，包括购买价款、相关税费、使固定资产达到预定可使用状态前所发生的可归属于该项资产的运输费、装卸费、安装费和专业人员服务费等。以一笔款项购入多项没有单独标价的固定资产，应当按照各项固定资产公允价值比例对总成本进行分配分别确定各项固定资产的成本。购买固定资产的价款超过正常信用条件延期支付，实质上具有融资性质的，固定资产成本以购买价款的现值为基础确定。购置固定资产支付的增值税（不包括购置房屋、建筑物等不动产及与企业技术更新无关的小汽车、摩托车、游艇等支付的增值税），记入“应交税费”科目的借方，可以抵扣，不计入固定资产的成本。购进固定资产过程中支付运输费用的，按照运输费用结算单据上注明的运输费用金额7%的扣除率计算进项税额，予以抵扣。

2. 自行建造固定资产

自行建造固定资产的成本，由建造该项资产达到预定可使用状态前所发生的必要支出构成。包括工程物资成本、人工成本、交纳的相关税费、应予资本化的借款费用以及应分摊的间接费用等。

企业自行建造固定资产包括自营建造和出包建造两种方式。无论采用何种方式，所建工程都应当按照实际发生的支出确定其工程成本。

（1）自营建造固定资产。企业以自营方式建造固定资产，是指企业自行组织工程物资采购、自行组织施工人员从事工程施工完成固定资产建造。自营建造固定资产的成本应当按照直接材料、直接人工、直接机械施工费等计量。

（2）出包建造固定资产。以出包方式建造固定资产，其成本由建造该项固定资产达到预定可使用状态前所发生的必要支出构成，包括发生的建筑工程支出、安装工程支出、以及需分摊计入各固定资产价值的待摊支出。

1）建筑工程、安装工程支出。由于建筑工程、安装工程采用出包方式发包给建造承包商承建，因此，工程的具体支出，如人工费、材料费、机械使用费等由建造承包商核算。对于发包企业而言，建筑工程支出、安装工程支出是构成在建工程成本的重要内容，发包企业按照合同规定的结算方式和工程进度定期与建造承包商办理工程价款结算，结算的工程价款计入在建工程成本。

2）待摊支出。待摊支出是指在建设期间发生的，不能直接计入某项固定资产价值、而应由所建造固定资产共同负担的相关费用，包括为建造工程发生的管理费、可行性研究费、临时设施费、公证费、监理费、应负担的税金、符合资本化条件的借款费用、建设期间发生的工程物资盘亏、报废及毁损净损失，以及负荷联合试车费等。企业为建造固定资产通过出让方式取得土地使用权而支付的土地出让金不计入在建工程成本，应确认为无形资产（土地使用权）。

3. 投资者投入固定资产

投资者投入固定资产的成本，应当按照投资合同或协议约定的价值加上应支付的相关税费确定，但合同或协议约定价值不公允的除外。在投资合同或协议约定价值不公允的情况下，按照该项固定资产的公允价值作为其入账价值。

4. 接受捐赠的固定资产

企业接受捐赠的固定资产，应按以下规定确定其入账价值：

（1）捐赠方提供了有关凭据的，按凭据上标明的金额加上应当支付的相关税费，作为入账价值。

（2）捐赠方没有提供有关凭据的，按以下顺序确定其入账价值：

1）同类或类似固定资产存在活跃市场的，按同类或类似固定资产的市场价格估计的金额，加上应当支付的相关税费，作为入账价值。

2）同类或类似固定资产不存在活跃市场的，按接受捐赠固定资产的预计未来现金流量的现值，作为入账价值。

5. 非货币性资产交换取得固定资产

通过非货币性资产交换换入的固定资产，应视非货币性资产交换是否具有商业实质和交换涉及资产的公允价值能否可靠地计量分别确定换入固定资产的入账价值：

非货币性资产交换如果具有商业实质，换入资产的入账成本应按换出资产的公允价值和应支付的相关税费确认，换出资产公允价值与账面价值的差额计入当期损益；如果非货币性资产交换不具有商业实质，企业应当以换出资产的账面价值和应支付的相关税费作为换入资产的成本，不确认损益。

（1）企业在按照公允价值和应支付的相关税费作为换入资产成本的情况下，发生补价的，应当分别下列情况处理：支付补价方，应当以换出资产的公允价值加上支付的补价（或换入资产的公允价值）和应支付的相关税费，作为换入资产的入账价值；收到补价方应当以换出资产的公允价值减去收到的补价（或换入资产的公允价值）和应支付的相关税费，作为换入资产的入账价值。

（2）企业在按照换出资产的账面价值和应支付的相关税费作为换入资产成本的情况下，发生补价的，应当分别下列情况处理：支付补价方，应当以换出资产的账面价值，加上支付的补价和应支付的相关税费，作为换入资产的成本，不确认损益；收到补价方，应当以换出资产的账面价值，减去收到的补价并加上应支付的相关税费，作为换入资产的成本，不确认损益。

6. 通过债务重组方式取得的固定资产

债务重组取得的固定资产应当以债权人收到固定资产的公允价值入账，公允价值低于重组债权的账面价值列作营业外支出（债务重组损失）。如果涉及到补价和税费，应考虑补价和相关税费后，将其净额列作营业外支出（债务重组损失）。

7. 存在弃置义务的固定资产

对于特殊行业的特定固定资产，根据国家法律和行政法规、国际公约等规定，企业必须承担环境保护和生态恢复等义务，如油田、核电站等，企业承担其油气资产、核电站核设施等的弃置和恢复环境义务必将发生弃置费用。《企业会计准则第 13 号——或有事项》规定，企业取得固定资产存在弃置义务的，应在取得固定资产时，将固定资产预计弃置费用的现值计入固定资产的成本。

8. 融资租入的固定资产

融资租入固定资产的入账价值，按租赁开始日租赁资产的公允价值与最低租赁付款额的现值两者中较低者确定。如果在租赁谈判签约中发生手续费、律师费、差旅费、印花税等初始直接费用，也计入融资租入固定资产价值。

9. 盘盈的固定资产

固定资产单位价值较高，对于管理规范的企业而言，盘盈、盘亏固定资产较为少见。企业盘盈的固定资产，按盘盈时的公允价值计量其价值，作为前期差错处理，通过“以前年度损益调整”科目核算。

二、固定资产增加的核算

（一）购入固定资产

1. 购入不需安装的固定资产

例 1： 企业购入一台不需要安装的设备，发票价格 5 000 元，增值税 850 元，支付运杂费 500 元。款项已通过银行支付，设备业已交付使用。

借：固定资产　　5 500
　　应交税费——应交增值税（进项税额）　　850
　　贷：银行存款　　6 350

2. 购入需要安装的固定资产

购入需要安装的固定资产，由于从固定资产运抵企业到达到预定可使用状态，尚需经过安装和调试过程，并发生安装调试成本，因此，应先通过“在建工程”科目归集和计算购置固定资产所支付的价款、运费和安装成本等，待固定资产安装完毕达到预定可使用状态后，再将“在建工程”科目累计的固定资产成本一次转入“固定资产”科目。

例2：企业购入一台需要安装的设备，价款16 000元，增值税2 720元，支付运费4 000元，运费取得了增值税合法抵扣凭证，款项已通过银行支付。设备业已交付安装。

①设备运抵企业，等待安装：

借：在建工程　　19 720
　　应交税费——应交增值税（进项税额）　　3 000
　　贷：银行存款　　22 720

②设备投入安装，用银行存款支付安装成本2 500元：

借：在建工程　　2 500
　　贷：银行存款　　2 500

③设备安装完毕，交付使用：

借：固定资产　　22 220
　　贷：在建工程　　22 220

（二）自行建造固定资产

企业自行建造固定资产包括自营建造和出包建造两种方式。为了反映固定资产建造情况，企业要设置“在建工程”和“工程物资”一级科目。在“工程物资”科目下设置“专用材料”、“专用设备”、“工器具”等明细科目进行明细核算；在“在建工程”科目下设置“建筑工程”、“安装工程”、“在安装设备”、“待摊支出”以及单项工程（如“技术改造工程”、“自制设备工程”等）明细科目进行明细核算。

1. 自营工程

例3：某企业自行建造仓库一座，购入工程物资400 000元，支付的增值税额为68 000元，工程物资全部被工程领用；另外还领用了企业生产用的原材料一批，实际成本为30 000元；支付工程人员工资50 000元，企业辅助生产车间为工程提供有关劳务支出10 000元，工程完工交付使用。有关会计处理如下：

①购入工程物资：

借：工程物资　　400 000
　　应交税费——应交增值税（进项税额）　　68 000
　　贷：银行存款　　468 000

②工程领用工程物资：

借：在建工程　　400 000
　　贷：工程物资　　400 000

③工程领用原材料：

借：在建工程　　30 000
　　贷：原材料　　30 000

④支付工程人员工资：

借：在建工程　　50 000
　　贷：应付职工薪酬　　50 000

⑤结转辅助生产车间为工程提供的劳务支出：

借：在建工程　　10 000
　　贷：生产成本——辅助生产成本　　10 000

借：固定资产　　490 000
　　贷：在建工程　　490 000

在建工程完工后，企业为建造固定资产准备的剩余工程物资，如果转为本企业的存货的，按其实际成本或计划成本进行结转。工程建设期间发生的工程物资盘亏、报废及毁损，减去残料价值及保险公司、过失人等赔款后的净损失，计入所建工程项目的成本；盘盈的工程物资或处置净收益，冲减所建工程项目的成本。工程完工后发生的工程物资盘盈、盘亏、报废及毁损，计入当期营业外收支。

2. 出包工程

企业采用出包方式进行的自制、自建固定资产工程，其工程的具体支出由承包单位核算。在这种方式下，“在建工程”科目实际成为企业与承包单位的结算科目，企业按规定预付承包单位的工程价款时，借记“在建工程”科目，贷记“银行存款”等科目；工程完工收到承包单位账单，补付或补记工程价款时，借记“在建工程”科目，贷记“银行存款”等科目；工程完工交付使用时，按实际发生的全部支出，借记“固定资产”科目，贷记“在建工程”科目。

（三）投资者投入固定资产

例4：国家向企业投入一设备，双方确认该设备的价值为40 000元。另企业用银行存款支付设备的包装、运杂费300元。设备已交付使用。

借：固定资产　　40 300
　　贷：实收资本——国家资本　　40 000
　　　　银行存款　　300

（四）接受捐赠的固定资产

例5：企业接受外商捐赠的新设备一台，据发票等单据确定设备的价值为120 000元。税务机关核定，该受赠设备在受赠当年确认纳税所得，计交所得税。

企业接受捐赠的设备时：

借：固定资产　　120 000
　　贷：递延收益　　120 000

年末结转捐赠收入时：

借：递延收益　　120 000

　　贷：营业外收入——捐赠利得　　120 000

（五）融资租入的固定资产

融资租赁是指实质上转移了与资产所有权有关的全部风险和报酬的租赁。确认融资租赁的标准是（只要其中一项或数项即可认定）：①在租赁期届满时，租赁资产的所有权转移给承租人。②租赁期届满时承租人有购买租赁资产的选择权，所订立的购买价款预计将远低于行使选择权时租赁资产的公允价值，因而在租赁开始日就可以合理确定承租人将会行使这种选择权。③即使资产的所有权不转移，但租赁期占租赁资产使用寿命的大部分（即大于或等于从租赁开始日起租赁期占租赁资产使用寿命的75%）。④承租人在租赁开始日的最低租赁付款额现值，几乎相当于租赁开始日租赁资产公允价值；出租人在租赁开始日的最低租赁收款额现值，几乎相当于租赁开始日租赁资产公允价值。⑤租赁资产性质特殊，如果不作较大改造，只有承租人才能使用。融资租赁实质上是带有商品销售形式的借贷活动，是企业筹资的一种新方式。

企业采用融资租赁方式租入固定资产，尽管从法律形式上资产的所有权在租赁期间仍然属于出租方，但由于资产租赁期基本上包括了资产的有效使用年限，承租企业实质上获得了租赁资产所提供的主要经济利益，同时承担与资产有关的风险。因此企业应将融资租入资产作为一项固定资产计价入账，同时确认相应的负债，并计提固定资产的折旧。

为了区别融资租入固定资产和企业自有固定资产，企业应在“固定资产”科目下设置“融资租入固定资产”明细科目单独核算。在租赁开始日，按当日租赁资产的公允价值与最低租赁付款额的现值两者中较低者确定融资租入固定资产的入账价值。如果在租赁谈判签约中发生手续费、律师费、差旅费、印花税等初始直接费用，也计入融资租入固定资产价值。企业应付融资租赁款总额和融资租入固定资产入账价值之间的差额实质上是一种利息费用，计入“未确认融资费用”科目，在租赁期内采用实际利率法分期摊入“财务费用”科目。

例6： A企业20×4年12月1日与B企业签订租赁合同，采用融资租赁方式从B企业租入一台设备。该设备的公允价值为500 000元。租期为20×5年1月1日~20×8年12月31日，共4年；自租赁开始期日每年末付租金150 000元，合同规定的年利率为7%，假设双方发生的初始直接费用均为1 000元；租赁期满时，A企业享有优惠购买该机器的选择权，购买价100元，估计该日租赁资产的公允价值为80 000元。

A企业有关的会计处理如下：

①计算租赁日最低租赁付款额的现值，确定租赁资产入账价值：

最低租赁付款额 = 150 000 × 4 + 100 = 600 100（元）

租赁日最低租赁付款额的现值 = 150 000 ×（PVA, 7%, 4）+ 100 ×（PV, 4, 7%）

= 508 156.29（元）> 租赁日设备的公允价值 500 000 元

根据孰低原则，租赁资产的入账价值应为公允价值 500 000 元；

未确认融资费用 = 600 100 − 500 000 = 100 100（元）

借：固定资产——融资租入固定资产　　501 000

　　未确认融资费用　　100 100

　贷：长期应付款——应付融资租赁款　　600 100

　　　银行存款　　1 000

注：如果融资租入的固定资产需要安装，则光借记“在建工程”科目，安装完工后再转入“固定资产”科目。

②按月计提融资租入固定资产折旧：

该设备预计使用寿命 5 年，租赁期为 4 年，预计净残值为 0。按企业会计准则规定，租赁期满时不能取得租赁资产所有权的，应选其最短的年限 4 年计提折旧，反之，如果租赁期满设备转让给承租方，则 A 企业应按 5 年折旧。A 企业采用直线法计提折旧：

借：制造费用[（50 100）÷（5 × 12）]　　8 350

　贷：累计折旧　　8 350

以后各月计提折旧的会计分录与此相同。

③第 1 年末（及以后各年末）支付融资租赁费：

借：长期应付款——应付融资租赁款　　150 000

　贷：银行存款　　150 000

④确定融资费用分摊率：

融资费用分摊率，即使得租赁开始日最低租赁付款的现值等于租赁资产公允价值时的折现率。

$r = 7\%$ 时，最低租赁付款的现值 = 1 500 003.387 2 + 1 000.762 9

= 508 156.29（元）> 500 000（元）

$r = 8\%$ 时，最低租赁付款的现值 = 1 500 003.312 1 + 1 000.735 0

= 496 888.5（元）< 500 000（元）

所以，$7\% < r < 8\%$

用插值法计算得：$r = 7.72\%$

⑤未确认融资费用的分期摊销

在租赁期内采用实际利率法分期摊销未确认的融资费用，每期未确认融资费用摊销额的计算如表 14-1 所示。

表 14-1　未确认融资费用分摊表　　单位：元

日期	融资租赁付款额	各期确认的融资费用	应付租赁本金减少额	应付租赁本金余额
①	②	③ = 期初⑤ × 7.72%	④ = ② - ③	⑤ = 期初⑤ - ④
20 × 5.1.1				500 000
20 × 5.12.31	150 000	38 600	111 400	388 600
20 × 6.12.31	150 000	29 999.92	120 000.08	268 599.92
20 × 7.12.31	150 000	20 735.91	129 264.09	139 335.83
20 × 8.12.31	150 000	10 764.17	139 235.83	100
20 × 8.12.31	100		100	0
合　计	600 100	100 100	500 000	

根据表 14-1 第 1 年末摊销额 38 600 元编制下列会计分录：

借：财务费用　　38 600

　　贷：未确认融资费用　　38 600

以后各年末均按表 14-1 第 3 列相关数额进行摊销，4 年累计摊销总额为 100 100 元，正好结平“未确认融资费用”账户余额。

⑥租赁期满，资产产权转入企业：

借：长期应付款——应付融资租赁款　　100

　　贷：银行存款　　100

借：固定资产——生产用固定资产　　501 000

　　贷：固定资产——融资租入固定资产　　501 000

采用经营租赁方式租入固定资产不记入本企业“固定资产”科目，而是另设备查簿登记。

（六）债务重组换入固定资产

例 7：A 公司的应收账款中，有 B 公司所欠的货款 40 万元。因 B 公司发生财务困难，短期内难以偿还货款，经双方协商，A 公司同意 B 公司以设备抵债，设备的公允价值为 35 万元（假定企业转让该设备不需要交纳增值税）。A 公司已经为该项应收账款计提了 15 000 元的坏账准备。

借：固定资产　　350 000

　　坏账准备　　15 000

　　营业外支出——债务重组损失　　35 000

　　贷：应收账款——B 公司　　400 000

（七）以非货币性交易换入固定资产

例 8：甲企业用 18 500 元的库存商品换入乙企业的一台机床，商品的公允价值为40 000元，账面成本为32 000元；换入机床的公允价值为40 000元。企业适用的增值税税率均为17%，计税价格等于公允价值。甲企业从乙企业取得换入机床的增值税专用发票。整个交易不考虑增值税以外的其他税费。该交换具有商业实质，且交换资产的公允价值能够可靠地计量。

换入机床的价值＝换出产成品公允价值＋产成品销项税额－固定资产进项税额

＝40 000＋40 000×17%－40 000×17%＝40 000（元）

借：固定资产　40 000

　　应交税费——应交增值税（进项税额）　6 800

　　贷：主营业务收入　18 500

　　　　应交税费——应交增值税（销项税额）　6 800

借：主营业务成本　32 000

　　贷：库存商品　32 000

若上项非货币性资产交换没有活跃市场，不具有商业实质，且公允价值不能够可靠地计量，企业换入设备时作如下会计分录

借：固定资产（换出产成品账面价值－跌价准备＋产成品销项税额）

　　存货跌价准备　（已提跌价准备）

　　贷：库存商品　（产成品账面成本）

　　　　应交税费——应交增值税（销项税额）　（增值税销项税额）

三、固定资产折旧的核算

（一）固定资产折旧的概念

固定资产在使用过程中会不断发生磨损或损耗，其损耗的价值要逐渐转移到成本费用中去，以便从企业的收入中得到补偿。随着固定资产的不断使用，其服务能力不断地发挥效能，在为企业带来经济利益的同时，固定资产的服务潜力会逐渐衰减直至消逝，虽然实物形态不变，但残留在固定资产实体中的价值会越来越少。

折旧是指在固定资产的使用寿命内，按照确定的方法对应计折旧额进行的系统分摊。应计折旧额是指应计提折旧的固定资产原价扣除其预计净残值后的余额。已计提减值准备的固定资产，还应当扣除已计提的固定资产减值准备累计金额。也就是说，固定资产折旧是固定资产在使用过程中，由于损耗而减少的价值。

固定资产损耗可分为有形损耗和无形损耗。有形损耗是指固定资产在使用过程中由于磨损而发生的使用性损耗和由于受自然力影响而发生的自然损耗；无形损耗是指由于技术进步、消费偏好的变化、经营规模扩充等原因而引起的损耗。

从本质上讲，折旧也是一种费用，只不过这种费用没有在计提期间付出实实在在的货币，但这种费用是前期已经发生的支出，而这种支出的收益在资产投入使用后的有效使用期内实现，无论是从权责发生制原则，还是收入与费用配比原则，计提折旧都是必要的。

（二）折旧的影响因素

影响企业每期计提固定资产折旧的因素主要有以下几方面：

1. 折旧基数

折旧基数是企业计提固定资产折旧的基础。一般情况下，以固定资产的原始价值作为计算折旧的基数，可以使折旧的计算建立在客观的基础上，不容易受会计人员主观因素的影响；对于个别无法确定原始价值的固定资产，应以重置完全价值为折旧基数。

2. 预计净残值

预计净残值是指假定固定资产预计使用寿命已满并处于使用寿命终了时的预期状态，企业目前从该项资产处置中获得的扣除预计处置费用后的金额。即固定资产在报废清理时预计残值收入扣除预计清理费用后的净额。其中，预计残值收入是指固定资产报废清理时预计可收回的器材、零件、材料等残料价值收入；预计清理费用是指固定资产报废清理时预计发生的拆卸、整理、搬运等费用，它是对固定资产价值的追加，应事先加以估计。固定资产原始价值减去预计净残值后的数额为应提折旧总额。

在固定资产投入使用时，企业应合理预计固定资产报废时的净残值。一般情况下，预计净残值应为固定资产原值的3%～5%。低于3%或高于5%，应报主管财政机关备案。

3. 预计使用年限

预计使用年限是指固定资产预期使用的期限，也称折旧年限。企业在预计固定资产使用年限时，主要考虑的因素有：该资产的预计生产能力或实物产量；该资产的有形损耗；该资产的无形损耗；有关资产使用的法律或者类似的限制。可见，固定资产的预计使用年限是由有形损耗和无形损耗等所决定，但实质上，耐用年限一般以考虑技术进步的无形损耗为主，即固定资产的经济寿命决定其技术寿命。

企业应当根据固定资产的性质和使用情况，合理确定固定资产的使用寿命和预计净残值。除固定资产使用寿命以及预计净残值的预期数与原先的估计数有重大差异，需调整固定资产的折旧年限和预计净残值外，固定资产的使用寿命、预计净残值一经选定，不得随意调整。

（三）折旧的范围

《企业会计准则第4号——固定资产》规定，除下列情况外，企业应对所有固定资产计提折旧：

（1）已提足折旧仍继续使用的固定资产。

（2）按规定单独估价作为固定资产入账的土地。

已达到预定可使用状态的固定资产，如果尚未办理竣工决算的，应当按照估计价值暂估入账，并计提折旧；待办理了竣工决算手续后，再按照实际成本调整原来的暂估价值，同时调整原已计提的折旧额。企业一般应当按月提取折旧，当月增加的固定资产，当月不提折旧，从下月起计提折旧；当月减少的固定资产，当月照提折旧，从下月起不提折旧。提足折旧的固定资产和提前报废的固定资产，均不再提取折旧。

（四）固定资产折旧方法

企业应当根据固定资产所含经济利益预期实现方式选择折旧方法，可选择的折旧方法包括年限平均法、工作量法、年数总和法和双倍余额递减法。折旧方法一经选定，不得随意变更。如需变更，应当在会计报表附注中予以说明。

1. 年限平均法

年限平均法又称直线法，是指固定资产原值减去预计净残值后按预计使用年限平均分摊的折旧方法。采用这种方法计算的每期折旧额均相等。计算公式如下：

（1）$$\text{固定资产年折旧额}=\frac{\text{固定资产应提折旧总额}}{\text{固定资产预计使用年限}}$$

$$=\frac{\text{固定资产原价}-(\text{预计残值收入}-\text{预计清理费用})}{\text{固定资产预计使用年限}}$$

（2）$$\text{固定资产年折旧率}=\frac{\text{固定资产年折旧额}}{\text{固定资产原价}}\times 100\%$$

$$\text{或}=\frac{1-\text{预计净残值率}}{\text{预计使用年限}}\times 100\%$$

（3）$\text{固定资产月折旧额}=\text{固定资产年折旧额}\div 12$

$\text{或}=\text{固定资产原值}\times\text{固定资产月折旧率}$

（4）$\text{固定资产月折旧率}=\text{固定资产年折旧率}\div 12$

例9：某固定资产原值20 000元，预计净残值200元，预计使用10年，折旧计算如下：

$$\text{年折旧额}=(20\,000-200)\div 10=1\,980(\text{元})$$

$$\text{年折旧率}=1\,980\div 20\,000\times 100\%=9.9\%$$

$$\text{月折旧率}=9.9\%\div 12\times 100\%=0.825\%$$

$$\text{月折旧额}=20\,000\times 0.825\%=165(\text{元})$$

固定资产折旧率反映固定资产磨损的幅度，根据计算口径，可将折旧率分为三种类型：个别折旧率、分类折旧率和综合折旧率。个别折旧率是以单项固定资产为基础计算的折旧率；分类折旧率是以固定资产类别为基础计算的折旧率；综合折旧率是以企业所有的固定资产为基础计算的折旧率。企业应根据具体情况，合理选择折旧率。

直线法计算折旧虽然比较简便，但是也存在明显的局限性。这种方法不符合配比原则，固定资产在使用的前期，工作效率较高，使用后期，工作效率降低，而计提的固定资产折旧额则相等，使得固定资产提供的经济效益与其计提的折旧额不配比；而且，直线法不重视固定资产的使用情况，在直线法下，不管固定资产的工作负荷相差多少，计提的折旧额均相等，使得固定资产的磨损程度与计算的折旧不完全吻合。

2. 工作量法

工作量法是按固定资产完成的工作量或工作时数计算折旧的方法。各期折旧额的大小随固定资产完成工作量的变动而成正比例变动。这种方法一般适用于企业专业车队的客货运汽车、大型设备等。

采用工作量法计算固定资产折旧，公式如下：

$$单位工作量的折旧额=\frac{固定资产原值-预计净残值}{固定资产预计可完成的工作总量}$$

某项固定资产月折旧额=该资产当月完成的工作量×单位工作量的折旧额

固定资产完成的工作量，可以是固定资产的运转时数、工作台班、行驶里程以及生产产品的产量等。

例10：一载重卡车原值96 000元，预计行驶300 000t·km，预计净残值4 800元。本月行驶4 000t·km，则该卡车本月应计提折旧额的计算如下：

$$单位吨公里折旧额=(96\ 000-4\ 800)\div 300\ 000=0.304(元)$$

$$本月应提折旧=4\ 000\times 0.304=1\ 216(元)$$

工作量法计算简便，而且每月计提的折旧额与固定资产的磨损程度吻合。但是这种方法没有考虑固定资产的无形损耗，而且，固定资产完成的工作量较难测定。

3. 双倍余额递减法

双倍余额递减法是在不考虑固定资产残值的情况下，用直线法折旧率的双倍去乘以每期期初固定资产账面价值的折旧方法。计算公式为：

$$固定资产年折旧率=\frac{2}{预计使用年限}\times 100\%$$

年折旧额=期初固定资产账面余额×年折旧率

由于双倍余额递减法不考虑固定资产的残值收入，因此，在应用这种方法时必须注意不能使固定资产的账面折余价值低于固定资产预计的净残值。为便于操作，在固定资产折旧年限到期前两年内，将固定资产净值扣除预计净残值后的余额平均摊销。

例11：企业一固定资产原值5 000元，预计使用4年，预计净残值648元。采用双倍余额递减法计提折旧。折旧计算如表14-2所示。

年折旧率 = 2/4 × 100% = 50%

表14-2 固定资产折旧计算表（双倍余额递减法） 单位：元

年份	当年计提的折旧额	累计折旧	折余价值
0			5 000
1	5 000 × 50% = 2 500	2 500	2 500
2	2 500 × 50% = 1 250	3 750	1 250
3	(1 250 − 648)/2 = 301	4 051	949
4	301	4 352	648

4. 年数总和法

年数总和法，亦称使用年限积数法或合计年限法，是将固定资产的原值减去预计净残值后的净额（即固定资产折旧总额）乘以一个逐年递减的折旧率来计算每年折旧额的方法。计算公式如下：

$$年折旧率 = \frac{尚可使用的年数}{预计使用年限的年数总和}$$

年折旧额 = 固定资产折旧总额 × 年折旧率

例12：如例11，该固定资产采用年数总和法计提折旧。折旧计算情况如表14-3所示。

预计使用年限总和 = 1 + 2 + 3 + 4 = 10（年）

表14-3 固定资产折旧计算表（年数总和法） 单位：元

年份	折旧总额	尚可使用年限/年	年折旧率	年折旧额	累计折旧额
0	5 000 − 648 = 4 352				
1	4 352	4	4/10	1 740.8	1 740.8
2	4 352	3	3/10	1 305.6	3 046.4
3	4 352	2	2/10	870.4	3 916.8
4	4 352	1	1/10	435.2	4 352

双倍余额递减法和年数总和法均属于加速折旧法，在固定资产使用的早期多提折旧，后期少提折旧，其递减的速度逐年加快。加速折旧法的目的是使固定资产的成本在估计耐用年限内加快得到补偿，降低固定资产无形损耗造成的不利影响。

（五）固定资产折旧的核算

在会计实务中，一般通过编制“固定资产折旧计算表”（格式见表14-4）来进行固定资产折旧的核算。

表 14-4　固定资产折旧计算表（分类折旧法）　　单位：元

固定资产类别	分类折旧率	生产部门		福利部门		管理部门		…	折旧额合计
		固定资产原值	折旧额	固定资产原值	折旧额	固定资产原值	折旧额		
一、经营用 房屋 设备 ⋮									
合计									

根据固定资产折旧计算表，编制计提折旧的会计分录：

借：制造费用（生产部门固定资产的折旧）
　　管理费用（非生产部门固定资产的折旧）
　　销售费用（销售部门固定资产的折旧）
　　其他业务成本（经营租出固定资产的折旧）
　　⋮
　　贷：累计折旧（当月计提的折旧总额）

四、固定资产修理和改良的核算

（一）固定资产修理的核算

固定资产在使用过程中，由于各个组成部分耐用程度不同或者使用条件不同，往往会发生固定资产的局部损坏，影响固定资产的使用效能。因此，为保证固定资产的正常运转和使用，充分发挥固定资产的使用效能，必须对其进行必要的修理。固定资产修理是恢复固定资产磨损价值和保持其正常生产能力并持续发挥其效能的活动的总称。固定资产修理，是固定资产“后续支出”的一种，应采用“费用化”的方式进行账务处理。所谓“费用化”的方式，是指在支出或费用发生时就计入当期损益的处理方式。企业会计准则规定：固定资产修理费用应当在发生时计入当期损益。

固定资产修理，按其修理的规模和性质不同，分为经常性修理和大修理两种。

1. 经常性修理

经常性修理，亦称日常修理或中小修理，是对固定资产个别部分进行调整和拆换。其主要特点是修理范围小、时间间隔短、费用支出少。经常性修理是与固定资产有关的后续支出，一般不可能使流入企业的经济利益超过原先的估计，所以在发生时一般确认为费用，直接计入当期的成本或期间费用。

例13：企业管理部门的车辆委托汽车修理厂进行经常性修理，支付修理费2 000元，用银行存款转账支付。编制会计分录如下：

借：管理费用　　2 000

　　贷：银行存款　　2 000

2. 大修理

固定资产大修理是对固定资产的局部更新，如对机器设备进行全部拆卸，更新主要部件、配件；对房屋建筑物进行翻修和改善地面等。这种大修的范围广、时间间隔长、费用支出多。会计上将大修理费用也直接记入当期费用（管理费用）。

（二）固定资产改良的核算

固定资产改建、扩建亦称为固定资产改良。固定资产改良支出一般数额较大，收益期较长（超过1年），而且可使固定资产的性能、质量等都有较大的改进。固定资产改良支出也是与固定资产有关的后续支出，一般能使流入企业的经济利益超过了原先的估计，比如，延长了固定资产的使用寿命，或使产品的质量实质性提高，或使产品成本实质性降低，因此，这类与固定资产更新改造有关的后续支出一般符合固定资产的确认条件，应予以资本化，应当计入固定资产成本，同时将被替换部分的账面价值扣除。

固定资产发生可资本化的后续支出，企业一般应将该固定资产的原价、已计提的累计折旧和减值准备转销，将固定资产的账面价值转入“在建工程”科目进行核算，并在此基础上重新确定固定资产的原价。因已转入在建工程，因此停止计提折旧。在固定资产发生的后续支出完工并达到预定可使用状态时，再从在建工程转为固定资产，并按重新确定的固定资产原价、使用寿命、预计净残值和折旧方法计提折旧。固定资产发生的可资本化的后续支出，通过“在建工程”科目核算。

五、固定资产减少的核算

企业将不需用的固定资产进行出售或对外投资、对磨损和陈旧不能继续使用的固定资产进行清理报废、对盘亏的固定资产进行清查核销等等，均会引起固定资产的减少。企业在核算固定资产减少的业务时，应设置“固定资产清理”科目，核算因出售、报废、毁损等原因转入清理的固定资产价值及其在清理过程中所发生的清理费用和清理收入。

（一）固定资产报废、毁损的核算

固定资产的报废有的属于正常报废，有的属于非正常报废。正常报废包括：使用磨损报废和由于技术进步而发生的提前报废；非正常报废主要是指自然灾害和责任事故所致（即毁损）。固定资产正常报废与非正常报废的会计处理基本相同。举例如下（假定下例企业对固定资产均未提取减值准备）：

例 14：企业有一套生产线因技术进步而提前报废，该生产线的原值 60 000 元，已提折旧 53 000 元。在清理过程中，以银行存款支付清理费用 750 元，拆除的残料一部分作价 800 元入库，另一部分变卖收入 200 元存入银行。编制会计分录如下：

①固定资产转入清理，注销固定资产的账面价值：

借：固定资产清理	7 000	
累计折旧	53 000	
贷：固定资产		60 000

②支付清理费用：

借：固定资产清理	750	
贷：银行存款		750

③残料变价收入：

借：原材料	800	
银行存款	200	
贷：固定资产清理		1 000

④结转固定资产清理净损益：

借：营业外支出——非流动资产处置损失	6 750	
贷：固定资产清理		6 750

例 15：企业因水灾导致一幢生产用房倒塌，该房屋原值 100 000 元，已提折旧 60 000 元，进行清理时，发生清理费 4 000 元，用银行存款支付，残料变卖收入 5 000 元，已存入银行，同时，应向保险公司收取 36 000 元的赔款。编制会计分录如下：

①固定资产转入清理，注销固定资产的账面价值

借：固定资产清理	40 000	
累计折旧	60 000	
贷：固定资产		100 000

②支付清理费用

借：固定资产清理	4 000	
贷：银行存款		4 000

③收到残料变卖收入及应收赔款

借：银行存款	5 000	
其他应收款——保险公司	36 000	
贷：固定资产清理		41 000

④结转固定资产净损益

借：营业外支出——非常损失 3 000
　　贷：固定资产清理 3 000

（二）固定资产的出售

例 16：企业将一座厂房出售，该厂房原价 800 000 元，已计提折旧 200 000 元。售价 650 000 元，已收存银行。营业税税率 5%（应计交的城建税和教育费附加略，假定该企业对固定资产未计提减值准备）。编制会计分录如下：

①固定资产转入清理，注销账面价值：

借：固定资产清理 600 000
　　累计折旧 200 000
　　贷：固定资产 800 000

②收取出售价款：

借：银行存款 650 000
　　贷：固定资产清理 650 000

③计算应交纳的营业税（650 000 ×5% =32 500）：

借：固定资产清理 32 500
　　贷：应交税费——应交营业税 32 500

④结转出售厂房的净收益（650 000 - 600 000 - 32 500）：

借：固定资产清理 17 500
　　贷：营业外收入——非流动资产处置利得 17 500

自 2009 年 1 月 1 日起，纳税人销售自己使用过的固定资产（增值税暂行条例规定允许抵扣增值税的固定资产），应区分不同情形征收增值税：

（1）销售自己使用过的 2009 年 1 月 1 日以后购进或者自制的固定资产，按照适用税率征收增值税。

（2）2008 年 12 月 31 日以前未纳入扩大增值税抵扣范围试点的纳税人，销售自己使用过的 2008 年 12 月 31 日以前购进或者自制的固定资产，按照 4% 征收率减半征收增值税。

企业如果出售增值税暂行条例规定允许抵扣增值税的固定资产计收的增值税，应通过“应交税费——应交增值税（销项税额）核算。

（三）投资转出固定资产

固定资产投出分两类情况分别进行处理：一是“企业合并”情况下的固定资产投出。在同一控制下的企业合并中，企业投出固定资产按合并日取得被合并方所有者权益账面价值的份额作为长期股权投资的初始成本，同时注销固定资产账面价值。长期股权投资初始投资成本与投出资产账面价值之间的差额，调整资本公积，资本公积不足冲减的，调整留存收益。在非同一控制下的企业合并中，企业于合并日按投出固定资产的公允价值作为长期股权投资的初始成本，同时注销固定资产账面价值。长期股权投资初始投资成本与投出资产账面价值之间的差额，计入当期损益（营业外收入或营业外支出）。二是“非企业合并”情况下的固定资产投出。与“非同一控制下的企业合并”账务处理相同。

1. 采用“企业合并”方式投出固定资产

（1）投出固定资产转入清理：

借：固定资产清理
　　固定资产减值准备
　　累计折旧
　　贷：固定资产

（2）确认上述长期股权投资初始成本时：

借：长期股权投资——其他股权投资　　（股权份额）
　　资本公积——资本溢价　　（以该账户余额为限）
　　盈余公积　　（未冲销损失 ×10%）
　　利润分配——未分配利润　　（剩余冲销额）
　　贷：固定资产清理　　（账面价值）
　　　　应交税费——应交增值税（销项税额）
　　　　　　（固定资产公允价值 × 增值税税率）

如果股权份额大于固定资产账面价值，贷记“资本公积”科目。

2. 采用“非企业合并”方式投出固定资产

（1）投出固定资产转入清理：

借：固定资产清理
　　累计折旧
　　贷：固定资产

（2）确认上述长期股权投资初始成本时：

借：长期股权投资——其他股权投资　　（公允价值）
　　贷：固定资产清理　　（公允价值）
　　　　应交税费——应交增值税（销项税额）
　　　　　　（固定资产公允价值 × 增值税税率）

如果固定资产公允价值大于账面价值，则借记“固定资产清理”科目，贷记“营业外收入——非流动资产处置利得”科目；如果固定资产公允价值小于账面价值，则借记“营业外支出——非流动资产处置损失”科目，贷记“固定资产清理”科目。

（四）固定资产盘亏

企业盘亏的固定资产，在批准处理前，先通过“待处理财产损溢”科目核算盘亏固定资产的净值，待批准核销时，再将盘亏资产的净值转入“营业外支出”科目。

例 17：企业在固定资产清查中，发现少了一台设备。该设备账面原价 30 000 元,已提折旧 15 000 元。

①注销盘亏设备的账面价值：

借：待处理财产损溢——待处理固定资产损溢　　15 000
　　累计折旧　　15 000
　　贷：固定资产　　30 000

②经批准，核销盘亏设备的价值：

借：营业外支出——盘亏损失　　15 000
　　贷：待处理财产损溢——待处理固定资产损溢　　15 000

上述盘亏和毁损的固定资产“报批处理”，是指报经股东大会或董事会，或经理（厂长）会议或类似机构批准处理。一般说，报批处理要在会计期末结账前处理完毕。如果期末结账前尚未批准的，应在对外提供的财务会计报告时由会计人员先进行处理，并在会计报表附注中作出说明，如果以后批准处理的金额与已处理的金额不一致，应按其差额调整会计报表相关项目的年初数。

企业在生产经营过程中，除报废、毁损、出售、投资、盘亏导致固定资产减少外，将固定资产对外捐赠或抵债等也会引起固定资产的减少。

（五）捐赠转出固定资产

企业捐赠转出的固定资产，应按固定资产净值，借记“固定资产清理”科目，按该项固定资产已提的折旧，借记“累计折旧”科目，按该项固定资产已计提的减值准备，借记“固定资产减值准备”科目，按固定资产的账面原价，贷记“固定资产”科目；捐赠过程中应支付的相关税费，借记“固定资产清理”科目，贷记“银行存款”、“应交税费”等科目；最后应将“固定资产清理”科目的余额转入营业外支出，借记“营业外支出——捐赠支出”科目，贷记“固定资产清理”科目。

（六）抵债转出固定资产

例 18：企业因发生财务困难，无力兑付到期的商业汇票（面值 100 000、利率 7%、期限 6 个月）。经协商，对方同意企业用一台设备低债。该设备原值 120 000 元，购进时按 17% 税率支付增值税 20 400 元，已提折旧 30 000 元，计提减值准备 9 000 元。评估确认的公允价值为 85 000 元。抵债时支付清理费用 1 000 元，不考虑增值税以外的其他相关税费。企业应编制如下会计分录：

①注销低债固定资产的账面价值：

借：固定资产清理　　81 000
　　累计折旧　　30 000
　　固定资产减值准备　　9 000

　　贷：固定资产　　120 000

②支付固定资产清理费：

借：固定资产清理　　1 000

　　贷：银行存款　　1 000

③结转债务重组利得及转让资产损益：

借：应付票据（100 000×7%×6÷12+100 000）　　103 500

　　贷：固定资产清理　　85 000

　　　　应交税费——应交增值税（销项税额）（85 000×17%）

　　　　　　14 450

　　　　营业外支出——债务重组损失　　4 050

借：固定资产清理　　3 000

　　贷：营业外收入——非流动资产处置利得　　3 000

六、固定资产减值

（一）固定资产减值的概念及判断

1. 固定资产减值的概念

资产减值，是指资产的可收回金额低于其账面价值。资产可收回金额根据资产的公允价值减去处置费用后的净额与资产预计未来现金流量的现值两者之间较高者确定。处置费用包括与资产处置有关的法律费用、相关税费、搬运费以及为使资产达到可销售状态所发生的直接费用等。资产的公允价值减去处置费用后的净额与资产预计未来现金流量的现值，只要有一项超过了固定资产的账面价值，就表明该固定资产没有发生减值，不需再估计另一项金额。

2. 固定资产减值的判断

《企业会计准则第 8 号——资产减值》规定，存在下列迹象的，表明资产可能发生了减值：

（1）资产的市价当期大幅度下跌，其跌幅明显高于因时间的推移或者正常使用而预计的下跌。

（2）企业经营所处的经济、技术或者法律等环境以及资产所处的市场在当期或者将在近期发生重大变化，从而对企业产生不利影响。

（3）市场利率或者其他市场投资报酬率在当期已经提高，从而影响企业计算资产预计未来现金流量现值的折现率，导致资产可收回金额大幅度降低。

（4）有证据表明资产已经陈旧过时或者其实体已经损坏。

（5）资产已经或者将被闲置、终止使用或者计划提前处置。

（6）企业内部报告的证据表明资产的经济绩效已经低于或者将低于预期，如资产所创造的净现金流量或者实现的营业利润（或者亏损）远远低于（或者高于）预计金额等。

（7）其他表明资产可能已经发生减值的迹象。

固定资产发生损坏、技术陈旧或其他原因，导致其可收回金额低于其账面价值，这种情况称之为固定资产减值。

（二）固定资产减值的核算

企业应当在资产负债表日对各项资产进行全面检查，判断资产是否存在可能发生减值的迹象。如果存在上述减值迹象，就应该计提资产减值准备。固定资产减值一般按“单项资产”为基础进行估计；企业难以对单项资产的可收回金额进行估计的，应当以该资产所属的资产组为基础确定资产组的可收回金额。

1. 按单项资产计提固定资产减值准备

按固定资产的可收回金额低于其账面价值的差额借记“资产减值损失”，贷记“固定资产减值准备”。已提减值准备的固定资产价值又得以恢复，不得编制转回的会计分录。因此，已计提的固定资产减值准备在固定资产处置（出售、报废、毁损、抵债、投资转让、非货币性资产交换等）时予以转销。

2. 按资产组计提固定资产减值准备

资产组是企业可以认定的最小资产组合，其产生的现金流入应当基本上独立于其他资产或者资产组。资产组应当由创造现金流入相关的资产组成。

（1）认定资产组最关键的因素是该资产组能否独立产生现金流入。企业的某一生产线、营业网点、业务部门等，如果能够独立于其他部门或者单位等形成收入、产生现金流入，或者其形成的收入和现金流入绝大部分独立于其他部门或者单位、且属于可认定的最小资产组合的，通常应将该生产线、营业网点、业务部门等认定为一个资产组。

几项资产的组合生产的产品（或者其他产出）存在活跃市场的，无论这些产品（或者其他产出）是用于对外出售还是仅供企业内部使用，均表明这几项资产的组合能够独立产生现金流入，应当将这些资产的组合认定为资产组。

（2）企业对生产经营活动的管理或者监控方式、以及对资产使用或者处置的决策方式等，也是认定资产组应考虑的重要因素。比如，某服装企业有童装、西装、衬衫三个工厂，每个工厂在核算、考核和管理等方面都相对独立，在这种情况下，每个工厂通常为一个资产组。

资产组或者资产组组合的可收回金额低于其账面价值的，应当确认相应的资产减值损失。减值损失金额应当先抵减分摊至资产组或者资产组组合中商誉的账面价值，再根据资产组或者资产组组合中除商誉之外的其他各项资产的账面价值所占比重，按比例抵减其他各项资产的账面价值。抵减后的各资产的账面价值不得低于以下三者之中最高者：该资产的公允价值减去处置费用后的净额（如可确定的）；该资产预计未来现金流量的现值（如可确定的）；零。

第二节　固定资产和在建工程实务考核题及其答案

一、固定资产和在建工程实务考核题

（一）单项选择题

1. 固定资产，是指同时具有（　　）和使用寿命超过一个会计年度特征的有形资产。

A. 价值逐渐转移

B. 单位价值在规定标准以上

C. 为生产商品、提供劳务、出租或经营管理而持有的

D. 使用中实物形态保持不变

2. 自建固定资产，应按（　　）计价。

A. 评估价值　　B. 重置价值

C. 实际发生的全部支出　　D. 同类固定资产市价

3. 企业一般应根据（　　）应计提折旧的固定资产账面原值按月计提折旧。

A. 月末　　B. 月初　　C. 月末和月初平均　　D. 上月初

4. 用期初固定资产账面折余价值乘以折旧率计算折旧额的方法是（　　）。

A. 平均年限法　　B. 工作量法　　C. 双倍余额递减法　　D. 年数总和法

5. 某项固定资产原值 80 000 元，预计使用 10 年，预计净残值率为 3%，该固定资产用直线法确定的月折旧率为（　　）。

A. 9.7%　　B. 10.3%　　C. 0.833%　　D. 0.808%　　E. 0.858%

6. 某项固定资产原值 50 000 元，预计使用 5 年，预计净残值 2 500 元。采用双倍余额递减法计提折旧，按制度规定，第 5 年应提折旧额为（　　）。

A. 2 592 元　　B. 4 150 元　　C. 6 480 元　　D. 3 980 元

7. 上项周定资产若采用年数总和法，则第 1 年应提折旧额为（　　）。

A. 15 833 元　　B. 16 667 元　　C. 17 500 元　　D. 3 333 元　　E. 3 167 元

8. 盘亏固定资产报批后，应按（　　）计入营业外支出。

A. 盘亏固定资产原值

B. 盘亏净值

C. 盘亏净值扣除过失人及保险公司赔款后的差额

D. 盘亏固定资产累计折旧

9. 企业在建工程建造期间盘点工程物资，如出现盘盈、盘亏，一般应计入“（　　）”科目。

A. 待处理财产损溢　　B. 在建工程

C. 固定资产清理　　　　　　　　D. 长期待摊费用

10. 某大型生产线达到预定可使用状态前进行联合试车发生的费用，应计入的会计科目是（　　）。

A. 长期待摊费用　　　　　　　　B. 营业外支出

C. 在建工程　　　　　　　　　　D. 管理费用

（二）多项选择题

1. 双倍余额递减法和年数总和法在计算固定资产折旧时的共同点是(　　)。

A. 不考虑净残值　　　　　　　　B. 前期折旧额较低

C. 加速折旧　　　　　　　　　　D. 前期折旧额较高

2. 下列各项计入购建固定资产成本的有（　　）。

A. 耗用原材料的实际成本　　　　B. 进口设备支付的消费税

C. 支付的增值税　　　　　　　　D. 支付的耕地占用税

E. 支付的关税

3. 购入固定资产入账的原价包括（　　）。

A. 买价　　　　　　　　　　　　B. 支付的增值税

C. 支付的包装运输费　　　　　　D. 购入后发生的安装成本

4. 企业会计准则规定，固定资产是指同时具备以下（　　）特征的有形资产。

A. 为生产商品、提供劳务、出租或经营管理而持有的

B. 使用年限超过一年

C. 单位价值较高

D. 实物形态保持不变

5. 确定固定资产使用年限时必须考虑有形损耗和无形损耗两方面的因素。包括（　　）。

A. 使用中的磨损　　　　　　　　B. 自然力的影响

C. 劳动生产率提高　　　　　　　D. 技术的进步

6. 影响固定资产折旧的主要因素有（　　）。

A. 预计使用年限　　　　　　　　B. 固定资产折旧基数

C. 预计净残值　　　　　　　　　D. 物价上涨率

7. 下列固定资产中计提折旧的有（　　）。

A. 未使用的房屋和建筑物　　　　B. 在用的机器设备

C. 经营租出的固定资产　　　　　D. 以经营租赁方式租入的固定资产

E. 融资租入的固定资产

8. 下列固定资产中不提折旧的有（　　）。

A. 未使用设备

B. 季节性停用和大修理停用的设备

C. 不需用固定资产

D. 建设工程交付使用前未达到预定可使用状态的固定资产

E. 已提足折旧仍继续使用的固定资产

F. 土地

9. 企业按月计提折旧时，借记“（　　）”等科目，贷记“累计折旧”科目。

A. 生产成本　B. 制造费用　C. 管理费用　D. 其他业务成本

10. 通过“固定资产清理”科目核算的固定资产业务有（　　）。

A. 固定资产出售　　B. 固定资产盘亏

C. 固定资产报废　　D. 固定资产毁损

（三）填空题

1. 固定资产按用途分为________固定资产和________固定资产；按所有权分为________固定资产和________固定资产；按使用情况分为________固定资产、________固定资产和________；按经济用途和使用情况分为________、________、________、________、________、________和________。

2. 进行固定资产明细分类核算应设置________和________，并定期同固定资产总账核对。

3. 采用平均年限法计提折旧时，应考虑________、________、________和________四个基本因素。

4. 进行固定资产折旧总分类核算的依据是________。

5. 直线折旧法下，固定资产的折旧率有________、________和________之分。

6. 盘盈固定资产时，应按规定价值借记“________”科目，贷记“________”科目。

7. 企业出售某建筑物，账面原值 30 万元，已提折旧 5 万元，出售价格 28 万元，按营业税率 5% 计算应交营业税________万元，据计交的营业税借记“________”科目。

8. 固定资产日常修理，其费用一般采用________方式进行核算，直接计入当期损益；固定资产更新改造，其费用一般采用________方式进行核算，计入固定资产成本。

9. 企业发生的专门用于工程的借款利息和外币借款汇兑损益，在固定资产达到预计可使用状态前的，借记“________”科目，达到预计可使用状态后的，借记“________”科目。

10. 企业自营工程发生意外损失，在扣除应收保险赔款和残料价值后，其净损失记入“________”科目借方。

（四）判断题

1. 凡劳动资料都列作固定资产。(　　)

2. 征用土地支付的补偿费列入土地使用权价值，计入“无形资产”科目。(　　)

3. 融资租入固定资产在租赁期间虽然所有权不属于企业，但应视同自有固定资产进行管理。(　　)

4. 企业接受捐赠固定资产时发生的费用，不能计入固定资产价值。(　　)

5. 固定资产使用年限内应提折旧总额就是固定资产的原值。(　　)

6. 在年数总和法下，每年计提折旧用递减的年折旧率去乘固定资产应提折旧总额。(　　)

7. 采用双倍余额递减法计提折旧，每年递减的折旧额相等。(　　)

（五）计算及综合题

1. 企业购入需要安装的机器一台，专用发票上价款 48 000 元，增值税 8 160 元，另外支付包装费 2 000 元、运输费 1 500 元。机器直接交一车间安装，领用工程用材料 4 000 元，领用生产用材料 1 000 元（实际成本），工程发生直接工资 1 500 元，月终，该工程分摊辅助生产费用 400 元。机器安装完毕，交付生产使用。试作有关分录。

2. 企业因火灾烧毁一幢厂房，该厂房原值 50 万元，已提折旧 20 万元；经保险公司核定应赔偿损失 26 万元，用银行存款支付清理费用 1 万元，厂房残料入库作价 0.5 万元。试作有关分录。

二、固定资产和在建工程实务考核题参考答案

（一）单项选择题

1. C　2. C　3. B　4. C　5. D　6. B　7. A　8. C　9. B　10. C

（二）多项选择题

1. CD　2. ABDE　3. ACD　4. AB　5. ABD　6. ABC　7. ABCE
8. DEF　9. BCD　10. ACD

（三）填空题

1. 生产经营用　非生产经营用　自有　租入　使用中的　未使用　不需用　生产经营用　非生产经营用　租出　不需用　未使用　土地　融资租入　2. 固定资产卡片　固定资产登记簿　3. 原值　预计使用年限　预计清理费用　预计残值收入　4. 固定资产折旧计算表　5. 个别折旧率　分类折旧率　综合折旧率　6. 固定资产　以前年度损益调整　7. 1. 4 固定资产清理　8. 费用化　资本化　9. 在建工程　财务费用　10. 在建工程

（四）判断题

1. ×　2. ×　3. ✓　4. ×　5. ×　6. ✓　7. ×

（五）计算及综合题

1. 解：

①购入时共付款 59 660 元时：

借：在建工程——在安装设备　　51 395

　　应交税费——应交增值税（进项税额）（8 160 + 1500 × 7%）

　　　　8 265

　　贷：银行存款　　59 660

②机器安装发生 6 900 元时：

借：在建工程——在安装设备　　6 900

　　贷：工程物资　　4 000

　　　　原材料　　1 000

　　　　应付职工薪酬　　1 500

　　　　生产成本　　400

③工程完工，固定资产交付使用时：

借：固定资产　　58 295

　　贷：在建工程——在安装设备　　58 295

2. 解：

注销价值　借：固定资产清理　　300 000

　　　　　　　累计折旧　　200 000

　　　　　　　贷：固定资产　　500 000

应收赔款　借：其他应收款　　260 000

　　　　　　　贷：固定资产清理　　260 000

清理费用　借：固定资产清理　　10 000

　　　　　　　贷：银行存款　　10 000

残料收入　借：原材料　　5 000

　　　　　　　贷：固定资产清理　　5 000

结转损失　借：营业外支出　　45 000

　　　　　　　贷：固定资产清理　　45 000

第十五章　无形资产和其他资产实务考核

第一节　无形资产和其他资产的核算

一、无形资产概述

（一）无形资产的定义及特征

无形资产是指企业拥有或者控制的没有实物形态的可辨认非货币性资产，包括专利权、非专利技术、商标权、著作权、土地使用权、特许权等。

无形资产一般具有如下主要特征：

1. 不具有实物形态

无形资产通常表现为某种权力、技术或获得超额利润的综合能力。它们不具有实物形态，但在很大程度上可通过其自身所具有的技术等优势为企业带来未来经济利益。然而，无形资产又总是体现在有形实物上的，例如，专有技术体现在专利产品上，著作权体现在著作上，而这些有形物的转让并不代表无形资产的转让。不具有实物形态是无形资产区别于其他资产的特征之一。

2. 属于非货币性资产

非货币性资产是指企业除持有的货币资金和将以固定或可确定的金额收取的资产以外的其他资产。无形资产由于没有发达的交易市场，一般不容易转化成现金，在持有过程中为企业带来未来经济利益的情况不确定，不属于以固定或可确定的金额收取的资产，属于非货币性资产。

3. 具有可辨认性

要作为无形资产进行核算，该资产必须是能够区别于其他资产可单独辨认的，如企业持有的专利权、非专利技术、商标权、土地使用权等。无形资产定义中的“可辨认”标准是：

（1）能够从企业中分离或者划分出来，并能单独或者与相关合同、资产或负债一起，用于出售、转移、授予许可、租赁或者交换。

（2）源自合同性权利或其他法定权利，无论这些权利是否可以从企业或其他权利和义务中转移或者分离。

只要具备上述两个条件之一，应当认定其具有可辨认性。

4. 所提供的未来经济利益具有高度的不确定性

无形资产能否为企业提供未来的经济利益以及提供多大的未来经济利益在很大程度上要受到企业外部因素的影响，如技术进步、市场需求变化、同行业竞争等，使得其预期的获利能力具有高度的不确定性。同时，无形资产通常都不能单独获利，必须与企业的其他资产结合，才能发挥其作用，因而企业的收益中究竟有多少来自于无形资产是很难辨认的。此外，无形资产的取得成本与其能为企业带来的未来经济利益之间并无内在联系，因而很难对其未来的获利能力作出合理估计。因为这一特征，会计制度要求对无形资产进行核算时，要持更谨慎的态度。

（二）无形资产的分类

（1）无形资产按其取得来源，可分为购入的无形资产、自创的无形资产、投资者投入的无形资产、换入的无形资产以及接受捐赠的无形资产等。

（2）无形资产按有无使用期限，可分为使用寿命有限的无形资产和使用寿命不确定的无形资产。使用寿命有限的无形资产，是指企业源自合同性权利或其他法定权利形成的无形资产，其使用寿命不应超过合同性权利或其他法定权利的期限。使用寿命不确定的无形资产，是指根据可获得的相关信息，仍然无法合理估计其使用寿命的无形资产。

（三）无形资产的确认和计量

1. 无形资产的确认

无形资产确认是指将符合无形资产确认条件的项目，作为企业的无形资产加以记录，并将其列入企业资产负债表的过程。由于无形资产没有实物形态，因而其确认要比有形资产困难得多。企业会计准则规定，同时满足以下两个条件的资产，才能确认为企业的无形资产：

（1）与该无形资产有关的经济利益很可能流入企业；

（2）该无形资产的成本能够可靠地计量。

也就是说，某个项目要确认为无形资产，首先必须符合无形资产的定义，其次还要符合以上两项条件。

2. 无形资产的初始计量

无形资产计量分为初始计量和后续计量两种。无形资产应当按照成本进行初始计量。无形资产取得时的实际成本应根据无形资产的不同来源分别确定。

（1）购入的无形资产。购入的无形资产，按实际支付的价款作为实际成本入账，包括购买价款、相关税费以及直接归属于使该项资产达到预定用途所发生的其他支出。购买无形资产的价款超过正常信用条件延期支付，实质上具有融资性质的，无形资产的成本以购买价款的现值为基础确定。对于一揽子购入的无形资产，其成本通常应按无形资产和其他资产的公允价值相对比例来分摊实际支付金额，进而确定无形资产的入账价值。

（2）投资者投入的无形资产。投资者投入的无形资产，应当按照投资合同或协议约定的价值作为无形资产成本入账；但合同或协议约定价值不公允的除外。

（3）企业自行开发的无形资产。企业自行开发的无形资产其成本包括自企业进入开发阶段至达到预定用途前所发生的符合资本化确认条件的支出总额，但是对于以前研究期间已经费用化的支出不再调整。企业开发阶段的支出，在同时满足下列条件的情况下采用“资本化”的处理方式：

1）完成该无形资产以使其能够使用或出售在技术上具有可行性。

2）具有完成该无形资产并使用或出售的意图。

3）无形资产产生经济利益的方式，包括能够证明运用该无形资产生产的产品存在市场或无形资产自身存在市场；无形资产将在内部使用的，应当证明其有用性。

4）有足够的技术、财务资源和其他资源支持，以完成该无形资产的开发，并有能力使用或出售该无形资产。

5）归属于该无形资产开发阶段的支出能够可靠地计量。

（4）以非货币性资产交换换入的无形资产。以非货币性资产交换换入的无形资产其初始成本的计量应区分以下两种情况分别进行处理：

1）在非货币性资产交换具有商业实质，且公允价值能够可靠地计量的情况下，无形资产的初始成本应当以换出资产公允价值、支付的补价和应支付的相关税费确定。

2）如果非货币性资产交换不具有商业实质，且公允价值不能够可靠地计量，无形资产的初始成本应当以换出资产账面价值、支付的补价和应支付的相关税费确定。

（5）债务重组取得的无形资产。企业通过债务重组方式取得的无形资产，应按无形资产公允价值作为无形资产的初始成本入账。重组债权的账面价值（应收债权账面余额扣除已提坏账准备后的余额）与无形资产公允价值之间的差额，计入当期损益。

（6）接受捐赠的无形资产。企业接受捐赠的无形资产，应按无形资产公允价值作为无形资产的初始成本入账。若通过“政府补助”方式取得无形资产，如行政划拨的土地使用权等，应当按照公允价值计量；公允价值不能可靠取得的，按照名义金额计量。

（7）企业合并取得的无形资产。企业合并取得的无形资产，其初始成本的计量应区分以下两种情况分别进行处理：

1）同一控制下企业合并取得的无形资产，应当按照合并日被合并方的账面价值计量。合并方入账的无形资产账面价值与支付的合并对价账面价值（或发行股份面值总额）的差额，应当调整资本公积；资本公积不足冲减的，调整留存收益。

2）非同一控制下企业合并取得的无形资产，其公允价值能够可靠计量的，应当按公允价值作为无形资产的初始成本入账。

3. 无形资产的后续计量

无形资产初始确认和计量后，在其后使用该项无形资产期间内应以成本减去累计摊销额和累计减值损失后的余额计量。要确定无形资产在使用过程中的累计摊销额，基础是估计其使用寿命。企业应当于取得无形资产时分析判断其使用寿命。

（1）估计无形资产使用寿命应考虑的因素。无形资产的使用寿命为有限的，应当估计该使用寿命的年限或者构成使用寿命的产量等类似计量单位数量；无法预见无形资产为企业带来经济利益期限的，应当视为使用寿命不确定的无形资产。企业估计无形资产使用寿命时应考虑的主要因素包括：

1）运用该资产生产的产品通常的寿命周期、可获得的类似资产使用寿命的信息。

2）技术、工艺等方面的现阶段情况及未来发展趋势的估计。

3）以该资产生产的产品或提供服务的市场需求情况。

4）现在或潜在的竞争者预期采取的行动。

5）为维持该资产带来经济利益能力的预期维护支出，以及企业预计支付有关支出的能力。

6）对该资产控制期限的相关法律规定或类似限制。

7）与企业持有其他资产使用寿命的关联性等。

（2）无形资产使用寿命的确定。源自合同性权利或其他法定权利取得的无形资产，其使用寿命不应超过合同性权利或其他法定权利的期限。如果合同性权利或其他法定权利能够在到期时因续约等延续，当有证据表明企业续约不需要付出重大成本时，续约期才能够包括在使用寿命的估计中。如果企业在延续无形资产持有期间时付出的成本与预期流入企业的未来经济利益相比具有重要性，本质上是企业获得了一项新的无形资产。

没有明确的合同或法律规定的无形资产，企业应当综合各方面情况，如聘请相关专家进行论证或与同行业的情况进行比较以及企业的历史经验等，以确定无形资产为企业带来未来经济利益的期限；如果经过这些努力确实无法合理确定无形资产为企业带来经济利益的期限，再将其作为使用寿命不确定的无形资产。

（3）无形资产摊销。企业会计准则规定，使用寿命确定的无形资产，其应摊销金额应当在使用寿命内系统合理摊销；使用寿命不确定的无形资产，其价值不予摊销，只计减值。

无形资产的应摊销金额为其成本扣除预计残值后的金额。已计提减值准备的无形资产，还应扣除已计提的无形资产减值准备累计金额。使用寿命有限的无形资产，其残值应当视为零，但下列情况除外：

1）有第三方承诺在无形资产使用寿命结束时购买该无形资产。

2）可以根据活跃市场得到预计残值信息，并且该市场在无形资产使用寿命结束时很可能存在。

企业摊销无形资产，应当自无形资产可供使用时起，至不再作为无形资产确认时止。企业选择的无形资产摊销方法，应当反映与该项无形资产有关的经济利益的预期实现方式；无法可靠确定预期实现方式的，应当采用直线法摊销。无形资产的摊销金额一般应当计入当期损益。

对使用寿命有限的无形资产，预计使用寿命及未来经济利益的预期消耗方式与以前估计不同的，应当改变摊销期限和方法；对使用寿命不确定的无形资产如有证据表明使用寿命为有限，应当估计其使用寿命并进行摊销。

二、无形资产的核算

（一）无形资产取得的核算

1. 购入无形资产

例1：企业以120万元购入一专利权。编制记账凭证如下：

借：无形资产——专利权　　1 200 000

　　贷：银行存款　　1 200 000

2. 企业自创无形资产

例2：企业自行研制一新产品获得成功，研究阶段发生支出220万元；后转入开发，开发阶段发生符合资本化的支出510万元。假定均以银行存款支付研究开发费用。

①研究阶段的支出：

借：研发支出——费用化支出　　2 200 000

　　贷：银行存款　　2 200 000

②月末，结转研究费用：

借：管理费用　　2 200 000

　　贷：研发支出——费用化支出　　2 200 000

③开发阶段的支出：

借：研发支出——资本化支出　　5 100 000

　　贷：银行存款　　5 100 000

④开发完成：

借：无形资产——非专利技术　　5 100 000

　　贷：研发支出——资本化支出　　5 100 000

3. 接受投资人投入无形资产

企业按照投资双方确定的价值入账：

借：无形资产

　　贷：实收资本等

4. 接受捐赠无形资产

例 3：企业接受捐赠一专利权。公允价值 20 万元。税务机关核定，将 20 万元分 5 年计交所得税。

①按公允价值入账：

借：无形资产——专利权　　200 000

　　贷：递延收益　　200 000

②当年年末，摊销递延收益：

借：递延收益（20 ÷ 5）　　40 000

　　贷：营业外收入　　40 000

③当年年末，结转营业外收入：

借：营业外收入　　40 000

　　贷：本年利润　　40 000

④如税务机关核定，将 20 万元一次计交所得税时：

借：递延收益　　200 000

　　贷：营业外收入　　200 000

（二）无形资产摊销的核算

企业应设置“累计摊销”科目核算使用寿命有限的无形资产计提的累计摊销。无形资产的摊销金额一般应当计入当期损益（管理费用），某项无形资产包含的经济利益通过所生产的产品或其他资产实现的，其摊销金额应当计入相关资产的成本（其他业务成本等）。无形资产（专利权）直接用于产品生产，其摊销价值计入“制造费用——专利权摊销”科目。

无形资产价值一般采用直线法在其取得的当月在预计使用年限内分期平均摊销。无形资产摊销额的计算公式如下：

$$\text{某项无形资产的月摊销额} = \frac{\text{该项无形资产成本} - \text{预计残值} - \text{已提减值准备}}{\text{使用寿命年限} \times 12}$$

例 4：如例 1 中的专利权，该专利权的有效期为 10 年。则：

每月摊销额 = 120 万 ÷ 10 ÷ 12 = 1（万元）

借：管理费用——无形资产摊销　　10 000

　　贷：累计摊销　　10 000

（三）无形资产处置的核算

1. 无形资产出售

企业将无形资产出售，表明企业放弃无形资产的所有权。由于出售无形资产不属于企业的日常活动，因而出售无形资产的所得不能作为企业的收入，而应确认为企业的利得，以净额加以反映和核算，计入营业外收支项目。

例 5：企业 4 年后将例 4 中的专利权出售，所得价款 80 万元，并按 5% 的税率计交营业税（假定不考虑营业税以外其他税费）。

出售专利权的账面成本 = 120 − 120 ÷ 10 × 4 = 72（万元）

借：银行存款　　800 000

　　贷：无形资产——专利权　　720 000

　　　　应交税费——应交营业税　　40 000

　　　　营业外收入——非流动资产处置利得　　40 000

2. 无形资产出租

无形资产出售是让渡无形资产的所有权，而无形资产出租则不同，它是通过收取租金，让渡无形资产的使用权。这部分租金收入，符合收入的定义，应作为收入确认和核算。

（1）收取租金：

借：银行存款

　　贷：其他业务收入

（2）摊销出租无形资产的成本。企业出租无形资产，仅仅是在一定时期内让渡无形资产的使用权，出租无形资产的所有权仍然属于出租方，因此，出租人对出租的无形资产仍应按规定进行摊销。将这部分摊销额作为出租无形资产的成本，计入其他业务成本项目。摊销时：

借：其他业务成本

　　贷：累计摊销

（3）出租无形资产计交的相关税费：

借：营业税金及附加

　　贷：应交税费——应交营业税

　　　　　　　　——应交城建税

　　　　　　　　——应交教育费附加

3. 无形资产的报废

当企业的无形资产已经失去效用，预期不能再为企业带来经济利益时，企业应将该无形资产的账面价值全部予以转销。企业转销无形资产摊余价值的会计分录如下：

借：营业外支出——非流动资产处置损失
（摊余价值－已提减值准备）
累计摊销 （累计摊销额）
无形资产减值准备 （累计计提减值准备）
贷：无形资产 （账面成本）

三、商誉

（一）商誉的概念

《企业会计准则第6号——无形资产》应用指南将商誉定义为：商誉是企业合并成本大于合并取得被购买方各项可辨认资产、负债公允价值份额的差额。《企业会计准则第20号——企业合并》规定，商誉是指在非同一控制下的企业合并中，购买方对合并成本大于合并中取得的被购买方可辨认净资产公允价值份额的差额。商誉的存在无法与企业自身分离，不具有可辨认性，不属于企业的无形资产。商誉概念的基本含义有以下五点：

（1）商誉是在企业合并时产生。投资方合并被投资方取得股权有两种情况：一是同一控制下的企业合并取得股权，如企业集团内的企业合并；二是非同一控制下的企业合并取得股权。《企业会计准则——应用指南》附录中“会计科目和主要账务处理”中规定：企业要设置“商誉”一级会计科目。该科目核算“非同一控制下”“企业合并中取得的商誉价值”。因此，商誉是在非同一控制下企业合并时产生。

（2）商誉的确认是指“正商誉”，不包括“负商誉”。即“企业合并成本大于合并取得被购买方各项可辨认资产、负债公允价值份额的差额”作为商誉（正商誉）处理；如果企业合并成本小于合并取得被购买方各项可辨认资产、负债公允价值份额的差额——负商誉，控股合并的一方在购买日调整盈余公积和未分配利润。

（3）商誉的确认以“公允价值”为基础。

（4）商誉与企业自身不可分离，不具有可辨认性。

（5）商誉不属于《企业会计准则第6号——无形资产》规范的内容。商誉按《企业会计准则第20号——企业合并》和《企业会计准则第33号——合并财务报表》的规定进行处理。

（二）商誉的产生与确认

企业对外投资时确认商誉的情况，分为确认“合并报表商誉”和“入账核算商誉”两种情况。

（1）“非同一控制下”企业控股合并，采用“成本法”进行日常核算，采用“权益法”编制合并报表的，当合并日控股方合并成本大于股权投资“份额”，并在合并日编制合并报表，则合并报表中产生“合并报表商誉”。

（2）“非同一控制下”企业新设合并，如果控股方在合并日需要编制合并报表的，也有可能产生“合并报表商誉”。

（3）“非同一控制下”企业吸收合并，被合并方独立法人资格注销，合并方拥有被合并方全部净资产，被合并方各项资产、负债纳入合并方账簿体系中。当合并日合并方合并成本大于被合并方可辨认净资产公允价值的，合并方要确认所产生的商誉，计入“商誉”账户进行详细核算，即“入账核算商誉”。

（4）企业采用“非合并”方式取得长期股权达到控股情况时，期末编制合并报表有可能产生“合并报表商誉”。

本章核算的商誉是指作为资产要素进行确认和计量的“入账核算商誉”。

（三）商誉的核算

例6：D公司和E公司不具有关联关系。20×5年1月27日，双方达成合并协议：由D公司将E公司吸收合并。20×5年7月1日，D公司以公允价150万、账面价值95万的库存商品作对价合并E公司。不考虑相关税费。20×5.7.1 E公司资产、负债情况如下：

	账面价值（万元）	公允价值（万元）
固定资产	60	85
长期股权投资	55	65
长期借款	35	35
净资产	80	115

合并日，D公司关于合并的账务处理如下：

借：固定资产	850 000	
长期股权投资	650 000	
商誉	350 000	
贷：长期借款		350 000
主营业务收入		1 500 000

（四）商誉的减值

企业合并所形成的商誉，至少应当在每年年度终了进行减值测试。商誉应当结合与其相关的资产组或者资产组组合进行减值测试。企业进行资产减值测试，对于因企业合并形成的商誉的账面价值，应当自购买日起按照合理的方法分摊至相关的资产组；难以分摊至相关资产组的，应当将其分摊至相关的资产组组合。在将商誉的账面价值分摊至相关的资产组或者资产组组合时，应当按照各资产组或者资产组组合的公允价值占相关资产组或者资产组组合公允价值总额的比例进行分摊。公允价值难以可靠计量的，按照各资产组或者资产组组合的账面价值占相关资产组或者资产组组合账面价值总额的比例进行分摊。

期末，商誉同所属资产组测试减值时：

借：资产减值损失

　　贷：商誉减值准备

　　　　固定资产减值准备

四、其他资产

（一）长期待摊费用

1. 长期待摊费用的概念

长期待摊费用是指企业已经发生，但应由本期和以后各期的分摊期限在一年以上的各项费用。长期待摊费用的特征是：本身没有交换价值，不可转让，一经发生就已消耗，但能为企业创造未来收益，并能从未来收益的会计期间抵补的各项支出。这些支出不能全部计入当年损益，应当在以后年度内分期摊销。

2. 长期待摊费用的核算

长期待摊费用主要核算企业发生的租入固定资产的改良支出。租入固定资产改良支出是指企业对采用经营租赁方式租入的固定资产，为增加其效用或延长其使用寿命而进行改装、翻修、改建等所发生的支出。由于租赁期届满时，租入资产的改良装置一般连同租入的固定资产一并归还给出租人，承租企业实际上只能取得在租赁期内使用被改良固定资产以获利的权利，因此，对租入固定资产进行改良所发生的支出，不能作为固定资产核算，只能作为一项长期待摊费用，在租赁尚可使用期限或改良工程耐用期限两者孰短的期限内分期平均摊销，将改良支出分期计入制造费用、管理费用、销售费用等相关费用中。

长期待摊费用核算的账务处理模式如图 15-1 所示。

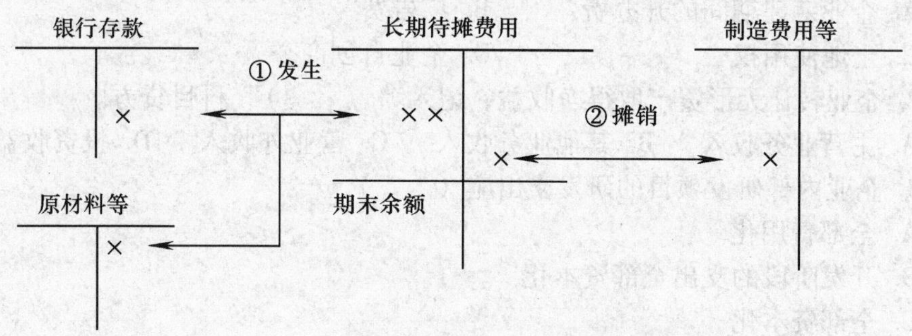

图 15-1　长期待摊费用核算的账务处理模式

（二）长期应收款

长期应收款是指应收的、期限超过一年的款项，包括融资租赁产生的应收款项、采用递延方式具有融资性质的销售商品和提供劳务等产生的应收款项、实质上构成对被投资单位净投资的长期权益等。企业应设置“长期应收款”一级会计科目核算企业发生的期限超过一年的应收款项，并在该科目下按债务人进行明细核算。

现以企业采用分期收款方式销售商品为例，说明长期应收款的核算。

（1）企业采用分期收款方式销售商品时：

借：长期应收款

　　贷：主营业务收入

　　　　未实现融资收益

（2）企业分期收到销货款（含当期增值税）时：

借：银行存款

　　贷：长期应收款

　　　　应交税费——应交增值税（销项税额）

（3）企业分期摊销未实现融资收益时：

借：未实现融资收益

　　贷：财务费用

第二节　无形资产和其他资产实务考核题及其答案

一、无形资产和其他资产实务考核题

（一）单项选择题

1. 根据企业会计准则规定，下列各项中，应作为无形资产入账的是(　　)。

A. 企业筹建期间的开办费　　B. 广告费

C. 土地使用权　　D. 企业自创商誉

2. 企业转让无形资产取得净收益，记入“(　　)”科目贷方。

A. 主营业务收入　B. 其他业务收入　C. 营业外收入　D. 投资收益

3. 企业内部研发项目的研发支出应（　　）。

A. 全部费用化

B. 开发阶段的支出全部资本化

C. 全部资本化

D. 研究阶段的支出费用化，开发阶段符合资本化条件的支出资本化

4. 在会计期末，企业持有无形资产的账面价值高于其可收回金额的差额，应当借记（　　）。

A. 资产减值损失　B. 营业外支出　C. 其他业务成本 D. 管理费用

5. 企业接受投资者投入的无形资产，应按（　　）入账。

A. 同类无形资产的价格

B. 该无形资产可能带来的未来现金流量之和

C. 投资各方确认的价值

D. 投资者无形资产原账面价值

（二）多项选择题

1. 无形资产必须满足下列哪些条件才可确认（　　）。

A. 该资产产生的经济利益很可能流入企业

B. 受益期限长于10年

C. 该资产得到了法律保护

D. 该资产的成本能够可靠计量

2. 下列各项作为无形资产入账的有（　　）。

A. 土地使用税　B. 耕地占用税　C. 土地使用权

D. 专有技术　E. 技术开发费　F. 技术转让费

3. 企业无形资产具备的特点是（　　）。

A. 不可辨认　B. 不具有实物形态

C. 属于非货币性资产　D. 可辨认

4. 下列各项可作为长期应收款列账的有（　　）。

A. 融资租赁产生的应收款项

B. 采用递延方式具有融资性质的销售商品和提供劳务等产生的应收款项

C. 租入固定资产改良支出

D. 实质上构成对被投资单位净投资的长期权益

5. 无形资产定义中的“可辩认性”标准是指（　　）。

A. 能够从企业中分离或者划分出来

B. 能单独或者与相关合同、资产或负债一起，用于出售、转移、授予许可、租赁或者交换

C. 源自合同性权利或其他法定权利，无论这些权利是否可以从企业或其他权利和义务中转移或者分离

D. 可以看得见即为可辩认

（三）填空题

1. 无形资产的具体内容包括________、________、________、________、________、________等。

2. 无形资产应按________进行初始计量；企业应按规定对使用寿命________的无形资产分期进行摊销，而对使用寿命________的无形资产只计减值。

3. 企业无形资产的取得有________、________、________、________、

________、________等渠道。

4. 企业投资者投入无形资产，按双方确认价值借记“________”科目，贷记“________”等科目。

5. 企业摊销无形资产价值时，借记“________”科目，贷记“________”科目。

（四）判断题

1. 企业自己申请商标注册所花费用不大，一般不作无形资产入账，只有购入或其他单位投入商标权，才作无形资产入账。（　）

2. 企业申请版权的费用应作无形资产入账。（　）

3. 企业获得专营权，如果没有花费代价，不作无形资产列账；如果花费较大，应将取得时发生的各种费用连同办理法律手续的费用在内作为无形资产入账。（　）

4. 企业通过自身经营管理而建立的商誉不作为无形资产入账，只有在非同一控制下的企业合并时，合并成本大于合并中取得的被购买方可辨认净资产公允价值份额的差额才确认为企业的商誉。（　）

5. 在企业资产中，只要没有物质实体的资产都可称为无形资产。（　）

6. 企业自行研制的无形资产，在研究开发过程中发生的费用一律费用化。（　）

7. 无形资产减值一经计提，不得转回。（　）

8. 无形资产的转让无论是转让其所有权还是转让其使用权，所获得的收益均在“其他业务收入”账户中核算。（　）

（五）业务核算题

1. 某A上市公司20×6年1月8日，从B公司购买一项商标权，由于A公司资金周转比较紧张，经与B公司协议采用分期付款方式支付款项。合同规定，该项商标权总计6 000 000元，每年末付款3 000 000元，两年付清。假定银行同期贷款利率为6%，2年期年金现值系数为1.8334。根据上述无形资产取得和摊销的经济业务作出会计分录。

2. 某公司将拥有的一项非专利技术出售，取得收入8 000 000元，应交的营业税为400 000元。该非专利技术的账面余额为7 000 000元，累计摊销额为3 500 000元，已计提的减值准备为2 000 000元。不考虑营业税以外的其他相关税费。请作出企业出售无形资产的会计分录。

3. 某股份有限公司从外单位购得一项商标权，支付价款30 000 000元，款项已支付，该商标权的使用寿命为10年，不考虑残值的因素。请作出购买和第一年摊销的会计分录。

4. 某公司接受A公司以其所拥有的专利权作为出资，双方协议约定的价值为30 000 000元，已办妥相关手续。试就公司接受投资进行会计处理。

二、无形资产和其他资产实务考核题参考答案

（一）单项选择题

1. C　2. C　3. D　4. A　5. C

（二）多项选择题

1. AD　2. CD　3. BCD　4. ABD　5. ABC

（三）填空题

1. 专利权　商标权　著作权　土地使用权　经营特许权　专有技术　2. 成本　确定　不确定　3. 自创购入　投资人投入　接受捐赠　以非货币性资产交换换入　债务重组　4. 无形资产　实收资本　5. 管理费用　累计摊销

（四）判断题

1. ✓　2. ×　3. ✓　4. ✓　5. ×　6. ×　7. ✓　8. ×

（五）业务核算题

1. 解：

无形资产的现值 = 3 000 000 × 1. 8334 = 5 500 200（元）

未确认融资费用 = 6 000 000 − 5 500 200 = 499 800（元）

第一年应确认的融资费用 = 5 500 200 × 6% = 330 012（元）

第二年应确认的融资费用 = 499 800 − 330 012 = 119 788（元）

借：无形资产——商标权　5 500 200
　　未确认融资费用　499 800
　　贷：长期应付款　6 000 000

第一年底付款时：

借：长期应付款　3 000 000
　　贷：银行存款　3 000 000

借：财务费用　330 012
　　贷：未确认融资费用　330 012

第二年底付款时：

借：长期应付款　3 000 000
　　贷：银行存款　3 000 000

借：财务费用　119 788
　　贷：未确认融资费用　119 788

2. 解：

借：银行存款　8 000 000
　　累计摊销　3 500 000

无形资产减值准备　　2 000 000
　　贷：无形资产　　7 000 000
　　　　应交税费——应交营业税　　400 000
　　　　营业外收入——非流动资产处置利得　　6 100 000

3. 解：

借：无形资产——商标权　　30 000 000
　　贷：银行存款　　30 000 000
借：管理费用（30 000 000 ÷ 10）　　3 000 000
　　贷：累计摊销　　3 000 000

4. 解：

借：无形资产——专利权　　30 000 000
　　贷：实收资本　　30 000 000

第十六章　流动负债实务考核

第一节　流动负债的核算

一、流动负债概述

（一）流动负债分类

流动负债是指企业过去的交易或者事项形成的、预期会在一年或者超过一年的一个营业周期内导致经济利益流出企业的现时义务。现时义务是指企业在现行条件下已承担的义务。它分为以下几类：

（1）短期借款。短期借款是指企业向银行或其他金融机构等借入的期限在1年及以下的各种借款。

（2）结算中确定的债务。如应付账款、应付票据，交易性金融负债，一年内到期的长期应付款和应付债券等。

（3）各类预收暂收款。如预收货款、预收租金、存入保证金等。

（4）应计负债。应计负债是指根据经营成果、推定义务等累计计算的尚未支付的负债，包括：①期末结账应计债务，如应付职工薪酬、应交税费、应付股利等；②应计未来债务，如预计负债等。

（5）或有负债。或有负债是指过去的交易或者事项形成的潜在义务，其存在须通过未来不确定事项的发生或不发生予以证实；或过去的交易或者事项形成的现时义务，履行该义务不是很可能导致经济利益流出企业或该义务的金额不能可靠计量。如应收票据贴现、未决诉讼、为其他单位提供债务担保等。

（二）流动负债的确认和计价

流动负债确认条件是：与该义务有关的经济利益很可能流出企业；未来流出的经济利益的金额能够可靠地计量。

流动负债应当采用多种计量属性（历史成本、重置成本、可变现净值、现值、公允价值等）计价。具体讲，应区分以下情况计价：

（1）各种货币性流动负债，如应付账款、应付票据等，它们是于最近未来某一时日用固定的货币数额来偿付，从理论上讲，这类负债应用现时价值反映，即用未来应付金额的贴现值来计价，但由于这类负债一般都在较短期内偿付，所以一般按成交之日的金额（未来应付金额）来计价。

（2）各种应计负债，如应付职工薪酬、应交税费等，这类负债通常是在会计期末相对于应付费用而入账的，所以，它们可根据有关的合同价格或市价或法律规定价计价。

（3）各种非货币性流动负债，如交易性金融负债、预收租金、预收定金等。对于交易性金融负债，按公允价值计量；对于预收项目，由于这类负债是在未来提供特定数量和质量的实物资产或劳务为标志的，所以，可按预定的或双方认可的价格计价。

二、短期借款

短期借款是指企业从银行和其他金融机构借入的期限在一年（含一年）以内的借款。如为解决商品生产和商品流转过程中短期资金周转不足而向银行取得的借款等。

各种短期借款的取得和归还，通过“短期借款”账户核算，其明细分类核算按借款种类设帐。短期借款的核算主要涉及三个方面：取得借款的处理；借款利息的处理；归还借款的处理。

（一）取得借款的处理

短期借款一般期限不长，通常在取得借款日，按取得金额入账，借记“银行存款”科目，贷记“短期借款”科目。

（二）借款利息的处理

各种短期借款的使用，均要支付利息，一般于季末支付，也有的到期付息。企业发生的短期借款利息，应分别情况处理：

一是年内付息，企业在付息的当期计入“财务费用”科目；二是跨年度付息，企业应于资产负债表日计算应付利息，计入年末月份“财务费用”科目。

（三）归还借款的处理

短期借款到期时，应及时归还。不论是按期支付利息，或者利息是在借款到期时连同本金一起归还，在归还借款时，通过“短期借款”科目核算的金额仍然是借入时的取得金额，应归还的利息则通过“应付利息”或“财务费用”科目核算。

三、交易性金融负债

（一）交易性金融负债的概念

我国《企业会计准则第22号——金融工具确认和计量》将金融负债在初始确认时划分为两类：一类是以公允价值计量且其变动计入当期损益的金融负债，包括交易性金融负债和指定为以公允价值计量且其变动计入当期损益的金融负债；二是其他金融负债。企业划分交易性金融负债的基本条件是：承担该金融负债的目的主要是为了近期内回购。因此，交易性金融负债，主要是指企业为了近期内回购而承担的金融负债，包括要从证券市场回购的股票、债券、基金等。

（二）交易性金融负债的核算

企业应设置“交易性金融负债”科目核算企业承担的交易性金融负债的公允价值。它是一个流动负债类的会计科目，核算准备近期购回的股票、债券、基金等。需要说明的是，企业持有的直接指定为以公允价值计量且其变动计入当期损益的金融负债，也在“交易性金融负债”科目核算。

“交易性金融负债”科目应按负债类别分别“本金”、“公允价值变动”进行明细核算。其中，“本金”明细科目核算企业确认（承担）交易性金融负债时的公允价值；“公允价值变动”明细科目核算企业在资产负债表日交易性金融负债公允价值高于或低于其账面余额的差额。交易性金融负债的主要账务处理如下：

（1）企业承担的交易性金融负债时：

借：银行存款等　　　　　　　　　　　　　（实际收到的金额）
　　投资收益　　　　　　　　　　　　　　（发生的交易费用）
　　贷：交易性金融负债——本金　　　　　　　　　（公允价值）

（2）资产负债表日计息时：

借：投资收益　　　　　　　　　　　（按票面利率计算的利息）
　　贷：应付利息　　　　　　　　　　（按票面利率计算的利息）

（3）资产负债表日交易性金融负债公允价值高于其账面余额，将其差额入账时：

借：公允价值变动损益　　　　　　　　　　　　　（变动差额）
　　贷：交易性金融负债——公允价值变动　　　　　（变动差额）

若公允价值低于其账面余额的差额做相反的会计分录。

（4）处置交易性金融负债时：

借：交易性金融负债——本金　　　　　　　　　　（账面余额）
　　　　　　　　　　——公允价值变动　　　　　　（账面余额）
　　贷：银行存款等　　　　　　　　　　　　（实际支付的金额）
　　　　投资收益　　　　　　　　　　　　　　　　（收益差额）

同时将计入“公允价值变动损益”科目的金额转入“投资收益”科目。

如果“交易性金融负债——公允价值变动”为借方余额，应贷记“交易性金融负债——公允价值变动”科目；若产生损失差额，借记“投资收益”科目。

四、应付款项

（一）应付票据的核算

应付票据一般是指商业汇票，包括商业承兑汇票和银行承兑汇票。

企业发生的交易在采用商业汇票结算方式下，如果开出的是商业承兑汇票，必须由付款方（购买单位）承兑；由银行承兑的汇票，必须经银行承兑。在商业汇票尚未到期前，企业视为一笔负债，期末反映在资产负债表上的应付票据项目内。付款单位应在商业汇票到期前，及时将款项足额交存开户银行，可使银行在到期日凭票将款项划转给收款人、被背书人或贴现银行。企业在收到银行的付款通知时，据以编制付款凭证。

1. 一般账务处理

应付票据一般按票面价值入账。企业开出、承兑商业汇票或以承兑商业汇票抵付货款、应付账款时，借记“在途物资”、“原材料”、“库存商品”、“应付账款”、“应交税费——应交增值税（进项税额）”等科目，贷记“应付票据”科目。支付银行承兑汇票的手续费，借记“财务费用”科目，贷记“银行存款”科目。收到银行支付到期票据的付款通知，借记“应付票据”科目，贷记“银行存款”科目。

2. 应付票据利息的账务处理

应付票据按是否带息分为带息票据和不带息票据。

（1）带息应付票据的处理。票据中应付利息的处理，主要有以下两种方法：

1）计算应付利息，并增加应付票据的账面价值。对于带息票据，企业应按照票据的存续期间和票面利率计算应付利息，并相应增加应付票据的账面价值。

在存续期间内何时计算应付利息并入账，由企业自行决定，但在中期期末和年度终了这两个时点上，企业必须计算带息票据的利息，并计入当期损益。

2）发生时列支。如果票据期限较短，利息金额不大，为简化核算手续，可以于票据到期支付票据面值和利息时，一次计入“财务费用”科目。

我国目前会计实务中采用第一种方法。

例1：某批发站从乙公司购进商品一批，货已验收入库。该企业于7月1日按货款12万元（价款10万元，增值税1.7万元，对方代垫运费0.3万元）签发银行承兑汇票一张，承兑期8个月，年利率6%。向银行申请承兑时，支付手续费120元，该企业应作以下分录：

①向银行交纳承兑手续费时：

借：财务费用　　120 000

　　贷：银行存款　　120 000

②用银行承兑汇票购买商品入库时：

借：材料采购　　102 790

　　应交税费——应交增值税（进项税额）　　17 210

　　贷：应付票据　　120 000

借：库存商品　　102 790

　　贷：材料采购　　102 790

③12 月末计算上述票据应付利息时：

借：财务费用（120 000×6%/12×6）　　3 600

　　贷：应付票据　　3 600

④次年 2 月 28 日票据到期归还票据本息时：

借：应付票据（120 000＋3 600）　　123 600

　　财务费用（120 000×6%/12×2）　　1 200

　　贷：银行存款（12 000＋120 000×6%/12×8）　　124 800

若在到期支付本息时，采用一次处理利息的方式，则上述分录③不做，而是次年 2 月 28 日一次作如下会计分录：

借：应付票据　　120 000

　　财务费用　　4 800

　　贷：银行存款　　124 800

⑤若上列票据 2 月 28 日到期，购货企业无力支付票款，其开户行无条件向销货企业履行付款义务，同时，将付款额转作购货企业的逾期贷款时，购货企业作如下分录；

借：应付票据　　120 000

　　财务费用　　4 800

　　贷：短期借款　　124 800

（2）不带息应付票据的处理。不带息应付票据，其面值就是票据到期时的应付金额。不带息应付票据有两种情况：

一种是票据面值所记载的金额不含利息；另一种是面值中已包含了一部分应计利息，但在票据上未注明利率。在第一种情况下，一般按票据面值记账。在第二种情况下，可以有两种处理方法：一是对面值中所含的利息部分不单独核算，将其视为不含息应付票据，按面值记账；二是按一定的利率计算票据面值中所含的利息，将其从购入资产的成本中扣除后记账。由于第一种方法核算更为简便，而且，我国应付票据期限最长为六个月，即使是带息的应付票据，利息也不会很大。所以，我国会计实务中采用第一种方法进行核算，并在报表中按其票面价值列示于流动负债项目内。

3. 逾期应付票据的处理

企业开出并承兑的商业汇票到期时，如无力支付票款，应将“应付票据”账面余额，包括带息票据已计入“应付票据”科目的利息部分，转入“应付账款”科目。到期不能支付的带息应付票据，转入“应付账款”科目核算后，中期期末和年度终了后不再计算利息。如果以签发新的票据方式清偿原应付票据的，再从“应付账款”科目转回“应付票据”科目核算。

（二）应付账款的核算

应付账款是金额确定的流动负债，它是指企业因购买材料、商品或接受劳务等而发生的债务。应付账款作为买卖双方在购销活动中由于取得物资与支付货款在时间上不一致而产生的负债，它与应付票据不同，两者虽然都是由于交易而引起的负债，都属于流动负债，但应付账款是尚未结清的债务，而应付票据是一种期票，是延期付款的证明，有承诺付款的票据作为凭据。

应付账款核算的主要内容：一是入账时间的确定；二是入账金额的确定。

1. 应付账款入账时间的确定

从理论上说，应付账款入账时间的确定，应以所购买物资的所有权转移或接受劳务已发生为标志，即在企业取得所购物资的所有权或已接受劳务时确认应付账款。但是，在实际工作中，应区别以下情况处理：

（1）在货物和发票账单同时到达的情况下，应付账款一般待货物验收入库后，才按发票账单登记入账。这主要是为了确认所购入的物资无论从质量上，还是在数量上或品种上都与合同上所订条件相符，以避免发生入账后再验收入库时发现购入物资错、漏、破损等问题时再行调账。

（2）在物资和发票账单不是同时到达的情况下，由于应付账款要根据发票账单入账，有时候物资已到而发票账单要间隔较长时间才能到达，但由于这笔负债已经成立，应作为一项负债反映。为了在资产负债表上客观反映企业所拥有的资产和承担的债务，在实务中采用在月份终了将所购物资和应付账款估计入账的处理办法。

2. 应付账款入账价值的确定

与其他流动负债一样，应付账款一般也应按应付金额入账，而不按到期应付金额的现值入账。

3. 应付账款的账务处理

企业购入材料、商品等验收入库，但货款尚未支付，应根据有关凭证（发票账单、随货同行发票上记载的实际价款或暂估价值），借记“原材料”、“库存商品”、“应交税费——应交增值税（进项税额）”等科目，贷记“应付账款”科目；企业接受供应单位提供劳务而发生的应付未付款项，应根据供应单位的发票账单，借记“生产成本”、“管理费用”等科目，贷记“应付账款”科目，支付时，借记“应付账款”科目，贷记“银行存款”等科目；企业开出、承兑商业汇票抵付应付账款，借记“应付账款”科目，贷记“应付票据”科目。有些应付账款由于债权单位撤销或其他原因，使企业无法支付这笔应付款项，这笔无法支付的应付款项，应作为企业的一项额外收入，将其列入营业外收入处理。

（三）预收账款的核算

预收账款是买卖双方协议商定，由购货方预先支付一部分货款给供应方而发生的一项负债，这项负债要用以后的商品、劳务等偿付。对于预收账款，在核算上有两种可供选择的方法：一种方法是将发生的预收账款单独设置“预收账款”科目核算，待企业以产品或劳务偿付此项负债后，再进行结算。这种核算方法能完整地反映这项负债的发生及偿付情况，并且便于填列会计报表；另一种方法是将预收的货款直接作为应收账款的减项，反映在“应收账款”科目的贷方，待发生应收账款时，再在“应收账款”科目核算。这种方法在“应收账款”科目中能够完整地反映与购货方结算的情况，但在填列会计报表时需要根据“应收账款”科目的明细科目进行分析填列。

企业预收账款的核算，应视具体情况而定。如果企业预收账款比较多，可以设置“预收账款”科目；而预收账款情况不多的企业，也可以将预收的款项直接记入“应收账款’科目的贷方，不设“预收账款”科目。

单独设置“预收账款”科目的企业，向购货单位预收款项时，借记“银行存款”科目，贷记“预收账款”科目；销售实现时，借记“预收账款”科目，贷记“主营业务收入”、“应交税费——应交增值税（销项税额）”等科目。购货单位补付的款项，借记“银行存款”科目，贷记“预收账款”科目；退回多付的款项，作相反会计处理。

（四）其他应付款的核算

企业除了应付票据、应付账款等流动负债以外，还会发生一些应付、暂收其他单位或个人的款项，如应付经营租入固定资产和包装物的租金、存入保证金、应付统筹退休金等。这些暂收应付款也构成企业的一项流动负债，应通过“其他应付款”科目核算。

企业发生的经营租入固定资产的租赁费用，借记“制造费用”、“管理费用”、“其他业务成本”等科目，贷记“其他应付款”科目。实际支付时，借记“其他应付款”科目，贷记“银行存款”等科目。

企业发生的应付未付的租金和其他款项，收取包装物押金及其他各种暂收款项时，借记有关科目，贷记“其他应付款”科目。上交、偿还或转销这些款项时，借记“其他应付款”科目，贷记“银行存款”等项目。

五、应计负债

应计负债是指根据经营成果、推定义务累计计算的尚未支付的负债。具体有两种类型：①在会计期末按已发生的经营成果累计计算的应付而未付的债务，如应付职工薪酬、应交税费、应付股利等。②预计未来支付的债务，如预计负债等。

（一）应付职工薪酬

1. 职工薪酬的内容

我国《企业会计准则第9号——职工薪酬》规定："职工薪酬，是指企业为获得职工提供的服务而给予各种形式的报酬以及其他相关支出"。职工薪酬的内容包括：职工工资、奖金、津贴和补贴；职工福利费；医疗保险费、养老保险费、失业保险费、工伤保险费和生育保险费等社会保险费；住房公积金；工会经费和职工教育经费；非货币性福利；因解除与职工的劳动关系给予的补偿；其他与获得职工提供的服务相关的支出。职工薪酬中的"职工"，是指与企业订立劳动合同的所有人员，含全职、兼职和临时职工；也包括虽未与企业订立劳动合同但由企业正式任命的人员，如董事会成员、监事会成员等。在企业的计划和控制下，虽未与企业订立劳动合同或未由其正式任命，但为其提供与职工类似服务的人员，也纳入职工范畴，如劳务用工合同人员。职工薪酬的范围，包括企业为职工在职期间和离职后提供的全部货币性薪酬和非货币性福利。提供给职工配偶、子女或其他被赡养人的福利等，也属于职工薪酬范围。企业设置"应付职工薪酬"科目核算职工薪酬的全部内容。

在职工薪酬中，职工工资、奖金、津贴和补贴是职工薪酬的主体，是企业职工的"工资总额"。

在职工薪酬中，工资附加费是与职工工资总额相关联的附加费用。如社会保险费、住房公积金、工会经费和职工教育经费等，它们都是根据国家规定按职工工资总额的一定比例计提，并按规定的用途使用，所以称为"工资附加费"。

在职工薪酬中，其他补偿或收入是职工工资总额的补充。例如，职工福利性薪酬，分为货币性福利和非货币性福利两种。货币性福利，又称职工福利费，是企业以货币形式提供给职工的福利，包括职工生活困难补助、医务和福利部门人员的薪酬及经费支出等；非货币性福利，是企业以非货币形式提供给职工的福利，包括企业以自产产品发放给职工作为福利、将企业拥有的资产无偿提供给职工使用、为职工无偿提供医疗保健服务等。又如，辞退福利，是企业辞退职工而解除与职工劳动关系所给予的补偿。辞退福利的实质是货币性福利。

2. 职工薪酬的确认和计量

企业应当在职工为其提供服务的会计期间，将应付的职工薪酬确认为负债，除将因解除与职工的劳动关系给予的补偿计入管理费用外，应当根据职工提供服务的受益对象，分别下列情况处理：

（1）应由生产产品、提供劳务负担的职工薪酬，计入产品成本或劳务成本。

（2）应由在建工程、无形资产负担的职工薪酬，计入建造固定资产或无形资产成本。

（3）上述之外的其他职工薪酬，计入当期损益。

对于企业为职工缴纳的医疗保险费、养老保险费、失业保险费、工伤保险费、生育保险费等社会保险费和住房公积金，企业计提的工会经费和职工教育经费，应当在职工为其提供服务的会计期间，按国家规定的计提基础和计提比例计提。没有规定计提基础和计提比例的，企业应当根据历史经验数据和实际情况，合理预计当期应付职工薪酬。当期实际发生金额大于预计金额的，应当补提应付职工薪酬；当期实际发生金额小于预计金额的，应当冲回多提的应付职工薪酬。

3. 职工薪酬的核算

企业应按劳动工资制度的规定，根据考勤记录、工时记录、产量记录、工资标准、工资等级等，编制工资单（亦称工资结算单、工资表、工资计算表等），计算各种工资。财务会计部门应将“工资单”进行汇总，编制“工资汇总表”，按照规定手续从银行提取现金，借记“库存现金”科目，贷记“银行存款”科目。支付工资时，借记“应付职工薪酬——工资”科目，贷记“库存现金”科目。从应付工资中扣还的各种款项（如代垫的房租费、个人所得税等），借记“应付职工薪酬——工资”科目，贷记“其他应收款”、“应交税费——应交个人所得税”等科目。职工在规定期限内未领取的工资，应由发放的单位及时交回财务会计部门，借记“库存现金”科目，贷记“其他应付款”科目。

对企业本月应发放的工资，在月份终了要进行分配，并计入有关的成本费用。同时，企业计提的“五险一金”、工会经费、职工教育经费和职工福利等，按工资分配的同一口径计入相关的成本费用。

上述项目实际支付时，借记“应付职工薪酬”相关明细科目，贷记“银行存款”、“库存现金”科目等。

例2：2009年6月，甲公司当月应发工资1 000万元，其中：生产部门直接生产人员工资500万元；生产部门管理人员工资100万元；公司管理部门人员工资180万元；公司专设产品销售机构人员工资50万元；建造厂房人员工资110万元；内部研发符合资本化条件的新工艺的人员工资60万元。

根据所在地政府规定，公司分别按照职工工资总额的10%、12%、2%和10.5%计提医疗保险费、养老保险费、失业保险费和住房公积金，缴纳给当地社会保险经办机构和住房公积金管理中心。根据2008年实际发生的职工福利费情况，公司预计2009年应承担的职工福利费义务金额为工资总额的2%，职工福利的受益对象为上述所有人员。公司分别按职工工资总额的2%和1.5%计提工会经费和职工教育经费。

应计入生产成本的职工薪酬金额

$=500+500\times(10\%+12\%+2\%+10.5\%+2\%+2\%+1.5\%)=700$（万元）

应计入制造费用的职工薪酬金额

$=100+100\times(10\%+12\%+2\%+10.5\%+2\%+2\%+1.5\%)=140$（万元）

应计入管理费用的职工薪酬金额

=180+180×(10%+12%+2%+10.5%+2%+2%+1.5%)=252(万元)

应计入销售费用的职工薪酬金额

=50+50×(10%+12%+2%+10.5%+2%+2%+1.5%)=70(万元)

应计入在建工程成本的职工薪酬金额

=110+110×(10%+12%+2%+10.5%+2%+2%+1.5%)=154(万元)

应计入无形资产成本的职工薪酬金额

=60+60×(10%+12%+2%+10.5%+2%+2%+1.5%)=84(万元)

公司在分配工资、职工福利费、各种社会保险费、住房公积金、工会经费和职工教育经费等职工薪酬时，应作如下账务处理：

借：生产成本　7 000 000
　　制造费用　1 400 000
　　管理费用　2 520 000
　　销售费用　700 000
　　在建工程　1 540 000
　　研发支出——资本化支出　840 000
　　贷：应付职工薪酬——工资　10 000 000
　　　　　　　　　　——职工福利　200 000
　　　　　　　　　　——社会保险费　2 400 000
　　　　　　　　　　——住房公积金　1 050 000
　　　　　　　　　　——工会经费　200 000
　　　　　　　　　　——职工教育经费　150 000

（二）应付股利

股利是股东对企业净利润的分享。在我国，股利的支付通常有两种基本形式，即现金股利和股票股利。所谓现金股利，是指企业以现金形式向股东派发的股利；而股票股利则是企业用增发的股票向股东派发的股利。当作股利发放的股票，又称红股，俗称送股。当企业经董事会或股东大会决议确定分配现金股利时，自宣告之日起，应付的股利就构成企业的一项流动负债；如果董事会或股东大会决议确定发放股票股利，则并不构成企业的负债，因为它只是从未分配利润转增股本，是企业权益内部的一种变化，不会引起任何含有经济利益的资源外流。因此，按会计制度规定，设置“应付股利”科目，核算内容为企业经董事会或股东大会决议确定分配的现金股利，而企业分配的股票股利，在正式办理增资手续以前，只需在备查簿中作相应登记，不需要作正式的账务处理。

通常，企业派发现金股利需经历两个步骤或阶段，首先是企业董事会或股东大会决议确定并宣告股利分配方案，这时，按应支付的现金股利，借记“利润分配——应付股利”科目，贷记“应付股利”科目；然后，企业如数拨出一笔现款存入受托的证券公司或银行，用于实际支付股东的现金股利，此时，借记“应付股利”科目，贷记“库存现金”、“银行存款”等科目。

例 3：经股东大会表决通过，某企业 2009 年度的分配方案为每 10 股派发 1.20 元的现金股利，共计 240 000 元。企业应作如下会计处理：

①宣告发放现金股利：

借：利润分配　　　　　　　　　　240 000

　　贷：应付股利　　　　　　　　　　240 000

②支付现金股利：

借：应付股利　　　　　　　　　　240 000

　　贷：库存现金　　　　　　　　　　240 000

（三）应交税费

企业通过“应交税费”科目核算的税金有：房产税、车船使用税、土地使用税、消费税、增值税、营业税、资源税、城市维护建设税、土地增值税、企业所得税、个人所得税、教育费附加、矿产资源补偿费等。耕地占用税和印花税因不需预计，也不与税务部门清算或结算而不通过“应交税费”科目核算。

1. 应交增值税的核算

增值税是就货物和劳务的增值部分征收的一种税。按照 2009 年 1 月 1 日执行的《中华人民共和国增值税暂行条例》（以下简称条例）规定，在中华人民共和国境内销售货物或者提供加工、修理修配劳务以及进口货物的单位和个人，为增值税的纳税人。企业购入货物或接受应税劳务支付的增值税（即进项税额），可以从销售货物或提供劳务按规定收取的增值税（即销项税额）中抵扣。按照规定，企业购入货物或接受劳务必须具备以下凭证，其进项税额才能予以扣除：①增值税专用发票。②从海关取得的完税凭证。③购进农产品，除取得增值税专用发票或者海关进口增值税专用缴款书外，按照农产品收购发票或者销售发票上注明的农产品买价和 13% 的扣除率计算的进项税额。④购进或者销售货物以及在生产经营过程中支付运输费用的，按照运输费用结算单据上注明的运输费用金额和 7% 的扣除率计算的进项税额。

在会计核算中，如果企业没有取得有关的扣税凭证，则购进货物或接受应税劳务支付的增值税额不能作为进项税额扣税，其已支付的增值税只能计入购入货物或接受劳务的成本。

条例规定，允许纳税人抵扣购进固定资产的进项税额。纳入抵扣范围的固定资产：现行增值税征税范围中的固定资产主要是机器、机械、运输工具以及其他与生产、经营有关的设备、工具、器具。房屋、建筑物等不动产不能纳入增值税的抵扣范围。与企业技术更新无关且容易混为个人消费的自用消费品（如小汽车、游艇等）所含的进项税额，不得予以抵扣。

（1）会计科目及专栏设置。企业应交的增值税，应在“应交税费”科目下设置“应交增值税”明细科目进行核算。“应交税费——应交增值税”科目分别设置“进项税额”、“已交税金”、“销项税额”、“出口退税”、“进项税额转出”等专栏。小规模纳税企业只需设置“应交增值税”明细科目，不需要在“应交增值税”明细科目中设置上述专栏。

（2）一般纳税人增值税业务的账务处理

1）一般购销业务的账务处理。发生购进业务应根据增值税扣税凭证，借记“应交税费——应交增值税（进项税额）”科目；发生销售业务时，根据相应的增值税额贷记“应交税费——应交增值税（销项税额）”科目。

例4：某企业购入一批原材料，增值税专用发票上注明的原材料价款为100 000元,增值税额为17 000元。货款已经支付，材料已验收入库。该企业当期销售产品收入为1 000 000元（不含应向购买者收取的增值税），货款尚未收到。假如该产品的增值税税率为17%，不交纳消费税。根据上述经济业务，企业应作如下会计处理（假定该企业采用实际成本进行日常材料核算）：

借：原材料　100 000
　　应交税费——应交增值税（进项税额）　17 000
　　贷：银行存款　117 000

销项税额 = 1 000 000 × 17% = 170 000（元）

借：应收账款　1 170 000
　　贷：主营业务收入　1 000 000
　　　　应交税费——应交增值税（销项税额）　170 000

对于销售自已使用过的固定资产应分不同情况处理：如该项固定资产进项税额已计入进项税额的，增加固定资产销项税额。如该项固定资产原（2008年12月31日前）未计进项税额的，按4%征收率减半计收增值税。

例5：企业于2009年7月10日转让同年5月购入的生产用固定资产，原值1 000 000元，已提折旧50 000元，该固定资产售价1 170 000元，该固定资产原购进所含增值税170 000元已全部计入固定资产进项税额。

借：固定资产清理　950 000
　　累计折旧　50 000
　　贷：固定资产　1 000 000

借：银行存款　1 170 000
　　贷：固定资产清理　1 000 000
　　　　应交税费——应交增值税（销项税额）　170 000

借：固定资产清理　50 000
　　贷：营业外收入——非流动资产处置利得　50 000

例 6：企业于 2009 年 1 月转让上年 11 月购入的生产用固定资产，原值 1 170 000元，已提折旧 58 500 元，该固定资产售价 1 170 000 元，该固定资产原购进所含增值税 170 000 元未计入固定资产进项税额。

借：固定资产清理　　1 111 500
　　累计折旧　　58 500
　　贷：固定资产　　1 170 000
借：银行存款　　1 170 000
　　贷：固定资产清理　　1 147 500
　　　　应交税费——应交增值税（销项税额）　　22 500

计交固定资产增值税 = 1 170 000 /1.04 ×4%/2 =22 500（元）

借：固定资产清理　　36 000
　　贷：营业外收入——非流动资产处置利得　　36 000

2）购入农产品的账务处理。对于购入的农产品可以按买价的 13% 扣除率计算进项税额，并准予从销项税额中抵扣。这里购入免税农业产品的买价指包括纳税人购进农产品在农产品收购发票或者销售发票上注明的价款和按规定缴纳的烟叶税。在会计核算时，一是按买价扣除 13% 的进项税额，作为购进农业产品的成本；二是扣除的 13% 部分作为进项税额，待以后用销项税额抵扣。

例 7：某企业收购农业产品，实际支付的价款为 100 000 元，收购的农业产品已验收入库。企业应作如下会计处理（该企业采用实际成本进行日常材料核算）：

进项税额 = 100 000 ×13% =13 000（元）

借：原材料　　87 000
　　应交税费——应交增值税（进项税额）　　13 000
　　贷：银行存款　　100 000

3）视同销售的账务处理。按照增值税暂行条例实施细则的规定，对于企业将货物交付其他单位或者个人代销、销售代销货物、在不同县（市）设有两个以上机构并实行统一核算的将货物从一个机构移送其它机构用于销售、将自产或者委托加工的货物用于非增值税应税项目、将自产委托加工的货物用于集体福利或者个人消费、将自产委托加工或者购进的货物作为投资或提供给其他单位或者个体工商户、将自产委托加工或者购进的货物分配给股东或者投资者、将自产、委托加工或者购进的货物无偿赠送其他单位或者个人等行为，视同销售物资，需计算交纳增值税。

例 8：A 企业用原材料对 B 企业投资，假设该原材料的公允价值与其成本相同。该批原材料的成本 3 000 000 元，计税价格为 3 500 000 元。假如该原材料的增值税税率为 17%。根据上述经济业务，A 企业和 B 企业（假如 A 企业和 B 企业原材料均采用实际成本进行核算）应分别作如下会计处理：

A 企业：

对外投资转出原材料计算的销项税额 = 3 500 000 × 17% = 595 000（元）

借：长期股权投资　　3 595 000

　　贷：原材料　　3 000 000

　　　　应交税费——应交增值税（销项税额）　　595 000

B 企业：B 企业收到投资时，视同购进处理：

借：原材料　　3 000 000

　　应交税费——应交增值税（进项税额）　　595 000

　　贷：实收资本　　3 595 000

4）不予抵扣项目的账务处理。按照增值税暂行条例及其实施细则的规定，不予抵扣的项目包括：①用于非增值税应税项目、免征增值税项目、集体福利或者个人消费的购进货物或者应税劳务。②非正常损失的购进货物及相关的应税劳务。③非正常损失的在产品、产成品所耗用的购进货物或者应税劳务。④国务院财政、税务主管部门规定的纳税人自用消费品。⑤上述规定的货物的运输费用和销售免税货物的运输费用。

需注意的是：一是属于购入物资即能认定其进项税额不能抵扣的，如购进的物资直接用于免税项目，或者直接用于非应税项目，或者直接用于集体福利和个人消费的，其增值税专用发票上注明的增值税额，计入购入物资及接受劳务的成本。二是属于购入物资时不能直接认定其进项税额能否抵扣的，其增值税专用发票上注明的增值税额，计入“应交税费——应交增值税（进项税额）”科目，如果这部分购入物资以后用于按规定不得抵扣进项税额项目的，应将原已计入进项税额并已支付的增值税转入有关的承担者予以承担，通过“应交税费——应交增值税（进项税额转出）”科目转入有关的“应付职工薪酬——职工福利”、“待处理财产损溢”等科目。

例 9：某企业购入原材料一批，增值税专用发票上注明的增值税额为 170 000 元，材料价款 1 000 000 元。材料已入库，货款已经支付（假如华远企业材料采用实际成本进行核算）。材料入库后，该企业将该批材料全部用于建造厂房。企业应作如下会计处理：

A 材料入库时：

借：原材料　　1 000 000

　　应交税费——应交增值税（进项税额）　　170 000

　　贷：银行存款　　1 170 000

B 工程领用材料时：

借：在建工程　　1 170 000

贷：应交税费——应交增值税（进项税额转出）　　170 000

　　原材料　　1 000 000

5）交纳增值税的账务处理。纳税人按规定以 1 个月或者 1 个季度为 1 个纳税期的，自期满之日起 15 日内申报纳税；以 1 日、3 日、5 日、10 日或者 15 日为一个纳税期的，自期满之日起 5 日内预缴税款，于次月 1 日起 15 日内申报纳税并结清上月应纳税款。

交纳增值税时，借记“应交税费——已交税金”明细科目，贷记“银行存款”科目。

例 10：某企业 1 月份购进商品等支付的增值税进项税额为 34 000 元，本月销售商品等发生的销项税额为 51 000 元。假定 1 月份月初没有未抵扣以及欠交或多交的增值税，也没有其他涉及增值税的业务，1 月份上交增值税为 17 000 元。该企业 2 月份购进商品等支付进项税额 25 000 元，销售商品等发生的销项税额为 20 000 元，除此以外，2 月份该企业没有发生其他涉及增值税的业务。企业应作如下会计处理：

1 月份上交本月应交增值税：

1 月份应交增值税 = 51 000 - 34 000 = 17 000（元）

借：应交税费——应交增值税（已交税金）　　17 000

　　贷：银行存款　　17 000

2 月份未抵扣的增值税为 5 000 元，留待以后月份抵扣，即“应交税费——应交增值税”科目借方余额为 5 000 元。

（3）小规模纳税企业的账务处理。增值税暂行条例将纳税人分为一般纳税企业和小规模纳税企业。小规模纳税企业的标准按国家有关规定执行。小规模纳税企业的特点有：①小规模纳税企业销售物资或者提供应税劳务，一般情况下只能开具普通发票，不能开具增值税专用发票。②小规模企业销售物资或提供应税劳务，实行简易办法计算应纳税额，按照销售额的一定比例计算征收。③小规模纳税人的销售额不包括其应纳税额。采用销售额和应纳税额合并定价方法的，按照公式“销售额 = 含税销售额/（1 + 征收率）”还原为不含税销售额计算。小规模纳税人增值税征收率为 3%。

从会计核算角度看，小规模纳税企业购入物资无论是否具有增值税专用发票，其支付的增值税额均不计入进项税额，不得由销项税额抵扣，而计入购入物资的成本。相应地，其他企业从小规模纳税企业购入物资或接受劳务支付的增值税额，如果不能取得增值税专用发票，也不能作为进项税额抵扣，而应计入购入物资或应税劳务的成本。小规模纳税企业的销售收入应按不含税价格计算。小规模纳税企业“应交税费——应交增值税”科目，应采用三栏式账户。

例 11：假定某工业企业核定为小规模纳税企业，本期购入原材料，按照增值税专用发票上记载的原材料成本为500 000元，支付的增值税额为85 000元，企业开出、承兑的商业汇票，材料尚未收到。该企业本期销售产品，含税价格为800 000元，货款尚未收到。根据上述经济业务，企业应作如下会计处理：

①购进原材料：

借：在途物资　585 000

　贷：应付票据　585 000

②销售物资：

不含税价格 = 800 000/(1 + 3%) = 776 699（元）

应交增值税 = 776 699 × 3% = 23 301（元）

借：应收账款　800 000

　贷：主营业务收入　776 699

　　应交税费——应交增值税　23 301

2. 应交消费税的核算

为了调节消费结构，正确引导消费方向，国家在普遍征收增值税的基础上，选择部分消费品，再征收一道消费税。

消费税是指对生产、委托加工和进口应税消费品的单位和个人所交纳的一种税。消费税实行价内征收。企业按规定应交的消费税，在“应交税费”科目下设置“应交消费税”明细科目核算。

（1）生产的消费品销售。企业交纳的消费税计入“营业税金及附加”科目，并抵减主营业务收入。

例12：M公司8月份销售20辆摩托车，每辆销售价格10 000元，收取的增值税34 000元，货款尚未收到。摩托车的消费税率为10%。M公司应作如下会计处理：

应交纳的消费税：10 000 × 20 × 10% = 20 000（元）

借：应收账款　234 000

　贷：主营业务收入　200 000

　　应交税费——应交增值税（销项税额）　34 000

借：营业税金及附加　20 000

　贷：应交税费——应交消费税　20 000

企业以应税消费品换取生产资料和消费资料、抵偿债务、支付代购手续费等，视同销售进行会计处理。企业以应税消费品换取生产资料和消费资料的，应按售价借记“在途物资”、“原材料”等科目，贷记“主营业务收入”等科目。以应税消费品抵偿债务的，按售价借记“应付账款”等科目，贷记“主营业务收入”等科目。以应税消费品支付代购手续费的，按售价借记“应付账款”、“原材料”等科目，贷记“主营业务收入”等科目。

（2）应税消费品对外投资或用于在建工程、非生产机构等其他方面，按规定应交纳的消费税，应计入有关的成本。自产自用的应税消费品用于连续生产应税消费品的，不纳消费税。

例13：N公司用应税消费品对外投资，该批消费品成本62 000元，计税价格为80 000元。该消费品的增值税税率为17%，消费税税率为8%。N公司应作如下会计处理：

应交的消费税 = 80 000 × 8% = 6 400（元）

借：长期股权投资　　100 000
　　贷：主营业务收入　　80 000
　　　　应交税费——应交增值税（销项税额）　　13 600
　　　　应交税费——应交消费税　　6 400

借：主营业务成本　　62 000
　　贷：库存商品　　62 000

（3）委托加工应税消费品。需要交纳消费税的委托加工物资，于委托方提货时，由受托方代收代交税款（除受托加工或翻新改制金银首饰按规定由受托方交纳消费税外）。委托加工物资收回后，直接用于销售的，应将代收代交的消费税计入委托加工物资的成本；委托加工物资收回后用于连续生产的，按规定准予抵扣的，应按代收代交的消费税记入"应交税费——应交消费税"科目的借方。

例14：L企业委托A企业加工材料（非金银首饰），原材料价款为150 000元，加工费用为60 000元，由受托方代收代交的消费税为6 000元，材料已经加工完毕并验收入库，加工费用尚未支付。该企业材料采用实际成本进行核算。L企业应作如下会计处理：

①如果委托方收回加工后的材料用于继续生产应税消费品，委托方（L企业）的会计处理如下：

借：委托加工物资　　150 000
　　贷：原材料　　150 000

借：委托加工物资　　60 000
　　应交税费——应交消费税　　6 000
　　贷：应付账款　　66 000

借：原材料　　210 000
　　贷：委托加工物资　　210 000

②如果L企业收回加工后的材料直接用于销售，委托方（L企业）的会计处理如下：

借：委托加工物资　　150 000

贷：原材料 150 000

借：委托加工物资 66 000

贷：应付账款 66 000

借：原材料 216 000

贷：委托加工物资 216 000

3. 应交营业税的核算

营业税是对提供劳务、转让无形资产或者销售不动产的单位和个人征收的税种。企业按规定应交的营业税，在“应交税费”科目下设置“应交营业税”明细科目核算。

（1）营业税的一般账务处理。企业主营业务应交的营业税通过“营业税金及附加”科目核算。

例 15：某企业对外提供运输劳务，收入 40 000 元，营业税税率 3%。企业的这项业务作为其他业务处理。根据这项经济业务，该企业应作如下会计处理：

应交营业税 =40 000 ×3% =1 200（元）

借：营业税金及附加 1 200

贷：应交税费——应交营业税 1 200

（2）销售不动产的账务处理。企业销售不动产，应当向不动产所在地主管税务机关申报交纳营业税。企业销售不动产按规定应交的营业税，在“固定资产清理”科目核算；房地产开发企业经营房屋不动产所交纳的营业税，应计入“营业税金及附加”科目。

例 16：M 企业（非房地产开发企业）出售一栋厂房，厂房原价 1 500 000 元，已提折旧 900 000 元，出售所得收入 1 000 000 元已存入银行，用银行存款支付清理费用 6 000 元。厂房已清理完毕，营业税税率 5%。根据这项经济业务，M 企业应作如下会计处理；

销售厂房应交的营业税 =1 000 000 ×5% = 50 000（元）

借：固定资产清理 600 000

累计折旧 900 000

贷：固定资产 1 500 000

借：固定资产清理 56 000

贷：银行存款 6 000

应交税费——应交营业税 50 000

借：银行存款 1 000 000

贷：固定资产清理 1 000 000

借：固定资产清理 344 000

贷：营业外收入 344 000

（3）转让无形资产的账务处理。企业转让无形资产按规定应该交纳营业税。在会计核算时，由于企业转让无形资产所发生的支出是通过“营业外收支”科目核算的，所以，转让无形资产应交纳的营业税也通过“营业外收支”科目核算。

例 17：M 企业转让某项无形资产，收到银行存款 300 000 元，营业税税率 5%。该项无形资产的账面余额 200 000 元。根据这项经济业务，企业应作如下会计处理：

转让无形资产应交的营业税：300 000 × 5% = 15 000（元）

借：银行存款　　300 000
　贷：营业外收入　　100 000
　　　无形资产　　200 000
借：营业外收入　　15 000
　贷：应交税费——应交营业税　　15 000

4. 应交资源税的核算

资源税是国家对在我国境内开采矿产品或者生产盐的单位和个人征收的税种。企业按规定应交的资源税，在“应交税费”科目下设置“应交资源税”明细科目核算。资源税的计算公式如下：

应交资源税 = 课税数量 × 单位税额

资源税的账务处理如下：

借：营业税金及附加（销售的应税产品应交纳的资源税）
　　生产成本（自产自用的应税产品应交纳的资源税）
　　材料采购（收购未税矿产品的代扣代交的资源税）
　贷：应交税费——应交资源税

例 18：某企业收购未税矿产品，实际支付的收购款为 200 000 元，代扣代交的资源税 40 000 元。根据这项经济业务，企业应作如下会计处理（假设不考虑增值税因素）：

借：材料采购　　240 000
　贷：银行存款　　200 000
　　　应交税费——应交资源税　　40 000

5. 应交土地增值税的核算

土地增值税是对转让国有土地使用权、地上建筑物及其附着物并取得收益（增值额）的单位和个人征收的一种税。土地增值税按照转让房地产所取得的增值额和规定的税率计算征收。这里的增值额是转让房地产所取得的收入减除规定扣除项目金额后的余额。企业转让房地产所取得的收入，包括货币收入、实物收入和其他收入。扣除项目包括：取得土地使用权所支付的金额；开发土地的成本、费用；新建房屋及配套设施的成本、费用，或者旧房及建筑物的评估价格；与转让房地产有关的税金。

在账务处理时，企业应交纳的土地增值税通过“应交税费——应交土地增值税”科目核算。

主兼营房地产业务的企业，应由当期营业收入负担的土地增值税，借记“营业税金及附加”科目，贷记“应交税费——应交土地增值税”科目。

转让的国有土地使用权连同地上建筑物及其附着物一并在“固定资产”或“在建工程”科目核算的，转让时应交纳的土地增值税，借记“固定资产清理”，“在建工程”科目，贷记“应交税费——应交土地增值税”科目。

企业在项目全部竣工结算前转让房地产取得的收入，按税法规定预交的土地增值税，在“应交税费——应交土地增值税”科目的借方反映，借记“应交税费——应交土地增值税”科目，贷记“银行存款”等科目；待该房地产销售收入实现时，再按上述销售业务的会计处理方法进行处理。该项目全部竣工，办理结算后进行清算，收到退回多交的土地增值税，借记“银行存款”等科目，贷记“应交税费——应交土地增值税”科目，补交的土地增值税作相反会计分录。

企业交纳土地增值税时，借记“应交税费——应交上地增值税”科目，贷记“银行存款”科目。

6. 应交城市维护建设税的核算

为了加强城市的维护建设，扩大和稳定城市维护建设资金的来源，国家开征了城市维护建设税。在会计核算时，企业按规定计算出的城市维护建设税，借记“营业税金及附加”等科目，贷记“应交税费——应交城市维护建设税”科目；实际上交时，借记“应交税费——应交城市维护建设税”科目，贷记“银行存款”科目。

7. 应交房产税、应交土地使用税和应交车船使用税的核算

房产税是国家对在城市、县城、建制镇和工矿区征收的由产权所有人缴纳的税。房产税依照房产原值一次减除10% ~30%后的余额计算交纳。没有房产原值作为依据的，由房产所在地税务机关参考同类房产核定。房产出租的，以房产租金收入为房产税的计税依据。土地使用税是国家为了合理利用城镇土地，调节土地级差收入，提高土地使用效益，加强土地管理而开征的一种税。土地使用税以纳税人实际占有的土地面积为计税依据，依照规定税额计算征收。

车船使用税由拥有并且使用车船的单位和个人交纳。车船使用税按照适用税额计算交纳。企业按规定计算应交的房产税、土地使用税、车船使用税，借记“管理费用”科目，贷记“应交税费——应交房产税、土地使用税、车船使用税”科目；上交时，借记“应交税费——应交房产税、土地使用税、车船使用税”科目，贷记“银行存款”科目。

8. 应交个人所得税的核算

企业职工按规定应交纳的个人所得税通常由单位代扣代交。企业按规定计算出应代扣代交的职工个人所得税，借记“应付职工薪酬”等科目，贷记“应交税费——应交个人所得税”科目；实际交纳个人所得税时。借记“应交税费——应交个人所得税”科目，贷记“银行存款”科目。

9. 应交教育费附加的核算

教育费附加是国家为了发展我国的教育事业，提高人民的文化素质而征收的一项费用。这项费用按照企业交纳流转税（增值税、营业税、消费税）的一定比例计算，并与流转税一起交纳。在会计核算时，应交的教育费附加在“应交税费”科目下设置“应交教育费附加”明细科目。企业按规定计算出应交纳的教育费附加，借记“营业税金及附加”等科目，贷记“应交税费——应交教育费附加”科目；实际交纳时，借记“应交税费——应交教育费附加”科目，贷记“银行存款”科目。

10. 应交矿产资源补偿费的核算

为了发展矿业，加强矿产资源的勘查、开发利用和保护工作，维护国家对矿产资源的财产权益，我国发布了（矿产资源补偿费征收管理规定）。规定在中华人民共和国领域和其他管辖海域开采矿产资源，应当按照规定缴纳矿产资源补偿费。

交纳矿产资源补偿费的企业，在“管理费用”科目下设置“矿产资源补偿费”明细科目；在“应交税费”科目下设置“应交矿产资源补偿费”明细科目进行核算。

企业销售矿产品和对矿产品自行加工的，应按照有关规定，定期计算交纳矿产资源补偿费。企业应在交纳矿产资源补偿费之前，根据各月矿产品销售收入和开采回采率系数（对矿产品自行加工的，根据国家规定价格计算的销售收入，国家没有规定价格的，根据征收时矿产品的市场价格计算的销售收入）等资料，按月计提矿产资源补偿费，计提时，借记“管理费用——矿产资源补偿费”科目，贷记“应交税费——应交矿产资源补偿费”科目。

收购未纳矿产资源补偿费矿产品的企业，收购时，按实际支付的收购款项和代扣代缴的矿产资源补偿费，借记“原材料”等科目，按代扣代缴的矿产资源补偿费，贷记“应交税费——应交矿产资源补偿费”科目，按实际支付的收购款项，贷记“银行存款”科目。

实际上交应交的矿产资源补偿费以及代交的矿产资源补偿费时，借记“其他应交款——应交矿产资源补偿费”科目，贷记“银行存款”科目。

（四）预计负债

我国《企业会计准则第 13 号——或有事项》第 4 条规定：如果与或有事项

相关的义务同时满足下列条件的，企业应将其确认为预计负债：①该义务是企业承担的现时义务。②履行该义务很可能导致经济利益流出企业。③该义务的金额能够可靠地计量。

以上预计负债涉及到以下概念或内容：

（1）现时义务。现时义务是指企业在现行条件下已承担的义务，包括现时的法定义务和推定义务两种。企业没有其他现实的选择，只能履行该义务，如法律要求企业必须履行、有关各方合理预期企业应当履行等。

（2）经济利益流出。经济利益流出是指直接或间接流出企业的现金或现金等价物。

（3）履行义务的可能性。履行预计负债的可能性界定为“很可能”。“很可能”的概率区间是“大于50%但小于或等于95%”，即履行该义务导致经济利益流出企业的可能性超过50%。

企业确认预计负债，就是要将经济业务确认在“预计负债”账户反映。该账户的期末余额既要在资产负债表中单列设立“预计负债”项目反映（与所确认负债有关的费用或支出还应在扣除确认的补偿金额后在利润表中反映），又要在会计报表附注中专门披露相应的“预计负债”内容。企业应该在“预计负债”一级科目下设置“未决诉讼”、“债务担保”、“产品质量保证”、“亏损性合同”等明细科目进行明细核算。

第二节　流动负债实务考核题及其答案

一、流动负债实务考核题

（一）单项选择题

1. 企业向供电局支付上月电费1.17万元，专用发票上电价1万元，增值税0.17万元。该企业（一般纳税人）借记“应付账款”的金额是（　　）。

A. －1.17万元　　B. 1万元　　C. 0.83万元　　D. 1.17万元

2. 下列税中，不通过“应交税费”科目核算的是（　　）。

A. 消费税　　B. 资源税　　C. 增值税　　D. 印花税

3. 某企业发给职工的计时工资3万元，计件工资8万元，奖金2万元，技术津贴0.2万元，福利补助费0.4万元，退休金0.3万元。该企业职工工资总额为（　　）。

A. 11万元　B. 13万元　C. 13.2万元　D. 13.6万元　E. 13.9万元

4. 某企业购进农产品实际付款1 000元，其进项税额为（　　）。

A. 170元　B. 100元　C. 130元　D. 60元　E. 145.3元。

5. 某商店（一般纳税人）向消费者销售商品收现金100元，开出普通发票，则应交增值税为（　　）。

A. 17元　B. 13元　C. 6元　D. 14.53元　E. 10元

6. 企业用产品分配股利，其售价（不含税）5万元，成本3.5万元，增值税税率17%，借记“应付利润”科目的金额是（　　）万元。

A. 5.85　B. 4.095　C. 4.35　D. 5.595

7. 销售材料应交纳的（　　）科目借方。

A. 营业税计入“其他业务成本”

B. 增值税计入“其他业务成本”

C. 增值税计入“营业税金及附加”

D. 增值税计入“银行存款”、“应收账款”等

（二）多项选择题

1. 企业支付的下列税中，计入“管理费用”科目的有（　　）。

A. 房产税　B. 车船使用税　C. 资源税　D. 土地使用税　E. 印花税

2. 下列工资及费用中，计入“管理费用”科目的有（　　）。

A. 厂部行政管理人员的工资

B. 六个月以上病假人员的工资

C. 医务及福利人员的工资

D. 按医务及福利人员工资计提的福利费

3. 应付福利费的开支范围包括（　　）。

A. 集体福利设施支出　B. 职工医疗方面的开支

C. 职工生活困难补助　D. 福利部门人员工资

E. 其他职工福利支出

4. 计入“营业税金及附加”科目的内容有（　　）。

A. 增值税　B. 营业税　C. 消费税　D. 城建税

E. 资源税　F. 教育费附加

5. 购进（　　）的进项税额不得从销项税额中抵扣。

A. 农产品　B. 固定资产

C. 货物用于非应税项目和免税项目

D. 货物发生非正常损失

6. “应交税费——应交增值税”科目贷方设置的专栏有（　　）。

A. 进项税额　B. 已交税金　C. 销项税额

D. 出口退税　E. 进项税额转出

7. 企业将自产或委托加工的货物用于非应税项目，应视同销售货物计算应交增值税，借记（　　）等科目。

A. “营业税金及附加” B. “其他业务成本”

C. “固定资产——房屋” D. “应交税费”

8. 企业将生产的应税消费品用于非应税消费品、在建工程、管理部门、非生产机构以及馈赠、广告等方面，借记（ ）等科目。

A. “生产成本” B. “固定资产” C. “在建工程”

D. “管理费用” E. “营业外支出” F. “销售费用”

（三）填空题

1. 流动负债是指将于________或________偿还的债务，包括________、________等。

2. 短期借款是指为了补充________而向________和________借入的款项，其利息应计入________，由________补偿。

3. 企业开出、承兑银行承兑汇票支付的手续费，借记“________”科目。若银行承兑汇票到期企业无款支付，银行________，再向企业________，将未扣回的承兑金额转为企业的________，并计收罚息，支付的罚息计入“________”科目借方。

4. 企业出口零税率的货物，在销售实现时不计算应纳增值税，当企业收到退回的税款时，应借记“________”科目，贷记“________”科目。

5. 随同产品（应交增值税的产品）出售单独计价的包装物，按规定应交________税，借记“________”等科目；随同应税消费品出售单独计价的包装物，按规定应交纳________税，借记“________”科目，同时还应计算交纳________税。

6. 某小规模纳税人购入一批材料，付款 2 340 元（价款 2 000 元、增值税 340 元），借记“材料采购”________元；若销售货物一批，收款 1 000 元，应交增值税为________元。

（四）判断题

1. 企业支付的短期借款利息，如果数额不大，可全部计入支付月份的“财务费用”，如果数额较大，则采用预提的方式计入各月“财务费用”。（ ）

2. 企业开出、承兑的商业承兑汇票到期无款支付，企业应借记“应付票据”科目，贷记“应付账款”科目。（ ）

3. 企业计提职工福利费，只能按工资总额的 14% 从成本中计提，不能从税后利润中计提。（ ）

二、流动负债实务考核题参考答案

（一）单项选择题

1. B 2. D 3. C 4. C 5. D 6. A 7. D

（二）多项选择题

1. ABDE　2. AB　3. ABCDE　4. BCDEF　5. CD　6. CDE　7. BC　8. ABCDEF

（三）填空题

1. 一年　或一个营业周期内　短期借款　应付及预收款项

2. 生产周转资金　银行　其他金融机构　财务费用　实现的销售收入

3. 财务费用　先代为付款　执行扣款　短期借款　财务费用

4. 银行存款　其他应收款

5. 增值　应收账款　消费　营业税金及附加　增值

6. 2 340　$1\,000/(1+3\%)\times 3\%=29.13$

（四）判断题

1. ×　2. ✓　3. ×

第十七章　长期负债实务考核

第一节　长期负债的核算

一、长期负债概述

（一）长期负债内容

长期负债是指偿还期限在一年或者超过一年的一个营业周期以上的债务，包括长期借款、应付债券、长期应付款等。长期负债除了具有负债的共同特征外，与流动负债相比，还具有债务金额大，偿还期限长，可以分期偿还等特点。

企业为了购建生产经营所需要的大型高价设备、地产、厂房等，往往需要大笔的增资。这些只靠企业拥有的营运资金往往不能满足，如等待企业内部形成资本的积累，即留存收益，又可能丧失良好的时机；靠投资者新增投资，有一定困难，或有一些不利，如在现有股东已掌握控制企业权力的股份企业，增发新股票，现有股东就不会愿意。筹措这种长期资金，通过各种形式举借长期债务，站在股东的立场上，与增加股东投入相比，举借长期债务有以下几个优点：举借长期负债不影响企业原有的股权结构，有利于保持原有股东控制企业的权力；可以增加股东所得的盈余；长期负债具有所得税效应。当然，举借长期负债也有一些不足之处，主要表现在：长期负债利息是企业必须定期支付的固定费用，如果举债经营的投资利润率低于长期负债的资金成本率（即利率），将会带来减少股东利益的风险；同时，企业必须为债务的清偿做好财务安排，安排现金流出。债权人对企业财产享有优先要求权，如果企业因资金周转困难而无法定期支付利息或按期偿还本金，债权人的要求权可能迫使企业进行破产清算。因此，举债经营通常会给企业带来较大的财务风险。企业应进行合理的财务决策，适度举债，并视企业的具体情况而论。一方面，要保证举债经营的投资利润率高于长期负债的利率；另一方面，举债的程度应与企业的资本结构和偿债能力相适应。

（二）借款费用的处理

企业所发生的借款费用，是指因借款而发生的利息、折价或溢价的摊销和辅助费用，以及国外币借款而发生的汇兑差额。因借款而发生的辅助费用包括借款过程中发生的手续费、佣金、印刷费、承诺费等。

借款费用有两种处理方式：一是采用费用化的处理方式，即将借款费用直接计入当期损益；二是采用资本化的处理方式，即将借款费用计入相关资产的成本。符合资本化条件的资产，是指需要经过相当长时间的购建或者生产活动才能达到预定可使用或者可销售状态的固定资产、投资性房地产和存货等资产。借款费用具体处理时，可考虑以下四种情况：①企业筹建期间发生的借款费用符合资本化条件的，采用资本化的处理方式。即用于购建固定资产而发生的借款费用符合资本化条件的，计入“在建工程”科目，待所建固定资产达到预定可使用状态时再转入“固定资产”科目，以后发生的借款费用计入当期管理费用；企业在筹建期间发生的不符合资本化条件的，计入当期管理费用。②企业在生产经营过程中因购建固定资产（也包括委托其他单位建造固定资产）而取得的专门借款（是指为购建或者生产符合资本化条件的资产而专门借入的款项）所发生的借款费用以及其他一般借款用于购建固定资产符合资本化条件的，采用资本化的处理方式，即将借款费用先计入“在建工程”科目，待所建固定资产达到预定可使用状态时再转入“固定资产”科目，以后发生的借款费用计入当期财务费用。③企业在生产经营过程中某些存货通常需要经过相当长时间的建造或者生产过程，才能达到预定可销售状态的，其借款费用计入该存货成本；其他不属于这一情况的存货的生产以及在生产经营过程中发生的与购建固定资产无关的借款费用，如从银行取得流动资金借款，为筹集流动资金发行债券，为购入无形资产借入资金等发生的借款费用，由当期财务费用负担。④企业购建房地产发生的借款费用符合资本化条件的，计入“投资性房地产”科目。

1. 专门借款资本化金额的确定方法

专门借款，是指为购建或者生产符合资本化条件的资产而专门借入的款项。专门借款通常以标明专门用途的借款合同为依据。《企业会计准则第 17 号——借款费用》规定：“为购建或者生产符合资本化条件的资产而借入专门借款的，应当以专门借款当期实际发生的利息费用，减去将尚未动用的借款资金存入银行取得的利息收入或进行暂时性投资取得的投资收益后的金额确定”。

企业为购建固定资产而借入的外币专门借款，其每一会计期间所产生的全部汇兑差额，在所购建固定资产达到预定可使用状态前，予以资本化，计入所购建固定资产的成本；在该项固定资产达到预定可使用状态后，计入当期财务费用。

专门借款发生的辅助费用，在所购建或者生产的符合资本化条件的资产达到预定可使用或者可销售状态之前发生的，应当在发生时根据其发生额予以资本化，计入符合资本化条件的资产的成本；在所购建或者生产的符合资本化条件的资产达到预定可使用或者可销售状态之后发生的，应当在发生时根据其发生额确认为费用，计入当期损益。

2. 一般借款资本化金额的确定方法

某项工程建设占用一般借款也要确认资本化金额。《企业会计准则第 17 号

——借款费用》规定：“为购建或者生产符合资本化条件的资产而占用了一般借款的，企业应当根据累计资产支出超过专门借款部分的资产支出加权平均数乘以所占用一般借款的资本化率，计算确定一般借款应予资本化的利息金额。资本化率应当根据一般借款加权平均利率计算确定。资本化期间，是指从借款费用开始资本化时点到停止资本化时点的期间，借款费用暂停资本化的期间不包括在内”。

一般借款应予资本化的利息金额按下列公式确定：

$$\text{一般借款利息费用资本化金额} = \text{累计资产支出超过专门借款部分的资产支出加权平均数} \times \text{所占用一般借款的资本化率}$$

$$\text{所占用一般借款的资本化率} = \frac{\text{所占用一般借款当期实际发生的利息之和}}{\text{所占用一般借款本金加权平均数}} \times 100\%$$

$$= \text{所占用一般借款加权平均利率}$$

$$\text{所占用一般借款本金加权平均数} = \Sigma\left(\text{所占用每笔一般借款本金} \times \frac{\text{每笔一般借款在当期所占用的天数}}{\text{当期天数}}\right)$$

一般借款发生的辅助费用，应当在发生时根据其发生额确认为费用，计入当期损益。

3. 利息资本化金额的限额

资本化期内，每一会计期间的利息资本化金额，不得超过当期相关借款实际发生的利息金额。

4. 资本化条件

《企业会计准则第 17 号——借款费用》规定，借款同时满足以下三个条件的，才能开始资本化：

（1）资产支出已经发生。这里所指的资产支出包括为购建或者生产符合资本化条件的资产而以支付现金、转移非现金资产或者承担带息债务形式发生的支出。

（2）借款费用已经发生。这一条件是指已经发生了与购建或生产符合资本化条件的资产有关的借入款项的利息、折价或溢价的摊销、辅助费用或汇兑差额。

（3）为使资产达到预定可使用状态或者可销售状态所必要的购建或者生产活动已经开始。需要指出的是，符合资本化条件的资产在购建或者生产过程中发生非正常中断、且中断时间连续超过 3 个月的，应当暂停借款费用的资本化。在中断期间发生的借款费用应当确认为费用，计入当期损益，直至资产的购建或者生产活动重新开始。如果中断是所购建或者生产的符合资本化条件的资产达到预定可使用或者可销售状态必要的程序，借款费用的资本化应当继续进行。此外，购建或者生产符合资本化条件的资产达到预定可使用或者可销售状态时，借款费用应当停止资本化。在符合资本化条件的资产达到预定可使用或者可销售状态之后所发生的借款费用，应当在发生时根据其发生额确认为费用，计入当期损益。

二、长期借款

（一）长期借款概述

长期借款是指企业从银行或其他金融机构借入的期限在一年以上（不含一年）的各项借款。长期借款按实际发生额计价，包括实际取得的借款本金和实际支付的借款利息。企业应在“长期借款”科目下设置“本金”和“利息调整”等明细科目进行明细核算。

（二）长期借款的账务处理

（1）企业借入各种长期借款，按实际收到的金额借记“银行存款”科目，按本金贷记“长期借款——本金”科目，如二者存在差额，借记“长期借款——利息调整”科目；归还借款本息时，借记“长期借款——本金”科目，贷记“银行存款”科目。

资产负债表日，应按摊余成本和实际利率计算长期借款的利息费用，借记“在建工程”、“制造费用”、“财务费用”、“研发支出”等科目。按合同利率计算确定的应付未付利息，贷记“应付利息”科目，按其差额，贷记“长期借款——利息调整”科目。

实际利率与合同利率差异较小的，也可采用合同利率来确定利息费用。

（2）企业发生的借款费用（包括利息、汇兑损失等），属于筹建期间的，计入管理费用；属于生产经营期间的，计入财务费用；符合资本化条件的，计入在建工程、存货等。

（3）债务重组中长期借款的处理。企业向银行取得长期借款用于专门项目的建设，如果借款项目达不到预期效果，则企业偿还借款就发生了困难。通过和银行协商或通过法律部门裁定，对所欠债务可以进行重组。债务重组的形式有：豁免部分债务，修改债务条件，债转股，用非现金资产偿债，等等。债权方在债务重组过程中发生损失，计入“营业外支出——债务重组损失”科目；债务方得到利益，计入“营业外收入——债务重组利得”科目。

例1：某公司年初借入3年期专门借款100万元建造固定资产，年利率6%，按季付息，到期还本。1月1日支出80万元，余20万元存银行，按活期存款计息（利率0.6%），至3月31日未发生其他支出，工程仍在进行中。

①取得专门借款时：

借：银行存款　　1 000 000

　　贷：长期借款——本金　　1 000 000

②发生资产支出时：

借：在建工程　　800 000

　贷：银行存款　　800 000

③3 月 31 日计息：

季末确定的资本化利息 = 100 ×（6% ×3/12）- 20 ×（0.6% ×3/12）

= 1.5 - 0.03 = 1.47(万元)

借：在建工程　　14 700

　　财务费用　　300

　贷：应付利息　　15 000

例 2：某公司年初借入 3 年期一般借款 100 万元（专门借款上年已用完），年利率 8%，按年付息。

1 ~12 月该公司建造固定资产支出如下：

1 月 1 日，30 万元；2 月 1 日，10 万元；3 月 11 日，35 万元；9 月 30 日，20 万元。至 12.31，工程仍在建设中。

①取得一般借款时：

借：银行存款　　1 000 000

　贷：长期借款——本金　　1 000 000

②公司 12 月 31 日付息时：

按年计算资本化利息：

累计超额支出的加权平均数

= 30 ×360/360 + 10 ×330/360 + 35 ×290/360 + 20 ×91/360

= 72.42（万元）

$$\text{所占用一般借款的资本化率}=\frac{\text{所占用一般借款当期实际发生的利息之和}}{\text{所占用一般借款本金加权平均数}}$$

$$=\frac{100\times 8\%}{100\times 360/360}$$

$$=8\%$$

$$\text{资本化的利息金额}=\left(\text{累计资产支出}-\text{专门借款部分的资产支出}\right)\text{的加权平均数}\times\text{一般借款资本化率}$$

= 72.42 ×8% = 5.79（万元）

借：在建工程　　57 900

　　财务费用　　22 100

　贷：应付利息　　80 000

例 3：某公司于 2009 年 1 月 1 日，为购建一工程项目专门借入美元 1 000 万元，年利率 8%，期限 3 年。每年 12 月 31 日支付当年利息，到期还本。2009 年 1 月 1 日市场汇率为 1∶8.2。工程于 2009 年 1 月 1 日开始实体建造，当年 6 月 30

日完工，达到预期可使用状态，期间发生支出如下：1月1日，支出200万美元；3月1日，支出500万美元，市场汇率为1:8.24；6月1日，支出300万美元，市场汇率为1:8.30。公司的记账本位币为人民币，外币业务采用外币业务发生时当日的市场汇率核算。公司按季计算利息，按季计算借款费用资本化金额。相关汇率如下：3月31日，市场汇率为1:8.25；6月30日，市场汇率为1:8.30。

该公司会计处理如下：

①取得专门借款时：

借：银行存款（USD10 000 000 ×8.2）　　82 000 000

　贷：长期借款（USD10 000 000 ×8.2）　　82 000 000

②发生资产支出时：

借：在建工程（USD2 000 000 ×8.2）　　16 400 000

　贷：银行存款（USD2 000 000 ×8.2）　　16 400 000

借：在建工程（USD5 000 000 ×8.24）　　41 200 000

　贷：银行存款（USD5 000 000 ×8.24）　　41 200 000

借：在建工程（USD3 000 000 ×8.30）　　24 900 000

　贷：银行存款（USD3 000 000 ×8.30）　　24 900 000

③计算第一季度（3月31日时）汇兑差额资本化金额：

第一季度应计利息 =1 000×8% ×1/4 =20（万美元）

第一季度外币借款本息汇兑差额

=1 000×(8.25 −8.2) +20×(8.25 −8.25) =50（万元）

第一季度外币借款本息汇兑差额资本化金额

= 当期外币借款本息汇兑差额 =50（万元）

借：在建工程　　500 000

　贷：长期借款　　500 000

④计算第二季度（6月30日时）汇兑差额资本化金额：

=1 000×(8.3 −8.25) +20×(8.30 −8.25) +20×(8.30 −8.30)

=51（万元）

借：在建工程　　510 000

　贷：长期借款　　510 000

⑤6月30日完工：

借：固定资产　　88 100 000

　贷：在建工程　　88 100 000

⑥第三季度（9月30日时市场汇率1:8.31）：

汇兑差额 =1 000×(8.31 −8.30) + 20×(8.31 −8.30) + 20×

(8.31 - 8.30) + 20 × (8.31 - 8.31)
= 10.4（万元）

借：财务费用 104 000
　贷：长期借款 104 000

三、应付债券

（一）应付债券概述

1. 应付债券的内容

债券是企业为筹集资金而发行的一种书面凭证。通过凭证上所记载的利率、期限等，表明发行债券的企业允诺在未来某一特定日期还本付息。企业发行的超过一年期以上的债券，构成了一项长期负债，作为应付债券核算。而企业发行的一年期或一年期以下的债券，则作为流动负债，另外设置“应付短期债券”科目核算。

2. 应付债券的种类

应付债券是指企业依照法定程序发行、约定在一定期限内还本付息的具有一定价值的证券。这种债券是企业向社会筹集长期资金的重要方式，又称企业债券或公司债券。

应付债券有很多分类方法，主要有：①按发行方式分为记名债券和不记名债券。②按偿还方式分为一次偿还债券和分次偿还债券。③按有无担保分为抵押债券（以特定财产，如房屋、机器、设备、企业所持有的其他单位的证券等作抵押品而发行的债券）和信用债券（没有特定财产作为抵押担保而凭发行债券单位的信用而发行的债券）。④按付息方式分为登记债券（即把债券持有者的姓名、住处登记在发行单位的簿册上，应付利息按期寄给债券持有者的一种债券）和息票债券（即债券上附有各期息票，每份息票到期时，持券人剪下息票到指定支付单位换取应得利息的一种债券）。⑤按可否转换为股票分为普通债券（也称不可转换债券）和可转换为股票债券（也称可转换债券或可调换债券）。

（二）应付债券的发行

企业债券是企业依照法定程序发行的、约定在一定期限还本付息的有价证券，根据（中华人民共和国公司法）规定，股份公司发行债券，必须符合企业有关规定。

一般来说，发行债券所规定的利率是固定不变的“名义利率”，也称“票面利率”，通常以年利率表示。年利率乘债券的面值，即为债券发行企业每年应付的债券利息。债券发行企业实际负担的利率，或者说债券持有人实际获得的利率称为“实际利率”。实际利率是债券发行当时的市场利率，也就是金融市场上风险和期限与所发行债券类似的借贷资本的利率。企业债券的发行价格受同期银行存款利率（相当于市场利率）的影响较大。经常会出现市场利率大于或小于票面利率，或者说实际利率大于或小于名义利率的情况。在这种情况下，债券发行企业就要按高于或低于市场利率的票面利率支付债券利息，也就是按高于或低于债券面值的价格出售。这样，债券发行价格与债券面值形成三种形态的数量关系，即等于、大于和小于。与此相对应，债券的发行方式也有三种，即面值发行、溢价发行和折价发行。假设其他条件不变，当债券的票面利率高于同期银行存款利率时，可按超过债券票面价值的价格发行，称为溢价发行。溢价发行表明企业以后各期多付利息而事先得到的补偿；如果债券的票面利率低于同期银行存款利率，可按低于债券票面价值的价格发行，称为折价发行。折价发行表明企业以后各期少付利息而预先给投资者的补偿；如果债券的票面利率与同期银行存款利率一致，可按票面价值发行，称为面值发行。溢价或折价是发行债券企业在债券存续期内对利息费用的一种调整。发行价格计算公式如下：

企业债券发行价格 = 债券面值按市场利率计算的现值 + 债券各期利息的现值

（三）应付债券的核算

企业发行的债券，如果不超过一年，属于流动负债范畴，单独增设“应付短期债券”科目核算；如果超过一年，属于长期负债范畴，通过设置“应付债券”科目核算。

在“应付债券”一级科目下，企业应设置“面值”、“利息调整”和“应计利息”三个明细科目进行明细核算。企业发行债券，按债券面值入账，计入“应付债券——面值”科目；对债券发行中产生的溢价或折价计入“应付债券——利息调整”科目，以后分期摊销；企业发行一次还本付息的债券，应于资产负债表日按债券票面利率计算应付利息，计入“应付债券——应计利息”科目，分期付息、一次还本的债券利息通过“应付利息”科目核算。企业各期计息，既要采用实际利率，又要采用票面利率，两种利率产生的计息差额计入“应付债券——利息调整”科目，但实际利率与票面利率差异较小的，也可以只按票面利率计算确定利息费用。

企业发行债券，要发生一定的发行费用。债券发行费，是指与债券发行直接有关的费用，一般包括债券承销费、印刷费、律师费、发行手续费及其他直接费用等，属于借款费用中的辅助费用，在购建或者生产的符合资本化条件的资产达到预定可使用或者可销售状态之前发生的予以资本化，之后发生的予以费用化。

1. 债券溢价、折价的摊销

债券溢价和折价应在债券存续期间内系统合理地摊销，即债券溢价应逐期在利息费用中扣除，债券折价应逐期转作利息费用。摊销方法有实际利率法和直线法。这两种摊销方法各有特点：实际利率法相对精确但复杂，直线法简单易行，但不很精确。我国现行会计实务中要求采用实际利率法摊销。实际利率法，就是各期的利息费用是以实际利率乘以期初应付债券的账面价值而得。由于债券的账面价值逐期不同，因而计算出来的利息费用也就逐期不同。在溢价发行的情况下，债券账面价值逐期减少，利息费用也就随之逐期减少；反之，在折价发行的情况下，债券账面价值逐期增加，利息费用也因而逐期增加。当期入账的利息费用与按名义利率支付利息的差额，即为该期应摊销的债券溢价或折价。

例 4： 某企业为筹措流动资金，于 20×1 年 1 月 1 日发行 5 年期、票面利率为 9%、总面值 10 万元的长期债券。每年 7 月 1 日和 1 月 1 日付息两次。因发行时市场利率为 8%，企业溢价发行，共收款 104 055 元。该企业收款时作如下会计分录：

借：银行存款　　104 055

　　贷：应付债券——面值　　100 000

　　　　　　　——利息调整　　4 055

企业根据上述资料，采用实际利率线法摊销债券溢价时，可编制债券溢价摊销表（见表 17-1）。

表 17-1　企业债券溢价摊销表（实际利率法）　　单位：元

计息日期	应付利息	利息费用	溢价摊销	未摊销溢价	面值和未摊销溢价之和
	① = 面值 ×4.5%	② = 上期 5 ×4%	③ = ① − ②	④ = 上期④ − ③	⑤ = 面值 + ④
20×1.1.1				4 055.00	104 055.00
20×1.7.1	4 500.00	4 162.20	337.80	3 717.20	103 717.20
20×1.12.31	4 500.00	4 148.70	351.30	3 365.90	103 365.90
20×2.7.1	4 500.00	4 134.60	365.40	3 000.50	103 000.50
20×2.12.31	4 500.00	4 120.00	380.00	2 620.50	102 620.50
20×3.7.1	4 500.00	4 104.80	395.20	2 225.30	102 225.30
20×3.12.31	4 500.00	4 089.00	411.00	1 814.30	101 814.30
20×4.7.1	4 500.00	4 072.60	427.40	1 386.90	101 386.90
20×4.12.31	4 500.00	4 055.50	444.50	942.40	100 942.40
20×5.7.1	4 500.00	4 037.70	462.30	480.10	100 480.10
20×5.12.31	4 500.00	4 019.90*	480.10*	0.00	100 000.00
合计	45 000.00	40 945.00	4 055.00		

注：*为小数尾数调整计入末期。

20×1 年 7 月 1 日溢价摊销的分录是（其余各期分录相同）：

借：财务费用　　4 162.20

　　应付债券——利息调整　　337.80

　　贷：应付利息　　4 500

以后每期计提利息时，均应作相同的会计处理。需要说明的是，如果企业发行的是一次还本付息的债券，每期计提利息并摊销溢折价时，按应摊销的溢折价金额，借记或贷记“应付债券——利息调整”科目，按应计利息与溢折价摊销的差额或合计，借记“在建工程”、“财务费用”等科目，按应计利息，贷记“应付债券——应计利息”科目。

2. 债券的偿还

在我国，发行的债券一般都是到期还本付息或一次还本、分期付息。因此，在我国实务中，采用一次还本付息方式时，企业应于债券到期支付债券本息时，借记“应付债券——面值、应计利息”科目，贷记“银行存款”科目；采用一次还本、分期付息方式时，在每期支付利息时，借记“应付利息”科目，贷记“银行存款”科目；债券到期偿还本金时，借记“应付债券——面值”科目。贷记“银行存款”科目。需要说明的是，企业债券采用一次还本、分期付息方式时，应增设“应付利息”科目，核算企业在每个计息日计提但尚未支付的债券利息，计提时，借记“在建工程”、“财务费用”等科目，贷记“应付利息”科目，实际支付时，借记“应付利息”科目，贷记“银行存款”等科目。

四、长期应付款

（一）长期应付款概述

长期应付款是指企业除长期借款、应付债券以外的超过一年以上的其它应付款项，包括补偿贸易方式引进国外设备或融资租入固定资产。补偿贸易方式引进国外设备和融资租入固定资产，一般情况下，是资产使用在前，款项支付在后。

长期应付款除具有长期负债的一般特点外，还具有两个特点：一是具有分期付款的性质，如融资租入固定资产的租赁费是在整个租赁期内逐期偿还的；二是长期应付款涉及的外币债务比较多，因此，在汇率变动的情况下，会影响还款时人民币的数额。另外，企业通过长期应付款取得固定资产，可以减少长期投资所承担的风险，而且不必在取得固定资产的同时支付款项。

（二）长期应付款的核算

1. 应付补偿贸易引进设备款

补偿贸易是指企业从国外引进设备，再用该设备生产的产品归还设备价款。在核算时，引进设备的资产价值以及相应的负债，作为企业的一项资产和一项负债，在资产负债表中分别在“固定资产”和“长期应付款”项目中反映；企业用引进设备生产的产品偿还这项负债时，视同销售进行处理。

企业按照补偿贸易方式引进设备时，应按设备、工具、零配件等的价款以及国外运杂费的外币金额和规定的汇率折合人民币记账，借记“在建工程”、“原材料”等科目，贷记“长期应付款——应付补偿贸易引进设备款”科目；企业用人民币借款支付进口关税、国内运杂费和安装费时，借记“在建工程”、“原材料”等科目，贷记“银行存款”、“长期借款”科目；按补偿贸易方式引进的国外设备交付验收使用时，应将其全部价值，借记“固定资产”科目，贷记“在建工程”科目；归还引进设备款时，借记“长期应付款——补偿贸易引进设备应付款”科目，贷记“银行存款”、“应收账款”等科目。

企业长期应付款所发生的借款费用，同长期借款费用处理方法。

2. 应付融资租入固定资产租赁费

融资租入固定资产，应当在租赁开始日，按租赁开始日租赁资产的公允价值与最低租赁付款额的现值两者中较低者作为入账价值，借记“在建工程”或“固定资产”科目，按最低租赁付款额，贷记“长期应付款”科目，按其差额，借记“未确认融资费用”科目。

按期支付融资租赁费时，借记“长期应付款”科目，贷记“银行存款”科目。

采用实际利率法分期摊销未确认融资费用，借记“财务费用”、“在建工程”等科目，贷记“长期应付款”科目。

租赁期满，如合同规定将设备所有权转归承租企业，应当进行转账，将固定资产从“融资租入固定资产”明细科目转入有关明细科目。

第二节　长期负债实务考核题及其答案

一、长期负债实务考核题

（一）单项选择题

1. 企业发行债券确定偿还期限时，如果预计市场利率会呈下降趋势，则采用（　　）形式发行为宜。

A. 短期　　B. 中期　　C. 长期　　D. 短期或长期

2. 企业发行债券时，若市场利率大于票面利率，企业一般会（　　）发行。

A. 溢价　　B. 平价　　C. 折价　　D. 溢价或折价

3. 融资租入设备时，企业支付的运输费、途中保险费应计入（　　）。

A. 长期应付款　　B. 融资租入设备价值

C. 财务费用　　D. 管理费用

（二）多项选择题

1. “应付债券”科目下设明细科目有（　　）。

A. 债券投资　B. 面值　　C. 利息调整　D. 应计利息

2. 通过“长期应付款”科目核算的内容有（　　）。

A. 应付债券利息　　B. 应付统筹退休金

C. 应付引进设备款　　D. 应付融资租赁费

3. 长期应付款的特点有（　　）。

A. 数额大、偿还期限长

B. 需要积累整笔资金到期偿还

C. 具有分期付款性质

D. 计价时经常涉及到外币与人民币的比价变动

（三）填空题

1. 长期负债是指偿还期在________或________的债务，主要包括________、________和________。

2. 某企业为建造厂房取得两年期借款30万元，年利率10%（计单利）。企业一次性支付工程款25万元，余款投资收益率1%。工程一年竣工，工程成本为________万元。借款到期还本付息，计入“财务费用”科目的利息共计________万元。

3. 债券按发行主体分为________、________和________，按期限长短分为________、________和________，按发行区域分为________和________，按付息方式分为________和________；按发行方式分为________和________，按有无抵押担保分为________和________，按债券是否记名分为________和________。

4. 企业发行债券要考虑债券的________、________、________和________四个基本要素（或因素）。

5. 企业发行一般债券支付的印刷费和代理发行手续费记入________。

（四）判断题

1. 贴现债券是指发行时按规定的折扣率计算，以低于票面金额的价格发行，到期接面额偿还本金的债券。（　　）

2. 从理论上讲，债券的票面价值就是债券的价格。（　　）

3. 采用实际利率法摊销企业发行债券产生的溢价或折价，各期的摊销额相等。（　　）

4. 企业发行债券的折溢价摊销，在实际利率法下，摊销折价时，应付债券的（实际）利息递增，折价摊销额也递增；摊销溢价时，（实际）利息递减，溢价摊销额递增。（　　）

（五）简答题

1. 长期负债和流动负债相比，有什么不同点？

2. 理论上企业发行债券的溢价或折价摊销方法有哪两种？各有什么特点？

（六）计算及综合题

1. 某企业1月1日取得10万美元的外币借款（利率10%，借期两年，每年计复利一次），借款时的市场汇率1:8。当年年末，市场汇率1:8.2，计算应付利息，调整汇兑损益。（此借款与购建固定资产无关）。第二年末，企业还清了借款本息，市场汇率为1:8.1。试作有关分录。

2. 某企业某年1月1日发行五年期债券，债券面值10万元，票面利率为10%，每半年付息一次。债券发行时市场利率为9%，发行成功，所收款项用于补充流动资金。试计算发行价格，作发行收款第一期计息及摊销折溢价并付息的会计分录（实际利率法）。

3. 某工业企业采用补偿贸易方式从国外引进某种生产用设备和专用工具，其价款及国外运保费共15 000美元，美元汇率1:8，其中设备价款及国外运保费14 500美元，专用工具500美元。设备入关时，增值税21 012元、588元，用人民币支付关税3 600元、其中国内运费和关税部分，设备负担4 048.4元，专用工具负担139.6元，设备安装时用银行存款支付安装费1 540元。设备安装完毕交付使用后开始第一次还款，按合同规定应用银行存款归还5 000美元的设备款，还款时的美元汇率为1:8.10。试作有关分录。

二、长期负债实务考核题参考答案

（一）单项选择题

1. A　2. C　3. B

（二）多项选择题

1. BCD　2. CD　3. ACD

（三）填空题

1. 一年　超过一年的一个营业周期以上　长期借款　应付债券　长期应付款

2. 25 + (30 × 10% − 5 × 1%) = 27.95　30 × 10% × 2 − 2.95 = 3.05

3. 政府债券　金融债券　公司债券　短期债券　中期债券　长期债券　国内债券　国际债券　附息债券　贴现债券　公募债券　私募债券　信用债券　担保债券　记名债券　无记名债券

4. 面值　价格　偿还期限　利率

5. 应付债券的初始计量

（四）判断题

1. ✓　2. ✓　3. ×　4. ✓

（五）简答题

1. 答：（1）偿还期限不同。长期负债偿还期限较长，只要偿还期超过一年的债务才是长期负债，如果低于这一界限的债务是流动负债。（2）举债目的不同。举借长期债务的目的是为了购置大型设备、房地产、增建和扩建厂房等，而流动负债举债目的主要是为了满足生产周转的需要。（3）举债数额不同。举借长期债务由于主要用于购置固定资产，需要的资金多，因而长期负债的数额与短期负债比，一般都比较大。（4）利息影响不同。长期负债的利息费用构成企业长期的固定性支出，加重了企业的负担，且在到期动需要提前准备偿债所需的货币，而流动负债中一级只有短期借款需要支付利息，其他项目，如应付及预收款项等，多数不需要支付利息。

2. 答：企业发行债券产生的溢价或折价，在偿还期内可采用直线法和实际利率法摊销。直线法是指将债券的溢价或折价平均分报于各期的一种摊销方法。其特点是各期都用相等的金额把债券溢价冲减利息费用，或以相等的金额报折价转为利息费用。这种方法计算简便，但没有考虑溢价或折价的现值和终值。实际利率法是根据每期期初应付债券的账面价值乘上实际利率算出的利息与名义利息的差异求得摊销额。其特点是：摊销折价时，应付债券的实际利息因或村应付债券账面价值的不断增加而递增，实际利息减名义利息的折价摊销额也递增，摊销溢价时，应付债券的实际利息因期和应付债券账面价值的不断减少而递减，名义利息减实际利息的溢价摊销额因此而递增。这种方法计算结果较直线法准确，现行准则要求企业采用实际利率法。

（六）计算及综合题

1. 解：（1）借款时折算人民币 80 万元（10 万元 ×8）入账：

借：银行存款　　80 万

　　贷：长期借款　　80 万

（2）第一年末计息 8.2 万元（10 万元 ×10% ×8.2），调整外币借款的汇兑损益 2 万元[10 万元 ×(8.2 −8)]：

借：财务费用　　10.2 万

　　贷：长期借款　　10.2 万

（3）第二年末归还借款本息 98.01 万元[10 万元 ×(1 +10%) ×8.1]：

借：长期借款　　90.2 万

　　财务费用　　7.81 万

　　贷：银行存款　　98.01 万

2. 解：

（1）发行价格 $=100\ 000\times(1+9\%/2)^{-10}$

$+100\ 000\times10\%/2\times$ 一元年金复利现值系数

$=100\ 000\times0.64393+5\ 000\times7.91272$

$=103\ 957$（元）

（2）收款　借：银行存款　　103 957

　　贷：应付债券——债券面值　　100 000

——利息调整 3 957

（3）实际利息 = 103 957 × 9%/2 = 4 678（元）

名义利息 = 100 000 × 10%/2 = 5 000（元）

溢价摊销额 = 5 000 − 4 678 = 322（元）

借：财务费用 4 678

应付债券——利息调整 322

贷：应付债券——应计利息 5 000

（4）付息 借：应付债券——应计利息 5 000

贷：银行存款 5 000

3. 解：（1）引进设备折合人民币 120 000 元：

借：在建工程 116 000

材料采购 4 000

贷：长期应付款 120 000

（2）支付入关时的国内费用和安装时的安装费共 26 740 元：

借：在建工程 5 588.4

材料采购 139.60

应交税费——应交增值税（进项税额） 21 012

贷：银行存款 26 740

（3）设备和工具交付使用时：

借：固定资产 121 588.4

贷：在建工程 121 588.4

借：低值易耗品 4 139.60

贷：材料采购 4 139.60

（4）第一次归还设备款时：

借：长期应付款（5 000 × 8） 40 000

财务费用 500

贷：银行存款（5 000 × 8.1） 40 500

第十八章　所有者权益实务考核

第一节　所有者权益的核算

所有者权益，是指所有者在企业资产中享有的经济利益，其金额为资产减去负债后的余额。包括企业所有者投入资金以及留存收益等。

企业的所有者权益，主要由以下几个部分组成：

（1）投入资本。投入资本包括国家、其他单位、个人对企业的各种投资。

（2）资本公积。资本公积包括股本溢价、资产评估增值和企业接受实物资产捐赠等形成的所有者权益。

（3）盈余公积。盈余公积是从净利润中提取的，具有特定用途的资金，包括法定盈余公积、任意盈余公积和法定公益金。

（4）未分配利润。未分配利润是企业净利润分配后的剩余部分，即净利润中尚未指定用途的部分。

在我国现行的会计核算中，为了反映所有者权益的构成，便于投资者以及其他报表使用者了解企业所有者权益的来源及其变动情况，会计核算时，将所有者权益分为实收资本、资本公积、盈余公积及未分配利润四个部分，分别设置总账科目（或明细科目）进行核算，在资产负债表上，单列项目予以反映。

一、实收资本

1. 实收资本的概念

企业要进行经营，必须要有一定的“本钱”。我国民法通则中明确规定，设立企业法人必须要有必要的财产。我国企业法人登记管理条例也明确规定，企业申请开业，必须具备符合国家规定并与其生产经营和服务规模相适应的资金数额，如股份有限公司500万元等。我国公司法也将股东出资达到法定资本最低限额作为公司成立的必备条件。

实收资本是指投资人作为资本投入到企业中的各种资产的价值。所有者向企业投入的资本，在一般情况下无需偿还、并可以长期周转使用。我国目前实行的是注册资本制度，要求企业的实收资本与其注册资本相一致。我国企业法人登记管理条例规定，除国家另有规定外，企业的注册资金应当与实有资金相一致。企业实有资金比原注册资金数额增减超过20%时，应向原登记主管机关申请变更登记。

一般而言，投资者投入企业的资金，应构成实收资本。但在某些情况下，投资者投入的资金并不全部构成实收资本。在我国，企业的实收资本应当等于注册资本。因此，投资者投入的资金中只有按投资者占被投资企业实收资本比例计算的部分，才作为实收资本，超过按投资比例计算的部分，作为资本溢价或股票溢价，单独核算，不包括在实收资本的核算范围内。

2. 实收资本的核算

投资人可以用现金投资，也可以用现金以外的其他有形资产投资；符合国家规定比例的，可以用无形资产投资。

企业应设置“实收资本”科目，按投资者进行明细核算。股份制企业应设置“股本”科目，按股东设置明细账。计入“股本”科目的是发行股票的面值，即对外实际发行股票的股数与每股面额的乘积。

“实收资本”的账务处理如下：

（1）接受货币资产投资时。在实际收到或者存入企业开户银行时，按实际收到的金额，借记“库存现金”、“银行存款”科目，贷记“实收资本”科目。

（2）接受实物资产投资时。企业收到实物资产投资时，在办理实物转移手续后，如为生产用固定资产的及除固定资产以外的其他实物资产投资时，按投资协议确认的资产公允价值，借记“固定资产”“原材料”、“库存商品”、“应交税费——应交增值税（进项税额）”等科目，贷记“实收资本”科目。

（3）接受无形资产投资时。企业收到无形资产投资时，按合同、协议或公司章程规定，在移交有关凭证时，按确定的无形资产价值，借记“无形资产”科目，贷记“实收资本”科目。

二、资本公积

1. 资本公积概述

资本公积是指归所有者所共有的，非收益转化而形成的资本。资本公积与实收资本虽然都属于所有者权益，但两者又有区别。实收资本是投资者对企业的投入，并通过资本的投入谋求一定的经济利益；而资本公积有特定来源，由所有投资者共同享有。

资本公积一般应设置“资本溢价”和“其他资本公积”明细科目核算。

2. 资本公积的核算

（1）资本（或股本）溢价。资本（或股本）溢价是由企业投资者投入的资金超过了其在注册资本中所占的份额所形成的。

对于一般企业（如有限责任公司等），在收到投资者投入的资金时，按实际收到的金额或确定的价值，借记“银行存款”等科目，按其在注册资本中所占的份额，贷记“实收资本”科目，按其差额，贷记“资本公积——资本溢价”科目。

对于股份有限公司溢价发行股票的，在收到现金等资产时，应当按照实际收到的金额，借记“库存现金”、“银行存款”等科目，按股票面值和核定的股份总额的乘积计算的金额，贷记“股本”科目，按溢价部分，贷记“资本公积——股本溢价”科目。

例1：某股份制企业发行普通股5 000万股，每股面值10元，发行价格1.10元，按发行收入3%付发行手续费（从发行收入中扣），共收股款5 335万元送存银行。该企业作如下会计分录：

借：银行存款　　5 335万

　贷：股本——普通股　　5 000万

　　资本公积——股本溢价　　335万

（2）其他资本公积

1）股权投资调整。采用权益法核算长期股权投资时，被投资单位除净损益以外所有者权益的其他变动，企业按持股比例计算应享有的份额，借记或贷记“长期股权投资——其他权益变动”科目，贷记或借记“资本公积——其他资本公积”科目。处置采用权益法核算的长期股权投资，还应结转原记入资本公积的相关金额，借记或贷记“资本公积——其他资本公积”科目，贷记或借记“投资收益”科目。

2）权益性股份激励。以权益结算的股份支付换取职工或其他方提供服务的，应按照确定的金额，借记“管理费用”等科目，贷记“资本公积——其他资本公积”科目。在行权日，企业应按实际行权的权益工具数量计算确定的金额，借记“资本公积——其他资本公积”科目，按计入实收资本或股本的金额，贷记“实收资本”或“股本”科目，按其差额，贷记“资本公积——资本溢价或股本溢价”科目。

3）房地产转换利得。采用公允价值模式计量投资性房地产时，当企业自用房地产或存货转换为投资性房地产，企业应在转换日按其公允价值，借记“投资性房地产——成本”科目，按自用房地产或存货账面余额，贷记“开发产品”等科目，按其差额，贷记“资本公积——其他资本公积”科目或借记“公允价值变动损益”科目。已计提跌价准备的，还应同时结转跌价准备。

企业将自用的建筑物等转换为投资性房地产的，按其在转换日的公允价值，借记“投资性房地产——成本”科目，按已计提的累计折旧等，借记“累计折旧”等科目，按其账面余额，贷记“固定资产”等科目，按其差额，贷记“资本公积——其他资本公积”科目或借记“公允价值变动损益”科目。已计提减值准备的，还应同时结转减值准备。

企业处置投资性房地产时，应转销“资本公积——其他资本公积”科目的余额。

4）可供出售金融资产市价变动及转换利得。企业已入账的“可供出售金融资产”公允价值变动、减值或回升及处置，都要计入或调整“资本公积——其他资本公积”科目。企业将持有至到期投资重分类为可供出售金融资产，或将可供出售金融资产重分类为持有至到期投资的，按照“持有至到期投资”、“可供出售金融资产”等科目的相关规定进行处理，相应调整“资本公积——其他资本公积”科目。

5）其他计入所有者权益的利得或损失。一些企业或企业集团内部有时发生无偿调拨固定资产的现象。无偿调入固定资产时，应按调出单位固定资产账面价值（原值减去累计折旧和固定资产减值准备）加上发生的运输费、安装费等相关费用，借记“固定资产”科目，贷记“资本公积——其他资本公积”科目。无偿调出固定资产的单位，通过“固定资产清理”科目注销固定资产账面价值和核算清理费用，再据“固定资产清理”科目借差，借记“资本公积——其他资本公积”科目，贷记“固定资产清理”科目。

（3）企业的资本公积可以转增资本。企业的资本公积报以同级财政部门审批后可以转增实收资本。企业按规定以资本公积转赠资本时，借记“资本公积”科目，贷记“实收资本”科目。

三、盈余公积

1. 盈余公积概述

盈余公积是指企业按照规定从净利润中提取的积累资金。盈余公积包括法定盈余公积和任意盈余公积。

盈余公积按其提取方法可分为两种：一是法定盈余公积，按净利润10%提取（非公司制企业也可按超出10%的比例提取），但此项公积金已达注册资本的50%时可不再提取；二是任意盈余公积（主要是公司制的企业提取此项基金），按股东会决议提取。

2. 盈余公积的核算

企业提取盈余公积时，借记“利润分配——提取法定盈余公积、提取任意盈余公积”科目，贷记“盈余公积——法定盈余公积、任意盈余公积”科目；用盈余公积弥补亏损时，借记“盈余公积”科目，贷记“利润分配——盈余公积转入”科目；用盈余公积转增资本时，借记“盈余公积”科目，贷记“实收资本”科目。

四、未分配利润

1. 未分配利润概述

未分配利润是指未作分配的净利润，有两层含义：一是这部分净利润没有分给企业投资者；二是这部分净利润未指定用途。企业实现的净利润的分配去向大体有二类：一是以股利或利润的形式分配给投资者；二是留在企业。净利润属于所有者权益的范畴，净利润中留在企业的部分（也称留存收益），包括盈余公积和未分配利润，而未分配利润是尚未指定用途的净利润部分。

2. 未分配利润的核算

年度终了，企业将全部实现的净利润，自“本年利润”科目转入“利润分配——未分配利润”科目，如为盈利，应借记“本年利润”科目，贷记“利润分配——未分配利润”科目；如为亏损，作相反分录。同时，将利润分配科目下的其他明细科目的余额，转入“未分配利润”明细科目。

在进行未分配利润的会计核算时，应注意：用利润弥补亏损无需专门作会计分录。

第二节　所有者权益实务考核题及其答案

一、所有者权益实务考核题

（一）单项选择题

1. 企业接受某单位投入设备一台。原单位设备账面原值 8 万元，已提折旧 2 万元；投入时评估作价 8.19 万元（其中含增值税 1.19 万元）。企业“实收资本”登记（　　）。

A. 7 万元　　B. 8.19 万元　　C. 8 万元　　D. 6.5 万元

2. 接受投入的资本比合同规定日期延迟而收取的赔偿金（逾期利息）作为（　　）入账。

A. 实收资本　　B. 资本公积　　C. 营业外收入　　D. 财务费用

3. 国家拨入专项拨款时，企业计入“（　　）”账户。

A. 实收资本　　B. 资本公积　　C. 专项应付款　　D. 长期投资

4. 悦达公司 2007 年年初未分配利润 40 万元，2007 年发生亏损 240 万元，2008 年盈利 120 万元，2009 年盈利 140 万元，所得税税率为 25%。则 2009 年末悦达公司“利润分配——未分配利润”科目余额为（　　）万元。

A. 60　　B. 45　　C. 55　　D. 35

（二）多项选择题

1. 所有者权益的特点有（　　）。

A. 投资者对企业净资产有要求权

B. 投资者具有参与企业管理的权利

C. 投入资本在企业经营期间不得返还

D. 投资者可参与企业利润分配

E. 企业清算时，投资者的索偿权位于债权人之后

2. 反映所有者权益设置的总账科目有（ ）等。

A. 实收资本 B. 资本公积 C. 盈余公积

3. 所有者投入资本可采用（ ）等不同出资方式。

A. 租赁资产 B. 货币资金 C. 实物资产 D. 无形资产

4. 按规定，（ ）可以转增注册资本。

A. 资本公积 B. 盈余公积 C. 未分配利润 D. 累计折旧

5. 盈余公积金可用于（ ）。

A. 弥补企业亏损 B. 转增企业资本

C. 集体福利设施支出 D. 支付各种罚款

（三）填空题

1. 所有者权益包括________、________、________、________等内容。

2. 投入资本包括________、________、________等。

3. 资本公积包括________、________。

4. 吸收所有者投入无形资产的出资额不得超过注册资金的________。

5. 企业注册资本可________年内分期缴清。

6. 企业接受固定资产投资，投资方账面原值 4 万元，已提折旧 1 万元，投入时投资协议确认的公允价值为 4.68 万元（含增值税 0.68 万元）。投入方计入“固定资产”账户的价值为________万元，计入“实收资本”账户的价值为________万元。

二、所有者权益实务考核题参考答案

（一）单项选择题

1. B 2. D 3. C 4. C

（二）多项选择题

1. ABCDE 2. ABC 3. BCD 4. ABC 5. AB

（三）填空题

1. 投入资本 资本公积 盈余公积 未分配利润

2. 国家投入资本 其他单位（或法人）投入资本 个人投入资本

3. 资本（股本）溢价 其他资本公积

4. 30%

5. 2

6. 4 4.68

第十九章　成本和费用实务考核

第一节　成本和费用的核算

一、费用的概念及分类

（一）费用的概念

企业在生产经营过程中，必然要发生各种耗费，包括原材料等劳动对象的耗费、机器设备等劳动手段的耗费，以及人工等活劳动的耗费。费用是指企业为销售商品、提供劳务等日常活动所产生的经济利益的流出。费用具有如下特征：①费用最终会导致企业资源的减少。这种减少具体表现为企业的资金支出，或表现为资产的耗费。②费用最终会减少企业的所有者权益。但是，企业在生产经营过程中，有两类支出是不应归入费用的：一是企业偿债性支出，如以银行存款归还前期所欠债务，只是一项资产和一项负债等额减少，对所有者权益没有影响，因而不构成费用；二是企业向所有者分配利润，虽然减少了企业的所有者权益，但其属性是对利润的分配，不作为费用。

企业一定会计期间发生的费用中，为生产一定种类和一定数量的产品所发生的费用，即生产产品所耗费的直接材料费用、直接人工费用和间接制造费用的总和，就是本期生产成本（或称为制造成本）。企业一定期间所发生的不能直接归属于某个特定的产品成本的费用，包括企业为组织生产经营活动等所发生的管理费用和财务费用，以及在销售产品或提供劳务过程中所发生的销售费用，则属于期间费用，将其直接计入相应会计期间的损益。

（二）费用的分类

1. 按照费用的经济用途分类

费用按照其经济用途，可以分为生产成本和期间费用两大类。

（1）生产成本。生产成本又称产品成本、产品制造成本。

1）直接材料费用，是指企业在生产商品和提供劳务过程中所消耗的，直接用于产品生产，构成产品实体的原料、主要材料、外购半成品及有助于产品形成的辅助材料和其他材料费用。

2）直接人工费用，是指企业在生产商品和提供劳务过程中，直接参加产品生产的工人工资以及按生产工人工资总额和规定的比例计算提取的职工福利费、社会保险费、住房公积金、工会经费、职工教育经费等。

上述两项费用属直接费用，应当按照其实际发生数进行核算，按照成本计算对象进行归集，直接计入产品的生产成本。

3）制造费用，主要是指企业各生产单位（如生产车间）为组织和管理生产而发生的各项间接费用，包括工资和福利费、社会保险费、住房公积金、工会经费、职工教育经费、折旧费、修理费、办公费、水电费、机物料消耗、劳动保护费以及其他制造费用。制造费用是间接费用，应当按一定的程序和方法进行分配，计入相关产品的生产成本。

企业一定期间的直接费用和间接费用，构成企业一定期间的生产成本总额，对于当期发生的生产成本，企业应当根据实际情况，如企业的生产组织类型、生产经营特点等，选择合理的成本计算方法，进行成本计算，确定当期产品的单位生产成本。

（2）期间费用。期间费用是指企业当期发生的必须从当期收入得到补偿的费用。正是由于它仅与当期实现的收入相关，必须计入当期损益，所以称其为期间费用。包括管理费用、销售费用和财务费用。

2. 按照费用的经济内容分类

费用按照其经济内容进行分类，可以分为以下项目：

（1）外购材料费用。外购材料费用是指企业为生产而耗用的一切从外部购入的原材料、半成品、辅助材料、包装物、修理用备件和低值易耗品等。

（2）外购燃料费用。外购燃料费用是指企业为进行生产而耗用的一切从外部购进的各种燃料。

（3）外购动力费用。外购动力费用是指企业为进行生产而耗用的从外部购进的各种动力。

（4）职工薪酬费用。职工薪酬费用是指企业应计入生产费用的职工工资以及按照工资总额的一定比例提取的职工福利费、社会保险费、工会经费、职工教育经费、住房公积金等。

（5）折旧费用。折旧费用是指企业所拥有的或控制的固定资产按照使用情况计提的折旧费用。

（6）利息支出。利息支出是指企业为筹集生产经营资金而发生的利息支出。

（7）税金。税金是指企业应计入生产费用的各种税金，如房产税、车船使用税、土地使用税等。

（8）其他支出。其他支出是指不属于以上各项目的费用支出。

费用按经济内容进行分类，可以反映企业在一定时期发生了哪些费用，数额各是多少，用以分析企业各个时期各种费用占全部费用的比重，考核费用计划的执行情况。

二、生产成本

（一）生产成本核算的一般程序

（1）对费用进行确认，确定产品成本的核算范围。

（2）按照各成本计算对象对本期计入产品成本的各种费用进行归集和分配，计算出各种产品生产成本。

（3）对既有完工产品又有在产品的产品，将月初在产品费用与本月生产费用之和，在完工产品与月末在产品之间进行分配和归集，计算出该种完工产品成本。

（二）生产成本的归集

生产成本通过“生产成本”科目进行归集。“生产成本”科目用于核算企业进行工业性生产所发生的各项生产费用，包括生产各种产成品、自制半成品、提供劳务、自制材料、自制工具以及自制设备等所发生的各项费用。该科目应设置“基本生产成本”和“辅助生产成本”两个二级科目。“基本生产成本”二级科目核算企业为完成主要生产目的而进行的商品产品生产所发生的费用，计算基本生产的产品成本。“辅助生产成本”二级科目核算企业为基本生产服务而进行的产品生产和劳务供应所发生的费用，计算辅助生产产品和劳务成本。“基本生产成本”科目和“辅助生产成本”科目还应当按照成本核算对象进行明细核算。

（1）企业发生的直接材料和直接人工费用，直接归集计入“生产成本”科目及其所属的“基本生产成本”科目和“辅助生产成本”科目。

（2）企业发生的其他间接费用，首先在“制造费用”科目汇集，月终分配记入“生产成本”科目及其所属的二级科目和明细账的借方。

（3）企业辅助生产车间发生的费用，首先在“生产成本”科目所属的“辅助生产成本”二级科目中归集核算；然后，按照一定的分配方法和分配标准分配计入各受益对象。即根据其受益对象，将“辅助生产成本”二级科目汇集的费用，转入“生产成本”所属的“基本生产成本”二级科目、“管理费用”科目等。

（4）企业将完工产成品验收入库，应将其完工的产成品以及自制半成品的实际成本，自“生产成本”科目及其所属的“基本生产成本”二级科目，结转至“产成品”等科目。期末“生产成本”科目的借方余额反映尚未完成的在产品的成本。

（三）辅助生产费用

1. 辅助生产费用的归集

企业的辅助生产，是指为基本生产服务而进行的产品生产和劳务供应。其中，有的只生产一种产品或提供一种劳务，如供电、供水、供气、供风、运输等辅助生产；有的则生产多种产品或提供多种劳务，如从事工具、模具、修理用备件的制造，以及机器设备的修理等辅助生产。

辅助生产费用的归集和分配，是通过“生产成本——辅助生产成本”科目进行的。该科目一般应按车间以及产品和劳务设立明细账，明细账中按照成本项目设立专栏或专行，进行明细核算。

辅助生产车间发生的各项费用中，直接用于辅助生产，并专设成本项目的费用，应单独地直接记入“生产成本——辅助生产成本”科目和所属有关明细账的借方。直接用于辅助生产、但没有专设成本项目的费用（例如辅助生产车间机器设备折旧费等），以及间接用于辅助生产的费用（例如辅助生产车间管理人员薪酬、机物料消耗、修理费和运输费等），一般有两种归集方式。一是先记入“制造费用”科目及所属明细账的借方进行归集，然后再从其贷方直接转入或分配转入“生产成本——辅助生产成本”科目及所属明细账的借方。二是不通过“制造费用”科目核算，直接记入“生产成本——辅助生产成本”科目和所属明细账的借方。

2. 辅助生产费用的分配

分配辅助生产费用的方法主要有直接分配法、交互分配法和按计划成本分配法。

（1）直接分配法。采用这种方法分配辅助生产费用，不考虑各辅助生产车间之间相互提供劳务（或产品）的情况，而是将各辅助生产费用直接分配给辅助生产以外的各受益单位。

（2）交互分配法。采用这种方法分配辅助生产费用，应先根据各辅助生产内部相互供应的数量和交互分配前的费用分配率（单位成本），进行一次交互分配；然后再将各辅助生产车间交互分配后的实际费用（即交互分配前的费用加上交互分配转入的费用，减去交互分配转出的费用）按对外提供劳务的数量，在辅助生产以外的各受益单位之间进行分配。

（3）按计划成本分配法。采用这种方法分配辅助生产费用，应先按辅助生产车间提供劳务的数量和计划单位成本分配为各受益单位（包括其他辅助生产车间在内）提供的劳务费用；再计算辅助生产实际发生的费用（包括辅助生产内部交互分配转入的费用在内）与按计划成本分配转出的费用的差额，即辅助生产的成本差异。为简化分配工作，辅助生产的成本差异全部调整计入管理费用，不再分配给各受益单位。

（四）制造费用

1. 制造费用的归集

制造费用通过“制造费用”科目进行归集。“制造费用”科目用于核算企业为生产产品和提供劳务而发生的各项间接费用，包括生产工人薪酬、折旧费、修理费、办公费、水电费、机物料消耗、劳动保护费、租赁费、保险费、排污费以及其他制造费用。企业发生的各项制造费用，通过“制造费用”科目进行归集和分配。“制造费用”科目应按不同的车间、部门设置明细账，账内按制造费用的项目内容设专栏进行明细核算，发生的各项间接费用记入“制造费用”科目及其所属明细账的借方；月终，将制造费用分配计入有关的成本计算对象时，记入“制造费用”科目及其所属明细账的贷方。结转后“制造费用”科目无余额。

2. 制造费用的分配

在基本生产车间只生产一种产品的情况下，制造费用可以直接计入该种产品的成本。在生产多种产品的情况下，制造费用应采用适当的分配方法计入各种产品的成本。

分配制造费用的方法很多，通常采用的方法有：生产工人工时比例法、生产工人工资比例法和机器工时比例法和定额工时比例法等。

（1）生产工人工时比例法。这是按照各种产品所用生产工人实际工时的比例分配费用的方法。按照生产工时比例分配制造费用，同分配工资费用一样，也能将劳动生产率与产品负担的费用水平联系起来，使分配结果比较合理。

（2）生产工人工资比例法。这是按照计入各种产品成本的生产工人实际工资的比例分配制造费用的方法，由于工资费用分配表中有着现成的生产工人工资资料，因而采用这种分配方法，核算工作很简便。但是采用这一方法，各种产品生产的机械化程度应该相差不大，否则机械化程度高的产品，由于工资费用少，负担的制造费用也少，会影响费用分配的合理性。

（3）机器工时比例法。这是按照生产各种产品所用机器设备运转时间的比例分配制造费用的方法。这种方法适用于产品生产的机械化程度较高的车间。因为在这种车间的制造费用中，与机器设备使用有关的费用比重比较大，而这一部分费用与机器设备运转的时间有着密切的联系。采用这种方法，必须具备各种产品所用机器工时的原始记录。

此外，企业还可按耗用原材料的数量或成本、直接成本（原材料、燃料、动力、生产工人工资及应提取的福利费之和）及产品产量等来分配制造费用。也可按定额工时比例来分配制造费用。企业具体选用哪种分配方法，由企业自行决定。分配方法一经确定，不得随意变更。如需变更，应当在会计报表附注中予以说明。

（五）生产成本在完工产品与在产品之间的分配

通过上述各项费用的归集和分配，生产过程中发生的各项成本全部归集在

“生产成本——基本生产成本”科目，这些归集到生产成本的费用，在存在期初在产品和期末在产品的情况下，并不是本月完工产成品成本。成本计算的一个重要目的，就是计算出一定期间内所生产的完工产品总成本和单位成本，为此还必须将本期归集的生产成本在完工产品与在产品之间进行分配。

产品费用在完工产品与在产品之间的分配，在成本计算工作中是一个重要而又比较复杂的问题。企业应当根据产品的生产特点，考虑到企业的管理要求和条件，选择既合理又简便的分配方法。常用的方法有以下几种：

1. 不计算在产品成本

这种方法不考虑期初在产品和期末在产品的情况，而是将本期归集的生产成本全部作为本期完工产品成本。这一方法，适用于期末在产品数量较小，在产品成本的大小对完工产品的成本影响不大的企业。

2. 在产品成本按其所耗用的原材料费用计算

这种方法是将在产品成本按其所耗用的原材料费用计算，其他费用全部由完工产品成本负担。这一方法，一般适用于原材料费用占产品成本的比重较大，并且原材料在生产开始时一次全部投入的企业。

3. 约当产量法

这种方法是对期末在产品确定约当产量，以计算的约当产量对生产成本在本期完工产品和期末在产品之间进行分配。这种方法，既考虑了期末在产品所负担的原材料费用，也考虑了所负担的其他费用，在一定程度上提高了成本计算的准确度。这一方法，适用于在产品数量较多，各月份在产品数量变化较大，并且原材料费用和其他费用在产品成本中的比重相差不多的企业。

4. 在产品成本按定额成本计算

这种方法是事先在调查研究的基础上，确定定额单位成本，月终根据在产品数量计算确定期末在产品成本，然后将期初在产品生产成本加上本月发生生产成本，减去期末在产品的定额成本，计算出产成品的总成本以及产成品单位成本。

5. 定额比例法

采用定额比例法，产品的生产费用在完工产品与月末在产品之间按照两者的定额消耗量或定额费用比例分配。其中直接材料费用，按直接材料的定额消耗量或定额费用比例分配。直接人工等加工费用，可以按各该定额费用的比例分配，也可按定额工时比例分配。由于加工费用的定额费用一般根据定额工时乘以每小时的各该费用定额计算，因而这些费用一般按定额工时比例分配，以节省各该定额费用的计算工作。

定额比例法适用于各项消耗定额或费用定额比较准确、稳定，但各月末在产品数量变动较大的产品。

（六）完工产品成本的结转

在计算得出当期完工产品单位成本后，应当根据完工产品的数量和计算确定的完工产品的单位成本，计算确定并结转本期完工产品的总成本。结转本期完工产品时，应当分别各种产品完工总成本，借记“库存商品”科目，贷记“生产成本”及其下设的“基本生产成本”科目。

（七）产品成本计算方法

企业在进行成本计算时，还必须根据其生产经营特点、生产经营组织类型和成本管理要求，确定成本计算方法。成本计算的基本方法有品种法、分批法和分步法三种。

1. 品种法

品种法亦称简单法，是指以产品品种作为成本计算对象，归集和分配生产费用，计算产品的成本的一种方法。这种方法一般适用于单步骤、大量生产的企业，如发电、供水、采掘等企业。

2. 分批法

分批法是指以产品的批别为产品成本计算对象，归集生产费用，计算产品成本的一种方法。分批法亦称定单法，适用于单件、小批生产的企业，如造船、重型机器制造、精密仪器制造等。分批法的主要特点是所有的生产费用要分别产品的定单或批别来归集，成本计算对象是购买者事先订货或企业规定的产品批别。

3. 分步法

分步法是指按照生产过程中各个加工步骤（分品种）为成本计算对象，归集生产费用，计算各步骤半成品和最后产成品成本的一种方法，适用于连续加工式生产的企业和车间，如冶金、纺织等。

三、期间费用

期间费用是指本期发生的直接计入损益的费用，主要包括管理费用、销售费用和财务费用。

（一）管理费用

1. 管理费用的概念及其内容

管理费用是指企业行政管理部门为组织和管理生产经营活动而发生的各种费用。具体包括的项目有：公司经费（包括行政管理部门工资、职工福利费、差旅费、办公费、折旧费、修理费、物料消耗、低值易耗品摊销及其他公司经费）、工会经费、职工教育经费、业务招待费、房产税、车船使用税、土地使用税、印花税收、技术转让费、无形资产摊销、咨询费、诉讼费、劳动保险费、社会保险费、住房公积金、董事会费（包括董事会成员津贴、会议费和差旅费等）

等。

2. 管理费用的核算

企业发生的管理费用在“管理费用”科目中核算，并按费用项目设置明细账进行明细核算。企业发生的各项管理费用借记该科目，贷记“库存现金”、“银行存款”、“原材料”、“应付职工薪酬”、“无形资产”、“累计折旧”、“应交税费”等科目；期末，将本科目借方归集的管理费用全部由本科目的贷方转入“本年利润”科目的借方，计入当期损益。结转管理费用后，“管理费用”科目期末无余额。

（二）销售费用

1. 销售费用的概念及其内容

销售费用是指企业在销售产品、自制半成品和工业性劳务等过程中发生的各项费用以及专设销售机构的各项经费。具体包括的项目内容为：包装费、运输费、装卸费、保险费、展览费、广告费，以及企业为销售本企业产品而专设的销售机构的费用。专设的销售机构的费用包括机构职工薪酬、差旅费、办公费、折旧费、修理费、物料消耗和其他经费。

企业发生的与专设销售机构相关的固定资产修理费用等后续支出，也计入销售费用。

2. 销售费用的核算

企业发生的营业费用在“销售费用”科目中核算，并按费用项目设置明细账进行明细核算。企业发生的各项销售费用借记该科目，贷记“库存现金”、“银行存款”、“应付职工薪酬”等科目；月终，将借方归集的销售费用全部由本科目的贷方转入“本年利润”科目的借方，计入当期损益。结转销售费用后，“销售费用”科目期末无余额。

（三）财务费用

1. 财务费用的概念及其内容

财务费用是指企业筹集生产经营所需资金而发生的费用。具体包括的项目内容为：利息净支出（减利息收入后的支出）、汇兑净损失（减汇兑收益后的损失）、金融机构手续费以及筹集生产经营资金发生的其他费用等。

2. 财务费用的核算

企业发生的财务费用在“财务费用”科目中核算，并按费用项目设置明细账进行明细核算。企业发生的各项财务费用借记该科目，贷记“银行存款”、“应付利息”等科目；企业发生利息收入、汇兑收益时，借记“银行存款”等科目，贷记该科目。月终，将借方归集的财务费用全部由该科目的贷方转入“本年利润”科目的借方，计入当期损益。结转当期财务费用后，“财务费用”科目期末无余额。

第二节 成本和费用实务考核题及其答案

一、成本和费用实务考核题

(一) 多项选择题

1. 产品成本又称为( )。

A. 生产成本　　B. 工厂成本　　C. 产品制造成本　　D. 直接成本

2. 完工产品的成本应从"生产成本"科目贷方转入( )科目借方。

A. "库存成品"　　B. "原材料"

C. "低值易耗品"　　D. "自制半成品"

3. 各月末在产品数量较多,且不稳定,各种费用在成本中比重相差不多,在产品成本可按( )计算。

A. 年初数固定　　B. 耗用的原材料费用

C. 约当产量法　　D. 定额成本　　E. 定额比例法

(二) 填空题

1. 企业期间费用是指________的费用,包括________、________和________,它从当期的________中扣除。

2. 费用按经济用途分为________、________、________和________四大类,产品成本项目分为________、________、________和________。

3. "生产成本"科目下设________和________两个二级科目,在二级科目下,还应按________开设明细账,账内按________设专栏进行明细核算。

4. 产品成本计算单,又称________,在产品收发存账,实际工作中也称________。

5. 成本费用的归集和分配,最后要归结到"________"科目和有关的________中,计入各种产品的成本。

6. 如果企业有供电车间,外购电费应先计入"________"科目,再加上________,作为辅助生产成本进行分配。

7. 辅助生产发生的间接费用,应记入"________"科目的借方进行归集,然后再从该科目贷方直接转入或分配转入"________"科目。

8. 制造费用的分配方法通常有按________、________、________、________等比例分配。

9. 各月末在产品数量比较稳定,且相差不多,则在产品成本应按________计算为宜,如果原材料费用在在产品成本中所占比重大,且在生产开始时一次投入,为了简化核算工作,在产品成本按________计算。

（三）简答题

1. 简述产品成本核算的一般程序。
2. 产品费用在完工产品与在产品之间进行分配有哪几种常用方法？

（四）计算及综合题

某企业采用品种法计算产品成本，生产甲、乙两种产品。本月完工入库100件、80台。根据下列经济业务做会计分录，登记产品成本计算单（见表19-1、表19-2），计算甲、乙产品成本。

表19-1　产品成本计算单

甲产品	上月投产50件 本月投产100件	本月完工 100件	月末在产 50件	完工率 60%

月	日	摘　要	直接材料/元	直接人工/元	制造费用/元	合计/元
6	1	月初在产品用本	26 500	1 560	1 014	29 074
	30	本月材料费用				
	30	本月工资及福利费				
	30	本月制造费用				
	30	生产费用累计				
	30	分配率				
	30	本月完工80台成本				
	30	月末在产品成本				

表19-2　产品成本计算单

乙产品	上月投产100台 本月投产80台	本月完工 80台	月末在产 100台	完工率 20%

月	日	摘　要	直接材料/元	直接人工/元	制造费用/元	合计/元
6	1	月初在产品用本	87 960	12 840	9 336	110 136
	30	本月材料费用				
	30	本月工资及福利费				
	30	本月制造费用				
	30	生产费用累计				
	30	本月完工80台成本				
	30	月末在产品成本	57 200	8 040	7 320	72 560

1. 耗用原材料：甲产品耗15 000元，乙产品耗12 000元，甲乙产品共同耗8 000元（甲产品消耗定额20kg，乙产品为15kg，按本月投产量计算的定额消耗量比例分配），供电车间生产直接耗用5 000元，基本生产车间耗用1 000元，机

修车间耗用700元，行政管理部门耗用2 100元。

2. 分配工资：甲产品生产工人工资26 000元，乙产品生产工人工资24 000元，供电车间生产工人工资12 000元，机修车间生产工人工资7 500元，车间管理人员工资8 000元（其中基本生产车间3 500元，供电车间2 500元，机修车间2 000元），厂部行政管理人员工资4 700元。

3. 按上列工资的14%计提福利费。

4. 按上列工资的2%和1.5%计提工会经费和职工教育经费。

5. 分配折旧费：基本生产车间12 000元，供电车间5 700元，机修车间5 250元，行政管理部门2 300元。

6. 计算本月应交房产税2 660元。

7. 生产工人领用工作服共计3 054元，其中基本生产车间2 254元，供电车间500元，机修车间300元，本月一次摊销。

8. 本月固定资产大修理费用支出：基本生产车间500元。供电车间300元，机修车间150元，行政管理部门200元。

9. 结转辅助生产车间的制造费用。

10. 分配辅助生产费用。根据受益情况计算：供电费用分配给基本生产车间80%，分配给行政管理部门20%；机修费用分配给基本生产车间90%，分配给行政管理部门10%。

11. 分配基本生产车间的制造费用。甲产品工时定额52h，乙产品工时定额60h，按本月投产产品定额工时比例分配。

12. 计算和结转完工产品成本。甲产品按约当产量法计算在产品成本（直接材料按产量全数分配，其他费用按约当产量比例分配）；乙产品按定额成本计算在产品成本。

13. 结转管理费用。

二、成本和费用实务考核题参考答案

（一）多项选择题

1. AC　　2. ABCD　　3. CDE

（二）填空题

1. 当期发生的直接计入损益的费用　销售费用　管理费用　财务费用　损益

2. 生产成本（或填产品的费用）销售费用　管理费用　财务费用　直接材料费　直接人工费　燃料和动力费　制造费用

3. 基本生产成本　辅助生产成本　成本核算对象　成本项目

4. 基本生产成本明细账　在产品台账

5. 生产成本　成本计算单

6. 生产成本——辅助生产成本　供电车间本身发生的费用

7. 制造费用　生产成本——辅助生产成本

8. 生产工时　定额工时　机器工时　直接人工费

9. 年初固定数　其所耗用的原材料费用

（三）简答题

1. 答：（1）对费用进行审核和控制，确定这些费用该不该开支，已开支的费用应不应计入产品成本。（2）将应计入本月产品成本的各种费用在各种产品之间按照成本项目进行分配和归集，计算出各种产品的成本。（3）对于既有完工产品又有在产品的产品，将月初在产品费用和本月生产费用进行合计，然后在完工产品和月末在产品之间进行分配和归集，分别计算出完工产品成本和月末在产品成本。

2. 答：一般有六种方法：不计算在产品成本；在产品成本按年初数固定计算；在产品成本按其所耗用的原材料费用计算；采用约当产量法；采用定额比例法，在产品成本按定额成本计算。

（四）计算及综合题

1. 材料分配率 $=\dfrac{8\ 000}{100\times20+80\times15}=2.5$

甲负担料 $=2\ 000\times2.5=5\ 000$（元）

乙负担料 $=1\ 200\times2.5=3\ 000$（元）

借：生产成本——基本生产成本——甲　　20 000
　　　　　　　　　　　　　　——乙　　15 000
　　　　　　——辅助生产成本——供电　　5 000
　　　　　　制造费用——基本生产车间　　1 000
　——机修车间　　700
　　　　　　管理费用　　2 100
　贷：原材料　　43 800

2. 分配工资费用

借：生产成本——基本生产成本——甲　　26 000
　　　　　　　　　　　　　　——乙　　24 000
　　　　　　——辅助生产成本——供电　　12 000
　　　　　　　　　　　　　　——机修　　7 500
　制造费用——基本生产车间　　3 500
　　　　　——供电车间　　2 500
　　　　　——机修车间　　2 000

管理费用　4 700
贷：应付职工薪酬——工资　82 200

3. 计提福利费

借：生产成本——基本生产成本——甲　3 640
——乙　3 360
——辅助生产成本——供电　1 680
——机修　1 050
制造费用——基本生产车间　490
——供电车间　350
——机修车间　280
管理费用　658
贷：应付职工薪酬——职工福利费　11 508

4. 计提工会经费和教育经费

借：生产成本——基本生产成本——甲（26 000 ×3.5%）　910
——乙　840
——辅助生产成本——供电　420
——机修　262.5
制造费用——基本生产车间　122.5
——供电车间　87.5
——机修车间　70
管理费用　164.5
贷：应付职工薪酬——工会经费　1 644
——职工教育经费　1 233

5. 借：制造费用——基本生产车间　12 000
——供电车间　5 700
——机修车间　5 250
管理费用　2 300
贷：累计折旧　25 250

6. 借：管理费用　2 660
贷：应交税费——应交房产税　2 660

7. 借：制造费用——基本生产车间　2 254
——供电车间　500
——机修车间　300
贷：低值易耗品　3 054

8. 借：　管理费用　1 150

贷：银行存款 1 150

9.

供电车间制造费用

=②2 500 + ③350 + ④87.5 + ⑤5 700 + ⑦500 = 9 137.5（元）

机修车间制造费用

=①700 + ②2 000 + ③280 + ④70 + ⑤5 250 + ⑦300 = 8 600（元）

借：生产成本——辅助生产成本——供电 9 137.5

——机修 8 600

贷：制造费用——供电车间 9 137.5

——机修车间 8 600

10.

分配供电费用

=①5 000 + ②12 000 + ③1 680 + ④420 + ⑨9 137.5 = 28 237.5（元）

分配机修费用 = ②7 500 + ③1 050 + ④262.5 + ⑨8 600 = 17 412.5（元）

借：制造费用——基本生产车间 38 261.25

管理费用（28 237.5 × 20% + 17 412.5 × 10%） 7 388.75

贷：生产成本——辅助生产成本——供电 28 237.5

——机修 17 412.5

11. 分配制造费用 = ①1 000 + ②3 500 + ③490 + ④122.5 + ⑤12 000 + ⑦2 254 + ⑩38 261.25 = 57 627.75（元）

$$分配率 = \frac{57\ 627.75}{100 \times 52 + 80 \times 60} = 5.76$$

甲负担费 = 5 200 × 5.76 = 29 952（元）

乙负担费 = 57 627.75 − 29 952 = 27 675.75（元）

借：生产成本——基本生产成本——甲 29 952

——乙 27 675.75

贷：制造费用——基本生产车间 57 627.75

12. （1）计算甲产品成本

①材料分配率 = (26 500 + 20 000)/(100 + 50) = 310（元）

完工产品负担料 = 100 × 310 = 31 000（元）

在产品负担料 = 50 × 310 = 15 500（元）

②人工分配率 = (1 560 + 26 000 + 3 640 + 910)/(100 + 50 × 60%) = 247

完工产品负担工 = 100 × 247 = 24 700（元）

在产品负担工 = 30 × 247 = 7 410（元）

③费用分配率 = (1 014 + 29 952)/(100 + 50 × 60%) = 238.2

完工产品负担费 = 100 × 238.2 = 23 820（元）

在产品负担费 = 30 × 238.2 = 7 146（元）

④甲产品完工成本 = 31 000 + 24 700 + 23 820 = 79 520（元）

（2）计算乙产品成本

完工产品材料费 = 87 960 + 15 000 − 57 200 = 45 760（元）

完工产品人工费 = 12 840 + 28 200 − 8 040 = 33 000（元）

完工产品制造费 = 9 336 + 27 675.75 − 7 320 = 29 691.75（元）

乙产品完工成本 = 45 760 + 33 000 + 29 691.75 = 108 451.75（元）

（3）借：库存商品　　187 971.75

　　贷：生产成本——基本生产成本——甲　　79 520

　　　　　　　　　　　　　　　——乙　　108 451.75

13. 管理费用 = ①2 100 + ②4 700 + ③658 + ④164.5 + ⑤2 300 + ⑥2 660 + ⑧1 150 + ⑩7 388.75 = 21 121.25（元）

借：本年利润　　21 121.25

　　贷：管理费用　　21 121.25

第二十章　收入和利润实务考核

第一节　收入和利润的核算

一、收入的概念及分类

1. 收入的概念

收入是指企业在日常活动中形成的，会导致所有者权益增加的，与所有者投入资本无关的经济利益的总流入。收入具有以下特点：

（1）收入是从企业的日常活动中产生，而不是从偶发的交易或事项中产生，如工商企业销售商品、提供劳务的收入等。但出售固定资产的收入，不属于企业的日常活动，将固定资产出售并不是企业的经营目标，出售固定资产取得的收益不作为收入核算。

（2）收入可能表现为企业资产的增加，如增加银行存款、应收账款等；也可能表现为企业负债的减少，如以商品或劳务抵偿债务；或者二者兼而有之。

（3）收入能导致企业所有者权益的增加。如上所述，收入能增加资产或减少负债或二者兼而有之，因此，根据“资产－负债＝所有者权益”的公式，企业取得收入一定能增加所有者权益。

（4）收入只包括本企业经济利益的流入，不包括为第三方或客户代收的款项，如增值税、代收利息等。

2. 收入的分类

收入可以有不同的分类，按照收入的性质，可以分为商品销售收入、劳务收入和让渡资产使用权等取得的收入；按照企业经营业务的主次分类，可以分为主营业务收入和其他业务收入。

二、收入的确认和计量

收入的确认实际上是指收入在什么时候记账，并在利润表上反映。我国收入准则中根据销售商品、提供劳务、让渡资产使用权分别规定了收入的确认原则。

（一）销售商品

企业销售商品时，须同时符合以下五个条件，才确认为收入：

（1）企业已将商品所有权上的主要风险和报酬转移给购货方。企业已将商品所有权上的主要风险和报酬转移给购货方，是指与商品所有权有关的主要风险和报酬同时转移。与商品所有权有关的风险，是指商品可能发生减值或毁损等形成的损失；与商品所有权有关的报酬，是指商品价值增值或通过使用商品等产生的经济利益。

判断企业是否已将商品所有权上的主要风险和报酬转移给购货方，应当关注交易的实质，并结合所有权凭证的转移进行判断。

1）企业转移商品所有权凭证并交付实物后，商品所有权上的主要风险和报酬随之转移，这时收入已经实现。比如，大多数商品零售交易。

2）企业转移商品所有权凭证但未交付实物，商品所有权上的主要风险和报酬随之转移，企业只保留了次要风险和报酬，这时收入已经实现。比如，采用交款提货方式销售商品，当客户已经交款，企业已提交发票等凭证，但商品尚未提走，企业应在收款并提交有关凭证时作收入实现。

3）企业已交付实物但未转移商品所有权凭证，商品所有权上的主要风险和报酬未随之转移，企业不能在交付实物时作收入实现。比如，采用支付手续费方式委托代销商品，当企业提交委托代销商品时并未转移商品所有权凭证，而是等到代销商品售出后，企业收到“代销清单”时才作收入实现。但采用“买断”方式代销商品的，企业发出商品时作收入实现，因为客户“买断”商品时，企业已转移了商品所有权上的主要风险和报酬。

4）企业转移商品所有权凭证并交付实物后，但与商品所有权上的主要风险和报酬因销售合同或协议约定未随之转移，企业不能作收入实现。比如，企业销售合同规定了买方有权退货的条款，当企业售出商品时无法估计退货可能性的，表明该项销售与商品所有权上的风险和报酬实质上并未转移给买方，这时，企业不作收入实现。只有当买方正式接受商品时或退货期满时，企业才确认收入的实现。

（2）企业既没有保留通常与所有权相联系的继续管理权，也没有对已售出的商品实施控制。企业将商品所有权上的主要风险和报酬转移给买方后，如果仍对售出商品实施继续管理，或对售出商品实施控制，这说明此项销售没有完成，不能确认收入实现。但企业对售出的商品保留了与商品的所有权无关的管理权，则不受本条件的限制。例如，某房地产开发商售出房产后，保留了该房产的物业管理权。由于这种管理与房产所有权无关，则房地产开发商售出房产时即确认收入实现。

（3）收入的金额能够可靠地计量。收入能否可靠地计量，是确认收入的基本前提，收入不能可靠计量，则无法确认收入。企业在销售商品时，售价通常已经确定，但销售过程中由于某种不确定因素，也有可能出现售价变动的情况，则新的售价未确定前不应确认收入。

（4）相关的经济利益很可能流入企业。经济利益是指直接或间接流入企业的现金或现金等价物。企业在销售商品过程中，与交易相关的经济利益主要表现为销售商品的价款。销售商品的价款能否有把握收回，是收入确认的一个重要条件。企业在销售商品时，如估计有把握收回，则作收入实现，如估计价款收回的可能性不大，即使收入确认的其他条件均已满足，也不应当确认收入实现。

（5）相关的已发生或将要发生的成本能够可靠地计量。企业实现的收入应该和有关的成本相配比，同一项销售的收入和成本应在同一会计期间予以确认。如果成本不能可靠计量，即使其他条件均已满足，相关的收入也不能确认。

销售商品收入确认条件的具体应用：

（1）下列商品销售，通常按规定的时点确认为收入，有证据表明不满足收入确认条件的除外：

1）销售商品采用托收承付方式的，在办妥托收手续时确认收入。

2）销售商品采用预收款方式的，在发出商品时确认收入，预收的货款应确认为负债。

3）销售商品需要安装和检验的，在购买方接受商品以及安装和检验完毕前，不确认收入，待安装和检验完毕时确认收入。如果安装程序比较简单，可在发出商品时确认收入。

4）销售商品采用以旧换新方式的，销售的商品应当按照销售商品收入确认条件确认收入，回收的商品作为购进商品处理。

5）销售商品采用支付手续费方式委托代销的，在收到代销清单时确认收入。

（2）采用售后回购方式销售商品的，收到的款项应确认为负债；回购价格大于原售价的，差额应在回购期间按期计提利息，计入财务费用。有确凿证据表明售后回购交易满足销售商品收入确认条件的，销售的商品按售价确认收入，回购的商品作为购进商品处理。

（3）采用售后租回方式销售商品的，收到的款项应确认为负债；售价与资产账面价值之间的差额，应当采用合理的方法进行分摊，作为折旧费用或租金费用的调整。有确凿证据表明认定为经营租赁的售后租回交易是按照公允价值达成的，销售的商品按售价确认收入，并按账面价值结转成本。

（二）提供劳务

企业对外提供劳务，其收入的确认条件分以下三种情况进行：

（1）资产负债表日能够可靠估计劳务交易结果的收入的确认。企业在资产负债表日提供劳务交易的结果能够可靠估计的，应当采用完工百分比法确认提供劳务收入。完工百分比法，是指按照提供劳务交易的完工进度确认收入与费用的方法。“提供劳务交易的结果能够可靠估计”，是指同时满足四个条件：一是收入的金额能够可靠地计量；二是相关的经济利益很可能流入企业；三是交易的完工进度能够可靠地确定；四是交易中已发生和将发生的成本能够可靠地计量。企业确定“提供劳务交易的完工进度”，可以选用的方法有：已完工作的测量；已经提供的劳务占应提供劳务总量的比例；已经发生的成本占估计总成本的比例。

（2）资产负债表日不能够可靠估计劳务交易结果的收入的确认。企业在资产负债表日提供劳务交易结果不能够可靠估计的，应当分别下列情况处理：

1）已经发生的劳务成本预计能够得到补偿的，按照已经发生的劳务成本金额确认提供劳务收入，并按相同金额结转劳务成本。

2）已经发生的劳务成本预计不能够得到补偿的，应当将已经发生的劳务成本计入当期损益，不确认提供劳务收入。

（3）提供劳务与销售商品混在一起的劳务收入的确认。企业与其他企业签订的合同或协议包括销售商品和提供劳务时，销售商品部分和提供劳务部分能够区分且能够单独计量的，应当将销售商品的部分作为销售商品处理，将提供劳务的部分作为提供劳务处理。销售商品部分和提供劳务部分不能够区分，或虽能区分但不能够单独计量的，应当将销售商品部分和提供劳务部分全部作为销售商品处理。

下列提供劳务满足收入确认条件的，应按规定确认收入：

（1）安装费，在资产负债表日根据安装的完工进度确认收入。安装工作是商品销售附带条件的，安装费在确认商品销售实现时确认收入。

（2）宣传媒介的收费，在相关的广告或商业行为开始出现于公众面前时确认收入。广告的制作费，在资产负债表日根据制作广告的完工进度确认收入。

（3）为特定客户开发软件的收费，在资产负债表日根据开发的完工进度确认收入。

（4）包括在商品售价内可区分的服务费，在提供服务的期间内分期确认收入。

（5）艺术表演、招待宴会和其他特殊活动的收费，在相关活动发生时确认收入。收费涉及几项活动的，预收的款项应合理分配给每项活动，分别确认收入。

（6）申请入会费和会员费只允许取得会籍，所有其他服务或商品都要另行收费的，在款项收回不存在重大不确定性时确认收入。申请入会费和会员费能使会员在会员期内得到各种服务或商品，或者以低于非会员的价格销售商品或提供服务的，在整个受益期内分期确认收入。

（7）属于提供设备和其他有形资产的特许权费，在交付资产或转移资产所有权时确认收入；属于提供初始及后续服务的特许权费，在提供服务时确认收入。

（8）长期为客户提供重复的劳务收取的劳务费，在相关劳务活动发生时确认收入。

（三）让渡资产使用权

让渡资产使用权而发生的收入包括利息收入、使用费收入等。当与交易相关的经济利益很可能流入企业，收入金额能够可靠地计量时确认收入。利息收入金额按照他人使用本企业货币资金的时间和实际利率计算确定；使用费收入金额，按照有关合同或协议约定的收费时间和方法计算确定。

三、主营业务收入的核算

主营业务收入的核算，主要包括主营业务收入的确认、销售退回的核算原则、由于销售商品或提供劳务而应交纳的各种销售税金以及销售成本和销售费用的核算等。

企业对主营业务的核算，应设置“主营业务收入”、“主营业务成本”、“营业税金及附加”、“销售费用”等科目进行核算。

（一）一般商品销售业务的账务处理

1. 实现主营业务收入的账务处理

企业销售商品、提供劳务符合收入确认原则的，应在收入确认时，将实现的收入记入“主营业务收入”科目，借记“银行存款”、“应收账款”、“应收票据”等科目，贷记“主营业务收入”、“应交税费——应交增值税（销项税额）”等科目。

企业销售的商品需要安装和检验，在安装和检验完毕前一般不应确认收入，而是通过“发出商品”科目核算。

企业销售商品时，相关的经济利益（现金或现金等价物）能够流入企业才能作收入实现，否则，可通过“发出商品”科目核算。

合同或协议价款的收取采用递延方式，实质上具有融资性质的，应当按照应收的合同或协议价款的公允价值确定销售商品收入金额。应收的合同或协议价款与其公允价值之间的差额，应当在合同或协议期间内采用实际利率法进行摊销，计入当期损益。

对企业销售的商品有协议规定允许退货应分三种情况处理：一是企业能够估计退货可能性的，且退货率较小，则发出商品时确认收入，同时对估计退货部分不确认为负债；二是企业能够估计退货可能性的，且退货率较大，则发出商品时确认收入，同时对估计退货部分确认为负债；三是企业不能合理地估计退货可能性的，则在售出商品的退货期满时确认收入。

如果企业以商品换取原材料，在销售实现时，按应计入原材料成本的价值，借记“在途物资”、“原材料”等科目，按增值税进项税额，借记“应交税费

——应交增值税（进项税额）”科目（小规模纳税企业，其进项税额计入原材料的成本），按实现的主营业务收入，贷记“主营业务收入”科目，按增值税专用发票上注明的增值税，贷记“应交税费——应交增值税（销项税额）”科目（小规模纳税企业，按应收的增值税，贷记“应交税费——应交增值税”科目）。

2. 结转主营业务成本的账务处理

企业销售商品、提供劳务时，通常在月份终了，汇总结转已销商品、已提供劳务的实际成本，按结转的实际成本，借记“主营业务成本”科目，贷记“库存商品”等科目。

3. 营业税金及附加的账务处理

企业销售商品、提供劳务，应按规定计算销售商品、提供劳务应交的消费税、资源税等，按以下情况分别进行账务处理：

（1）计算交纳消费税。按主营业务收入应交的消费税，借记“营业税金及附加”科目，贷记“应交税费——应交消费税”科目。

（2）计算交纳资源税。按主营业务收入应交的资源税，借记“营业税金及附加”科目，贷记“应交税费——应交资源税”科目。

（3）计算交纳城市维护建设税。按主营业务收入应交的城市维护建设税，借记“营业税金及附加”科目，贷记“应交税费——应交城市维护建设税”科目。

（4）计算交纳教育费附加。按主营业务收入应交的教育费附加，借记“营业税金及附加”科目，贷记“应交税费——应交教育费附加”科目。

例1：M企业向A企业销售产品30件，每件售价500元（不含应向购买者收取的增值税），单位成本300元。B企业已按合同发货，货款尚未收到。该产品的增值税税率为17%，消费税税率为8%，应交城市维护建设税262.5元，应交教育费附加112.5元。M企业已开出增值税专用发票。假如A企业和M企业均为增值税一般纳税人。则B企业应作如下会计处理：

①实现主营业务收入：

借：应收账款　　17 550

　　贷：主营业务收入（30×500）　　15 000

　　　　应交税费——应交增值税（销项税额）（15 000×17%）　2 550

②结转主营业务成本：

借：主营业务成本（30×300）　　9 000

　　贷：库存商品　　9 000

③计算营业税金及附加：

借：营业税金及附加　　1 575

　　贷：应交税费——应交消费税（15 000×8%）　　1 200

——应交城市维护建设税　　262.5

——应交教育费附加　　112.5

如果企业售出的商品不符合销售收入确认的五个条件中的任何一条，均不应确认收入。为了单独反映已经发出但尚未确认销售收入的商品成本，企业应设置“发出商品”、“委托代销商品”等科目进行核算。“发出商品”科目核算一般销售方式下，经发出但尚未确认销售收入的商品成本；“委托代销商品”科目，核算企业在委托其他单位代销商品的情况下，已经发出但尚未确认销售收入的商品成本；企业对于发出的商品，在确定不能确认收入时，应按发出商品的实际成本，借记“发出商品”、“委托代销商品”等科目，贷记“库存商品”科目。

期末，“发出商品”、“委托代销商品”科目的余额，应并入资产负债表的“存货”项目反映。

例2：某企业于6月2日以托收承付方式向B企业销售一批商品，成本为80 000元，增值税发票上注明：售价120 000元，增值税20 400元。该批商品已经发出，并已向银行办妥托收手续。此时得知B企业在另一项交易中发生巨额损失，资金周转十分困难，经与购货方交涉，确定此项收入目前收回的可能性不大，决定不确认收入。因此应将已发出商品成本转入“发出商品”科目。该企业的会计处理如下：

借：发出商品　　80 000

　贷：库存商品　　80 000

同时，将增值税发票上注明的增值税额转入应收账款：

借：应收账款——B企业（应收销项税额）　　20 400

　贷：应交税费——应交增值税（销项税额）　　20 400

假如9月4日得知B企业经营情况逐渐好转，B企业承诺近期付款，A企业可以确认收入：

借：应收账款——B企业　　120 000

　贷：主营业务收入　　120 000

同时，结转成本：

借：主营业务成本　　80 000

　贷：发出商品　　80 000

9月10日收到款项时：

借：银行存款　　140 400

　贷：应收账款——B企业　　120 000

　　应收账款——B企业（应收销项税额）　　20 400

（二）现金折扣的账务处理

现金折扣是企业为了尽快回笼资金而发生的理财费用，因此，应在实际发生对计入财务费用。增值税不享受折扣。

例 3：某企业在 2002 年 5 月 1 日销售一批商品 200 件，增值税发票上注明的售价 20 000 元，增值税额 3 400 元。企业为了及早收回货款而在合同中规定符合现金折扣的条件为：2/10，*n*/30，假定计算折扣时不考虑增值税。

①5 月 1 日销售实现时，应按总售价作收入：

借：应收账款——B 企业　　23 400

　贷：主营业务收入　　20 000

　　应交税费——应交增值税（销项税额）　　3 400

②如 5 月 9 日买方付清货款，则按售价 20 000 元的 2% 享受 400 元（20 000 ×2%）的现金折扣，实际付款 23 000 元（23 400 - 400）。则作会计分录：

借：银行存款　　23 000

　财务费用　　400

　贷：应收账款——B 企业　　23 400

③如买方在 5 月 31 日才付款，应按全额付款，则应作会计分录：

借：银行存款　　23 400

　贷：应收账款——B 企业　　23 400

（三）销售折让的账务处理

销售折让应在实际发生时冲减主营业务收入。增值税同步享受折让，应同时用红字冲减“应交税费——应交增值税”科目的“销项税额”专栏。

例 4：某企业销售一批商品，增值税发票上注明的售价为 60 000 元，增值税额为 10 200 元，货到后买方发现商品质量不合格，要求在价格上给予 5% 的折让。

①销售实现时：

借：应收账款　　70 200

　贷：主营业务收入　　60 000

　　应交税费——应交增值税（销项税额）　　10 200

②发生销售折让时：

借：主营业务收入　　3 000

　应交税费——应交增值税（销项税额）　　510

　贷：应收账款　　3 510

③实际收到款项时：

借：银行存款　　66 690

　贷：应收账款　　66 690

（四）商品销售退回的账务处理

销售退回是指企业售出的商品，由于质量、品种不符合要求等原因而发生的退货。销售退回可能发生在企业确认收入之前，这时处理比较简单，只要将已记入“发出商品”等科目的商品成本转回“库存商品”科目；如企业确认收入后，又发生销售退回的，不论是当年销售的，还是以前年度销售的，除特殊情况外，一般应冲减退回当月的销售收入，同时冲减退回当月的销售成本；如该项销售已经发生现金折扣或销售折让的，应在退回当月一并调整；企业发生销售退回时，如按规定允许扣减当期销项税额的，应同时用红字冲减“应交税费——应交增值税”科目的“销项税额”专栏。

（五）代销商品的账务处理

代销通常有两种方式：

（1）视同买断方式，即由委托方和受托方签订协议，委托方按协议价收取所代销的货款，实际售价可由受托方自定，实际售价与协议价之间的差额归受托方所有的销售方式。由于这种销售本质上仍是代销，委托方将商品交付给受托方时，商品所有权上的风险和报酬并未转移给受托方，因此，委托方在交付商品时不确认收入，借记“委托代销商品”科目，贷记“库存商品”科目。受托方也不作购进商品处理，借记“受托代销商品”科目，同时贷记“代销商品款”科目。

受托方售出时，按实际售价确认收入，借记“银行存款”，贷记“主营业务收入”及“应交税费”科目；同时结转成本，借记“主营业务成本”，贷记“受托代销商品”科目；月末，开具代销清单，按协议价结算代销款，借记“代销商品款”、“应交税费”，贷记“应付账款”科目。委托方收到代销清单时，再确认本企业的销售收入，借记相关科目，贷记“主营业务收入”及“应交税费”科目。

（2）收取手续费方式，即受托方根据所代销的商品数量向委托方收取手续费的销售方式。受托方收取的手续费属于劳务收入。收取手续费代销方式与视同买断代销方式相比，主要特点是，受托方通常应按照委托方规定的价格销售，不得自行改变售价。在这种代销方式下，委托方应在收到受托方交付的商品代销清单时，确认收入；受托方则按应收取的手续费确认收入。

四、其他业务收入核算

其他业务是企业在经营过程中发生的一些零星的收支业务。企业的其他业务主要包括除商品销售以外的原材料销售、包装物出租和出售、技术转让、代购代销等业务所取得的收入和发生的相关费用、税金。其他业务收入的确认原则及计量方法与主营业务相同。

企业发生的其他业务收支，分别在“其他业务收入”、“其他业务成本”和“营业税金及附加”科目核算。

企业发生的其他业务收入，按收到或应收的款项，借记“银行存款”、“应收账款”等科目，按实现的其他业务收入，贷记“其他业务收入”科目，按增值税专用发票上注明的增值税，贷记“应交税费——应交增值税（销项税额）”科目，小规模纳税人按应收的增值税，贷记“应交税费——应交增值税”科目。

企业发生的其他业务支出，借记“其他业务成本”、“营业税金及附加”科目，贷记“原材料”、“包装物”、“累计折旧”、“应付职工薪酬”、“应交税费”等科目。

期末，将发生的其他业务收支转入本年利润。

五、营业外收支核算

营业外收支，是指与企业的生产经营活动无直接关系的各项收支。

营业外收入主要包括：非流动资产处置利得、非货币性资产交换利得、债务重组利得、政府补助、盘盈利得、捐赠利得、罚没收入等。

营业外支出主要包括：非流动资产处置损失、固定资产盘亏、非常损失；罚款支出、捐赠支出、债务重组损失、捐赠支出等。

企业取得的各项营业外收入，在“营业外收入”科目核算。企业取得的各项营业外收入，借记“固定资产清理”、“应付账款”、“银行存款”、“待处理财产损溢”等科目，贷记“营业外收入”科目。

企业发生的各项营业外支出，在“营业外支出”科目核算。企业发生的各项营业外支出，借记“营业外支出”科目，贷记“固定资产清理”、“待处理财产损溢”、“银行存款”等科目。

期末，将“营业外收入”、“营业外支出”科目的余额转入“本年利润”科目。

六、利润

（一）利润的概念及组成

利润是指企业在一定会计期间的经营成果，包括营业利润、利润总额和净利润。

有关计算公式为：

利润总额 = 营业利润 + 营业外收入 - 营业外支出

营业利润 = 营业收入 - 营业成本 - 营业税金及附加 - 销售费用 - 管理费用 - 财务费用 - 资产减值损失 + 公允价值变动收益 + 投资收益

营业收入 = 主营业务收入 + 其他业务收入

营业成本 = 主营业务成本 + 其他业务成本

企业的净利润（或净亏损）为利润总额减去所得税后的余额，其计算公式为：

净利润（或净亏损）=利润总额（或亏损总额）-所得税费用

（二）所得税的核算

所得税的核算应分成两条线：应交所得税和所得税费用。

1. 应交所得税

企业应交所得税=应纳税所得额×所得税税率

应纳税所得额是在企业会计利润基础上调整确定的。用公式表示如下：

应纳税所得额=会计利润+纳税调整增加额-纳税调整减少额

纳税调整增加额主要包括税法规定允许扣除项目中，企业已计入当期费用但超过税法规定扣除标准的金额，以及企业已计入当期费用但税法规定不允许扣除项目的金额）。纳税调整减少额主要包括按税法规定允许弥补的亏损和准予免税的项目。

企业所得税法实施条例规定税前不得扣除的项目：

（1）向投资者支付的股息、红利等权益性投资收益款项。

（2）企业所得税税款。

（3）税收滞纳金。

（4）罚金、罚款和被没收财物的损失。

（5）超过年度利润总额12%的公益性捐赠支出。

（6）赞助支出。

（7）未经核定的准备金支出。

（8）与取得收入无关的其他支出。

企业所得税法实施条例规定税前限额税前扣除的项目：

（1）超标准的利息支出，企业向非金融机构支持的。

（2）职工福利费支出，不超过工资薪金总额14%的部分。

（3）工会经费，不超过工资薪金总额2%的部分。

（4）职工教育经费支出，不超过工资薪金总额2.5%的部分，准予扣除；超过部分，准予在以后纳税年度结转扣除。

（5）业务招待费支出，按照发生额的60%扣除，但最高不得超过当年销售（营业）收入的5‰。

（6）广告费和业务宣传费支出，不超过当年销售（营业）收入15%的部分，准予扣除；超过部分，准予在以后纳税年度结转扣除。

（7）公益性捐赠支出，不超过年度利润总额12%的部分。

（8）其他。

2. 所得税费用

所得税核算应采用资产负债表债务法。所谓“资产负债表债务法”，是将企业资产、负债账面价值与计税基础之间产生的暂时性差异确认为递延所得税负债或资产，进而反映“递延所得税费用”对未来纳税影响又予以转回的方法。在“资产负债表债务法”下，企业确认的递延所得税负债或递延所得税资产计入“所得税费用——递延所得税费用”科目，同时计入“递延所得税负债”科目或“递延所得税资产”科目，并在以后一定时期予以转回。

暂时性差异。是指企业资产或负债的账面价值与其计税基础之间的差额。企业会计未作为资产和负债确认的项目，按照税法规定可以确定其计税基础的，该计税基础与其账面价值之间的差额也属于暂时性差异。计税基础是指按税法规定计算应纳所得税时归属于资产或负债的金额，分为资产的计税基础和负债的计税基础两类。资产的计税基础是指企业收回资产账面价值过程中，计算应纳税所得额时按照税法规定可以自应税经济利益中抵扣的金额；负债的计税基础，是指负债的账面价值减去未来期间计算应纳税所得额时按照税法规定可予抵扣的金额。

按照暂时性差异对未来期间应税金额的影响，分为应纳税暂时性差异和可抵扣暂时性差异。应纳税暂时性差异，是指在确定未来收回资产或清偿负债期间的应纳税所得额时，将导致产生应税金额的暂时性差异；可抵扣暂时性差异，是指在确定未来收回资产或清偿负债期间的应纳税所得额时，将导致产生可抵扣金额的暂时性差异。

例5：甲股份有限公司20×9年有关所得税资料如下：

（1）甲公司所得税采用资产负债表债务法核算，所得税税率为25%。年初递延所得税资产为37.5万元，其中存货项目余额22.5万元，未弥补亏损项目余额15万元。

（2）本年度实现利润总额500万元，其中取得国债利息收入20万元，因发生违法经营被罚款10万元，因违反合同支付违约金30万元（可在税前抵扣），工资及相关附加超过合理支出60万元。

上述收入或支出已全部用现金结算完毕。

（3）年末计提固定资产减值准备50万元（年初减值准备为0），使固定资产账面价值比其计税基础小50万元；转回存货跌价准备70万元，使存货可抵扣暂时性差异由年初余额90万元减少到年末的20万元。税法规定，计提的减值准备不得在税前抵扣。

（4）年末计提产品保修费用40万元，计入销售费用，预计负债余额为40万元。税法规定，产品保修费在实际发生时可以在税前抵扣。

（5）至20×8年末止尚有60万元亏损没有弥补，其递延所得税资产余额为15（60×25%）万元。

（6）假设除上述事项外，没有发生其他纳税调整事项。

甲公司所得税会计处理如下：

（1）计算20×9年应交所得税：

20×9年应交所得税＝应纳税所得额×所得税税率

＝[利润总额500－国债利息收入20＋违法经营罚款10＋工资超标60
＋计提固定资产减值50－转回存货跌价准备70＋计提保修费40
－弥补亏损60]×25%

＝[570－60]×25%＝510×25%＝127.5(万元)

（2）计算暂时性差异影响额，确认递延所得税资产和递延所得税负债：

①固定资产项目的递延所得税资产年末余额
＝固定资产项目的年末可抵扣暂时性差异×所得税税率
＝50×25%＝12.5（万元）

②存货项目的递延所得税资产年末余额
＝存货项目的年末可抵扣暂时性差异×所得税税率
＝20×25%＝5（万元）

③预计负债项目的递延所得税资产年末余额
＝预计负债项目的年末可抵扣暂时性差异×所得税税率
＝40×25%＝10（万元）

④弥补亏损项目的递延所得税资产年末余额
＝亏损弥补项目的年末可抵扣暂时性差异×所得税税率
＝0×25%＝0（万元）

⑤20×9年末递延所得税资产余额
＝固定资产项目的递延所得税资产年末余额12.5
＋存货项目的递延所得税资产年末余额5
＋预计负债项目的递延所得税资产年末余额10
＋弥补亏损项目的递延所得税资产年末余额0
＝36.3（万元）

（3）计算2007年所得税费用：

20×9年所得税费用
＝本期应交所得税＋递延所得税负债(期末－期初)
－递延所得税资产(期末－期初)
＝127.5＋(0－0)－(27.5－37.5)
＝127.5＋0－(－10)
＝137.5（万元）

（4）编制会计分录：

借：所得税费用　　137.5

　　贷：应交税费——应交所得税　　127.5

　　　　递延所得税资产　　10

期末，应将“所得税费用”科目的余额转入“本年利润”科目，结转后“所得税费用”科目应无余额。

（三）本年利润的结转

企业应设置“本年利润”科目，核算企业本年度内实现的利润总额（或亏损总额）。期末，企业将各收益类科目的余额转入“本年利润”科目的贷方；将各成本、费用类科目的余额转入“本年利润”科目的借方。转账后，“本年利润”科目如为贷方余额，反映本年度自年初开始累计实现的净利润；如为借方余额，反映本年度自年初开始累计发生的净亏损。年度终了，应将“本年利润”科目的全部累计余额，转入“利润分配”科目，如为净利润，借记“本年利润”科目，贷记“利润分配”科目；如为净亏损，作相反会计分录。年度结账后，“本年利润”科目无余额。

（四）以前年度损益调整

企业应设置“以前年度损益调整”科目来核算以前年度损益调整事项。

以前年度损益调整是指对企业本年度发生的调整以前年度损益的事项以及本年度发现的重要前期差错更正涉及以前年度损益的事项。

企业在资产负债表日至财务会计报告批准报出日之间发生的需要调整报告年度损益的事项，也应通过“以前年度损益调整”科目核算。

企业调整增加的以前年度利润或调整减少的以前年度亏损，借记有关科目，贷记“以前年度损益调整”科目；企业调整减少的以前年度利润或调整增加的以前年度亏损，借记“以前年度损益调整”科目，贷记有关科目。

企业由于调整增加以前年度利润或减少以前年度亏损而相应增加的所得税，借记“以前年度损益调整”科目，贷记“应交税费——应交所得税”科目；由于调整减少以前年度利润或增加以前年度亏损而相应减少的所得税，借记“应交税费——应交所得税”科目，贷记“以前年度损益调整”科目。

经过上述调整后，应同时将“以前年度损益调整”科目的余额转入“利润分配——未分配利润”科目。“以前年度损益调整”科目如为贷方余额，借记“以前年度损益调整”科目，贷记“利润分配——未分配利润”科目；如为借方余额，作相反会计分录。结转后，“以前年度损益调整”科目应无余额。

需指出的是，企业本年度发生的调整以前年度损益的事项，应当调整本年度会计报表相关项目的年初数或上年实际数；企业在年度资产负债表日至财务会计报告批准报出日之间发生的调整报告年度损益的事项，应当调整报告年度会计报表相关项目的数字。

七、利润分配

1. 利润分配概述

企业取得的净利润，应当按规定进行分配。企业本年实现的净利润加上年初未分配利润为可供分配的利润。企业利润分配的内容和程序如下：

（1）提取法定盈余公积。法定盈余公积按照本年实现净利润的一定比例提取，股份制企业（包括国有独资公司、有限责任公司和股份有限公司，下同）按公司法规定按净利润的 10 % 提取；其他企业可以根据需要确定提取比例。企业提取的法定盈余公积累计额超过其注册资本的 50% 以上的，可以不再提取。

（2）提取任意盈余公积。股份制企业提取法定盈余公积后，经过股东大会决议，可以提取任意盈余公积，其他企业也可根据需要提取任意盈余公积。任意盈余公积的提取比例由企业视情况而定。

（3）分配给投资者。企业提取法定盈余公积，可以按规定向投资者分配利润。

（4）企业如果发生亏损，可以用以后年度实现的利润弥补，也可以用以前年度提取的盈余公积弥补。企业以前年度亏损未弥补完，不能提取法定盈余公积。在提取法定盈余公积前，不得向投资者分配利润。

2. 利润分配的核算

企业应设置“利润分配”及明细科目，核算企业利润的分配（或亏损的弥补）和历年分配（或亏损）后的积存余额。年度终了，企业将全年实现的净利润（或净亏损）自“本年利润”科目转入“未分配利润”明细科目；同时，将“利润分配”科目下的其他明细科目的余额转入“未分配利润”明细科目。年度终了后，除“利润分配”科目中的“未分配利润”明细科目外，其他明细科目无余额。年度终了，“利润分配”科目中的“未分配利润”明细科目如为贷方余额，反映企业历年积存的尚未分配的利润；如为借方余额，反映企业累积尚未弥补的亏损。

第二节　收入和利润实务考核题及其答案

一、收入和利润实务考核题

（一）单项选择题

1. 企业取得罚款收入计入“（　　）”科目。

A. 管理费用　　B. 营业外收入　　C. 其他业务收入　　D. 利润分配

2. 调增上年利润，记入（　　）。

A. “本年利润”贷方　B. “利润分配——未分配利润”贷方
C. “以前年度损益调整”贷方　D. “利润分配——未分配利润”借方

（二）多项选择题

1. 属于产品销售的项目有（　　）。
A. 产成品　B. 代制品　C. 代修品　D. 自制半成品
E. 外购商品　F. 工业性劳务

2. 属于其他销售的项目有（　　）。
A. 材料销售　B. 包装物出租或出售　C. 技术转让
D. 对外运输　E. 固定资产出租　F. 销售不动产

（三）填空题

1. 采用托收承付或委托收款结算方式，应在________时，将有关单据提交银行，并在________后，作为收入实现，委托其他单位代销产品，应在________，并________时，作收入实现。

2. 委托他人代销商品，期末结转其销售成本时，借记“________”科目，贷记“________”科目。

3. 转让无形资产的净收入记入“________”科目贷方；按收入计算的营业税记入“________”科目借方。

（四）计算及综合题

1. 某企业（一般纳税人）本月购进材料的进项税额 29 442 元，同时发生销售等业务如下，试作会计分录（写出应交税费的二级或三级科目）。

（1）销售产品一批，收入 180 000 元，增值税 30 600 元，款已收。该批产品实际成本 108 000 元。

（2）捐出产品 10 000 元（成本），应交增值税 1 700 元。

（3）在建工程领用本企业产品 15 000 元（成本）。

（4）水灾损失产成品一批（已入账处理），据其中原材料成本 24 000 元分担增值税 4 080 元。

（5）上月未收款的已销产品被退日，货价 8 000 元，增值税 1 360 元，该产品实际成本 5 000 元。

（6）收到出租固定资产租金 1 000 元，同时计提其折旧 200 元，计算应交营业税（税率 5%）。

（7）上交上月应交增值税 7 800 元。

（8）计算本月应交城建税 692 元。

（9）计算应交教育费附加（附加率 3%）。

（10）将损益类科目的余额转入“本年利润”科目。

（11）若该企业本月发生管理费用和财务费用共计 20 640 元，取得投资收益

3 000 元，试确定“利润表”中当月营业利润和利润总额（此题不作分录）。

2. 某企业连续五年无亏损，本年利润总额 100 万元，纳税调整（扣除项目）总计 10 万元，无暂时性差异，按 25% 的所得税税率计算全年应交所得税，按 10% 的比例计提法定盈余公积，并决定向投资者分利 24 万元，年终，结转全年所得税费用、净利润和利润分配科目。试作有关分录。若年初“利润分配”账户贷方余额为 5. 7 万元，则本年利润分配表中可供分配的利润和年末未分团利润各是多少？

二、收入和利润实务考核题参考答案

（一）单项选择题

1. B 2. C

（二）多项选择题

1. A B C D E F 2. A B C D E

（三）填空题

1. 产品已经发出　办妥托收手续　代销产品已经售出　收到代销清单　本期收到的价款

2. 主营业务成本　委托代销商品

3. 营业外收入　营业外收入

（四）计算及综合题

1. 解：

		借方	贷方
（1）	借：银行存款	210 600	
	贷：主营业务收入		180 000
	应交税费——应交增值税（销项税额）		30 600
	借：主营业务成本	108 000	
	贷：库存商品		108 000
（2）	借：营业外支出	11 700	
	贷：库存商品		10 000
	应交税费——应交增值税（销项税额）		1 700
（3）	借：在建工程	15 000	
	贷：库存商品		15 000
（4）	借：营业外支出	4 080	
	贷：应交税费——应交增值税（进项税额转出）		4 080
（5）	借：主营业务收入	8 000	
	应交税费——应交增值税（销项税额）	1 360	
	贷：应收账款		9 360

借：库存商品　5 000
　贷：主营业务成本　5 000
（6）借：银行存款　1 000
　贷：其他业务收入　1 000
借：其他业务成本　200
　贷：累计折旧　200
借：营业税金及附加（1 000×5%）　50
　贷：应交税费——应交营业税　50
（7）借：应交税费——应交增值税（已交税金）　7 800
　贷：银行存款　7 800
（8）借：营业税金及附加　692
　贷：应交税费——应交城建税　692
（9）本月应交增值税 =①30 600 +②1 700 +④4 080 -⑤1 360 - 进项 29 442
=5 578（元）
借：营业税金及附加（(5 578 +50)×3%）　168.84
　贷：应交税费——应交教育费附加　168.84
（10）借：主营业务收入（①180 000 -⑤8 000）　172 000
其他业务收入　1 600
　贷：本年利润　173 000
借：本年利润　119 890.84
　贷：主营业务成本（①108 000 -⑤5 000）　103 000
营业税金及附加（⑧692 +⑨168.84）　860.84
其他业务成本（⑥250）　250
营业外支出（②11 700 +④4 080）　15 780
（11）营业利润 68 889.16 元、利润总额 53 109.16 元。
2. 解：
借：所得税费用　22.5 万
　贷：应交税费（(100 -10)×25%）　22.5 万
借：利润分配——计提盈余公积　7.75 万
　贷：盈余公积（(100 -22.5)×10%）　7.75 万
借：利润分配——应付股利　24 万
　贷：应付股利　24 万
借：本年利润　22.5 万
　贷：所得税费用　22.5 万
借：本年利润　77.5 万

贷：利润分配——未分配利润　　　　　　　　　　　　　　77.5 万

借：利润分配——未分配利润　　　　　　　　　　　　31.75 万

贷：利润分配——计提盈余公积　　　　　　　　　　　7.75 万

——应付股利　　　　　　　　　　　　　　　　24 万

可供分配利润 = 77.5 + 5.7 = 83.2（万元）

年末未分配利润 = 83.2 − 7.75 − 24 = 51.45（万元）

第二十一章　财务会计报告实务考核

第一节　会计报表的编制

财务会计报告是指企业对外提供的反映企业某一特定日期财务状况和某一会计期间经营成果、现金流量的文件。

企业向外提供的会计报表，包括资产负债表、利润表、现金流量表、所有者权益变动表和附注。为满足内部管理需要，企业可编制内部管理报表。企业对外提供的财务报表，要按《企业会计准则》规范的要求编报；企业内部会计报表的名称、格式、内容及其编制方法由企业自行确定。

财务报表附注是对在资产负债表、利润表、所有者权益变动表和现金流量表等报表中列示项目的文字描述或明细资料以及对未能在这些报表中列示项目的说明等。附注应当披露财务报表的编制基础，相关信息应当与资产负债表、利润表、所有者权益变动表和现金流量表等报表中列示的项目相互参照。

财务会计报告的目标是向财务会计报告使用者提供与企业财务状况、经营成果和现金流量等有关的会计信息，反映企业管理层受托责任履行情况，有助于财务会计报告使用者作出经济决策。财务会计报告使用者包括投资者、债权人、政府及其有关部门和社会公众等。因此，编制会计报表应达到以下要求：①编制会计报表在会计计量和揭示方法的选择上要贯彻一致性原则，保持前后各期计量和报告口径的一致。②编制的会计报表应当真实、完整、及时。③企业编报外部会计报表的手续要完备。

一、资产负债表

资产负债表是反映企业在某一特定日期（如月末、季末、年末）财务状况的会计报表。

（一）资产负债表的结构与内容

资产负债表的基本结构是以“资产 = 负债 + 所有者权益”这一会计平衡公式为基础展开的。它分为基本表和附注两部分。基本表采用左右平衡的账户式，左方反映资产，右方反映负债和所有者权益。这种结构清晰地反映了企业在生产经营活动中持有的各项经济资源及其同权益（债主权益和所有者权益）的对照关系。

资产负债表将资产分为流动资产、非流动资产两类，将负债分为流动负债、非流动负债两类，将所有者权益分为实收资本、资本公积、盈余公积和未分配利润四类。资产负债表的项目按流动性程度大小排列。我国资产负债表的基本格式如表 24-9 所示。

（二）资产负债表的编制方法

1. “年初数”的填列方法

表中“年初数”栏内各项数字，应根据上年末资产负债表“期末数”栏内所列数字填列。如果本年度资产负债表规定的各个项目的名称和内容同上年度不相一致，应对上年年末资产负债表各项目的名称和数字按照本年度的规定进行调整，填入本表“年初数”栏内。

2. “期末数”的填列方法：

“期末数”是指某一会计期末的数字，即月末、季末、半年末或年末的数字。资产负债表各项目“期末数”的数据来源，可以通过以下几种方式取得：

（1）直接根据总账科目的余额填列。具体项目有：交易性金融资产、应收利息、应收股利、固定资产清理、开发支出（“研发支出”科目中的资本化支出）、长期待摊费用、递延所得税资产、短期借款、交易性金融负债、应付票据、应付职工薪酬、应交税费、应付利息、应付股利、其他应付款、递延所得税负债、实收资本、资本公积、库存股、盈余公积等。其中，应收利息、应收股利若计提了坏账准备，还要扣除各自所计提的坏账准备的余额填列。

（2）根据总账科目的余额计算分析填列

1）“货币资金”项目，反映企业库存现金、银行结算户存款、外埠存款、银行汇票存款、银行本票存款、信用卡存款、信用证保证金存款等的合计数。本项目应根据“现金”、“银行存款”、“其他货币资金”科目的期末余额合计填列。

2）“应收票据”项目，根据“应收票据”科目期末余额减去“坏账准备”中有关应收票据计提的“坏账准备”期末余额填列。

3）“其他应收款”项目，反映企业对其他单位和个人的应收和暂付的款项，减去已计提的坏账准备后的净额。本项目应根据“其他应收款”科目的期末余额，减去“坏账准备”科目中有关其他应收款计提的坏账准备期末余额后的金额填列。

4）“存货”项目，工业企业据“材料采购”、“原材料”、“周转材料”（或“包装物”及“低值易耗品”）、“材料成本差异”、“委托加工物资”、“自制半成品”、“库存商品”、“发出商品”、“生产成本”、“存货跌价准备”等科目的期末借贷余额相抵后的差额填列；商品流通企业根据“在途物资”、“库存商品”、“商品进销差价”、“委托代销商品”、“受托代销商品”、“受托代销商品款”、

“发出商品”、“原材料”、“周转材料”（或“包装物”及“低值易耗品”）、“委托加工物资”、“存货跌价准备”等科目期末借贷方余额相抵后的差额填列。

5）“长期股权投资“项目，根据“长期股权投资”科目借方余额，减去“长期股权投资减值准备”科目的贷方余额填列。

6）“投资性房地产”项目，根据“投资性房地产”科目的期末借方余额减去“投资性房地产累计折旧”、“投资性房地产减值准备”科目的贷方余额填列。

7）“固定资产”项目，根据“固定资产”科目的期末借方余额减去“累计折旧”、“固定资产减值准备”科目的贷方余额填列

8）“在建工程”项目，根据“在建工程”科目期末借方余额，减去“在建工程减值准备”科目期末贷方余额后的金额填列。

9）“工程物资”项目，根据“工程物资”科目期末借方余额，减去“工程物资减值准备”科目期末贷方余额后的金额填列。

10）“无形资产”项目，根据“无形资产”科目期末借方余额，减去“累计摊销”、“无形资产减值准备”科目期末贷方余额后的金额填列。

11）“商誉”项目，根据“商誉”科目期末借方余额，减去“商誉减值准备”科目期末贷方余额后的金额填列。

12）“未分配利润”项目，根据“本年利润”科目和“利润分配”’科目的余额计算填列。末弥补的亏损，在该项目内以“-”号反映。

（3）根据有关明细科目的余额计算分析填列

1）“应收账款”项目，反映企业因销售商品、产品和提供劳务等而应向购买单位收取的各种款项，减去已计提的坏账准备后的净额。本项目应根据“应收账款”科目所属各明细科目的期末借方余额合计，减去“坏账准备”科目中有关应收账款计提的坏账准备期末余额后的金额填列。如“应收账款”科目所属明细科目期末有贷方余额，应在“预收账款”项目内填列。

2）“预付账款”项目，应根据“预付账款”科目所属明细科目的借方余额和“应付账款”科目所属明细科目的借方余额合计扣除“坏账准备”中有关预付账款计提的“坏账准备”期末余额填列。

3）“应付账款”项目，反映企业购买原材料、商品和接受劳务供应等而应付给供应单位的款项。本项目应根据“应付账款”科目所属各有关明细科目的期末贷方余额合计填列；如“应付账款”科目所属各明细科目期末有借方余额，应在本表“预付账款”项目内填列。

4）“预收账款”项目，反映企业预收购买单位的账款。本项目应根据“预收账款”科目所属各有关明细科目的期末贷方余额合计填列。如“预收账款”科目所属有关明细科目有借方余额的，应在本表“应收账款”项目内填列；如“应收账款”科目所属明细科目有贷方余额的，也应包括在本项目内。

（4）根据总账科目和明细科目的余额计算分析填列

1）“可供出售金融资产”项目，根据“可供出售金融资产”科目的期末借方余额，减去“可供出售金融资产减值准备”科目的贷方余额，再减去一年内收回的可供出售金融资产数额后填列；一年内收回的可供出售金融资产数额在流动资产类下“一年内到期的非流动资产”项目单独反映。

2）“持有至到期投资”项目，根据“持有至到期投资”科目的期末借方余额，减去“持有至到期投资减值准备”科目的贷方余额，再减去一年内收回的持有至到期投资的数额后填列；如果企业设置了“委托贷款”科目的，应该将“委托贷款”科目期末借方余额中超过一年期的部分减去相应的“委托贷款损失准备”科目期末贷方余额填入“持有至到期投资”项目，一年内收回的持有至到期投资数额和一年内收回的委托贷款数额在流动资产类下“一年内到期的非流动资产”项目单独反映。

3）“长期应收款”项目，根据“长期应收款”科目的期末借方余额，减去“坏账准备——长期应收款”科目的贷方余额、“未实现融资收益”科目的贷方余额，再减去一年内收回的长期应收款数额后填列；一年内收回的长期应收款数额在流动资产类下“一年内到期的非流动资产”项目单独反映。

4）长期负债各项目（长期借款、应付债券、长期应付款、专项应付款、预计负债、其他长期负债）中将于一年内到期的长期负债（用发行债券等长期资金偿还的情况除外）在流动负债类下“一年内到期的长期负债”项目下单独列示，长期负债各个总账科目的余额扣除这部分数额后填入长期负债各该项目。

（5）企业自行增设科目的余额分别填入表中相关项目。例如增设“待摊费用”科目的企业，将该科目的借方余额填入“其他流动资产”项目；增设“应付短期债券”科目的企业，可将其贷方余额填入表中“其他流动负债”项目。

（6）以前年度损益调整中的差错事项，涉及资产负债表项目的，要调整该表年初数。

二、利润表

1. 利润表的内容和格式

利润表是反映企业一定会计期间经营成果的报表。该表是按照各项收入、费用以及构成利润的各个项目分类分项编制而成的。

常见的利润表结构主要有单步式和多步式两种。企业会计制度规定，企业利润表应采用多步式利润表结构（其格式见表24-10），主要包括以下三个方面的内容：

（1）构成营业利润的各项要素。营业利润为营业收入减营业成本、营业税金及附加、销售费用、管理费用、财务费用、资产减值损失，加公允价值变动收益及投资收益后得出。

（2）构成利润总额的各项要素。利润总额在营业利润的基础上，加减营业外收支后得出。

（3）构成净利润的各项要素。净利润在利润总额的基础上，减去所得税费用后得出。

2. 利润表的编制方法

（1）表中“本期金额”栏各项目反映本月实际发生数；“上期金额”栏各项目数字，应根据上年该期利润表“本期金额”栏内所列数字填列。如果上年度利润表与本年度利润表的项目名称和内容不相一致，应对上年度利润表项目的名称和数字按本年度的规定进行调整，填入本表“上期金额”栏。

（2）报表中各项目主要根据各损益类科目的发生额分析填列。

三、所有者权益变动表

（一）所有者权益变动表的基本内容

所有者权益变动表是反映构成所有者权益的各组成部分当期的增减变动情况的报表。当期损益、直接计入所有者权益的利得和损失以及与所有者或股东的资本交易导致的所有者权益的变动，应当分别列示。

所有者权益变动表反映的基本内容有：净利润；直接计入所有者权益的利得和损失项目及其总额；会计政策变更和差错更正的累积影响金额；所有者投入资本和向所有者分配利润等；按照规定提取的盈余公积；实收资本（或股本）、资本公积、盈余公积、未分配利润的期初和期末余额及其调节情况。所有者权益变动表的内容、格式如表 24-12 所示。

（二）本表主要项目的填列方法

所有者权益变动表“本年金额”栏内各项数字一般应根据“实收资本（或股本）”、“资本公积”、“盈余公积”、“利润分配”、“库存股”、“以前年度损益调整”等科目的发生额分析填列。

所有者权益变动表“上年金额”栏内各项数字，应根据上年度所有者权益变动表“本年金额”栏内所列数字填列。如果上年度所有者权益变动表与本年度的项目名称和内容不相一致，应对上年度所有者权益变动表项目的名称和数字按本年度的规定进行调整，填入所有者权益变动表表“上年金额”栏内。

四、现金流量表

（一）现金流量表概述

现金流量表是反映企业在一定会计期间内现金和现金等价物流入和流出的报表。其中，现金是指企业的库存现金、可以随时用于支付的存款；现金等价物是指企业持有的期限短（一般指从购买日起，3 个月内到期）、流动性强、易于转换为已知金额现金、价值变动风险很小的投资。比如，企业购买的、从购买日起3 个月或更短时间内即可到期或即可转换为现金的短期债券投资就是现金等价物。除特别指明外，以下所指的现金均含现金等价物。

（二）现金流量的分类

现金流量是指一定会计期间企业现金的流入和流出。它可以分为三类，即经营活动产生的现金流量、投资活动产生的现金流量和筹资活动产生的现金流量。

1. 经营活动产生的现金流量

经营活动是指企业投资活动和筹资活动以外的所有交易和事项，包括销售商品或提供劳务、购买商品或接受劳务、收到返还的税费、经营性租赁、支付职工薪酬、支付广告费用、交纳各项税款等。通过分析经营活动产生的现金流量，可以说明企业的经营活动对现金流入和流出的影响程度，判断企业在不动用外筹资金的情况下，是否足以维持生产经营、偿还债务、支付股利和对外投资等。

2. 投资活动产生的现金流量

投资活动是指企业长期资产的购建和不包括在现金等价物范围内的投资及其处置活动。现金流量表中的“投资”既包括对外投资，也包括长期资产的购建与处置。投资活动包括取得和收回投资、购建和处置固定资产、购买和处置无形资产等。通过分析投资活动产生的现金流量，可以判断投资活动对企业现金流量净额的影响程度。

3. 筹资活动产生的现金流量

筹资活动是指导致企业资本及债务规模和构成发生变化的活动。筹资活动包括发行股票或接受投入资本、分派现金股利、取得和偿还银行借款、发行和偿还公司债券等。通过分析筹资活动产生的现金流量，可以分析企业通过筹资活动获取现金的能力，判断筹资活动对企业现金流量净额的影响程度。

（三）现金流量表的内容和结构

我国企业的现金流量表包括正表和附注（补充资料）两部分（基本格式见表 24-11）。

1. 现金流量表正表

正表是现金流量表的主体，企业在一定会计期间内现金流量的信息主要由正表提供。正表采用报告式的结构，按照现金流量的性质，依次分类反映经营活动产生的现金流量、投资活动产生的现金流量和筹资活动产生的现金流量，最后汇总反映企业现金及现金等价物净增加额。在有外币现金流量及境外子公司的现金流量折算为人民币的企业，正表中还应单设“汇率变动对现金的影响”项目，以反映企业外币现金流量及境外子公司的现金流量折算为人民币时，所采用的现金流量发生日的汇率或平均汇率折算的人民币金额与“现金及现金等价物增加额”中外币现金净增加额按期末汇率折算的人民币金额之间的差额。

2. 现金流量表附注（补充资料）

补充资料包括三部分内容：①将净利润调节为经营活动的现金流量（即按间接法编制的经营活动现金流量）。②不涉及现金收支的投资和筹资活动。③现金及现金等价物净增加情况。

（四）现金流量表的填列方法

1.“经营活动产生的现金流量”各项目的内容和填列方法

经营活动产生的现金流量的列报方法有直接法和间接法两种。

直接法是指通过现金收入和现金支出的主要类别直接反映来自企业经营活动的现金流量的一种列报方法。现金流量一般应按现金流入和流出总额反映，但代客户收取或支付的现金以及周转快、金额大、期限短的项目的现金收入和支出，应以净额反映。我国现金流量表正表采用直接法列报。

间接法是指以本期净利润为起点，通过调整不涉及现金的收入、费用、营业外收支以及经营性应收应付等项目的增减变动，调整不属于经营活动的现金收支项目，据此计算并列示经营活动的现金流量的一种方法。我国现金流量表补充资料采用间接法列报。

(1)“销售商品、提供劳务收到的现金”项目。该项目包括本期销售商品、提供劳务收到的现金、销售材料和代购代销业务收到的现金（含应向购买者收取的增值税），以及前期销售商品、提供劳务本期收到的现金和本期预收的账款，减去本期退回本期销售的商品和前期销售本期退回的商品而支付的现金。本项目可以根据“库存现金”、“银行存款”、“应收账款”、“应收票据”、“预收账款”、“主营业务收入”、“其他业务收入”等科目的记录分析填列。

(2)“收到的税费返还”项目。该项目反映企业收到返还各种税费，包括收到返还的增值税、消费税、营业税、关税、所得税、教育费附加等。本项目可根据“库存现金”、“银行存款”、“营业税金及附加”、“营业外收入”等科目的记录分析填列。

(3)“收到的其他与经营活动有关的现金”项目。该项目反映企业除了上述各项目以外所收到的其他与经营活动有关的现金流入，如罚款收入、经营租赁固定资产收到的现金、流动资产损失中由个人赔偿的现金收入、除税费返还外的其他政府补助收入、接受现金捐赠等。若某项其他与经营活动有关的现金流入金额较大，应单列项目反映。本项目可以根据“库存现金”、“银行存款”、“营业外收入”等科目的记录分析填列。

(4)“购买商品、接受劳务支付的现金”项目。该项目反映企业购买商品、接受劳务实际支付的现金，包括本期购买材料、商品、接受劳务支付的现金（包括增值税进项税额）、本期支付前期购入商品、接受劳务的未付款以及本期预付账款，扣除本期发生的购货退回而收到的现金。本项目可根据“库存现金”、“银行存款”、“应付账款”、“应付票据”、“预付账款”、“主营业务成本”、“其他业务成本”等科目的记录分析填列。

（5）“支付给职工以及为职工支付的现金”项目。该项目反映企业实际支付给职工以及为职工支付的现金，包括本期实际支付给职工的工资、奖金、各种津贴和补贴等，以及为职工支付的其他费用。本项目不包括支付给离退休人员的各项费用及支付给在建工程人员的工资及其他费用。

企业为职工支付的医疗、养老、失业、工伤、生育等社会保险基金、补充养老保险、住房公积金，企业为职工交纳的商业保险金、因解除职工劳动关系给予的补偿，现金结算的股份支付以及企业支付给职工或为职工支付的其他福利费用，应根据职工的工作性质和服务对象，分别在“购建固定资产、无形资产和其他长期资产所支付的现金”和“支付给职工以及为职工支付的现金”项目反映。本项目可以根据“应付职工薪酬”、“库存现金”、“银行存款”等科目的记录分析填列。

（6）“支付的各项税费”项目。该项目反映企业按规定支付的各种税费，包括企业本期发生并支付的税费，以及本期支付以前各期发生的税费和本期预交的税金，如预交的营业税、土地增值税、房产税、车船使用税、印花税、教育费附加、矿产资源补偿费等；但不包括计入固定资产价值的、实际支付的耕地占用税。本期退回的增值税、所得税，在“收到的税费返还”项目中反映。本项目可以根据“应交税费”、“库存现金”、“银行存款”等科目的记录分析填列。

（7）“支付的其他与经营活动有关的现金”项目。该项目反映企业除上述各项目外所支付的其他与经营活动有关的现金流出，如罚款支出、支付的差旅费、业务招待费、保险费、经营租赁支付的现金等。其他与经营活动有关的现金，如果金额较大，应单列项目反映。本项目可以根据有关科目的记录分析填列。

2. “投资活动产生的现金流量”各项目的内容和填列方法

（1）“收回投资所收到的现金”项目。该项目反映企业出售、转让或到期收回除现金等价物以外的交易性金融资产、可供出售金融资产、持有至到期投资、委托贷款、长期股权投资而收到的现金；但不包括其中收回的利息，以及收回的非现金资产。收回的利息在“取得投资收益收到的现金”项目中反映。本项目可根据“交易性金融资产”、“长期股权投资”、“持有至到期投资”、“投资性房地产”、“库存现金”、“银行存款”等科目的记录分析填列。

（2）“取得投资收益所收到的现金”项目。该项目反映企业因投资股权性投资和债权性投资而收到的现金股利、利息，及从子公司、联营企业和合营企业分回利润而收到的现金；不包括股票股利。本项目可以根据“应收股利”、“应收利息”、“库存现金“、“银行存款”、“投资收益”等科目的记录分析填列。

（3）“处置固定资产、无形资产和其他长期资产而收到的现金净额”项目。该项目反映出售固定资产、无形资产和其他长期资产所取得的现金，减去为处置这些资产而支付的有关费用后的净额。处置固定资产、无形资产和其他长期资产所收到的现金，与处置活动支付的现金，两者在时间上比较接近，以净额反映更能反映处置活动对现金流量的影响，以净额反映。由于自然灾害等原因所造成的固定资产等长期资产的报废、毁损而收到的保险赔偿收入，也在本项目中反映。如处置固定资产、无形资产和其他长期资产收回的现金净额为负数，则应作为投资活动产生的现金流量，在“支付其他与投资活动有关的现金”项目中反映。本项目可以根据“固定资产清理”、“库存现金”、“银行存款”等科目的记录分析填列。

（4）“处置子公司及其他营业单位收到的现金净额”项目。该项目反映企业处置子公司和处置其他营业单位实际收到的现金净额。

（5）“收到的其他与投资活动有关的现金”项目。该项目反映企业除了上述各项目以外，所收到的其他与投资活动有关的现金流入。比如，企业收回购买股票和债券时支付的已宣告但尚未领取的现金股利或已到付息期但尚未领取的债券的利息。若其他与投资活动有关的现金流入金额较大，应单列项目反映。本项目可根据有关科目的记录分析填列。

（6）“购建固定资产、无形资产和其他长期资产所支付的现金”项目。该项目反映企业购买、建造固定资产，取得无形资产和其他长期资产所支付的现金，包括购买机器设备所支付的现金及增值税款、建造工程支付的现金、支付由在建工程和无形资产负担的薪酬等现金支出；不包括为购建固定资产而发生的借款利息资本化部分，以及融资租入固定资产所支付的租赁费。为购建固定资产而发生的借款利息资本化部分，以及融资租入固定资产所支付的租赁费，应在“筹资活动产生的现金流量——支付其他与筹资活动有关的现金”项目中反映，不在本项目中反映。企业以分期付款方式购建的固定资产，其首次付款支付的现金在本项目中反映，以后各期支付的现金在“筹资活动产生的现金流量——支付其他与筹资活动有关的现金”项目中反映。本项目可以根据“固定资产”、“在建工程”、“无形资产”、“库存现金”、“银行存款”等科目的记录分析填列。

（7）“投资所支付的现金”项目。该项目反映企业进行权益性投资和债权性投资支付的现金，包括企业取得的除现金等价物以外的交易性股票投资、交易性债券投资、长期股权投资、持有至到期投资支付的现金，以及支付的佣金、手续费等附加费用。企业购买债券的价款中含有债券利息的以及溢价或折价购入的，均按实际支付的金额反映。企业购买股票和债券时，实际支付的价款中包含的已宣告但尚未领取的现金股利或已到付息期但尚未领取的债券利息，应在“支付其他与投资活动有关的现金”项目中反映；收回购买股票和债券时支付的已宣告但尚未领取的现金股利或已到付息期但尚未领取的债券利息，应在“收到其他与投资活动有关的现金”项目中反映。本项目可以根据“交易性金融资产”、“持有至到期投资”、“可供出售金融资产”、“投资性房地产”、“库存现金”、“银行存款”等科目的记录分析填列。

（8）“购买子公司及其他营业单位支付的现金净额”项目。该项目反映企业购买子公司和其他营业单位实际支付的现金净额。整体购买一个单位，其结算方式是多种多样的，如购买方全部以现金支付或一部分以现金支付而另一部分以实物清偿。同时，企业购买子公司及其他营业单位是整体交易，子公司和其他营业单位除有固定资产和存货外，还可能持有现金和现金等价物。这样，整体购买子公司或其他营业单位的现金流量，就应以购买出价中以现金支付的部分减去子公司或其他营业单位持有的现金和现金等价物后的净额反映。

（9）“支付其他与投资活动有关的现金”项目。该项目反映企业除上述各项目外，支付其他与投资活动有关的现金。其他与投资活动有关的现金，如果价值较大的，应单列项目反映。

3. “筹资活动产生的现金流量”各项目的内容和填列方法

（1）“吸收投资所收到的现金”项目。该项目反映企业收到的投资者投入的现金，包括以发行股票、债券等方式筹集资金实际收到的款项净额（发行收入减去支付的佣金等发行费用后的净额）。企业以发行股票、债券等方式筹集资金而由企业直接支付的审计、咨询等费用，不从本项目内扣除，而在“支付的其他与筹资活动有关的现金”项目反映。本项目可以根据“实收资本（或股本）”、“库存现金”、“银行存款”等 科目的记录分析填列。

（2）“借款所收到的现金”项目。该项目反映企业举借各种短期、长期借款所收到的现金。本项目可以根据“短期借款”、“长期借款”、“现金”、“银行存款”等科目的记录分析填列。

（3）“收到的其他与筹资活动相关的现金”项目。该项目反映企业除上述各项目外所收到的其他与筹资活动相关的现金流入。若某项其他与筹资活动有关的现金流入金额较大，应单列项目反映。本项目可以根据有关科目的记录分析填列。

（4）“偿还债务所支付的现金”项目。该项目反映企业偿还债务本金所支付的现金，包括偿还金融企业的借款本金、偿还债券本金等。企业支付的借款利息和债券利息在“分配股利、利润或偿付利息所支付的现金”项目反映，不包括在本项目内。本项目可以根据“短期借款”、“长期借款”、“应付债券”、“库存现金”、“银行存款”等科目的记录分析填列。

（5）“分配股利、利润或偿付利息所支付的现金”项目。该项目反映企业实际支付的现金股利、支付给其他投资单位的利润及支付的借款利息、债券利息等。不同用途的借款，其利息的开支渠道不一样，如在建工程、财务费用等，均在本项目反映。本项目可以根据“应付股利”、“应付利息”、“利润分配”、“在建工程”、“制造费用”、“财务费用”、“研发支出”、“库存现金”、“银行存款”等科目的记录分析旗列。

(6)“支付的其他与筹资活动有关的现金”项目。该项目反映企业除上述各项目外所支付的其他与筹资活动有关的现金流出，如融资租入固定资产支付的租赁费等。若某项其他与筹资活动有关的现金流出金额较大，应单列项目反映。本项目可以根据有关科目的记录分析填列。

4.“汇率变动对现金的影响”项目的内容和填列方法

编制现金流量表时，应当将企业外币现金流量以及境外子公司的现金流量折算成记账本位币。现金流量表准则规定，企业外币现金流量以及境外子公司的现金流量，应当以现金流量发生日的即期汇率或按照系统合理的方法确定的、与现金流量发生日即期汇率近似的汇率折算。汇率变动对现金的影响额应当作为调节项目，在现金流量表中单独列报。

汇率变动对现金及现金等价物的影响，是指企业外币现金流量及境外子公司的现金流量折算成记账本位币时，所采用的是现金流量发生日的即期汇率或即期汇率近似的汇率，而现金流量表中“现金及现金等价物净增加额”中外币现金净增加额是按期末汇率折算的。这两者的差额即为汇率变动对现金的影响。

5. 现金流量表附注——补充资料各项目的内容和填列方法

(1)“将净利润调节为经营活动的现金流量”项目。利润表反映的当期净利润是按权责发生制原则确认和计量的，而经营活动的现金流量净额是按收付实现制确认和计量的；而且当期净利润既包括经营损益，又包括不属于经营活动的损益。因此，采用间接法将净利润调整为经营活动的现金流量净额时，主要需要调整四大类项目：①实际没有支付现金的费用。②实际没有收到现金的收益。③不属于经营活动的损益。④经营性应收应付项目的增减变动。

1）资产减值准备。该项目反映企业当期实际计提的各项资产减值准备。本项目可以根据“资产减值损失”科目的记录分析填列。

2）固定资产折旧、油气资产折耗、生产性生物资产折旧。该项目反映企业本期累计提取的折旧或折耗。本项目可以根据“累计折旧”、“累计折耗”、“生产性生物资产累计折旧”科目的贷方发生额分析填列。

3）无形资产摊销和长期待摊费用摊销。这两个项目分别反映企业本期累计摊入成本费用的无形资产价值及长期待摊费用。这两个项目可以根据“无形资产”、“长期待摊费用”科目的贷方发生额分析填列。

4）处置固定资产、无形资产和其他长期资产的损失（减：收益）。该项目反映企业本期由于处置固定资产、无形资产和其他长期资产而发生的净损失。本项目可以根据“营业外收入”、“营业外支出”、“其他业务收入”、“其他业务成本”科目所属有关明细科目的记录分析填列；如为净收益，以“-”号填列。

5）固定资产报废损失（减：收益）。该项目反映企业本期固定资产盘亏报废后的净损失。本项目可以根据“营业外支出”科目所属非流动资产处置损益明细科目分析后填列。

6）公允价值变动损失（减：收益）。该项目反映企业交易性金融资产、交易性金融负债，以及采用公允价值模式计量的投资性房地产、衍生工具、套期保值业务等公允价值变动形成的应计入当期损益的净损失。本项目根据“公允价值变动损益”科目所属有关明细科目的利得扣除损失后填列。

7）财务费用。该项目反映企业本期实际发生的应属于投资活动或筹资活动的财务费用。属于投资活动、筹资活动的部分，在计算净利润时已扣除，但这部分发生的现金流出不属于经营活动现金流量的范畴，所以，在将净利润调节为经营活动的现金流量时，需要予以加回。本项目可以根据“财务费用”科目的本期借方发生额分析填列；如为收益，以“-”号填列。

8）投资损失（减：收益）。该项目反映企业对外投资所实际发生的投资损失减去收益后的净损失。本项目可以根据利润表“投资收益”项目的数字填列；如为投资收益，以“-”号填列。

9）递延所得税资产减少（减：增加）。该项目反映企业本期递延所得税资产的净减少。本项目可以根据资产负债表“递延所得税资产”项目的期初、期末余额的差额填列。“递延所得税资产”的期末数小于期初数的差额，以正数填列；“递延所得税资产”的期末数大于期初数的差额，以“-”号填列。

10）递延所得税负债增加（减：减少）。该项目反映企业本期递延所得税负债的净增加。本项目可以根据资产负债表“递延所得税负债”项目的期初、期末余额的差额填列。“递延所得税负债”的期末数大于期初数的差额，以正数填列；“递延所得税负债”的期末数小于期初数的差额，以“-”号填列。

11）存货的减少（减：增加）。该项目反映企业本期存货的减少（减：增加）。本项目可以根据资产负债表“存货”项目的期初、期末余额的差额填列；期末数大于期初数的差额，以“-”号填列。

12）经营性应收项目的减少（减：增加）。该项目反映企业本期经营性应收项目的减少（减：增加）。经营性应收项目主要是指应收账款、应收票据和其他应收款中与经营活动有关的部分。本项目可以根据资产负债表“应收账款”、“应收票据”、“其他应收款”等项目的期初、期末余额的差额分析填列；期末数大于期初数的差额，以“-”号填列。

13）经营性应付项目的增加（减：减少）。该项目反映企业本期经营性应付项目的增加（减：减少）。经营性应付项目主要是指应付账款、应付票据、应付职工薪酬、应交税费、其他应付款、其他应交款中与经营活动有关的部分。本项目可以根据资产负债表“应付账款”、“应付票据”、“应付职工薪酬”、“应交税费”、“其他应付款”、“其他应交款”等项目的期初、期末余额的差额分析填列；期末数小于期初数的差额，以“－”号填列。

14）其他。该项目反映除了上述所项目外影响净利润的业务金额。例如，增设“待摊费用”、“预提费用”科目的企业，应将“待摊费用减少（减：增加）”填入该项目，它根据“待摊费用”账户期初、期末余额的差额填列，期末数大于期初数的差额，以“－”号填列；还应将“预提费用增加（减：减少）”填入该项目，它根据“预提费用”账户期初、期末余额的差额填列，期末数小于期初数的差额，以“－”号填列。

补充资料中的“经营活动产生的的现金流量净额”要与现金流量表中“经营活动产生的的现金流量净额”的金额相等。

（2）“不涉及现金收支的投资和筹资活动”项目。该项目反映企业一定会计期间影响资产、负债但不形成该期现金收支的所有投资和筹资活动的信息。这些投资和筹资活动是企业的重大理财活动，对以后各期的现金流量会产生重大影响，因此，应单列项目在补充资料中反映。目前，我国企业现金流量表补充资料中列示的不涉及现金收支的投资和筹资活动项目主要有以下几项：

1）“债务转为资本”项目。该项目反映企业本期转为资本的债务金额。

2）“一年内到期的可转换公司债券”项目。该项目反映企业一年内到期的可转换公司债券的本息。

3）“融资租入固定资产”项目。该项目反映企业本期融资租入固定资产计入“长期应付款”科目的金额。

（3）“现金及现金等价物净增加额”项目。该项目反映企业一定会计期间现金及现金等价物的期末余额减去期初余额后的净增加额（或净减少额），是对现金流量表正表中“现金及现金等价物”项目的补充说明。该项目的金额应与正表中最后一项“现金及现金等价物净增加额”项目的金额核对相符。

（五）现金流量表的编制方法

在具体编制现金流量表时，企业可根据业务量的大小及复杂程度，采用工作底稿法、T形账户法、随时确认法，或直接根据有关科目的记录分析填列。

1. 工作底稿法

工作底稿法是以工作底稿为手段，以利润表和资产负债表数据为基础，结合有关科目的记录，对现金流量表的每一项目进行分析并编制调整分录，从而编制出现金流量表的一种方法。

采用工作底稿法编制现金流量表的具体步骤是：

第一步，将资产负债表的期初数和期末数过入工作底稿的期初数栏和期末数栏。

第二步，对当期业务进行分析并编制调整分录。调整分录大体有这样几类：第一类涉及利润表中的收入、成本和费用项目以及资产负债表中的资产、负债及所有者权益项目，通过调整，将权责发生制下的收入、费用转换为现金基础；第二类是涉及资产负债表和现金流量表中的投资、筹资项目，反映投资和筹资活动的现金流量；第三类是涉及利润表和现金流量表中的投资和筹资项目，目的是将利润表中有关投资和筹资方面的收入和费用列入到现金流量表投资、筹资现金流量中去。此外，还有一些调整分录并不涉及现金收支，只是为了核对资产负债表项目的期末数变动。

在调整分录中，有关现金和现金等价物的事项，并不直接借记或贷记现金，而是分别记入“经营活动产生的现金流量”、“投资活动产生的现金流量”、“筹资活动产生的现金流量”有关项目，借记表明现金流入，贷记表明现金流出。

第三步，将调整分录过入工作底稿中的相应部分。

第四步，核对调整分录，借贷合计应当相等，资产负债表项目期初数加减调整分录中的借贷金额以后，应当等于期末数。

第五步，根据工作底稿中的现金流量表项目部分编制正式的现金流量表。

2. T形账户法

T形账户法是以利润表和资产负债表为基础，结合有关科目的记录，对现金流量表的每一项目进行分析并编制调整分录，通过“T形账户”编制出现金流量表的一种方法。

采用T形账户法编制现金流量表的具体步骤是：

第一步，为所有成非现金项目（包括资产负债表项目和利润表项目）分别开设T形账户，并将各自的期末期初变动数过入各该账户。

第二步，开设一个大的“现金及现金等价物”T形账户，每边分为经营活动、投资活动和筹资活动三个部分，左边记现金流入，右边记现金流出。与其他账户一样，过入期末期初变动数。

第三步，以利润表项目为基础，结合资产负债表分析每一个非现金项目的增减变动，并据此编制调整分录。

第四步，将调整分录过入各T形账户，并进行核对，该账户借贷相抵后的余额与原先过入的期末期初变动数应当一致。

第五步，根据大的“现金及现金等价物”T形账户编制正式的现金流量表。

3. 随时确认法

所谓随时确认法，是会计人员在平时处理经济业务编制记账凭证时应确定现金流量表的具体项目，对其进行编号，然后，定期或不定期对记账凭证中已编号的项目金额进行汇总，于期末正式编制出现金流量表的编制方法（见《四川会计》1999年第6期朱学义“论现金流量表的随时确认法”)。现金流量表项目编号如下（第42号前括号内为各项目简称）：

01 销售商品、提供劳务收到的现金（销售商品收现）

04 收到的税费返还（收到税费返还）

05 收到其他与经营活动有关的现金（收到其他经营活动款）

06 购买商品、接受劳务支付的现金（购买商品付现）

08 支付给职工以及为职工支付的现金（支付职工现金）

11 支付的各项税费（支付各项税费）

12 支付其他与经营活动有关的现金（支付其他经营活动款）

21 收回投资收到的现金（收回投资款）

22 取得投资收益收到的现金（投资收益收现）

23 处置子公司及其他营业单位收到的现金净额（处置子公司收现）

24 处置固定资产、无形资产和其他长期资产收回的现金净额（处置长期资产收现）

25 收到其他与投资活动有关的现金（收到其他投资活动款）

26 购买固定资产、无形资产和其他长期资产支付的现金（购买长期资产付现）

27 投资支付的现金（投资付现）

28 取得子公司及其他营业单位支付的现金净额（购买子公司付现）

29 支付其他与投资活动有关的现金（支付其他投资活动款）

31 吸收投资收到的现金（吸收投资收现）

33 取得借款收到的现金（借款收现）

34 收到其他与筹资活动有关的现金（收到其他筹资活动款）

36 偿还债务支付的现金（偿债付现）

38 分配股利、利润或偿付利息支付的现金（分利付息付现）

42 支付其他与筹资活动有关的现金（支付其他筹资活动款）

89 现金流量项目

99 非现金流量项目

100 现金之间转换

设置89号、99号是专门用于调节经营活动和非经营活动现金流量项目的。例如，产品生产领用原材料实际成本1 500元，在建工程领用原材料实际成本200元。会计分录如下：

借：生产成本	1 500	
在建工程	200	
贷：原材料——89		1 500

——99　　　　　　　　　　　　　　　　　　　　　　　　200

上述业务中，在建工程用料属于投资活动，不属于经营活动，用非经营活动现金流量项目“99”号划出，意味着期末现金流量表补充资料1中“存货的减少”不再考虑这200元。

设置100号是专门用于货币资金之间划转业务的。例如，从银行提取现金，借记“库存现金——100”科目，贷记“银行存款——100”科目，这样标志后，意味着确定现金流量时不再考虑这部分相互划转额，因为货币资金之间划转不产生现金流量。

4. 分析填列法

分析填列法是直接根据资产负债表、利润表和有关会计科目明细账的记录，分析计算出现金流量表各项目的金额，并据以编制现金流量表的一种方法。

五、财务报表附注

（一）财务报表附注概述

财务报表附注是财务报表的重要组成部分，是对财务报表中列示项目的文字描述或明细资料，以及对未能在这些报表中列示项目的说明等。

附注披露会计信息的一般顺序是：企业基本情况（包括企业注册地、组织形式和总部地址，企业的业务性质和主要经营活动，母公司以及集团最终母公司的名称，财务报告的批准报出者和财务报告批准报出日）；财务报表的编制基础；遵循企业会计准则的声明；重要会计政策的说明（包括财务报表项目的计量基础和会计政策的确定依据等）；重要会计估计的说明（包括下一会计期间内很可能导致资产和负债账面价值重大调整的会计估计的确定依据等）；会计政策和会计估计变更以及差错更正的说明；对已在资产负债表、利润表、所有者权益变动表和现金流量表中列示的重要项目的进一步说明，包括终止经营税后利润的金额及其构成情况等；或有和承诺事项、资产负债表日后非调整事项、关联方关系及其交易等需要说明的事项。

企业还应当在附注中披露在资产负债表日后、财务报表批准报出日前提议或宣布发放的股利总额和每股股利金额（或分配给投资者的利润总额）。

（二）报表重要项目披露的内容

企业对报表重要项目的说明，应当按照资产负债表、利润表、现金流量表、所有者权益变动表及其项目列示的顺序，采用文字和数字描述相结合的方式进行披露。报表重要项目的明细金额合计，应当与报表项目金额相衔接。

1. 资产负债表重要项目的披露

资产负债表重要项目有：交易性金融资产、应收款项、存货、可供出售金融资产、持有至到期投资、长期股权投资、投资性房地产、固定资产、生产性生物资产和公益性生物资产、油气资产、无形资产、商誉、递延所得税资产和递延所得税负债、资产减值准备、交易性金融负债、职工薪酬、应交税费、短期借款和长期借款、长期应付款、其他资产。

2. 利润表重要项目的披露

利润表重要项目有：营业收入、公允价值变动收益、投资收益、资产减值损失、营业外收入、营业外支出、所得税费用、每股收益等。企业还要披露与利润表相关的“分部报告”情况。

3. 现金流量表重要项目的披露

现金流量表重要项目有：现金流量表补充资料、取得或处置子公司的有关信息、现金和现金等价物等。

4. 其他重要事项的披露

其他重要事项有：政府补助、股份支付、债务重组、借款费用、企业合并、租赁、或有事项、资产负债表日后事项、关联方关系及其交易、终止经营等。

第二节 财务会计报告实务考核题及其答案

一、财务会计报告实务考核题

（一）单项选择题

1. 财务报告的目的是（　　）。

A. 完成上级任务　　B. 满足企业领导需要　　C. 满足投资者需要

D. 向一系列使用者提供经济决策的信息或资料

2. “应付职工薪酬”账户月末借方余额 2.2 万元，在资产负债表中以（　　）万元在“（　　）”项目反映。

A. 2.2 其他应收款　　B. −2.2 其他应付款

C. 2.2 应付职工薪酬　　D. −2.2 应付职工薪酬

3. 利润表中“营业收入”项目反映产品销售收入的（　　）。

A. 全额　　B. 净额

C. 全额和增值税　　D. 净额和增值税

4. 下列各项业务，能引起企业经营活动现金流量增加的是（　　）。

A. 收回应收账款　　B. 出售固定资产收款存行

C. 用银行存款偿还长期借款　　D. 用无形资产向其他单位进行投资

（二）多项选择题

1. 财务报告的编制要求有（　　）。

A. 贯彻一致性原则　　B. 真实性　　C. 完整性

D. 及时性　　　　　　　　E. 手续要完备

2. 下列业务引起企业营运资金增加的有（　　）。

A. 计提折旧　　　　　　　B. 无形资产摊销

C. 投资者投入固定资产　　D. 转销固定资产盘亏

3. 下列业务引起企业营运资金减少的有（　　）。

A. 向投资者分配利润　　　B. 用银行存款购置固定资产

C. 购买长期债券　　　　　D. 对外投资转出固定资产

4. 计算速动比率时把存货从流动资产中扣除的主要原因有（　　）。

A. 存货变现速度慢　　　　B. 部分未处理的已损存货可能无法变现

C. 部分存货已抵押给债权人 D. 存货占流动资产比重大

（三）填空题

1. 财务报告包括________和________。

2. 会计报表有________、________、________和________。

3. 资产负债表左方按________顺序排列，反映企业的________，右方按债务________顺序排列，反映企业________，左右方联系起来观察可看出企业的________。

4. “发出商品”账户期末余额、“预提费用”账户期末借方余额、“利润分配”账户年终余额应分别填入资产负债表中________、________、________项目。

5. 某企业月末购销往来明细账余额（元）如下：

应收账款——甲厂	5 000	应付账款——丁厂	2 000
——乙厂	-4 000	——戊厂	-1 000
——丙厂	1 500	——己厂	-3 000

该企业月末资产负债表中“应收账款”项目为________元、“应付账款”项目为________元、“预收账款”项目________元、“________”项目为________元。

6. “利润分配”账户年末借方余额 10 万元，在资产负债表中“________”项目填________。

7. 企业本年度利润总额 200 万元，年初尚未弥补的亏损 30 万元（弥补期限不到 5 年）；本年度从联营企业分进利润 10 万元，从股份企业分进股利 12 万元，获得国库券利息收入 8 万元，获得企业债券利息收入 15 万元，全年发生工资及福利费 40 万元，税法规定的标准为 34 万元，列入营业外支出的各种捐赠支出 5 万元（其中公益性捐赠 1 万元）。该企业全年应交所得税为________万元（所得税税率 25%）。

8. 报废一台固定资产，原值10万元，已提折旧8万元，残料收入1万元存入银行，用银行存款支付清理费用0.6万元，已清理完毕。据此。填入现金流量表中“________”项目________万元、“________”项目________万元。

9. 盘盈设备一台，公允价值6万元，已报批处理；购入不需要安装旧设备一台，公允价值3.5万元，用存款支付款项共3.5万元，设备已交付使用；用银行存款支付出包工程款6万元，该工程应负担借款利息1.2万元，工程完工交付使用，价值8万元；本年度计提固定资产折旧共计7.85万元。现金流量表“购建固定资产、无形资产等付现”________万元；补充资料中“固定资产折旧”项目________万元，“固定资产报废损失”项目________万元。

10. “持有至到期投资”账户上年年末余额共6.5万元，其中一年内到期的持有至到期投资0.4万元。本年度购买债券和股票共增加2.5万元，收回证券3.1万元，其中到期一次收息0.1万元；本年末一年内到期的持有至到期投资2.1万元。本年现金流量表中“收回投资收现”项目________万元，“投资付现”项目________万元；资产负债表中年末“持有至到期投资”项目________万元。

11. 财务报表分析的方法主要有________、________和________，其中最基本的方法是________。

12. 本年度，投资者投入货币资金20万元。本年现金流量表中“________”项目填列________万元。

二、财务会计报告实务考核题参考答案

（一）单项选择题

1. D　2. D　3. B　4. A

（二）多项选择题

1. ABCDE　2. AB　3. ABC　4. ABC

（三）填空题

1. 会计报表　会计报表附注

2. 资产负债表　利润表　现金流量表　所有者权益变动表

3. 资产变现可能性　支付能力状况　需要偿还的先后　各种债务需要偿还的时间性　偿债能力

4. 存货　其他流动资产　未分配利润

5. 5 000 + 1 500 = 6 500　2 000　4 000　预付账款4 000

6. 未分配利润　-10万元

7. $[200-30-10-12-8+(40-34)+(5-1)]\times 25\%=37.5$

8. 处置固定资产等收现净额　$1-0.6=0.4$

固定资产报废损失　10 - 8 + 0.6 - 1 = 1.6

9. 3.5 + 6 = 9.5；7.85；0

10. 3.1 - 0.1 = 3；2.5；6.5 + 2.5 - 3.1 - 2.1 = 3.8

11. 比较分析法　比率分析法　百分比分析法　比较分析法

12. 吸收投资收现　20

第三篇　会计上岗能力考核

第二十二章　上岗考核概述

企业的会计核算工作，是由各个岗位的会计完成的。会计人员能否上岗，取决于他的基本条件和业务素质；同时，已上岗的人员要想进一步扩充知识，精通全部业务，还必须轮换岗位。为此，我们设计了一整套会计业务，让大家模拟操作，为从事会计实际工作和提高岗位能力水平打下基础。

一、上岗考核的目的要求

（一）目的

会计上岗能力考核的目的是：掌握企业会计的整个核算过程，达到会记账、会算账、弄清会计账簿体系及各种数据的来龙去脉，为会计资料使用者提供有关的经济决策信息。

（二）要求

进行会计上岗能力考核要求做到：根据所提供的经济业务会填制有关原始凭证；根据原始凭证会编制记账凭证；根据记账凭证会登记现金日记账、银行存款日记账和有关明细账；会利用账簿资料编制有关分配表，计算产品成本和利润；会编制科目汇总表等进行试算平衡，进而登记总账；会编制财务报表和成本报表，包括：资产负债表、利润表、现金流量表、资产减值准备明细表、所有者权益变动表、营业收支明细表、应交税费明细表、产品生产成本表、主要产品单位成本表、制造费用明细表、销售费用明细表、管理费用明细表、财务费用明细表、投资收益明细表、营业外收支明细表、产品生产及销售成本表。

二、上岗考核的形式

会计上岗能力考核分为全能考核和岗能考核两种形式。全能考核是指按所给经济业务顺序进行全面操作，完成规定的任务，也就是说，一个人能干全部会计工作。岗能考核是指按会计岗位分工进行各个岗位的会计核算工作的考核。

三、上岗考核时间的安排

参加会计上岗能力考核的人员必须是已学过《基础会计》、《财务会计》和《成本会计》等课程，或者是从事会计工作多年，熟悉全部经济业务。考核时间的长短取决于考核要求及形式。具体讲：

（1）仅进行全能考核。如果全部记账凭证和会计账页都购置使用真实资料[收款凭证24张，付款凭证50张，转账凭证136张，库存现金日记账账页1张，银行存款日记账账页6张（采用随时确认法编制现金流量表应选用十三栏式账页），三栏式账页70张，七栏式账页5张，九栏式账页7张，十四栏（数量金额）账页2张，二十栏账页12张，九栏（数量金额）式账页4张（或称存货分类账），应交增值税专用账页3张，材料采购专用账页2张，记账凭证封面（底）3份]，手工操作时间为4周，电算化操作时间为2周。如果作为《企业会计实务》课程授课和考核，课时80学时，另加电算化上机考核两周。

（2）仅进行岗能考核。用真实会计资料操作的，手工操作时间为3~4周；采用其他方式的，手工操作时间两周左右。

（3）既进行全能考核，又进行岗能考核。如均使用会计真实资料操作，时间5~6周。

如不采用以上集中时间考核的方式，而是分散在平时进行，则安排80学时完成手工操作考核。

（4）在全能考核的基础上，运用本书资料还可进行会计电算化考核训练，可使用任何财务商用软件（用友、金蝶、安易等财务软件），从建立账套开始，完成初始化、输入凭证、审核、记账、账簿查询、编制报表等全部操作，需时间2周。

四、上岗考核记分

考核采用结构记分法。业务分占70%，书写分占10%，考核报告分占5%，面试占15%（以前两篇资格考试和本篇上岗考核题为范围）；如采用电算化考核，上机成绩再占一定比例。

对于业务分，在集中考核方式下，每天布置考核任务，用小考卷记小分，全部操作完毕，出大考卷记大分，大小分加权平均确定业务综合分；在分散考核方式下，用平时成绩和最终考试成绩综合定分。

第二十三章　上岗考核资料

滨海市四方电机厂账号 102340，开户行为滨海市中国银行支行，行号 24202，增值税纳税登记号 320303100210636，地址方山路 4 号，电话 88608502。企业为一般纳税人，增值税税率为 17%，所得税税率为 25%。该厂生产多种起动电动机和变速电动机，设有一、二两个基本生产车间分别生产这两种产品，另外设有两个辅助生产车间——工具车间和机修车间（该厂根据管理需要，将“生产成本”科目分解为“基本生产”和“辅助生产”两个科目）。起动电动机不分品种、规格和批别混合生产，按定额比例法计算成本。变速电动机和试制新产品按产品分批投产，按分批法计算成本。20××年 12 月份有关资料如下：

一、本月（年）初各账户的余额（单位：元）

（1）资产类账户

账户名称	本年 12 月初余额	本年初余额
库存现金	187	200
银行存款	237 425.4	256 300
交易性金融资产	214 100	535 000
应收票据	10 200	20 500
应收账款	551 430	560 000
坏账准备	－1 680	－1 680
其他应收款	400	1 800
预付账款	5 000	—
材料采购——原材料采购	5 000	6 500
原材料	550 000	380 000
包装物	50 000	48 000
低值易耗品	145 000	170 000
——在库	150 000	160 000
——在用	100 000	120 000
——摊销	－105 000	－110 000
材料成本差异	25 000	－26 920
——原材料差异	22 000	－25 600
——包装物差异	5 000	2 880
——低耗品差异	－2 000	－4 200
基本生产	427 288	413 000

（续）

账户名称	本年12月初余额	本年初余额
库存商品	220 600	210 020
待摊费用——财产保险费	380	10 480
长期股权投资	154 600	154 600
固定资产	3 788 600	3 568 000
累计折旧(贷余)	269 000	1 094 000
工程物资	130 000	135 000
在建工程	12 469.6	—
——自制设备工程(356号定单)	12 469.6	—
无形资产	135 400	135 400
累计摊销(贷余)	11 500	—
长期待摊费用	77 500	87 500
递延所得税资产	420	420
资产类账户合计	5 458 820	5 570 120

（2）权益类账户

账户名称	本年12月初余额	本年初余额
短期借款	445 000	384 400
应付账款	396 000	489 000
应付职工薪酬	88 390	86 200
应交税费	52 490	95 900
应付股利	—	262 100
应付利息	20 280	—
——短期借款利息	20 280	—
长期借款	647 031	996 672
其中一年内到期的借款①	20 000	369 641
应付债券	120 019	120 328
实收资本	2 814 000	2 814 000
——国家资本	2 251 200	2 251 200
——法人资本	562 800	562 800
资本公积	23 000	23 000
盈余公积	98 952	98 952
本年利润②	554 090	—
利润分配(贷余)	199 568	199 568
权益类账户合计	5 458 820	5 570 120

① 本年年底确定的一年内到期的长期借款为30 000元，在编制年终资产负债表时要考虑。

② =1至11月累计利润总额827 000－1至11月累计所得税272 910。

(3) 基本生产明细账月初在产品成本

		直接材料	直接工资	制造费用	合　计
基本生产	起动电动机	285 000	18 236	88 000	391 236
	218#定单变速电动机	22 160	244	1 200	23 604
	225#定单变速电动机	10 360	288	1 800	12 448
合　计		317 520	18 768	91 000	427 288

(4) 产成品明细账月初结存

产 品 名 称	数量/台	单位成本/元	金额/元
ST700 起动电动机	300	295	88 500
ST60 起动电动机	500	85	42 500
ST90 起动电动机	1 000	40	40 000
ST8 起动电动机	800	48	38 400
7.8/22kW380V 变速电动机	10	1 120	11 200
合　计			220 600

(5) 固定资产月初分布情况

一、生产用固定资产		355 000
一车间	厂房	286 000
	机器设备	1 990 000
二车间	厂房	676 000
	机器设备	364 000
机修车间	厂房	32 000
	机器设备	46 000
工具车间	厂房	26 000
	机器设备	26 000
管理部门房屋		104 000
二、非生产用固定资产——房屋		140 000
三、未使用固定资产——设备		71 600
四、租出固定资产——设备		27 000
五、固定资产原值合计		3 788 600

(6) 原材料月初结余额中包括三星公司发来的材料一批，该材料上月末已验收入库，但发票未到，上月末按计划成本 1 000 元暂估入账。“材料采购”月初余额 5 000 元为在途材料，系向京卫工厂购材料一批的货款，该批材料全部款

项已付，但到上月底材料仍未到达。

二、有关计算资料

（1）1～11月份累计产品销售资料

单位：元

产品名称		销售数量/台	营业收入	营业成本	营业税金及附加	营业利润
起动电动机	ST700	4 375	1 704 270	1 295 630	9 697	398 943
	ST60	9 850	1 247 280	872 300	7 097	367 883
	ST90	24 080	1 524 620	1 068 040	8 675	447 905
	ST8	17 472	1 264 400	887 050	7 194	370 156
变速电动机	10/30kW 346V	66	254 950	244 800	1 451	8 699
	7.3/22kW 380V	332	521 465	385 780	2 962	132 723
合计		—	6 516 985	4 753 600	37 076	1 726 309

（2）产成品数量及有关资料

产品名称或成本项目	1～11月累计		本月完工产品数量/台	单台材料定额成本/元	单台工时定额/h	上年实际单位成本/元	1～11月累计销售数量/台	年初结存产成品	
	完工产品产量/台	实际总成本/元						数量/台	成本/元
一、主要产品									
1. ST700起动电动机	4 400	1 298 880	500	250	30	314	4 375	275	85 250
直接材料		988 680				238			
直接人工		57 640				15			
制造费用		252 560				61			
2. ST60起动电动机	9 900	875 200	1 000	70	10	90	9 850	450	39 600
3. ST90起动电动机	24 200	1 070 200	2 000	30	6	45	24 080	880	37 840
4. ST8起动电动机	17 600	891 800	1 500	40	6	52	17 472	672	33 650
5. 380V变速电动机	330	383 300	30	—	—	1 188	332	12	13 680
二、非主要产品									
1. 346V变速电动机	66	244 800	10	—	—	—	66	—	—
2. 605号新产品	—	—	1	—	—	—	—	—	—

（3）本月发出材料除低值易耗品、委托加工材料或题目明确标注按月初差异率调整为实际成本外，其余均按本月差异率调整计算。

三、有关报表资料

（1）资产负债表资料

资产负债表

单位名称：四方电机厂　　20××年11月30日　　单位：元

资　产	年初数	期末数	负债及所有者权益	年初数	期末数
货币资金	256 500	237 612.4	短期借款	384 400	445 000
交易性金融资产	535 000	214 100	应付账款	489 000	396 000
应收票据	20 500	10 200	应付利息	—	20 280
应收账款	558 320	549 750	其他应付款	—	—
预付账款	—	5 000	应付职工薪酬	86 200	88 390
其他应收款	1 800	400	应交税费	95 900	52 490
存货	1 200 600	1 422 888	应付股利	262 100	—
其他流动资产	10 480	380	一年内到期的非流动负债	369 641	20 000
长期股权投资	154 600	154 600	长期借款	627 031	627 031
固定资产	2 474 000	2 519 600	应付债券	120 328	120 019
工程物资	135 000	130 000	负债合计	2 434 600	1 769 210
在建工程	—	12 469.6	实收资本	2 814 000	2 814 000
无形资产	135 400	123 900	资本公积	23 000	23 000
长期待摊费用	87 500	77 500	盈余公积	98 952	98 952
递延所得税资产	420	420	未分配利润	199 568	753 658
			所有者权益合计	3 135 520	3 689 610
资产总计	5 570 120	5 458 820	负债及所有者权益总计	5 570 120	5 458 820

（2）现金流量表资料

现金流量表

编制单位：四方电机厂　　20××年11月　　单位：元

项　目	行次	金　额	补充资料	行次	金　额
一、经营活动产生的现金流量			1. 将净利润调节为经营活动现金流量		
销售商品、提供劳务收到的现金	1	7 672 042	净利润	57	554 090
收到的税费返还	2		加：计提的资产减值准备	58	
收到其他与经营活动有关的现金	8	88 265	固定资产折旧	59	255 000

（续）

项　　目	行次	金　额	补充资料	行次	金　额
现金流入小计	9	7 760 307	无形资产摊销	60	11 500
购买商品、接受劳务支付的现金	10	5 411 858	长期待摊费用摊销	61	28 260
支付给职工以及为职工支付的现金	12	571 900	处置固定资产、无形资产和其他长期资产的损失（减：收益）	66	-1 300
支付的各种税费	13	685 473	固定资产报废损失	67	10 000
支付的其他与经营活动有关的现金	18	614 890	财务费用	68	51 610
现金流出小计	20	7 284 121	投资损失（减：收益）	70	-47 000
经营活动产生的现金流量净额	21	476 186	递延所得税资产减少（减：增加）	71	
二、投资活动产生的现金流量			递延所得税负债增加（减：减少）	72	
收回投资所收到的现金	22	493 200	存货的减少（减：增加）	73	-268 280
取得投资收益所收到的现金	23		经营性应收项目的减少（减：增加）	74	15 270
处置固定资产、无形资产和其他长期资产而收到的现金净额	25	24 000	经营性应付项目的增加（减：减少）	75	-143 064
收到的其他与投资活动有关的现金	28		其他	76	10 100
现金流入小计	29	517 200	经营活动产生的现金流量净额	77	476 186
购建固定资产、无形资产和其他长期资产所支付的现金	30	304 193.6	2. 不涉及现金收支的投资和筹资活动		
投资支付的现金	31	125 300	债务转为资本	78	
支付的其他与投资有关的现金	35		一年内到期的可转换债券	79	
现金流出小计	36	429 493.6	融资租入的固定资产	80	
投资活动产生的现金流量净额	37	87 706.4	3. 现金及现金等价物增加情况：		
三、筹资活动产生的现金流量			现金的期末余额	81	237 612.4
吸收投资所受到的现金	38		减：现金的期初余额	82	256 500
取得借款所受到的现金	40	60 600	加：现金等价物的期末余额	83	
收到的其他与筹资有关的现金	43		减：现金等价物的期初余额	84	

（续）

项　　目	行次	金　额	补充资料	行次	金　额
现金流入小计	44	60 600	现金及现金等价物净增加额	85	－18 887.6
偿还债务所支付的现金	45	349 641			
分配股利、利润和偿付利息所支付的现金	46	293 539			
支付的其他与筹资有关的现金	52	200			
现金流出小计	53	643 380			
筹资活动产生的现金流量净额	54	－582 780			
四、汇率变动对现金的影响	55				
五、现金及现金等价物净增加额	56	－18 887.6			

（3）制造费用和管理费用资料

单位：元

费用项目	制造费用			管理费用		
	上年全年实际发生	本年计划	本年1～11月累计实际发生	上年全年实际发生	本年计划	本年1～11月累计实际发生
工资	54 300	48 900	41 800	66 000	67 000	61 600
职工福利费	7 602	6 846	5 852	9 240	9 380	9 116
折旧费	209 000	221 000	217 660	18 760	27 100	26 368
修理费	91 000	89 600	71 060	27 900	27 000	9 950
办公费	18 000	16 500	13 640	24 000	21 800	19 900
水电费	189 000	188 260	158 400	12 000	11 800	10 340
(机)物料消耗	478 000	480 000	130 436	26 400	24 000	21 600
劳动保护费	6 400	6 600	5 280	—	—	—
差旅费	4 200	4 000	4 100	8 700	8 300	8 000
保险费	4 870	5 210	4 770	480	510	451
低值易耗品摊销	298 000	290 000	285 000	5 400	5 240	4 180
无形资产摊销				12 550	12 550	11 500
运输费				25 900	25 700	20 680
研究开发费				132 000	132 300	116 800
工会经费				8 000	8 180	12 500

（续）

费用项目	制造费用			管理费用		
	上年全年实际发生	本年计划	本年1～11月累计实际发生	上年全年实际发生	本年计划	本年1～11月累计实际发生
养老保险				280 000	290 000	260 000
失业保险费				3 850	3 900	3 600
劳动保险费				5 000	8 000	6 200
职工教育经费				6 300	6 100	9 375
税金				10 000	10 600	7 900
存货盘亏毁损				8 000	5 000	7 000
其他	1 628	1 084				6 615

（4）财务费用、投资收益、营业外收支情况

单位：元

项　　目	上年实际	本年1～11月实际累计
一、销售费用		
1. 运输费	2 100	21 400
2. 包装费	3 000	3 200
3. 广告费	110 000	107 824
4. 其他费用	80 000	80 000
二、财务费用		
1. 利息支出	39 500	51 410
2. 金融机构手续费	180	200
三、投资收益		
1. 交易性金融资产	42 000	36 000
2. 持有至到期投资	25 500	11 000
四、营业外收入		
1. 处理固定资产收益	10 000	7 000
2. 报废毁损固定资产收益	3 000	11 000
五、营业外支出		
1. 处理固定资产损失	8 800	5 700
2. 固定资产盘亏	2 000	21 000
3. 子弟学校经费	13 000	12 100
4. 公益救济性捐赠	40 000	30 000

（5）1～12月现价工业总产值7 885 000元，现价工业销售产值7 807 000元，工业增加值2 128 950元，全部职工平均人数194人；1～11月平均流动资产2 625 000元，平均固定资产净值2 510 000元，平均营运资金1 280 500元，累计工资总额625 000元。

（6）固定资产月初余额均含增值税（均为2008年12月31日以前形成），在建工程，工程物资年初及月初余额均不含增值税金额。

四、20××年12月份发生下列经济业务

（1）1日，用红字冲销上月已验收入库但月终尚未付款的暂估原材料货款（计划成本）1 000元。

（2）1日，从本市台河厂购入原材料一批，增值税专用发票上货款金额97 020元，增值税税额16 493.40元，款项共计113 513.4元，已用转账支票付讫。该批原材料已验收入库，其计划成本100 000元（原材料入库平时不编记账凭证，而是汇入“收料凭证汇总表”（见表26-15），于月末汇总一笔编制记账凭证，平时入库材料差异也于月末汇总一笔处理，下同；其他各类材料均采用逐笔结转法）。

（3）2日，上月按计划价1 000元暂估入库材料的增值税发票和托收承付支款通知今日收到；其货款金额980元，增值税税额166.60元，共向淮洋市三星公司承付1 146.60元。（注：本月付款的上月收料仍按计划成本汇入本月收料凭证汇总表）

（4）3日，银行传来信汇凭证收账通知，上月海淀市东升厂所欠货款158 500元（其中代垫运费6 225元）于今日收到。

（5）4日，上月末在途材料于今日运到验收入库，计划成本5 100元。

（6）4日，以信汇方式支付上月向淮洋市三星公司购入材料的欠款115 000元，向龙江市红旗厂购入材料的欠款24 000元。

（7）4日，因先前购入的康乐公司股票行情不景气将其全部售出，收入75 000元，另付手续费700元，该股票当时购进时记入“交易性金融资产”科目的成本为76 800元。

（8）5日，向市机械厂售出ST700起动电动机200台，单位售价430元（不含税价，下同），按规定收取增值税额14 620元，款项共计100 620元已收存银行。

（9）5日，向沙雷市沙雷厂销售ST60起动电动机500台，单位售价140元，按规定收取增值税额11 900元，款项共计81 900元已办妥委托收款手续。

（10）7日，供应科采购员金磊上月出差，当时预借备用金400元，今日回厂，报销差旅费300元，余额以现金交回。

（11）7 日，日前将到期的一张银行承兑汇票送交银行，今日收到银行电划贷方补充报单，收存票款 10 200 元。

（12）8 日，填写税务局专用缴款书和缴款单，交纳上月应交增值税 13 000 元、城建税 910 元和教育费附加 390 元。

（13）8 日，填写税务局专用缴款书交纳上月应交所得税 41 530 元。

（14）8 日，发出木材一批，计划成本 5 000 元，委托市新华板箱厂加工木箱（并随时按上月原材料成本差异率结转材料价差）。

（15）8 日，企业收到国家拨入试制 605 号新产品拨款 20 000 元存入银行。

（16）8 日，从淮洋市三星公司购入原材料一批，增值税专用发票上货款金额 50 000 元，增值税税额 8 500 元，款项尚欠；该批材料已验收入库，其计划成本 51 000 元。

（17）10 日，银行传来委托收款凭证收账通知，5 日售给沙雷厂产品的款项 81 900 元已收存银行。

（18）10 日，出售未使用机床一台（2008 年 12 月 31 日前购入），收款 19 372.55元，该固定资产账面原价 50 000 元，已提折旧 30 000 元。

（19）10 日，机修车间为一车间一台机床进行大修理，领用工程物资 200 元。

（20）10 日，完工一批产品入库，其中，ST700 起动电动机完工入库 500 台，ST90 起动电动机完工入库 800 台，380V 变速电动机完工入库 10 台，ST60 起动电动机完工入库 400 台。（此题当日仅登记库存商品明细账，并汇入表 26-16 “产成品收入汇总表”，月末再进行账务处理，下同）。

（21）10 日，向青达市黄丰厂购原材料一批，增值税专用发票上货款金额 150 000 元，增值税税额 25 500 元，当即开出商业承兑汇票一张（面值 175 500 元，承兑期两个月），该批材料尚未到达。

（22）10 日，向银行借入临时借款 250 000 元。

（23）10 日，向市振华研究所购入一项专利，开出转账支票付款 86 000 元。

（24）11 日，从市证券交易所购入京能公司今年 10 月 1 日发行的 5 年期债券，面值 100 000 元，购入价格为 108 110 元，开出转账支票实际付款 109 777 元（其中包含两个月利息 1 667 元），债券票面利率为 10%，每年 9 月 30 日和 3 月 31 日付息，该债券企业不准备随时变现，而是为了长期获取利息。

（25）11 日，用信汇凭证支付 8 日从淮洋市三星公司购入原材料款项 58 500 元。

（26）11 日，银行传来结息通知，应付长期借款利息 96 000 元已转入借款户，该项长期借款用于建造固定资产的工程早已竣工。

（27）11 日，本月上旬产品生产领用原材料经汇总，计划成本共计 134 000

元，其中，起动电动机耗用100 000元，#218定单产品耗用3 000元，#225定单产品耗用6 000元，#236定单产品耗用25 000元。（注：本月原材料、包装物发出除题目注明随时结转外，一律通过编制“发料凭证汇总表”（见表26-17）于月末一次编制记账凭证，低值易耗品发出随时进行账务处理）

（28）12日，上月委托市建筑一公司对一车间厂房进行大修理，当时预付出包工程款5 000元，今日大修完毕，对方开来账单共计12 000元，扣除预付款外，其余用转账支票付讫。

（29）12日，从市东房工具厂购入工具一批，增值税专用发票上货款金额30 000元，增值税税额5 100元，款项共计35 100元已用转账支票付讫：该批工具已验收入库，计划成本30 800元。

（30）12日，开出转账支票用国家8日拨入的专款向市科技开发公司支付605号新产品设计费2 000元。

（31）12日，从市奉阳厂购入某种原材料500kg，每千克实际价格160元，货款80 000元和增值税13 600元已用转账支票讨讫；该批材料验收时发现短缺2kg，属定额内合理损耗，其余验收入库，计划单位成本170元。

（32）13日，向进华市进华公司售出ST90起动电动机600台，单价70元，计收增值税额7 140元；售出ST8起动电动机500台，单价80元，计收增值税额6 800元；随产品销售领用包装木箱10只，单位计划成本110元，每只单独计价销售120元，并计收增值税额共计204元；该批产品发出时用银行存款代垫运费5 400元，运费发票已交给购货方。全部款项共计102 744元尚未收到。

（33）14日，收到市新华板箱厂为本厂加工完毕的木箱50只（8日发给木材全部用完），用转账支票支付木箱加工费200元和增值税34元；木箱验收入库的计划单位成本为110元（注：价差随时结转）。

（34）14日，向市夹进厂销售原材料一批，计划成本6 000元。售价6 300元，计收增值税1 071元，款项7 371元已收存银行。

（35）14日，为了试制605号新产品，开出转账支票用国家8日拨入的专款向市设备厂购置不需安装设备一台，单价12 000元，另付增值税2 040元，设备已交付一车间使用。

（36）15日，收到外商捐赠的新设备一台，取得增值税专用发票，价款40 000元，增值税额6 800元。该设备不需安装，已交付二车间使用。

（37）15日，收到沙雷市沙雷厂偿付的欠款85 530元，收到进华市进华公司偿付的欠款151 400元。

（38）15日，向河汇市机械厂售出ST700起动电动机400台，单位售价431元，计收增值税29 308元，领用包装木箱2只（不单独计价，计划单位成本110元），款项共计201 708元，当即收到银行汇票，款已送存银行。

（39）15 日，机修车间上月动工自制设备一台（定单号为#356），今领用原材料计划成本 3 000 元，按上月价差率计算超支价差 120 元，（自制设备所耗材料及其分摊的价差随时直接计入“在建工程”科目），本月自制设备耗用工时 160h，按每小时 1.74 元工缴定额计算自制设备本月应负担的加工费用，从“辅助生产”科目贷方转出；设备今日完工，随即办理了固定资产交付一车间使用手续。

（40）16 日，党办征订杂志，开出转账支票向市探索杂志社付款 150 元，管理部门订报，支付现金 25 元。报刊费一次计入当期费用。同日，从银行提现 600 元备作零星开支。

（41）17 日，以现金支付职工王进借款 500 元。

（42）18 日，根据下列工资汇总表计算实发工资，企业按工资总额的 8% 代扣养老保险，按工资总额的 1% 代扣失业保险。开出现金支票向银行提取现金。

单位：元

单位、人员类别		应付工资		代扣养老保险	代扣失业保险	代扣职工房租水电	实发工资
		…	小计				
一车间	生产工人	…	15 000	1 200	150	1 342	
	管理人员		4 000	320	40	360	
二车间	生产工人	…	6 750	540	67.5	700	
	管理人员		1 600	128	16	120	
机修车间	生产工人	…	980	78.4	9.8	50	
	管理人员		20	1.6	0.2	6	
工具车间	生产工人	…	630	50.4	6.3	30	
	管理人员		20	1.6	0.2	2	
厂部管理人员		…	6 000	480	60	378	
福利部门人员		…	300	24	3	12	
长期病假人员		…	200	16	2	—	
合计		…	35 500	2 840	355	3 000	

注：机修车间有几名生产工人被抽去协助供应部门搞原材料采购运输工作，月终分配工资时，其工资 300 元应由采购费用负担。

（43）18 日，工具车间自制工具（刀具）领用原材料 4 000 元。

（44）18 日，开出转账支票购买飞达公司普通股票 2 000 股，每股付款 100

元，另付各项费用3 000元，该股票准备随时变现。

（45）18日，光华公司的债券到期，收回本金和利息共计59 700元，该债券原先作为“交易性金融资产”入账的账面实际成本为56 300元。

（46）19日，发放本月工资，并据工资汇总表结算本月扣款。

（47）19日，由于本企业没有履行销售合同，开出转账支票向市利国厂支付违约金和赔偿金共计4 236.14元。

（48）19日，10日向青达市黄丰厂购入的原材料今日运到，经验收发现短缺1箱，系运输途中丢失，当即向铁路局要求赔偿3 510元（其中货款3 000元，增值税额510元）；其余全部验收入库，其计划成本为146 000元。

（49）20日，本月中旬产品领用原材料经汇总计划成本为124 000元，其中，起动电动机80 000元，605号新产品1 000元，#218定单3 000元，#225定单10 000元，#236定单30 000元。

（50）21日，开出转账支票向市房管局支付代扣的职工房租水电费3 000元。

（51）22日，一车间机器一台经批准报废，原价6 000元，已提折旧5 700元。报废中用转账支票向河区街道服务队支付清理费用350元，部分残料计价400元入材料库（随时编制记账凭证），部分残料出售给河区乡杜光村黄信，收现金100元。

（52）22日，从市方相厂收到出租固定资产租金收入300元，当即存入银行。

（53）22日，完工一批产品验收入库，其中，ST60起动电动机600台，ST90起动电动机1 200台，346V变速电动机10台，380V变速电动机20台，ST8起动电动机1 500台。

（54）23日，13日售给进华市进华公司产品的款项共计102 744元，对方开来商业承兑汇票一张（面值102 744元，承兑期两个月）用来抵付欠款。

（55）23日，向市光福厂售出7.3/22kW 380V变速电动机25台，单位售价1 700元，计收增值税7 225元；售出ST8起动电动机800台，单位售价80元，计收增值税10 880元；售出ST60起动电动机600台，单位售价140元，计收增值税14 280元，全部款项共计222 885元，当即收到转账支票，款已存入银行。

（56）23日，归还短期银行借款200 000元。

（57）23日，向银行提取现金800元。

（58）23日，开出转账支票向市供电局支付本月份电费共计36 270元，其中，电价31 000元，增值税税额5 270元。

（59）24日，以现金支付一车间管理人员黄工生活困难补助费560元（职工福利费采用直接列支方法核算，下同）

（60）25 日，从市设备厂购入设备一台，价款 10 000 元，增值税 1 700 元，共计款项 11 700 元，当即开始转账支票。该项固定资产直接交机修车间进行安装，开立 358 定单归集费用（设备价值直接计入“在建工程——自营安装工程”科目）。

（61）26 日，发出原材料一批，计划成本 2 000 元。委托市新华板箱厂进行加工（并按上月原材料成本差异率随即结转材料价差）。

（62）26 日，将利民债券全部售出，收款 84 000 元，付手续费 360 元，该债券在“交易性金融资产”账户的余额为 81 000 元。

（63）27 日，开出现金支票拨付职工子弟学校经费（劳务费）1 000 元，向希望工程基金会捐赠现金 300 元。

（64）27 日，经研究本月完工已交付一车间的自制设备向泉区街道服务公司出售，原入账价值 15 868 元，未提折旧，经协商作价 21 060 元（其中价款 18 000元，增值税 3 060 元）当即收到转账支票，款已存入银行。

（65）27 日，开出转账支票购买职工食堂用具，付款 500 元。

（66）27 日，用现金支付职工丧葬补助费 100 元。

（67）27 日，一车间机床一台因自然灾害被毁，原价 15 000 元，已提折旧 5 000元，开出转账支票向河区街道服务队支付清理费用 500 元。残料变卖给市废品收购站，收入 750 元已收存银行，同时收到保险赔款 5 000 元存入银行。其损失经上级同意予以转销。

（68）27 日，向海淀市东升厂售出 10/30kW 346V 变速电动机 10 台，每台售价 4 270 元，计收增值税 7 259 元，领用产品包装木箱 10 只，单位计划成本 110 元，每只售价 120 元，计收增值税 204 元，产品发出时用转账支票代垫运杂费 2 000 元（运费发票交购方），款项共计 53 363 元尚未收到。

（69）28 日，从市台河厂购入原材料一批，增值税专用发票上货款金额 20 000元，增值税税额 3 400 元，款项共计 23 400 元，已开出转账支票，用银行存款付讫，材料未到达。

（70）28 日，向沙雷市沙雷厂售出 ST90 起动电动机 1 000 台，单位售价 70 元，计收增值税 11 900 元，已办妥委托收款手续。

（71）28 日，从市设备厂购入不需安装机器一台，价款 4 000 元，增值税 680 元，共计 4 680 元已用转账支票付讫。该项固定资产已交一车间使用。

（72）28 日，向龙江市红旗厂购入原材料一批，增值税专用发票上货款金额 30 000 元，增值税税额 5 100 元，共计 35 100 元尚未支付，该批材料已验收入库，其计划成本 29 200 元。

（73）28 日，向海淀市东升厂销售 ST90 起动电动机 300 台，单位售价 70 元，计收增值税额 3 570 元，发出产品时用转账支票代垫运杂费 1 050 元（运费发票交购方)，共25 620元尚未收到。

(74) 29日，开出转账支票向市汽车运输公司支付购料的市内运费2 000元，以及由本企业负担的销售运费1 500元。

(75) 29日，银行传来信汇凭证收账通知，27日售给东升厂10/30kW346V变速电动机的款项53 363元已收到。

(76) 29日，开出转账支票向滨海日报社支付产品广告费500元。

(77) 29日，收到大众厂发来原材料一批，已验收入库，其计划成本为8 000元，发票等结算凭证未到。

(78) 29日，偿付长期银行借款本息22 448元。其中，利息2 448元计入当期财务费用。

(79) 29日，开出转账支票向市百货大楼购买办公用品等，取得的专用发票上货款4 690元，增值税797.30元。办公用品及其他用品直接由下列单位耗用：

	一车间	二车间	机修车间	工具车间	管理部门
办公费	1 300元	1 000元	200元	100元	700元
其他费用	440元	568元	122元	102元	158元

(80) 30日，接银行利息回单，本季银行存款利息收入2 150元已转入存款户。

(81) 30日，机电科提供本月耗电情况如下：一车间耗电100 000kW·h，二车间耗电53 300kW·h，机修车间耗电1 660kW·h，工具车间耗电1 000kW·h，管理部门耗电6 720kW·h，每度电电价0.15元。编制外购电力分配表（见表26-3）作记账凭证的依据。

(82) 30日，计提本月固定资产折旧：所有房屋按月分类折旧率0.45%计提折旧；二车间机器设备按双倍余额递减法计提折旧（其设备预计使用8年，今年是第5年使用，预计净残值率3%）；其余应计提折旧的机器设备均按月分类折旧率0.60%计提折旧（含未使用固定资产），编制固定资产折旧计算表（见表26-1、表26-2）作记账凭证的依据。

(83) 31日，计算本期应付债券利息。本企业去年1月1日为筹集流动资金而发行了面值为113 800元的债券，其中，甲种五年期债券面值80 000元，票面年利率11%，每年1月1日和7月1日付息，发行时溢价3 090元；乙种三年期债券面值33 800元，票面年利率12%，到期一次还本付息（计单利）。编制企业债券溢价摊销表（见表26-5，采用实际利率法）和企业债券应付利息计算表（见表26-6）作为编制两张记账凭证的依据。

(84) 31日，计算本月购入京能公司面值100 000元债券应计收1个月的投资收益（利率10%），同时按58个月（购入月起至到期月止）计算本月应摊销的溢价，编制债券投资溢价摊销表（见表26-7，采用实际利率法）作为记账凭证的依据。

（85）31日，按规定计算本月应交房产税885元，应交土地使用税250元。

（86）31日，本月自制工具全部完工入库，计划成本为6 500元（结转实际成本和价差在第107题处理）。

（87）31日，本月下旬产品领用原材料经汇总，计划成本总额为93 000元，其中，起动电动机耗70 000元，#218定单产品耗2 000元，#225定单产品耗2 000元，#236定单产品耗19 000元。

（88）31日，本月车间、行政管理部门一般性材料消耗计划成本汇总如下：

	一车间	二车间	机修车间	工具车间	管理部门
消耗材料	17 000元	6 000元	600元	400元	1 800元
修理材料	2 000元	1 000元	—	100元	900元
领用工具	10 000元	4 000元	400元	200元	800元

（注：消耗材料、修理材料属于原材料消耗，汇入发料凭证汇总表，这里对领用工具进行账务处理，领用工具采用五五摊销法核算，编制摊销表，见表26-4）。

（89）31日，本月车间、行政管理部门耗用燃料经汇总，计划成本总额34 000元，其中，一车间耗10 000元，二车间耗15 000元，机修车间耗3 000元，工具车间耗1 000元，行政管理部门耗5 000元。

（90）31日，机修车间为一车间机床大修，又领用工程物资300元、原材料（计划成本）100元。原材料汇入发料凭证汇总表（见表26-17）。

（91）31日，本月领用工作服计划成本12 000元，其中，一车间7 500元，二车间3 000元，机修车间900元，工具车间600元。领用工作服时一次摊销随即再分配其价差（按月初差异率计算），编制低值易耗品分配表（见表26-8，分配率精确到0.0001）。

（92）31日，接银行结息通知，本季短期银行借款利息支出24 336元已在存款户中划转，结合月初累计计息额结平应付短期借款利息账户。

（93）31日，据第42题资料编制工资费用分配表（填入表26-12）分配本月工资费用（涉及“基本生产”科目的，按第107题所列工时分配于有关产品，分配率精确到0.0001），同时，结转由原材料采购成本负担的机修人员工资（见第42题下注）。

（94）31日，计提养老保险（填入表26-13）10 650元（其中，企业按工资总额22%计提，负担7 810元；职工个人负担2 840元），并开出转账支票向市劳保事业处交纳。

(95) 31 日，计提失业保险（见表 26-13）1 065 元（其中，企业按工资总额 2% 计提负担 710 元；职工个人负担 355 元），并开出转账支票向市劳保事业处交纳。

(96) 31 日，按工资总额的 2% 计提本月工会经费（见表 26-14）。

(97) 31 日，按工资总额的 1.5% 计提职工教育费（见表 26-14）。

(98) 31 日，从市东沙厂购入原材料一批，增值税专用发票上料款 5 297.06 元，增值税额 900.50 元，款项共计 6 197.56 元已用转账支票付讫，材料尚未到达。

(99) 31 日，本月摊销无形资产价值 1 045 元，摊销预付财产保险费 380 元（编制待摊费用分配表，见表 26-9，编制无形资产摊销表，见表 26-223）。

(100) 31 日，本月摊销长期待摊费用 3 260 元（此价值为去年 11 月和今年 10 月对二车间租入的机器设备进行两次大修的摊销额，机器摊销 2 500 元，设备摊销 760 元。编制摊销表，见表 26-224）。

(101) 31 日，编制收料凭证汇总表（见表 26-15），结转入库原材料计划成本（"应付账款"要列出明细科目）。

(102) 31 日，结转入库原材料和低值易耗品的成本差异（合编一张记账凭证）。

(103) 31 日，计算原材料，包装物本月差异率（精确到 0.0001），编制发料凭证汇总表（见表 26-17），结转发料计划成本和分配的材料成本差异（原材料和包装物分开编制记账凭证）。

(104) 31 日，对固定资产、材料物资进行年终盘点，盘点结果是：某种原料及主要材料盘亏计划成本 1 000 元；某种燃料盘盈计划成本 500 元；一车间在产品（起动电动机）盘亏按定额成本计算为 450 元，其中，直接材料 350 元，直接工资 30 元，制造费用 70 元。[材料盘亏计划成本按本月价差率调整；材料盘亏和在产品盘亏，按实际成本（或材料定额成本）的 17% 计算应从增值税进项税额中转出的税额]；盘盈一台一车间生产用设备，其市场价值为 9 300 元。

(105) 31 日，接上级批示，同意转销本月待处理财产损溢及固定资产盘盈处理。

(106) 31 日，本月二车间报废工具一批，计划成本 300 元，无残值。

(107) 31 日，将辅助车间的制造费用转入"辅助生产"；同时按本月实际工时（汇总如下）分配有关费用：①计算分配机修车间的辅助生产费用（按直接分配法编制辅助生产费用分配表，见表 26-18；②计算工具车间自制工具的实际成本，结合第 86 题入库自制工具的计划成本，结转入库自制工具的成本差异；③分配结转第一、二两个基本生产车间的制造费用（编制制造费用分配表，见表 26-10、表 26-11，各种分配率精确到 0.0001）。

一车间	起动电动机 605 号新产品	35 000h 100h
二车间	#218 定单 #225 定单 #236 定单	500h 1 000h 13 500h
机修车间	356 号专用设备(即 15 日业务已在第 39 题作了处理) 358 号安装工程 一车间机床大修工程 一车间经常修理 二车间经常修理 行政管理部门修理	160h 300h 200h 300h 400h 200h
工具车间		600h

（108）31 日，结转本月完工入库起动电动机和变速电动机实际成本（一车间期末盘点在产品——起动电动机，它的材料定额成本为 285 000 元，工时定额为 34 000h；二车间上月投产的#218 定单和#225 定单已全部完工。本月投产的#236定单到月底还未完工。分配率精确到 0. 0001），编制产成品收入汇总表（见表 26-16）作为记账凭证的依据。

（109）31 日，605 号新产品一台试制成功，作为商品产品入库，售价 1 066. 86元（试制成本高于售价部分冲减国家拨款）；多余的国家拨款作国家投资，在“资本公积”科目反映。

（110）31 日，按应收账款及应收票据余额的 3‰计提坏账准备；按其他应收款余额的 5% 计提坏账准备。

（111）31 日，向市南汇厂转让一项专利，取得转让收入 100 000 元存银行，该项无形资产账面原值 90 000 元，累计摊销 8 000 元。

（112）31 日，上项无形资产转让收入和前述固定资产租金收入（见业务 55）按营业税率 5% 计算应交纳的营业税，同时，按城建税率 7%（下同）和教育费附加率 3%（下同）计算应交城建税和教育费附加。

（113）31 日，对材料物资进行年终清查，其中原材料市价变化较大，可变现净值为 541 826. 29 元，应计提存货跌价准备。

（114）31 日，结转本月主营业务收入。

（115）31 日，按加权平均法计算并结转本期发出产品的成本，同时结转（平）“主营业务成本”科目。

（116）31 日，结转本月其他业务收入和其他业务成本。

（117）31 日，按本月应交增值税计算应交城建税和教育费附加，并按收入比例将城建税及教育费附加分配于各销售产品和销售材料，编制营业税金及附加分配表（见表26-19）作为记账凭证的依据，分配率精确到0.00001。

（118）31日，结转本月营业税金及附加。

（119）31日，结转本月销售费用。

（120）31日，结转本月管理费用和财务费用（编两张记账凭证）。

（121）31日，结转本月投资收益。

（122）31日，经税务局认定，本月接受捐赠固定资产一次计入营业外收入。

（123）31日，结转本月营业外收入和营业外支出。

（124）31日，结转本月资产减值损失。

（125）31日，按所得税率25%计算本月应交所得税，计算所得税费用并结转本月“所得税费用”科目。

（126）31日，结转全年净利润。

（127）31日，计提本年度法定盈余公积（计提率10%）和任意盈余公积（计提率5%）。

（128）31日，企业决定向投资者分配利润156 800元。

（129）31日，结转利润分配明细科目。

参考文献

[1] 朱学义．通用会计学［M］．徐州：中国矿业大学出版社，1993.

[2] 朱学义．中级财务会计［M］．3版．北京：机械工业出版社，2007.

[3] 财政部注册会计师考试委员会办公室．会计［M］．北京：经济科学出版社，2008.

[4] 全国会计专业技术资格考试领导小组办公室．会计实务［M］．北京：中国财政经济出版社，2008.

[5] 中华人民共和国财政部．企业会计准则2006［M］．北京：经济科学出版社，2006.

[6] 中华人民共和国财政部．企业会计准则——应用指南2006［M］．北京：中国财政经济出版社，2006.

[7] 财政部会计司编写组．企业会计准则讲解2008［M］．北京：人民出版社，2008.

江苏省高等学校会计学品牌专业教材

会计实务训练与考核（下册）

第 3 版

主　编　朱学义

副主编　林爱梅　张亚杰

参　编　孙自愿　朱亮峰　陈淑贤

李文美　苏海雁

机 械 工 业 出 版 社

本书由全国优秀教师、国务院政府特殊津贴终身享受者朱学义教授根据财政部2007年1月1日实施的39项新《企业会计准则》编写而成。全书分三篇共二十六章：第一篇为会计员实务，包括账务处理一般要求、现金收付业务的办理、银行存款收付业务的办理、薪酬记账、固定资产记账、物资记账、往来结算记账、会计员实务考核测试题及答案共8章内容；第二篇为助理会计师和会计师实务，包括货币资金、交易性金融资产、应收和预付款项、存货、非流动资产投资、固定资产和在建工程、无形资产和其他资产、流动负债、长期负债、所有者权益、成本和费用、销售和利润、财务会计报告共13章内容的会计实务、考核题及答案；第三篇为会计上岗能力考核，包括考核提要（目的要求、形式、过程及记分）、考核资料、全能考核、岗能考核和上岗操作资料共5章内容，并附有备查答案。

本书既可作为会计应考人员模拟考试指导，又可作为各类学校会计专业"会计实验"用书、"会计实务考核"用书、"会计实务"课程用书，还可作为各种会计培训班、现场会计人员及会计自学（考）人员单科训练或综合训练用书。

图书在版编目（CIP）数据

会计实务训练与考核（上、下册）/朱学义主编．—3版．—北京：机械工业出版社，2009.5（2013.3重印）
江苏省高等学校会计学品牌专业教材
ISBN 978-7-111-26857-4

Ⅰ．会…　Ⅱ．朱…　Ⅲ．会计学-高等学校-教材　Ⅳ．F230

中国版本图书馆CIP数据核字（2009）第058120号

机械工业出版社（北京市百万庄大街22号　邮政编码100037）
责任编辑：商红云
版式设计：张世琴　责任校对：魏俊云
封面设计：马精明　责任印制：杨　曦
保定市中画美凯印刷有限公司印刷
2013年3月第3版·第3次印刷
169mm×239mm·14.25印张·182千字
标准书号：ISBN 978-7-111-26857-4
定价：56.00元（上、下册）

凡购本书，如有缺页、倒页、脱页，由本社发行部调换
电话服务
社服务中心：（010）88361066
销售一部：（010）68326294
销售二部：（010）88379649
读者购书热线：（010）88379203

网络服务
门户网：http：//www.cmpbook.com
教材网：http：//www.cmpedu.com

序

2003年12月，江苏省教育厅遴选出3个首届省级会计学品牌专业，中国矿业大学管理学院会计学专业被批准为“江苏省高等学校品牌专业建设点”（2006年1月正式授予省级“品牌专业”称号）。省级品牌专业是教育教学思想、人才培养方案符合时代发展要求，人才培养质量及其专业建设、改革、管理水平和办学水平在省内达到领先水平，在国内达到一流水平，具有很高的社会声誉，得到社会公认的示范性专业。构建会计教育模式，更新会计教学内容，改进会计教学方式，加强会计学科建设是会计学品牌专业的重点建设内容。而所有这些内容的建设和实现，必须有高质量的会计教材体系作保证。正是为适应这一要求，我们编写了这套教材。

本系列教材由10本教材组成，分别是《基础会计学》、《中级财务会计》、《高级会计学》、《成本会计学》、《财务管理学》、《管理会计学》、《电算化会计》、《审计学》、《财务分析教程》和《会计实务训练与考核》。

适应知识经济对会计本科教育的挑战，紧跟中国会计改革与发展的步伐，满足社会主义市场经济会计模式对会计人才培养的要求，遵循会计本科教育的规律，并服务于会计专业培养目标，是我们编著本系列教材的基本指导思想。其具体原则是：

1. 基础性。注重对会计各学科基本理论、基础知识和基本技能的全面介绍和准确表述，确保系列教材的理论高度和知识含量。

2. 实践性。遵循会计实际工作规律，反映实际工作经验，满足会计实务工作既立足中国实际，又与国际会计准则趋同的需要，实现会计国家化与国际化的协调。

3. 规范性。强调教材中所涉及的业务内容和会计处理方法，既符合我国现行会计准则体系规定的要求，又适应会计规范化改革的趋向。

4. 系统性。强调各教材之间内容上的衔接性和互补性、结构上的一致性、逻辑上的严密性，使之真正成为科学完善的会计教材体系。

5. 前瞻性。力求对各学科所含知识的最新发展动态作出概括反映和科学预测，以教材的超前性保证其稳定性。

由于我们学术水平和实践经验有限，在系列教材的编写过程中对一些问题的认识还不够深刻，各教材中均可能存在不成熟或谬误之处，恳请读者批评指正。

江苏省高等学校会计学品牌专业教材编审委员会

2004年9月6日

第3版前言

《会计实务训练与考核》教材2003年3月第2版出版以来，已印刷2次，连同1995年3月第1版出版以来累计印刷7次。2006年2月15日，财政部颁布或修订颁布了1个基本准则和38个企业具体准则，2006年10月30日财政部又发布了“企业会计准则——应用指南”，其准则体系从2007年1月1日起实施。这是我国会计准则同国际会计准则“趋同”的重要体现，标志着我国会计核算工作全面跨入新的阶段。

2008年11月，国务院颁布《增值税暂行条例》、《消费税暂行条例》、《营业税暂行条例》，从2009年1月1日起实施。其中，重大的税制变化是增值税转型改革，允许企业抵扣其购进设备所含的增值税进项税额。

针对以上变化，本次《会计实务训练与考核》教材的主要修订内容有：

(1) 增添了“金融资产”的核算内容。以“交易性金融资产实务考核”的核算代替了原来的“短期投资实务考核”的核算；将原书中“长期投资实务考核”一章的内容修改为“非流动资产投资实务考核”，分别阐述了“可供出售金融资产实务考核”、“持有至到期投资实务考核”、“长期股权投资实务考核”、“投资性房地产实务考核”、“其他非流动资产投资实务考核”等新准则规定的核算内容。

(2) 修改了“无形资产”的核算内容。将其中的“商誉”内容从无形资产中划出单独核算，按“企业会计准则第20号——企业合并”的规定进行处理。

(3) 修改了“固定资产”的核算内容。增加了可以抵扣固定资产增值税实务考核内容，增加了“资产组”减值实务考核内容。

(4) 修改了“所得税会计”、“应付职工薪酬”的核算内容，增添了“长期应收款”等实务考核内容。

(5) 修改、补充和完善了相应会计报表的系列内容。

本书第3版修订的具体分工如下：孙自愿编写第1~5章；朱亮峰编写第6~8章；林爱梅编写第9~15章，并修改各章中的“考核题及其答案”；张亚杰编写第16~26章，并与陈淑贤、李文美、苏海雁修改第16~21章中的“考核题及其答案”和修改第22~26章会计上岗能力考核内容，王增彦教授主审。第3版全书最终由朱学义教授总纂定稿。

对本书在修订中存在的缺点和错误，恳请读者批评、指正，以便进一步修改和完善。

编　者

2009年1月

第2版前言

《会计实务训练与考核》自1995年3月出版以来，已印刷5次，除了会计应考人员、会计培训人员、现场会计人员及会计自学（考）人员使用该书外，中国矿业大学、南京大学国际商学院、东南大学经济管理学院、山东科技大学（泰安）、山东科技大学（济南校区）、黑龙江科技学院、扬州大学经济管理学院、温洲大学、中国煤炭经济学院、太原理工大学、沙州职业工学院、江苏经济管理干部学院、连云港化工高等专科学校、南京金融专科学校、北京煤炭干部管理学院、江西煤炭工业学校、郑州矿务局职工大学、徐州建筑职业技术学院、北京煤炭工业学校、九州职业技术学院、南通工学院、北京青年政治学院等22个学校会计专业学生均将它作为“会计实验”教材、“会计实务考核”教材、“企业会计实务”课程教材和会计综合训练用书。通过使用本教材，上述学校会计专业的学生不仅对四年分散所学的会计专业知识进行了综合、深化，而且掌握了现场会计的整个核算过程，能够建账，设置各种账簿，会手工记账、算账，还会计算机操作，动手能力、综合分析能力增强了，缩短了毕业后适应实际工作的时间，深受用人单位欢迎。

本次修订的主要内容有：

（1）增加了会计员、助理会计师和会计师实务知识的内容，将其和原有教材的各种考核题及答案相配套，使理论和实践能够有效地结合，学以致用，并能够保持一致。

（2）增添了我国《企业会计准则》的新内容。

（3）按《企业会计制度——2001》规定对各个会计核算的内容、考核题以及全套会计报表进行了全面、系统的修改。

（4）对会计上岗考核资料进行了补充和完善。

本书第1版共计32.1万字全部由朱学义教授编写。第2版修订的内容和作者是：陈淑贤编写第一至五章；赵晓燕编写第六、七章，修改第八章；林爱梅编写第九至十五章，并修改各章中的“考核题及其答案”；张亚杰编写第十六至二十六章，并修改第十六至二十一章中的“考核题及其答案”以及修改第二十二至二十六章会计上岗能力考核内容。第2版全书最终由朱学义教授总纂定稿。

对本书在修订中存在的缺点和错误，恳请读者批评、指正，以便进一步修改和完善。

编　者

2003年1月

第1版前言

我国会计改革的一项重要措施就是实行会计专业技术资格全国统考，这不仅对广大会计人员提高知识水平有极其重要的作用，而且对学校会计教学产生了极大影响。高等院校是培养人才的重要场所，在向社会输送会计人才之前，必须让学生经过会计员、助理会计师和会计师学识水平知识的训练，以便毕业后能较快地适应现场会计工作的需要。

《会计实务训练与考核》一书，分为会计员实务考核、助理会计师和会计师实务考核、会计上岗能力考核三部分内容。第一、二部分“资格考核”均根据国家会计专业技术资格统考大纲及其用书编写，以选择、填空、判断、简答、计算及综合题的形式出现，各题均附有标准答案。全部考题提炼、概括了统考用书的必要内容，尤其是将新税制内容分散于各章编写试题，更具有实效性。该书第三部分“上岗考核”以“两则”、“两制”及新税制内容为依据，设计了企业生产经营过程全部相连贯的128笔典型经济业务，提供了各种原始空白凭证、账页和全套会计报表，让上岗人员针对从填制原始凭证开始直到编制出全部会计报表为止的全过程进行模拟操作，用以提高动手能力，满足和适应会计上岗的需要。考核分为全能考核和岗能考核两部分，并附有备查答案。学校学生通过上岗考核，提交一整套装订成册的和现场会计资料相当的凭证、账簿和报表，可以起到会计专业实习应有的作用，而且在学生对经济业务的联系、教师对人员管理以及达到预计目的等方面比实习的效果更好；现场在职会计人员通过上岗考核，能满足换岗的需要；各类自学人员通过上岗考核，为选择会计职业提供了应聘基础。

本书具有三个主要特征：一是内容新，它包括我国财务会计改革同国际惯例接轨的内容和国家新税制改革的内容；二是实用性强，其考核知识既涉及会计系列三种技术资格实务考试，又覆盖学校会计主干课程教学内容，尤其是学生，在进行“上岗考核”的过程中，将“资格考核”内容作为面（笔）试的必要部分，其综合训练的效果更好；三是考核题编写尽可能做到典型化、标准化、规范化。

对书中不当之处，恳请读者批评指正。

编　者

1994年9月

目　录

第二十四章　全 能 考 核

一、填制有关原始凭证

运用的操作资料如表 26-21 至表 26-244 所示。

二、编制记账凭证和有关分配表

记账凭证另备，并将填制的原始凭证裁下作其附件，编制的计算表和分配表如表 26-1 至表 26-20 所示，并裁下作记账凭证的附件。

三、登记库存现金日记账（表 24-1）

表 24-1　库存现金日记账　　　　单位：元

20 年		凭证		对方科目	摘要	总页	收入金额	付出金额	结存金额
月	日	种类	号数						
1	1				年初余额				200
					…				
11	30				1～11 月项目汇总	100	635 687		
						08		568 300	
						12		10 700	
						26		56 700	
11	30				1～11 月累计		635 687	635 700	187
12	1				月初余额				187

注：总页栏中数字表示现金流量表项目编号。如采用随时确认法编制现金流量表，库存现金日记账、银行存款日记账应设成有项目编号的账式，项目编号含义见第二十一章现金流量表的编制。

四、登记银行存款日记账（表 24-2）

五、登记明细账（表 24-3 至表 24-7）

1. 明细账账户示例：交易性金融资产明细账（表 24-3 至表 24-6）

表 24-2　银行存款日记账

单位:元

20年		凭证号数	摘要	借方	贷方	借或贷	余额	借方分析						贷方分析						
月	日							01	05	21	24	其他编号	其他编号金额	06	08	10	12	26	其他编号	其他编号金额
1	1		年初余额			借	256 300													
11	30		1~11月项目汇总									33	60 600						27	125 300
																			36	349 641
																			38	293 539
																			42	200
																			100	635 687
11	30		1~11月累计	8 338 107	8 356 981.6	借	237 425.4	7 672 042	88 265	493 200	24 000		60 600	5 411 858	3 600	685 473	604 190	247 493.6		1 404 367
12	1		月初余额			借	237 425.4													

表 24-3 交易性金融资产明细账

明细科目：康乐股票（成本） 单位：元

20 年		凭证		对方科目	摘要	总页	借方金额	贷方金额	借或贷	金额
月	日	种类	号数							
1	1				年初余额				借	176 500
					…					
11	30				1～11 月累计		26 500	126 200	借	76 800

表 24-4 交易性金融资产明细账

明细科目：光华债券（成本） 单位：元

20 年		凭证		对方科目	摘要	总页	借方金额	贷方金额	借或贷	金额
月	日	种类	号数							
1	1				年初余额				借	256 600
					…					
11	30				1～11 月累计		34 700	235 000	借	56 300

表 24-5 交易性金融资产明细账

明细科目：利民债券（成本） 单位：元

20 年		凭证		对方科目	摘要	总页	借方金额	贷方金额	借或贷	金额
月	日	种类	号数							
1	1				年初余额				借	101 900
					…					
11	30				1～11 月累计		64 100	85 000	借	81 000

表 24-6 交易性金融资产明细账

明细科目：飞达股票（成本） 单位：元

20 年		凭证		对方科目	摘 要	总页	借方金额	贷方金额	借或贷	金额
月	日	种类	号数							
					…					

2. 明细账账式

（1）总第1页，分第1页：交易性金融资产——康乐股票明细账、三栏式账页；

分第2页：交易性金融资产——光华债券明细账、三栏式账页；

分第3页：交易性金融资产——利民债券明细账、三栏式账页；

分第4页：交易性金融资产——飞达股票明细账、三栏式账页；

（2）总第2页，分第1页：应收票据——齐都公司明细账、三栏式账页；

分第2页：应收票据——进华公司明细账、三栏式账页；

（3）总第3页，分第1页：应收利息明细账、三栏式账页；

（4）总第4页，分第1页：应收账款——进华公司明细账、三栏式账页；

分第2页：应收账款——沙雷厂明细账、三栏式账页；

分第3页：应收账款——东升厂明细账、三栏式账页；

（5）总第5页，分第1页：其他应收款——备用金（金磊）明细账、三栏式账页；

分第2页：其他应收款——职工借款——王进明细账、三栏式账页；

分第3页：其他应收款——铁路局明细账、三栏式账页；

（6）总第6页，分第1页：坏账准备——应收账款计提的坏账准备明细账、三栏式账页；

分第2页：坏账准备——其他应收款计提的坏账准备明细账、三栏式账页；

分第3页：坏账准备——应收票据计提的坏账准备明细账、三栏式账页；

（7）总第7页，分第1页：预付账款——厂房委外大修明细账、三栏式账页；

（8）总第8页，分第1页：低值易耗品——在库明细账、三栏式账页；

分第2页：低值易耗品——在用明细账、三栏式账页；

分第3页：低值易耗品——摊销明细账、三栏式账页；

（9）总第9页，分第1页：材料采购——原材料明细账、专用账页；

明细科目：原材料　　　　　　　　　　　　　　　　　采购资金限额：元

记账凭证		供货单位名称	材料名称规格	采购记录			结算或付款记录						借方金额			材料记录			贷方金额	材料成本差异	备注
日期	编号			发票号数	计量单位	发票数量	结算日期	结算凭证种类	结算金额	付款金额	付款日期	拒付金额	买价	采购费用	合计	日期	收料单号	实收数量			
12/1	上月	京卫工厂	钢管		kg	1 100			5 827.9	5 827.9	11/18		4 870	130	5 000						
12/1	上月	三星公司	生铁		t	30										11/27		30t	1 000		

分第2页：材料采购——低值易耗品明细账、专用账页同前；

（10）总第10页，分第1页：委托加工物资明细账、九栏式账页；

一级科目名称：委托加工材料

二级科目名称：新华板箱厂

借方：　　　贷方：　　　　　　　　　　　　　　单位：元

20 年		凭证		摘要	发出材料计划成本	发出材料成本差异	加工费	借方合计	入库木箱计划成本	入库木箱成本差异	退回余料成本	贷方合计	余额
月	日	种类	号数										
11	30			1～11月累计	35 480	3 080	2 200	40 760	35 000	4 100	1 660	40 760	0

（11）总第11页，分第1页：材料成本差异——原材料差异明细账、七栏式账页；

二级科目名称：原材料差异　　　　　　　　　　　　　　单位：元

20 年		凭证		摘　要	收入材料计划成本	发出材料计划成本	差异分配率	借方差额（超支）	贷方差额（节约）			
月	日	种类	号数									
1	1			年初余额	380 000				25 600			
				…								
11	30			1～11月累计	3 937 831	3 767 831			47 600			
12	1			月初余额	550 000		4%	22 000				

分第2页：材料成本差异——包装物差异明细账、七栏式账页，格式同前；

二级科目名称：包装物差异　　单位：元

20年		凭证		摘要	收入材料计划成本	发出材料计划成本	差异分配率	借方差额（超支）	贷方差额（节约）			
月	日	种类	号数									
1	1			年初余额	48 000				2 880			
				…								
11	30			1～11月累计	38 400	36 400		2 360	240			
12	1			月初余额	50 000		10%	5 000				

分第3页：材料成本差异——低值易耗品差异明细账、七栏式账页，格式同前；

二级科目名称：低耗品差异　　单位：元

20年		凭证		摘要	收入材料计划成本	发出材料计划成本	差异分配率	借方差额（超支）	贷方差额（节约）			
月	日	种类	号数									
1	1			年初余额	280 000			4 200				
				…								
11	30			1～11月累计	476 520	506 520		300	1 900			
12	1			月初余额	250 000		-0.8%		2 000			

（12）总第10页，分第1页：辅助生产——机修车间明细账、七栏式账页；

单位：元

20年		凭证		摘要	直接材料	直接人工	制造费用	借方合计	贷方转出	余额	
月	日	种类	号数								
11	30			1～11月累计	20 000	10 000	63 717	93 717	93 717		

分第2页：辅助生产——工具车间明细账、七栏式账页同前；

单位：元

20年		凭证		摘要	直接材料	直接人工	制造费用	借方合计	贷方转出	余额	
月	日	种类	号数								
11	30			1～11月累计	11 000	2 751	5 509	19 260	19 260		

（13）总第 13 页，分第 1 页：基本生产——605 新产品明细账、七栏式账页，格式同（12）；

分第 2 页：基本生产——346V 变速电动机明细账、七栏式账页，格式同（12）；

分第 3 页：基本生产——380V 变速电动机明细账、七栏式账页，格式同（12）；

分第 4 页：基本生产——236 号定单明细账、七栏式账页，格式同（12）；

分第 5 页：基本生产——起动电动机明细账、九栏式账页；

单位：元

20 年		凭证		摘　要	单台材料定额成本	材料定额成本	直接材料	单台定额工时	定额工时	直接人工	制造费用	总成本	单位成本
月	日	种类	号数										
1	1			年初余额			100 246			12 170	39 694	152 110	
11	30			1～11 月借方累计			3 080 054			419 646	875 506	4 375 206	
11	30			1～11 月贷方累计			2 895 300			413 580	827 200	4 136 080	
12	1			月初余额			285 000			18 236	88 000	391 236	
12	31			工资分配表									
				福利分配表									
				社会保险费分配表									
				工会经费分配表									
				职工教育经费分配表									
				材料分配（料）									
				材料分配（价差）									
				制造费用分配表									
				本月合计									
				减：在产品盘亏									
				生产费用净额									
				分配率									
				月末在产品成本									
				完工产品成本									
				其中：ST700（500 台）									
				⋮									

（14）总第 14 页，分第 1 页：制造费用——一车间明细账、九栏式账页；

分第 2 页：制造费用——一车间明细账、二十栏账页；

单位：元

20 年		凭证号数	摘要	工资	福利费	折旧费	修理费	办公费	水电费	机物料消耗	低耗品摊销	劳动保护费	租赁费	差旅费	取暖费	运输费	设计制图费	试验检验费	保险费	其他费用	借方合计	贷方转出	余额
月	日																						

分第 3、4 页：制造费用——二车间明细账、二十栏账页，格式同上；

分第 5、6 页：制造费用——机修车间明细账、二十栏账页，格式同上；

分第 7、8 页：制造费用——工具车间明细账、二十栏账页，格式同上；

（15）总第 15 页，分第 1 页：库存商品——ST700 明细账、存货分类账（金额式）；

分第 2 页：库存商品——ST60 明细账、存货分类账（金额式）；

分第 3 页：库存商品——ST90 明细账、存货分类账（金额式）；

分第 4 页：库存商品——ST8 明细账、存货分类账（金额式）；

分第 5 页：库存商品——380V 明细账、存货分类账（金额式）；

分第 6 页：库存商品——346V 明细账、存货分类账（金额式）；

分第 7 页：库存商品——605 新产品明细账、存贷分类账（金额式）；

（16）总第 16 页，分第 1 页：待摊费用——预付财产保险费明细账、三栏式账页；

（17）总第 17 页，分第 1 页：长期股权投资——宇洋普通股明细账、三栏式账页；

（18）总第 18 页，分第 1 页：持有至到期投资——京能债券（成本）明细账、三栏式账页；

分第 2 页：持有至到期投资——京能债券（利息调整）明细账、三栏式账页；

（19）总第 19 页，分第 1 页：固定资产登记簿 固定资产——非生产用（房屋）、三栏式账页；

分第 2 页：固定资产登记簿 固定资产——未使用设备、三栏式账页；

分第 3 页：固定资产登记簿 固定资产——租出设备、三栏式账页；

分第 4、5 页：固定资产登记簿（类别登记簿）固定资产——生产用（机器设备）、二十栏式账页；

单位：元

20 年		凭证号数	摘要	一车间增加	一车间减少	二车间增加	二车间减少	机修车间增加	机修车间减少	工具车间增加	工具车间减少	管理部门增加	管理部门减少									余额增加	余额减少
月	日																						
12	1		月初余额	1 990 000		364 000		46 000		26 000												2 426 000	

分第6、7页：固定资产登记簿（类别登记簿）固定资产——生产用（房屋）、二十栏式账页；

单位：元

20 年		凭证号数	摘要	一车间增加	一车间减少	二车间增加	二车间减少	机修车间增加	机修车间减少	工具车间增加	工具车间减少	管理部门增加	管理部门减少									余额增加	余额减少
月	日																						
12	1		月初余额	286 000		676 000		32 000		26 000		104 000										1 124 000	

分第8、9页：固定资产登记簿（汇总账页）固定资产——生产用、二十栏式账页；

单位：元

20 年		凭证号数	摘要	借方合计	购入房屋	自建房屋		购入机器设备	自制机器设备	盘盈机器设备	赠入机器设备		贷方合计	报废房屋		报废机器设备	盘亏机器设备	出售机器设备		余额合计	其中：房屋	机器设备	
月	日																						
1	1		年初余额																	3 329 400	1 124 000	2 205 400	
11	30		1~11月累计	344 600				209 000	124 600	11 000			124 000			60 000	34 000	30 000		3 550 000	1 124 000	2 426 000	

（20）总第20页，分第1、2页：累计折旧明细账，二十栏账页；

单位：元

20 年		凭证号数	摘要	报废转销折旧	盘亏转销折旧	出售转销折旧				借方合计	计提折旧						贷方合计	借或贷	余额				
月	日																						
1	1		年初余额															贷	1 094 000				
11	30		1~11月累计	55 000	13 000	12 000				80 000	255 000						255 000	贷	1 269 000				

（21）总第21页，分第1、2页：固定资产清理明细账，二十栏账页；

单位：元

20 年		凭证号数	摘要	借方合计	转入净值	清理费用	转出净收益	贷方合计	出售价款	残料收入	应收赔款	转出净损失	借或贷	余额						
月	日																			
11	30		1～11月累计	31 000	23 000	1 000	7 000	31 000	25 000	300		5 700	平	0						

（22）总第22页，分第1页：工程物资——专用材料明细账，三栏式账页；

（23）总第23页，分第1页：在建工程——出包技改工程明细账，三栏式账页；

分第2页：在建工程——自制设备工程（356号定单）明细账，三栏式账页；

分第3页：在建工程——自营安装工程（358号定单）明细账，三栏式账页；

（24）总第24页，分第1页：长期待摊费用——租入固定资产修理（机器）明细账，三栏式账页；

分第2页：长期待摊费用——租入固定资产修理（设备）明细账，三栏式账页；

（25）总第25页，分第1页：无形资产——专利权明细账，三栏式账页；

（26）总第26页，分第1页：累计推销明细账，三栏式账页；

（27）总第27页，分第1页：预付账款——厂房委外大修明细账，三栏式账页；

（28）总第28页，分第1页：递延所得税资产，明细账，三栏式账页；

（29）总第 29 页，分第 1 页：待处理财产损溢——待处理流动资产损溢明细账，三栏式账页；

分第 2 页：待处理财产损溢——待处理固定资产损溢明细账，三栏式账页；

（30）总第 30 页，分第 1 页：应付票据——黄丰厂明细账，三栏式账页；

（31）总第 31 页，分第 1 页：应付账款——三星公司明细账，三栏式账页；

分第 2 页：应付账款——红旗厂明细账，三栏式账页；

分第 3 页：应付账款——供电局明细账，三栏式账页；

分第 4 页：应付账款——大众厂明细账，三栏式账页；

（32）总第 32 页，分第 1 页：应付职工薪酬——工资明细账，三栏式账页；

分第 2 页：应付职工薪酬——职工福利明细账，三栏式账页；

分第 3 页：应付职工薪酬——社会保险明细账，三栏式账页；

分第 4 页：应付职工薪酬——工会经费明细账，三栏式账页；

分第 5 页：应付职工薪酬——职工教育经费明细账，三栏式账页；

分第 6 页：应付职工薪酬——辞退福利明细账，三栏式账页；

（33）总第 33 页，分第 1 页：其他应付款——劳保事业处明细款，三栏式账页；

分第 2 页：其他应付款——房管局明细账，三栏式账页；

（34）总第 34 页，分第 1 页：应付利息——短期借款利息明细账，三栏式账页；

分第 2 页：应付利息——债券利息明细账，三栏式账页；

（35）总第 35 页，分第 1 页：短期借款明细账，三栏式账页；

（36）总第 36 页，分第 1、2、3、4 页：应交税费——应交增值税明细账专用账页；

分第 5 页：应交税费——应交房产税明细账，三栏式账页；

分第 6 页：应交税费——应交土地增值税明细账，三栏式账页；

分第 7 页：应交税费——应交城建税明细账，三栏式账页；

分第 8 页：应交税费——应交所得税明细账，三栏式账页；

分第 9 页：应交税费——应交营业税明细账，三栏式账页；

分第 10 页：应交税费——应交教育费附加明细账，三栏式账页；

（37）总第 37 页，分第 1 页：长期借款明细账，三栏式账页；

分第 2 页：长期借款——利息调整明细账，三栏式账页；

（38）总第 38 页，分第 1 页：应付债券——甲债券（面值）明细账，三栏式账页；

分第 1 页：应付债券——甲债券（利息调整）明细账，三栏式账页；

分第 2 页：应付债券——乙债券（面值）明细账，三栏式账页；

分第3页：应付债券——乙债券明细账，三栏式账页；

分第4页：应付债券——乙债券(应计利息)(利息调整)明细账，三栏式账页；

(39) 总第39页，分第1页：专项应付款——国家专款明细账，三栏式账页；

(40) 总第40页，分第1页：递延收益明细账，三栏式账页；

(41) 总第41页，分第1页：实收资本明细账，三栏式账页；

(42) 总第42页，分第1页：资本公积——资本溢价明细账，三栏式账页；

(43) 总第43页，分第1页：盈余公积明细账，三栏式账页；

(44) 总第44页，分第1、2页：主营业务收入明细账，十四栏（数量金额式）账页；

金额单位：元

20 年		凭证号数	摘要	借方	贷方	贷方余额	贷方分析																					
月	日						ST700		ST60		ST90		ST8		346V		380V		贷方合计									
							数量	金额	数量	金额	数量	金额	数量	金额	数量	金额	数量	金额	数量	金额	数量	金额	数量	金额	数量	金额	数量	金额
11	30		1~11月累计	6 516 985	6 516 985	0	4 375	1 704 270	9 850	1 247 280	24 080	1 524 620	17 472	1 264 400	66	254 950	332	521 465		6 516 985								

(45) 总第45页，分第1页：主营业务成本明细账，九栏式账页；

单位：元

20 年		凭证		摘 要	ST700	ST60	ST90	ST8	346V	380V	借方合计	贷方转出	余额
月	日	种类	号数										
11	30			1~11月累计									

(46) 总第46页，分第1、2页：营业税金及附加明细账，九栏式账页；

单位：元

20 年		凭证		摘要	库存商品							原材料	包装物	固定资产出租	借方合计	贷方转出	余额
月	日	种类	号数		ST700	ST60	ST90	ST8	346V	380V	合计						
11	30			1~11月累计													

(47) 总第47页，分第1页：销售费用明细账，九栏式账页；

单位：元

20 年		凭证		摘 要	运输费	包装费	广告费	其他费用			借方合计	贷方转出	余额
月	日	种类	号数										
11	30			1~11月累计									

（48）总第48页，分第1、2页：管理费用（职工薪酬）明细账，九栏式账页；

单位：元

20 年		凭证		摘　要	工资	福利费	社会保险费	工会经费	失业保险费	职工教育经费	劳动保险费	借方合计	贷方转出	余额
月	日	种类	号数											
11	30			1～11月累计										

总第48页，分第3、4页：管理费用（一般）明细账，二十栏式账页；

单位：元

20 年		凭证号数	摘要	水电费	折旧费	办公费	差旅费	运输费	保险费	修理费	存货盘亏毁损	物料消耗	低值易耗品摊销	无形资产摊销	研究开发费	税金	其他费用		借方合计	贷方转出	余额
月	日																				
11	30		累计																		

总第48页，分第5、6页：管理费用（一般）明细账，二十栏式账页；

（49）总第49页，分第1页：财务费用明细账，二十栏式账页；

（50）总第50页，分第1页：其他业务收入明细账，七栏式账页；

（51）总第51页，分第1页：其他业务成本明细账，七栏式账页；

（52）总第52页，分第1页：营业外收入明细账，九栏式账页；

（53）总第53页，分第1页：营业外支出明细账，九栏式账页；

（54）总第54页，分第1页：投资收益明细账，九栏式账页；

（55）总第55页，分第1页：资产减值损失明细账，九栏式账页；

（56）总第56页，分第1页：所得税费用明细账，三栏式账页；

（57）总第57页，分第1页：以前年度损益调整明细账，三栏式账页；

（58）总第58页，分第1页：利润分配明细账，九栏式账页。

单位：元

20 年		凭证		摘要	提取盈余公积	应付利润	借方合计	盈余公积补亏	未分配利润	贷方合计		借或贷	余额
月	日	种类	号数										
12	1			年初余额								贷	199 190

3. 明细账开户资料（表24-7）

表 24-7 明细账开户资料

金额单位：元

科目代码	科 目 名 称	科 目 名 称	科目名称	年初借余	年初贷余	1~11 月借方累计	1~11 月贷方累计	期末借余	期末贷余
1001	库存现金			200		635 687	635 700	187	
1002	银行存款			256 300		8 338 107	8 356 981.6	237 425.4	
11010101	交易性金融资产	康乐股票	成本	176 500		26 500	126 200	76 800	
11010201		光华债券	成本	256 600		34 700	235 000	56 300	
11010301		利民债券	成本	101 900		64 100	85 000	81 000	
11010401		飞达股票	成本						
112101	应收票据	齐都公司		20 500		99 120	109 420	10 200	
112102		进华公司							
1132	应收利息								
112201	应收账款	进华公司		242 000		1 328 000	1 328 600	241 400	
112202		沙雷厂		150 930		839 592	838 992	151 530	
112203		东升厂		167 070		251 743	260 313	158 500	
112301	预付账款	厂房委外大修				5 000		5 000	
12210101	其他应收款	备用金	金磊	1 800		10 100	11 500	400	
12210201		职工借款	王进						
122103		铁路局							
123101	坏账准备	应收账款计提坏账准备			1 680				1 680
123102		其他应收款计提坏账准备							
123103		应收票据计提坏账准备							

（续）

科目代码	科 目 名 称	科 目 名 称	科目名称	年初借余	年初贷余	1~11月借方累计	1~11月贷方累计	期末借余	期末贷余
140101	材料采购	原材料采购		6 500		3 752 604	3 754 104	5 000	
140102		低值易耗品采购				91 300	91 300		
1403	原材料	（明细账考核略）		380 000		3 937 831	3 767 831	550 000	
1411	包装物	（明细账考核略）		48 000		38 400	36 400	50 000	
141201	低值易耗品	在库		160 000		345 900	355 900	150 000	
141202		在用		120 000		130 620	150 620	100 000	
141203		摊销		-110 000		74 180	69 180	-105 000	
140401	材料成本差异	原材料差异		-25 600			-47 600	22 000	
140402		包装物差异		2 880		2 360	240	5 000	
140403		低值易耗品差异		-4 200		300	-1 900	-2 000	
140501	库存商品	ST700		85 250		1 298 880	1 295 630	88 500	
		（数量）		275		4 400	4 375	300	
140502		ST60		39 600		875 200	872 300	42 500	
		（数量）		450		9 900	9 850	500	
140503		ST90		37 840		1 070 200	1 068 040	40 000	
		（数量）		880		24 200	24 080	1 000	
140504		ST8		33 650		891 800	887 050	38 400	
		（数量）		672		17 600	17 472	800	

（续）

科目代码	科目名称	科目名称	科目名称	年初借余	年初贷余	1～11月借方累计	1～11月贷方累计	期末借余	期末贷余
140505		380V		13 680		383 300	385 780	11 200	
		（数量）		12		330	332	10	
140506		346V				244 800	244 800		
		（数量）				66	66		
140507		605 新产品							
140801	委托加工物资	新华板箱厂				40 760	40 760		
1471	存货跌价准备								
148101	待摊费用	预付财产保险费		10 480			10 100	380	
15010101	持有至到期投资	京能债券	成本						
15010102			利息调整						
151101	长期股权投资	宇洋股票		154 600				154 600	
160101	固定资产	生产用		3 329 400		344 600	124 000	3 550 000	
16010201		非生产用	房屋	140 000				140 000	
16010301		未使用	设备	71 600				71 600	
16010401		租出	设备	27 000				27 000	
160201	累计折旧	计提折旧			1 094 000		255 000		1 349 000
160202		盘亏转销折旧				13 000		13 000	
160203		出售转销折旧				12 000		12 000	
160204		报废转销折旧				55 000		55 000	
160205		毁损转销折旧							

（续）

科目代码	科 目 名 称	科 目 名 称	科目名称	年初借余	年初贷余	1~11月借方累计	1~11月贷方累计	期末借余	期末贷余
160401	在建工程	出包技改工程				124 600	124 600		
160402		自制设备工程(356#)				12 469.6		12 469.6	
160403		自营安装工程(358#)							
160501	工程物资	专用材料		135 000			5 000	130 000	
160601	固定资产清理	转入净值				23 000		23 000	
160602		清理费用				1 000		1 000	
160603		其他支出							
160604		转出净收益				7 000		7 000	
160605		缴纳税金							
160606		出售价款					25 000		25 000
160607		残料收入					300		300
160608		应收保险赔款							
160609		其他收入							
160610		转出净损失					5 700		5 700
170101	无形资产	专利权		135 400				135 400	
1702	累计摊销						11 500		11 500
18010101	长期待摊费用	租入固定资产修理支出	机器	87 500			27 500	60 000	
18010102			设备			18 260	760	17 500	
1811	递延所得税资产			420				420	
190101	待处理财产损溢	待处理流动资产损溢				19 000	19 000		
190102		待处理固定资产损溢				32 000	32 000		

（续）

科目代码	科目名称	科目名称	科目名称	年初借余	年初贷余	1~11月借方累计	1~11月贷方累计	期末借余	期末贷余
2001	短期借款				384 400		60 600		445 000
220101	应付票据	黄丰厂							
220201	应付账款	三星公司			358 020	2 149 447	2 107 427		316 000
220202		红旗厂			31 980	1 130 483	1 172 503		74 000
220203		供电局			99 000	266 900	173 900		6 000
220204		大众厂							
221101	应付职工薪酬	工资				625 000	625 000		
221102		职工福利				87 500	87 500		
221103		社会保险费							
221104		工会经费			3 200	14 950	12 500		750
221105		职工教育经费				9 375	9 375		
221106		辞退福利			83 000	82 860	87 500		87 640
22210101	应交税费	应交增值税	进项税额			792 570		792 570	
22210102			已交税金			318 898		318 898	
22210103			销项税额		8 100		1 113 752		1 121 852
22210104			进项税额转出				2 616		2 616
222102		应交房产税			1 750	6 140	6 160		1 770
222103		应交土地使用税			520	1 760	1 740		500
222104		应交城建税			900	26 209	26 219		910

（续）

科目代码	科 目 名 称	科 目 名 称	科目名称	年初借余	年初贷余	1~11月借方累计	1~11月贷方累计	期末借余	期末贷余
222105		应交所得税			82 530	319 520	272 910		35 920
222106		应交营业税				165	165		
222107		应交教育费附加			2 100	12 781	11 071		390
223101	应付利息	短期借款利息					20 280		20 280
223102		债券利息							
223201	应付利润	国家			209 680	209 680			
223202		法人			52 420	52 420			
224101	其他应付款	劳保事业处				3 600	3 600		
224102		房管局							
2401	递延收益								
250101	长期借款	本金			996 672	349 641			647 031
250102		利息调整							
25020101	应付债券	甲债券	面值		80 000				80 000
25020102			利息调整		2 472	309			2 163
25020201		乙债券	面值		33 800				33 800
25020202			利息调整						
25020203			应计利息		4 056				4 056
271101	专项应付款	国家专款							
400101	实收资本	国家资本			2 251 200				2 251 200
400102		法人资本			562 800				562 800

（续）

科目代码	科 目 名 称	科 目 名 称	科目名称	年初借余	年初贷余	1～11月借方累计	1～11月贷方累计	期末借余	期末贷余
400201	资本公积	资本溢价			23 000				23 000
4101	盈余公积				98 952				98 952
4103	本年利润					6 065 695	6 619 785		554 090
410401	利润分配	提取盈余公积							
410402		应付利润							
410403		未分配利润			199 568				199 568
50010101	基本生产	起动电动机	直接材料	100 246		3 080 054	2 895 300	285 000	
50010102			直接人工	12 170		419 646	413 580	18 236	
50010103			制造费用	39 694		875 506	827 200	88 000	
50010201		605 新产品	直接材料						
50010202			直接人工						
50010203			制造费用						
50010301		218#定单(346V)	直接材料	81 400		85 070	144 310	22 160	
50010302			直接人工	28 420		31 090	59 266	244	
50010303			制造费用	19 384		23 040	41 224	1 200	
50010401		225#定单(380V)	直接材料	79 010		158 440	227 090	10 360	
50010402			直接人工	32 920		66 010	98 642	288	
50010403			制造费用	19 756		39 612	57 568	1 800	
50010501		236#定单	直接材料						
50010502			直接人工						

（续）

科目代码	科目名称	科目名称	科目名称	年初借余	年初贷余	1~11月借方累计	1~11月贷方累计	期末借余	期末贷余
50010503			制造费用						
500201	辅助生产	机修车间	（明细账资料见账式）			93 717	93 717		
500202		工具车间	（明细账资料见账式）			19 260	19 260		
51010101	制造费用	一车间	工资			39 800	39 800		
51010102			福利费			5 572	5 572		
51010103			折旧费			168 400	168 400		
51010104			修理费			70 136	70 136		
51010105			办公费			13 000	13 000		
51010106			水电费			155 240	155 240		
51010107			物料消耗			128 000	128 000		
51010108			低值易耗品摊销			282 100	282 100		
51010109			劳动保护费			5 100	5 100		
51010110			社会保险费						
51010111			工会经费						
51010112			职工教育经费						
51010113			租赁费						
51010114			差旅费			3 398	3 398		
51010115			保险费			4 600	4 600		

（续）

科目代码	科 目 名 称	科 目 名 称	科目名称	年初借余	年初贷余	1~11月借方累计	1~11月贷方累计	期末借余	期末贷余
51010116			其他费用						
51010201		二车间	工资			2 000	2 000		
51010202			福利费			280	280		
51010203			折旧费			49 260	49 260		
51010204			修理费			924	924		
51010205			办公费			640	640		
51010206			水电费			3 160	3 160		
51010207			物料消耗			2 436	2 436		
51010208			低值易耗品摊销			2 900	2 900		
51010209			劳动保护费			180	180		
51010210			社会保险费						
51010211			工会经费						
51010212			职工教育经费						
51010213			租赁费						
51010214			差旅费			702	702		
51010215			保险费			170	170		
51010216			其他费用						
51010301		机修车间	工资			100	100		

（续）

科目代码	科 目 名 称	科 目 名 称	科目名称	年初借余	年初贷余	1~11月借方累计	1~11月贷方累计	期末借余	期末贷余
51010302			福利费			14	14		
51010303			折旧费			5 540	5 540		
51010304			修理费						
51010305			办公费						
51010306			水电费			2 500	2 500		
51010307			物料消耗			1 549	1 549		
51010308			低值易耗品摊销			74 180	74 180		
51010309			劳动保护费						
51010310			社会保险费						
51010311			工会经费						
51010312			职工教育经费						
51010313			租赁费						
51010314			差旅费						
51010315			保险费			2 830	2 830		
51010316			其他费用						
51010401		工具车间	工资			60	60		
51010402			福利费			8	8		
51010403			折旧费			3 651	3 651		
51010404			修理费						

（续）

科目代码	科目名称	科目名称	科目名称	年初借余	年初贷余	1~11月借方累计	1~11月贷方累计	期末借余	期末贷余
51010405			办公费						
51010406			水电费			1 600	1 600		
51010407			物料消耗						
51010408			低值易耗品摊销						
51010409			劳动保护费						
51010410			社会保险费						
51010411			工会经费						
51010412			职工教育经费						
51010413			租赁费						
51010414			差旅费						
51010415			保险费			1 771	1 771		
51010416			其他费用						
600101	主营业务收入	ST700				1 704 270	1 704 270		
		（数量）				4 375	4 375		
600102		ST60				1 247 280	1 247 280		
		（数量）				9 850	9 850		
600103		ST90				1 524 620	1 524 620		
		（数量）				24 080	24 080		
600104		ST8				1 264 400	1 264 400		

（续）

科目代码	科 目 名 称	科 目 名 称	科目名称	年初借余	年初贷余	1~11月借方累计	1~11月贷方累计	期末借余	期末贷余
		（数量）				17 472	17 472		
600105		380V				521 465	521 465		
		（数量）				332	332		
600106		346V				254 950	254 950		
		（数量）				66	66		
605101	其他业务收入	售原材料				21 500	21 500		
605102		售包装物				13 000	13 000		
605103		固定资产出租				3 300	3 300		
611101	投资收益	交易性金融资产				36 000	36 000		
611102		持有至到期投资				11 000	11 000		
630101	营业外收入	处置固定资产收益				7 000	7 000		
630102		报废毁损固定资产收益				11 000	11 000		
630103		出售无形资产收益							
630104		罚款收入							
630105		包装物押金罚没收入							
630106		捐赠得利							
640101	主营业务成本	ST700				1 295 630	1 295 630		
640102		ST60				872 300	872 300		
640103		ST90				1 068 040	1 068 040		
640104		ST8				887 050	887 050		
640105		380V				385 780	385 780		
640106		346V				244 800	244 800		

（续）

科目代码	科 目 名 称	科 目 名 称	科目名称	年初借余	年初贷余	1～11月借方累计	1～11月贷方累计	期末借余	期末贷余
640201	其他业务成本	售原材料				20 540	20 540		
640202		售包装物				12 900	12 900		
640203		固定资产出租				1 781	1 781		
64030101	营业税金及附加	库存商品	ST700			9 697	9 697		
64030102			ST60			7 097	7 097		
64030103			ST90			8 675	8 675		
64030104			ST8			7 194	7 194		
64030105			380V			2 962	2 962		
64030106			346V			1 451	1 451		
640302		原材料				196	196		
640303		包装物							
640304		固定资产出租				183	183		
660101	销售费用	运输费				21 400	21 400		
660102		包装费				3 200	3 200		
660103		广告费				107 824	107 824		
660104		其他费用				80 000	80 000		
660201	管理费用	工资				61 600	61 600		
660202		福利费				9 116	9 116		
660203		折旧费				26 368	26 368		
660204		修理费				9 950	9 950		
660205		办公费				19 900	19 900		

（续）

科目代码	科 目 名 称	科 目 名 称	科目名称	年初借余	年初贷余	1～11月借方累计	1～11月贷方累计	期末借余	期末贷余
660206		水电费				10 340	10 340		
660207		物料消耗				21 600	21 600		
660208		低值易耗品摊销				4 180	4 180		
660209		差旅费				8 000	8 000		
660210		运输费				20 680	20 680		
660211		保险费				451	451		
660212		存货盘亏毁损				7 000	7 000		
660213		无形资产摊销				11 500	11 500		
660214		养老保险费				260 000	260 000		
660215		研究开发费用				116 800	116 800		
660216		工会经费				12 500	12 500		
660217		失业保险费				3 600	3 600		
660218		职工教育经费				9 375	9 375		
660219		劳动保险费				6 200	6 200		
660220		税金				7 900	7 900		
660221		其他费用				6 615	6 615		
660301	财务费用	利息支出				51 410	51 410		
660302		金融机构手续费				200	200		
660303		其他							
670101	资产减值损失	存货跌价准备							
670102		坏账准备							

（续）

科目代码	科 目 名 称	科 目 名 称	科目名称	年初借余	年初贷余	1~11月借方累计	1~11月贷方累计	期末借余	期末贷余
671101	营业外支出	处置固定资产损失				5 700	5 700		
671102		报废毁损固定资产损失							
671103		固定资产盘亏				21 000	21 000		
671104		出售无形资产损失							
671105		赔偿金、违约金							
671106		子弟中学经费				12 100	12 100		
671107		公益救济性捐赠				30 000	30 000		
680101	所得税费用	当期所得税费用				272 910	272 910		
680102		递延所得税费用							
6901	以前年度损益调整								

注：1~11月经营性应付项目和存货项目需调整的分录

借：在建工程 46 292
　贷：原材料 5 345
　　材料成本差异 −16
　　辅助生产 40 963

借：在建工程 7 938
　贷：应付职工薪酬——职工福利 7 938

借：原材料 300
　贷：固定资产清理 300

借：待处理财产损溢（流） 13 000
　贷：原材料 8 643
　　基本生产 2 743
　　材料成本差异 −96
　　应交税费——应交增值税（转出） 1 710

六、编制科目汇总表（表26-20）

七、登记总账

1. 总账账户示例：库存现金总账（表24-8）

表24-8　总账　　一级科目名称：库存现金

单位：元

20　年		凭证		对方科目	摘　要	总页	借方金额	贷方金额	借或贷	金额
月	日	种类	号数							
1	1				年初余额				借	200
					…					
11	30				1～11月累计		635 687	635 700	借	187

2. 总账开户资料

见表24-7资料，按一级科目汇总填入三栏式账页。

八、编制会计报表（表24-9至表24-24）

1. 资产负债表（表24-9）

表24-9　资产负债表　　会企01表

编制单位：　　年　　月　　日　　单位：元

资　产	期末余额	年初余额	负债和所有者权益（或股东权益）	期末余额	年初余额
流动资产：			**流动负债：**		
货币资金			短期借款		
交易性金融资产			交易性金融负债		
应收票据			应付票据		

（续）

资　　产	期末余额	年初余额	负债和所有者权益（或股东权益）	期末余额	年初余额
应收账款			应付账款		
预付款项			预收款项		
应收利息			应付职工薪酬		
应收股利			应交税费		
其他应收款			应付利息		
存货			应付股利		
一年内到期的非流动资产			其他应付款		
其他流动资产			一年内到期的非流动负债		
流动资产合计			其他流动负债		
非流动资产：			流动负债合计		
可供出售金融资产			**非流动负债：**		
持有至到期投资			长期借款		
长期应收款			应付债券		
长期股权投资			长期应付款		
投资性房地产			专项应付款		
固定资产			预计负债		
在建工程			递延所得税负债		
工程物资			其他非流动负债		
固定资产清理			非流动负债合计		
生产性生物资产			负债合计		
油气资产			**所有者权益**（或股东权益）：		
无形资产			实收资本（或股本）		
开发支出			资本公积		
商誉			减：库存股		
长期待摊费用			盈余公积		
递延所得税资产			未分配利润		
其他非流动资产			所有者权益（或股东权益）合计		
非流动资产合计					
资产总计			负债和所有者权益（或股东权益）总计		

2. 利润表（表 24-10）

表 24-10　利　润　表　　会企 02 表

编制单位：　　年　月　　单位：元

项　目	本期金额	上期金额
一、营业收入		
减：营业成本		
营业税金及附加		
销售费用		
管理费用		
财务费用		
资产减值损失		
加：公允价值变动收益（损失以“－”号填列）		
投资收益（损失以“－”号填列）		
其中：对联营企业和合营企业的投资收益		
二、营业利润（亏损以“－”号填列）		
加：营业外收入		
减：营业外支出		
其中：非流动资产处置损失		
三、利润总额（亏损总额以“－”号填列）		
减：所得税费用		
四、净利润（净亏损以“－”号填列）		
五、每股收益：		
（一）基本每股收益		
（二）稀释每股收益		

3. 现金流量表（表 24-11）

表 24-11　现金流量表　　会企 03 表

编制单位：　　年　　单位：元

项　目	行次	金额	补充资料	行次	金额
一、经营活动产生的现金流量			1. 将净利润调节为经营活动现金流量		
销售商品、提供劳务收到的现金	1		净利润	57	
收到的税费返还	2		加：计提的资产减值准备	58	
收到的其他与经营活动有关的现金	8		固定资产折旧	59	
现金流入小计	9		无形资产摊销	60	
购买商品、接受劳务支付的现金	10		长期待摊费用摊销	61	

（续）

项　目	行次	金额	补充资料	行次	金额
支付给职工以及为职工支付的现金	12		处置固定资产、无形资产和其他长期资产的损失（减：收益）	66	
支付的各种税费	13		固定资产报废损失（减：收益）	67	
支付的其他与经营活动有关的现金	18		公允价值变动损失（减：收益）	68	
现金流出小计	20		财务费用（减：收益）	69	
经营活动产生的现金流量净额	21		投资损失（减：收益）	70	
二、投资活动产生的现金流量			递延所得税资产减少（减：增加）	71	
收回投资所收到的现金	22		递延所得税负债增加（减：减少）	72	
取得投资收益所收到的现金	23		存货的减少（减：增加）	73	
处置固定资产、无形资产和其他长期资产而收到的现金净额	25		经营性应收项目的减少（减：增加）	74	
收到的其他与投资活动有关的现金	28		经营性应付项目的增加（减：减少）	75	
现金流入小计	29		其他	76	
购建固定资产、无形资产和其他长期资产所支付的现金	30		**经营活动产生的现金流量净额**		
投资支付的现金	31		2. 不涉及现金收支的投资和筹资活动		
支付的其他与投资活动有关的现金	35		债务转为资本	77	
现金流出小计	36		一年内到期的可转换债券	78	
投资活动产生的现金流量净额	37		融资租入的固定资产	79	
三、筹资活动产生的现金流量			3. 现金及现金等价物增加情况：		
吸收投资所受到的现金	38		现金的期末余额	80	
取得借款所受到的现金	40		减：现金的期初余额	81	
收到的其他与筹资活动有关的现金	43		加：现金等价物的期末余额	82	
现金流入小计	44		减：现金等价物的期初余额	83	
偿还债务所支付的现金	45		现金及现金等价物净增加额	84	
分配股利、利润和偿付利息所支付的现金	46				
支付的其他与筹资活动有关的现金	52				
现金流出小计	53				
筹资活动产生的现金流量净额	54				
四、汇率变动对现金的影响	55				
五、现金及现金等价物净增加额	56				

4. （表24-12）

表24-12 所有者权益变动表

会企04表

编制单位：　　　　年度　　　　单位：元

项目	本年金额						上年金额					
	实收资本（或股本）	资本公积	减：库存股	盈余公积	未分配利润	所有者权益合计	实收资本（或股本）	资本公积	减：库存股	盈余公积	未分配利润	所有者权益合计
一、上年年末余额												
加：会计政策变更												
前期差错更正												
二、本年年初余额												
三、本年增减变动金额（减少以“－”号填列）												
（一）净利润												
（二）直接计入所有者权益的利得和损失												
1. 可供出售金融资产公允价值变动净额												
2. 权益法下被投资单位其他所有者权益变动的影响												
3. 与计入所有者权益项目相关的所得税影响												
4. 其他												
上述（一）和（二）小计												
（三）所有者投入和减少资本												
1. 所有者投入资本												
2. 股份支付计入所有者权益的金额												
3. 其他												
（四）利润分配												
1. 提取盈余公积												
2. 对所有者（或股东）的分配												
3. 其他												
（五）所有者权益内部结转												
1. 资本公积转增资本（或股本）												
2. 盈余公积转增资本（或股本）												
3. 盈余公积弥补亏损												
4. 其他												
四、本年年末余额												

5. 资产减值准备明细表（表24-13）

表24-13 资产减值准备明细表

编制单位： 年 月 单位：元

项　目	年初账面余额	本　期计提额	本期减少额		期末账面余额
			转回	转销	
一、坏账准备					
二、存货跌价准备					
三、可供出售金融资产减值准备					
四、持有至到期投资减值准备					
五、长期股权投资减值准备					
六、投资性房地产减值准备					
七、固定资产减值准备					
八、工程物资减值准备					
九、在建工程减值准备					
十、生产性生物资产减值准备					
其中：成熟生产性生物资产减值准备					
十一、油气资产减值准备					
十二、无形资产减值准备					
十三、商誉减值准备					
十四、其他					
合　计					

6. 应交税费明细表（表24-14）

表24-14 应交税费明细表

编制单位： 20 年 月 单位：元

税费项目	期末账面余额	年初账面余额
1. 增值税		
2. 营业税		
3. 所得税		
4. 土地使用税		
5. 城市维护建设税		
6. 房产税		
7. 教育费附加		
合　计		

7. 主营业务收支明细表（表24-15）

表24-15　主营业务收支明细表

编制单位：　　　　　　　　　20　　年度　　　　　　　　　单位：元

项　目	营业收入	营业成本	营业税金及附加	营业利润
一、产品销售				
1. ST700 起动电动机				
2. ST60 起动电动机				
3. ST90 起动电动机				
4. ST8 起动电动机				
5. 346V 变速电动机				
6. 380V 变速电动机				
7. 605 新产品				
8.				
小　计				
二、其他业务				
1. 材料销售				
2. 固定资产出租				
小　计				
合　计				

8. 产品生产成本表（表24-16）

表24-16　产品生产成本表

20　　年　月　　　　　　　　　单位：元

项　目	上年实际	本月实际	本年累计实际
生产费用：			
直接材料			
其中：原材料			
直接工资			
制造费用			
生产费用合计			
加：在产品、自制半成品期初余额			
减：在产品、自制半成品期末余额			
产品生产成本合计			

9. 主要产品单位成本表（表24-17）

表24-17 主要产品单位成本表

20 年 月 单位：元

产品名称：ST700 计量单位： 售价： 本月实际产量： 本年实际产量：

成本项目	本年累计实际总成本		上年实际平均单位成本	本月实际单位成本	本年累计实际平均单位成本	
直接材料						
直接工资						
制造费用						
产品生产成本						
补充资料项目：	上年实际	本年实际	补充资料项目：		上年实际	本年实际
产品销售率(%)			营运资金周转率/次			
资金利税率(%)			实现利税总额			
增加值率(%)			职工工资总额			

10. 制造费用明细表（表24-18）

表24-18 制造费用明细表

20 年 月 单位：元

项目	上年实际	本年计划	本月实际	本年累计实际
1. 工资				
2. 职工福利费				
3. 折旧费				
4. 修理费				
5. 办公费				
6. 水电费				
7. 机物料消耗				
8. 低值易耗品摊销				
9. 劳动保护费				
10. 差旅费				
11. 保险费				
12. 运输费				
13. 工会经费				
14. 职工教育经费				
15. 社会保险费				
16. 其他				
制造费用合计				

11. 销售费用明细表（表24-19）

表24-19 销售费用明细表

20 年 月 单位：元

项目	上年实际	本年计划	本月实际	本年累计实际
1. 包装费				
2. 运输费				
3. 广告费				
4. 其他费用				
合计				

12. 财务费用明细表（表24-20）

表24-20　财务费用明细表

20　年　月　　　　单位：元

项　目	上年实际	本年计划	本月实际	本年累计实际
1. 利息支出				
减：利息收入				
2. 汇兑净损失				
3. 金融机构手续费				
4. 其他				
5.				
合　计				

13. 管理费用明细表（表24-21）

表24-21　管理费用明细表

20　年　月　　　　单位：元

项　目	上年实际	本年计划	本月实际	本年累计实际
1. 工资				
2. 职工福利费				
3. 折旧费				
4. 办公费				
5. 差旅费				
6. 运输费				
7. 保险费				
8. 修理费				
9. 水电费				
10. 物料消耗				
11. 低值易耗品摊销				
12. 无形资产摊销				
13. 存货盘亏毁损				
14. 研究开发费				
15. 养老保险费				
16. 失业保险费				
17. 职工教育经费				
18. 工会经费				
19. 劳动保险费				
20. 税金				
21. 其他				
22.				
合　计				

14. 投资收益明细表（表24-22）

表24-22 投资收益明细表

20　年　月　　　　单位：元

项　目	上年实际	本年实际
1. 交易性金融资产		
2. 持有至到期投资		
3. 可供出售金融资产		
4. 长期股权投资		
5. 其他		
合　计		

15. 营业外收支明细表（表24-23）

表24-23 营业外收支明细表

20　年　月　　　　单位：元

项　目	上年实际	本年实际
一、营业外收入		
1. 处置固定资产收益		
2. 报废毁损固定资产收益		
3. 罚款收入		
4. 包装物押金罚没收入		
5. 无法支付的应付款		
6. 教育费附加返还款		
7. 出售无形资产收益		
营业外收入合计		
二、营业外支出		
1. 处置固定资产损失		
2. 固定资产盘亏		
3. 报废毁损固定资产损失		
4. 出售无形资产损失		
5. 赔偿金、违约金		
6. 子弟中学经费		
7. 公益救济性捐赠		
8. 非常损失		
营业外支出合计		

16. 产品生产、销售成本表（表24-24）

表 24-24　产品生产、销售成本表

编制单位：　　　　20　　年　月　　　　单位：元

产品名称	规格	计量单位	生产量		销售量			单位生产成本			生产总成本			销售成本		期初结存		期末结存	
			本月	本年累计	本月	其中：销售退回	本年累计	上年实际平均	本月实际	本年累计实际平均	上年实际总成本	本月实际	本年累计实际总成本	本月实际	本年累计实际	数量	成本	数量	成本
主要产品合计	×	×	×	×	×	×	×	×	×	×	×					×		×	
其 1. ST700																			
中：2. ST60																			
3. ST90																			
4. ST8																			
5. 380V 变速电机																			
非主要产品合计	×	×	×	×	×	×	×	×	×	×	×					×		×	
其 1. 346V 变速电机																			
中：2. 605 新产品																			
全部产品生产成本	×	×	×	×	×	×	×	×	×	×	×					×		×	

第二十五章 岗能考核

一、出纳岗

（一）现金出纳

处理的业务号是：10、40、41、42、46、51、57、59、63、66；登记库存现金日记账。

（二）银行出纳

处理的业务号是：2、3、4、6、7、8、11、12、13、15、17、18、22、23、24、25、28、29、30、31、32、33、34、35、37、38、40、44、45、47、50、52、55、56、58、60、62、63、64、65、67、68、69、71、73、74、75、76、78、79、80、92、94、95、99、112；登记银行存款日记账。

（三）编制科目汇总表

据收款凭证编制科汇1，据付款凭证编制科汇2，分别装订于收款凭证、据付款凭证首页。

二、工资岗

在掌握出纳已处理的业务（42、46、50）基础上，接着处理的业务号是：46、93、94、95、96、97；编制工资分配表、养老保险计提表、失业保险计提表、工会经费计提表、职工教育经费计提表等。

三、材料岗

在出纳已处理的业务（2、3、6、25、29、31、69、98）的同时，还应处理的业务号是：1、14、16、21、29、33、39、48、51、61、72、86、88、91；编制收料凭证汇总表，处理业务102；登记材料采购明细账，处理业务103；编制发料凭证汇总表，处理业务104；登记材料成本差异明细账，处理业务103（分配价差）、104、105、106，业务107的价差待成本岗算出辅助生产成本后再处理；登委托加工材料明细账；登低值易耗品明账。处理业务114。

四、固定资产岗

处理的业务号是：18、19、28、35、36、39、51、64、67、82、90、103、104；登记累计折旧明细账、固定资产清理明细账、固定资产登记簿、在建工程明细账（其中业务107待辅助生产成本计算出后再登）、长期待摊费用明细账、无形资产明细账、待处理财产损溢明细账。

五、成本费用岗

处理的业务号是：26、81、85、99、100；登制造费用明细账，结转辅助车间的制造费用，登记辅助生产明细账，编制辅助生产费用分配表，编制基本车间的制造费用分配表，处理业务107；登记基本生产明细账，计算产品成本，处理业务108、109，其中编出产成品收入汇总表作业务109记账凭证的附件；登记库存成品明细账。待销售利润岗、证券岗、往来岗业务处理完后，登记管理费用明细账、财务费用明细账，处理业务120；登记待摊费用明细账；编制成本报表（表24-16至表24-24）。

六、销售利润岗

处理的业务号是：9、32、54、68、70、73、111、112；登记主营业务收入明细账，处理业务114；登记主营业务成本明细账，处理业务112；登记销售费用明细账，处理业务119；登记应交税费明细账，处理业务117，编制营业税金及附加计算表作业务117记账凭证的附件；登记营业税金及附加明细账，处理业务118；登记其他业务收入、其他业务成本明细账，处理业务116；待证券岗、往来岗、成本费用岗业务处理完毕后，登记营业外收支明细账，处理业务122、123，登记资产减值损失明细账，处理业务124；计算利润总额，处理业务125、126、127、128；登记利润分配明细账、处理业务129。

七、资金证券岗

在已处理业务7的基础上，处理业务83、84；登记投资收益明细账、应付债券明细账、长期股权投资明细账、持有至到期投资明细账、交易性金融资产明细账、长期借款明细账，处理业务123。

八、往来结算岗

登记往来明细账（应收账款明细账、应付账款明细账、预付账款明细账、其他应收款明细账、其他应付款明细账、专项应付款）；处理业务109、110。

九、总账报表岗

据转账凭证编制科目汇总表（科汇3）或由有关岗位会计完成；登记总账；编制财务报表（表24-9至表24-24）。

第二十六章　上岗操作资料

一、有关计算表和分配表（表26-1 至表26-20）

表26-1　固定资产折旧计算表（双倍余额递减法）

——二车间机器设备

20　　年（第5年）　月　　　　单位：元

年　　份	当年计提的折旧额	累计折旧额	折余价值
0			原值364 000
1			
2			
3			
4			
5			
6			
7			
8			
总计			—

注：表中当年折旧率 = ______；表中月折旧额 = 第______年折旧额 ÷ 12 = ______；月折旧额精确到元。

表26-2　固定资产折旧计算表（分类折旧率法）

20　年　月　　　　单位：元

固定资产类别	月份类折旧率	一车间		二车间		机修车间		工具车间		管理部门		非生产部门		租出设备		未使用		折旧合计
		固定资产原值	折旧额	固定资产原值	折旧额	固定资产原值	折旧额	固定资产原值	折旧额	固定资产原值	折旧额	固定资产原值	折旧额	固定资产原值	折旧额	固定资产原值	折旧额	
房屋																		
机器设备																		
合计																		

注：二车间原值不包含加速折旧法的机器设备原值。

表 26-3　外购电力分配表

20　　年　月　　　　　　　　　　　　　　　单位：元

应借科目			耗电度数	分配率(%)	分配金额
总账科目	明细科目	费用项目			
制造费用	一车间				
	二车间				
	机修车间				
	工具车间				
	合计				
管理费用	水电费				
合计					

业务部门主管　　　　　　　　审核　　　　　　　　制表

表 26-4　低值易耗品（工具）摊销表（五五摊销法）

20　　年　月　　　　　　　　　　　　　　　单位：元

应借科目			领用金额	分摊价差（月初差异率：　）	本期摊销（摊销率:50%）
总账科目	明细科目	费用项目			
制造费用	一车间	低耗品摊销			
	二车间	低耗品摊销			
	机修车间	低耗品摊销			
	工具车间	低耗品摊销			
	小计				
管理费用	低值易耗品摊销				
合计					

业务部门主管　　　　　　　　审核　　　　　　　　制表

表 26-5　企业债券溢价摊销表（实际利率法）

20　　年（第二年）12 月 31 日计息用

计息日期	应付利息	溢价摊销	财务费用	未摊溢价	摊余成本
	①＝面值×5.5%	②＝①－③	③＝期初⑤×实际利率	④＝期初④－②	⑤＝期初⑤＋③－①
第 1 年 1 月 1 日				3 090	83 090
7 月 1 日	4 400	309	4 091	2 781	82 781
12 月 31 日	4 400	309	4 091	2 472	82 472
第 2 年 7 月 1 日	4 400	309	4 091	2 163	82 163
12 月 31 日					
第 3 年 7 月 1 日					
12 月 31 日					
第 4 年 7 月 1 日					
12 月 31 日					
第 5 年 7 月 1 日					
12 月 31 日					

注：第 2 年 7 月 1 日及以前采用直线法。

表 26-6　企业债券应付利息计算表（实际利率法）

20　　年（第 2 年）12 月 31 日计息用　　　　单位：元

年份	债券面值	年利率	当年计息	应付利息	摊余成本
1			33 800 × 12% = 4 056	4 056	37 856
2	33 800	12%			
3					

注：原第 1 年已采用直线法。

表 26-7　（京能）**债券投资溢价摊销表**（实际利率法）

20　　年（第 1 年）12 月 31 日计息用　　　　单位：元

债券计息日期	计息月数	应收利息 ① = 面值 × 计息月数 × 票面年率/12	投资收益 ② = 期初④ × 计息月数 × 实际利率/6	持有至到期投资——利息调整 ③ = ① - ②	摊余成本 ④ = 期初④ + ② - ①
第 0 年 10 月 1 日	（发行）				
12 月 11 日	（购入）				109 777
12 月 31 日	1				
第 1 年 3 月 31 日	3				
9 月 30 日	6				
12 月 31 日	3				
第 2 年 3 月 31 日	3				
9 月 30 日	6				
12 月 31 日	3				
……					
第 5 年 3 月 31 日	3				
9 月 30 日	6				

注：各种计算精确到元。

表 26-8　低值易耗品（工作服）**分配表**（一次摊销法）

20　　年　月　　　　单位：元

费用种类	应借科目			领用计划成本	分摊价差
	总账科目	明细科目	费用项目		月初差异率：　%
低值易耗品——工作服	制造费用	一车间	劳动保护费		
		二车间	劳动保护费		
		机修车间	劳动保护费		
		工具车间	劳动保护费		
合计					

表 26-9　待摊费用分配表

20　年　月　　　　单位：元

<table>
<tr><td rowspan="2">费用种类</td><td colspan="3">应借科目</td><td rowspan="2">分配标准
（保险财产额/万元）</td><td rowspan="2">分配率
（%）</td><td rowspan="2">分配金额
（摊销额）</td></tr>
<tr><td>总账科目</td><td>明细科目</td><td>费用项目</td></tr>
<tr><td rowspan="4">预付财产
保险费</td><td rowspan="3">制造费用</td><td>一车间</td><td>保险费</td><td>260</td><td></td><td></td></tr>
<tr><td>二车间</td><td>保险费</td><td>120</td><td></td><td></td></tr>
<tr><td colspan="2">小　计</td><td>380</td><td></td><td></td></tr>
<tr><td>管理费用</td><td colspan="2">保　险　费</td><td>420</td><td></td><td></td></tr>
<tr><td colspan="4">合　计</td><td>800</td><td></td><td></td></tr>
</table>

表 26-10　制造费用分配表

20　年　月

车间：一车间

应借科目	生产工时/h	分配率（%）	分配金额/元
合　计			

表 26-11　制造费用分配表

20　年　月

车间：二车间

应借科目	生产工时/h	分配率（%）	分配金额/元
合　计			

表 26-12　工资费用分配表

20　　年　月份　　　　　　　　　单位：元

应借科目		生产工时/h	工资			合计
总账科目	明细账		分配率(%)	生产工人	管理人员	
基本生产	起动电动机					
	605 新产品					
	小计					
	218#定单					
	#225 定单					
	#236 定单					
	小计					
	合计	—	—		—	
辅助生产	机修车间					
	工具车间					
制造费用	一车间					
	二车间					
	机修车间					
	工具车间					
管理费用	工资					
	劳动保险					
应付职工薪酬	职工福利					
合计						

表 26-13　提取社会保险费分配表

20　　年　月份

应借科目		应付工资/元	生产工时/h	养老保险费		失业保险费	
总账科目	明细账			分配率(%)	计提金额/元	分配率(%)	计提金额/元
基本生产	起动电动机						
	605 新产品						
	小　计						
	218#定单						
	#225 定单						
	#236 定单						
	小　计						
	合　计		—	—		—	
辅助生产	机修车间						
	工具车间						
制造费用	一车间						
	二车间						
	机修车间						
	工具车间						
管理费用	厂部管理人员						
	长假病人						
应付职工薪酬	职工福利						
合　计							

表 26-14　提取工会经费及职工教育经费分配表

20　　年　月份

应借科目		应付工资/元	生产工时/h	工会经费		职工教育经费	
总账科目	明细账			分配率(%)	计提金额/元	分配率(%)	计提金额/元
基本生产	起动电动机						
	605 新产品						
	小　计						
	#218 定单						
	#225 定单						
	#236 定单						
	小　计						
	合　计		—	—		—	
辅助生产	机修车间						
	工具车间						
制造费用	一车间						
	二车间						
	机修车间						
	工具车间						
管理费用	厂部管理人员						
	长假病人						
应付职工薪酬	职工福利						
合　计							

表 26-15　收料凭证汇总表

20　　年　月份

材料来源	应贷科目	业务号	应借科目:原材料
本月外购	材料采购		
	1~10 日		
	小计		
	11~20 日		
	小计		
	21~31 日		
	小计		
	采购合计		
本月暂估	应付账款		
本月收入材料总计			

表 26-16　产成品收入汇总表

20　　年　月份

应贷科目	产品名称		单位	入库数量				单位成本/(元/台)	总成本/元
				1～10 日	11～20 日	21～30 日	合计		
基本生产	起动电动机	ST700	台						
		ST60							
		ST90							
		ST8							
	变速电动机	346V							
		380V							
合　计									

表 26-17　发料凭证汇总表

20　　年　月份

应借科目			原材料计划成本/元				原材料成本(差异率:%)	包　装　物	
总账科目	二级或明细科目	成本或费用项目	上旬	中旬	下旬	合计		计划成本/元	成本差异(差异率: %)
基本生产	起动电动机	直接材料							
	605 新产品	直接材料							
	218#定单	直接材料							
	225#定单	直接材料							
	236#定单	直接材料							
辅助生产(工具车间)		直接材料							
制造费用	一车间	物料消耗							
		修理材料							
	二车间	物料消耗							
		修理材料							
	机修车间	物料消耗							
	工具车间	物料消耗							
		修理材料							
其他业务成本		材料销售							
销售费用		包装费							
管理费用		修理费							
		物料消耗							
合　计									

表 26-18 辅助生产费用分配表

车间：机修车间 20 年 月份

应借科目	修理工时	分配率	分配金额
合计			

表 26-19 营业税金及附加分配表

20 年 月份

产品或材料物资名称		本期销售收入/元	本期应交增值税（17%）	应交城建税			教育费附加		
				本期应交城建税（7%）	分配率（%）	分配金额/元	本期应交教育费附加（3%）	分配率（%）	分配金额/元
起动电动机	ST700		—	—			—		
	ST60		—	—			—		
	ST90		—	—			—		
	ST8		—	—			—		
变速电动机	346V		—	—			—		
	380V		—	—			—		
小计			—	—			—		
原材料			—	—			—		
包装物			—	—			—		
			—	—			—		
小计			—	—			—		
合计									

审核 制表

表 26-20　科目汇总表

20　　年　月份　　　　　　　　　　单位：元

会计科目	账页	本期发生额		会计科目	账页	本期发生额		记账凭证起止号数
		借方	贷方			借方	贷方	
库存现金				应付职工薪酬				
银行存款				应交税费				
交易性金融资产				应付利息				
应收票据				应付股利				
应收账款				其他应付款				
预付账款				长期借款				
应收利息				应付债券				
其他应收款				专项应付款				
坏账准备				递延收益				
材料采购				资本公积				
原材料				盈余公积				
包装物				本年利润				
低值易耗品				利润分配				
材料成本差异				基本生产				
委托加工物资				辅助生产				
库存商品				制造费用				
存货跌价准备				主营业务收入				
待摊费用				其他业务收入				
持有至到期投资				投资收益				
固定资产				营业外收入				
累计折旧				主营业务成本				
在建工程				其他业务成本				
工程物资				营业税金及附加				
固定资产清理				资产减值损失				
无形资产				营业外支出				
累计摊销				销售费用				
长期待摊费用				管理费用				
递延所得税资产				财务费用				
待处理财产损溢				所得税费用				
短期借款				以前年度损益调整				
应付票据								
应付账款				合　计				

二、其他原始资料（表26-21至表26-244）

（1）

表26-21 暂估料款清单

年 月 日

材料账户	收料日期	收料单号码	供应单位名称	材料类别	材料名称	单位	数量	金 额

②下月冲回

审核 制单

（2）

表26-22 收 料 单

年 月 日

供货单位________ 凭证编号________

发票号码________ 收料仓库________

材料类别	材料编号	材料名称及规格	计量单位	应收数量	实收数量	计划单价	金 额
备注：						合计	

三 财务

仓库管理员（签章） 收料人（签章）

（5）

表26-23 收 料 单

年 月 日

供货单位________ 凭证编号________

发票号码________ 收料仓库________

材料类别	材料编号	材料名称及规格	计量单位	应收数量	实收数量	计划单价	金 额
备注：						合计	

三 财务

仓库管理员（签章） 收料人（签章）

(16)

表 26-24 收 料 单

年 月 日

供货单位________________ 凭证编号________________

发票号码________________ 收料仓库________________

材料类别	材料编号	材料名称及规格	计量单位	应收数量	实收数量	计划单价	金额
备注：						合计	

三 财务

仓库管理员（签章） 收料人（签章）

(2)

表 26-25

中国银行
转账支票存根
D/0 A/2 05458938
附加信息：
出票日期 年 月 日

收款人：
金 额：
用 途：

单位主管 会计

上海证券印制厂 2001 年印制

中国银行 转账支票 D/0 A/2 05458938

本支票付款期限十天

出票日期（大写） 年 月 日 付款行名称：
收款人： 出票人账号：

人民币（大写）	亿	千	百	十	万	千	百	十	元	角	分

用途__________ 科目（借）__________
上列款项请从 对方科目（贷）__________
我账户内支付 转账日期 年 月 日
出票人签章 复核 记账

(2)

表 26-26

3200012170 江苏增值税专用发票 №

发票联 开票日期：

购货单位	名称： 纳税人识别号： 地址、电话： 开户行及账号：			密码区			
货物或应税劳务名称	规格型号	单位	数量	单价	金额	税率	税额
合计							
价税合计（大写）				（小写）			
销货单位	名称： 纳税人识别号： 地址、电话： 开户行及账号：			备注			

收款人： 复核： 开票人： 销货单位：（章）

国税函［2000］1004 号 南京造币厂

第三联：发票联 购货方记账凭证

（3）

表 26-27

3200012170　　江苏增值税专用发票

№

发　票　联　　开票日期：

购货单位	名　　称： 纳税人识别号： 地 址 、电 话： 开户行及账号：			密码区			
货物或应税劳务名称	规格型号	单位	数量	单价	金额	税率	税　额
合　计							
价税合计（大写）				（小写）			
销货单位	名　　称： 纳税人识别号： 地 址 、电 话： 开户行及账号：			备注			

国税函［2000］1004 号 南京造币厂

第三联：发票联　购货方记账凭证

收款人：　　复核：　　开票人：　　销货单位：（章）

（3）

表 26-28

中国人民银行托收承付结算凭证（承付 / 支款 通知）

第　　号

5　　托收号码

承　付　期　限
到期　年　月　日

委托日期　　年　　月　　日

收款单位	全　称			付款单位	全　称										
	账　号				账号或住址										
	开户银行	行号			开户银行										
托收金额	人民币：（大写）					千	百	十	万	千	百	十	元	角	分
附　件		商品发运情况		合同名称号码											
附寄单证张数或册数															
备注：		付款单位注意：（略）													

此联是付款单位开户银行通知付款单位按期承付货款的承付（支款）通知

单位主管　　会计　　复核　　记账　　付款单位开户行盖章　　月　日

(4)

表 26-29

中国××银行信汇凭证（收账通知或取款收据）　4

委托日期　　年　月　日　　　第　　号

应解汇款编号：

<table>
<tr><td rowspan="4">收款人</td><td>全　称</td><td colspan="3"></td><td rowspan="4">汇款人</td><td>全　称</td><td colspan="3"></td></tr>
<tr><td>账号或住址</td><td colspan="3"></td><td>账号或住址</td><td colspan="3"></td></tr>
<tr><td rowspan="2">汇入地点</td><td rowspan="2">省　市
县</td><td rowspan="2">汇入行
名　称</td><td rowspan="2"></td><td rowspan="2">汇出地点</td><td rowspan="2">省　市
县</td><td rowspan="2">汇出行
名　称</td><td rowspan="2"></td></tr>
<tr></tr>
<tr><td>金额</td><td colspan="4">人民币
（大写）</td><td colspan="5">千 百 十 万 千 百 十 元 角 分</td></tr>
<tr><td colspan="5">汇款用途：</td><td colspan="2">银行待取预留
收款人印签</td><td colspan="3"></td></tr>
</table>

上列款项已代进账，如有错误，请持此联来行面洽。 汇入行盖章 年　月　日	上列款项已照收无误 收款人盖章 年　月　日	科目（付） 对方科目（收） 汇入行解汇日期　年　月　日 复核　　出纳 记账

此联给收款人的收账通知或代取款收据

(6)

表 26-30

中国××银行信汇凭证（回单）　1

委托日期　　年　月　日　　　　　　第　　号

<table>
<tr><td rowspan="3">收款人</td><td>全　称</td><td colspan="3"></td><td rowspan="3">汇款人</td><td>全　称</td><td colspan="3"></td></tr>
<tr><td>账号或住址</td><td colspan="3"></td><td>账号或住址</td><td colspan="3"></td></tr>
<tr><td>汇入地点</td><td>省　市
县</td><td>汇入行
名　称</td><td></td><td>汇出地点</td><td>省　市
县</td><td>汇出行
名　称</td><td></td></tr>
<tr><td>金额</td><td colspan="4">人民币
（大写）</td><td colspan="5">千 百 十 万 千 百 十 元 角 分</td></tr>
<tr><td colspan="5">汇款用途：</td><td colspan="5" rowspan="3">汇出行盖章

年　月　日</td></tr>
<tr><td colspan="5">上列款项已根据委托办理，如需查询，请持此回单来行面洽。</td></tr>
<tr><td colspan="5">单位主管　　会计　　复核　　记账</td></tr>
</table>

此联汇出行给汇款人的回单

(6)

表 26-31

中国××银行信汇凭证(回单) 1

委托日期 年 月 日 第 号

<table>
<tr><td rowspan="3">收款人</td><td>全　称</td><td colspan="3"></td><td rowspan="3">汇款人</td><td>全　称</td><td colspan="3"></td></tr>
<tr><td>账号或住址</td><td colspan="3"></td><td>账号或住址</td><td colspan="3"></td></tr>
<tr><td>汇入地点</td><td>省　市
县</td><td>汇入行
名　称</td><td></td><td>汇出地点</td><td>省　市
县</td><td>汇出行
名　称</td><td></td></tr>
<tr><td>金额</td><td colspan="4">人民币
(大写)</td><td colspan="5">千 百 十 万 千 百 十 元 角 分</td></tr>
<tr><td colspan="5">汇款用途:
上列款项已根据委托办理,如需查询,请持此回单来行面洽。
单位主管　会计　复核　记账</td><td colspan="5">汇出行盖章

年 月 日</td></tr>
</table>

此联汇出行给汇款人的回单

(7)

表 26-32

代办手续费支出凭证

代办单位________兹因代办________业务,领取代办手续费人民币____万____仟____佰____拾____元____角____分,¥____

(交易款________元,费用率________) 20 年 月 日(盖章)

负责人　　经办

第二联代办单位

(7)

表 26-33

进 账 单 回单或(收账通知) 1

年 月 日 第 号

<table>
<tr><td rowspan="3">付款人</td><td>全　称</td><td colspan="8"></td><td rowspan="3">收款人</td><td>全　称</td><td></td></tr>
<tr><td>账　号</td><td colspan="8"></td><td>账　号</td><td></td></tr>
<tr><td>开户银行</td><td colspan="8"></td><td>开户银行</td><td></td></tr>
<tr><td colspan="10">人民币
(大写)</td><td colspan="3">千 百 十 万 千 百 十 元 角 分</td></tr>
<tr><td colspan="2">付款单位
名称或账号</td><td>种类</td><td>票据号码</td><td>百</td><td>十</td><td>万</td><td>千</td><td>百</td><td>十</td><td>元</td><td>角</td><td>分</td></tr>
<tr><td colspan="2"></td><td></td><td></td><td></td><td></td><td></td><td></td><td></td><td></td><td></td><td></td><td></td></tr>
<tr><td colspan="2"></td><td></td><td></td><td></td><td></td><td></td><td></td><td></td><td></td><td></td><td></td><td></td></tr>
<tr><td colspan="2"></td><td></td><td></td><td></td><td></td><td></td><td></td><td></td><td></td><td></td><td></td><td></td></tr>
<tr><td colspan="2"></td><td></td><td></td><td></td><td></td><td></td><td></td><td></td><td></td><td></td><td></td><td>收款人开户行盖章</td></tr>
</table>

单位主管　会计　复核　记账

此联是收款人开户行交给收款人的回单或收账通知

（8）

表 26-34　提　货　单

购买单位________　　　　　　　　运输方式________

收货地址________　　20　年　月　日　　编　　号________

产品名称	产品编号	规格	计量单位	数量	单价	金额	备注
合　计							

一仓库

销售部门主管（签章）　　发货人（签章）　　提货人（签章）　　制单人（签章）

（8）

表 26-35

进　账　单　回单或（收账通知）1

年　月　日　　　　第　号

<table>
<tr><td rowspan="3">付款人</td><td>全　称</td><td></td><td rowspan="3">收款人</td><td>全　称</td><td colspan="10"></td></tr>
<tr><td>账　号</td><td></td><td>账　号</td><td colspan="10"></td></tr>
<tr><td>开户银行</td><td></td><td>开户银行</td><td colspan="10"></td></tr>
<tr><td rowspan="2">人民币（大写）</td><td colspan="4" rowspan="2"></td><td>千</td><td>百</td><td>十</td><td>万</td><td>千</td><td>百</td><td>十</td><td>元</td><td>角</td><td>分</td></tr>
<tr><td></td><td></td><td></td><td></td><td></td><td></td><td></td><td></td><td></td><td></td></tr>
</table>

付款单位名称或账号	种类	票据号码	百	十	万	千	百	十	元	角	分

收款人开户行盖章

此联是收款人开户行交给收款人的回单或收账通知

单位主管　　会计　　复核　　记账

（8）

表 26-36

3200012170　　江苏增值税专用发票

№

此联不作报销、扣税凭证使用　　开票日期：

购货单位	名　　称： 纳税人识别号： 地 址 、电 话： 开户行及账号：			密码区			
货物或应税劳务名称	规格型号	单位	数量	单价	金额	税率	税　额
合　计							
价税合计（大写）			（小写）				
销货单位	名　　称： 纳税人识别号： 地 址 、电 话： 开户行及账号：			备注			

收款人：　　复核：　　开票人：　　销货单位：（章）

国税函[2000]1004 号 南京造币厂

第一联：记账联　销货方记账凭证

（9）

表 26-37

委托收款凭证（回单）

1　委托号码

委邮

委托日期　　年　月　日　　　　第　　号

收款人	全　称			付款人	全　称										
	账　号				账号或住址										
	开户银行	行号			开户银行										
委托金额	人民币（大写）					千	百	十	万	千	百	十	元	角	分
款项内容		委托收款凭据名称		附寄单证张数											
备注：		款项收妥日期 年　月　日		收款人开户行盖章 年　月　日											

单位主管　　会计　　复核　　记账

此联收款人开户行给收款人的回单

（9）

表 26-38

3200012170　　江苏增值税专用发票

№

此联不作报销、扣税凭证使用　　开票日期：

国税函［2000］1004号 南京造币厂

购货单位	名称： 纳税人识别号： 地址、电话： 开户行及账号：			密码区			
货物或应税劳务名称	规格型号	单位	数量	单价	金额	税率	税额
合计							
价税合计（大写）				（小写）			
销货单位	名称： 纳税人识别号： 地址、电话： 开户行及账号：			备注			

第一联：记账联　销货方记账凭证

收款人：　　复核：　　开票人：　　销货单位：（章）

（9）

表 26-39　提货单

购买单位＿＿＿＿＿＿　　运输方式＿＿＿＿＿＿

收货地址＿＿＿＿＿＿　20　年　月　日　编　号＿＿＿＿＿＿

产品名称	产品编号	规格	计量单位	数量	单价	金额	备注
合计							

一仓库

销售部门主管（签章）　发货人（签章）　提货人（签章）　制单人（签章）

（10）

表 26-40　借款单

20　年　月　日

借款人		所属单位		借款事由	
借款金额	人民币（大写）				￥＿＿＿＿＿＿
注意事项				审批人意见	

②报销联

财务主管　　单位主管　　借款人

（10）

表 26-41 四方电机厂旅差费报销表 年 月 日填

姓名（出差或报销人）				工作单位						出差事由及地点				
旅费								交通工具		途中（卧）补助		住勤（误餐）补助		其他费用	
何时起			何时止			起止地点		名称	金额	天数	金额	天数	金额	项目	金额
月	日	时	月	日	时	起	止								
														住宿费	
														行李及搬运费	
														短程火车、电、汽车费	
														其他计费	
小计														小计	
总计：人民币（大写）														¥	
备注：															

账务主管签章 单位主管签章 报销人签章

（10）

表 26-42 四方电机厂收款收据 №

20 年 月 日 附件 张

付款单位		付款人	
付款项目		内容说明	
金额（大写）			¥

②入账

会计主管 审核 收款人

（11）

表 26-43 中国银行电划贷方补充报单第三联 报单号码

发报行名： 收报 年 月 日 凭证提交号

发报行行号		汇出行行号		收报行行号		汇入行行号或行名	
付款人	账号			收款人	账号或地址		
	名称				名称		
金额（大写）						金额	
事由						应解汇款编号	
上列款项已代进账，如有错误，请持此联来行面洽。此致（开户单位）		（银行盖章） 年 月 日	上列款项已照收无误。证件名称 证件号码 （收款人盖章） 年 月 日			科目（贷） 对方科目（借） 解汇日期 年 月 日 复核 计账 出纳	

此联送收款人代收账通知或取款收据

电脑打印 手工无效

（12）

表 26-44　××省税务局增值税专用缴款书　№1068923

缴款单位隶属关系：滨海市　　填发日期：　年　月　日

<table>
<tr><td rowspan="10">缴款期限　年　月　日</td><td>收入机关</td><td>税务一分局</td><td rowspan="3">缴款单位或缴款人</td><td>全　称</td><td>四方电机厂</td><td>经济性质</td><td colspan="8">国　有</td></tr>
<tr><td>预算级次</td><td>滨海市</td><td>账号</td><td>102340</td><td>业　别</td><td colspan="8">工　业</td></tr>
<tr><td>收款国库</td><td></td><td>开户银行</td><td>滨海市支行</td><td>地　址</td><td colspan="8">方山路4号</td></tr>
<tr><td>预算科目</td><td></td><td colspan="2">税款所属时期</td><td colspan="10">年　月　日至　月　日</td></tr>
<tr><td colspan="2" rowspan="2">类别名称</td><td colspan="2" rowspan="2">销售收入或收益额或计税额</td><td rowspan="2">税率%</td><td colspan="8">应纳税额</td></tr>
<tr><td>十</td><td>万</td><td>千</td><td>百</td><td>十</td><td>元</td><td>角</td><td>分</td></tr>
<tr><td colspan="2"></td><td colspan="2"></td><td></td><td></td><td></td><td></td><td></td><td></td><td></td><td></td><td></td></tr>
<tr><td colspan="2"></td><td colspan="2"></td><td></td><td></td><td></td><td></td><td></td><td></td><td></td><td></td><td></td></tr>
<tr><td colspan="2">合　计</td><td colspan="2"></td><td></td><td></td><td></td><td></td><td></td><td></td><td></td><td></td><td></td></tr>
<tr><td>合计金额</td><td colspan="12">人民币（大写）</td></tr>
<tr><td rowspan="2">增</td><td colspan="2">缴款单位盖章</td><td colspan="2">税务机关盖章</td><td colspan="2" rowspan="2">上列款项已收妥并划转款单位账户
收款银行盖章
年　月　日</td><td colspan="8">备　注</td></tr>
<tr><td colspan="2">经办人</td><td colspan="2">税务员</td><td colspan="8">无银行收讫章无效</td></tr>
</table>

①收据联由银行收款盖章后退回缴款单位

（13）

表 26-45　××省税务局所得税专用缴款书

№1068924

缴款单位隶属关系：滨海市

填发日期：　年　月　日

<table>
<tr><td rowspan="10">缴款期限　年　月　日</td><td>收入机关</td><td>税务一分局</td><td rowspan="3">缴款单位或缴款人</td><td>全　称</td><td>四方电机厂</td><td>经济性质</td><td colspan="8">国　有</td></tr>
<tr><td>预算级次</td><td>滨海市</td><td>账号</td><td>102340</td><td>业　别</td><td colspan="8">工　业</td></tr>
<tr><td>收款国库</td><td></td><td>开户银行</td><td>滨海市支行</td><td>地　址</td><td colspan="8">方山路4号</td></tr>
<tr><td>预算科目</td><td></td><td colspan="2">税款所属时期</td><td colspan="10">年　月　日至　月　日</td></tr>
<tr><td colspan="2" rowspan="2">类别名称</td><td colspan="2" rowspan="2">销售收入或收益额或计税额</td><td rowspan="2">税率%</td><td colspan="8">应纳税额</td></tr>
<tr><td>十</td><td>万</td><td>千</td><td>百</td><td>十</td><td>元</td><td>角</td><td>分</td></tr>
<tr><td colspan="2"></td><td colspan="2"></td><td></td><td></td><td></td><td></td><td></td><td></td><td></td><td></td><td></td></tr>
<tr><td colspan="2"></td><td colspan="2"></td><td></td><td></td><td></td><td></td><td></td><td></td><td></td><td></td><td></td></tr>
<tr><td colspan="2">合　计</td><td colspan="2"></td><td></td><td></td><td></td><td></td><td></td><td></td><td></td><td></td><td></td></tr>
<tr><td>合计金额</td><td colspan="12">人民币（大写）</td></tr>
<tr><td rowspan="2">增</td><td colspan="2">缴款单位盖章</td><td colspan="2">税务机关盖章</td><td colspan="2" rowspan="2">上列款项已收妥并划转收款单位账户
收款银行盖章
年　月　日</td><td colspan="8">备　注</td></tr>
<tr><td colspan="2">经办人</td><td colspan="2">税务员</td><td colspan="8">无银行收讫章无效</td></tr>
</table>

①收据联由银行收款盖章后退回缴款单位

（14）

表 26-46　材料价差分摊计算表

20　年　月　日

材料类别	名称及规格	发料计划成本	（　　）月价差率	分摊差异额
			合　计	

审核　　　　　　　　　　　　　　　　　　　　制证

（14）

表 26-47　委托加工材料出库单

凭证编号

委托加工单位　　　　　20　年　月　日　　　　　发料仓库

合同编号	加工后材料名称及规格	单位	数量	交货日期	
材料编号	材料名称及规格	单位	数量	计划单价（元）	金额

②财务

发料（签章）　　　　　　　　　　　　　　　制证（签章）

（15）

表 26-48　拨款通知单　　　　NO

20　年　月　日

<table>
<tr><td rowspan="3">收款单位</td><td>全　　称</td><td></td><td rowspan="3" colspan="3">拨款单位</td><td colspan="4">财政机关全称</td><td colspan="3"></td></tr>
<tr><td>账　　号</td><td></td><td colspan="4">预算级次</td><td colspan="3"></td></tr>
<tr><td>开户银行</td><td></td><td colspan="4">拨款金库</td><td colspan="3"></td></tr>
<tr><td colspan="2" rowspan="2">金额（大写）</td><td rowspan="2"></td><td>千</td><td>百</td><td>十</td><td>万</td><td>千</td><td>百</td><td>十</td><td>元</td><td>角</td><td>分</td></tr>
<tr><td></td><td></td><td></td><td></td><td></td><td></td><td></td><td></td><td></td><td></td></tr>
<tr><td colspan="2">拨款项目</td><td></td><td colspan="7">拨款人及
银行盖章</td><td colspan="3"></td></tr>
</table>

（18）

表 26-49

进账单 回单或（收账通知）1

年 月 日 第 号

付款人	全 称		收款人	全 称											
	账 号			账 号											
	开户银行			开户银行											
人民币（大写）						千	百	十	万	千	百	十	元	角	分

付款单位名称或账号	种类	票据号码	百	十	万	千	百	十	元	角	分	
												收款人开户行盖章

此联是收款人开户行交给收款人的回单或收账通知

单位主管 会计 复核 记账

（16）

表 26-50

3200012170 江苏增值税专用发票

（全国统一发票监制章 江苏 国家税务总局监制）

№

发 票 联 开票日期：

购货单位	名 称： 纳税人识别号： 地 址 、电 话： 开户行及账号：			密码区			
货物或应税劳务名称	规格型号	单位	数量	单价	金额	税率	税 额
合 计							
价税合计（大写）			（小写）				
销货单位	名 称： 纳税人识别号： 地 址 、电 话： 开户行及账号：			备注			

国税函［2000］1004号南京造币厂

第三联：发票联 购货方记账凭证

收款人： 复核： 开票人： 销货单位：（章）

（17）

表 26-51

委邮　　**委托收款凭证（收账通知）**　4　委托号码

委托日期　年　月　日　　　第　号

付款期限　年　月　日

<table>
<tr><td rowspan="3">收款人</td><td>全　称</td><td colspan="3"></td><td rowspan="3">付款人</td><td>全　称</td><td colspan="10"></td></tr>
<tr><td>账　号</td><td colspan="3"></td><td>账号或住址</td><td colspan="10"></td></tr>
<tr><td>开户银行</td><td></td><td>行号</td><td></td><td>开户银行</td><td colspan="10"></td></tr>
<tr><td colspan="2" rowspan="2">委收人民币
金额（大写）</td><td colspan="5" rowspan="2"></td><td>千</td><td>百</td><td>十</td><td>万</td><td>千</td><td>百</td><td>十</td><td>元</td><td>角</td><td>分</td></tr>
<tr><td></td><td></td><td></td><td></td><td></td><td></td><td></td><td></td><td></td><td></td></tr>
<tr><td colspan="2">款项内容</td><td colspan="2"></td><td>委托收款
凭据名称</td><td colspan="2"></td><td colspan="4">附寄单
证张数</td><td colspan="6"></td></tr>
<tr><td colspan="5">备注：</td><td colspan="12">上列款项：
1. 已全部划回收入你方账户。
2. 已收回部分款项收入你方账户。
3. 全部未收到。
收款人开户行盖章
年　月　日</td></tr>
</table>

此联收款人开户行在款项收妥后给收款人的收账通知

单位主管　会计　复核　记账　付款人开户行收到日期　年　月　日

支付日期　年　月　日

（18）

表 26-52　固定资产出售单

固定资产类别________　20　年　月　日　编　号________

结算方式________　保管地点________

<table>
<tr><td rowspan="3">购买单位</td><td>名　称</td><td colspan="4"></td><td rowspan="3">出售单位
（盖章）</td></tr>
<tr><td>账　号</td><td colspan="4"></td></tr>
<tr><td>开户银行</td><td colspan="4"></td></tr>
<tr><td colspan="2">固定资产名称</td><td>规格及型号</td><td>原值</td><td>已提折旧</td><td>净值</td><td>出售价格</td></tr>
<tr><td colspan="2"></td><td></td><td></td><td></td><td></td><td></td></tr>
<tr><td colspan="2"></td><td></td><td></td><td></td><td></td><td></td></tr>
<tr><td colspan="2"></td><td></td><td></td><td></td><td></td><td></td></tr>
<tr><td colspan="5">合计金额（人民币大写）</td><td colspan="2">¥________</td></tr>
</table>

②清理联

财务主管　核算员　仓库　设备主管　设备保管　制单

(18)

表 26-53 固定资产出售单

固定资产类别＿＿＿＿ 20 年 月 日 编 号＿＿＿＿

结算方式＿＿＿＿ 保管地点＿＿＿＿

购买单位	名 称					出售单位（盖章）
	账 号					
	开户银行					
固定资产名称		规格及型号	原值	已提折旧	净值	出售价格
合计金额(人民币大写)					¥＿＿＿＿	
备 注						

③收款联

财务主管 核算员 仓库 设备主管 设备保管 制单

(19)

表 26-54 工程物资出库单 凭证编号＿＿＿＿

物资领用单位＿＿＿＿ 20 年 月 日 发出仓库＿＿＿＿

物资编号	物资名称	规格及型号	计量单位	请领数量	实发数量	单价	金额
用途						合计	

②财务

仓库管理员 发物人 领物单位主管 领物人

(20)

表 26-55 产成品交库单

交库单位＿＿＿＿ 20 年 月 日 编号＿＿＿＿

产品编号	产品名称	规格	单位	送检数量	检验合格	不合格	实收数量

②仓库

检验员 仓库保管员 车间负责人 制单

（20）

表 26-56　产成品交库单

交库单位＿＿＿＿＿＿　　20　年　月　日　　编号＿＿＿＿＿

产品编号	产品名称	规格	单位	送检数量	检验合格	不合格	实收数量

③财务

检验员　　仓库保管员　　车间负责人　　制单

（20）

表 26-57　产成品交库单

交库单位＿＿＿＿＿＿　　20　年　月　日　　编号＿＿＿＿＿

产品编号	产品名称	规格	单位	送检数量	检验合格	不合格	实收数量

②仓库

检验员　　仓库保管员　　车间负责人　　制单

（20）

表 26-58　产成品交库单

交库单位＿＿＿＿＿＿　　20　年　月　日　　编号＿＿＿＿＿

产品编号	产品名称	规格	单位	送检数量	检验合格	不合格	实收数量

③财务

检验员　　仓库保管员　　车间负责人　　制单

（21）

表 26-59　商业承兑汇票（卡片）　1　　　　汇票号码：

签发日期　　年　月　日　　　　第　　号

<table>
<tr><td rowspan="3">收款人</td><td>全　称</td><td colspan="3"></td><td rowspan="3">付款人</td><td>全　称</td><td colspan="3"></td></tr>
<tr><td>账　号</td><td colspan="3"></td><td>账　号</td><td colspan="3"></td></tr>
<tr><td>开户银行</td><td></td><td>行号</td><td></td><td>开户银行</td><td></td><td>行号</td><td></td></tr>
<tr><td colspan="2">汇票金额</td><td colspan="6">人民币
（大写）</td><td>小写</td><td></td></tr>
<tr><td colspan="2">汇票到期日</td><td colspan="3">年　月　日</td><td colspan="2">交易合同号码</td><td colspan="3"></td></tr>
<tr><td colspan="5">本汇票请你单位承兑，并及时将承兑汇票将交我单位。此致
承兑人
收款人盖章
负责　经办</td><td colspan="5">备注：</td></tr>
</table>

（21）

表 26-60

3200012170　　江苏增值税专用发票

No

发　票　联　　　　开票日期：

<table>
<tr><td rowspan="4">购货单位</td><td colspan="4">名　称：</td><td rowspan="4">密码区</td><td colspan="4" rowspan="4"></td></tr>
<tr><td colspan="4">纳税人识别号：</td></tr>
<tr><td colspan="4">地 址 、电 话：</td></tr>
<tr><td colspan="4">开户行及账号：</td></tr>
<tr><td colspan="2">货物或应税劳务名称</td><td>规格型号</td><td>单位</td><td>数量</td><td>单价</td><td>金额</td><td>税率</td><td>税　额</td></tr>
<tr><td colspan="2">合　计</td><td></td><td></td><td></td><td></td><td></td><td></td><td></td></tr>
<tr><td colspan="2">价税合计（大写）</td><td colspan="7">（小写）</td></tr>
<tr><td rowspan="4">销货单位</td><td colspan="4">名　称：</td><td rowspan="4">备注</td><td colspan="4" rowspan="4"></td></tr>
<tr><td colspan="4">纳税人识别号：</td></tr>
<tr><td colspan="4">地 址 、电 话：</td></tr>
<tr><td colspan="4">开户行及账号：</td></tr>
</table>

收款人：　　复核：　　开票人：　　销货单位：（章）

国税函［2000］1004 号南京造币厂

第三联：发票联　购货方记账凭证

（22）

表 26-61　中国工商银行借款凭证

年　月　日

<table>
<tr><td>借款单位</td><td></td><td>贷款账号</td><td></td><td>存款账号</td><td colspan="10"></td></tr>
<tr><td rowspan="2">借款金额
（大写）</td><td rowspan="2" colspan="4"></td><td>千</td><td>百</td><td>十</td><td>万</td><td>千</td><td>百</td><td>十</td><td>元</td><td>角</td><td>分</td></tr>
<tr><td></td><td></td><td></td><td></td><td></td><td></td><td></td><td></td><td></td><td></td></tr>
<tr><td>用　途</td><td colspan="14"></td></tr>
<tr><td colspan="3" rowspan="10">兹借到上列贷款，到期时请凭此证收回

借款单位　　　　负责人
盖　章　　　　　盖　章</td><td colspan="4">约定还款日期</td><td colspan="8">年　月　日</td></tr>
<tr><td colspan="12">分次还款记录</td></tr>
<tr><td colspan="2">日期</td><td rowspan="2" colspan="3">偿还本金</td><td rowspan="2" colspan="2">利息</td><td rowspan="2" colspan="3">结欠本金</td><td rowspan="2" colspan="2">复核员</td></tr>
<tr><td>月</td><td>日</td></tr>
<tr><td></td><td></td><td colspan="3"></td><td colspan="2"></td><td colspan="3"></td><td colspan="2"></td></tr>
<tr><td></td><td></td><td colspan="3"></td><td colspan="2"></td><td colspan="3"></td><td colspan="2"></td></tr>
<tr><td></td><td></td><td colspan="3"></td><td colspan="2"></td><td colspan="3"></td><td colspan="2"></td></tr>
<tr><td></td><td></td><td colspan="3"></td><td colspan="2"></td><td colspan="3"></td><td colspan="2"></td></tr>
<tr><td></td><td></td><td colspan="3"></td><td colspan="2"></td><td colspan="3"></td><td colspan="2"></td></tr>
<tr><td></td><td></td><td colspan="3"></td><td colspan="2"></td><td colspan="3"></td><td colspan="2"></td></tr>
<tr><td>行长（主任）</td><td>信贷科（股）长</td><td>信贷员</td><td></td><td></td><td colspan="3"></td><td colspan="2"></td><td colspan="3"></td><td colspan="2"></td></tr>
</table>

第一联借据

（23）

表 26-62　滨海市　　　收据

交款单位：　　　　20　年　月　日　　　　结算方式：

项　目	内　容	金　额
合计人民币（大写）		¥

第二联收据

收款单位（印章）　　　　收款人签章

（23）

表 26-63

中国银行
转账支票存根

附加信息：
出票日期　　年　月　日

收款人：
金　额：
用　途：

单位主管　　　　会计

（24）

表 26-64

中国银行
转账支票存根

附加信息：
出票日期　　年　月　日

收款人：
金　额：
用　途：

单位主管　　　　会计

（24）

表 26-65　滨海市＿＿＿＿收据

交款单位：　　20　年　月　日　　结算方式：

项　目	内　容	金　额
合计人民币（大写）		¥＿＿＿＿

第二联收据

收款单位（印章）　　收款人签章

（25）

表 26-66

中国××银行信汇凭证（回单）　1

委托日期　年　月　日　　第　号

<table>
<tr><td rowspan="3">收款人</td><td>全　称</td><td colspan="3"></td><td rowspan="3">汇款人</td><td>全　称</td><td colspan="3"></td></tr>
<tr><td>账号或住址</td><td colspan="3"></td><td>账号或住址</td><td colspan="3"></td></tr>
<tr><td>汇入地点</td><td>省　市 县</td><td>汇入行名称</td><td></td><td>汇出地点</td><td>省　市 县</td><td>汇出行名称</td><td></td></tr>
<tr><td>金额</td><td colspan="4">人民币（大写）</td><td colspan="5">千 百 十 万 千 百 十 元 角 分</td></tr>
<tr><td colspan="5">汇款用途：</td><td colspan="5" rowspan="3">汇出行盖章

年　月　日</td></tr>
<tr><td colspan="5">上列款项已根据委托办理，如需查询，请持此回单来行面洽。</td></tr>
<tr><td colspan="5">单位主管　会计　复核　记账</td></tr>
</table>

此联汇出行给汇款人的回单

（26）

表 26-67　中国人民建设银行结息通知

20　年　月　日

付息单位名称：　　账号：

计息起讫日期：　　年　月　日至　　年　月　日

利息分类	计息总积数	利　率	利息金额

银行盖章

（27）

表 26-68　领料单分类凭证汇总表

20　年　月　日至　月　日　　　　　发料汇字第　号

材料类别 / 耗用单位					
		数量（　）	金额（　）	数量（　）	金额（　）
一车间——起动电动机					
二车间	218 定单				
	225 定单				
	236 定单				
合计					

审核：　　　　　　　　　　　　　　　　汇总人：

（28）

表 26-69　厂房大修工程结算单

建设单位：　　　　　　　年　月　日

应收工程款项	金　额	应扣款项	金　额
1. 工程结算价款 2. 3.	12 000	1. 预收工程款 2. 甲方供料款 3.	5 000
合　计	12 000	合　计	5 000
乙方欠甲方工程款		甲方欠乙方工程款	7 000
建设单位（甲方）签章 经办人：		施工单位（乙方）签章 经办人：	

（28）

表 26-70

公司商品（劳务）出售单　　　№0001009

购货单位：　　　　　　　年　月　日

商品或劳务名称	规格及型号	计量单位	数量	单价	金　额	备　注
合计金额	（大写）				¥	
提货地点						
结算方式		附实物收据　　张				

二发货单

财务主管　　　　　　　　单位主管　　　　　　　　经办人

（28）

表 26-71

中国银行
转账支票存根

附加信息：
出票日期　　年　月　日

收款人：
金　额：
用　途：

单位主管　　　　　　　　会计

（29）

表 26-72

中国银行
转账支票存根

附加信息：
出票日期　　年　月　日

收款人：
金　额：
用　途：

单位主管　　　　　　　　会计

（30）

表 26-73

中国银行
转账支票存根

附加信息：
出票日期　　年　月　日

收款人：
金　额：
用　途：

单位主管　　　　　　　　会计

（33）

表 26-74

中国银行
转账支票存根

附加信息：
出票日期　　年　月　日

收款人：
金　额：
用　途：

单位主管　　　　　　　　会计

（29）

表 26-75

3200012170 江苏增值税专用发票 №

发票联 开票日期：

国税函[2000]1004号南京造币厂

购货单位	名　　称： 纳税人识别号： 地 址 、电 话： 开户行及账号：			密码区			
货物或应税劳务名称	规格型号	单位	数量	单价	金额	税率	税　额
合　计							
价税合计（大写）				（小写）			
销货单位	名　　称： 纳税人识别号： 地 址 、电 话： 开户行及账号：			备注			

收款人：　复核：　开票人：　销货单位：（章）

第三联：发票联　购货方记账凭证

（29）

表 26-76　收　料　单

年　月　日

供货单位________　凭证编号________

发票号码________　收料仓库________

材料类别	材料编号	材料名称及规格	计量单位	应收数量	实收数量	计划单价	金　额
备注：						合计	

三 财务

仓库管理员（签章）　收料人（签章）

（30）

表 26-77　滨海市　　收据

交款单位：　20　年　月　日　结算方式：

项　目	内　容	金　额
合计人民币（大写）		¥________

第二联收据

收款单位（印章）　收款人签章

（31）

表 26-78

中国银行
转账支票存根

附加信息：
出票日期　　年　月　日

收款人：
金　额：
用　途：

单位主管　　　　　　会计

（32）

表 26-79

中国银行
转账支票存根

附加信息：
出票日期　　年　月　日

收款人：
金　额：
用　途：

单位主管　　　　　　会计

（31）

表 26-80

3200012170　　江苏增值税专用发票　　№

全国统一发票监制章 江苏 国家税务局监制

发票联　　开票日期：

国税函[2000]1004 号南京造币厂

购货单位	名　　称： 纳税人识别号： 地 址 、电 话： 开户行及账号：			密码区			
货物或应税劳务名称	规格型号	单位	数量	单价	金额	税率	税　额
合　计							
价税合计（大写）				（小写）			
销货单位	名　　称： 纳税人识别号： 地 址 、电 话： 开户行及账号：			备注			

第三联：发票联　购货方记账凭证

收款人：　　复核：　　开票人：　　销货单位：（章）

（31）

表 26-81　收　料　单

年　月　日

供货单位＿＿＿＿＿＿　　　　凭证编号＿＿＿＿＿＿

发票号码＿＿＿＿＿＿　　　　收料仓库＿＿＿＿＿＿

材料类别	材料编号	材料名称及规格	计量单位	应收数量	实收数量	计划单价	金　额
备注：						合计	

三　财务

仓库管理员（签章）　　　　收料人（签章）

（32）

表 26-82　领　料　单

年　月　日

领料单位　　　　凭证编号＿＿＿＿＿＿

用　　途　　　　发料仓库＿＿＿＿＿＿

材料类别	材料编号	材料名称及规格	计量单位	请领数量	实收数量	计划单价	金　额
备注：						合计	

二　财务

仓库管理（签章）　　发料人（签章）　　领料单位负责人（签章）　　收料人（签章）

（32）

表 26-83　提　货　单

购买单位＿＿＿＿＿＿　　　　运输方式＿＿＿＿＿＿

收货地址＿＿＿＿＿＿　　20　年　月　日　　编　　号＿＿＿＿＿＿

产品名称	产品编号	规格	计量单位	数量	单价	金额	备注
合　计							

一　仓库

销售部门主管（签章）　　发货人（签章）　　提货人（签章）　　制单人（签章）

（32）

表 26-84

3200012170　　江苏增值税专用发票

№

此联不作报销、扣税凭证使用　　开票日期：

购货单位	名　　称： 纳税人识别号： 地 址 、电 话： 开户行及账号：			密码区			
货物或应税劳务名称	规格型号	单位	数量	单价	金额	税率	税　额
合　计							
价税合计（大写）				（小写）			
销货单位	名　　称： 纳税人识别号： 地 址 、电 话： 开户行及账号：			备注			

收款人：　　复核：　　开票人：　　销货单位：（章）

国税函[2000]1004 号南京造币厂

第一联：记账联　销货方记账凭证

（32）

表 26-85　代垫运杂费入账单

购货单位：　　年　月　日

货物名称	发货地点	发货日期	运输方式	件数	计费标准( )	代垫运杂费					货款及代垫运费结算			
						运单号码	运费收据号码	运费	保价费	合计	结算方式	结算凭证号码	办理日期	结算金额
代垫运杂费合计(大写)														
备注														

审核　　制单　　经办人

第一联　付款联

（33）

表 26-86

3200012170　　江苏增值税专用发票　　№

（全国统一发票监制章　江苏　国家税务总局监制）

发　票　联　　开票日期：

国税函[2000]1004号南京造币厂

<table>
<tr><td rowspan="4">购货单位</td><td colspan="4">名　　称：</td><td rowspan="4">密码区</td><td colspan="4" rowspan="4"></td></tr>
<tr><td colspan="4">纳税人识别号：</td></tr>
<tr><td colspan="4">地 址、电 话：</td></tr>
<tr><td colspan="4">开户行及账号：</td></tr>
<tr><td colspan="2">货物或应税劳务名称</td><td>规格型号</td><td>单位</td><td>数量</td><td>单价</td><td>金额</td><td>税率</td><td colspan="2">税　额</td></tr>
<tr><td colspan="2">合　计</td><td></td><td></td><td></td><td></td><td></td><td></td><td colspan="2"></td></tr>
<tr><td colspan="2">价税合计（大写）</td><td colspan="8">（小写）</td></tr>
<tr><td rowspan="4">销货单位</td><td colspan="4">名　　称：</td><td rowspan="4">备注</td><td colspan="4" rowspan="4"></td></tr>
<tr><td colspan="4">纳税人识别号：</td></tr>
<tr><td colspan="4">地 址、电 话：</td></tr>
<tr><td colspan="4">开户行及账号：</td></tr>
</table>

第三联：发票联　购货方记账凭证

收款人：　　复核：　　开票人：　　销货单位：（章）

（33）

表 26-87　委托加工材料入库单

凭证编号＿＿＿＿＿＿

加工单位＿＿＿＿＿＿＿＿　　20　年　月　日　　收料仓库＿＿＿＿＿＿

发料单编号	加工后材料名称及规格	单位	实收数量	计划单价(元)	金额
				合　计	

②财务

收料(签章)　　　　制证(签章)＿＿＿＿＿＿

（34）

表 26-88

回单或
进 账 单 （收账通知）1

年 月 日 第 号

<table>
<tr><td rowspan="3">付款人</td><td>全 称</td><td colspan="3"></td><td rowspan="3">收款人</td><td>全 称</td><td colspan="10"></td></tr>
<tr><td>账 号</td><td colspan="3"></td><td>账 号</td><td colspan="10"></td></tr>
<tr><td>开户银行</td><td colspan="3"></td><td>开户银行</td><td colspan="10"></td></tr>
<tr><td colspan="2" rowspan="2">人民币
（大写）</td><td colspan="5" rowspan="2"></td><td>千</td><td>百</td><td>十</td><td>万</td><td>千</td><td>百</td><td>十</td><td>元</td><td>角</td><td>分</td></tr>
<tr><td></td><td></td><td></td><td></td><td></td><td></td><td></td><td></td><td></td><td></td></tr>
</table>

付款单位名称或账号	种类	票据号码	百	十	万	千	百	十	元	角	分

收款人开户行盖章

此联是收款人开户行交给收款人的回单或收账通知

单位主管 会计 复核 记账

（34）

表 26-89 滨海市四方电机厂材料出售单

№0030054

购货单位： 开票 年 月 日 由______库发料

<table>
<tr><td rowspan="2">材料编号</td><td rowspan="2">材料名称及规格</td><td rowspan="2">计量单位</td><td colspan="2">数量</td><td colspan="2">计划成本</td><td rowspan="2">差异率%</td><td colspan="2">实际价格</td></tr>
<tr><td>原订</td><td>实发</td><td>单价</td><td>总价</td><td>单价</td><td>总价</td></tr>
<tr><td></td><td></td><td></td><td></td><td></td><td></td><td></td><td></td><td></td><td></td></tr>
<tr><td></td><td></td><td></td><td></td><td></td><td></td><td></td><td></td><td></td><td></td></tr>
<tr><td>销售金额</td><td colspan="9">（大写） 万 仟 佰 拾 元 角 分</td></tr>
</table>

第三联发票

发料员 财务盖章

（34）

表 26-90

3200012170　　江苏增值税专用发票

№

此联不作报销、扣税凭证使用　　开票日期：

国税函[2000]1004号南京造币厂

购货单位	名　　称： 纳税人识别号： 地 址 、电 话： 开户行及账号：			密码区			
货物或应税劳务名称	规格型号	单位	数量	单价	金额	税率	税　额
合　计							
价税合计（大写）				（小写）			
销货单位	名　　称： 纳税人识别号： 地 址 、电 话： 开户行及账号：			备注			

收款人：　　复核：　　开票人：　　销货单位：（章）

第一联：记账联　销货方记账凭证

（35）

表 26-91

3200012170　　江苏增值税专用发票

江 苏　国家税务总局监制

№

发　票　联　　开票日期：

国税函[2000]1004号南京造币厂

购货单位	名　　称： 纳税人识别号： 地 址 、电 话： 开户行及账号：			密码区			
货物或应税劳务名称	规格型号	单位	数量	单价	金额	税率	税　额
合　计							
价税合计（大写）				（小写）			
销货单位	名　　称： 纳税人识别号： 地 址 、电 话： 开户行及账号：			备注			

收款人：　　复核：　　开票人：　　销货单位：（章）

第三联：发票联　购货方记账凭证

（35）

表 26-92　固定资产验收单

年　月　日　　　　　　　　　　　　　　　　编号：

名称	规格型号	来源	数量	购(造)价	使用年限	预计残值
安装费	月折旧率	建造单位	交工日期		附　件	
			年　月　日			
验收部门		验收人员	管理部门		管理人员	
备注						

（36）

表 26-93

3200012170　　江苏增值税专用发票

全国统一发票监制章 江苏 国家税务局监制

№

发　票　联　　　　　　开票日期：

国税函[2000]1004号南京造币厂

购货单位	名　称： 纳税人识别号： 地 址 、电 话： 开户行及账号：			密码区			
货物或应税劳务名称	规格型号	单位	数量	单价	金额	税率	税　额
合　计							
价税合计（大写）				（小写）			
销货单位	名　称： 纳税人识别号： 地 址 、电 话： 开户行及账号：			备注			

第三联：发票联　购货方记账凭证

收款人：　　复核：　　开票人：　　销货单位：（章）

（36）

表 26-94　固定资产验收单

年　月　日　　　　　　　　　　　　　　　　编号：

名称	规格型号	来源	数量	购(造)价	使用年限	预计残值
安装费	月折旧率	建造单位	交工日期		附　件	
			年　月　日			
验收部门		验收人员	管理部门		管理人员	
备注						

(35)

表 26-95

中国银行 转账支票存根 附加信息： 出票日期　　年　月　日
收款人：
金　额：
用　途：
单位主管　　　　　　会计

(40)

表 26-96

中国银行 转账支票存根 附加信息： 出票日期　　年　月　日
收款人：
金　额：
用　途：
单位主管　　　　　　会计

(37)

表 26-97

中国××银行信汇凭证（收账通知或取款收据）　4

委托日期　　年　月　日　　　　第　　号

应解汇款编号：

<table>
<tr><td rowspan="3">收款人</td><td>全　称</td><td colspan="3"></td><td rowspan="3">汇款人</td><td>全　称</td><td colspan="3"></td><td rowspan="6">此联给收款人的收账通知或代取款收据</td></tr>
<tr><td>账号或住址</td><td colspan="3"></td><td>账号或住址</td><td colspan="3"></td></tr>
<tr><td>汇入地点</td><td>省　市/县</td><td>汇入行名称</td><td></td><td>汇出地点</td><td>省　市/县</td><td>汇出行名称</td><td></td></tr>
<tr><td>金额</td><td colspan="6">人民币
（大写）</td><td colspan="3">千 百 十 万 千 百 十 元 角 分</td></tr>
<tr><td colspan="5">汇款用途：</td><td colspan="2">留行待取预留
收款人印鉴</td><td colspan="3"></td></tr>
<tr><td colspan="3">上列款项已代进账，如有错误，请持此联来行面洽。
汇入行盖章
年　月　日</td><td colspan="3">上列款项已照收无误
收款人盖章
年　月　日</td><td colspan="4">科目(付)
对方科目(付)
汇入行解汇日期　年　月　日
复核　　出纳
记账</td></tr>
</table>

（37）

表 26-98

<table>
<tr><td colspan="12">中国××银行信汇凭证（收账通知或取款收据）　4
委托日期　　年　月　日　　　　第　　号
应解汇款编号：</td><td rowspan="9">此联给收款人的收账通知或代取款收据</td></tr>
<tr><td rowspan="3">收款人</td><td>全　称</td><td colspan="3"></td><td rowspan="3">汇款人</td><td>全　称</td><td colspan="5"></td></tr>
<tr><td>账号或住址</td><td colspan="3"></td><td>账号或住址</td><td colspan="5"></td></tr>
<tr><td>汇入地点</td><td>省　市
县</td><td>汇入行
名　称</td><td></td><td>汇出地点</td><td>省　市
县</td><td>汇出行
名　称</td><td colspan="3"></td></tr>
<tr><td>金额</td><td colspan="7">人民币
（大写）</td><td colspan="4">千 百 十 万 千 百 十 元 角 分</td></tr>
<tr><td colspan="6">汇款用途：</td><td colspan="2">留行待取预留
收款人印鉴</td><td colspan="4"></td></tr>
<tr><td colspan="4">上列款项已代进账，如有错误，请持此联来行面洽。
汇入行盖章
年　月　日</td><td colspan="4">上列款项已照收无误
收款人盖章
年　月　日</td><td colspan="4">科目（付）
对方科目（付）
汇入行解汇日期　年　月　日
复核　　出纳
记账</td></tr>
</table>

（38）

表 26-99

<table>
<tr><td colspan="14">进　账　单　回单或（收账通知）1
年　月　日　　　　第　　号</td><td rowspan="12">此联是收款人开户行交给收款人的回单或收账通知</td></tr>
<tr><td rowspan="3">付款人</td><td>全　称</td><td colspan="4"></td><td rowspan="3">收款人</td><td>全　称</td><td colspan="6"></td></tr>
<tr><td>账　号</td><td colspan="4"></td><td>账　号</td><td colspan="6"></td></tr>
<tr><td>开户银行</td><td colspan="4"></td><td>开户银行</td><td colspan="6"></td></tr>
<tr><td colspan="8">人民币
（大写）</td><td colspan="6">千 百 十 万 千 百 十 元 角 分</td></tr>
<tr><td>付款单位
名称或账号</td><td>种类</td><td>票据号码</td><td>百</td><td>十</td><td>万</td><td>千</td><td>百</td><td>十</td><td>元</td><td>角</td><td>分</td><td colspan="2" rowspan="6">收款人开户行盖章</td></tr>
<tr><td></td><td></td><td></td><td></td><td></td><td></td><td></td><td></td><td></td><td></td><td></td><td></td></tr>
<tr><td></td><td></td><td></td><td></td><td></td><td></td><td></td><td></td><td></td><td></td><td></td><td></td></tr>
<tr><td></td><td></td><td></td><td></td><td></td><td></td><td></td><td></td><td></td><td></td><td></td><td></td></tr>
<tr><td></td><td></td><td></td><td></td><td></td><td></td><td></td><td></td><td></td><td></td><td></td><td></td></tr>
</table>

单位主管　　　　会计　　　　复核　　　　记账

（38）

表 26-100　领　料　单

领料单位　　　　　　　　年　月　日　　　　凭证编号________
用　　途　　　　　　　　　　　　　　　　　发料仓库________

材料类别	材料编号	材料名称及规格	计量单位	请领数量	实收数量	计划单价	金　额
备注：						合计	

二　财务

仓库管理　　　　发料人　　　　领料单位负责人　　　　收料人
（签章）　　　　（签章）　　　（签章）　　　　　　　（签章）

（38）

表 26-101　提　货　单

购买单位________　　　　20　年　月　日　　　　运输方式________
收货地址________　　　　　　　　　　　　　　　编　　号________

产品名称	产品编号	规格	计量单位	数量	单价	金额	备注
合　计							

一　仓　库

销售部门主管　　　　发货人　　　　提货人　　　　制单人
（签章）　　　　　　（签章）　　　（签章）　　　（签章）

（38）

表 26-102

3200012170　　　江苏增值税专用发票

№

此联不作报销、扣税凭证使用　　　　开票日期：

购货单位	名　　称： 纳税人识别号： 地 址 、电 话： 开户行及账号：	密码区					
货物或应税劳务名称	规格型号	单位	数量	单价	金额	税率	税　额
合　计							
价税合计（大写）		（小写）					
销货单位	名　　称： 纳税人识别号： 地 址 、电 话： 开户行及账号：	备注					

收款人：　　　　复核：　　　　开票人：　　　　销货单位：（章）

国税函［2000］1004号南京造币厂

第一联：记账联　销货方记账凭证

（39）

表 26-103　领　料　单

年　月　日

领料单位　　　　　　　　　　　　　　　　凭证编号________

用　　途　　　　　　　　　　　　　　　　发料仓库________

材料类别	材料编号	材料名称及规格	计量单位	请领数量	实收数量	计划单价	金　额
备注：						合计	

二
财务

仓库管理（签章）　　发料人（签章）　　领料单位负责人（签章）　　收料人（签章）

（39）

表 26-104　材料价差分摊计算表

年　月　日

材料类别	名称及规格	发料计划成本	（　）月价差率	分摊差异额
			合　计	

审核　　　　　　　　　　　　　　　　　　制证

（39）

表 26-105　________工程定额工缴计算表

年　月　日

工程项目名称	承接单位	耗用工时	工缴定额	工程项目负担的加工费
合　计				

审核　　　　　　　　　　　　　　　　　　制单

（39）

表 26-106　固定资产验收单

年　月　日　　　　　　　　编号：

名称	规格型号	来源	数量	购（造）价	使用年限	预计残值
安装费	月折旧率	建造单位		交工日期	附　件	
				年　月　日		
验收部门		验收人员		管理部门	管理人员	
备注						

（40）

表 26-107　中国经济探索杂志社发票

年　月　日　　　　　　　　№0017714

订购单位：	银行、邮局、现金		来款金额						
刊　名	单价	份数	万	千	百	十	元	角	分
	邮挂费	%							
人民币（大写）	合　计								

③报销凭证

余款　　欠款__________请速补来　　开票　　复核

（40）

表 26-108

××银行现金支票存根

附加信息：

出票日期　年　月　日

收款人：
金　额：
用　途：

单位主管　会计

本支票付款期限十天

××银行**现金支票**　　地名　　支票号码

出票日期（大写）　年　月　日　　付款行名称：

收款人：　　出票人账号：

人民币（大写）	千	百	十	万	千	百	十	元	角	分

用途________

上列款项请从

我账户内支付

出票人签章

科目（借）________

对方科目（贷）________

付讫日期　年　月　日

出纳　复核　记账

贴对号单处　　出纳对号单

（40）

表 26-109

经济开发报社发票　　№0049754

年　月　日

订货单位：	银行、邮局、现金		来款金额						
报纸名称	单价	份数	万	千	百	十	元	角	分
人民币（大写）	邮挂费	%							
	合　计								

③报销凭证

余款　　欠款________请速补来　　开票　　复核

（41）

表 26-110　借　款　单

20　年　月　日

借款人		所属单位		借款事由	
借款金额	人民币（大写）				￥________
注意事项	（略）	审批人意见			

①付款联

财务主管　　　　单位主管　　　　借款人

（42）

表 26-111

中国银行
现金支票存根

附加信息：

出票日期　　年　月　日

收款人：
金　额：
用　途：

单位主管　　　　会计

（44）

表 26-112

中国银行
转账支票存根

附加信息：

出票日期　　年　月　日

收款人：
金　额：
用　途：

单位主管　　　　会计

（43）

表26-113　领　料　单

年　月　日

领料单位　　　　　　　　　　　　　　　　凭证编号＿＿＿＿＿＿
用　　途　　　　　　　　　　　　　　　　发料仓库＿＿＿＿＿＿

材料类别	材料编号	材料名称及规格	计量单位	请领数量	实收数量	计划单价	金　额
备注：						合计	

二　财务

仓库管理（签章）　　发料人（签章）　　领料单位负责人（签章）　　收料人（签章）

（44）

表26-114

代办手续费支出凭证

代办单位＿＿＿＿＿＿兹因代办＿＿＿＿＿业务，领取代办手续费人民币＿＿＿万＿＿＿仟＿＿＿佰＿＿＿拾＿＿＿元＿＿＿角＿＿＿分，¥＿＿＿

（交易款＿＿＿＿＿元，费用率＿＿＿＿＿）　20　年　月　日（盖章）

负责人　　　　　　　　　　经办

第二联代办单位

（45）

表26-115

进　账　单　回单或（收账通知）1

年　月　日　　　　　　　　第　号

付款人	全　称		收款人	全　称	
	账　号			账　号	
	开户银行			开户银行	

人民币（大写）		千	百	十	万	千	百	十	元	角	分

付款单位名称或账号	种类	票据号码	百	十	万	千	百	十	元	角	分

收款人开户行盖章

此联是收款人开户行交给收款人的回单或收账通知

单位主管　　　　会计　　　　复核　　　　记账

（45）

表 26-116　滨海市　　　收据

交款单位：　　　　20　年　月　日　　　　结算方式：

项　目	内　容	金　额
合计人民币（大写）		¥

第二联财务

收款单位（印章）　　　　收款人签章

（46）

表 26-117　工资结算汇总表

单位、人员类别		应付工资		代扣养老保险	代扣失业保险	代扣职工房租水电	实发工资
		…	小计				
一车间	生产工人	…	15 000	1 200	150	1 342	
	管理人员	…	4 000	320	40	360	
二车间	生产工人	…	6 750	540	67.5	700	
	管理人员	…	1 600	128	16	120	
机修车间	生产工人	…	980	78.4	9.8	50	
	管理人员	…	20	1.6	0.2	6	
工具车间	生产工人	…	630	50.4	6.3	30	
	管理人员	…	20	1.6	0.2	2	
厂部管理人员		…	6 000	480	60	378	
福利部门人员		…	300	24	3	12	
长期病假人员		…	200	16	2	—	
合　计		…	35 500	2 840	355	3 000	

（46）

表 26-118　扣款通知单

20　年　月　日

扣款项目	养老保险	失业保险	扣款原因
扣款名单	扣款金额	扣款金额	
合　计			合　计

部门主管　　　　制单　　　　发单部门（盖章）

（46）

表 26-119　扣款通知单

20　年　月　日

扣款项目		扣款原因	
扣款名单	扣款金额	扣款名单	扣款金额
合　计		合　计	

部门主管　　　　制单　　　　发单部门（盖章）

（47）

表 26-120　滨海市　　　　收据

交款单位：　　　　20　年　月　日　　　　结算方式：

项　目	内　容	金　额
合计人民币（大写）		¥

第二联收据

收款单位（印章）　　　　收款人签章

（47）

表 26-121

中国银行 转账支票存根
附加信息：
出票日期　　年　月　日
收款人：
金　额：
用　途：
单位主管　　　　会计

（50）

表 26-122

中国银行 转账支票存根
附加信息：
出票日期　　年　月　日
收款人：
金　额：
用　途：
单位主管　　　　会计

（48）

表 26-123　赔偿请求单

年　月　日

货物名称		发运单位		票据编号		发运数量	
金　额		火车运费		到站实际数量			
丢失品种		损失数量		要求赔偿金额			
损失原因				备注			
赔偿单位意见（盖章）				请求赔偿单位（盖章）			

（48）

表 26-124　收　料　单

年　月　日

供货单位________________　　　　凭证编号________________

发票号码________________　　　　收料仓库________________

材料类别	材料编号	材料名称及规格	计量单位	应收数量	实收数量	计划单价	金　额
备注：						合计	

三　财务

仓库管理员（签章）　　　　收料人（签章）

（49）

表 26-125　领料单分类凭证汇总表

20　年　月　日至　月　日　　　　发料汇字第　号

材料类别 / 耗用单位					
		数量(　)	金额(　)	数量(　)	金额(　)
一车间	605 产品 起动电动机				
二车间	#218 定单 #225 定单 #236 定单				
合计					

审核：　　　　　　　　　　　　汇总人：

（50）

表 26-126　滨海市　　　收据

交款单位：　　　20　年　月　日　　　结算方式：

项　目	内　容	金　额
合计人民币（大写）		¥

第二联收据

收款单位（印章）　　　　　　收款人签章

（51）

表 26-127

中国银行

转账支票存根

附加信息：

出票日期　　年　月　日

收款人：
金　额：
用　途：

单位主管　　　　　　会计

（51）

表 26-128　固定资产报废申请书

年　月　日

单位：四方电机厂　　　　（　　）年报废第　号

固定资产类别	固定资产名称	规格型号	单位	数量	地点	预计使用年限	已用年限	原值	已提折旧	预计残值	预计清理费
报废原因		管理部门负责人：			经办人：		技术鉴定意见		鉴定负责人：		
企业意见				主管部门核批				账政局意见			

（51）

表 26-129　滨海市　　　收据

交款单位：　　　　20　年　月　日　　　　结算方式：

项　目	内　容	金　额
合计人民币（大写）		¥

第二联收据

收款单位（印章）　　　　收款人签章

（51）

表 26-130　四方电机厂收款收据　　　　№

20　年　月　日　　　　附件　张

付款单位		付款人	
付款项目		内容说明	
金额（大写）			¥

②入账

会计主管　　　　审核　　　　收款人

（51）

表 26-131　收　料　单

供货单位＿＿＿＿　　年　月　日　　凭证编号＿＿＿＿

发票号码＿＿＿＿　　　　收料仓库＿＿＿＿

材料类别	材料编号	材料名称及规格	计量单位	应收数量	实收数量	计划单价	金　额
备注：						合计	

三财务

仓库管理员（签章）　　　　收料人（签章）

（52）

表 26-132

进 账 单 回单或（收账通知）1

年 月 日 第 号

付款人	全称		收款人	全称	
	账号			账号	
	开户银行			开户银行	

人民币（大写）		千	百	十	万	千	百	十	元	角	分

付款单位名称或账号	种类	票据号码	百	十	万	千	百	十	元	角	分	
												收款人开户行盖章

此联是收款人开户行交给收款人的回单或收账通知

单位主管 会计 复核 记账

（52）

表 26-133 滨海市工商企业通用发票 06620389

客户名称： 发票联 20 年 月 日

货物或劳务名称	规格	数量	单价	金额	说 明
					单位盖章
合计人民币（大写）				¥	

②财务联

经手人

（53）

表 26-134 产成品交库单

交库单位＿＿＿＿＿ 20 年 月 日 编号＿＿＿＿＿

产品编号	产品名称	规格	单位	送检数量	检验合格	不合格	实收数量

②仓库

检验员 仓库保管员 车间负责人 制单

（53）

表 26-135　产成品交库单

交库单位＿＿＿＿＿＿　　20　年　月　日　　编号＿＿＿＿＿

产品编号	产品名称	规格	单位	送检数量	检验合格	不合格	实收数量

③财务

检验员　　仓库保管员　　车间负责人　　制单

（53）

表 26-136　产成品交库单

交库单位＿＿＿＿＿＿　　20　年　月　日　　编号＿＿＿＿＿

产品编号	产品名称	规格	单位	送检数量	检验合格	不合格	实收数量

②仓库

检验员　　仓库保管员　　车间负责人　　制单

（53）

表 26-137　产成品交库单

交库单位＿＿＿＿＿＿　　20　年　月　日　　编号＿＿＿＿＿

产品编号	产品名称	规格	单位	送检数量	检验合格	不合格	实收数量

③财务

检验员　　仓库保管员　　车间负责人　　制单

（54）

表 26-138 票据入账单

20 年 月 日

票据种类	收、付方单位	票据结算内容	签发日期	到期日期	票面金额				利率
					货款	增值税	运杂费	合计	
							合计		

财务主管　　　　审核　　　　制单

（55）

表 26-139

进 账 单 回单或（收账通知）1

年 月 日　　　　第 号

付款人	全称		收款人	全称	
	账号			账号	
	开户银行			开户银行	

人民币（大写）		千	百	十	万	千	百	十	元	角	分

付款单位名称或账号	种类	票据号码	百	十	万	千	百	十	元	角	分

收款人户行盖章

此联是收款人开户行交给收款人的回单或收账通知

单位主管　　　　会计　　　　复核　　　　记账

（55）

表 26-140

3200012170 江苏增值税专用发票

№

此联不作报销、扣税凭证使用 开票日期：

国税函［2000］1004 号南京造币厂

购货单位	名 称： 纳税人识别号： 地 址 、电 话： 开户行及账号：			密码区				
货物或应税劳务名称		规格型号	单位	数量	单价	金额	税率	税 额
合 计								
价税合计（大写）				（小写）				
销货单位	名 称： 纳税人识别号： 地 址 、电 话： 开户行及账号：			备注				

收款人： 复核： 开票人： 销货单位：（章）

第一联：记账联 销货方记账凭证

（55）

表 26-141 提 货 单

购买单位＿＿＿＿＿＿ 20 年 月 日 运输方式＿＿＿＿＿＿

收货地址＿＿＿＿＿＿ 编 号＿＿＿＿＿＿

产品名称	产品编号	规格	计量单位	数量	单价	金额	备注
合 计							

仓库

销售部门主管（签章） 发货人（签章） 提货人（签章） 制单人（签章）

（56）

表 26-142　中国银行借款凭证

年　月　日

借款单位		贷款账号		存款账号									
借款金额（大写）				千	百	十	万	千	百	十	元	角	分
用途													

兹借到上列贷款，到期时请凭此证收回 借款单位盖章　负责人盖章	约定还款日期　年　月　日					
	分次还款记录					
	日期		偿还本金	利息	结欠本金	复核员
	月	日				
行长（主任）　信贷科（股长）　信贷员						

第四联还款

（57）

表 26-143

中国银行
现金支票存根
附加信息：
出票日期　年　月　日

收款人：
金　额：
用　途：

单位主管　会计

（58）

表 26-144

中国银行
转账支票存根
附加信息：
出票日期　年　月　日

收款人：
金　额：
用　途：

单位主管　会计

（61）

表 26-145　委托加工材料出库单

凭证编号
委托加工单位　20　年　月　日　发料仓库

合同编号	加工后材料名称及规格	单位	数量	交货日期	
材料编号	材料名称及规格	单位	数量	计划单价（元）	金额（元）

②财务

发料（签章）　制证（签章）

（58）

表 26-146

3200012170　　江苏增值税专用发票（全国统一发票监制章 江苏 国家税务总局监制）　　№

发　票　联　　开票日期：

国税函〔2000〕1004号南京造币厂

购货单位	名　　称： 纳税人识别号： 地 址 、电 话： 开户行及账号：			密码区			
货物或应税劳务名称	规格型号	单位	数量	单价	金额	税率	税　额
合　　计							
价税合计（大写）				（小写）			
销货单位	名　　称： 纳税人识别号： 地 址 、电 话： 开户行及账号：			备注			

收款人：　　复核：　　开票人：　　销货单位：（章）

第三联：发票联　购货方记账凭证

（59）

表 26-147

四方电机厂职工生活困难补助申请书（代收据）

所属单位：　　申请书　　年　月　日

姓名		性别		家庭人口	大		月工资	
					小			
现住址	区　街/巷　路　号			现任职务			其他收入	
申请补助理由							申请金额	
小组意见		单位意见			领导批示			
同意补助 小组长签字		同意补助 单位负责人盖章			同意补助 领导人签字			
今领到 生活困难补助金额（大写）　元　年　月　日　领款人（盖章）								

（60）

表 26-148

<table>
<tr><td colspan="8">3200012170　　江苏增值税专用发票　　№
发　票　联　　开票日期：</td></tr>
<tr><td>购货单位</td><td colspan="3">名　　称：
纳税人识别号：
地 址 、电 话：
开户行及账号：</td><td>密码区</td><td colspan="3"></td></tr>
<tr><td>货物或应税劳务名称</td><td>规格型号</td><td>单位</td><td>数量</td><td>单价</td><td>金额</td><td>税率</td><td>税　额</td></tr>
<tr><td>合　计</td><td></td><td></td><td></td><td></td><td></td><td></td><td></td></tr>
<tr><td>价税合计（大写）</td><td colspan="7">（小写）</td></tr>
<tr><td>销货单位</td><td colspan="3">名　　称：
纳税人识别号：
地 址 、电 话：
开户行及账号：</td><td>备注</td><td colspan="3"></td></tr>
<tr><td colspan="8">收款人：　　复核：　　开票人：　　销货单位：（章）</td></tr>
</table>

国税函[2000]1004 号南京造币厂

第三联：发票联　购货方记账凭证

（60）

表 26-149

中国银行
转账支票存根

附加信息：
出票日期　　年　月　日

收款人：
金　额：
用　途：

单位主管　　　　会计

（63）

表 26-150

中国银行
现金支票存根

附加信息：
出票日期　　年　月　日

收款人：
金　额：
用　途：

单位主管　　　　会计

（61）

表 26-151　材料价差分摊计算表

20　年　月　日

材料类别	名称及规格	发料计划成本	（　　）月价差率	分摊差异额
			合　计	

审核　　　　　　　　　　制证

（62）

表 26-152

代办手续费支出凭证

代办单位＿＿＿＿＿＿＿＿＿＿兹因代办＿＿＿＿＿＿＿＿业务，领取代办手续费人民币＿＿＿万＿＿＿仟＿＿＿佰＿＿＿拾＿＿＿元＿＿＿角＿＿＿分，¥＿＿＿＿＿＿＿＿

（交易款＿＿＿＿＿＿＿＿元，费用率＿＿＿＿＿＿＿＿）　20　年　月　日（盖章）

负责人　　　　　　　　　　经办

第二联代办单位

（62）

表 26-153

进　账　单　回单或（收账通知）1

年　月　日　　　　　　　　第　　号

付款人	全称		收款人	全称											
	账号			账号											
	开户银行			开户银行											
人民币（大写）					千	百	十	万	千	百	十	元	角	分	

付款单位名称或账号	种类	票据号码	百	十	万	千	百	十	元	角	分	
												收款人开户行盖章

单位主管　　　　会计　　　　复核　　　　记账

此联是收款人开户行交给收款人的回单或收账通知

（63）

表 26-154　滨海市　　收据

交款单位：　　　　20　年　月　日　　　　结算方式：

项目	内容	金额
合计人民币（大写）		¥＿＿＿＿＿＿

收款单位（印章）　　　　　　收款人签章

第二联收据

（64）

表 26-155

回单或
进 账 单 （收账通知）1

年 月 日 第 号

付款人	全 称		收款人	全 称	
	账 号			账 号	
	开户银行			开户银行	

人民币（大写）		千	百	十	万	千	百	十	元	角	分

付款单位名称或账号	种类	票据号码	百	十	万	千	百	十	元	角	分

收款人开户行盖章

此联是收款人开户行交给收款人的回单或收账通知

单位主管 会计 复核 记账

（64）

表 26-156

3200012170 江苏增值税专用发票

№

此联不作报销、扣税凭证使用 开票日期：

购货单位	名 称： 纳税人识别号： 地 址 、电 话： 开户行及账号：			密码区				
货物或应税劳务名称		规格型号	单位	数量	单价	金额	税率	税 额
合 计								
价税合计（大写）		（小写）						
销货单位	名 称： 纳税人识别号： 地 址 、电 话： 开户行及账号：			备注				

收款人： 复核： 开票人： 销货单位：（章）

国税函[2000]1004 号南京造币厂

第一联：记账联 销货方记账凭证

（64）

表 26-157　固定资产出售单

固定资产类别________　　20　年　月　日　　编　号________

结算方式________　　保管地点________

购买单位	名　称				出售单位（盖章）
	账　号				
	开户银行				
固定资产名称	规格及型号	原值	已提折旧	净值	出售价格
合计金额（人民币大写）				¥________	

②清理联

财务主管　核算员　仓库　设备主管　设备保管　制单

（65）

表 26-158

滨海市工商企业通用发票　06620389

客户名称：　发票联　20　年　月　日

货物或劳务名称	规格	数量	单价	金额	说明
					单位盖章
合计人民币（大写）			¥________		

②客户收执

经手人

（66）

表 26-159　职工享受丧葬补助费付费凭单

工作部门：　20　年　月　日

姓名		性别		年龄		现在住址	
申请项目				供养直系亲属人数			
工资		是否工会会员		一般工龄		连续工龄	
起讫日期		支付标准				支付金额	
合计金额（大写）							

厂工会　厂劳保负责人　车间劳保委员　申请人

（67）

表 26-160　滨海市　　　收据

交款单位：　　　　20　年　月　日　　　　结算方式：

项　目	内　容	金　额
合计人民币（大写）		¥

第二联收据

收款单位（印章）　　　　收款人签章

（67）

表 26-161　固定资产报废申请书

单位：四方电机厂　　　　年　月　日　　　　（　　）年报废第　号

固定资产类别	固定资产名称	规格型号	单位	数量	地点	预计使用年限	已用年限	原值	已提折旧	预计残值	预计清理费
报废原因		管理部门负责人：			经办人：		技术鉴定意见		鉴定负责人：		
企业意见				主管部门核批				账政局意见			

（67）

表 26-162

进　账　单　回单或（收账通知）1

年　月　日　　　　第　号

付款人	全　称		收款人	全　称	
	账　号			账　号	
	开户银行			开户银行	

人民币（大写）		千	百	十	万	千	百	十	元	角	分

付款单位名称或账号	种类	票据号码	百	十	万	千	百	十	元	角	分

收款人开户行盖章

此联是收款人开户行交给收款人的回单或收账通知

单位主管　　　会计　　　复核　　　记账

（65）

表 26-163

中国银行
转账支票存根

附加信息：
出票日期　　年　月　日

收款人：
金　额：
用　途：

单位主管　　　　　　　　会计

（67）

表 26-164

中国银行
转账支票存根

附加信息：
出票日期　　年　月　日

收款人：
金　额：
用　途：

单位主管　　　　　　　　会计

（67）

表 26-165　滨海市　　　收据

交款单位：　　　　　　20　年　月　日　　　　　　结算方式：

项　目	内　容	金　额
合计人民币(大写)		¥

第三联财务

收款单位(印章)　　　　　　　　收款人签章

（67）

表 26-166　滨海市　　　收据

交款单位：　　　　　　20　年　月　日　　　　　　结算方式：

项　目	内　容	金　额
合计人民币(大写)		¥

第三联财务

收款单位(印章)　　　　　　　　收款人签章

（67）

表 26-167

进　账　单 回单或（收账通知）1

年　月　日　　　　第　号

付款人	全　称		收款人	全　称	
	账　号			账　号	
	开户银行			开户银行	

人民币（大写）		千	百	十	万	千	百	十	元	角	分

付款单位名称或账号	种类	票据号码	百	十	万	千	百	十	元	角	分	
												收款人开户行盖章

此联是收款人开户行交给收款人的回单或收账通知

单位主管　　会计　　复核　　记账

（68）

表 26-168　领　料　单

领料单位　　年　月　日　　凭证编号____________

用　途　　发料仓库____________

材料类别	材料编号	材料名称及规格	计量单位	请领数量	实收数量	计划单价	金　额
备注：						合计	

二　财务

仓库管理（签章）　　发料人（签章）　　领料单位负责人（签章）　　收料人（签章）

（68）

表 26-169

中国银行 转账支票存根
附加信息：
出票日期　　年　月　日
收款人：
金　额：
用　途：
单位主管　　　　　　会计

（69）

表 26-170

中国银行 转账支票存根
附加信息：
出票日期　　年　月　日
收款人：
金　额：
用　途：
单位主管　　　　　　会计

（68）

表 26-171　代垫运杂费入账单

购货单位：　　　　　　　　年　月　日

货物名称	发货地点	发货日期	运输方式	件数	计费标准（）	代垫运杂费					货款及代垫运费结算			
						运单号码	运费收据号码	运费	保价费	合计	结算方式	结算凭证号码	办理日期	结算金额
代垫运杂费合计（大写）														
备注														

第一联　付款联

审核　　　　　　　　制单　　　　　　　　经办人

（68）

表 26-172　提　货　单

购买单位________　　　　　　运输方式________

收货地址________　　20　年　月　日　　编　　号________

产品名称	产品编号	规格	计量单位	数量	单价	金额	备注
合　计							

一　仓　库

销售部门主管　　　　发货人　　　　提货人　　　　制单人
（签章）　　　　　　（签章）　　　（签章）　　　（签章）

（68）

表 26-173

3200012170　　江苏增值税专用发票

№

此联不作报销、扣税凭证使用　　开票日期：

<table>
<tr><td>购货单位</td><td colspan="3">名　　称：
纳税人识别号：
地 址 、电 话：
开户行及账号：</td><td>密码区</td><td colspan="4"></td></tr>
<tr><td colspan="2">货物或应税劳务名称</td><td>规格型号</td><td>单位</td><td>数量</td><td>单价</td><td>金额</td><td>税率</td><td>税　额</td></tr>
<tr><td colspan="2">

合　计</td><td></td><td></td><td></td><td></td><td></td><td></td><td></td></tr>
<tr><td colspan="2">价税合计（大写）</td><td colspan="7">（小写）</td></tr>
<tr><td>销货单位</td><td colspan="3">名　　称：
纳税人识别号：
地 址 、电 话：
开户行及账号：</td><td>备注</td><td colspan="4"></td></tr>
</table>

收款人：　　复核：　　开票人：　　销货单位：（章）

国税函[2000]1004号南京造币厂

第一联：记账联　销货方记账凭证

（69）

表 26-174

3200012170　　江苏增值税专用发票

全国统一发票监制章 江苏 国家税务总局监制

№

发　票　联　　开票日期：

<table>
<tr><td>购货单位</td><td colspan="3">名　　称：
纳税人识别号：
地 址 、电 话：
开户行及账号：</td><td>密码区</td><td colspan="4"></td></tr>
<tr><td colspan="2">货物或应税劳务名称</td><td>规格型号</td><td>单位</td><td>数量</td><td>单价</td><td>金额</td><td>税率</td><td>税　额</td></tr>
<tr><td colspan="2">

合　计</td><td></td><td></td><td></td><td></td><td></td><td></td><td></td></tr>
<tr><td colspan="2">价税合计（大写）</td><td colspan="7">（小写）</td></tr>
<tr><td>销货单位</td><td colspan="3">名　　称：
纳税人识别号：
地 址 、电 话：
开户行及账号：</td><td>备注</td><td colspan="4"></td></tr>
</table>

收款人：　　复核：　　开票人：　　销货单位：（章）

国税函[2000]1004号南京造币厂

第三联：发票联　购货方记账凭证

（70）

表 26-175

3200012170　江苏增值税专用发票

№

此联不作报销、扣税凭证使用　　开票日期：

<table>
<tr><td rowspan="4">购货单位</td><td colspan="3">名　　称：</td><td rowspan="4">密码区</td><td colspan="4" rowspan="4"></td></tr>
<tr><td colspan="3">纳税人识别号：</td></tr>
<tr><td colspan="3">地 址 、电 话：</td></tr>
<tr><td colspan="3">开户行及账号：</td></tr>
<tr><td colspan="2">货物或应税劳务名称</td><td>规格型号</td><td>单位</td><td>数量</td><td>单价</td><td>金额</td><td>税率</td><td>税　额</td></tr>
<tr><td colspan="2">合　　计</td><td></td><td></td><td></td><td></td><td></td><td></td><td></td></tr>
<tr><td colspan="3">价税合计（大写）</td><td colspan="6">（小写）</td></tr>
<tr><td rowspan="4">销货单位</td><td colspan="3">名　　称：</td><td rowspan="4">备注</td><td colspan="4" rowspan="4"></td></tr>
<tr><td colspan="3">纳税人识别号：</td></tr>
<tr><td colspan="3">地 址 、电 话：</td></tr>
<tr><td colspan="3">开户行及账号：</td></tr>
</table>

收款人：　　复核：　　开票人：　　销货单位：（章）

国税函[2000]1004号南京造币厂

第一联：记账联　销货方记账凭证

（70）

表 26-176

委托收款凭证（回单）　1　委托号码

委邮　　委托日期　　年　月　日　　第　　号

<table>
<tr><td rowspan="3">收款人</td><td>全　　称</td><td colspan="3"></td><td rowspan="3">付款人</td><td>全　　称</td><td colspan="10"></td></tr>
<tr><td>账　　号</td><td colspan="3"></td><td>账　　号</td><td colspan="10"></td></tr>
<tr><td>开户银行</td><td></td><td>行号</td><td></td><td>开户银行</td><td colspan="10"></td></tr>
<tr><td colspan="2" rowspan="2">委托金额</td><td colspan="5" rowspan="2">人民币：
（大写）</td><td>千</td><td>百</td><td>十</td><td>万</td><td>千</td><td>百</td><td>十</td><td>元</td><td>角</td><td>分</td></tr>
<tr><td></td><td></td><td></td><td></td><td></td><td></td><td></td><td></td><td></td><td></td></tr>
<tr><td colspan="2">款项内容</td><td colspan="2"></td><td>委托收款
凭据名称</td><td colspan="2"></td><td colspan="3">附寄单
证张数</td><td colspan="7"></td></tr>
<tr><td colspan="3">备注：</td><td colspan="4">款项收妥日期

年　月　日</td><td colspan="10">收款人开户行盖章
年　月　日</td></tr>
</table>

单位主管　　会计　　复核　　记账

此联是收款人开户行给收款人的回单

（70）

表 26-177　提　货　单

购买单位________　　　　运输方式________

收货地址________　　20　年　月　日　　编　　号________

产品名称	产品编号	规格	计量单位	数量	单价	金额	备注
合　计							

一仓库

销售部门主管（签章）　　发货人（签章）　　提货人（签章）　　制单人（签章）

（71）

表 26-178　固定资产验收单

年　月　日　　　　编号：

名称	规格型号	来源	数量	购（造）价	使用年限	预计残值
安装费	月折旧率	建造单位		交工日期	附　件	
				年　月　日		
验收部门		验收人员		管理部门	管理人员	
备注						

（71）

表 26-179

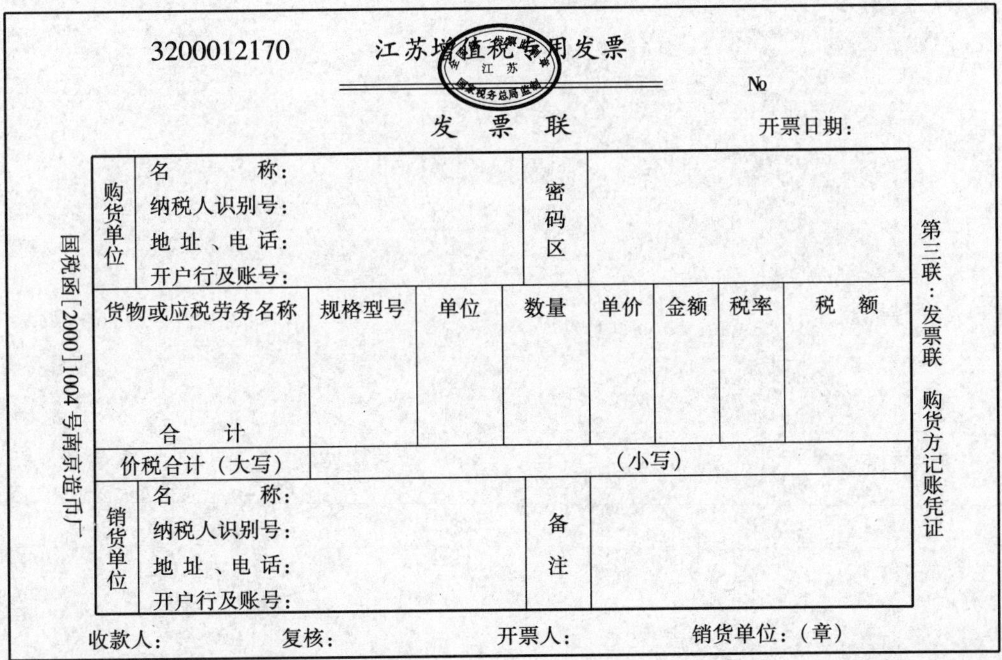
3200012170　　江苏增值税专用发票

№

发　票　联　　开票日期：

购货单位	名　　称： 纳税人识别号： 地 址 、电 话： 开户行及账号：	密码区					
货物或应税劳务名称	规格型号	单位	数量	单价	金额	税率	税　额
合　计							
价税合计（大写）				（小写）			
销货单位	名　　称： 纳税人识别号： 地 址 、电 话： 开户行及账号：	备注					

收款人：　　复核：　　开票人：　　销货单位：（章）

国税函［2000］1004 号南京造币厂

第三联：发票联　购货方记账凭证

（72）

表 26-180

3200012170　　江苏增值税专用发票　　№

发　票　联　　开票日期：

<table>
<tr><td rowspan="4">购货单位</td><td colspan="4">名　　称：</td><td rowspan="4">密码区</td><td colspan="4" rowspan="4"></td></tr>
<tr><td colspan="4">纳税人识别号：</td></tr>
<tr><td colspan="4">地 址 、电 话：</td></tr>
<tr><td colspan="4">开户行及账号：</td></tr>
<tr><td colspan="2">货物或应税劳务名称</td><td>规格型号</td><td>单位</td><td>数量</td><td>单价</td><td>金额</td><td>税率</td><td>税　额</td></tr>
<tr><td colspan="2">合　计</td><td></td><td></td><td></td><td></td><td></td><td></td><td></td></tr>
<tr><td colspan="2">价税合计（大写）</td><td colspan="7">（小写）</td></tr>
<tr><td rowspan="4">销货单位</td><td colspan="4">名　　称：</td><td rowspan="4">备注</td><td colspan="4" rowspan="4"></td></tr>
<tr><td colspan="4">纳税人识别号：</td></tr>
<tr><td colspan="4">地 址 、电 话：</td></tr>
<tr><td colspan="4">开户行及账号：</td></tr>
</table>

收款人：　　复核：　　开票人：　　销货单位：（章）

国税函[2000]1004号南京造币厂

第三联：发票联　购货方记账凭证

（71）

表 26-181

中国银行

转账支票存根

附加信息：

出票日期　　年　月　日

收款人：
金　额：
用　途：

单位主管　　会计

（73）

表 26-182

中国银行

转账支票存根

附加信息：

出票日期　　年　月　日

收款人：
金　额：
用　途：

单位主管　　会计

(73)

表 26-183 代垫运杂费入账单

购货单位： 年 月 日

货物名称	发货地点	发货日期	运输方式	件数	计费标准()	代垫运杂费					货款及代垫运费结算			
						运单号码	运费收据号码	运费	保价费	合计	结算方式	结算凭证号码	办理日期	结算金额
代垫运杂费合计(大写)														
备注														

第一联 付款联

审核 制单 经办人

(72)

表 26-184 收 料 单

供货单位________ 凭证编号________

发票号码________ 年 月 日 收料仓库________

材料类别	材料编号	材料名称及规格	计量单位	应收数量	实收数量	计划单价	金 额
备注：						合计	

三 财务

仓库管理员(签章) 收料人(签章)

(73)

表 26-185

3200012170 江苏增值税专用发票

№

此联不作报销、扣税凭证使用 开票日期：

购货单位	名 称： 纳税人识别号： 地 址 、电 话： 开户行及账号：			密码区				
货物或应税劳务名称		规格型号	单位	数量	单价	金额	税率	税 额
合 计								
价税合计（大写）				(小写)				
销货单位	名 称： 纳税人识别号： 地 址 、电 话： 开户行及账号：			备注				

收款人： 复核： 开票人： 销货单位：（章）

国税函[2000]1004 号南京造币厂

第一联：记账联 销货方记账凭证

(73)

表 26-186 提 货 单

购买单位________________ 运输方式________________
收货地址________________ 20 年 月 日 编 号________________

产品名称	产品编号	规格	计量单位	数量	单价	金额	备注
合 计							

一仓库

销售部门主管（签章） 发货人（签章） 提货人（签章） 制单人（签章）

(74)

表 26-187

中国银行
转账支票存根
附加信息：
出票日期 年 月 日

收款人：
金 额：
用 途：

单位主管 会计

(76)

表 26-188

中国银行
转账支票存根
附加信息：
出票日期 年 月 日

收款人：
金 额：
用 途：

单位主管 会计

(74)

表 26-189 滨海市公路货运收费结算凭证

代发货票

开户银行： 交运（四）字
账 号： 年 月 日

托运单位					受理单位						受理编号		字 号							
装货地点					承运单位						协议合同		字 号							
卸货地点					计吨办法						计费里程		（公里）							
货物名称	件数	包装	规格	托运数量	货物等级		计费重量			+ − 加减或率	每吨单价		金额							
					运输	装卸	运量	周转量	装卸量		费目	费率	十	万	千	百	十	元	角	分
合计金额(大写)																				

第二联运费收据托运单位报销凭证

滨海市财政局核准 制票单位 制票人 复核 收费章
滨海市交通局监印

（75）

表 26-190

中国××银行信汇凭证（收账通知或取款收据）　4

委托日期　　年　月　日　　　　　　第　　号

应解汇款编号：

收款人	全　称				汇款人	全　称			
	账号或住址					账号或住址			
	汇入地点	省　市 县	汇入行 名　称			汇出地点	省　市 县	汇出行 名　称	
金额	人民币 （大写）					千 百 十 万 千 百 十 元 角 分			
汇款用途：					银行待取预留 收款人印签				

上列款项已代进账，如有错误，请持此联来行面洽。 汇入行盖章 年　月　日	上列款项已照收无误 收款人盖章 年　月　日	科目（付） 对方科目（收） 汇入行解汇日期　年　月　日 复核　　出纳 记账

此联给收款人的收账通知或代取款收据

（76）

表 26-191　滨海日报广告费收款收据

年　月　日　　　　№298605

客户名称				收费细目				金　额						
广告内容				项目	数量	单位	单价	万	千	百	十	元	角	分
广告面积	行	刊次		广告费		行								
刊出日期				制版费		cm^2								
备注				代收绘图费		幅								
				套红费	（加收广告的 30%）									
总金额 （大写）														

记账　　　　　　　　收款人

第二联交付款单位

（77）

表 26-192　收　料　单

供货单位＿＿＿＿＿＿　　　　　　凭证编号＿＿＿＿＿＿

发票号码＿＿＿＿＿＿　　年　月　日　　收料仓库＿＿＿＿＿＿

材料类别	材料编号	材料名称及规格	计量单位	应收数量	实收数量	计划单价	金　额
备注：						合计	

仓库管理员（签章）　　　　　　　　收料人（签章）

三 财务

（78）

表 26-193 中国银行（ 贷款）还款凭证（回 单） ④

日期： 年 月 日　　　　　　原贷款凭证银行编号：

借款单位	名 称		付款单位	名 称	同左
	放款户账号			存款户账号	
	开户银行			开户银行	
计划还款日期		年 月 日	还款次序		第 次还款
偿还金额		货币及金额(大写)			千 百 十 万 千 百 十 元 角 分
还款内容					
备注：			上述借款已从你单位存款户内转还 此致 借款单位 （银行盖章） 年 月 日		

此联转账后作回单，退借款单位并代存款户支款通知。

（79）

表 26-194

3200012170　　江苏增值税专用发票　　№

（全国统一发票监制章 江苏 国家税务局监制）

发 票 联　　开票日期：

购货单位	名 称： 纳税人识别号： 地 址 、电 话： 开户行及账号：			密码区			
货物或应税劳务名称	规格型号	单位	数量	单价	金额	税率	税 额
合 计							
价税合计（大写）				（小写）			
销货单位	名 称： 纳税人识别号： 地 址 、电 话： 开户行及账号：			备注			

收款人：　　复核：　　开票人：　　销货单位：（章）

国税函[2000]1004 号南京造币厂

第三联：发票联 购货方记账凭证

（79）

表 26-195　四方电机厂物品（费用）报销单

20　年　月　日

开支项目	物品（费用）名称	单位	数量	单价	金额	情况说明
合计金额（大写）						¥
签属意见						

附单据　张

部门主管　　　　经办人

（79）

表 26-196

中国银行 转账支票存根
附加信息：
出票日期　年　月　日
收款人：
金　额：
用　途：
单位主管　　会计

（98）

表 26-197

中国银行 转账支票存根
附加信息：
出票日期　年　月　日
收款人：
金　额：
用　途：
单位主管　　会计

（80）

表 26-198　中国银行　利息回单

年　月　日

收款单位	账　号		付款单位	账　号		
	户　号			户　号		
	开户银行			开户银行		
积数：			利率		利息	
户第 4 季度利息				银行盖章		

代付、收款通知书

（85）

表 26-199 房产税纳税申报表

经济性质： 所属时期： 年 月 金额： 列到角分

预算级次：

纳税人名称			税务微机编号			开户银行				账号		
房屋用途	房屋座落地点	栋数	建筑面积（m^2）	房产来源及时间	房产原值	减除幅度	应税房产余值	出租面积（m^2）	租金收入	税率	扣除税款	征收期计算税额	本期实纳税额
合计													
缴款书字号		开票日期： 年 月 日				入库限期： 年 月 日					开票人		

申报业户（人）（签章） 财务负责人（签章） 申报日期 年 月 日

（85）

表 26-200 城镇土地使用税纳申报表

经济性质： 申报所属时期： 年 月 金额： 列到角分

预算级次：

纳税人名称			税务微机编号		开户银行		账号		
用地面积（m^2）			土地座落地址	土地权属	土地等级	单位年税额	征收时期应纳税额	本期实缴税额
合计	免税用地	征税用地						
合计								
缴款书字号			开票日期： 年 月 日			入库限期： 年 月 日		开票人

申报业户（人）（签章） 财务负责人（签章） 申报日期 年 月 日

（86）

表 26-201 材料交库单

交库单位________ 年 月 日 交库单号________

发票号码________ 收料仓库________

材料编号	材料名称	材料名称及规格	计量单位	交库数量	实收数量	计划单价	金额
备注：						合计	

三财务

仓库管理员（签章） 稽核员 交料员 收料人（签章） 制单

（87）

表 26-202　领料单分类凭证汇总表

20　年　月　日至　月　日　　　　发料汇字第　号

材料类别 / 耗用单位					
		数量（　）	金额（　）	数量（　）	金额（　）
一车间——起动电动机					
二车间	218 定单 225 定单 236 定单				
合计					

审核：　　　　　　　　汇总人：

（88）

表 26-203　领　料　单

领料单位　　　　年　月　日　　　　凭证编号________

用　　途　　　　　　　　　　　　发料仓库________

材料类别	材料编号	材料名称及规格	计量单位	请领数量	实收数量	计划单价	金　额
备注：						合计	

二财务

仓库管理（签章）　　发料人（签章）　　领料单位负责人（签章）　　收料人（签章）

（88）

表 26-204　领料单分类凭证汇总表

20　年　月　日至　月　日　　　　发料汇字第　号

材料类别 / 耗用单位	消耗材料		修理材料	
	数量（　）	金额（　）	数量（　）	金额（　）
一车间				
二车间				
机修车间				
工具车间				
管理部门				
合　计				

审核：　　　　　　　　汇总人：

（88）

表 26-205　领　料　单

领料单位　　　　　　　　　　年　月　日　　　　凭证编号________
用　　途　　　　　　　　　　　　　　　　　　　发料仓库________

材料类别	材料编号	材料名称及规格	计量单位	请领数量	实收数量	计划单价	金　额
备注：						合计	

二 财务

仓库管理（签章）　　发料人（签章）　　领料单位负责人（签章）　　收料人（签章）

（88）

表 26-206　领　料　单

领料单位　　　　　　　　　　年　月　日　　　　凭证编号________
用　　途　　　　　　　　　　　　　　　　　　　发料仓库________

材料类别	材料编号	材料名称及规格	计量单位	请领数量	实收数量	计划单价	金　额
备注：						合计	

二 财务

仓库管理（签章）　　发料人（签章）　　领料单位负责人（签章）　　收料人（签章）

（88）

表 26-207　领　料　单

领料单位　　　　　　　　　　年　月　日　　　　凭证编号________
用　　途　　　　　　　　　　　　　　　　　　　发料仓库________

材料类别	材料编号	材料名称及规格	计量单位	请领数量	实收数量	计划单价	金　额
备注：						合计	

二 财务

仓库管理（签章）　　发料人（签章）　　领料单位负责人（签章）　　收料人（签章）

（88）

表 26-208　领　料　单

领料单位　　　　　　　　　　年　月　日　　　　凭证编号________

用　　途　　　　　　　　　　　　　　　　　　　发料仓库________

材料类别	材料编号	材料名称及规格	计量单位	请领数量	实收数量	计划单价	金　额
备注：						合计	

二 财务

仓库管理（签章）　　发料人（签章）　　领料单位负责人（签章）　　收料人（签章）

（89）

表 26-209　领料单分类凭证汇总表

20　年　月　日至　月　日　　　　发料汇字第　号

材料类别 / 耗用单位	燃　料		修理材料	
	数量(　)	金额(　)	数量(　)	金额(　)
一车间				
二车间				
机修车间				
工具车间				
管理部门				
合　计				

审核：　　　　　　　　　　　　　　　　　　　汇总人：

（90）

表 26-210　领　料　单

领料单位　　　　　　　　　　年　月　日　　　　凭证编号________

用　　途　　　　　　　　　　　　　　　　　　　发料仓库________

材料类别	材料编号	材料名称及规格	计量单位	请领数量	实收数量	计划单价	金　额
备注：						合计	

二 财务

仓库管理（签章）　　发料人（签章）　　领料单位负责人（签章）　　收料人（签章）

（90）

表 26-211　工程物资出库单　　凭证编号＿＿＿＿

物资领用单位＿＿＿＿　　20　年　月　日　　发出仓库＿＿＿＿

物资编号	物资名称	规格及型号	计量单位	请领数量	实发数量	单价	金额
用途						合计	

②财务

仓库管理员　　发物人　　领物单位主管　　领物人

（91）

表 26-212　领　料　单

领料单位　　年　月　日　　凭证编号＿＿＿＿

用　　途　　发料仓库＿＿＿＿

材料类别	材料编号	材料名称及规格	计量单位	请领数量	实收数量	计划单价	金　额
备注：						合计	

二财务

仓库管理（签章）　　发料人（签章）　　领料单位负责人（签章）　　收料人（签章）

（91）

表 26-213　领　料　单

领料单位　　年　月　日　　凭证编号＿＿＿＿

用　　途　　发料仓库＿＿＿＿

材料类别	材料编号	材料名称及规格	计量单位	请领数量	实收数量	计划单价	金　额
备注：						合计	

二财务

仓库管理（签章）　　发料人（签章）　　领料单位负责人（签章）　　收料人（签章）

（91）

表 26-214 领 料 单

领料单位　　年 月 日　　凭证编号______

用　　途　　发料仓库______

材料类别	材料编号	材料名称及规格	计量单位	请领数量	实收数量	计划单价	金　额
备注：						合计	

二 财务

仓库管理（签章）　　发料人（签章）　　领料单位负责人（签章）　　收料人（签章）

（91）

表 26-215 领 料 单

领料单位　　年 月 日　　凭证编号______

用　　途　　发料仓库______

材料类别	材料编号	材料名称及规格	计量单位	请领数量	实收数量	计划单价	金　额
备注：						合计	

二 财务

仓库管理（签章）　　发料人（签章）　　领料单位负责人（签章）　　收料人（签章）

（92）

表 26-216 中国银行 利息回单

日 期：

收款单位	账　号		付款单位	账　号		
	户　名			户　名		
	开户银行			开户银行		
积数：			利率		利息	
______户第 4 季度利息						
银行盖章						

代付收款通知书

(93)

表 26-217　内部劳务通知单

年　月　日

劳务项目名称	工时	单价	金额	完成日期	说　明
合　计					
承接单位		委托单位		计划调度	

②财务

(94)

表 26-218　养老金收据

20　年　月　日

交款单位			收款单位		
项　目	所属月份	金　额	收款单位（盖章）	收款人	备注
单位交纳					
合同制工人交纳					
合计					
金额（大写）					

第三联收据

(94)

表 26-219

中国银行

转账支票存根

附加信息：

出票日期　年　月　日

收款人：
金　额：
用　途：

单位主管　　　　会计

(95)

表 26-220　＿＿＿＿省滨海市职工待业保险基金收款单

交款单位　　　　20　年　月　日　　　NO

项　目	所属月份	金　额	备　注
			收款单位（盖章）
合计人民币（大写）			

第二联收据

（95）

表 26-221

中国银行

转账支票存根

附加信息：

出票日期　　年　月　日

收款人：
金　额：
用　途：

单位主管　　　　　　会计

（98）

表 26-222

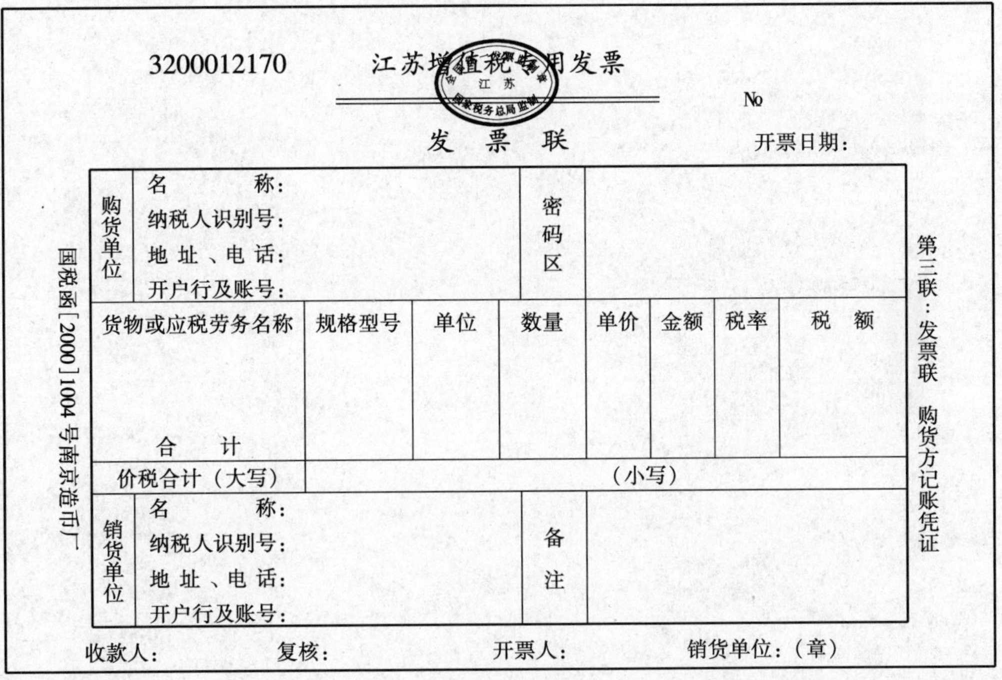

3200012170　　江苏增值税专用发票

№

发　票　联　　　　开票日期：

购货单位	名　称： 纳税人识别号： 地 址 、电 话： 开户行及账号：			密码区			
货物或应税劳务名称	规格型号	单位	数量	单价	金额	税率	税　额
合　计							
价税合计（大写）				（小写）			
销货单位	名　称： 纳税人识别号： 地 址 、电 话： 开户行及账号：			备注			

收款人：　　复核：　　开票人：　　销货单位：（章）

国税函［2000］1004 号南京造币厂

第三联：发票联　购货方记账凭证

（99）

表 26-223　无形资产摊销表

20　年　月　日

种　类	应借科目		应贷（摊销）
	总账科目	明细科目	金　额
专利权	管理费用	无形资产摊销	

审核　　　　　　　　　　制表

（100）

表 26-224　长期待摊费用摊销表

20　年　月　日

项　目	车间或部门（内容）	长期待摊费用发生		摊销期	本月摊销/元
		时间	金额/元		
租入固定资产大修支出	二车间机器 二车间设备	上年12月 今年11月	90 000 18 260	3年 2年	
合　计			108 260		

审核　　　　　　　　　　　　　　　　制表

（101）

表 26-225　暂估料款清单

年　月　日

材料账户	收料日期	收料单号码	供应单位名称	材料类别	材料名称	单位	数量	金额

①月终估

审核　　　　　　　　　　　　　　　　制表

（104）

表 26-226　存货实存账存对比表

20　年　月　日

存货类别	名称	计量单位	实存		账存		盘盈		盘亏		备注
			数量	金额	数量	金额	数量	金额	数量	金额	
合　计			—		—		—		—		
处理意见	清查小组				审批部门						

①盘点入账

（104）

表 26-227　材料价差分摊计算表

20　年　月　日

材料类别	名称及规格	发料计划成本	（　）月价差率	分摊差异额
			合　计	

审核　　　　　　　　　　　　　　　　　　　制证

（104）

表 26-228　增值税进项税额扣减计算表

年　月　日

进项税目	扣减原因	扣减类别	扣减依据		增值税率	扣减金额
			原进项税额	当期实际成本		
					合计	

会计主管　　　　　　　　　审核　　　　　　　　　制单

（104）

表 26-229　固定资产盘盈盘亏报告表

部门：　　　　　　　　　年　月　日

固定资产编号	固定资产名称	盘　盈		盘　亏			毁　损			原因
		数量	市场价值	数量	原价	已提折旧	数量	原价	已提折旧	
合　计										
处理意见	使用部门		清查小组				审批部门			

①盘点入账

（105）

表 26-230　存货实存账存对比表

20　年　月　日

存货类别	名称	计量单位	实　存		账　存		盘　盈		盘　亏		备注
			数量	金额	数量	金额	数量	金额	数量	金额	
合　计			—		—		—		—		
处理意见	清查小组						审批部门				

②审批处理

（105）

表 26-231　固定资产盘盈盘亏报告表

部门：　　　　　　　　　　　　年　月　日

固定资产编号	固定资产名称	盘盈		盘亏			毁损			原因
		数量	市场价值	数量	原价	已提折旧	数量	原价	已提折旧	
合　计										
处理意见	使用部门			清查小组			审批部门			

②审批处理

（106）

表 26-232　工具报废单

填报单位：　　　　　　　　20　年　月　日

材料编号	名称	规格	单位	数量	计划单价	金额	报废残值	实物负责人
报废原因				鉴定部门			批准部门	

第三联　财务

（106）

表 26-233　低值易耗品（工具）摊销表（五五摊销法）

20　年　月　日

应借科目	领用计划成本	摊销率(50%)	分摊金额
		合　计	

审核　　　　　　　　　　　　　　　　　　　　　　制证

（109）

表 26-234　国家拨款转投资清单

20　年　月　日

拨款金额	20　年　月　日　拨入　　　　元					
开支项目	年	月	日	支出内容	金　额	备　注
	合　计					
多余拨款/元		拨款不足/元		处理意见		

审批　　　　　　　　　　　审核　　　　　　　　　　　制单

（109）

表 26-235　产成品交库单

交库单位＿＿＿＿＿＿　　20　年　月　日　　编号＿＿＿＿＿

产品编号	产品名称	规格	单位	送检数量	检验合格	不合格	实收数量
备注							

②仓库

检验员　　仓库保管员　　车间负责人　　制单

（109）

表 26-236　产成品交库单

交库单位＿＿＿＿＿＿　　20　年　月　日　　编号＿＿＿＿＿

产品编号	产品名称	规格	单位	送检数量	检验合格	不合格	实收数量
备注							

③财务

检验员　　仓库保管员　　车间负责人　　制单

（110）

表 26-237　坏账准备计提表

20　年　月　日　　单位：元

计提对象余额		计提率（%）	应提额	账面已提	实际计提
应收　账款					
应收票据					
其他应收款					

审核　　制表

（111）

表 26-238

进　账　单　回单或（收账通知）1

年　月　日　　　　　　第　号

<table>
<tr><td rowspan="3">付款人</td><td>全　称</td><td></td><td rowspan="3">收款人</td><td>全　称</td><td colspan="10"></td></tr>
<tr><td>账　号</td><td></td><td>账　号</td><td colspan="10"></td></tr>
<tr><td>开户银行</td><td></td><td>开户银行</td><td colspan="10"></td></tr>
<tr><td colspan="2" rowspan="2">人民币（大写）</td><td colspan="3" rowspan="2"></td><td>千</td><td>百</td><td>十</td><td>万</td><td>千</td><td>百</td><td>十</td><td>元</td><td>角</td><td>分</td></tr>
<tr><td></td><td></td><td></td><td></td><td></td><td></td><td></td><td></td><td></td><td></td></tr>
</table>

付款单位名称或账号	种类	票据号码	百	十	万	千	百	十	元	角	分	
												收款人开户行盖章

此联是收款人开户行交给收款人的回单或收账通知

单位主管　　　　会计　　　　复核　　　　记账

（111）

表 26-239　滨海市四方电机厂收据

交款单位：　　　　20　年　月　日　　　　结算方式：

项　目	内　容	金　额
合计人民币（大写）		¥

第三联财务

收款单位（印章）　　　　收款人签章

（112）

表 26-240　应交营业税计算表

20　年　月　日

计税内容	营业收入/元	营业税率	应交营业税/元
无形资产转让			
固定资产租金			
合　计			

审核　　　　　　　　制表

（112）

表 26-241　应交城建税计算表

20　年　月　日

计税内容	计征依据(税)	城建税率	应交城建税/元
无形资产转让			
固定资产租金			
合　　计			

审核　　　　　　　　　　　　　　　　　　　　　　制表

（112）

表 26-242　应交教育费附加计算表

20　年　月　日

计费项目	计征依据(税)	附加率	应交教育费附加/元
无形资产转让			
固定资产租金			
合　　计			

审核　　　　　　　　　　　　　　　　　　　　　　制表

（113）

表 26-243　存货跌价准备计提表

20　年　月　日

项　　目	存货余额	存货可变现净值	应计提跌价准备	账面已提跌价准备	实际计提跌价准备
一、原材料					
二、包装物					
三、低值易耗品					
四、委托加工材料					
五、在产品					
六、自制半成品					
七、库存商品					
合　　计					

注：存货余额应为实际成本。

（125）

表 26-244　递延所得税确认和计量表

20　年　月　日　　　　　　单位：元

序号	项目	账面价值	计税基础	暂时性差异		期末递延所得税资产	期初递延所得税资产	递延所得税费用
				应纳税暂时性差异	可抵扣暂时性差异			
合计								

会计上岗考核题备查答案

一、完工产品单位成本

ST700 电动机	300.33 元	605 新产品	1 293 元
ST60 电动机	88.14 元	346V 电动机	3 360.81 元
ST90 电动机	42.12 元	380V 电动机	1 149.57 元
ST8 电动机	51.09 元		

二、主营业务成本

12 月份 480 675.6 元，全年累计 5 234 275.6 元

三、利润总额

12 月份 142 193.49，全年累计 969 193.49 元

参考文献

[1] 朱学义. 通用会计学［M］. 徐州：中国矿业大学出版社，1993.

[2] 朱学义. 中级财务会计［M］. 3版. 北京：机械工业出版社，2007.

[3] 财政部注册会计师考试委员会办公室. 会计［M］. 北京：经济科学出版社，2008.

[4] 全国会计专业技术资格考试领导小组办公室. 会计实务［M］. 北京：中国财政经济出版社，2008.

[5] 中华人民共和国财政部. 企业会计准则2006［M］. 北京：经济科学出版社，2006.

[6] 中华人民共和国财政部. 企业会计准则——应用指南2006［M］. 北京：中国财政经济出版社，2006.

[7] 财政部会计司编写组. 企业会计准则讲解2008［M］. 北京：人民出版社，2008.